Tunesien

VERLAG KARL BAEDEKER

Hinweise zur Benutzung

Sternchen (Asterisken) als typographisches Mittel zur Hervorhebung bedeutender Bau- und Kunstwerke, Naturschönheiten und Aussichten, aber auch guter Unterkunfts- und Gaststätten hat Karl Baedeker im Jahre 1846 eingeführt; sie werden auch in diesem Reiseführer verwendet: Besonders Beachtenswertes ist durch * einen vorangestellten 'Baedeker-Stern', einzigartige Sehenswürdigkeiten sind durch ** zwei Sternchen gekennzeichnet.

Zur raschen Lokalisierung der Reiseziele von A bis Z auf der beigegebenen Reisekarte sind die entsprechenden Koordinaten der Kartennetzmaschen jeweils neben der Überschrift in Rotdruck hervorgehoben: Tunis A/B 7.

Farbige Streifen an den rechten Seitenrändern erleichtern das Auffinden der Großkapitel des vorliegenden Reiseführers: Die Farbe Blau steht für die Einleitung (Natur, Kultur, Geschichte), die Farbe Rot für die Reiseziele, und die Farbe Gelb markiert die praktischen Informationen.

Wenn aus der Fülle von Unterkunfts-, Gast- und Einkaufsstätten nur eine wohlüberlegte Auswahl getroffen ist, so sei damit gegen andere Häuser kein Vorurteil erweckt.

Da die Angaben eines solchen Reiseführers in der heute so schnellebigen Zeit fast ständig Veränderungen unterworfen sind, kann der Verlag weder Gewähr für die absolute Richtigkeit leisten noch die Haftung oder Verantwortung für eventuelle inhaltliche Fehler übernehmen. Auch lehrt die Erfahrung, daß sich Irrtümer kaum gänzlich vermeiden lassen.

Baedeker ist ständig bemüht, die Qualität seiner Reiseführer noch zu steigern und ihren Inhalt weiter zu vervollkommnen. Hierbei können ganz besonders die Erfahrungen und Urteile aus dem Benutzerkreis als wertvolle Hilfe gar nicht hoch genug eingeschätzt werden. Vor allem **Ihre Kritik, Berichtigungen und Verbesserungsvorschläge sind uns stets willkommen.** Sie helfen damit, die nächste Auflage noch aktueller zu gestalten. Bitte schreiben Sie in jedem Falle an die

Baedeker-Redaktion
Karl Baedeker GmbH
Zeppelinstr. 41
Postfach 31 62
D-73751 Ostfildern
Telefax (07 11) 45 02 343; E-Mail: baedeker@mairs.de

Der Verlag dankt Ihnen im voraus bestens für Ihre Mitteilungen. Jede Einsenderin und jeder Einsender nimmt an einer jeweils zum Jahresende unter Ausschluß des Rechtsweges stattfindenden Verlosung einer Städtekurzreise für zwei Personen nach London teil. Falls Sie gewonnen haben, werden Sie benachrichtigt. Ihre Zuschrift sollte also neben der Angabe des Buchtitels und der Auflage, auf welche Sie sich beziehen, auch Ihren Namen und Ihre Anschrift enthalten. Die Informationen werden selbstredend vertraulich behandelt und die persönlichen Daten nicht gespeichert.

Vorwort

Dieser Reiseführer gehört zur neuen Baedeker-Generation. In Zusammenarbeit mit der Allianz Versicherungs-AG erscheinen bei Baedeker durchgehend farbig illustrierte Reiseführer in handlichem Format. Die Gestaltung entspricht den Gewohnheiten modernen Reisens: Nützliche Hinweise werden in der Randspalte neben den Beschreibungen herausgestellt. Diese Anordnung gestattet eine einfache und rasche Handhabung. Der vorliegende Band hat den nordafrikanischen Maghrebstaat Tunesien zum Thema.

Der Reiseführer gliedert sich in drei Hauptteile: Im ersten Teil wird über Tunesien im allgemeinen, Landesnatur, Klima, Pflanzen und Tiere, Bevölkerung, Religion, Bildungswesen, Staat und Gesellschaft, Wirtschaft, Geschichte, Berühmte Persönlichkeiten sowie Kunst und Kultur berichtet. Eine Sammlung von Literaturzitaten leitet über zum zweiten Teil, in dem die Reiseziele – Städte, Orte, Ausgrabungsstätten, Halbinseln und Inseln sowie Landschaften – mit all ihren Sehenswürdigkeiten beschrieben werden. Daran schließt ein dritter Teil mit reichhaltigen praktischen Informationen, die dem Besucher das Zurechtfinden vor Ort erleichtern.

Fantastisch erhalten: das Forum der einstigen Römerstadt Sufetula, heute Sbeïtla

Sowohl die Reiseziele als auch die praktischen Informationen sind in sich alphabetisch geordnet. Baedeker Allianz Reiseführer zeichnen sich durch Konzentration auf das Wesentliche sowie Benutzerfreundlichkeit aus. Sie enthalten eine Vielzahl eigens entwickelter Pläne und zahlreiche farbige Abbildungen. Zu diesem Reiseführer gehört als integrierender Bestandteil eine ausführliche Reisekarte, auf der die im Text behandelten Reiseziele anhand der jeweils angegebenen Kartenkoordinaten leicht zu lokalisieren sind.

Wir wünschen Ihnen mit dem Baedeker Allianz Reiseführer viel Freude und einen erlebnisreichen Aufenthalt in Tunesien!

Baedeker
Verlag Karl Baedeker

Inhalt

Natur, Kultur Geschichte
Seite 8 – 111

Zahlen und Fakten 9
Allgemeines 9
Landesnatur 10
Klima 15
Pflanzen und Tiere 20
Bevölkerung 26
Religion 32
Bildungswesen 39

Reiseziele von A bis Z
Seite 112 – 319

Routenvorschläge 113

Béja 117
Bizerte 118
Bulla Regia 123
Cap Bon 129
Carthage · Karthago 136
Chemtou 148
Chott el Djerid 153
Djerba 155
Dougga 166
El Djem 175
Gabès 178
Gafsa 183
Haïdra 188
Hammamet 191
Kairouan 194
Kasserine 204
Kebili 206
Iles Kerkennah 208
Le Kef 209
Mahdia 213
Makthar 217
Médenine 223
Metlaoui 226
Monastir 230
Nabeul 236

Nefta 240
Sbeïtla 245
Sfax 250
Sidi Bou Saïd
Sousse 257
Tabarka 267
Testour 271
Thuburbo Ma
Tozeur 278
Tunis 286
Utica 316

Praktische Informationen von A bis Z
Seite 320 – 416

Anreise 321 · Apotheken 322 · Ärztliche Hilfe 323 · Ausflüge 324 · Auskunft 326 · Autobus 328 · Autofähren 329 · Autohilfe 330 · Badestrände 331 · Behindertenhilfe 332 · Betteln 333 · Camping 333 · Diplomatische Vertretungen 334 · Drogen 335 · Einkäufe, Souvenir 335 · Eisenbahn 338 · Elektrizität 338 · Entfernungen 340 · Essen und Trinken 340 · Feiertage 347 · FKK 349 · Fluggesellschaften

Register 417

Verzeichnis der Karten, Pläne und graphischen Darstellungen 421

Bildnachweis 422

Impressum 423

t und Verwaltung 40
schaft 43

chichte 52

hmte Persönlichkeiten 65

Kunst und Kultur 73
Kunstgeschichtlicher Überblick 73
Kleines Lexikon 89

Tunesien in Zitaten 105

· Flugverkehr 350 · Fotografieren 351 ·
ndenführer 352 · Fundbüro 353 · Geld 353 ·
chäftszeiten 354 · Gesundheitsvorsorge
· Grenzübergänge 355 · Hammam 356 ·
bäder 356 · Hotels 357 · Jugendherbergen
· Kalender 370 · Karten 370 · Kleidung 371
rkte und Souks 371 · Maße 373 ·
wagen 373 · Moscheen 373 · Museen 373 ·
onalparks 374 · Notdienste 375 ·

Post 376 · Reisedokumente 378 · Reisezeit 379
· Restaurants 379 · Rundfunk, Fernsehen 383
· Sahara-Tourismus 384 · Sicherheit 384 ·
Soldatenfriedhof 387 · Spielkasino 387 · Sport
387 · Sprache 391 · Straßenverkehr 404 · Taxi
408 · Telefon 409 · Teppiche 409 · Trinkgeld
411 · Umgangsregeln 412 · Veranstaltungen
413 · Zeit 415 · Zeitungen 415 ·
Zollbestimmungen 415

Balkon

"Auf dem rauhen, prächtigen Boden Afrikas ist die Schönheit dieses Lan einzigartig" schrieb Isabelle Eberhardt über Tunesien, das die als Mann ver dete Abenteuerin Ende des 19. Jh.s bereiste. Und Präsident Bourg bezeichnete sein Land einiges später als "Balkon Afrikas".

Von der Richtigkeit beider Aussagen kann sich jeder Besucher überzeugen nach nur zwei bis drei Flugstunden aus Mitteleuropa hier ankommt. Fast ganze Jahr über herrscht Sonnenschein. Bizarre Felsklippen und wun schöne Sandstrände prägen die mehr als 1200 km lange Küstenlinie. Im Hir land der Nordküste erheben sich bewaldete Berge, im Süden lockt die Sahara mit schier endlosen Sanddünen, Salzpfannen, Oliven- und Palmenhainen sowie malerischen Oasen.

Doch nicht nur die abwechslungsreiche Landschaft fasziniert die Besucher. Bedeutende Stätten antiker und islamischer Kultur spiegeln dreitausend Jahre Zivilisation wider, in denen Phönizier, Karthager, Numider, Römer, Byzantiner, Araber, Türken, Spanier und zuletzt die Franzosen das Land geprägt und gestaltet haben. Daran erinnern großartige Baudenkmäler, kunstvolle Mosaiken, Karthago, die einstige Todfeindin Roms, Kairouan, die vierte heilige Stadt des Islam, die Medinas der arabischen Städte und einige Bergdörfer im wenig besiedelten Süden.

Tunesien ist ein junges Land – erst 1956 wurde es ein souveräner Staat. Religiös motivierte Konflikte, die in den Nachbarländern bürgerkriegsähnliche Zustände

Mosaik
römische Kunst in Tunesien

Monas
Ribat – ein schör Beispiel islamisc Wehrarchitek

Thuburbo Majus
heute blumengeschmückt, das einstige römische Kapitol

Afrikas

...raufbeschworen haben, sind hier kaum denkbar. Trotz einiger Probleme ist es ein offenes Land mit einem demokratisch gewählten Präsidenten, ...dem auch die Opposition eine Stimme hat.
...nesien ist eines der beliebtesten Ferienländer am Mittelmeer. Man ist ...r zwar schon in Afrika, aber noch ganz nahe an Europa.
...es schlägt sich auch in der sprichwörtlichen tunesischen Gastfreundschaft ...der und in dem Selbstverständnis, Mittler zwischen der islamischen, der afrika...schen und der europäischen Welt zu sein.

Die touristische Infrastruktur reicht vom Super-Luxushotel über All-Inclusive-Herbergen bis zur einfachen Ferienwohnung. Auch in Sachen Freizeitgestaltung bleibt kein Wunsch offen, man kann schwimmen, tauchen, wandern, golfen, segeln, reiten (zu Pferd, zu Esel oder zu Kamel), surfen, sich mit dem Fallschirm über den Strand ziehen lassen, Wüstenfestivals besuchen, mit dem Heißluftballon über den Salzsee schweben, sich mit Kalligraphie oder der Arabischen Sprache beschäftigen…

Auch hinsichtlich kulinarischer Genüsse hat Tunesien einiges zu bieten. Versäumen Sie keinesfalls den Besuch eines typischen Restaurants. Unbedingt versuchen sollten Sie das Nationalgericht Couscous, das in vielerlei Variationen angeboten wird und zu dem einige hervorragende Weine munden – denn obwohl Tunesien ein islamisches Land ist, hat der Weinbau hier Tradition.

In diesem Sinne: As-salam-aleikum in Tunesien!

Teppiche
unverwechselbare Reiseandenken an Tunesien

Hammamet
Blick über die Medina auf das Meer

Zahlen und Fakten

Allgemeines

Tunesien ist das Europa zugewandte, nördlichste Land Afrikas, nur 140 km Kilometer von Sizilien, Europas 'Stiefelspitze', entfernt. Sein Staatsgebiet erstreckt sich zwischen 37°20′ und 30°10′ nördlicher Breite sowie zwischen 7°30′ und 12° östlicher Länge.

Geographische Lage

Republik Tunesien · Al Djumhuriya at-Tunusiya

Lage: Von 37°20′ bis 30°10′ nördlicher Breite und von 7°30′ bis 12° östlicher Länge

Bevölkerung: 9,5 Millionen

Dichte: 58,06 Einwohner/km²

Fläche: 163 610 km²

Hauptstadt: Tunis

Staatssprache: Arabisch
Französisch ist als Handels- und Bildungssprache verbreitet

Es nimmt den östlichen Teil des Maghreb ein, dem außer den Kernländern Marokko, Algerien und Tunesien schließlich noch Libyen sowie Mauretanien angehören.
Im Gegensatz zu der rein geographischen Bezeichnung Nordafrika stammt der Ausdruck Maghreb von der einheimischen Bevölkerung und bedeutet 'Land des Sonnenuntergangs vor dem Ozean'. Zusammen mit dem etwa in der Wüste zwischen Libyen und Ägypten beginnenden Machrek, dem östlichen Teil, bildet er die arabische Welt. Wobei Tunesien als Maghreb el edna, der 'nahe Westen', Algerien als Maghreb el awsat, der 'mittlere Westen', und Marokko als Maghreb el aqsa, der 'ferne Westen', bezeichnet wird.

Maghreb

◀ *Blütenmeer im Frühjahr im Hohen Tell, südlich von Le Kef*

Landesnatur

Größe

Tunesien, das kleinste der Maghrebländer, ist rund 164 150 km² groß (aufgrund Grenzuneinigkeiten mit Libyen können die Angaben leicht schwanken), damit ist es knapp halb so groß wie Deutschland und fast doppelt so groß wie Österreich.
Die größte Nord-Süd-Ausdehnung beläuft sich zwischen dem Cap Blanc und der Grenzstation Bordj el Khadra auf rund 897 km, die größte Ost-West-Ausdehnung zwischen der Insel Djerba und Nefta auf etwa 330 km.

Grenzen

Im Norden und im Osten ist Tunesien vom Mittelmeer umgeben. Im Westen grenzt es an Algerien, im Südosten, in der nördlichen Sahara, an Libyen.

Landesnatur

Landschaftliche Vielfalt

Tunesien besitzt die Gestalt eines "Seepferdchens, das mit dem Kopf im Grünen, dem Bauch im Wasser liegt und mit dem Hinterteil im Sand badet". Dieses Bild von W.-U. Cropp drückt die landschaftliche Vielfalt Tunesiens aus: Als Anrainer des Mittelmeeres, dessen Gebiet im Süden bis in die Sahara reicht, unterliegt die Landschaft Tunesiens – ähnlich wie diejenige von Marokko, Algerien und Libyen – dem Wandel von winterfeuchtem Mittelmeerklima im Norden zum saharischen Wüstenklima im Süden. Daraus ergibt sich eine landschaftliche Vielfalt, die jedoch nicht nur von Klimafaktoren, sondern auch von geologischen Voraussetzungen bestimmt wird.
Insgesamt lassen sich vier große Landschaftsformen unterscheiden: das vom Mittelmeereinfluß geprägte nordtunesische Bergland mit felsiger Steilküste; der Sahel und die lange, flache Ostküste südlich des Cap Bon mit weiten Sandstränden; die zentraltunesische Steppe, die sich südlich des Berglandes und westlich des Sahel erstreckt; schließlich die Sahara, der wüstenhafte Süden.

Fruchtbares nordtunesisches Bergland

Landesnatur

Naturräumliche Gliederung

Landesnatur

Nordtunesisches Bergland

Der Nordwesten Tunesiens wird vom Tell-Atlas bestimmt, den Ausläufern des mächtigen, den gesamten Maghreb (rund 2200 km West-Ost-Ausdehnung) durchquerenden Atlasgebirges, die jedoch auf tunesischem Boden wesentlich niedriger sind. Parallel zur felsigen Nordküste Tunesiens erstrecken sich von der algerischen Grenze im Westen bis zur Lagune von Biserta im Osten die Gebirgszüge der Kroumirie. Daran schließt sich nordöstlich das Mogod-Bergland an, welches im Cap Blanc ins Meer abbricht.

Kroumirie Mogod-Bergland

Die Kroumirie erreicht Höhen von durchschnittlich 700 bis 800 m, der Mogod nur noch 300 bis 400 m. Sie ähneln bewaldeten Mittelgebirgen. Die aus weichen tertiären Kalken und darüberliegenden Sandsteindecken gebildeten Höhenrücken sind stark gefaltet. Eine aufgrund starker Niederschläge hervorgerufene Erosion hat die Zerschneidung dieser Bergketten zusätzlich gefördert.

Medjerda

Im Windschatten des Berglandes schließt sich südlich das Talbecken des Oued Medjerda an, des größten ganzjährig wasserführenden Flusses des Landes mit seinen Nebenflüssen. An seinem Oberlauf bei der algerischen Grenze bestimmen wenig besiedelte Hügelketten des Tell (ein Ausläufer des algerischen Sahara-Atlas) sein Bild. Sein Unterlauf gehört zur wichtigsten Agrarzone des Landes.

Dorsale

Die Bergrücken der Dorsale bilden den südlichen Abschluß der mittelmeerisch geprägten Region. Dieser von Nordost nach Südwest rund 220 km lange, diagonal verlaufende mitteltunesische Gebirgszug wirkt als Klimascheide zwischen dem mediterranen Norden und dem trockenen Steppenklima Mitteltunesiens. Einzelne Kalksteinmassive ragen wie Türme heraus. Im Südwesten, nahe der algerischen Grenze, erreichen sie im Djebel Chambi 1544 m, im Djebel Mdilla 1378 m und im Djebel Semmama 1314 m die größten Höhen Tunesiens.

In Richtung Küste verlieren die Dorsale an Höhe, im Djebel Bou Kornine erreichen sie noch 576 m, um in der Halbinsel Cap Bon auszulaufen. Zwischen der Nordflanke der Dorsale und ihren südlichen Grenzketten erstrecken sich ausgedehnte Hochplateaus, vielfach als Hoher Tell bezeichnet. Neben dem Talbecken des Oued Medjerda befindet sich hier das bedeutendste Getreideanbaugebiet Tunesien.

Niederschläge

Die Kroumirie ist das regenreichste Gebiet Tunesiens mit Jahresmengen von über 1500 mm (in Hamburg fallen jährlich durchschnittlich nur 714 mm Niederschlag). Ihr Maximum erreichen sie im Dezember, ihr Minimum im Juli. Diese Niederschlagsverteilung ist typisch für den mediterranen Klimabereich des tunesischen Nordens. Im Mogod-Bergland fallen wegen der geringeren Höhe nur noch rund 600 mm Niederschlag. Zum Oued Medjerda, dessen Talbecken sich im Windschatten der Tell-Ausläufer befindet, nehmen die Regenmengen sogar bis auf etwa 400 mm ab. Diese Unterschiede spiegeln sich in der Vegetation wider. Während die Kroumirie dichte Korkeichenwälder trägt, sind die Mogod-Hügel von einer dichten Macchia überwuchert (→ Pflanzen und Tiere).

Der Niederschlagsreichtum der Kroumirie ist für die Wasserversorgung Nordtunesiens von größter Bedeutung: In mehreren Stauseen am Südrand des Gebirges wird das Regenwasser aufgefangen und in das System des Oued Medjerda geleitet.

In den Dorsale steigen die Niederschläge nochmals auf rund 600 mm an, und lichte Aleppokiefernwälder, durchsetzt von Steineichen, bedecken die nach Norden ausgerichteten Hänge. Die einzelnen Gebirgszüge, die die südliche und östliche Grenze der Dorsale bilden, leiten vom halbfeuchten (semihumiden) mediterranen Klimabereich des Nordens zu den halbtrockenen (semiariden) Steppengebieten des inneren Mitteltunesien über.

Sahel

Der den Dorsale östlich vorgelagerte Küstenbereich um Sousse und Sfax ist der Sahelgürtel (Sahel = arabisch für Grenze), eine seit der Antike intensiv genutzte Kulturlandschaft, da es schon damals gelang, die geringen zur Verfügung stehenden Wasservorräte durch besondere Techniken

Landesnatur

Karge Landschaft am Rand der Schott-Senke

bestens zu nutzen. Sie wird in den feuchteren Kernraum von Sousse im Norden mit endlosen Olivenbaumhainen und den trockeneren Sahel von Sfax im Süden (Halfagras- und Artemisiasteppen; seit einigen Jahren auch große Olivenbaumhaine) untergliedert.
Ein großer Teil der Niederschläge stammt aus häufig auftretenden und Feuchtigkeit heranbringenden Ostwinden.

Sahel (Fortsetzung)

Südlich des Bergzuges der Dorsale, von der algerischen Grenze im Westen bis zur Sahel im Osten, gewinnt die Steppenlandschaft die Oberhand, halbtrockenes Steppenhochland im Westen, Steppentiefland im Kairouaner Becken. Im Westen erreicht es noch Höhen zwischen 600 und 800 m.
In seinem südlichen Abschnitt liegen die für die Wirtschaft so wichtigen Phosphatvorkommen.

Zentraltunesische Steppe

Südlich von Tamerza, Gafsa und Meknassy kündigt sich die Wüstensteppe an, um jenseits von der gewaltigen Senke der Schotts, jener großen Salzseen (Chott = französisch; Chott el Rharsa, Chott el Djerid, Chott el Fedjedj), die das Land in zwei etwa gleich große Gebiete teilen, in die eigentliche Wüste, die Sahara (arabisch = wasserloses Meer) überzugehen.

Sahara

An die Oberfläche gelangende wasserführende Schichten oder auch künstliche Bewässerungssysteme haben am Rand der Wüste Oasen entstehen lassen, die die Römer als "dunkle Flecken im Fell des Leoparden" bezeichneten.

Oasen

Südlich der Schotts erstrecken sich die Dünengebiete des Östlichen Großen Erg.

Großer Erg

Längs der Mittelmeerküste zieht sich die steile, aus verschiedenen Ton- und Sandschichten bestehende Djeffara-Ebene, der die Insel Djerba vorgelagert ist. Zwischen dieser und dem Erg schiebt sich von Süden wie ein schmaler Finger das bis zu 600 m hohe Kreidekalkplateau des Dahar-Berglandes, Lebensgebiet der Berber (s. Abb. S. 18).

Djeffara-Ebene

Dahar-Bergland

Landesnatur

Buchtenreiche Westküste des Cap Bon

Küste	Tunesien besitzt rund 1300 Kilometer Mittelmeerküste. Diese besteht zum größten Teil aus weiten, offenen Sandstränden, die früher fremden Eroberern leichten Zugang boten. Die Ostküste wird von drei großen Buchten bestimmt: dem Golf von Tunis, dem Golf von Hammamet sowie dem Golf von Gabès. Die beiden letzten Buchten sind die beliebtesten Fremdenverkehrszentren des Landes.
Felsige Küste	Felsige Küstenabschnitte findet man vor allem an der Nordküste um Tabarka. Weitere felsige Sandstrände erstrecken sich in östlicher Richtung über Cap Negro, Sidi Mechrig, Cap Serrat bis zum kleinen Ort Bechateur. Auch nördlich von Sousse, bei Hergla, an der äußersten Spitze des Cap Bon (im Westen und Osten dagegen lange und schöne Sandstrände) sowie auf den dem Cap vorgelagerten Inseln Zembra und Zembretta stößt man auf felsige Küsten.
Inseln	Zu Tunesien gehören auch einige Inseln. Vor der Nordküste liegt die Inselgruppe La Galite (nur eine ist bewohnt; eine andere Schutzgebiet). Im Golf von Tunis, vor dem Cap Bon, befinden sich die Inseln Zembra und Zembretta (seit 1974 Nationalpark). Im Süden des Golfs von Hammamet, auf der Höhe von Monastir, liegen die Kuriat-Inseln, weiter südlich, vor Sfax, die untereinander mit einem Damm verbundenen Inseln Kerkennah, die ihrerseits von einem Kranz winziger Inseln umgeben sind. Djerba, die größte Insel, bildet den südlichen Abschluß des Golfs von Gabès.
Flüsse	Im Norden Tunesiens befindet sich der einzige ganzjährig wasserführende und ins Meer mündende Fluß Medjerda. Er entspringt im östlichen Algerien, fließt 361 km durch Tunesien und mündet in den Golf von Tunis. Südlich der Dorsale trifft man auf oft tief eingeschnittene Trockentäler, Oueds oder auch Wadis genannt, die jedoch fast immer trocken liegen. Nur nach Regenfällen können sie zu reißenden Strömen werden. Meist münden sie in abflußlose Becken vor der Küste, wo sich wegen der hohen Verdunstung Salzsümpfe (arabisch = Sebkhas) bilden.

Klima

Fruchtbare Oase   *Tiefeingeschnittener Oued*

Klima

Landschaftliche Gliederung und Klima sind in Tunesien eng miteinander verwoben: Einerseits bestimmt das Klima, insbesondere das Niederschlagsgeschehen, die landschaftliche Gliederung, andererseits wird das Klima entscheidend durch die Oberflächengestalt geprägt.

Allgemeines

In Tunesien stoßen Mittelmeer- und Saharaklima aufeinander. Weiterhin bedingen der Verlauf der Bergzüge eine Nord-Süd- sowie der Einfluß des Meeres eine Ost-West-Gliederung: Von der Küste im Osten ins Landesinnere nach Westen nimmt der Einfluß des Meeres kontinuierlich ab. In bezug auf die Niederschläge läßt sich verallgemeinern: Von Norden nach Süden nehmen sie ab, während sie von Westen nach Osten leicht zunehmen. Im einzelnen lassen sich unterscheiden:
– der winterfeucht-sommertrockene Norden,
– die von wechselhaftem Klima bestimmte Zentraltunesische Steppenregion mit heißen Sommern, kalten Wintern und abnehmenden Niederschlägen,
– die vom Meer beeinflußte Mittelmeerküste mit wesentlich geringeren Klimaunterschieden,
– das Wüstenklima südlich der Schotts.

Zwei Klimazonen

Klimatische Unterschiede

Für ganz Tunesien gilt, daß Niederschläge fast nur in den Wintermonaten fallen. Sie werden meistens von Tiefausläufern der weiter nördlich gelegenen Westwindzone herangeführt, deren Zugbahnen sich nur in der kälteren Jahreszeit weit genug nach Süden bewegen können, um das Gebiet Tunesiens noch zu beeinflussen. In den Sommermonaten liegt das gesamte Land im Bereich der subtropischen Hochdruckzone, die äußerst stabil und ortsfest ist und die Tiefdruckgebiete der Westwindzone nördlich um das Mittelmeer herumleitet. Dennoch bestätigen Ausnahmen die

Niederschläge

Klima

Niederschläge (Fortsetzung)

Regel, denn auch in Tunesien kann es zur Überraschung der Urlauber mitunter zu sommerlichen Regenfällen kommen. Die Wahrscheinlichkeit eines solchen Ereignisses nimmt jedoch von Norden nach Süden rapide ab, insbesondere jenseits des mitteltunesischen Gebirgsrückens der Dorsale, an deren Gipfeln sich verirrte Tiefdruckgebiete in aller Regel abregnen. Aber selbst in der südlich anschließenden Tunesischen Steppe und auch noch in der saharischen Schottsenke kann es im Sommer zu verheerenden Niederschlagsereignissen kommen, verbunden mit gefährlichen Überschwemmungen. Die ansonsten trocken liegenden Oueds verwandeln sich innerhalb von Minuten in reißende Ströme, die jedes Hindernis aus dem Weg räumen und wichtige Straßenverbindungen unpassierbar machen.

Temperaturen

Auch die Temperaturverhältnisse spiegeln die klimatische Abfolge vom Mittelmeer- zum Saharaklima wider. Mit zunehmender Entfernung vom Meer sinkt sein Einfluß, setzt sich das kontinentale Klima durch. So nehmen die Temperaturunterschiede zwischen Tag und Nacht sowie zwischen Sommer und Winter zu. In Küstennähe herrschen mit warmen Sommern und milden Wintern ausgeglichene Temperaturen. In der saharischen Klimazone sind dagegen Temperaturschwankungen von über 20°C zwischen Sommer und Winter die Regel. Die extremsten Werte werden in der Sahara mit sommerlichen Temperaturen von 50°C und Bodenfrösten im Winter erzielt.

Küste

Wer seinen Urlaub an den Küsten Tunesiens verbringt, kann jedoch überall mit hochsommerlichen Tages- und Nachttemperaturen rechnen. Große Temperaturschwankungen, wie sie im Landesinneren zu beobachten sind, treten an den Küsten nicht auf. Sie werden durch die ausgleichende Wirkung des Mittelmeeres unterdrückt.

Chehili Chergui

Unerträglich heiß kann es nur dann werden, wenn der trockene, in Tunesien als Chehili bezeichnete Schirokko aus der Sahara weht. Unangenehm kann sich mitunter auch der vom Mittelmeer landeinwärts wehende Chergui bemerkbar machen, denn er bringt feuchte Luftmassen heran, die mit einem Anstieg der Schwüle verbunden sind.

Klimadiagramme

Die klimatischen Besonderheiten einzelner Regionen Tunesiens werden im folgenden anhand von Klimadiagrammen erläutert, in denen der Jahresgang der Temperatur und des Niederschlags dargestellt ist (von links nach rechts: J = Januar, D = Dezember). Die blauen Niederschlagssäulen zeigen die Niederschlagsmenge (in mm) pro Monat entsprechend der blauen Skala am Rand. Die Temperaturen sind als orangerotes Band dargestellt. Die obere Grenze entspricht der durchschnittlichen höchsten Tagestemperatur, die untere der durchschnittlichen niedrigsten Nachttemperatur. Die jeweiligen Temperaturwerte sind an den roten randlichen Skalen abzulesen.

In das Klimadiagramm von Tunis sind zusätzlich die Temperatur- und Niederschlagskurven von Kassel gestrichelt eingefügt. Im Vergleich mit den aus Mitteleuropa gewohnten Klimaverhältnissen werden so die Besonderheiten der einzelnen Klimaregionen Tunesiens deutlich.

Die Dauer von Tag und Nacht schwankt in Tunesien nicht so stark wie in den höheren Breiten Deutschlands. Im Mittel ist im Sommer der Sonnenaufgang eine Stunde später und der Sonnenuntergang eine Stunde früher als in Deutschland. Die Dämmerung ist nur halb so lang. Umgekehrt ist der Tag im Winter in Tunesien entsprechend länger. In den Übergangsjahreszeiten gleichen sich die Tageslängen.

Nördliche Klimazone

Im nördlichen, gebirgigen Teil Tunesiens herrscht ein mediterranes Klima mit einem trockenen und heißen Sommer sowie einem relativ feuchten und milden Winter. Dieser jahreszeitliche Wechsel ergibt sich daraus, daß im Sommer die subtropische Hochdruck- und Trockenzone und im Winter die außertropische Westwindzone der gemäßigten Breiten, die sich mit dem Sonnenstand verschieben, wetterbestimmend sind.

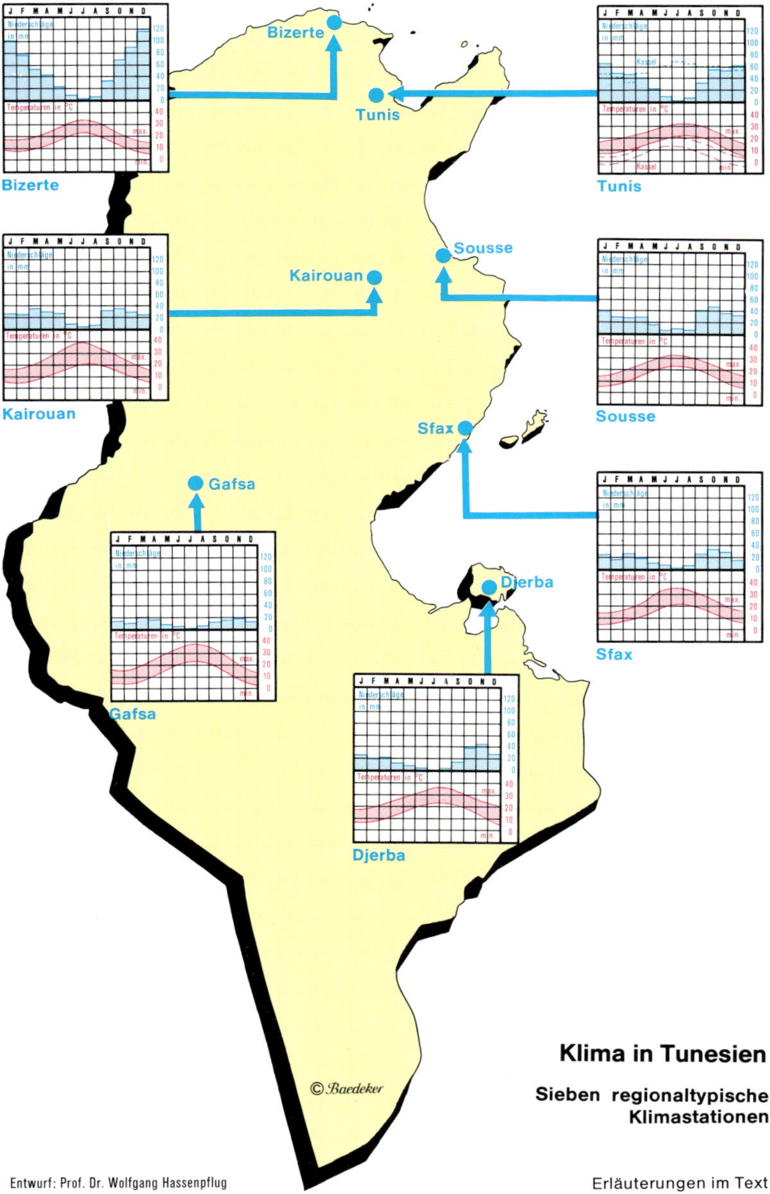

Klima

Klima in Tunesien

Sieben regionaltypische Klimastationen

Entwurf: Prof. Dr. Wolfgang Hassenpflug

Erläuterungen im Text

Klima

Übergang von der Djeffara-Ebene ins Dahar-Bergland

Nördliche Klimazone (Fortsetzung)

Wegen der Lage am Südrand der mediterranen Klimazone sind in Tunesien die subtropischen Einflüsse stärker als in den europäischen Mittelmeerländern.

Im Winterhalbjahr kommen vom nordwestlichen Mittelmeer feuchte Luftmassen und regnen sich – meist in heftigen Güssen – an den Gebirgszügen der Dorsale ab. Um Ain Draham (739 m hoch gelegen, 1 537 mm Niederschläge im Jahr) liegt der feuchteste Landesteil. Sowohl küstenwärts in niedrigerer Lage wie weiter südlich in küstenfernerer Lage und schließlich an der Ostküste sind die Niederschläge deutlich geringer (Bizerte 653 mm, Tunis 44 mm).

Auch wenn die Niederschläge in Bizerte denen in Kassel entsprechen, herrscht in Bizerte ein anderes Klima: Die Niederschläge fallen an nur 113 Tagen (Kassel 177), und dies fast nur im Winterhalbjahr. Selbst im feuchten Norden Tunesiens scheint im Winter die Sonne zwei bis dreimal länger als in Deutschland, weil die Bewölkung nicht so geschlossen und anhaltend ist, und weil die mögliche Sonnenscheindauer allein schon wegen der niedrigen geographischen Breite größer ist.

Der Wärmevorrat des Mittelmeeres sorgt im Winter dafür, daß an der Küste auch die nächtlichen Tiefstwerte nicht unter 8°C absinken. Selbst die absoluten winterlichen Tiefstwerte unterschreiten hier kaum den Gefrierpunkt, während sie im wüstenhaften Inneren des Südens bis auf $-4°C$ absinken können. Die winterlichen Tageshöchstwerte liegen bei 15°C. In höheren Gebirgslagen kann dagegen an bis zu 40 Tagen Schnee fallen.

Im Sommer gibt es an der Nordküste (Bizerte) etwa 40 heiße Tage (Maximum über 30°C), in Tunis sind es bereits 76 Tage; im übrigen bleiben die Höchsttemperaturen unter 30°C. Die nächtlichen Tiefstwerte liegen mit 20°C etwa 4°C unter der Wassertemperatur des Mittelmeeres.

Die Höhenlagen des Gebirges bieten auch im Sommer niedrigere Temperaturen und wurden deshalb von Franzosen gerne zur Sommerfrische aufgesucht.

Klima

In einer schmalen Übergangszone südlich der Dorsale vollzieht sich der klimatische Übergang zur Wüstensteppe, in der Niederschlagsmenge und Zahl der Regentage nach Süden hin ab- und die Zahl der heißen Tage zunehmen, bis etwa in der Breitenlage des Schott Djerid und des Berglands von Matmata der Übergang zur Vollwüste erfolgt.

Mittlere Klimazone

Im Unterschied zu Mitteleuropa weichen in Tunesien wie in allen Ländern an der Trockengrenze die tatsächlichen Niederschlagsmengen stark von den Durchschnittswerten ab. So fielen hier im feuchten Winter 1958/1959 doppelt so viele und im trockenen Winter 1960/1961 nur halb so viele Niederschläge wie im Durchschnitt. Für rentablen Regenfeldbau (ohne Bewässerung) sind 400 mm Niederschlag erforderlich. In trockenen Jahren liegt diese Grenze weit im Norden der Übergangszone, in feuchten ist sie nach Süden verschoben.

Wenn es regnet, geschieht dies vielfach in Form von sintflutartigen Regenfällen. In 24 Stunden kann schon einmal doppelt so viel Niederschlag fallen wie sonst im ganzen Monat. Das meiste Wasser fließt sehr schnell ab, und nur ein kleiner Teil versickert und kommt so dem Feldanbau zugute.

In einem schmalen Küstensaum wirkt das Meer temperaturausgleichend und feuchtigkeitsbringend. In Sousse fallen noch 331 mm Niederschlag an 69 Tagen des Jahres (davon 7 zwischen Juni und August). Im nördlicher gelegenen Hammamet sind es etwas mehr, im südlicher gelegenen Sfax sind es nur noch 203 mm an 43 Tagen (davon 4 zwischen Juni und August). Die sommerlichen Temperaturen liegen in Sousse kaum 1°C über denen der Nordküste (Bizerte), wohl aber ist wegen geringerer Bewölkung und Niederschläge die Sonnenscheindauer größer als dort.

Das westlich anschließende Binnenland ist sowohl gegenüber dem Osten wie gegenüber dem Norden deutlich trockener. Vom Mittelmeer im Osten ist es zu weit entfernt, und im Norden ist es durch die Gebirgszüge abgeschirmt, an denen die vom Meer kommenden Luftmassen aufgestiegen und abgeregnet sind, bevor sie hier auf der Leeseite unter Wolkenauflösung wieder absinken. Im Winter sind die Fallwinde (Djebili) kalt, trocken und stürmisch und schädigen die Vegetation.

In Kairouan, das immerhin noch recht weit im Nordosten liegt, fallen nur 298 mm an 53 Tagen des Jahres (davon 6 zwischen Juni und August).

Die geringere Luftfeuchtigkeit begünstigt wiederum große tägliche und jährliche Temperaturschwankungen (das Temperaturband im Diagramm ist breit und durchgebogen). Die täglichen Höchstwerte der Temperatur im Juli und August überschreiten in Kairouan 37°C und liegen damit 7°C über den Werten der Nordküste. Kairouan verzeichnet von allen Meßstationen die größte Zahl heißer Tage (121). In der trockenen Luft sind diese Temperaturen aber noch relativ gut zu ertragen.

Im Süden werden zunehmend südliche und südwestliche Winde wirksam, besonders im Frühjahr und Sommer, die als Schirokko (tunesisch Chehili) die trockene Hitze der Sahara herantragen und einen Temperaturanstieg um 10°C und ein Absinken der Luftfeuchtigkeit um 10 bis 15 % bewirken können. Kairouan hat 31 Schirokko-Tage, Sousse 3 bis 4 und Tunis etwa einen halben Tag.

Südliche Klimazone

Feuchte Meeresluftmassen aus östlichen Richtungen werden vom Chergui ins Land getragen. Er ist für Djerba, den Sahel und die südtunesische Schichtstufenlandschaft von Matmata der Hauptniederschlagsbringer und kann auch Schwüle bewirken. In Gabès weht der Chergui an bis zu 125 Tagen des Jahres. Wenn es dabei regnet, so ist es ein feiner, anhaltender Regen, der gut versickern kann und deshalb wertvoll für die Bodennutzung ist, insbesondere im Frühjahr.

Die Insel Djerba kann klimatisch durchaus noch zur Übergangszone des mittleren Tunesiens gezählt werden. Die Niederschläge liegen höher als auf dem Festland (209 mm an 40 Tagen des Jahres). Im Vergleich zum Norden liegen die Temperaturen 2 bis 3°C höher, so daß der Sommer heißer und der Winter noch milder ist.

Pflanzen und Tiere

Südliche Klimazone (Fortsetzung)

Auf dem Festland hat ein 100 km breiter Küstenstreifen noch 200 bis 100 mm Jahresniederschlag (Gabès 180 mm an 34 Tagen); nur das Bergland von Matmata ist etwas feuchter.
Landeinwärts erfolgt der Übergang zum Vollwüstenklima. An Schott Djerid und Erg unterschreiten die jährlichen Niederschläge 100 mm. In Tozeur fallen 94 mm Niederschlag im Jahr, aber 1618 mm könnten verdunsten. Die Zahl der heißen Tage (mit Höchsttemperaturen über 30°C) steigt von Gabès nach Gafsa von 71 auf 114. In der trockenen Luft werden hier die größten täglichen und jährlichen Temperaturschwankungen ganz Tunesiens erreicht. In Gafsa liegen die durchschnittlichen Januartemperaturen mittags bei über 14°C und nachts bei 4°C, im Juli bei 38°C bzw. 21°C.
Seltene Extremwerte übersteigen im Sommer mittags 50°C und unterschreiten im Winter nachts −5°C. Der Gefrierpunkt wird in Gafsa in Winternächten im Mittel sechsmal im Jahr unterschritten.

Nach Süden hin, in dem von Touristen nicht mehr besuchten Wüstenteil Tunesiens, nehmen die Temperaturschwankungen noch weiter zu. Im äußersten Süden liegen im Sommer die durchschnittlichen täglichen Höchsttemperaturen bei 43°C, während es sich nachts auf 22°C abkühlt. Im Januar pendelt das Thermometer hier im Laufe eines Tages zwischen 3 und 18°C. Auch die durchschnittlichen Niederschläge gehen weiter zurück. Im äußersten Süden sind es noch 27 mm, verteilt auf 7 Tage.
Die Sonnenscheindauer steigt auf kaum noch zu überbietende 3382 Stunden.
Die extremen Bedingungen des Wüstenklimas erfordern unbedingte Anpassung, sowohl in der Kleidung (Sonnen- und Kälteschutz) wie auch in der Wasserversorgung. Auch ohne ausgeprägtes Durstgefühl verdunstet der Mensch bei der trockenen Luft und den hohen Temperaturen soviel Wasser, daß es schnell zum Kollaps kommen kann.

Pflanzen und Tiere

Natürliche Vegetation

Tunesiens Tier- und Pflanzenwelt ist von der geographischen Lage und dem Klima, v. a. dem Niederschlagsgeschehen abhängig, somit zeigt sich auch hier der Übergang von mediterraner zur saharischen Vegetation.
Fast zur Hälfte seiner Fläche ist Tunesien ein Mittelmeerland mit uns bekannten Pflanzen und Tieren, die Wüste bildet jedoch eine unüberwindbare Grenze zwischen europäischer und afrikanischer Vegetation.
Knochenfunde und Felszeichnungen aus vorgeschichtlicher Zeit, die im Hoggar- und Tassili-Massiv gefunden wurden (im Bardo-Museum in Tunis zu sehen) belegen, daß die Sahara in der Alt- und Mittelsteinzeit, vor 500 000 bis vor 7 000 Jahren, ein fruchtbares Land war, in dem Büffel, Elefant, Nashorn und Giraffe heimisch waren.

Flora

Der Pflanzenwuchs war aufgrund des feuchten, kühlen Klimas urwaldartig dicht. Als der Mensch jedoch anfing, den Boden zu bearbeiten, griff er größtenteils rücksichtslos in das natürliche Gefüge ein und hat es seitdem grundlegend verändert. Von den damals kultivierten Pflanzen finden sich heute noch die Feige (Ficus Carica), der Weinstock (Vitis Vinifera) und der Johannisbrotbaum (Ceratonia Siliqua). Die Olivenbäume (Olea Europaea) wurden bereits von den Phöniziern mitgebracht (siehe unten), der häufig anzutreffende Feigenkaktus (Opuntio Ficus Indica) erst im 16. Jh. von den Spaniern aus Mittelamerika eingeführt.
Rodungen zur Gewinnung von Ackerland, Holzschlag sowie Überweidung haben nachhaltig dafür gesorgt, daß vom einst dichten Baumbestand im Norden heute nicht mehr allzuviel übriggeblieben ist. Die wohl einzige Ausnahme bildet der Kroumirie genannte westliche Abschnitt des Küsten-

Pflanzen und Tiere

Olivenbaumhain in der Nähe von Sfax

Tells. Im regenreichsten Gebiet Tunesiens finden sich heute noch ausgedehnte natürliche Stein- und Korkeichen- sowie Aleppokiefernwälder. Aber bereits im östlich anschließenden Mogod-Gebirge ändert sich das Bild grundlegend. Schon in römischer und punischer Zeit wurden hier die Wälder radikal abgeholzt. Geblieben ist als Vegetation nur die im gesamten Mittelmeerraum bekannte, niedrigwachsende Garigue (v. a. stark duftende Gewächse wie Thymian, Lavendel, Minze) sowie die Macchia, ein höherwachsendes, immergrünes Hartlaubgestrüpp (von 2 bis 4 m Höhe), durchsetzt mit Myrthe, wilden Oliven, Ladanstrauch, Erdbeerbaum und Baumheide. Selbst auf dem Cap Bon, dessen einstige Wälder vor den Toren Karthagos sich als Schiffsbaumaterial regelrecht anboten, findet sich heute v. a. diese Formation.

Oberhalb von Tunis, im Mündungsgebiet des Oued Medjerda und am südlichen Ufer des Ichkeul-Sees finden sich ausgedehnte Sumpflandschaften.

In der Zentraltunesischen Steppe wachsen nur noch Pflanzen, die Hitze, Wasserknappheit und nächtliche Kälte aushalten. Dazu zählen vor allem Halfagras (Stipa Tenacissima), sowohl auf Feldern als auch wild, ein Exportgut, aus dem u. a. Papier hergestellt wird, Akazienbüsche und -bäume sowie verschiedene Palmen- und Kakteenarten, hierunter sind die Feigenkakteen am verbreitetsten. Sie bilden regelrechte 'Inseln' und werden gerne als natürliche Hecken verwendet.

In der steppenhaften weiten Ebene um Kairouan wachsen Halfagras-Monokulturen, die im Küstenstreifen zwischen Hammamet im Norden und Sfax im Süden von Olivenbaumhainen abgelöst werden.

Der Oliven- oder Ölbaum, Olea Europaea, gehört neben der Dattelpalme zu den wichtigsten Nutzpflanzen Tunesiens (rund 30 Mio. Bäume). Um 600 v. Chr. wurde er von phönizischen Kaufleuten nach Tunesien gebracht, und noch heute wird er nach den Vorschriften des Karthagers Mago angepflanzt: Die einzelnen Bäume werden schachbrettartig, im gleichen

Flora
(Fortsetzung)

Olivenbaum

Pflanzen und Tiere

Blühende Mimosen und ...   *... Feigenkakteen*

Olivenbaum (Fortsetzung)
: Abstand (22 m) voneinander eingesetzt. Nach zwanzig Jahren kann ein 8 bis 10 m hoher Baum – je nach Alter und Niederschlagsmenge – zwischen vier und acht Kilo Öl einbringen. Die Früchte werden im November von Leitern aus gepflückt und als Öl oder konservierte Frucht exportiert. Die Kerne werden zu Viehfutter, Dünger oder Seife verarbeitet.

In der Wüste
: Die Wüste macht mit 45 000 km^2 ein Viertel der tunesischen Oberfläche aus. Hier wachsen Pflanzen, die Wasserlosigkeit, sengende Sonne und den teilweise hohen Salzgehalt im Boden aushalten können wie Agaven, Disteln, Kakteen sowie Dornsträucher. Entlang der Oueds, die Feuchtigkeit speichern können, trifft man auf Tamarisken (Tamarix), Oleander (Nerium Oleander) und Dattelpalmen (Phoenix Dactylifera), die mit ihren Wurzeln tief in den Boden eindringen können. Die von den Römern "dunkle Flecken im Fell des Leoparden" genannten Oasen sind aufgrund künstlicher Bewässerung blühende Gartenlandschaften. In einer sogenannten Etagenkultur wachsen v.a. Dattelpalmen, im 'Stockwerk' darunter Obstbäume (Aprikosen, Pfirsiche, Granatäpfel, Bananen, Feigenbäume, Zitrusfrüchte, Oliven), in deren Schatten wiederum Gemüse, Tabak und Getreide gedeihen. Zunehmender Grundwassermangel und Erosion tragen jedoch zur stetigen Ausbreitung der Wüste bei. Mit Aufforstung, Dünenwällen und künstlichen Bewässerungsmaßnahmen versucht man, diese Entwicklung aufzuhalten.

Dattelpalme
: Die Dattelpalme (Phoenix Dactylifera), die ursprünglich aus Persien und Arabien stammt, wird auch im Süden Tunesiens millionenfach angepflanzt. Die Palme, die bis zu 200 Jahre alt werden kann, ist eingeschlechtlich. Damit die Palmen Früchte tragen, müssen die weiblichen Palmen im Frühjahr von Hand bestäubt werden. Dazu werden die kleinen, gelben männlichen Fruchtstände auf die weiblichen Fruchtstände gebunden. Auf diese Art können rund 200 weibliche Palmen von einer männlichen Palme befruchtet werden.

Pflanzen und Tiere

Eine Palme kann, je nach Sorte, zwischen 30 und 100 kg Datteln pro Erntejahr erbringen. Sie ist sowohl Grundnahrungsmittel wie auch Erwerbsprodukt. Exportiert wird nur die 'Deglat en Nour' ('Finger des Lichts') genannte Spitzenqualität. Darüber hinaus werden aus den Palmenkernen Kaffeeersatz und Viehfutter gewonnen, der Stamm zu Möbeln, Dachbalken und Fournieren verarbeitet, aus den Fasern Seile gedreht. Die langen, verzweigten und zusammengebundenen Palmblätter dienen als Palisadenschutz vor der sich ausdehnenden Wüste.

Großer Beliebtheit erfreut sich auch der Palmensaft (Laghmi oder auch Legami), der innerhalb von 24 Stunden zum Palmenwein wird. Bei seinem Genuß sollte sowohl die berauschende als auch die auf die Verdauung schlagende Wirkung bedacht werden.

Dattelpalme (Fortsetzung)

Fauna

Ähnlich wie die Vegetation ist auch die Fauna Tunesiens seit der Antike drastisch reduziert worden. Starke Besiedelung, Abholzung und Klimaveränderungen haben dafür gesorgt, daß Löwen, Leoparden, Elefanten, Strauße und Bären schon lange aus dem ganzen nördlichen Afrika verschwunden sind. Zum einen wurde ihnen von den Puniern und vor allem von den Römern rücksichtslos nachgestellt, zum anderen wurden die verbliebenen Restbestände während der französischen Protektoratszeit vernichtet. Fast ausgestorben sind Strauß, Panther, Wasserbüffel, Atlas- oder Berberhirsch, Mähnen- oder Muffelschaf, Wald- und Wüstenfuchs, gestreifte Hyäne, Berggazelle, Trappe, Mönchsrobbe und Wüstenwaran. Jedoch sind aussterbende Tierarten ein Zeichen für die zunehmende Zerstörung der Welt, die ja auch alle Bewohner trifft. Seit 1957, dem Jahr der Unabhängigkeit, bemüht sich der tunesische Staat deshalb, die bedrohte Umwelt durch Gesetze und die Einrichtung von Naturschutzgebieten zu schützen (⟶ Praktische Informationen, Naturparks).

Überall anzutreffen: Esel

Storchennest im Nordwesten des Landes

Pflanzen und Tiere

Fauna
(Fortsetzung)

Im Sumpfgebiet um den Ichkeul-See soll der bis auf wenige Exemplare (gegenwärtig rund 20 Stück) ausgestorbene Wasserbüffel überleben, Tunesiens größtes Säugetier, etwa 1,80 m hoch und 1200 kg schwer. Im bewaldeten Nordwesten, zwischen Tabarka und Ghardimaou zeigt sich ab und zu wieder der sehr scheue Atlashirsch; auch leben hier große Herden von Wildschweinen, deren Nachkommen, die Frischlinge, eine willkommene Beute der Goldschakale sind. In höheren Bergregionen haust die Ginsterkatze; weiterhin leben hier Rotfuchs, im Medjerda-Tal Fischotter, Stachelschwein und Tunesiens kleinstes Säugetier, die knapp vier Zentimeter große Zwergspitzmaus. Im Gebiet des Djebel Chambi lebt vereinzelt und gesetzlich geschützt das Mähnen- oder Muffelschaf, ein weitläufiger Verwandter der Ziege. Es trägt ein schweres, nach außen gebogenes Gehörn sowie die vom Kinn bis über die Brust hinabreichende, namengebende Halsmähne.

Weiter südlich trifft man bisweilen nachts auf die Springmaus, die, wenn sie auf ihren langen Hinterbeinen steht und sich mit dem Schwanz abstützt, an die Miniaturausgabe eines Känguruhs erinnert. Sie gilt bei Menschen und Tieren gleichermaßen als Delikatesse und lebt sehr versteckt. In den Halfagrassteppen lebt die gestreifte Hyäne in Höhlen. Sie ernährt sich von Kabylhunden sowie Ziegen und Eseln, die sich verklettert haben. Am Rande der Sahara trifft man mit etwas Glück auf den großohrigen Fennek, den Wüstenfuchs, mittlerweile ebenfalls gesetzlich geschützt, da der Handel mit ihm überhand nahm.

Auch die ehemals in Tunesien weit verbreiteten Gazellen sind heute eine Seltenheit geworden. Dorkasgazellen und Addaxantilopen kommen vereinzelt nur noch in den saharischen Südgebieten vor.

Zwei besonders wichtige Refugien für bedrohte Tierarten sind die La-Galite-Inseln vor der Nordküste sowie die dem Cap Bon vorgelagerten Inseln Zembra und Zembretta mit den letzten Mönchsrobbenkolonien im gesamten Mittelmeerraum.

Weidende Schafe in der Zentraltunesischen Steppe

Pflanzen und Tiere

Neben Ziegen, Schafen, Eseln und Maultieren ist vor allem das Dromedar (Camelus Dromedarius) ein mittlerweile zwar seltener gewordenes, jedoch aus Tunesien nicht wegzudenkendes Nutztier, dem der folgende Exkurs gewidmet ist.
Die im Gegensatz zum zweihöckerigen Kamel einhöckerigen Dromedare (Verbreitungsgebiet Nordafrika und Südwestasien) sind über Jahrtausende hinweg die (Über-)Lebensgrundlage der Sahara-Nomaden gewesen. Die rund 3 m langen, 2,20 m schulterhohen Tiere wurden vor etwa 2000 Jahren aus Arabien eingeführt. Sie sind ausgesprochen genügsam und können 14 Tage lang ohne Wasser auskommen, um dann 150 l Wasser auf einmal zu trinken. Den mageren Winter kann der Pflanzenfresser mit einfachsten Dornenpflanzen bestreiten; im Sommer bietet die kurzzeitig grüne Sahelzone einen Ausgleich für die ermangelten Nährstoffe. Ein weiteres Merkmal dieser Gattung ist ihr Paßgang, beide Beine einer Körperseite werden gleichzeitig bewegt.
Das Dromedar diente und dient vereinzelt immer noch den Nomaden als Fortbewegungs- und Transportmittel. Es kann Lasten bis zu 250 kg tragen und bis zu 40 km am Tag damit zurücklegen. Erst der LKW bietet dem Wüstenschiff ernsthafte Konkurrenz.

Jedes Jahr überwintern auch Millionen Zugvögel in Tunesien. An den Binnenseen und Sebkhas sowie auf dem Cap Bon leben außer den zahlreichen Singvögelarten Waldohreulen, Bussarde, Falken und Sperber. Im Nordwesten Tunesiens trifft man auf zahlreiche Störche, und nirgendwo in Nordafrika gibt es so viele Graugänse wie am Ichkeul-See. Im Frühjahr brüten unzählige Flamingos an allen Salzseen des Landes.

Von den 22 Schlangenarten, die in Tunesien leben, werden nur fünf zu den giftigen gezählt. Im Hügelland des Nordens lebt die Levanteotter; in Zentraltunesien die afrikanische Wald- oder Schwarzweiße Kobra, die mit 2,5 m wohl die längste ihrer Gattung ist; Horn- und Sandviper kommen im heißen Süden vor. Sie leben v. a. auf dem Boden, einige graben sich in den Sand ein. Die Hornviper erkennt man an den aufrechten Schuppen über den Augen. Vipern tragen ein dunkles Zickzackband längs der Rückenmitte. Der harmlosen Vipernatter, die in vielen Landesteilen anzutreffen ist, wird häufig ihre Zeichnung zum Verhängnis, man verwechselt sie mit einer giftigen Viper.

Die Skorpione gehören zur Gruppe der Arachniden (Gliederspinnen) und zeichnen sich durch einen mit der Brust zusammengewachsenen Kopf und einen gegliederten Unterkörper aus (s. Abb. S. 281). Der aus mehreren getrennten Gliedern geformte Schwanz endet in einem giftigen, zum Kopf hin gebogenen Stachel. Von den zehn in Tunesien bekannten Skorpionarten sind zwei ganz besonders gefährlich.
Der Skorpion sucht die Nähe der Menschen, lebt unter Steinen, in trockenem Abfall, tagsüber ruht er, nachts ist er auf Futtersuche (Insekten, v. a. Spinnen), dabei gerät er leicht in Wohnräume. Besonders aktiv ist er während der Monate Juni bis Ende September. Der Skorpion greift nicht vorsätzlich an, sticht aber, sobald er sich bedroht fühlt.
Der gefährlichste Skorpion ist der Androctonus Australis. Er wird 10 cm lang, seine Farbe ist ein graues Gelb, die Unterseite dunkler, die länglichen Scheren fast schwarz. Man trifft ihn vor allem in dem Gebiet zwischen Foum Tatahouine im Süden, Gafsa im Westen sowie Kairouan und Sousse im Norden.
Der Buthus Occitanus ist feingliedriger und wird nicht größer als 7,5 cm. Sein Körper einschließlich der Scheren ist strohgelb, zum Hinterteil wird er etwas dunkler. Sein Stich ist ebenfalls sehr gefährlich. Im Gebiet zwischen Hammamet und Le Kef im Norden und der Sahara im Süden ist er verbreiteter als der erstgenannte.

Sofortmaßnahmen nach einem Skorpionstich → Praktische Informationen, Gesundheitsvorsorge.

Dromedar

Vögel

Schlangen

Skorpione

Sofortmaßnahmen

Bevölkerung

Strukturdaten

Bevölkerungszahl und Bild

Tunesien zählt gegenwärtig rund 9,5 Mio. Einwohner. Diese Zahl stammt vom Ende des Jahres 1998.
Das Straßenbild bestimmen nicht mehr die Frauen, die einen weißen, bodenlangen Umhang tragen, den Sefsari, der zugleich das Gesicht halb verdeckt. Vor allem im Norden des Landes und in den größeren Städten begegnet man vielen europäisch gekleideten Frauen. Die bei den Männern einst weit verbreiteten Chechias (auch Sheshias), die roten Filzkappen, sind seltener geworden. Aber immer noch ist nach ihnen eine Straße in der Medina von Tunis benannt. Im Souk ech Chechia gibt es zahlreiche auf ihre Herstellung und ihren Verkauf spezialisierte Läden.

Bevölkerungsdichte und Verteilung

Die durchschnittliche Bevölkerungsdichte Tunesiens beträgt 58,6 Einwohner je km^2. Das scheint, verglichen mit bundesdeutschen Verhältnissen (224 Einw./km^2), außerordentlich wenig zu sein. Die Bevölkerung ist jedoch nicht gleichmäßig verteilt, es bestehen starke regionale Unterschiede. Zum einen herrscht ein deutliches Nord-Süd-Gefälle sowie ein traditioneller Gegensatz zwischen Stadt und Land.
Im ausreichend beregneten, mediterranen Norden leben rund 50 % der Gesamtbevölkerung auf 20 % der Landesfläche. Weitere 20 % leben im tunesischen Sahel um Sousse und Sfax auf 10 % der Fläche. Die übrige Bevölkerung verteilt sich über die restlichen 70 % der Landesfläche, wobei die Dichte von Norden nach Süden stark abnimmt. Der äußerste Süden der Sahara ist fast vollkommen unbesiedelt. Der Raum Tunis besitzt entsprechend eine Bevölkerungsdichte von etwa 850 Einwohnern/km^2, und im Sahel sind es immerhin noch 90 Einwohner/km^2. Im Jahr 1983 arbeiteten rund 400 000 Tunesier im Ausland, v. a. in Frankreich, daneben aber auch in Deutschland, Belgien und Italien.

Landflucht

Um die Mitte des 19. Jh.s lebten nur etwa 10 % der Tunesier in Städten. 75 % waren seßhafte Bauern, und die restlichen 15 % gehörten zur Gruppe der Nomaden. Mit der Ankunft der Europäer änderten sich jedoch die Zustände: Nicht mehr die Selbstversorgung, sondern die auf Export ausgerichtete, gewinnbringende Landwirtschaft setzte sich durch. Es entstanden große Domänenwirtschaften, die in immer stärkerem Maße mit modernsten Maschinen bebaut wurden. Die Arbeitskräfte sparende Technik führte dazu, daß der größte Teil der ohnehin stark angewachsenen Zahl ländlicher Arbeitskräfte überflüssig wurde. Diese Schicht überflutete die Städte und drückte und drückt immer noch auf die dortigen Arbeitsmärkte. Der Anteil der städtischen Bevölkerung wuchs von 40,1 % (1966) auf ca. 58 % (1998). Obwohl die Regierung versucht, die Landflucht durch Entwicklung der ländlichen Gebiete (Gesundheits-, Bildungs- und Sozialpolitik) einzudämmen, hält diese Entwicklung an.

Städte

Mit wenigen Ausnahmen liegen sämtliche Städte in den Küstengebieten. Größte Stadt ist Tunis mit rund 1 Mio. Einwohnern (alle Zahlen entstammen einer Zählung von 1994), im Großraum Tunis leben rund 3 Mio. Menschen. Zweitgrößte Stadt ist Sfax (232 000), gefolgt von Bizerte (94 500), Djerba (92 300), Gabès (92 300), Sousse (110 000), Kairouan (75 000), La Goulette (61 600), Gafsa (61 000), Kasserine (50 000), Béja (50 000) und Nabeul (40 000). Die Städte Le Kef, Monastir und Mahdia zählen jeweils rund 30 000 Einwohner.

Bevölkerungswachstum

Das jährliche Bevölkerungswachstum Tunesiens liegt bei 2,4 %, bezogen auf die durchschnittliche Entwicklung zwischen 1980 und 1991. Die Geburtenrate lag in diesem Zeitraum bei 3,3 %, während sich die Sterberate bei nur 0,9 % bewegte. Die Säuglingssterblichkeit liegt bei 8,3 % (Deutschland 1,1 %), und die Lebenserwartung beträgt 69 Jahre (Deutschland 75 Jahre).

Bevölkerung

1870 besaß Tunesien eine geschätzte Einwohnerzahl von 1,5 Millionen. 1906 gab es bereits 2 Mio. Tunesier, und heute sind es 8,8 Millionen. Die Ursachen für diese Bevölkerungsexplosion sind ähnlich geartet wie in den meisten anderen Entwicklungsländern: rapide Verbesserungen der hygienischen Verhältnisse und der medizinischen Versorgung durch direkte oder indirekte Einflußnahme der industrialisierten Länder, im Falle Tunesiens der Franzosen seit der Protektoratszeit 1881. Aber anders als in den Industrieländern selbst konnte in den Entwicklungsländern die wirtschaftliche Entwicklung, d. h. die Industrialisierung, nicht mit dem Bevölkerungswachstum Schritt halten. In Tunesien war es die Protektoratsmacht Frankreich, die eine Industrialisierung des Landes verhinderte.

Bevölkerungswachstum (Fortsetzung)

Tunesien war für Frankreich ein ausgesprochener Rohstofflieferant, und als solcher hatte der Agrarsektor zu lange die wichtigste Rolle im Wirtschaftsleben des Landes gespielt. Die Schere zwischen Bevölkerungsexplosion einerseits und wirtschaftlicher Stagnation andererseits öffnete sich immer stärker, so daß Tunesien ein Entwicklungsland wurde. Nicht unerheblich dürfte außerdem der Einfluß des Islam sein, wonach Kinderreichtum ein Segen ist. Jedoch werden in Tunesien von seiten der Regierung große Anstrengungen zur Geburtenregelung und Familienplanung unternommen.

Die Arbeitslosigkeit ist eines der größten Probleme der tunesischen Volkswirtschaft, gegenwärtig soll sie ca. 18 % betragen (seit 1998 werden keine offiziellen Zahlen mehr genannt). Andere Schätzungen gehen von 25 und mehr Prozent aus. Davon sind v. a. Jugendliche und ländliche Gebiete besonders stark betroffen. Diese Entwicklung wird zusätzlich durch die ungünstige Konjunktur in den westlichen Ländern sowie durch die Konflikte mit Libyen verschärft, da Westeuropa und Libyen ehemals begehrte Ziele von tunesischen Fremdarbeitern waren.

Arbeitslosigkeit

Bis 1979 waren in der Land- und Forstwirtschaft sowie der Fischerei die meisten Erwerbstätigen beschäftigt. Seit 1984 hat u. a. die Landflucht dazu geführt, daß mittlerweile über 60 % der Erwerbstätigen im produzierenden Gewerbe beschäftigt sind, hierbei verzeichnet das Baugewerbe die höchsten Zuwachsraten.

Ethnische Zusammensetzung

Neben kleinen Minderheiten von Franzosen, Italienern und Maltesern besteht die tunesische Bevölkerung zu etwa 95 % aus Arabern und arabisierten Berbern. So einheitlich arabisch, wie sich Tunesien auf den ersten Blick gibt, ist es jedoch nicht, und manche Gesichter weisen darauf hin, daß die Tunesier aus verschiedenen ethnischen Wurzeln hervorgegangen sind.

Allgemeines

Die ursprünglichen Bewohner Tunesiens waren Berber, die heute jedoch nur noch eine unbedeutende Minderheit darstellen. Sie wurden im Laufe der Jahrtausende durch eine Vielzahl fremder Völker ethnisch überlagert und assimiliert. Rund 1000 v. Chr. kamen die semitischen Phönizier, die schließlich von den Römern besiegt wurden. Diese wurden von den Vandalen abgelöst. Ab dem 7. Jh. drangen arabische Eroberer aus dem Orient ein, und eine umfassende Arabisierung setzte ein. Zwischen dem 13. und 17. Jh. wanderten viele Andalusier auf der Flucht vor der Reconquista, der Wiedereroberung Spaniens durch christliche Heere, nach Tunesien ein, darunter auch zahlreiche Juden.

Geschichtliche Zusammenfassung

In den folgenden Jahrhunderten wurde Tunesien von den Türken, Spaniern und schließlich Franzosen beherrscht, die ihrerseits jeweils Einfluß auf das Bevölkerungsbild ausübten. Auch sorgte der rege Sklavenhandel mit Schwarzafrika für eine weitere Bereicherung des Völkergemischs.

Bevölkerung

Berber

Herkunft

Die Ureinwohner Tunesiens sind die Berber, deren Geschichte und Herkunft nach wie vor im Dunkeln liegt. Bekannt ist nur, daß sie bereits 3000 Jahre vor den Phöniziern Nordafrika bis tief in die Sahara hinein besiedelten und daß die Numidier, die Garamanten und die alten Libyer ihre Vorfahren waren. Von diesen berichten nämlich ägyptischen Quellen um 3000 v.Chr., daß sie Nordafrika bis zu den kanarischen Inseln und die Sahara hinein besiedelt haben. Die Berber selber nennen sich Imazighen und leiten ihre Herkunft aus einer Legende ab, die besagt, daß ein südarabischer König, 'Afriqus', der aus dem Geschlecht der Himjariter und Sabäer stammte, zur Zeit des Moses oder etwas früher vom Jemen aus bis nach Nordafrika zog und es eroberte. Einen Teil seiner himjaritischen Truppen siedelte er hier an. Diese vermischten sich mit den nordafrikanischen Völkergruppen, und die daraus hervorgegangenen Nachkommen waren die großen Berberstämme der Masmuda, Sanhadsha und Zenata. Die Berber Südtunesiens gehören zu den Zenata.

Ihre Sprache zählt zur hamito-semitischen Sprachfamilie, zu der außerdem noch das Altägyptische, die semitischen Sprachen der Araber, das Hebräische, einige Sprachen in Kamerun, Tschad und Nigeria sowie die kuschitischen Sprachen (in Teilen Somalias und Äthiopiens gesprochen) gehören.
Ihre Bezeichnung als Berber geht auf das griechische Bárbaroi (lateinisch barbari = Fremde, Bärtige) zurück, das über das arabische Berbri zu dem heutigen Begriff führte.
Die Berber haben keine eigene Schrift.

Stammesorganisation

Die Berberstämme waren und sind teilweise auch heute noch nach der gleichen Sozialstruktur organisiert: Ein Stamm, Kabila oder Taqbilt genannt, besteht aus mehreren (bis zu 15) Fraktionen. Jede Fraktion setzt sich ihrerseits aus mehreren verwandten Sippen oder Großfamilien (Clan) zusammen. Leiter ist der jeweils älteste Stammesangehörige. Alle Ältesten der Familie eines Clans bilden die Ratsversammlung (Djemaa) mit einem gewählten Vorsteher. Die Clans einer Fraktion bilden ihrerseits eine Ratsversammlung mit gewähltem Vorsteher, und das gleiche gilt für die Fraktionen eines Stammes. Während der Stamm nur in Notzeiten oder bei Kriegen geschlossen auftritt, trifft sich eine Fraktion regelmäßig.
Die einzelnen männlichen Mitglieder eines Clans oder einer Fraktion sind in der Djemaa gleichgestellt. So liegt ursprünglich eine fast durchgehend demokratische Organisationsform der einzelnen Einheiten von Stamm und Stämmen, zumindest was die Männer betrifft, vor.

Stellung der Frau

Auch die Frau ist bei den Berbern mit mehr Rechten und Freiheiten ausgestattet als bei den Arabern. Obwohl die Berber auch Muslime sind, zeigen sich mehr Frauen in der Öffentlichkeit unverschleiert, und sie besitzen innerhalb der Familie und des Clans größere wirtschaftliche und soziale Rechte.

Wohnstätten Lebensgewohnheiten

Die wenigsten Berber waren seßhaft, als Nomaden zogen sie mit ihren Schaf-, Ziegen- oder Kamelherden von Weideplatz zu Weideplatz. Sie bauten ihre Unterkünfte aus Stein, gruben sie in Tuffstein oder Kreideböden (Höhlen), flochten sie aus Buschwerk oder webten sie aus Crin (Kamelwolle) zu Zeltbahnen.
Daß sie kein einheitliches Volk, sondern vielmehr aus verschiedenen Stämmen hervorgegangen sind, erklärt auch die verschiedenen Lebensformen und -gewohnheiten, Riten und Dialekte.
Gemeinsam ist ihnen jedoch – außer der Sprache – ein ausgeprägter Hang zum Partikularismus, der einen Zusammenschluß zu einem einheitlichen Staatsgebilde verhinderte und es fremden Eroberern 'leicht' machte, die Herrschaft über sie zu erlangen. Die selbstbewußten Berber lösten aber immer wieder Unruhen aus, weshalb die militärisch überlegenen römi-

Bevölkerung

schen, später arabischen und türkischen Eroberer die Berber in immer entfernter gelegene Gebiete im Süden des Landes zurückdrängten. Seit 600 n.Chr. wurden die Dahar-Höhen, wo sie bis heute überleben, ihr Rückzugsgebiet.

Nach anfänglichen blutigen Auseinandersetzungen vollzog sich seit dem 7. Jh. die Arabisierung und Islamisierung der Berber. Heute gibt es schätzungsweise nur noch knapp 2 % reinrassige Berber, die v. a. auf der Insel Djerba und im Süden der Dahar-Berge leben.

Auch nach der Unabhängigkeit 1957 kam es zu keiner Rückbesinnung auf die ehemalige Bedeutung der nomadischen Kultur, und viel von der jahrtausendealten Tradition ist verlorengegangen.

Erhalten geblieben sind Matmata, ein Dorf aus Höhlenwohnungen der Achèche-Berber, die Ghorfas der Djeffara-Bergnomaden um Médenine, mehrstöckige, um einen Hof angelegte, bienenwabenähnliche Zellen mit Rundbogengewölben, sowie die an einem Kreideberg klebenden Berberbehausungen in Chenini. Jedoch läßt die Entwicklung befürchten, daß sie in absehbarer Zeit zu Ferienwohnungen für abenteuerlustige Touristen umgebaut werden und die Berber ihre kulturelle Identität nur noch in folkloristischen Darbietungen 'am Leben erhalten'.

Lebensgewohnheiten (Fortsetzung)

Araber

Die ersten Araber kamen im 7. Jh. n.Chr., und ihre im Namen des Islam geführten Eroberungszüge brachten sie bis nach Spanien; als zweite Gruppe drangen im 11. Jh. die arabischen Beni-Hilal-Nomaden ein. Sie besaßen eine patriarchalische Stammesstruktur und waren Anhänger der islamisch-sunnitischen Religion. Mit dem Beginn der Reconquista im 13. Jh. wanderte eine große Zahl islamischer Europäer nach Nordafrika ein. Die Mehrheit dieser Andalusier oder Mauren genannten Menschen ließ sich in Marokko nieder, viele jedoch auch in Tunesien. Da sie v. a. aus der Oberschicht stammten und gebildet waren, wurden sie bald mit Aufgaben innerhalb der Reichsverwaltung betraut. Sie verstärkten auf diese Weise den arabischen Einfluß auf Sprache, Kultur und Denkweise der Nordafrikaner. Anfang des 17. Jh.s kam es zu einer letzten größeren Einwanderungswelle von Andalusiern, die sich zum größten Teil als Bauern niederließ. Diesmal erlebte die tunesische Landwirtschaft – wie bereits früher die Verwaltung – einen wichtigen Aufschwung.

Juden

Zu den ältesten Minderheiten auf tunesischem Boden gehören die Juden, die seit dem ersten nachchristlichen Jahrhundert Anteil an der Überformung und letztlich Assimilierung der ursprünglich berberischen Bevölkerung haben. Zwei Gruppen haben sich im Laufe der Jahrhunderte in Karthago und auf der Insel Djerba niedergelassen, wo auch heute noch 15 Synagogen stehen, darunter die berühmte La Ghriba. Aufgrund der arabisch-israelischen Konfrontation haben jedoch viele von ihnen das Land zwischenzeitlich verlassen. Heute leben nach unterschiedlichen Quellen noch etwa 12 000 Juden in Tunesien.

Die ersten Juden verließen Palästina bereits 588 v.Chr., als Nebukadnezar die Stadt einnahm, die zweite Gruppe, als der römische Kaiser Titus die Stadt zerstören ließ. Sie schlossen sich verschiedenen Berberstämmen an, die bereits zum Judentum bekehrt waren. Die größte Gruppe stellten jedoch die spanisch-andalusischen Juden, die in mehreren Wellen nach Nordafrika einwanderten, so im 13./14. Jh., im 16. Jh. und zu Beginn des 17. Jh.s zusammen mit den spanischen Moslems, nachdem ein Befehl des spanischen Königs allen Andersgläubigen nur die Wahl zwischen dem Übertritt zum christlichen Glauben oder der Auswanderung gelassen hatte.

Geschichte

Bevölkerung

Geschichte (Fortsetzung)

In der Nähe von Tunis und auf der Insel Djerba gab es schon sehr früh jüdische Gemeinden. Im 11. Jh. wurde ihnen in Tunis ein eigenes Viertel zugewiesen (Hara). Sie mußten jedoch eine bestimmte Kleidung (Käppchen) tragen, durften keinen Grundbesitz erwerben, und es wurde ihnen eine Sondersteuer auferlegt. Da sie nicht zu allen Berufen zugelassen waren, mußten sie ihre Tätigkeiten auf jene beschränken, die den Moslems verboten oder nicht angesehen waren: Geldverleih (gegen Zinsen im Islam verboten), Goldschmiedehandwerk (verboten wegen der Beschäftigung mit Metallen, denen geheimnisvolle Kräfte nachgesagt wurden), Händler- und Ärzteberufe. Sie gelangten durch diese Berufe zu einigem Wohlstand und riefen dadurch, aber auch durch ihre religiöse Sonderrolle, Neid und Habgier hervor. So kam es im Laufe der Jahrhunderte immer wieder zu Einschränkungen ihrer Rechte, Übergriffen und Pogromen. Erst 1857, unter französischem Druck, besserte sich ihre Situation, als eine gewisse Gleichstellung der nichtislamischen Bevölkerung bestimmt wurde. 1881, mit Errichtung des französischen Protektorats, wurden den Juden eigene Organisationen wie die Errichtung von Schulen gestattet. 1956, bei Erlangung der Unabhängigkeit, lebten noch rund 85 000 Juden in Tunesien. Die Gründung des Staates Israel 1948 und der arabisch-jüdische Konflikt im Sechs-Tage-Krieg 1967 führten zu großen Auswanderungswellen.

Städtisches Leben

Antike

Das Leben in der Stadt spielt in Tunesien nicht erst seit dem Einsetzen der Bevölkerungsexplosion eine übergeordnete Rolle. Es hat bereits historische Wurzeln, die bis auf die Antike zurückgehen. Schon in punischer Zeit war der übermächtige Stadtstaat Karthago Mittelpunkt und Zentrum des gesamten Landes. Hier konzentrierten sich die Staatsmacht sowie das wirtschaftliche und kulturelle Leben. Bereits damals hatte das Umland nur Bedeutung als Zulieferer von Rohstoffen und Nahrungsmitteln. Dieses krasse Gefälle zwischen Stadt und Land verstärkte sich noch unter römischer Herrschaft. Die übermächtige Stellung von Karthago wurde weiter ausgebaut, und auch auf dem Land konzentrierte sich das wirtschaftliche und kulturelle Leben auf von den Römern gegründeten städtischen Zentren wie beispielsweise Thysdrus (El Djem) oder Sufetula (Sbeitla). Nur den Stadtbewohnern kam denn auch das Privileg zu, römische Staatsbürger zu sein.

Araber

Die Überbetonung des städtischen Lebens bestand nach der arabischen Invasion Tunesiens weiterhin fort. Die Bauern des Stadtumlandes wurden wie bisher als bloße Rohstoff- und Nahrungsmittellieferanten ausgenutzt, wohingegen sich politisches, religiöses und geistig-kulturelles Leben ausschließlich in den Städten abspielte. Als Gegenleistung gestand man der Landbevölkerung militärischen Schutz bei feindlichen Übergriffen zu, da ein intaktes Hinterland für die Überlebensfähigkeit der Städte unabdingbar war.

Medina

Die islamische Kultur hat einen eigenen Stadttyp hervorgebracht, der auch heute noch in den tunesischen Altstädten deutlich zu erkennen ist. Die Gebote des Korans sowie die weltlichen Machtverhältnisse bestimmten im wesentlichen das Leben des Moslem, und dies spiegelte sich auch in der Gliederung der Medina, wie die Araber ihre Städte nannten, wider.
Ursprünglich entstand sie als befestigtes Militärlager, in das die Zivilbevölkerung in Friedenszeiten nachzog. Im Zentrum stand die Hauptmoschee, wie auch der Koran im Lebensmittelpunkt des Moslems steht. Ebenfalls innerhalb der Stadtmauern befand sich die Kasbah genannte Festung, das weithin sichtbare Symbol weltlicher Macht. Aber ihre zinnenbewehrten Türme und Mauern erhoben sich stets am Rande der Stadt, in gleichermaßen gebührendem und symbolischem Abstand zur Moschee.
Die Residenzen der Herrscher lagen stets außerhalb der Medina, so in Bardo (Tunis) oder in Reqqada (Kairouan).

Bevölkerung

Um die Moschee herum ließen sich die höchstes soziales Ansehen genießenden Händler nieder, die Gewürzhändler, Parfümeure, Buch- und Schmuckhändler. Ihre Läden und Werkstätten wurden in den Souk-Viertel zusammengefaßt. Um diesen Kern legten sich die Werkstätten der übrigen Handwerker und Zulieferer wie Tuchhändler und Schneider, Schmiede, Sattler und Töpfer. Zuletzt folgten die inselförmig konstruierten Wohnviertel der Medinabewohner. In kurzen und von den Hauptstraßen abzweigenden Sackgassen standen eng aneinander gebaute, nach außen verschlossen wirkende Wohnhäuser. Jedes Viertel besaß eine eigene (kleinere) Moschee mit Vorplatz sowie weitere gemeinschaftlich genutzte Einrichtungen wie Bäder (Hammam), Brunnen, Cafés und Läden.
Außerhalb der Stadttore lagen die Foundouks, Lager und Herbergen der Großhändler und Kaufleute.

Medina (Fortsetzung)

Aufgelockert hat sich diese traditionelle Struktur erst seit der Kolonialzeit, als die französischen Protektoratsherren ihre Neustädte (Villes Neuves) rund um die Medina (in europäischer Interpretation Altstadt) erbauten. Das soziale und wirtschaftliche Gefälle zwischen Stadt und Land vergrößerte sich dadurch noch weiter, vor allem im Raum der Hauptstadt Tunis, auf die sich nach wie vor das gesamte Wirtschaftsleben des Landes konzentrierte. Der verarmte Teil der Landbevölkerung strömte wegen der Einführung der allgemeinen Freizügigkeit in Scharen in die attraktiv scheinenden Städte, deren Bevölkerung damit unproportional zunahm. Es kam zu einer völligen Umschichtung der althergebrachten Strukturen.
Nachdem die Franzosen das Land verlassen hatten, zog die alteingesessene Medinabevölkerung in die nun leergewordenen moderneren Wohnhäuser der Neustädte ein, während die zuwandernden Neuankömmlinge sich in den Altstädten niederließen. Die Medinas entwickelten sich so zu regelrechten Ghettos der verarmten Schichten und verkamen. Aber auch dieses Bild hat sich in den letzten zwei Jahrzehnten wieder grundlegend gewandelt. Mit der Zunahme des Fremdenverkehrs wurden die alten Stadtzentren wiederentdeckt. Die mauerumgebenen Medinas mit ihren winkligen Gassen gewannen eine ungeahnte Attraktivität zurück und wurden liebevoll restauriert. Dadurch wird jedoch der Wohnraum so teuer, daß die Mieten in der Medina nicht mehr bezahlbar sind und die Innenstädte mehr und mehr zu reinen 'Souvenirinseln' geschäftstüchtiger Gewerbetreibender werden.

Sozialordnung

Die radikalen Wandlungsprozesse, denen sich Tunesien seit der Kolonialzeit ausgesetzt sah, haben die traditionelle Sozialordnung zwar nicht gänzlich beseitigt, aber es haben sich unübersehbare Auflösungserscheinungen althergebrachter Strukturen und Traditionen eingestellt. So bestimmen zwar die Achtung der islamischen Normen, die Bande der Großfamilie, der Respekt vor der älteren Generation und die strikte Trennung zwischen 'öffentlicher Männerwelt' und 'privater Frauenwelt' noch immer das Denken und Handeln vieler Tunesier. Nicht zu übersehen ist jedoch, daß zumindest die wohlhabenden Tunesier heute weitgehend europäisiert sind. Und auch bei der Mittelschicht lassen sich deutliche Anzeichen dafür erkennen, daß die Verbundenheit mit den traditionellen Denk- und Lebensweisen spürbar lockerer geworden ist. In der Zwischenzeit ist von diesem Umwälzungsprozeß auch die Landbevölkerung erfaßt worden. Insbesondere die jüngere Generation – und diese ist wegen der Geburtenüberschüsse in der Überzahl – bevorzugt weitgehend europäische Kleidung und übernimmt vornehmlich in den Fremdenverkehrszentren europäische Verhaltensweisen. Auch die Situation der Frau hat sich geändert. Ihre Gleichberechtigung ist heute gesetzlich garantiert, die Mehrehe ist verboten und die gesetzliche Scheidung möglich geworden. Immerhin sind heute 40 % aller tunesischen Schüler weiblichen Geschlechts.

Auflösungserscheinungen

Religion

Konfessionen

Staatsreligion in Tunesien ist seit 1956 der Islam und zwar die orthodoxe sunnitische Richtung. Es bekennen sich rund 98 % der Bevölkerung zu diesem Glauben. Eine bekannte Ausnahme bilden die Bewohner Djerbas, die sogenannten Djerbi. Mehr als die Hälfte von ihnen gehören den Ibaditen (siehe unten) an, einer puritanisch geprägten islamischen Sekte, die aus einer früheren Abspaltung von den Schiiten hervorging. Daneben gibt es noch eine Minderheit von etwa 15000 Katholiken und eine noch kleinere protestantische Gruppe. Hinzu kommen die bereits oben erwähnten 3000 bis 10000 Juden, die v. a. auf der Insel Djerba leben.

Islam

Allgemeines

Auch wenn Tunesien ein arabisch-islamisches Land ist, hat sich die Regierung darum bemüht, den religiösen Einfluß auf das öffentliche Leben zu lockern. So wurde 1957 die Polygamie (Vielehe) verboten, 1992 das Heiratsalter der Mädchen von 17 auf 20 Jahre heraufgesetzt; die Verschleierung wurde ebenso wie die islamische Gerichtsbarkeit abgeschafft. Jedoch ist gegenwärtig im gesamten nordafrikanischen Raum eine Reislamisierung festzustellen. Islamische Fundamentalisten, sogenannte Integristen, versuchen, den Einfluß des Islam auf Politik und Gesellschaft wieder zu verstärken (siehe unten).

Entstehung

Der Islam ist die jüngste der monotheistischen Weltreligionen und wurde von Mohammed Ibn Abdallah, später Prophet Mohammed genannt, begründet. Er entstammte dem verarmten Zweig der Familie der Koreischiten und wurde um 570 in Mekka geboren. Er war Kaufmann und kam bei seinen vielen Handelsreisen mit Karawanen durch weite Teile Arabiens und wohl auch Syriens. Durch sein tiefes religiöses Interesse erlangte er reiche Kenntnis der Religionen seiner näheren und weiteren Umgebung. So enthält die von ihm entwickelte Lehre Gedanken des Judentums, des Christentums, der persischen Religion, aber auch der Religionen der verschiedenen arabischen Stämme. Seine gerade von jüdischen und christlichen Einflüssen geprägte religiös-monotheistische Weltsicht brachte ihn in Gegensatz zu seiner polytheistischen Umgebung. Er floh aus seinem Geburtsort nach Medina und gründete dort die erste muslimische Gemeinde. Nur fünfzehn Jahre nach dem Tod Mohammeds setzte die Islamisierung des Maghreb ein, als arabische Reiter über Ägypten nach Westen vorrückten und bei Sufetula (Sbeitla) von einem byzantinischen Heer nicht aufgehalten werden konnten.

Monotheismus

Die zentrale Botschaft des Islam ist die Lehre von der Einheit und Einzigkeit Gottes (Allahs; im Gegensatz dazu steht der Polytheismus, die Lehre von mehreren Göttern). Diesem einen mächtigen und allwissenden Schöpfergott Allah steht der Mensch gegenüber. Sein Schicksal (Mektoub, Kismet) liegt in der Hand Allahs, ist von diesem vorbestimmt und vom Menschen selbst nicht zu ändern. In dieser Auffassung liegt auch eine gewisse Art des Fatalismus begründet, der in den moslemischen Ländern, so auch in Tunesien, zu finden ist. Häufig hört man in Gesprächen das "Inschallah" ("wenn Allah will"). Diese Glaubensauffassung wird auch im Namen deutlich: 'Islam' bedeutet 'völlige Hingabe an Gott' bzw. 'an Gottes Willen'.

Propheten

Die zweite fundamentale Aussage des Islam ist die Lehre von der Vermittlung der Aussagen und Gesetze Gottes durch Propheten, denen sich Gott offenbart hat. Als Propheten betrachtet der Islam Gestalten aus dem Alten (Abraham, Isaak, Moses) und dem Neuen Testament (Jesus, Johannes der Täufer); hier liegt auch ein wichtiger Unterschied zum Christentum, da der Islam die Gottesnatur von Jesus nicht anerkennt. Mohammed wird in diese Reihe gestellt und als bisher letzter und zugleich wichtigster Prophet ange-

Religion

Propheten (Fortsetzung)

sehen. Er predigte seine neue Glaubensauffassung etwa ab 607 in Mekka und geriet dadurch in Konflikt mit seinen Stammesangehörigen, die einen Polytheismus mit mehreren wichtigen Stadtgöttern kannten, so daß er schließlich im Jahre 622 fliehen mußte. Er floh mit seinen Anhängern von Mekka nach Yathrib, welches danach Medinet en Nebi (= Stadt des Propheten) oder kurz Medina genannt wurde. Das Jahr der Flucht Mohammeds von Mekka nach Medina, als Hedschra bezeichnet, ist der Beginn des Islam und seiner Zeitrechnung, da mit der Siedlung Medina zum ersten Mal ein Gemeinwesen den Glauben des Propheten annahm und vertrat.

Koran

Die heilige Schrift des Islam ist der Koran, der durch die Sunna (siehe unten) ergänzt wird. Der Koran selber enthält die Offenbarungen Gottes an den Propheten Mohammed, wie sie diesem durch den Engel Gabriel als Wort Gottes geoffenbart wurden. Sein Text besteht aus 114 Kapiteln, den Suren. Diese sind nicht inhaltlich, sondern ihrer Länge nach angeordnet, so daß Suren mit Lobpreisungen Gottes, mit Schilderungen der Hölle und des Paradieses oder mit Regeln und Geboten für das Verhalten im täglichen Leben unsystematisch miteinander abwechseln.

Obwohl in der Überlieferung berichtet wird, daß Mohammed die Offenbarungen seinen Schreibern diktiert habe, existierten beim Tode Mohammeds von diesen keine vollständigen Sammlungen. Sie wurden zunächst im wesentlichen mündlich überliefert. Erst unter dem dritten Kalifen (Kalif = Nachfolger des Mohammed) Othman (644–656) wurde die bis heute geltende Fassung zusammengestellt. Diese ist in arabischer Sprache abgefaßt und gilt nur in dieser Form als absolut gültig und heilig, da die Offenbarung durch Gott in dieser Sprache erfolgte. Für die Berber verfaßte Ibn Toumert zu Beginn des 12. Jh.s die erste Übersetzung des Koran.

Sunna

'Sunna' bedeutet im Arabischen 'gewohnte Handlungsweise', 'Brauch', 'der Weg, den man beschreitet'. Die Sunna des Islam ist somit eine umfangreiche Sammlung von Berichten über die Sunna des Propheten Mohammed, in der sein Lebensweg (z. T. auch der seiner Gefährten), seine Handlungsweisen und seine Aussprüche beschrieben werden, um im Leben eines Moslems als Richtschnur zu dienen. Auch die Sunna wurde zunächst nur mündlich überliefert und erst im 9. Jh. schriftlich niedergelegt.

Sunniten

Moslems, die den Koran und die Sunna anerkennen, nennen sich selbst Sunniten (Schiiten erkennen die Sunna nicht an). Heute sind alle tunesischen Muslime Sunniten, die der malekitischen Glaubensrichtung folgen, einer orthodoxen Schule innerhalb der sunnitischen Glaubens. Seit dem 17. Jh. muß sie sich ihre Geltung jedoch mit der osmanischen, hanafitischen Auffassung teilen. Da Koran und Sunna nicht alle Fragen des Lebens beantworten konnten und in einigen Fällen sogar widersprüchliche Aussagen lieferten, mußten diese Punkte von religiösen Gelehrten, Ulema, ausgelegt werden. Deren Deutungen wichen jedoch in einigen wesentlichen Punkten voneinander ab und wurden so zum Anlaß für die Bildung verschiedener Glaubensrichtungen.

Scharia

Die Auslegungen der Sunna wurden gesammelt und bilden zusammen mit Koran und Sunna selbst die Scharia, das religiös begründete islamische Recht. Koran, Sunna und deren Auslegungen bestimmen auch das gesamte private und öffentliche Leben der Muslime. D es geht so weit, daß auch die einfachsten täglichen Handlungen des Menschen (Eß- und Trinkgewohnheiten, Körperpflege, Kleidung) durch sie geregelt werden.

Schiiten

Die Schiiten gehören der zweiten großen Glaubensrichtung des Islam an. Ihre Abspaltung beginnt mit Ali, dem Vetter und Schwiegersohn Mohammeds, der im Jahre 656 vierter Kalif (= Nachfolger Mohammeds) wurde. Die Trennung wurde durch die Ermordung Alis (661) und die Flucht seiner Anhänger endgültig besiegelt. Ali verfügte, daß nur leibliche Verwandte des Propheten dessen Nachfolger sein können. Demzufolge erkannten er

Religion

Schiiten (Fortsetzung)

und damit alle Schiiten (arabisch 'Schiat Ali' = Partei Alis) die drei ihm vorausgehenden Kalifen Abu Bakr (632–634), Omar († 644) und Othman († 656) nicht als Kalifen an, vielmehr sah er sich selbst als ersten rechtmäßigen Nachfolger des Propheten. Ebensowenig erkennen die Schiiten alle auf Ali folgenden, nicht mit ihm verwandten Kalifen an. Dasselbe gilt für die Sunna, die ja außer der Sunna Mohammeds auch die seiner Nachfolger enthält.

Dagegen verehren die Schiiten die von Ali abstammenden ersten Führer, Imame genannt, und erwarten die Erlösung durch den Mahdi, den letzten Imam, der ein Reich endzeitlicher Gerechtigkeit in dieser Welt errichten soll. Dieser wird von den meisten heute lebenden Schiiten als zwölfter echter Nachfolger Mohammeds angesehen (Zwölfer-Schia), von wenigen als siebter Nachfolger (Siebener-Schia; Ismailiten). Die Imame werden als Heilige verehrt, wie überhaupt die Schiiten eine mystischere Religionsauffassung besitzen als die Sunniten.

Kharedjiten

Von den Schiiten spalteten sich 657 die Kharedjiten ab, da sie Ali für zu kompromißbereit seinen Gegnern gegenüber hielten. Außerdem glaubten sie, daß die Blutsverwandtschaft nicht entscheidend für das Kalifenamt sei, sondern einzig und allein die religiöse Würdigkeit. Die asketischen Anhänger waren von Anfang an bereit, ihre Ziele mit Gewalt durchzusetzen und fanden v. a. bei den Berbern, die sich trotz ihrer Bekehrung zum Islam benachteiligt fühlten, Unterstützung. So waren die Kharedjiten auch für die Ermordung Alis verantwortlich.

Nach ihrer militärischen Zerschlagung im 10. Jh. zogen sie sich in verschiedene Gebiete zurück und entwickelten sich unterschiedlich. Die gemäßigten Ibaditen in Djerba und der algerische Mzab sind u. a. Ableger dieser Glaubensrichtung.

Islamische Glaubensvorschriften

Fünf Pfeiler des Islam

Aus dem Koran und der Sunna leiten sich die fünf allgemeinen Hauptgebote des Islam ab, die auch die fünf Pfeiler oder die fünf Säulen des Islam genannt werden:
Glaubensbekenntnis (Schahada), Gebet (Salat), Almosengabe (Sakat), Fasten (Saum) und Pilgerreise nach Mekka (Hadsch).

Schahada

Die Schahada, das Glaubensbekenntnis, besteht aus der einzigen formelhaften Aussage: "Es ist kein Gott außer Allah, und Mohammed ist sein Prophet." Diese muß in arabischer Sprache erfolgen und wird vom gläubigen Moslem viele Male am Tag wiederholt. Sie wird den Gläubigen täglich fünfmal vom Balkon des Minaretts durch den Muezzin – früher persönlich, heute meist vom Tonband und per Lautsprecher – zugerufen. Sie ist "Wiegenlied, Grabgesang, Losungswort, Erkennungszeichen, Kriegsruf und Entzückensausruf" zugleich.

Wer die Schahada vor muslimischen Zeugen ausspricht, ist damit zum Islam übergetreten.

Salat

Die Salat ist das Pflichtgebet, das der gläubige Moslem ebenfalls fünfmal täglich verrichten muß. Er wird dazu durch den Gebetsruf (Adhan) des Muezzin aufgerufen, und zwar bei Anbruch der Morgendämmerung, am Mittag (12.00 Uhr), am Nachmittag (15.00 Uhr), gleich nach Sonnenuntergang und zwei Stunden danach.

Zur Vorbereitung auf das Gebet gehört die Reinigung von Gesicht, Mund, Händen und Füßen (für die rituelle Waschung findet sich im Moscheenhof stets ein Brunnen; falls kein Wasser zur Verfügung ist, kann die Reinigung auch symbolisch, etwa mit einem glatten Stein, erfolgen), saubere Kleidung – Schuhe werden grundsätzlich ausgezogen – und ein sauberer Gebetsplatz, geschaffen durch das Auslegen eines Teppichs, einer Decke oder notfalls eines Kleidungsstückes sowie die stumme Erklärung des Gläubigen, daß er ein Gebet verrichten will.

Religion

Zum Gebet selbst wendet er sich in Richtung der heiligen Stadt Mekka und nimmt während des Gebetes nacheinander verschiedene, streng festgelegte Körperhaltungen ein:

Salat (Fortsetzung)

1. Aufrecht stehend, die Hände in Schulterhöhe nach vorn geöffnet (mit den Daumen hinter den Ohrläppchen), spricht er: "Alláhu ákbar" (= "Gott ist groß").
2. Weiterhin aufrecht stehend, mit herabhängenden Armen oder die rechte Hand etwa in Körpermitte über die linke gelegt, spricht er die erste Koransure (Fatikha) und danach weitere Suren oder Verse.
3. Mit einer Verbeugung, die Hände auf die Knie gestützt, spricht er Lobpreisungen Allahs.
4. Es folgen weitere Lobpreisungen in Prosternationshaltung, wobei die Stirn den Boden berührt.
5. Nach jedem zweiten und nach dem letzten Gebetsteil spricht er, am Boden kniend, das Glaubensbekenntnis mit auf dem Knie ausgestrecktem Zeigefinger der rechten Hand.
6. Zum Abschluß des Gebetes grüßt der Gläubige, weiterhin kniend, über die rechte und die linke Schulter blickend, die Schutzengel bzw. die anderen Mitbetenden.

Eine Moschee muß der Moslem nur zum Mittagsgebet am Freitag besuchen. In den Moscheen ist die Gebetsrichtung (Qibla oder Kibla) an einer besonderen Nische (Mihrab) zu erkennen; ansonsten bestimmt der Gläubige die Gebetsrichtung nach Mekka gemäß dem Sonnenstand selbst.

Islamische Gebete schließen weder Bitten noch Wünsche ein.

Die Sakat, das Almosengeben, ist neben dem Glaubensbekenntnis und dem Pflichtgebet das wichtigste Gebot des Islam. Mohammed selbst hat dieses bereits in Medina angeordnet und es in Form einer Almosensteuer eingeführt. Diese war ursprünglich die einzige Steuer der Moslems und für die ganze Gemeinschaft (Umma) gedacht, und zwar gemäß dem Inhalt der Koransure 9, Vers 60:

Sakat

"Die Einkünfte des Staates (aus der Almosensteuer) sind bestimmt für die Armen und Bedürftigen; für jene, die mit der Steuer beschäftigt sind (besonders Beamte, die sie eintrieben und einen bestimmten Teil davon erhielten, sowie die Kalifen, ihre Nachfolger, Verwandtschaft und Vertreter, die sie verwalteten); für jene, die für die Sache des Islam gewonnen werden sollen; für den Freikauf von Sklaven (muslimischen Glaubens); für die Verschuldeten; für den Heiligen Krieg (Glaubenskrieg des Islam); für jene, die unterwegs sind (reisende Moslems, Pilger, Wallfahrer). Dies ist Gottes Vorschrift! Gott ist wissend und weise!"

Als Almosensteuer waren 10% der Ernte, des Viehs und des Viehzuwachses sowie 2,5% der Ersparnisse, des Gold- und Silber- und Geldbesitzes, der Kaufmannswaren und des Geldverdienstes zu entrichten. Heute hat sie mit der staatlichen Steuergesetzgebung erheblich an Bedeutung verloren.

Religion

Saum

Der Saum, das einmonatige Fasten während des Ramadan, dessen Grundidee Mohammed aus dem Judentum entliehen hat, wird durch die Zweite Sure des Korans verbindlich vorgeschrieben. Hierfür ist der neunte Monat des islamischen Kalenderjahres festgelegt, weil in diesem Monat der Engel Gabriel Mohammed erschienen sein soll. Das Fastengebot gilt nur tagsüber zwischen Sonnenaufgang und Sonnenuntergang, nicht bei Dunkelheit. Es bezieht sich nicht nur auf die Einnahme von Essen und Trinken, sondern auch auf das Rauchen und den Geschlechtsverkehr. Vom Fastengebot ausgenommen sind Kinder – noch nicht beschnittene Knaben (bis ca. 7 Jahre) und Mädchen, die noch keine Regelblutungen haben –, Alte, Kranke, Schwangere, Reisende und Schwerstarbeiter.

Hadsch

Das Gebot der Pilgerfahrt nach Mekka (Hadsch) beruht auf altarabischen, vorislamischen Glaubensriten, die mit der Verehrung eines großen schwarzen Meteoriten (Hadschar) zusammenhängen, der im Zentrum des heiligen Schreins, der Kaaba, im Innenhof der Großen Moschee von Mekka in Saudi-Arabien befindet. Die Kaaba wird von den Moslems als ein von Abraham und Ismael errichtetes Heiligtum betrachtet. Für die Wallfahrt ist der zwölfte Monat des islamischen Jahres (Dulhidscha) vorgesehen. Jeder Moslem, der dazu finanziell und gesundheitlich in der Lage ist, sollte einmal in seinem Leben den Hadsch durchgeführt haben; danach darf er den Ehrentitel 'El Hadsch' tragen.
Sieben Besuche der heiligen Stadt Kairouan wiegen eine Wallfahrt nach Mekka auf, der Ehrentitel "El Hadsch" bleibt jedoch nur Mekka-Wallfahrern vorbehalten.

Weitere Vorschriften

Weitere wichtige religiöse Vorschriften, die das private und öffentliche Leben bestimmen, sind das Verbot des Alkoholgenusses, des Verzehrs von Schweinefleisch, des Glücksspiels und des Geldverleihs gegen Zins sowie das Gebot, nur Fleisch von geschächteten Tieren und weder Blut noch Speisen, in denen Blut verarbeitet wurde, zu essen.

Heiliger Krieg

Ferner gebietet der Islam die Verbreitung des Glaubens, die früher gewaltsam und offensiv betrieben und als Heiliger Krieg ('Dschihad') bezeichnet wurde. Dieser gilt heute nur noch als "Pflicht bei der Verteidigung gegenüber einem andersgläubigen Feind". Manche islamische Theologen legen die Aussage "dschihad gosabil Allah" sogar nur als "sich bemühen auf dem Wege zu Allah", also als Pflicht zur Bekämpfung der eigenen inneren Unzulänglichkeit aus.

Verhältnis zwischen Frau und Mann

Schließlich regeln Koran und Sunna auch das Verhältnis zwischen den Geschlechtern. Der Koran sieht eine Gleichstellung der Geschlechter nicht vor. Die Frau ist dem Mann untergeordnet (Suren 4 und 33 u.a.). Er hat sie aber zu beschützen, zu ernähren und darf sie nicht schlecht behandeln. Die Suren 4,4 und 4,25 und 4,27 erlauben dem Mann vier Ehefrauen und daneben noch eine unbegrenzte Zahl von Konkubinen und Sklavinnen, solange seine rechtmäßigen Ehefrauen dabei weder materiell noch sexuell benachteiligt werden.
Nachdem aus materiellen Gründen (Brautpreis, Hochzeitsfeier u.a.) für die meisten Moslems eine Ehe mit mehreren Frauen ohnehin nicht möglich war, ist heute in modernen Tunesien wie in den meisten arabischen Staaten die Einehe zur Vorschrift geworden. Nach der tunesischen Verfassung haben heute alle Bürger, unabhängig vom Geschlecht, die gleichen Rechte. Wenn selbst die Industrieländer sich schwer tun bei der Umsetzung dieses Anspruches, läßt sich leicht vorstellen, daß die Verwirklichung in Tunesien noch viel Zeit braucht. Die ersten Schritte sind jedoch unternommen. So hat sich in den 1990er Jahren der Prozentsatz der Mädchen an den Schulen mehr als verdoppelt. Der Anteil der Frauen mit Hochschulabschluß ist rasant angestiegen und liegt im Vergleich zu allen anderen arabischen Ländern im Spitzenbereich.
Das Verhüllungsgebot des Propheten Mohammed (Sure 33,54) sorgte und sorgt noch immer für viel Diskussionsstoff. Längst ist bewiesen, daß sich die Frauen zu Zeiten Mohammeds keineswegs verschleierten. Diese Pra-

xis entwickelte sich vielmehr erst nach seinem Tod und unter Einfluß fremder Völker, z. B. der Perser. Dort verschleierten sich die freien Frauen, um sich von den unfreien, unverschleierten Sklavinnen zu unterscheiden. Mit dem stärker gewordenen Einfluß der fundamentalistischen Moslems gehören heute Kopftuch und auch Schleier wieder zum gewohnten Straßenbild.

Verhältnis zwischen Frau und Mann (Fortsetzung)

Die Glaubensbeziehungen zwischen einem Moslem und Allah bedürfen keiner Vermittlung durch eine Priesterschaft. Die Einhaltung der Glaubensregeln und -vorschriften wird im Islam durch die Glaubensgemeinschaft selbst überwacht. Die Religionsausübung ist nicht institutionalisiert wie in der christlichen Kirche. Vielmehr sind Staat und Religion im Islam von jeher eine untrennbare Einheit, deren politische Führer, legitimiert durch die Abstammung von Mohammed, alle weltliche und geistliche Macht auf sich vereinen. Daneben befanden sich Legislative, Exekutive und Judikative häufig in den Händen von Richtern (Kadis), die wie viele hohe Staatsbeamte hochgebildete Gelehrte (Ulema) waren, welche sowohl Recht als auch Theologie im Islam studiert hatten: Das Amt des Richters war somit immer auch Organ des Islam.
Im Vergleich zur politischen Führung, die im späten Islam weitgehend auf eine repräsentative Funktion beschränkt blieb, gewannen die Ulema für das praktische religiöse Leben insofern an Bedeutung, als sie Koran und Sunna theologisch immer wieder neu auslegten und mit ihren Deutungen das religiöse und weltliche Leben beeinflussen konnten.

Einheit von Religion und Staat

Islamische Fundamentalisten, sogenannte Integristen, gewinnen in Nordafrika zunehmend an Einfluß, so auch in Tunesien. Bei den ersten Parlamentswahlen seit der Absetzung Bourguibas (1987) im April 1989 errangen die auf der Liste der Unabhängigen aufgestellten Fundamentalisten 14 % der Stimmen; und auch der Putschversuch gegen die tunesische Regierung im Mai 1991 wird den Mitgliedern der islamistischen Nahda-Bewegung zugeschrieben. Diese Entwicklung ähnelt der im Nachbarland Algerien, wo die islamischen Integristen ebenfalls einen Einfluß gewonnen haben, der vor wenigen Jahren noch undenkbar erschien. Es gibt ernstzunehmende Stimmen, die betonen, daß der Zenit dieser 'Aufbruchsbewegung' noch nicht erreicht ist.
Ihre gegen die Öffnung des Landes nach Westen und die damit verbundene Aushöhlung der islamischen Grundsätze gerichtete Politik scheint wie auch ihr Antikapitalismus v. a. bei den Jugendlichen genauso wie bei den Armen große Hoffnungen zu wecken. Vielleicht bietet sie auch ein Stückweit Identifikation in einer Zeit, die stark vom Wandel betroffen ist, wobei das Ziel oder der Endpunkt der Entwicklung noch sehr im Unklaren liegen.
Vorläufiges Ergebnis dieser Entwicklung ist jedenfalls ein stärkeres islamisches Selbstbewußtsein mit einer damit verbundenen Betonung der islamischen Identität. Dazu gehören auch junge, durchaus europäisch gekleidete Frauen mit Kopftüchern. Selbst das staatliche Fernsehen schließt sich an und unterbricht nun das Programm für die täglichen Gebete.
Die Frage nach der Zukunft Tunesiens und der Entwicklung der Fundamentalisten ist jedoch stark von der Lösung der wirtschaftlichen und sozialen Probleme Tunesiens abhängig. Inwieweit da der über 1300 Jahre alte Islam einen Weg weisen kann, ob er vielleicht Alternativen zum westlichen Entwicklungsmodell anbieten kann, bleibt abzuwarten.

Integristen

Unorthodoxe Glaubensvorstellungen

Der Islam kennt nur Allah als einzigen Gott an. Dennoch haben im Volksglauben weitere autochtone, übernatürliche Elemente Eingang gefunden. Dazu gehören Engel, Teufel (Schaitan) und Geister (Dschunn/Djiin). Die Geister sind meist bösartiger Natur. Wie der Gläubige keine Priester benötigt, so bedarf der Mensch nicht der Hilfe und Vermittlung der guten Geister

Allgemeines

Religion

Unorthodoxe Glaubensvorstellungen (Fortsetzung)

und Engel, um Wohlwollen und Segen Allahs zu erringen und in das Paradies zu gelangen; dazu muß er die im Koran geoffenbarten Gebote und Regeln Gottes einhalten. Der Einfluß des Teufels oder der bösen Geister können ihn daran hindern, ihm also durchaus schädlich werden. Der orthodoxe sunnitische Islam lehnt diese 'Abweichungen' strikt ab und erkennt nur den Koran in seiner gelehrten Auslegung als einzigen Weg zu Gott an.

Sufismus

Vor allem ab dem 13. Jh. fanden mystische Elemente des Islam in vielen arabischen Ländern starke Verbreitung. Ihre Anhänger gründeten heilige Orden und Bruderschaften (Zaouias), welche sich häufig zu einflußreichen Sekten entwickelten.
Dieser Mystik, 'Tasawwuf' genannt, hängen die 'Sufis' an, benannt nach Sufi, dem Wollkleid (Büßergewand) ihrer Anhänger. Das Ziel der Sufis ist es, den Handlungsspielraum des eher dogmatischen orthodoxen Islam zu verbreitern und durch spirituelle Übungen eine mystische Einswerdung mit Allah zu erlangen. Sie entwickelten daher besondere Wege zur geistigen Versenkung (Askese, Buß- und Fastenübungen, ekstatische Tänze, Selbstkasteiungen), aber auch fanatisch-religiöse Vorstellungen.

Heiligenverehrung

Als Heilige verehrt werden neben toten Familien- und Stammesangehörigen, die besonders vorbildlich gelebt haben, und legendären Personen vor allem die zuvor genannten Gründer und bekannten Vertreter der 'heiligen Schulen', Orden und Bruderschaften, 'Marabout' (arabisch) oder 'Igourramen' (berberisch) genannt. Diesen Heiligen schreibt man außergewöhnliche Wunderkräfte und -taten zu. Man glaubt an sie als Weg zu Allah bzw. als göttliche Wirkkräfte (Baraka).
Die Verehrung der Heiligen findet an deren auffallenden Grabstätten ('Marabout' oder 'Koubba') statt. Dorthin kommen an besonderen Fest- und Gedenktagen (Moussem), aber auch das ganze Jahr über, besonders im Wallfahrtsmonat, viele fromme Pilger. Sie gedenken des Toten, feiern ihn und erbitten durch seine Vermittlung die Erfüllung ihrer Wünsche (Gesundheit, Fruchtbarkeit, Kinder, gute Ernte u. a.) sowie die Teilhabe an seiner heilbringenden göttlichen Wirkkraft.

Baraka

Der Glaube an die Baraka ist ein weiterer zentraler Gedanke im mystischen Islam. Diese göttliche, heilbringende Kraft besitzen nicht nur die Heiligen selbst – so natürlich Mohammed und seine Nachkommen –, sondern auch viele Dinge, welche die Heiligen besaßen und berührten; die Plätze, wo sie wohnten, ja sogar nur rasteten; schließlich auch ihre Grabstätten. Indem der Gläubige diese Plätze aufsucht oder die Gegenstände berührt, geht die Baraka auf ihn über. Selbst in bestimmten Pflanzen, Quellen und leblosen Gegenständen befindet sich die Baraka und kann von den Gläubigen durch Tragen oder Auflegen empfangen werden. Nicht nur schützt sie vor Unglück, dem bösen Blick (arabisch l'ain) und anderer böser Zauberei, sondern bringt dem Träger insgesamt Glück.

Amulette

Amulette sind Objekte, denen die Baraka anhaftet. Silber z. B. hat Baraka, Gold dagegen nicht, es bringt sogar Unglück. Daher tragen Berberfrauen nur Silberschmuck. Ein häufig als Amulett getragener Schmuck ist die 'Hand der Fatima', nach der Tochter des Propheten, der natürlich eine besonders große Baraka zugeschrieben wird. Es handelt sich um das Bild einer Hand mit fünf Fingern, daher auch 'Chamsa' (Fünf) genannt.

Henna

Auch der Hennapflanze wird eine besondere Baraka zugesprochen. Mit der aus ihr gewonnenen Farbe färben sich die Berberfrauen Hand- und Fußflächen, Finger- und Zehennägel sowie die Haare. Mit Kalkmilch vermischt, ergibt sie eine bunte Paste, die in Musterform auf Gesicht, Arme und Beine aufgetragen wird und die Trägerin vor allem Unheil, insbesondere dem bösen Blick, schützen soll.

Mit dem orthodoxen sunnitisch-islamischen Glauben ist die gesamte mystische Vorstellungswelt des Sufismus nur schwer zu vereinbaren, weswegen sie von den Ulema immer wieder heftig bekämpft wurde, aber ohne Erfolg. Im Rahmen der heute zu erkennenden Reisamisierung steht sie erneut im Mittelpunkt theologischer Diskussionen. Denn im Volksglauben sind gerade Heiligenverehrung und Glaube an die Baraka höchst lebendig.

Unorthodoxe Glaubensvorstellungen (Fortsetzung)

Islamischer Kalender

→ Praktische Informationen, Kalender

Christentum

Die Geschichte der Kirche Tunesiens hängt zunächst mit derjenigen der Stadt Karthago zusammen. Zur Zeit des frühchristlichen lateinischen Kirchenschriftstellers Tertullianus (rund 160–220 n.Chr.; → Berühmte Persönlichkeiten) besaß die Christengemeinde Karthagos bereits eine ausgebildete Organisation. Die Bischöfe von Karthago waren Metropoliten, d.h. Vorsteher der Kirchenprovinz Africa proconsularis. Mit der Eroberung durch die Vandalen (ab 439) kam das christliche Leben in Nordafrika weitgehend zum Erliegen. Erst 1884 wurde Karthago wieder als katholische Erzdiözese errichtet.
1964 wurde sie dem Staatsgebiet der Republik Tunesien angeglichen und in eine Territorial-Prälatur (unmittelbar dem Papst unterstehendes Gebiet) umgewandelt. Lebten bis zur Unabhängigkeit noch rund 280 000 Katholiken (überwiegend Franzosen) in Tunesien, sind es heute gerade noch 15 000. Daneben gibt es noch zahlenmäßig kleinere andere christliche Gemeinden, die in der regierungsunabhängigen Organisation "Gesellschaft zur ländlichen Entwicklung und Bildung" (ASDEAR) mit den Katholiken in ökumenischem Sinn zusammenarbeiten.

Bildungswesen

Seit der Unabhängigkeit Tunesiens wurden im Bildungsbereich erhebliche Fortschritte erzielt, und auch heute steht ein Drittel des Haushalts für die Bildung zur Verfügung. Waren 1958 nur 23 % der Sechs- bis Elfjährigen eingeschult worden, betrug die Quote 1990 bereits 95 %. Die Zahl der Hochschüler verdreifachte sich im Zeitraum 1975 bis 1999 auf ca. 62 700. Jedoch garantieren heute weder Abitur noch Universitätsabschluß eine sichere Anstellung.
Es besteht eine allgemeine Schulpflicht vom sechsten bis zum vierzehnten Lebensjahr, die Bildungseinrichtungen sind unentgeltlich. Bei einer Fahrt durch das Land begegnet man immer und überall Scharen von Schulkindern.

Schulwesen nach 1956

Auch wenn die Analphabetenrate in erheblichem Maße gesunken ist, bleibt der Anteil der weiblichen Analphabeten und die Quote unter der ländlichen Bevölkerung sehr hoch. Während 1990 34,7 % aller Personen im Alter über 14 Jahren als Analphabeten ausgewiesen waren, betrug der Anteil in Landgemeinden über 60 %. Auffällig ist der Anteil der weiblichen Analphabeten, der 1998 35,4 % betrug.

Analphabetismus

Das Schulsystem ist nach französischem Vorbild aufgebaut. Die Grundschulausbildung beginnt im Alter von sechs Jahren und dauert in der Regel sechs Schuljahre. Die Sekundarausbildung erstreckt sich über sieben Jahre und beginnt mit dem zwölften Lebensjahr.
1975/1976 gab es in Tunesien 2 319 Grundschulen und 171 Mittel- und Höhere Schulen, 1998/1999 bereits 4106 Grundschulen und 561 Mittel- und Höhere Schulen, die Zahl hat sich im beschriebenen Zeitraum mehr als verdoppelt.

Schulen

Staat und Verwaltung

Sprache

Seit den siebziger Jahren wurde in den ersten drei Grundschuljahren ausschließlich Arabisch gesprochen. Mit Beginn des Schuljahres 1986/1987 wird von der zweiten Grundschulklasse an Französisch gesprochen, und in der höheren Ausbildung wird es fast ausschließlich verwendet. Neuerdings wird in der Sekundarstufe Deutsch als Fremdsprache angeboten.

Hochschulen

Hochschulen befinden sich in Tunis (seit 1960) und seit 1986 noch in Sfax und Sousse. Jedoch fehlen noch immer Ausbildungsmöglichkeiten, so daß über 10 000 tunesische Studenten im Ausland, v.a. in Frankreich, gefolgt von den USA, Marokko, Belgien und Algerien, studieren.

Staat und Verwaltung

Staatsgründung

Am 20. März 1956 beendete ein Vertrag das 1881 begonnene französische Protektorat. Mit der Absetzung des letzten Husseinitenbey am 25. Juli 1957 wurde Tunesien zur Republik erklärt.

Bardo: Tunesischer Parlamentssitz

Verfassung

Tunesien, arabisch El Djumhuriya el Tunisiya, französisch République Tunisienne, ist seit 1959 eine demokratische Republik mit einem Präsidialregime. Nach französischem Vorbild hat der Präsident weitgehende Machtbefugnisse. Er ist Staatsoberhaupt und Regierungschef, ernennt den Ministerrat und den Premierminister, bestimmt die Richtlinien der Politik und hat das Recht, Gesetzesentwürfe abzulehnen. Als Oberbefehlshaber der Streitkräfte kann er jederzeit über das Militär verfügen und ist befugt, den Ausnahmezustand zu verhängen.
Volksvertretung und Legislative liegen bei dem alle fünf Jahre gewählten Einkammerparlament, in das 125 Vertreter gewählt werden.

Staat und Verwaltung

Der Islam ist Staatsreligion. Bereits 1956 wurden die Sharia-Gerichte, die religiöse Gerichtsbarkeit, abgeschafft und ein neues, nach französischem Vorbild geschaffenes Rechtswesen eingeführt. Das Verbot der Polygamie und der Verstoßung der Frau gehören ebenfalls zu den bereits 1957 verabschiedeten Neuerungen. In der am 1.6.1959 verabschiedeten Verfassung wurde schließlich die Gleichberechtigung der männlichen und weiblichen Bürger Tunesiens verankert.

Verfassung (Fortsetzung)

Im Schildhaupt des am 30.5.1963 eingeführten Wappens ist eine punische Galeere abgebildet. Der Wahlspruch "Ordnung, Freiheit, Gerechtigkeit" steht über den beiden Feldern mit den Symbolen Waage (für Gerechtigkeit) und Löwe (für Ordnung). Über dem Schild die Kreisscheibe mit Halbmond und Stern, den in der gesamten islamischen Welt verbreiteten Symbolen, die auch auf der seit 1835 in Gebrauch befindlichen tunesischen Flagge abgebildet sind.

Staatswappen

Flagge

Staatssprache ist Arabisch, Umgangssprache Tunesisch, ein westarabischer Dialekt, Handels- und Bildungssprache ist Französisch.

Sprache

Tunesien ist ein von der Landeshauptstadt Tunis aus zentralistisch verwaltetes Land, welches in 23 Gouvernorate (arabisch Wilaya) gegliedert ist. Diese Gouvernorate zerfallen in insgesamt 136 Délégations (arabisch Mutamadia; Kreise), die ihrerseits in rund 1 113 Municipalités (arabisch Scheikate; Gemeinden) untergliedert sind.

Verwaltung (s. Graphik S. 42)

Gouvernorat	Fläche in km²	Bevölkerungszahl	Bevölkerungsdichte/km²
Tunis Stadt	346	825 100	2 384,7
Tunis Ariana	1 558	533 700	342,6
Tunis Ben Arous	761	307 000	403,4
Nabeul	2 788	530 200	190,2
Zaghouan	2 768	129 700	46,9
Bizerte	3 685	446 800	121,2
Béja	3 558	299 100	84,1
Jendouba	3 102	402 800	129,9
Le Kef	4 965	269 700	54,3
Siliana	4 631	243 200	52,5
Kairouan	6 712	489 000	72,9
Kasserine	8 066	354 300	43,9
Sidi Bou Said	6 994	337 000	48,2
Sousse	2 621	389 800	148,7
Monastir	1 019	327 300	321,2
Mahdia	2 966	311 700	105,1
Sfax	7 545	665 100	88,2
Gafsa	8 990	276 900	30,8
Tozeur	4 719	76 800	16,3
Kebili	22 084	114 600	5,2
Gabès	7 175	276 200	38,5
Médenine	8 588	349 400	40,7
Tataouine	38 889	118 300	3,0

Verwaltungsgliederung

Staatstragende Partei ist seit 1964 die von Habib Bourguiba gegründete sozialistische Destour-Partei (Parti Socialiste Destourien; PSD). Sie änderte 1988 ihren Namen in Konstitutionelle Demokratische Sammlung (Rassemblement Constitutionnel Démocratique; RCD). Bei den letzten Parlamentswahlen 1999 erhielt sie 98,14 % der Stimmen.
Unter den erst seit 1988 wieder zugelassenen oppositionellen Gruppierungen sind hervorzuheben: die 1973 von Ahmed Ben Salah gegründete, linkssozialistisch ausgerichtete Bewegung der Volkseinheit (Mouvement d'Unité Populaire; MUP), die Bewegung demokratischer Sozialisten

Parteien

Wirtschaft

(Mouvement des Démocrates Socialistes; MDS), die Kommunistische Partei (Parti Communiste Tunesien; PCT), die Vereinigte Einheitspartei (Parti de l'Union Populaire; PUP) sowie die Partei der religiösen Fundamentalisten (Mouvement de Tendence Islamique; MTI) unter Rashed Ghannouchi, die sich in Partei der Wiedergeburt, Nahda, umnannte. Mitte 1991 spaltete sich von dieser ein sich gemäßigt gebender Flügel unter der Führung des Anwaltes Mourou ab.

Parteien (Fortsetzung)

Die Einheitsgewerkschaft UGTT (Union Générale Tunisienne du Travail) zählt rund 400 000 Mitglieder in 23 angeschlossenen Einzelgewerkschaften. Im Jahr 1983 kam es zu einer Abspaltung der UNTT (Union Générale des Travailleurs Tunisiens). Wichtig sind auch die vier Frauenorganisationen Tunesiens mit insgesamt über 60 000 Mitgliedern.

Gewerkschaften

Tunesien ist Mitglied der Vereinten Nationen, der Organisation für afrikanische Einheit OAU sowie der Arabischen Liga. Der Europäischen Union ist Tunesien (wie Marokko und Algerien) assoziiert. Außerdem ist Tunesien in der Organisation erdölexportierender arabischer Länder (OAPEC), in einer gemeinsamen Wirtschaftskommission mit Algerien und Marokko sowie seit 1989 mit Marokko, Algerien, Libyen und Mauretanien zur Maghreb-Union zusammengeschlossen.

Internationale Organisationen

Tunesien sieht sich selber als Brückenkopf und Mittler zwischen dem europäischen Westen, Afrika und der islamischen Welt. Durch seine Beziehungen zu Marokko, Algerien und Libyen versucht Tunesien innerhalb der Arabischen Liga zu vermitteln. Den aus dem Libanon evakuierten PLO-Kämpfern bot das Land bis zum Umzug nach Gaza 1994 Asyl, gleichzeitig befürwortete es aber auch Verhandlungen mit Israel.
Enge wirtschaftliche und kulturelle Beziehungen unterhält Tunesien mit Frankreich, gefolgt von Deutschland, Italien und den USA.
Mit seinem Nachbarland Libyen pflegt es Beziehungen, die nicht ganz spannungslos sind. 1985 wies Libyen nach dem Ölpreisverfall 40 000 tunesische Fremdarbeiter aus. Die Beziehungen wurden abgebrochen und die Grenzen geschlossen. Mittlerweile haben die beiden Staaten den Streit beigelegt. Sogar die Frage des umstrittenen Festlandsockels wurde einvernehmlich geregelt. Mit seinem anderen Nachbarn Algerien hat Tunesien seine Grenzstreitigkeiten, die noch aus der Kolonialzeit stammten, friedlich beigelegt.

Außenpolitik

Wirtschaft

Die Wirtschaftspolitik Tunesiens machte seit der Unabhängigkeit drei verschiedene Strömungen durch. Auf eine sozialistische Phase in den sechziger Jahren folgte 1970 eine stark liberalistische, die zwar die Entstehung eines gewissen Wohlstandes, jedoch auch seine ungleiche Verteilung begünstigte. Auf dem Höhepunkt der 'Brot-' oder auch 'Couscous-Revolte' im Januar 1984, als die Auswirkungen der weltweiten Wirtschaftskrise Tunesien erreichten, wurde die dritte wirtschaftspolitische Phase, die eine Verständigung zwischen den beiden bereits genannten Extremen herbeiführen wollte, beendet. Seit dieser Zeit herrscht eine gewisse Stabilität, und es wird versucht, einen eigenen wirtschaftspolitischen Weg zu finden. Nach den Kriterien des Internationalen Währungsfonds ist Tunesien ein Schwellenland, ein Staat, der ökonomisch zwischen der armen Dritten Welt und den reichen Industrienationen steht. Dies mag – rechnerisch – auf die Hauptstadt Tunis und die übrigen industrialisierten Zentren des Landes zutreffen.
Mit einem Bruttosozialprodukt von rund 1912 US-Dollar (1999) pro Jahr und Einwohner ist Tunesien viertreichstes Land Afrikas nach dem Erdölproduzenten Libyen (6700 US-Dollar), Gabun (4752) und Südafrika (3205). Innerhalb von 30 Jahren stieg das jährliche Bruttosozialprodukt von

Allgemeines

Wirtschaft

Allgemeines (Fortsetzung)

230 Mio. Dinar auf 4,5 Milliarden. Im gleichen Zeitraum verdoppelte sich die Bevölkerung, und die jährlichen Investitionen stiegen von 23 Mio. Dinar (knapp 10 % des Bruttosozialproduktes) auf 15 Milliarden (knapp 30 % des Bruttosozialproduktes).

Dieser Entwicklung stehen jedoch Probleme gegenüber, die typisch für Entwicklungsländer sind: u.a. ungleiche Verteilung des bescheidenen Wohlstandes (5 % leben mit 22 % des Nationaleinkommens, steigende Tendenz), hohe Arbeitslosigkeit, starkes Gefälle zwischen Nord- und Südtunesien sowie zwischen Stadt und Land, hohe Analphabetenrate v.a. auf dem Land, ungleiche Bildungschancen, Säuglingssterblichkeit, hohe Auslandsverschuldung.

Landwirtschaft

Tunesien ist seit frühester Zeit ein Agrarland, und auch heute noch ist die Landwirtschaft der wichtigste Wirtschaftszweig des Landes, trotz der stark vorangetriebenen Industrialisierung während der letzten Jahrzehnte.
Zwar sank der Beitrag zum Bruttosozialprodukt von 21 % (1976) auf etwa 14 % (1998), dennoch ist über ein Viertel der Bevölkerung in der Landwirtschaft beschäftigt, und rund die Hälfte der Gesamtbevölkerung ist für ihren Lebensunterhalt von ihr abhängig, wenn man die Fischerei und die Weiterverarbeitung landwirtschaftlicher Produkte hinzurechnet.
Rund die Hälfte des Staatsgebietes wird land- und forstwirtschaftlich genutzt. Den ersten Rang nimmt das Ackerland mit 3,5 Mio. ha ein, wobei rund 3 % der Fläche künstlich bewässert werden. Danach folgen 3 Mio. ha Weideland und 1,5 Mio. ha Dauerkulturen, hauptsächlich Dattelpalmen- und Ölbaumhaine.

Landwirtschaftszonen

Im nördlichen Küstengebiet und im ganzjährig wasserführenden und durch Stauseen gespeisten Medjerdatal liegen die wichtigsten Getreideanbau-

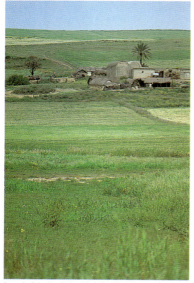

Landwirtschaftsbetrieb im Norden und ...

... modernes Elektrizitätswerk in Sousse

Wirtschaft

Landwirtschaftszonen (Fortsetzung)

gebiete des Landes, die wegen ihrer Fruchtbarkeit bereits in der Antike Kornkammer Roms genannt wurden.
Außerdem wird Kork gewonnen sowie Viehzucht betrieben.
Hier liegen auch die meisten der landwirtschaftlichen Großbetriebe.
Im östlichen Küstengebiet werden vorwiegend Oliven, Zitrusfrüchte, Wein, Obst und Frühgemüse angebaut und Viehzucht betrieben.
In der zentralen Savannenregion wächst im Norden Getreide, in der mittleren und südlichen Region Halfagras für Zellulose- und Papierherstellung sowie als Futter und Flechtmaterial. Auf den Küstenbereich um Sousse und Sfax konzentriert sich die Ölbaumkultur. In der Viehzucht wird – je weiter südlich man kommt – das Rind vom Schaf ersetzt.

Oasenwirtschaft

Die Oasen gehören nicht nur in Tunesien zu den am intensivsten bearbeiteten Anbaugebieten. In den ganzjährig grünen Oasen gedeihen Palmen und, wenn es die Bewässerung zuläßt, in der sogenannten Drei-Etagen-Kultur unter den Palmen Obstbäume (Feigen, Aprikosen, Pfirsiche, Granatäpfel) sowie Trauben und Bananen und in deren Schatten wiederum bodenbedeckender Gemüseanbau, Getreide oder Futterpflanzen.
Die ehemals v. a. auf Selbstversorgung ausgerichteten Oasen waren einst wichtige Wirtschaftszentren im Saharahandel. Mit der französischen Kolonialzeit in Nordafrika änderte sich jedoch sehr viel. Mit der zunehmenden Bedeutung von Städten, neugegründeten Industriezentren und der besonderen Förderung der Küstenorte verlor der Saharahandel stark an Gewicht, und die Oasen wurden immer mehr vernachlässigt. Abwanderungswellen, Aufgabe der arbeitsaufwendigen Drei-Etagen-Wirtschaft, Verarmung von Kleinbauern, die teilweise zuerst die Wasserrechte und dann ihren Besitz verkaufen mußten, um ihre Schulden zu bezahlen, sind nur ein paar von vielen Problemen.
Der jüngst 'entdeckte' Oasen-Tourismus hat viel Hoffnungen, aber auch neue Probleme hervorgerufen, zu allererst muß hier der immer größer werdende Druck auf die knappen Wasserreserven genannt werden.

Bewässerung

Nicht nur das Überleben der Oasen ist abhängig vom Wasser, in ganz Tunesien zeugen Stauseen, Wasserleitungs- und komplizierte Wasserverteilungssysteme, Bohrungen, Brunnen und Schöpfwerke von den dauernden Kampf ums Wasser. Langfristig werden v. a. im Norden und in der Landesmitte Hügel und Hänge wiederaufgeforstet, damit der Boden das Regenwasser besser aufnehmen kann.
Im Süden wurden in den letzten Jahren 12 Brunnen mit einer Tiefe von 2000–2500 m Tiefe gebohrt, werden alte Wasserkanäle unter die Erde gelegt und alte Bewässerungssysteme erneuert. Die Bemühungen um eine Verbesserung der Oasenlandwirtschaft stecken jedoch noch in den Anfängen.

Foggara-System

Wasser aus regenreichen Gebirgsgegenden oder in tiefen Erdschichten gelegen wird angestochen und über ein teilweise sehr langes, unterirdisches Wasserleitungssystem (leicht geneigte Stollen) zu den Oasen gebracht.
Diese in harter Handarbeit angelegten Kanäle wurden früher meist von Sklaven angelegt. Ihre Wartung und Erhaltung ist auch heute noch sehr aufwendig und gefährlich. Allerdings liegt ihr Vorteil gegenüber offenen Kanälen in der geringeren Wasserverdunstung. Heute noch benutzte Foggaras gibt es in der Nefzaoua-Oase sowie in El Guettar bei Gafsa.

Foggara Bewässerungssystem
Schematische Darstellung

Berghang — Grundwasser — Foggara — Wassergraben — Haus (Bassin) — Garten — Bewässertes Land

© Baedeker

Wirtschaft

Landwirtschaftliche Produkte

Wichtigstes landwirtschaftliches Produkt ist das Olivenöl: Von rund 30 Mio. Bäumen in der Gegend um Sousse und Sfax werden rund 100 000 Tonnen Öl gewonnen und exportiert. Nach Griechenland ist Tunesien zweitgrößter Olivenölexporteur.

Weniger für den Export als für den eigenen Verbrauch wichtig ist der Getreideanbau, jedoch sind dem Ertrag durch die unzuverlässig fallenden Niederschläge relativ enge Grenzen gesetzt.

Haupterzeugnis der Oasen sind die Datteln: Von etwa 3 Mio. Dattelpalmen werden rund 50 000 Tonnen Datteln geerntet, exportiert werden nur die 'Deglet en Nour', eine Dattelart namens Finger des Lichts. In den Korkeichenwäldern des westlichen Küsten-Tells, der Kroumirie, werden außerdem jährlich etwa 7000 Tonnen Kork gewonnen.

Prognose

Nach mehreren aufeinanderfolgenden Dürrejahren hat die Landwirtschaft Tunesiens mit großen Problemen zu kämpfen. So steht die Landwirtschaft zwar in der gegenwärtigen Wirtschaftspolitik im Vordergrund, einmal wegen ihrer Bedeutung für die Beschäftigung, aber auch wegen der Importbelastungen durch landwirtschaftliche Produkte (12 % der Gesamtimporte).

Insgesamt hat die Zahl der in der Landwirtschaft Beschäftigten und die einheimische Getreideproduktion seit der Unabhängigkeit stagniert. Jedoch erschweren die Besitzverhältnisse in der Landwirtschaft tiefgreifende Reformen. Großgrundbesitzer und staatliche Güter kontrollieren einen Großteil der fruchtbaren Region (5 % der Betriebe besitzen rund 35 % des Ackerlandes), ihnen stehen eine Vielzahl an Kleinbetrieben gegenüber (83 % der Betriebe verfügen über weniger als 20 ha Fläche), die nicht über die finanziellen Mittel verfügen, neue Bearbeitungsmethoden einzuführen.

Mit der Erschließung weiterer Wasserressourcen durch den Bau von Staudämmen und Bewässerungsperimetern, dem Ausbau der Viehwirtschaft, aber auch durch eine weitere Dezentralisierung der Landwirtschaftsverwaltung und die Vergabe von günstigen Krediten v. a. an Kleinbauern wird versucht, den wachsenden sozialen Druck (Landflucht und Arbeitslosigkeit) zu mildern und der z. T. daraus resultierenden Zunahme der radikalen islamischen Fundamentalisten den Boden zu entziehen. Auch sollen die vor allem Mitte der sechziger Jahre enteigneten Betriebe wieder einer intensiveren Nutzung zugeführt werden.

Bodenschätze

Ein wichtiger Wirtschaftsfaktor Tunesiens ist der Bergbau, denn das Land besitzt Erdgas- und Phosphatvorkommen. Auch Eisen-, Blei- und Zinkerze werden abgebaut.

Wichtigster Devisenbringer ist das Erdöl sowie das Phosphat. Immerhin stammen 20–25 % der Exporterlöse aus der Ausfuhr von Erdöl, obwohl die Fördermenge von 5,1 Mio. Tonnen pro Jahr nur geringfügig größer ist als diejenige der Bundesrepublik Deutschland. Außerdem sind die Vorräte der Erdölfelder bei El Borma und Kasserine fast erschöpft, so daß damit zu rechnen ist, daß Tunesien in absehbarer Zeit wieder Erdöl einführen muß. Die Hoffnung, auf dem Festlandsockel, bei den Kerkennah-Inseln, größere Offshore-Felder zu erbohren, hat sich leider zerschlagen.

Erdgas wird auf der Halbinsel Cap Bon, im Raum Sfax, im Golf von Gabès und bei El Borma gefördert. Zum Ölausfuhrhafen des Landes hat sich La Skirrha (zwischen Sfax und Gabès gelegen) entwickelt, weil hier eine Pipeline aus den Ölfeldern Algeriens endet.

Wichtigster Bodenschatz Tunesiens sind noch immer die Phosphatvorkommen. In sechs Minen wird Phosphat abgebaut, die zwei wichtigsten sind die in Metlaoui und Kalaat. Pro Jahr werden rund 6 Mio. Tonnen gefördert, damit nimmt Tunesien in der Weltproduktion den vierten Rang ein. Das Land liefert 4,4 % des Weltbedarfs an Phosphat und erzielt damit 15 % seiner Exporterlöse.

Wirtschaft

Industrie

Die Industrialisierung Tunesiens hat in den letzten zehn Jahren große Fortschritte gemacht. Während gegen Ende der siebziger Jahre nur etwa 25 % des Bruttosozialproduktes vom produzierenden Gewerbe erbracht wurden, waren es 1991 bereits 32 %. Im Vordergrund stehen heute der Textil- und Bekleidungssektor (Anteil an der Wertschöpfung 1989 21 %), nachdem die Weiterverarbeitung inländischer Agrarprodukte und Rohstoffe nicht zuletzt aufgrund der geringen Leistungsfähigkeit der tunesischen Landwirtschaft an Bedeutung verloren hat. Nächstgrößere Branchen sind das Nahrungsmittelgewerbe sowie die Metallverarbeitung.
Vorherrschend sind Klein- und Mittelbetriebe. Großbetriebe gehören noch immer zu den Seltenheiten. Erwähnenswert sind hier lediglich das Peugeot-Montagewerk bei Sousse, Zuckerraffinerien in Béja und Bou Salem, Baustoffwerke in Tunis, Biserta und El Hamma du Gabès, ein Stahlwerk bei Menzel-Bourguiba, Phosphataufbereitungsanlagen in Gabès und Sfax sowie Erdölraffinerien in Biserta und Gabès.
Durch zahlreiche steuerliche Anreize (Befreiung von Zöllen, Umsatzsteuer, Steuernachlässe) werden in- und ausländische Investoren angelockt. Die verarbeitende Industrie wuchs gegenüber dem Vorjahr um 5 %, wobei Textilien und Leder (ein Schwerpunkt deutscher Investitionen) entscheidenden Anteil hatten.

Außenhandel und Fremdenverkehr, ein Vergleich:	Mio. tD (1989)	
Erdöl und Derivate	855,2	Einnahmen
Olivenöl	81,5	
Phosphat	32,5	
Phosphorsäure	159,3	
Textilien	816,0	
Datteln und Zitrusfrüchte	47,4	
Fremdenverkehr	855,2	
Gesamt	2 847,1	

Handwerk

Das traditionelle Handwerk hat in Tunesien – wie in allen arabischen Ländern – nach wie vor eine große wirtschaftliche Bedeutung. Darunter spielt v. a. die Herstellung von Teppichen und Decken die wichtigste Rolle.
Die Technik des Knüpfens stammt zwar ursprünglich aus Asien war aber bereits im 13. Jh. in Nordafrika bekannt. In vielen Städten Tunesiens werden Teppiche produziert, das Zentrum aber ist das Gebiet um Kairouan, wo die Teppiche entweder in Heimarbeit oder in speziellen Werkstätten hergestellt werden. Drei Teppicharten werden unterschieden: der geknüpfte Teppich (Zerbiya), der gewebte und anschließend bestickte Teppich (Mergoum) sowie der gewebte Wandteppich (Klim oder Kelim), der von den Beduinen aus der Region von Gafsa und Sfax stammt und heute in Oudref bei Gabès gefertigt wird.

Teppichknüpferei

Dem Töpferhandwerk wird in Guellala auf Djerba, zunehmend jedoch auch in Nabeul nachgegangen. Von hier aus wird das ganze Land mit Wandkacheln, Eßgeschirr, Vasen, Kerzenhaltern, Blumentöpfen u. a. beliefert.
Auf Djerba wird schönes Schmuckhandwerk nach alten Vorbildern angefertigt. Auch Messing- und Kupferarbeiten findet man mittlerweile im ganzen Land; die v. a. im Süden angebotenen Messingwaren werden nur für Touristen hergestellt, die in Gabès und Médenine angebotenen Kupfererzeugnisse haben dagegen eine lange Tradition.
Flechtarbeiten wie Läufer und Einkaufstaschen aus Halfagras sind im ganzen Land zu finden. In Gabès werden Stühle und kleine Tische aus Rohr, im Gebiet der Schotts, in Tozeur und Nefta, aus Dattelpalmenholz sowie in Tabarka aus Oleanderholz angefertigt.

Keramik

Wirtschaft

Bunter Keramikmarkt und ...

Fischerei

Trotz der 1 300 km langen Küste ist Tunesiens Fischerei bislang noch wenig entwickelt. Es herrschen traditionelle Fangmethoden vor, die überwiegend kleinen Boote können nur in Küstennähe fischen. In letzter Zeit wurden jedoch verstärkt Anstrengungen (Ausbau der Fischereihäfen, Vergrößerung und Modernisierung der Küstenfischereiflotte, Aufbau einer Hochseefangflotte) unternommen, den Fischreichtum besser zu nutzen. Für den Export sind v. a. Thunfisch (am Cap Bon, bei Sidi Daoud), Makrelen und Sardinen wichtig. Die einst bedeutende Schwammfischerei hat dagegen stark abgenommen.

Verkehr

Aus der Protektoratszeit übernahm Tunesien ein gut ausgebautes Verkehrsnetz, gegenwärtig gibt es rund 150 000 zugelassene Personenkraftwagen.
Vor allem der Norden ist gut ausgebaut, zwischen den größeren Städten und zum westlichen Nachbarn Algerien bestehen gute Straßen- und Schienenverbindungen. Nach Süden hin und von der Küste landeinwärts nimmt die Verkehrsdichte ab. Insgesamt verfügt Tunesien über 2192 km Eisenbahnlinien, von dem 29 000 km (1989) umfassenden Straßennetz sind rund 15 000 km befestigt. Eine Autobahnverbindung von Tunis über Hammamet und Sousse nach M'Saken ist fertiggestellt.
Die großen Handelshäfen des Landes sind Tunis, La Goulette, Rades, Biserta, Sfax, Sousse, Gabès und der Erdölhafen La Skhira, der neben der Verladung des tunesischen Erdöls auch das algerische Erdöl von Edjeleh umschlägt, sowie Zarsis im Süden, der erst kürzlich mit einer Freihandelszone ausgestattet wurde. Weiterhin gibt es 22 kleinere Häfen, die nur regional von Bedeutung sind.

Wirtschaft

... Fischfangflotte im Hafen

Das Land verfügt mittlerweile über sechs internationale Flughäfen: Tunis-Carthage (fast 3 Mio. Fluggäste jährlich), Djerba, Monastir-Skanès, Tozeur, Tabarka und Sfax.

Verkehr
(Fortsetzung)

Fremdenverkehr

Seit Beginn der siebziger Jahre hat sich der Fremdenverkehr zu einem der wichtigsten Wirtschaftszweige der tunesischen Volkswirtschaft entwickelt. Einen ersten Einbruch erlebte das Land im Jahr 1989, als in Tunesien – wie in anderen Mittelmeer-Anrainerstaaten auch – der Fremdenverkehr deutlich zurückging. Nach dem Ausbruch des Golfkrieges (Anfang 1991) kam der Tourismus dann, wie in allen arabischen Ländern, fast völlig zum Erliegen und zeigte in aller Härte, wie zwiespältig und krisenanfällig eine stark vom Fremdenverkehr abhängige Wirtschaft ist. Im Jahr 1992 stiegen die Besucherzahlen wieder; 1999 kamen mehr als fünf Millionen ausländische Besucher nach Tunesien, davon über eine Million allein aus der Bundesrepublik.
Damit nimmt der Tourismus in der Wirtschaft Tunesiens eine vorrangige Stellung ein und zwar nicht nur als Devisenquelle. Gegenwärtig bietet der Fremdenverkehr rund 75 000 Personen direkte Arbeitsplätze im Hotel- und Reisegewerbe, indirekt beschäftigt er sogar 233 000 Menschen (Dienstleistungen, Baugewerbe etc.).
Die Zahl der Hotelbetten verdoppelte sich seit Anfang der achtziger Jahre. 1999 lag die Bettenkapazität bei rund 210 000 Betten. Sämtliche großen Zentren besitzen eigene Hotelfachschulen. Derzeit stehen insgesamt 2240 Ausbildungsplätze zur Verfügung (in Sidi Dhrif bei Tunis, Nabeul, Hammamet, Monastir, Sousse, Ain Draham, Tozeur und auf Djerba).
Zur Sicherung des Tourismus und seiner Schlüsselfunktion für das wirtschaftliche und soziale Leben will Tunesien den Ruf eines 'Billigreiseziels' loswerden und statt dessen neben dem traditionellen Badeurlaub ver-

Wirtschaft

Fremdenverkehr (Fortsetzung)

stärkt auf einen 'sanften Tourismus' für Kunst- und Kulturinteressierte sowie für Naturfreunde setzen. So werden u. a. die archäologisch interessanten Stätten, die historischen Sehenswürdigkeiten und das tunesische Kulturgut stärker ins touristische Angebot einbezogen. Die klassischen Urlaubsorte sollen zugunsten der weniger entwickelten entlastet werden, u. a. wurde die Bettenkapazität in der Sahara-Region erweitert, im Nordwesten des Landes entstand das neue Fremdenverkehrszentrum Montazah Tabarka. Mit Gesundheitstourismus (→ Praktische Informationen, Heilbäder), Golfplätzen, erweiterten Wasser- und Jagdsportmöglichkeiten sowie neuen Fünfsterne-Luxus-Hotels sollen neue Besuchergruppen ins Land geholt werden.

Umwelt

Bereits im Jahr der Unabhängigkeit verabschiedete die Regierung ein umfassendes Schutzprogramm für die Natur. Um den Gefahren des zunehmenden Fremdenverkehrs für die Umwelt zu begegnen, wurden 1992 ein Umweltschutzministerium eingerichtet und in den letzten Jahren strenge Bestimmungen erlassen. Zu den weiteren Anstrengungen, die das Land unternimmt, gehören u. a. die Verbesserung der Umweltqualität und Erhaltung der natürlichen Ressourcen;
die Sensibilisierung der Bewohner für den Umweltschutz z. B. durch Eingliederung dieses Themas in den Lehrplan der Schulen und durch die Schaffung eines Studienfaches 'Ökologie' an den Universitäten;
die Ausschaltung von bestehenden Verschmutzungsquellen und die verstärkte Unterstützung von Einrichtungen, die dem Erhalt von Flora und Fauna dienen, z. B. Nationalparks und strengere Jagdgesetze, um das Überleben gefährdeter Tierarten zu gewährleisten;
Wiederaufforstungsprogramme, Bewässerungssysteme und Dünenbefestigungen, um die Ausdehnung der Wüstengegenden aufzuhalten;
die Erneuerung von Kläranlagen und Wasseraufbereitungsanlagen in allen Touristik- und Industriezonen, um den Abfluß ungeklärter Abwässer ins Mittelmeer zu verhindern.
Zu den dringlichsten Problemen des Landes gehört die Wasserversorgung, vor allem in der Sahararegion. Aufgrund immer tieferer Brunnenbohrungen sowie steigender Wasserentnahmen ist der Grundwasserspiegel hier deutlich abgesunken. Die katastrophalen Auswirkungen sieht man z. B. in der Oase Tozeur, wo der Palmenhain auszutrocknen droht. Daher unser Appell, daß auch die Besucher Tunesiens durch ein angemessenes Verhalten einen kleinen, aber wichtigen Beitrag leisten können, dazu gehört z. B. der sparsame Umgang mit dem kostbaren Wasser.

Prognose

Maghreb-Union

Tunesien ist sehr darum bemüht, den industriellen Anschluß an Europa zu finden und die drängenden Probleme wie Arbeitslosigkeit und Armut zu lösen. Die Gründung der Maghreb-Union 1989 (Tunesien, Marokko, Algerien, Libyen und Mauretanien; nebenstehend die Abbildung ihres Logo) ist dazu ein wichtiger Schritt. Die gemeinsame Wirtschaftskommission mit Algerien und Marokko ist ein ernsthafter Versuch, die wirtschaftliche Zusammenarbeit untereinander zu verbessern. Bislang beträgt der Handel der Maghreb-Länder untereinander weniger als 5 % ihres Handelsvolumens. Da Marokko, Algerien und Tunesien sich ergänzende Wirtschaftsformen haben – Marokko erzeugt v. a. landwirtschaftliche Produkte, Algerien verfügt über eine gutentwickelte Schwerindustrie, Tunesien über funktionierende Dienstleistungsbetriebe –, könnte sich im sinnvollen Austausch untereinander eine wirkungsvolle Zusammenarbeit entwickeln.

Tunesien selber bereitet sich auf die 'Nacherdölzeit' vor. Das Hauptaugenmerk liegt dabei auf der Entwicklung des Fremdenverkehrs (als Devisenbringer) sowie in der Landwirtschaft, v. a. wegen ihrer Bedeutung für die Beschäftigung, aber auch wegen der Belastungen durch den Import von

Wirtschaft

Prognose (Fortsetzung)

landwirtschaftlichen Produkten (12 % der Gesamtimporte), der mit der Abnahme der Erdöleinnahmen eingeschränkt werden muß.
Rückständige Gebiete werden gefördert und stärker einbezogen, so soll z.B. die Konzentration von 65 % aller Industrie- und Gewerbegebiete im Raum Tunis abgebaut, eine gleichmäßigere Einkommensverteilung herbeigeführt und so eine der Ursachen für die Landflucht eingedämmt werden.
Günstige Kredite sollen die dringend notwendige Modernisierung von Kleinbetrieben in der Landwirtschaft und im Handwerk ermöglichen; das Verkehrsnetz wird weiter ausgebaut und die Erschließung neuer Energiequellen unterstützt. Weitere Schwerpunkte sind die Berufsbildung und die Schaffung neuer Arbeitsplätze, v. a. in der Industrie und im Fremdenverkehr.
Der Golfkrieg (→ Geschichte) brachte zwar einen tiefen Einbruch und hohe Verluste. Dennoch kann Tunesien auf erfolgreiche Jahre zurückblicken. Seit der Absetzung Habib Bourguibas im Jahr 1987 prägt Ben Ali die tunesische Politik. Bei den ersten pluralistischen Präsidentschaftswahlen im Oktober 1999 wurde er mit 96,9 % der Stimmen wiedergewählt. Mit einem ehrgeizigen Reformkurs öffnete er die tunesische Wirtschaft ausländischen Investoren. Mit Erfolg: In den vergangenen Jahren wurde stets eine Wachstumsrate von rund 6 % verzeichnet. Der auf diese Art gestärkte Mittelstand gehört zu den wichtigsten Stützen Ben Alis im Lande selber. Auch fiel nach offiziellen Angaben die Zahl der "absolut Armen" von 30 % der Bevölkerung in den siebziger Jahren auf weniger als 7 %. Dennoch gibt es Mißverhältnisse, die ausgeglichen werden müssen, dazu gehört u. a., daß die Europäische Union bislang nur 3 % ihrer Hilfe für die Entwicklungsländer des Mittelmeerraumes ausgibt, obwohl z.B. Tunesien zwei Drittel seines Außenhandels mit der EU abwickelt.
Auch im Umweltschutz, in der Bildungspolitik und in den Anstrengungen um eine Geburtenkontrolle verzeichnet Tunesien im Vergleich zu anderen Ländern Nordafrikas deutliche Fortschritte. Ein wichtiges Problem ist die politische Öffnung, die Ben Ali bereits 1988 versprochen hat. Bei den jüngsten Präsidentschaftswahlen im Oktober 1999 waren erstmals Gegenkandidaten zugelassen, und unabhängige Beobachter bestätigten einen reibungslosen, korrekten Urnengang. Zwar hatten die Gegenkandidaten, wie vorauszusehen, kaum Chancen gegen Ben Ali, die Oppositionsparteien halten aber seitdem 32 (statt bisher 19) Sitze im Parlament.
Von einer eigentlichen Opposition in unserem Sinne kann jedoch nicht die Rede sein, und es wird sicher noch sehr lange dauern, bis ein Parlament nach europäischem Muster steht. Viele Politiker aus den Anfängen der Nach-Bourguiba-Zeit sahen sich dazu berufen, das vermeintlich hinterlassene Vakuum auffüllen zu müssen, gründeten oder erneuerten eine Partei und meldeten diese ordnungsgemäß an. Schnell wurde jedoch klar, daß hinter vermeintlich demokratischen Grundgedanken völlig andere Absichten auszumachen waren. Festnahmen und Verbote waren an der Tagesordnung. Zwischenzeitlich ist Ben Alis (und somit Tunesiens) Ansehen in der Welt gefestigt. Tunesien ist eine präsidentielle Demokratie nach französischem Vorbild. Und dafür hat er mittlerweile die breite Mehrheit der Bevölkerung hinter sich.
Die Regierungsseite rechtfertigt die Repressionen vor allem mit dem wachsenden Einfluß der islamischen Fundamentalisten, nicht nur in den Nachbarländern, sondern auch in Tunesien selbst. Und in der entschiedenen Ablehnung des Fundamentalismus sind sich Opposition und Regierung auch einig. Zu sehr schrecken die Geschehnisse in Algerien, wo in den vergangenen Jahren im Kampf zwischen Fundamentalisten und Staatsführung Tausende ums Leben gekommen sind. Dennoch lehrt gerade die Erfahrung von Algerien, daß da, wo eine glaubwürdige Opposition verboten ist, radikale islamische Fundamentalisten das Versagen des Staates um so mehr ausnützen und ihre Anhängerschaft und ihren Einfluß verstärken.

Geschichte

Gliederung

Die Geschichte Tunesiens läßt sich gliedern in:
Vor- und Frühgeschichte,
Phönizier und Karthager (vom 12. Jh. v.Chr.–146 v.Chr.),
Römer (146 v.Chr.–439 n.Chr.),
Vandalen und Byzantiner (439–647).
Arabische Eroberungen (647 bis heute).
 Aghlabiden (800–909),
 Fatimiden und Ziriden (909–1159),
 Almohaden und Hafsiden (1159–1547),
Normannen (1148–1159),
Türken (1574–1705) und Husseiniten (1705–1956).
Französisches Protektorat (1881–1956),
Republik (1956 bis heute).

Vor- und Frühgeschichte

Der Beginn der menschlichen Besiedelung Nordafrikas wird auf 1 Mio. Jahren v.Chr. geschätzt, erste Funde gibt es aus der frühen Altsteinzeit, dem Altpaläolithikum (500000 v.Chr.), welches in Afrika auch Acheuléen genannt wird. Zu dieser Zeit ist das Gebiet der heutigen Sahara ein grünes, blühendes Savannenland und Lebensraum einer bunten Tierwelt, wie sie heute noch in den Savannen Afrikas beobachtet werden kann.
Das Großwild dieser Fauna (Antilope, Nashorn, Elephant, Flußpferd) bildet die Nahrung für kleinere, nichtseßhafte Jägergruppen vom Typ des Homo erectus.

Mehrfache großräumige Klimawechsel zwischen Feucht- und Trockenperioden ereignen sich. Sie hängen mit den europäischen Eiszeiten zusammen.

ca. 80 000 v.Chr.

Die ersten Zeugnisse menschlicher Besiedlung stammen aus der darauffolgenden mittleren Altsteinzeit, dem Mittelpaläolithikum. Es handelt sich um Skelettreste eines Menschen vom Typ des Neandertalers (Homo sapiens neandertalensis). Sie stammen aus der Epoche des Moustérien.

ca. 40 000 v.Chr.

Die Funde von gestielten Steinwerkzeugen (am Cap Blanc und in Monastir) aus der jüngeren Altsteinzeit (Jungpaläolithikum) gehören zur Atérien-Kultur.

13 000 bis
5000 v.Chr.

Im weiteren Verlauf lassen sich zwei große Kulturgruppen unterscheiden. In der nördlichen Küstenregion das Ibéromaurusien etwa ab 12000 v.Chr.; Skelettfunde haben erbracht, daß die Menschen zum Crômagnon-Typ gehörten, die nach ihrem Fundort bei Constantine als Rasse von Mechta el Arbi bezeichnet werden. In bis zu 100 m langen Abfallhaufen fanden sich Asche, Knochen, Schnecken- und Muschelschalen sowie Werkzeuge, u.a. in Holz- oder Knochenschäftungen eingesetzte dreieckige, trapez- oder kreisförmige Abschnitte aus Feuerstein, und Gräber.

8000 bis
4000 v.Chr.

Bekannter ist die Capsien-Kultur, die ihren Namen nach der antiken Stadt Capsa, dem heutigen Gafsa im südlichen Tunesien, erhielt. Sie ist jünger als das Ibéromaurusien und dauerte von der Mitte des 8. bis zum Ende des 4. Jahrtausends v.Chr. auf einem ziemlich eng begrenzten Raum zwischen dem Nordrand der Schotts bis in die Gegend von Tebessa.
Die vermutlich negroiden Menschen dieser Gegend, Sammler und Jäger, hinterließen sogenannte Escargotières. In diesen bis zu 40 m langen und 25 m breiten 'Schneckenhaufen' fanden sich wie in den Abfallhaufen des

Geschichte

Ibéromaurusien eine Fülle von Knochen von Büffeln, Gazellen, Antilopen, einer Zebraart sowie von Raubtieren und Vögeln, Asche von verbranntem Holz, unzählige Schneckengehäuse sowie Steinwerkzeuge.
Die Hügel dienten auch als Grabstätten. Die Toten wurden mit Rötel und/ oder Ocker bestreut und ausgestreckt oder in Hockstellung begraben. In Schmuckanhängern, skulptierten Tierplastiken und verzierten Straußeneiern zeigt sich der Wunsch, die menschliche Umgebung mit Bildern auszuschmücken und zu verschönern.
Ob und inwieweit zwischen diesen und den ersten echten Berbern, die zu Beginn der geschichtlichen Zeit in Nordafrika erscheinen, verwandtschaftliche Beziehungen bestehen, ist noch ungeklärt und bedarf weiterer Untersuchungen.

Capsien-Kultur (Fortsetzung)

In den Küstengebieten wurde das Ibéromaurusien allmählich von der Capsien-Kultur verdrängt. Ab 5000 v. Chr. setzt jedoch auch in Nordafrika, leicht verspätet, die Jungsteinzeit ein. Funde wie Obsidian-Spitzen aus Italien sowie Zeugnisse der Megalithkultur beweisen, daß bereits vor Ankunft der Phönizier Seefahrt betrieben wurde und Kontakte mit Europa bestanden. Auf diese Weise kam auch ein neuer, hellhäutiger und grazilerer Menschentypus an die Küste. Gleichzeitig wanderten Stämme aus der Zentralsahara nach Norden, vermutlich auf der Flucht vor einer Trockenperiode. Sie wurden von den Griechen später als Libyer, Garamanten, Numider, Nubier, Gätuler und Nasamonen bezeichnet. Aus diesem Völkergemisch gingen die Berber hervor.

ca. 5000 bis 1300 v. Chr.

Keramikfunde zeigen, daß mit Ackerbau und Viehzucht begonnen wurde und erste feste Siedlungen entstanden. Aschefunde beweisen, daß ganze Wälder abgebrannt wurden, um mehr verfügbares Land zu bekommen. Die nachhaltige Landschaftszerstörung setzte also nicht erst mit den Karthagern ein. Anzeichen für eine städtische Kultur gibt es jedoch noch nicht.

Phönizier und Karthager

Etwa um 3000 v. Chr. ließen sich die Phönizier oder auch Phöniker (von griechisch phoinios = purpur, der Farbe ihrer Stoffe; der Name Punier stammt von den Römern. Sie nannten die Phöniker des Westens Punier), ein semitisches Volk, vom Persischen Golf kommend, an der syrischen Küste nieder. Als im 12. Jh. v. Chr. Ägypten, Kreta und Mesopotamien ihre beherrschende Rolle verloren, wurden sie die neue Handelsmacht des Mittelmeeres. Die bekanntesten Städte waren Byblos, Sidon und Tyros. Ihre Routen führten sie nach Sizilien, Südspanien, bis nach Westafrika und England. Sie bauten ein weitverzweigtes Handelsnetz auf. Aus ihren Umschlagsplätzen wuchsen Kolonien, die sich zu selbständigen Stadtstaaten entwickelten.

ca.1100 bis 146 v. Chr.

Bereits im 12. Jh. entstand im Mündungsgebiet des antiken Bagradas (Medjerda), am Nordufer des Golfes von Tunis, die Stadt Utica, und Karthago wurde 814 v. Chr. von phönikischen Auswanderern aus Tyros gegründet. Dem Gründungsmythos zufolge durch Elissa, Tochter des Königs von Tyros, die bei Vergil Dido heißt.
Nach Erb- und Thronfolgestreitigkeiten mit ihrem Bruder, der aus Habgier ihren Mann, einen reichen Priester, ermorden ließ, floh sie mit Gefolge zunächst nach Zypern, um dann mit dem Oberpriester der Astarte und 80 Hierodulen, den späteren Stammesmüttern, an der nordafrikanischen Küste zu landen. Ein argloser Numiderfürst gewährte ihr die Bitte um ein Stück Land von der Größe einer Kuhhaut. Sie schnitt das Fell in feinste Streifen und umgrenzte damit die gesamte Halbinsel, die später Karthago, Quart Hadascht, 'die neue Hauptstadt', heißen sollte. Als der Numiderfürst um ihre Hand anhielt, willigte sie zunächst ein und erbat ein letztes Totenopfer für den ersten Gemahl. Hierbei stürzte sie sich in einen brennenden Scheiterhaufen.

Gründung

Geschichte

Großmacht Karthago

Karthago entwickelte sich rasch, überholte die ältere Gründung Utica und nahm bald die Stelle des Mutterlandes ein. Im 5. Jh. hatte es das numidische Hinterland unterworfen und war mit rund 400 000 Einwohnern die größte und wohl auch reichste Stadt am Mittelmeer.

Phönizier und Karthager haben zwar keine schriftlichen Quellen hinterlassen, man geht jedoch davon aus, daß in Karthago eine aristokratische Verfassung herrschte mit dem Hauptgott Baal-Ammon (Herr des Räucheraltars, Sonnengott). Dieser wurde zunehmend von Tanit, seiner Gattin, einer Fruchtbarkeits- und Mondgöttin, verdrängt. Weiter folgten Eshmun (Gott der Heilkunst) und Melkart (Sohn von Baal und Tanit) sowie lokale oder von Ägyptern und Griechen übernommene Gottheiten.
Zu den wissenschaftlichen Leistungen der Phönizier, die von den Karthagern fortgeführt wurden, gehören die erste Alphabetschrift (Ugarit im heutigen Syrien), umfassende Neuerungen in der Landwirtschaft (u. a. Oliven- und Weinanbau) sowie eine großartige Schiffsbau- und Navigationskunst.
Ab dem 6. Jh. geriet Karthago mit Griechenland, welches in der Zwischenzeit ebenfalls zu einer Großmacht herangewachsen war, zunehmend in Konflikt. Griechenland verhinderte, daß Karthago die Küsten Frankreichs und Spaniens sowie die Insel Sizilien unter Kontrolle bekam. In seiner Not verbündete sich Karthago mit den Römern, um die Griechen auf Sizilien zurückzudrängen. Nach dem Sieg wurden die beiden ehrgeizigen Bündnispartner jedoch zu Feinden. Der Kampf um die Oberherrschaft in den berühmten drei Punischen Kriegen endete mit der Vernichtung Karthagos im Jahre 146 vor Christus
Im Ersten Punischen Krieg (264–241 v. Chr.) erlitt Karthago eine schwere Niederlage.

Im Zweiten Punischen Krieg (218–201 v. Chr.) überschritt Hannibal mit 50 000 Mann, 12 000 Reitern und 37 Elefanten den Ebro, zog quer durch Südfrankreich und überwand unter großen Verlusten die Alpen. Mit galli-

Blick vom Byrsahügel über Karthago

Geschichte

Hannibals Zug über die Alpen

schen Söldnern fügte er den Römern empfindliche Niederlagen zu. 211 belagerte er Rom. In der Zwischenzeit eroberte Scipio Africanus die gesamte spanische Küste und landete im Frühjahr 204 bei Ghar el Melh. Er verband sich mit dem Numiderfürsten Masinissa und marschierte gegen Karthago. Als Hannibal nach 15jähriger Abwesenheit nach Afrika zurückkehrte, trafen sie in der Schlacht von Zama (202 v. Chr.) aufeinander, in welcher Hannibal unterlag. Karthago verlor seine außerafrikanischen Besitzungen, seine Flotte, seine Kriegselefanten und mußte hohe Reparationen an Rom zahlen. Ohne römische Genehmigung sollte es keinen Krieg führen düfen, auch keinen defensiven.

Karthagos innere Autonomie währte jedoch nicht lange. Masinissa, Verbündeter Roms im Kampf gegen Hannibal, eroberte nach und nach das numidische Hinterland und errichtete ein Königreich, welches große Teile Tunesiens und des heutigen Algeriens umfaßte. Damit geriet er in Konkurrenz mit Karthago. Als sich Karthago unerlaubt gegen einen Angriff Masinissas zur Wehr setzte, brach der Dritte Punische Krieg (149–146 v. Chr.) aus. Rom sandte Truppen nach Karthago, welches sofort die Kapitulation anbot und alle Waffen auslieferte. Dennoch verlangte Rom die Selbstzerstörung der Stadt und die Aussiedlung aller Bewohner. Als sich Karthago weigerte, diese Bedingungen zu erfüllen, kam es zum Kampf, der mit der völligen Vernichtung Karthagos endete.

Die überlebenden und nicht versklavten Punier flohen in andere Küstenstädte oder ins Landesinnere. Hier bewahrten sie ihre Sprache und Sitten trotz römischer Einflüsse noch lange, sie wurden die Träger der sogenannten neopunischen Kultur, einer Mischung karthagischer, numidischer und römischer Elemente.

Großmacht Karthago (Fortsetzung)

Numider

Die Numider (numidia = latinisierte Form der griechischen Bezeichnung für Nomaden) gehörten zur nordafrikanischen Urbevölkerung, von den Griechen wurden sie Libyer genannt. Sie gliederten sich in verschiedene größere Stammesverbände: im Westen herrschten an der Küste die Mauri, am Rande der Wüste die Gaetuli, das Gebiet des heutigen Algerien bis nach Tunesien wurde von den Stämmen der Masaesyli und Massyli besiedelt,

Geschichte

Numider (Fortsetzung)

die zusammengefaßt als Numider bezeichnet wurden. Ihre Schrift hat sich bei einer Berbergruppe, den Tuaregs, erhalten, ihre Sprache in den Berberdialekten. Unter Masinissa (geboren 240 v. Chr.; → Berühmte Persönlichkeiten) entwickelte sich das erste berberische Großreich, welches zunächst noch den Puniern tributpflichtig war. Als Verbündeter Roms im Kampf gegen Hannibal siegreich, erlebte es einen raschen politischen und wirtschaftlichen Aufstieg. Schließlich beherrschte Masinissa ein Gebiet von der marokkanisch-algerischen Grenze bis Karthago, mit dem sich Konflikte anbahnten. Diese waren auch der Grund für den Ausbruch des Dritten Punischen Krieges, der mit dem Untergang Karthagos endete.

Nach dem Sieg über Karthago sicherte sich Rom das fruchtbare Gebiet um die ehemalige punische Hauptstadt, welches zur römischen Provinz Africa ernannt wurde, mit Utica als neuer Hauptstadt. Die westlich angrenzende Region wurde Masinissa überlassen, dessen Einfluß sich in die Regionen des heutigen Algerien und Marokko verlagerte.

Unter Masinissas Nachfolgern kam es zur Teilung des Großreiches, unter Jughurta, seinem ehrgeizigen Großneffen, schließlich zu Konflikten mit Rom, als dieser versuchte, ein neues numidisches Großreich aufzubauen. Als er 104 v. Chr. in Rom hingerichtet wurde, fiel sein Reich an den Maurenkönig Bocchus. Von nun an war es mit der westlichsten Region Nordafrikas, mit Mauretanien, verbunden.

Als Cäsar im Bürgerkrieg Pompejus und die mit ihm verbündeten Numider schlug, reorganisierte er die Verwaltung Nordafrikas: Neben die alte Provinz, Africa vetus, trat das westnumidische Reich als Africa nova. Die beiden Provinzen wurden schließlich unter Augustus, der 23 v. Chr. eine Neuordnung des Maghreb vornahm, als Africa proconsularis zusammengefaßt. Mauretanien wurde von Juba II., einem in Rom erzogenen Berberkönig (→ Berühmte Persönlichkeiten), verwaltet. Dieser förderte Handel, Gewerbe und Wissenschaften. Sein Sohn und Nachfolger wurde jedoch 40 n. Chr. auf Befehl des römischen Kaisers Caligula ermordet. Nach der Niederschlagung eines Berberaufstandes wurde Mauretanien in die Provinzen Mauretania Caesariensis (Algerien) und Mauretania Tingitana (Marokko) aufgeteilt und damit das letzte der numidischen und mauretanischen Königreiche beendet.

Römische Herrschaft

146 v. Chr. bis 439 n. Chr.

Bereits die Gracchen hatten 123 v. Chr. Pläne gemacht, Nordafrika wirtschaftlich zu erschließen. Einige Jahrzehnte später wurden ausgediente römische Soldaten im Nordwesten Tunesiens angesiedelt. Zur planmäßigen Kolonisierung der Provinz Africa proconsularis kam es jedoch erst unter Augustus. Im Süden der Provinz wurde eine Limesanlage errichtet und damit das Gebiet gegen drohende Nomadenüberfälle geschützt. Zahlreiche Städte wurden neugegründet, einige punische Siedlungen übernommen und mit gewissen Rechten ausgestattet, Karthago wurde wieder aufgebaut. Vor allem die Veteranensiedlungen wurden zu Zentren einer weitgehenden sprachlichen und kulturellen Romanisierung. Die arme Landbevölkerung blieb dagegen bei den libysch-berberischen Dialekten, die z. T. heute noch in den Berberdialekten und in den Volksliedern zu erkennen sind.

Africa proconsularis entwickelte sich zur Kornkammer Roms, zeitweise stammten 75 % des römischen Weizenbedarfs aus Nordafrika. Die dadurch entstandene Bodenerschöpfung führte zum Anbau von Oliven, Wein und Obst. 212 n. Chr. wurde allen freien Bewohnern des Reiches das römische Bürgerrecht verliehen. Die Provinz zählte zu den reichsten des römischen Imperiums. In den größeren Städten entstanden großzügig angelegte und reich verzierte Prachtbauten. Die Mehrheit der Bevölkerung (rund fünf Sechstel) lebte jedoch sehr bescheiden als Kaufleute, Handwerker, Bauern oder Sklaven. Letztere wurden jedoch immer seltener und allmählich durch Coloni, Kleinbauern, ersetzt. Diesen wurde gegen die Leistung bestimmter Frondienste Agrarland zur Bestellung überlassen.

Geschichte

Römische Herrschaft (Fortsetzung)
Die Krise des römischen Reiches im 3. Jh. n. Chr. blieb auch in der Provinz nicht ohne Folgen. Es kam zu Aufständen gegen stark erhöhte Steuern. Berberstämme, die unzufrieden waren wegen ihrer Verdrängung in unfruchtbare Wüstengegenden, nutzten diese Wirren aus, lehnten sich auf und unternahmen Raubzüge.

Der langsame Niedergang des römischen Reiches hatte begonnen, auch wenn anstelle der einen Provinz Africa proconsularis drei neue Provinzen, Zeugitana (Norden), Byzacena (Mitteltunesien) sowie die Tripolitana (Süden), gebildet sowie weitere Reformen verabschiedet wurden.

Christianisierung
Bereits im späten 1. Jh. treten in Afrika christliche Missionare auf. Die erste Gemeinde ist ab 180, der erste Bischof Tertullian (→ Berühmte Persönlichkeiten) ab 197 belegt. Trotz Christenverfolgungen läßt sich die Ausbreitung des Christentums nicht aufhalten. Zu Beginn des 4. Jh.s kam es zur Spaltung: Unter Bischof Donatus sammelten sich die stark dem Märtyrerkult verhafteten und die römische Autorität ablehnenden Donatisten (benannt nach ihrem Bischof), denen sich bald die Mehrheit der verarmten numidischen Landbevölkerung anschloß. Sie forderten eine strikt egalitäre Gesellschaftsordnung und eine streng an den christlichen Idealen ausgerichtete Lebensführung. Ihr 'radikaler' Flügel begann im 4. Jh. mit Erhebungen und Plünderzügen, die zur staatlichen Ächtung der Donatisten führten. 411 scheiterte ein Verständigungsversuch mit den Christen unter Augustinus, einem algerischen Berber (→ Berühmte Persönlichkeiten). Die Gruppe der Donatisten wurde gewaltsam zerschlagen und als Ketzer mit Entschiedenheit verfolgt.

Vermutlich liegt in dieser Zerstrittenheit der christlichen Kirche einer der Gründe für den später so schnellen Erfolg des Islam bei der einheimischen Bevölkerung Nordafrikas.

Der Zerfall des römischen Reiches 395 in West- und Ostrom, welches von Byzanz aus regiert wurde und das orthodoxe Christentum vertrat, läutete das Ende der römischen Herrschaft über Nordafrika ein.

Vandalen und Byzantiner

439–533
Über Schlesien, Ungarn, Gallien und Spanien gelangte das germanische Volk der Vandalen unter Geiserich nach Nordafrika. 429 eroberten sie Tanger, 439 die Provinz Africa. Als arianische Christen standen sie wie die Donatisten, von denen sie Zulauf erhielten, in Opposition zur katholischen Kirche.

Für eine kurze Zeit wurde ihr Germanenstaat zur führenden Macht im westlichen Mittelmeer. Sizilien, Korsika, Sardinien, Malta und die Balearen wurden erobert, 455 Rom geplündert. Jedoch begann bald nach Geiserichs Tod das Vandalenreich zu zerfallen, von innen schwächten Berber- und Bauernaufstände sowie wirtschaftlicher Niedergang, von außen Invasionen das Reich. 533 landete der oströmische Feldherr Belisar mit 5000 Soldaten in Nordafrika, und in einem kurzen Feldzug vernichtete er den bereits geschwächten Germanenstaat. An ihn erinnern nur noch einige blonde nordafrikanische Berber.

533–647
Karthago wurde zum Exarchat Ostroms, und zahlreiche Kirchenbauten entstanden. Der Versuch Ostroms, ein neues Weltreich zu schaffen, war jedoch nur von kurzer Dauer. Die byzantinische Herrschaft konnte sich nicht länger als ein Jahrhundert durchsetzen; ihr Einfluß blieb auf die Küstengebiete beschränkt, während die Berberstämme im Hinterland trotz aufwendiger Befestigungsanlagen eine ständig wachsende Gefahr darstellten.

Arabische Eroberung

Die ersten Vorstöße der großen Ausdehnungswelle des Islam, die über Nordafrika, große Teile der Iberischen Halbinsel, Südfrankreich und die

Geschichte

Mittelmeerinseln hinweggehen sollte, unternahmen die aus dem Orient über Ägypten einfallenden Araber 647, nur fünfzehn Jahre nach dem Tod Mohammeds (Plünderung von Sufetula [Sbeitla]). Byzantiner und Berber leisteten zunächst erfolgreich Widerstand. Schließlich erkauften sie sich den Abzug der Araber. Die Eroberung der byzantinischen Provinz erfolgte schließlich ab 670 unter Oqba Ibn Nafi im Auftrag des Omaijaden-Kalifen Muawiya. Ausgangspunkt war die 671 gegründete neue Hauptstadt des von den Arabern Ifriqiya genannten Landes Kairouan, heute die vierte Heilige Stadt des Islam.

Der Widerstand der Byzantiner gegen die fremden Eindringlinge war wenig erfolgreich. Die Berber wehrten sich jedoch entschieden gegen die Eroberer, zunächst unter der Führung des Stammesfürsten Kasila und noch einmal unter der sagenumwobenen Prophetin La Kahena oder El Kehina (→ Berühmte Persönlichkeiten). Nach deren Tod brach der Widerstand zusammen, und eine umfassende Arabisierung setzte ein.

Zwischen dem 8. und 11. Jh. führten Auseinandersetzungen innerhalb des Islam zur Spaltung in drei Glaubensrichtungen, die der Sunniten, der Schiiten und der Kharedjiten (→ Religion). Letzteren schlossen sich v. a. die noch nicht arabisierten Berberstämme aus Opposition gegen die herrschenden Schiiten an. Aufstände und Rebellionen beherrschten das Land.

Arabische Eroberung (Fortsetzung)

Nach dem gewaltsamen Ende der Omaijaden-Dynastie durch die Abbasiden-Kalifen erfolgte die Verwaltung der Provinz Ifriqiya von Bagdad aus. Da die Aufstände in der Provinz nicht enden wollten, wurde Ibrahim Ibn al Aghlab, ein gelehrter und militärisch erfahrener Anhänger der Abbasiden, mit ihrer militärischen Niederschlagung betraut. Zur Belohnung wurde er zum Emir, Statthalter über Ifriqiya, ernannt. Als Anerkennung für weitere Dienste sowie im Austausch für Tributzahlungen wurde das ursprünglich zeitlich befristete Amt in ein erbliches umgewandelt.

Abbasiden

Mit Ibrahim Ibn al Aghlab begann die gleichnamige Dynastie (800–909). Er wählte Kairouan als neue Hauptstadt des nun erstmals eigenständigen Staates, dessen Gebiet das heutige Tunesien, den tripolitanischen Küstensaum bis Barka sowie das östliche Algerien umfaßte. Seinen Regierungssitz ließ er südlich von Kairouan, in Al Abbasiya, errichten. Später entstand die südwestlich von Kairouan gelegene Residenzstadt Reqqada (876).

Eine erfolgreiche Verschmelzung der zahlenmäßig überlegenen einheimischen Bevölkerung mit den arabischen Eroberern begann, Wirtschaft und Kultur entwickelten sich. Seit den Vandaleneinfällen ungenutzte Bewässerungsanlagen wurden wieder instand gesetzt, eine rege Bautätigkeit setzte ein. Eroberungszüge gegen Sizilien, Malta, Süditalien und Sardinien brachten außenpolitische Erfolge, die auch zur Stabilisierung nach innen beitrugen.

Aghlabiden

Eine der schiitischen Glaubensrichtung angehörende Sippe eroberte Anfang des 10. Jh.s Kairouan. Sie nannten sich Fatimiden und beendeten unter der Führung des Mahdi Obeid Allah, eines Verwandten des Propheten Mohammed, die Dynastie der Aghlabiden. Stattdessen gründete dieser seine eigene, die Fatimiden-Dynastie, die von 909–973 dauern sollte. Neue Hauptstadt wurde das an der Küste gelegene, schwer einnehmbare Mahdia. Von ihren Vorgängern übernahmen die Fatimiden weitgehend die Verwaltung des Reiches. Und trotz blutiger Kharedjiten-Aufstände entwickelte sich unter ihrer Herrschaft ein lebhafter Handel, Glas-, Keramik- und Textilproduktion blühten auf. In ihrem missionarischen Eifer eroberten sie 969 Ägypten und übersiedelten 973 endgültig nach Kairo.

Fatimiden

Die Herrschaft über Ifriqiya übertrugen sie den berberischen Ziriden (973 bis 1159), die ihre eigene Dynastie gründeten und 1048 die Tributzahlungen an Kairo einstellten. Zur 'Bestrafung' sandten die Fatimiden den kriegerischen, aus Oberägypten kommenden Stamm der Beni Hilal nach Tunesien. Die 'Hunnen des Islam' genannten Nomaden zogen plündernd und zerstörend durch das Land, Felder wurden verwüstet, Städte dem

Ziriden

Geschichte

Ziriden (Fortsetzung)

Erdboden gleich gemacht. In der Folge sank das Land wieder auf die Stufe von Nomadenwirtschaften, Tunesien verfiel. Im Landesinneren behaupteten sich Lokaldynastien, fremde Eroberer überfielen Küstenstädte, und Mitte des 12. Jh.s brachte der Normannenkönig Roger II. einen großen Teil der Küste unter seine Herrschaft.

Almohaden und Hafsiden

1160 eroberte ein Heer der marokkanischen Almohaden unter Abd el Moumin das verödete Ifriqiya. Unter der gleichnamigen Dynastie wurde der Maghreb erstmals in seiner Geschichte zusammengeschlossen. Von ihrer Hauptstadt Marrakesch aus verwalteten sie ein Großreich, das sich von Spanien bis nach Tripolitanien erstreckte. Dabei stützten sie sich auf berberische, türkische und sogar christliche Hilfstruppen. Wirtschaft und Kultur blühten wieder auf. Als im 13. Jh. in ihrem Großreich Unruhen ausbrachen, setzten sie als Statthalter einen Vertreter der Hafsiden ein, der seinen Sitz in Tunis wählte. Deren Verwaltung war so erfolgreich, daß sie sich bald selbständig machten und ihre eigene, gleichnamige Dynastie begründeten (1229–1574).
Tunis wurde zur Hauptstadt und Mittelpunkt der islamischen Welt. Unter ihrer Herrschaft entstanden die gedeckten Souks (Einkaufsstraßen) um die Große Moschee herum, wurde die Kasbah in eine Zitadelle und ein Residenzschloß umgebaut. Als in Spanien die Reconquista einsetzte, wanderten viele moslemische und jüdische Flüchtlinge aus Spanien ein und trugen zur wirtschaftlichen und kulturellen Entwicklung bei.
1270 wurde der französische König Ludwig IX. ebenso wie Angreifer aus der Wüste abgewehrt. Nach Unruhen im 14. Jh. setzte nochmals eine stabile Phase ein. Ganz besonders wirtschaftlich ertragreich waren die gegen christliche Schiffe vorgehenden Piratenflotten. Der populärste unter ihnen war Dragut (→ Berühmte Persönlichkeiten).
Im 16. Jh. führten Nachfolgestreitigkeiten sowie zunehmende Unzufriedenheit mit der Hafsidenverwaltung zu Aufständen und einem neuerlichen Niedergang.

Türken und Husseiniten

1534 eroberten türkische Korsaren Tunis. In seiner Verzweiflung bat der bedrängte Hafside Karl V. um Hilfe. 1535 landete dieser mit seiner Spanischen Flotte und vertrieb die Türken. Tunesien gehörte nun zur spanischen Einflußsphäre, jedoch nicht für lange Zeit.
1574 wurde Tunis endgültig von den Türken erobert und das Land für die nächsten 300 Jahre eine osmanische Provinz. Die Verwaltung wurde einem aus Istanbul eingesetzten Statthalter, dem Pascha, übertragen. Unterstützung erhielt er vom Dey genannten Kommandanten der Truppen sowie vom Bey, einem für die Eintreibung der Steuern zuständigen Zivilbeamten.
1587 erhoben sich die Janitscharen, eine türkische Elitetruppe, und setzten ihren gewählten Oberbefehlshaber, den Dey, an die Spitze der Verwaltung. Mit der Unterstützung der Janitscharen sowie der türkischen Korsaren herrschte nun eine Art Militäraristokratie über das Land, dessen Haupteinnahmen eine nach wie vor höchst einträgliche Piraterie, Lösegeldeinnahmen sowie ein sich ausbreitender Handel waren. Dies führte zu einem gewissen wirtschaftlichen Aufschwung v.a. einiger Küstenstädte, der durch eine weitere Welle Andalusien-Flüchtlinge, die aus Spanien neue Anbaumethoden und Industrien wie die Seidenweberei mitbrachten, nochmals verstärkt wurde.
Vor dem Hintergrund starker innenpolitisch bedingter Unruhen sowie einer Pestepidemie gelang der Aufstieg des Bey Hussein Ben Ali, der 1705 sein gewähltes Amt in ein erbliches umwandelte. Damit begann die Husseiniten-Dynastie, die nominell bis 1957 bestand.

Geschichte

In der Folgezeit wurde Tunesien praktisch unabhängig von der Türkei. Jedoch führten Auseinandersetzungen um die Nachfolge, Grenzstreitigkeiten mit Algerien, Aufstände im Landesinneren, Unfähigkeit einiger Herrscher sowie die Verlagerung der internationalen Handelswege auf den Atlantik und das Ende der Piraterie zu erheblicher wirtschaftlicher, militärischer und innenpolitischer Schwäche. Mit zunehmender Industrialisierung Westeuropas wurde Tunesien, wie die übrigen nordafrikanischen Länder auch, mit billigen ausländischen Massenprodukten überschwemmt. Um 1815 geriet Tunesien in immer größere Schwierigkeiten und verschuldete sich hoch bei französischen und britischen Banken. Im Gegenzug wurde der europäische Einfluß in Tunesien immer größer: 1857 Gleichberechtigung der Ausländer bei Grunderwerb und Berufsausübung, 1861 Abschaffung der religiösen Gerichtsbarkeit, 1869 Unterstellung der tunesischen Finanzverwaltung unter eine internationale Kommission.

Türken und Husseiniten (Fortsetzung)

Französisches Protektorat

1830 hatten die Franzosen Algerien besetzt. 1878 erhielt Frankreich auf dem Berliner Kongreß freie Hand im östlichen Nordafrika (gegen Konzessionen in anderen Weltteilen), und es bedurfte nur noch eines Vorwandes für eine französische Intervention in das mittlerweile vollkommen abhängige, von inneren Unruhen geschüttelte Tunesien. Am 12.4.1881 marschierten 32 000 französische Soldaten aus Algerien ein. Am 12.5.1881 unterschrieb der militärisch unterlegene Bey den Protektoratsvertrag von Bardo, dem am 8.6.1883 der Vertrag von La Marsa folgte, in welchem die Unterstellung Tunesiens unter französische Oberhoheit festgelegt wurde. 1884 wurde der erste Generalbevollmächtigte (Résident Général) als oberster Repräsentant der Kolonialmacht eingesetzt. Er war für Finanzen, Militär und Außenpolitik zuständig, der Bey blieb formal Staatsoberhaupt und damit für die Innenpolitik verantwortlich. Nicht registriertes Land, v.a. nomadische Ländereien, wurde enteignet und zunächst in staatliche, dann in private Domänen umgewandelt, französische und italienische Siedler zur Einwanderung nach Tunesien ermuntert. Zur wirtschaftlichen Erschließung des Landes wurden Straßen- und Eisenbahnverbindungen sowie Häfen gebaut.

Am Ersten Weltkrieg nahm Tunesien auf der Seite Frankreichs teil und hoffte auf das im 14-Punkte-Programm Wilsons verkündigte Selbstbestimmungsrecht der Völker.

Stattdessen schritt die Kolonisierung weiter voran. Die Zahl der in Tunesien lebenden Ausländer, die hauptsächlich in der Landwirtschaft beschäftigt waren, nahm zu. Schwerpunkt war der mit Monokulturen überzogene fruchtbare Norden des Landes, Bergbau und Viehzucht spielten nur untergeordnete Rollen. Industrie, Nahrungsmittelverarbeitung und Handwerk wurden dagegen kaum betrieben.

Die Kehrseite des auf diese Weise erfolgten wirtschaftlichen Aufschwungs waren jedoch große soziale Probleme: Die Colons genannten europäischen Einwanderer vertrieben die einheimische Landbevölkerung und die Nomaden in unwirtliche Randgebiete; die einseitige Ausnutzung der Böden führte zu Verödung; massenweiser Import von billigen, industriell gefertigten Waren führte zum Niedergang des traditionellen Handels und Handwerks. Die wenigen Städte wurden von der verarmten und entwurzelten Landbevölkerung überschwemmt.

Der Widerstand entstand zunächst nur im Kleinen: 1907 fanden sich junge tunesische Intellektuelle zur Gruppe 'Junge Tunesier' zusammen. Vorläufig strebten sie innerhalb des Systems nach Reformen. 1920 gründeten Intellektuelle und Vertreter der tunesischen Oberschicht die Destour (Verfassungs)-Partei, die Reformen anstrebte.

1925 entstand die CGTT, eine tunesische Gewerkschaft, die schnell Anhänger fand. 1934 gründete Habib Bourguiba, ein an der Pariser Sorbonne promovierter Rechtsanwalt, mit dem radikalen Flügel der Destour-

Geschichte

Französisches Protektorat (Fortsetzung)

Partei die Neo-Destour-Partei sowie die Zeitung "l'Action Tunisienne". Diese Bewegung gewann enormen Zulauf und wurde Trägerin der Unabhängigkeitsbewegung. Die Kolonialmacht reagierte hart: Partei und Gewerkschaft wurden verboten, Bourguiba 1938 verhaftet und nach Frankreich deportiert.

Im Zweiten Weltkrieg wurden Teile Tunesiens vom deutschen Afrikacorps besetzt, welches von den Italienern, die in der Zwischenzeit Libyen besetzt hatten, zu Hilfe gerufen worden war. Heftige Kämpfe entlang der Mareth-Linie südlich von Gabès fanden statt, 1943 wurden die Deutschen jedoch von den Briten endgültig vertrieben.

Nach Kriegsende erstarkte die Nationalbewegung in Tunesien, verstärkt durch die Kriegsverwüstungen sowie durch eine große Hungersnot infolge zweier katastrophaler Dürrejahre (1945 und 1947). Verhandlungen mit den Franzosen scheiterten an der Kompromißlosigkeit der Colons. Die Ermordung eines nationalistischen Gewerkschaftsführers durch die französische Extremistengruppe "La main rouge" (die rote Hand) führte zum Ausbruch eines Bürgerkriegs (1952–1954), in dessen Verlauf Bourguiba wieder in französische Gefangenschaft geriet.

Die Niederlage Frankreichs im Indochinakrieg und der Beginn des Algerienkrieges erzwangen jedoch ein Nachgeben Frankreichs. Am 1.6.1955 wurde Bourguiba in La Goulette empfangen, zwei Tage später die innere Autonomie Tunesiens gewährt. Am 20.3.1956 beendete ein Vertrag das 1881 begründete französische Protektorat.

Unabhängiges Tunesien

Mit der Absetzung des letzten Husseiniten-Bey am 25. Juli 1957 endete die 250 Jahre alte Dynastie, und Tunesien wurde zum zweitenmal in seiner fast dreitausend Jahre alten Geschichte zur Republik erklärt (146 v. Chr. war die Republik Karthago von den Römern zerstört worden). In den ersten freien Wahlen am 15.4.1956 gewann die Neo-Destour-Partei haushoch. Habib Bourguiba wurde Ministerpräsident und nach Absetzung des Beys Staatspräsident.

Die ersten Reformen Bourguibas waren u. a. die Abschaffung der religiösen Gerichtsbarkeit, die Verabschiedung des Code du Statu Personnel, welcher die Polygamie (Mehrehe) sowie die Verstoßung der Ehefrau verbot, die rechtliche Gleichstellung der Frau, die Gründung weltlicher Schulen und Einführung der allgemeinen Schulpflicht, Verabschiedung neuer Arbeits- und Sozialgesetze, Schließung der islamischen Fakultäten und Eröffnung einer neuen Universität.

Diese Politik stieß auf Widerstand: Die islamische Geistlichkeit sowie orthodoxe Muslime kritisierten die Verweltlichung, den Gewerkschaften gingen die Reformen nicht weit genug, die Destour-Fraktion lehnte die stark prowestlich ausgerichtete Außenpolitik ab. Die Regierung Bourguibas reagierte auf die Proteste mit Verhaftungen, Streikverboten, Ausweisungen einiger herausragender Kritiker (Salah Ben Youssef wurde 1961 in Frankfurt ermordet), Absetzung des Gewerkschaftsführers Ben Salah (er wurde später in die Regierung aufgenommen) und der Einrichtung von Erziehungslager auf dem Lande für 'unruhestiftende' Jugendliche. Innenpolitisch war Bourguibas Position jedoch gefestigt. Bei den Präsidentschaftswahlen am 8.11.1959 erreichte er 95,5 % der Stimmen.

Außenpolitisch kam es zu Konflikten mit Frankreich, welches Bourguiba Unterstützung der algerischen Rebellen vorwarf. Jegliche Wirtschaftshilfe wurde gesperrt, und im April 1958 bombardierte die französische Armee das Grenzdorf Sakiet Sidi Youssef. 1961 erfolgte ein tunesischer Angriff auf die im Kriegshafen Biserta verbliebene französische Garnison.

Drückende wirtschaftliche Probleme, verschärft durch rund 120 000 Algerienflüchtlinge, wurden zum vordringlichsten Problem.

Sozialistische Experimente 1962–1969

Im ersten Zehnjahresplan war ein Nebeneinander von Genossenschaften, öffentlichem und privatem Bereich geplant. Zu Schwerpunkten wurden erklärt: Landwirtschaft, Aufforstung, Erweiterung des Kulturlandes im

Geschichte

Medjerdatal, im Sahel und in der Steppe, Bildungs-, Erziehungs-, Gesundheitswesen und Wohnungsbau.
1964 erfolgte eine Bodenreform. Bislang waren nur französische Domänen und Großfarmen enteignet worden, nun wurde der Besitz der noch 110000 ansässigen Colons enteignet. Folge war eine Massenauswanderung der Siedler, die wiederum zu einem Facharbeitermangel und zur Verschlechterung der französisch-tunesischen Beziehungen führte. Der tunesische Großgrundbesitz blieb unangetastet. Als Ben Salah e n Genossenschaftskonzept für mittlere und größere Betriebe plante, scheiterte er an deren Widerstand. Er wurde verhaftet und verurteilt (1969). Mit der Ausschaltung der 'linken' Kritik war der Weg frei für den Abbruch des sozialistischen Experimentes. Mittlerweile befanden sich 60 % der Wirtschaft unter staatlicher Kontrolle.
Nach Gründung der PLO (Palestine Liberation Organization) wird Tunis bis 1994 Sitz des Dachverbandes der Palästinenser.

Sozialistische Experimente (Fortsetzung)

Der zweite Zehnjahresplan setzte auf Industrialisierung und Tourismus. Steuervergünstigungen zogen ausländische Kapitalgeber ins Land, die meisten Hotels wurden mit ausländischen Geldern gebaut.
Als Mitte der siebziger Jahre eine Rezession einsetzte, brachen Unruhen und Streiks aus. Auf dem Höhepunkt der schweren inneren Krise schlug die Polizei einen von der Gewerkschaft UGTT ausgerufenen Streik in Tunis blutig nieder, der Ausnahmezustand wurde ausgerufen (1978).
Nach Sadats Friedensschluß mit Israel verlegte die Arabische Liga 1979 aus Protest ihren Sitz von Kairo nach Tunis.

Liberalisierung 1970–1979

1980 mündeten landesweite Streiks und Studentenunruhen in einen bewaffneten Angriff auf die Garnison von Gafsa. Bourguiba reagierte mit Todesurteilen gegen die Rädelsführer und vorsichtigen Reformen.

1980

In den Wahlen vom 1.11.1981 erhielt die Nationale Front Bourguibas 94,6 % der Stimmen und damit sämtliche Parlamentssitze. Die wichtigsten Oppositionsparteien waren bei der Wahl jedoch nicht zugelassen und Gegenkandidaten unter Androhung von Repressionen behindert worden. Nach Unterdrückung und Ausschaltung jeder Art politischer Opposition blieben einzig die Gruppen der islamischen Fundamentalisten übrig, die einen enormen Zulauf verzeichneten.
1984 brach die 'Hunger-' oder auch 'Couscousrevolte' aus: landesweite Unruhen nach Preiserhöhungen für Brot und Hirse (Hauptnahrungsmittel der Armen). Polizei- und Militäreinsätze forderten zahlreiche Tote. Erst nach Rücknahme der Preiserhöhungen beruhigte sich die Lage wieder.
Im August 1985 kam es zum Bruch mit Libyen. Nach dem Ölpreisverfall hatte Libyen fast 600000 ausländische Arbeiter ausgewiesen, darunter rund 35000 der 80000 in Libyen beschäftigten Tunesier. Die diplomatischen Beziehungen zwischen den Ländern wurden abgebrochen und die Grenzen geschlossen.
Am 1.10.1985 griffen sechs israelische Kampfflugzeuge das Hauptquartier der PLO in Bordj Cedria (bei Hammam Lif, einem Vorort von Tunis) an. Über 70 Menschen starben bei dem Massaker, in der Hauptzahl Zivilisten.

Ende des Bourguiba-Regimes

Wegen 'Altersschwäche' wurde am 7.11.1987 der 85jährige Präsident der Republik, Habib Bourguiba, der sich 1976 durch eine Verfassungsänderung zum Präsidenten auf Lebenszeit gemacht hatte, abgesetzt. Drahtzieher dieses wegen seiner Unblutigkeit 'Jasminrevolte' genannten Aktes und Nachfolger ist Zine El Abidine Ben Ali, der als Chef des militärischen Geheimdienstes auf die Hilfe der Armee bauen konnte. Zunächst löste er die Destour-Partei auf und bildete das Rassemblement Constitutionnel Democratique RCD, die Demokratische Verfassungsbewegung. Ein Mehrparteiensystem wurde angekündigt, inhaftierte Gewerkschafter und Oppositionelle sowie islamische Fundamentalisten (→ Religion, Integristen) freigelassen. Diese Liberalisierung 'von oben' weckte Hoffnungen auf eine weitergehende Demokratisierung.

Jasminrevolte

Geschichte

1989–1990

Bei den ersten relativ demokratischen Parlaments- und Präsidentschaftswahlen in Tunesien erhielt die Regierungspartei RCD 80 % der Stimmen und alle 141 Parlamentssitze. Sowohl die Wahlvorbereitungen, als auch das Mehrheitswahlrecht sowie die Wahlkreiseinteilung hatten sie eindeutig begünstigt. Von den sechs zugelassenen Oppositionsparteien erzielten die islamischen Fundamentalisten der Nahda auf Anhieb 14 % der Stimmen. Da das tunesische Parteiengesetz politische Organisationen auf der Basis der Religion untersagt, hatten die Vertreter der 'Partei der Wiedergeburt' (= al Nahda, urspr. Mouvement de Tendance Islamique, MTI) auf der Liste der Unabhängigen kandidiert.

Gründung der Maghreb-Union (Union du Maghreb Arabe, UMA), einer Wirtschaftskommission, der Tunesien, Marokko, Algerien, Libyen und Mauretanien angehören (→ Wirtschaft, Prognose).

Bei den Kommunalwahlen im Juni 1990 gewann die RCD 3774 der zu vergebenden Sitze; nur 34 fielen an unabhängige Kandidaten (lediglich in 19 der 246 Wahlbezirke waren unabhängige Kandidaten angetreten).

1990 verlegte die Arabische Liga ihren Sitz von Tunis zurück nach Kairo.

Golfkrieg

Bis zum irakischen Überfall auf das Golfemirat Kuweit 1991 hatte Tunesien zu beiden Ländern gute Beziehungen unterhalten. Einerseits verurteilte nun das Land den Irak und unterstützte das gegen ihn erhobene Embargo, andererseits lehnte es den Einmarsch der westlichen Truppen als Eingriff in den Streit einer fremden Nation ab. Dieser politische Spagat brachte Tunesien in eine schwierige Lage und kostete das Land über eine Milliarde Dollar (→ Wirtschaft).

1994

Bei den Präsidentschaftswahlen im Frühjahr 1994 wurde Ben Ali mit 99,9 % der Stimmen wiedergewählt. Bei den gleichzeitig stattfindenden Parlamentswahlen erhielt die Regierungspartei RCD 97,73 % der Stimmen und damit 144 der insgesamt 163 Sitze; zum ersten Mal waren jedoch auch andere Gruppen im Parlament vertreten: die MDS (Mouvement des Démocrates Socialistes) mit 10, die Mouvement du Renouveau mit 4, die UDU (Union Démocratique Unioniste) mit 3 und die PUP (Parti de l'Union Populaire) mit 2 Abgeordneten.

Im Juli 1994 verlegte die PLO ihren Hauptsitz von Tunis nach Gasa.

1996–1997

Im April 1996 wird Umweltschutz zu einem Schulfach und in den Stundenplan aufgenommen.

1997 wird Tunesien in die Menschenrechtskommission bei den Vereinten Nationen gewählt.

1998–2000

Die Jahre stehen im Zeichen des wirtschaftlichen Fortschritts. Verabschiedung eines Assoziierungsabkommens mit der Europäischen Union. Zur Erleichterung des Handels werden nach und nach die Zollbestimmungen entschärft, u. a. um den Technologie-Transfer aus westeuropäischen Ländern zu erleichtern.

Nach Aussage der Kinderschutz-Kommission ist die Beschäftigung von Kindern im schulpflichtigen Alter (außer in landwirtschaftlichen Betrieben) praktisch auf Null gesunken.

Die Präsidentschaftswahlen 1999 gewann Ben Ali erneut mit über 95 % der gültigen Stimmen. Bei den Parlamentswahlen gewinnt die Opposition weniger als die ihr per Gesetz angebotenen 20 % der Sitze, und hält nun nun 32 Sitze.

Am 6. April 2000 starb Ben Ali Bourguiba, kurz Habib (arabisch Liebling) Bourgiuba genannt. Er hatte die Unabhängigkeitsbewegung angeführt, die 1956 zur Loslösung Tunesiens von Frankreich führte und das Land in 30-jähriger Präsidentschaft zu dem gemacht, was es bis heute ist: eine autoritär regierte, nach europäischem Vorbild sich modernisierende Republik, die dem politischen Islam kein Betätigungsfeld überläßt.

Berühmte Persönlichkeiten

Die nachstehende, namensalphabetisch geordnete Liste vereinigt historische Persönlichkeiten, die durch Geburt, Aufenthalt, Wirken oder Tod mit Tunesien verbunden sind und überregionale Bedeutung erlangt haben.

Hinweis

Als wohl bekanntestes Werk der Blütezeit lateinisch geschriebener Literatur in Nordafrika gilt der satirische Roman "Der goldene Esel". Lucius Apuleius, ein vielgereister Schriftsteller aus Madaura n Numidien, der in Karthago erzogen wurde und einen Studienaufenthalt in Athen absolvierte, beschreibt hierin die phantastischen Abenteuer des in einen Esel verwandelten vornehmen Griechen Lukios (Lucius). Die Geschichten – auch unter dem Titel "Metamorphosen" bekannt – spielen an bunt wechselnden Schauplätzen und enden mit der Erlösung durch die Göttin Isis. Eine Episode dieses Romans bildet die poetische Erzählung von "Amor und Psyche". Apuleius' Texte wurden in Deutschland erstmals in den Jahren 1905 bis 1909 verlegt.

Apuleius (geb. um 125 n.Chr.)

Mancher Student im damaligen römischen Karthago mag durch seine jähzornige und aufbrausende Art irritiert gewesen sein: Die Rede ist von Augustinus. Den wenigsten Europäern ist bewußt, daß einer der größten christlichen Kirchenlehrer und Denker Nordafrikaner war. Zwar wurde Augustinus nicht innerhalb der Grenzen des heutigen Tunesien geboren, sondern im numidischen Grenzgebiet Nordostalgeriens, doch lehrte er lange Jahre nach seinen Studien in Karthago, bevor er nach Rom und Mailand ging, um Rhetoriklehrer zu werden.
Aurelius Augustinus stammt aus einer latinisierten Bürgerschicht von Thagaste, des heutigen Souk Ahras; daher stammt auch sein europäisch anmutender Name. Sein Vater war Beamter und Anhänger der römischen Götterlehre, seine Mutter Christin. Insgesamt veröffentlichte er 232 Bücher. Seine wohl bekanntesten Werke sind "Confessiones" ("Bekenntnisse"), wohl die erste großangelegte Autobiographie der Weltliteratur, sowie "De civitate Dei" ("Vom Gottesstaat"), aus dem alle europäischen Glaubensrichtungen geschöpft haben.
Augustinus verstarb in Hippo Regius (heute Annaba/Bône in Algerien), wo er den Bischofssitz innehatte.

Augustinus (13.11.354 bis 28.8.430)

Der 1936 in Hammam Sousse geborene Ben Ali gehört zu den Hauptinitiatoren für die wegen ihrer Unblutigkeit 'Jasminrevolte' genannte Absetzung Habib Bourguibas (siehe dort) im November 1987.
Zwischen 1958 und 1974 war der General Chef der Sicherheitspolizei, anschließend Verantwortlicher der Nationalen Sicherheit. 1984 wurde er von Bourguiba zum Ministerpräsidenten ernannt. Grundlegende Meinungsverschiedenheiten über die Lösung drängender innenpolitischer Probleme hätten zu seiner Absetzung durch Bourguiba geführt, der Ben Ali jedoch mit dem von vielen längst herbeigesehnten unblutigen Putsch zuvorkam. Seither ist die Hoffnung Tunesiens auf mehr Demokratie und Fortschritt mit seiner Person verbunden.

Zine el Abidine Ben Ali (geb. 1936)

Untrennbar verbunden mit der Gründung und Entwicklung des heutigen Tunesien ist der Name Habib Bourguiba. Der in Monastir geborene Rechtsanwalt gründete nach seinem Studium in Paris 1934 die Neo-Destour-Partei, die sich die Unabhängigkeit Tunesiens vom französischen Protektorat zum Ziel gesetzt hatte. 22 Jahre sollte es dauern, ehe Bourguiba fast ohne Blutvergießen den Unabhängigkeitsvertrag erlangte. Der Widerstand gegen die Franzosen hatte ihn bis dahin mehrmals hinter Gitter gebracht.
Im Jahre 1957 konnte Bourguiba schließlich als erster Staatspräsident mit seinem umfangreichen Reformwerk beginnen. Ohne vollkommen mit dem Islam zu brechen führte er z.B. die Gleichberechtigung der Frau ein, baute

Habib Bourguiba (3.8.1903 bis 6.4.2000)

Berühmte Persönlichkeiten

Habib Bourguiba
(Fortsetzung)

das öffentliche Gesundheitswesen aus, sorgte für die Einführung der allgemeinen Schulpflicht und machte sich um ein fortschrittliches Familienrecht verdient. Seiner Wirtschaftspolitik gelang es allerdings nicht, die großen sozialen Gegensätze in seinem Land zu überwinden. Auf Kritik im In- und Ausland stieß die jahrzehntelange systematische Unterdrückung und Ausschaltung der Opposition. Zwar bekannte sich seine Einheitspartei 1978 offiziell zum Mehrparteienstaat, doch blieben Pressezensur und Repression gegenüber Regierungskritikern an der Tagesordnung. Am 7. November 1987 wurde Habib Bourguiba schließlich nach einunddreißigjähriger Präsidentschaft abgesetzt. Seit seiner Entmachtung lebte er zurückgezogen in seiner Heimatstadt, wo er auch bestattet wurde.

Muhammad el-Rashid Ben Hussayn Ben Ali Bey
(† 1759)

Tunesien besitzt ein großes andalusisches Musikerbe, das dreizehn Stilrichtungen umfaßt. El-Rashid Bey, ein fortschrittlicher tunesischer Herrscher, war der erste, der Regeln aufstellte, um mit diesen Stilrichtungen ein Konzert zu arrangieren. Diese Regeln bestimmen auch heute noch das klassische tunesische Konzertprogramm, die 'Nawba'. Das 1935 gegründete Institut für arabische Musik in Tunis, 'El-Rashidiya', wurde nach ihm benannt und knüpft an sein Werk an.

Dragut
(um 1485–1565)

Als Kind armer Bauern war Dorghout Rais oder Dragut in Anatolien geboren. Er ging zur See und machte als gelehriger Schüler des bereits als Pirat gefürchteten Kheir ed Din Barbarossa rasch Karriere. Zu seinem Stützpunkt wählte er die Insel Djerba, von welcher er die Gewässer um Malta, Sizilien, Sardinien und Korsika unsicher machte. Im Sommer 1540 fiel er Genuesern in die Hände und verbrachte drei Jahre als Galeerensklave, bis er vom türkischen Sultan freigekauft wurde.
In einer Nacht- und Nebelaktion hatten die Einwohner Djerbas 1551 Dragut die Flucht ermöglicht, indem sie eine Rinne aushoben, durch die Dragut mit seinen Schiffen einer Belagerung entkommen konnte. 1560 überfiel er mit der türkischen Flotte spanische Einheiten vor Houmt Souk. Nach ihrem Sieg ließ er die Überlebenden köpfen und den 'Schädelturm' errichten, der erst 1846 auf Druck des französischen Konsuls durch einen Obelisk ersetzt wurde. Bei einer Belagerung von Malta fiel der Korsar, um den sich viele Legenden ranken.

Hannibal
(247/246 bis 183 v.Chr.)

Im Zweiten Punischen Krieg (218–201 v. Chr.) überschritt der karthagische Feldherr Hannibal, Sohn des Hamilkar Barkas, mit rund 50 000 Mann, 12 000 Reitern und 37 Elefanten den Ebro, zog durch Südfrankreich und überwand die Alpen. Mit der Unterstützung durch gallische Truppen fügte er den Römern empfindliche Niederlagen zu. In Rom gab es 211 v. Chr. den Schreckensruf: "Hannibal ante portas" ("Hannibal steht vor unseren Stadttoren"). Jedoch erhielt er nicht die notwendige Truppenunterstützung aus Nordafrika zur endgültigen Unterwerfung Roms, da Scipio Africanus in der Zwischenzeit die gesamte spanische Küste erobert hatte.
Hannibal war jedoch neben dem Römer Scipio Africanus, der ihn 202 v. Chr. schließlich besiegte, nicht nur der größte Kriegsherr seiner Zeit, sondern vor allem ein Mensch mit großer Ausstrahlung. Im Jahre 196 v.Chr. wurde er vom karthagischen Volk zum Sufeten (obersten Richter) gewählt. In diesem Amt setzte er die demokratische Reform des 'Rates der Hundert' durch. Von nun an trat an die Stelle erblicher Mitgliedschaft in diesem parlamentarischen Gremium die Wahl für jeweils nur ein Jahr.
Auf Druck der Römer und des einheimischen Adels mußte Hannibal nach Libyssa im kleinasiatischen Bithynien fliehen. Als ihm jedoch auch dort die Auslieferung an Rom bevorstand, nahm er sich das Leben durch Gift. Sein Grab vermutet man unweit der türkischen Stadt Gebze am Golf von Izmit (Marmarameer).

Ibn Chaldun
(27.5.1332 bis 16.3.1406)

Der in Tunis als Sproß einer reichen Familie sevillanischer Herkunft geborene Wali ed Din Abd er Rahman Ben Mohammed Ben Abou Bakr Mohammed Ben el Hasan, kurz Ibn Chaldun (Khaldoun), gilt als der größte und berühmteste islamische Historiker und Philosoph des Mittelalters. Er stu-

Berühmte Persönlichkeiten

Augustinus *Bourguiba* *Hannibal*

Ibn Chaldun (Fortsetzung)

dierte an der Kairaouine-Universität in Fès Theologie und Recht des Islam, Logik und Mathematik und schrieb mathematische Abhandlungen und Bücher. Mit 20 Jahren erhielt er seine erste wichtige Stellung am Sultanshof. Zur Weiterbildung besuchte er die besten Universitäten der damaligen Zeit in Andalusien (Granada), Algerien (Algier), Tunesien (Kairouan), Ägypten (Kairo) und Syrien (Damaskus). In seinen Schriften zur Logik, die er daraufhin veröffentlichte, sah er als erster islamischer Denker die Vernunft als eigenständige Kraft und nicht mehr nur als Dienerin der Theologie an. Er lehrte schließlich selbst an der Kairaouine-Universität in Fès und war gleichzeitig von 1353 bis 1375 am dortigen Hofe der Merinidenherrscher in verschiedenen Funktionen tätig (Hofdichter, Richter, Sekretär, Kanzler, Diplomat). Bei dem damals häufigen Wechsel der Merinidenherrscher fiel auch er den Hofintrigen zum Opfer. So wurde er mehrmals aus seinen Ämtern entfernt und später wieder zurückberufen. Zwischendurch saß er auch einmal für zwei Jahre im Kerker.

Bei seinen Studien konzentrierte sich Ibn Chaldun schließlich auf die Geschichtsschreibung und versuchte, aus der zum Teil selbst erlebten wechselhaften Geschichte einheitliche Gesetze ihres Verlaufes abzuleiten. Im Jahre 1375 zog er sich nach Algerien auf die Festung Ibn Salama zurück, um in der Einsamkeit die "Mouqaddima" zu verfassen, das erste Werk der modernen, rationalistischen Geschichtsschreibung. Darin beschreibt er die Geschichte der Berber und erklärt die wiederkehrenden dynastischen Krisen des Maghreb aus dem ständigen Ringen zweier Gesellschaftsformen um die Macht, nämlich dem Nomadentum einerseits und der städtisch-arabischen Kultur andererseits. Junge, vitale Nomadenstämme stürzen demnach die alten, im städtischen Kulturkreis dekadent gewordenen Dynastien. Sie erringen die Macht, blühen auf, verweichlichen dann jedoch ihrerseits und werden wieder von neuen Nomadenstämmen vertrieben. Aus den gesellschaftlichen Differenzen zwischen dem Volk (einschließlich der religiös stark gebundenen Stämme) als 'Basis' und den immer dekadenteren Dynastien als 'Überbau' der Gesellschaft entstehen die in überraschender Regelmäßigkeit auftretenden Staatskrisen des Maghreb.

Nach Abschluß der "Mouqaddima" ging Ibn Chaldun an den Hof von Kairo, wo er als Lehrer für malekitisches Recht an der Universität, als Verwaltungsbeamter und Diplomat tätig war. Hier verfaßte er eine dreibändige Universalgeschichte, die erste rationalistische überhaupt, in der er den Zyklus von Machtgewinn und Machtverlust im Maghreb auf das gesamte Weltgeschehen übertrug. In seiner ausführlichen Vorrede zum "Qitab al Ibar" (etwa "Buch der Weltgeschichte") stellt er geschichtsphilosophische und modernste soziologische Theorien auf, die von einem Adam Smith, David Ricardo oder Karl Marx stammen könnten. Seine wirtschaftlich orientierte Hauptthese ist: "Die sozialen Gruppierungen eines Staates und

Berühmte Persönlichkeiten

Ibn Chaldun
(Fortsetzung)

ihre Beziehungen untereinander hängen wesentlich von den Differenzen zwischen ihren ökonomischen Lebensweisen ab."
Ibn Chaldun starb in Kairo; sein Grab befindet sich auf dem Friedhof der Sufis.

Idrisi
(11./12. Jh.)

Abou Abd Allah Mohammed Ben Mohammed Ben Abd Allah Ben Idris el Ali Bi Amr Allah, kurz Idrisi, auch als El Sherif el Idrisi bezeichnet, war einer der bekanntesten und größten Geographen seiner Zeit, der ein außergewöhnliches Leben führte: Man weiß, daß er sich aus nicht näher definierten Gründen nach Sizilien an den Hof des christlich-normannischen Königs Roger II. wandte. Fest steht auch, daß er dort im Jahre 1154 sein wichtigstes Werk, das sog. Rogerbuch, verfaßte und darin den König pries. Viel mehr ist nicht gewiß. Von den islamischen Geschichtsschreibern als Abtrünniger betrachtet, schwiegen sie ihn tot. Es wird jedoch vermutet, daß er um 1099/1100 in Ceuta geboren wurde und in Córdoba studierte (daher der Beiname El Kurtubi). Er selbst schreibt, daß er ausgedehnte Reisen durch Spanien und Nordafrika unternommen habe. Die näheren Umstände seiner letzten Lebensjahre wie seines Todes sind ungeklärt. El Sherif el Idrisi soll im Jahre 1164/1165 gestorben sein.
Für Roger II. verfertigte Idrisi eine Himmelssphäre mit Sonne, Mond, Sternen und Erde sowie eine runde Erdkarte aus Silber und dazu sein berühmtes kommentierendes Atlaswerk, in dem er alle damals bekannten Teile der Erde darstellt; besonders kostbar sind seine geographischen Karten zu den sieben von ihm aufgeführten Klimazonen sowie die Erdkarte.

Juba II.
(um 50 v. Chr. bis um 23/24 n. Chr.)

Das Schicksal des Berbers Juba (Iuba) II. ist bestimmt von der historisch außerordentlichen Verbindung, die der Berber zunächst gezwungenermaßen mit der römischen Kultur einging. Juba II. wurde geboren als Sohn des Berberkönigs Juba I., des Königs von Numidien. Der Vater kämpfte im römischen Bürgerkrieg auf der Seite der Pompejaner gegen Cäsar und beging Selbstmord, als er im Jahre 46. v. Chr. bei Thapsus besiegt und sein Reich zur römischen Provinz wurde. Cäsar nahm den etwa vierjährigen Sohn gefangen und brachte ihn nach Rom. Dort wurde er erzogen und erhielt vermutlich Kleopatra Selene zur Frau, die Tochter des klassischen Liebespaares Marc Antonius und der letzten Ptolemäerin Kleopatra von Ägypten. Kaiser Augustus verlieh Juba das römische Bürgerrecht und sandte ihn im Jahre 26/25 v. Chr. als König von Mauretanien nach Nordafrika zurück. Residenz des römischen Statthalters wurde das in Caesarea umbenannte Jol (heute die algerische Hafenstadt Cherchell). Fast 50 Jahre lang regierte Juba II., bis er um 23/24 n. Chr. starb.
Der römisch geprägte Berber war ein äußerst kultivierter und gelehrter Mann, der sich die hellenistisch-römische Welt ganz zu eigen gemacht hatte. Entsprechend gestaltete er Caesarea mit Tempeln, Palästen und Thermen und trug eine Sammlung antiker Plastiken und anderer Kunstschätze zusammen.
Die gelehrten Interessen Jubas II. finden ihren Niederschlag in zahlreichen, fragmentarisch erhaltenen historischen, philologischen und geographischen Schriften; ihm ist die Beschreibung der im Atlas entdeckten, nach seinem Leibarzt benannten Pflanze Euphorbia zu verdanken. Sogar der große römische Schriftsteller Plinius der Ältere ("Naturalis Historia") machte Gebrauch von Jubas Beschreibungen zur Geographie, Geologie, Flora und Fauna Afrikas.

El Kahina
(6./7. Jh. n. Chr.)

El Kahina, eine der wenigen bekannten Frauengestalten der berberischen Geschichte, gehörte zu dem Stamm der christianisierten Dscherawa und damit zu den Zenata-Berbern. Ihre genaue Herkunft ist unklar; sie soll einer griechisch-berberischen Mischehe entstammen und selbst einen Griechen geheiratet haben. Von ihren zwei Söhnen habe der eine einen griechischen, der andere einen berberischen Vater gehabt. Sie galt als Prophetin, die, wenn die Inspiration über sie kam, in wilde Aufregung verfiel, ihr Haar löste und sich an die Brust schlug, um dann eine Offenbarung zu empfangen. Ihre Stellung unter den Berbern verdankte sie ohne Zweifel

Berühmte Persönlichkeiten

Ibn Chaldun

Juba II.

Masinissa

ihrer prophetischen Gabe. Auch ihren Beinamen El Kahina (= die Zauberin) erhielt sie deswegen von ihren Feinden, den Arabern; ihr ursprünglicher Name soll Dihya gewesen sein.

In ihren leidenschaftlichen Kampf und damit in den Lauf der Geschichte trat sie erst in hohem Alter als Witwe ein. Unter ihrer Führung schlossen sich die Berber etwa sechs Jahre lang gegen die arabischen Eroberer zusammen. Um 692 griffen die Araber unter Hassan Ben el Nouman das Gebiet des Aurès-Gebirges an (im heutigen Algerien), welches als Hochburg des berberischen Widerstandes galt; dort residierte El Kahina, die 'Königin' des Aurès. In der Wahl ihrer Mittel war sie radikal und blieb damit lange erfolgreich. Sie machte zunächst Baghaya, ihren Stammsitz, dem Erdboden gleich, damit es nicht in die Hände Hassans fiel. Wieviel fruchtbares Land durch diese 'Politik der verbrannten Erde' verwüstet wurde ist heute umstritten, jedenfalls reichte es aus, daß einigen Berbern Hassan geradezu als Retter erscheinen mußte.

Um 697/698 kehrte Hassan mit Verstärkung zurück. Diesmal gelang es ihm, vermutlich mit Unterstützung zahlreicher Berber, die Macht der 'Widerstands-Prophetin' zu brechen. Kurz bevor sie um 700 mit einer kleinen Anzahl Getreuer den Tod fand, hatte sie noch für die Mehrheit ihrer Anhänger bei den Arabern Straffreiheit erwirkt. Dafür mußten die Berberstämme Geiseln und Hilfstruppen unter arabischen Oberbefehl stellen.

El Kahina (Fortsetzung)

Beinahe wäre Jugurtha als Gründer des tunesischen Staates in die Geschichte eingegangen; doch die Römer machten der fortgesetzten 'Guerillatätigkeit' dieses Numidierkönigs ein Ende. Im Gegensatz zu seinem berühmten Großvater Masinissa behagte ihm die römische Vorherrschaft in Nordafrika überhaupt nicht. Jedes Mittel war ihm recht, um an die Macht zu gelangen; seine beiden Vettern waren die ersten Todesopfer seines ehrgeizigen und rücksichtslosen Machtstrebens. Bei seinen Scharmützeln mit den römischen Legionären nutzte er deren Schwerfälligkeit aus, um sie immer wieder empfindlich zu treffen. Seine Rechnung ging allerdings nicht auf: Häscher stöberten ihn in einem Versteck auf und lieferten ihn Rom aus, wo er 104 v.Chr. hingerichtet wurde.

Jugurtha (160–104 v.Chr.)

In der algerischen Wüste kommt 1904 bei einem Unwetter eine junge Frau ums Leben, die Schweizerin Isabelle Eberhardt. Sie ist in der Nähe der algerischen Stadt Ain Sefra begraben. Als uneheliches Kind einer russischen Generalswitwe wächst sie am Genfer See auf. Der Haushalt ist Treffpunkt russischer Anarchisten, polnischer Revolutionäre und nationalistischer Türken. Vom Vater, einem ehemaligen orthodoxen Priester, hat sie vermutlich ihren Hang zur Individualität und Exzentrik.

Früh beginnt sie zu schreiben. Mit zwanzig Jahren übersiedelt sie nach Algerien und konvertiert zum Islam. In Männerkleidung durchstreift sie die

Isabelle Eberhardt (17.2.1877 bis 21.10.1904)

Berühmte Persönlichkeiten

Isabelle Eberhardt (Fortsetzung)
algerische Wüste und den tunesischen Sahel. In unvollendeten Romanmanuskripten, Tagebüchern und Reisenotizen hat sie ihre Erfahrungen und Überlegungen festgehalten. Ihre Tagebücher wurden 1992 in Tunesien mit Mathilda May verfilmt.

El-Bashir Khrayef (geb. 1917)
Mit dem Streben nach politischer Unabhängigkeit Tunesiens hat sich auch die Literatur des Landes weiterentwickelt. Einer der bedeutendsten Vertreter der sogenannten realistischen Richtung, die das Alltagsleben des tunesischen Volkes und die sozialen Gegensätze im Land zeigen will, ist El-Bashir Khrayef. Im Alter von 19 Jahren hat er seine erste Erzählung veröffentlicht; seine Begabung zeigt sich aber vor allem in seinen späteren Romanen. Für seinen historischen Roman "Barq el-Lail" (1961), der die Liebesgeschichte eines schwarzen Sklaven vor dem Hintergrund des unruhigen Tunis des 16. Jahrhunderts schildert, wurde er mit einem Literaturpreis ausgezeichnet.

Nja Mahdaoui (geb. 1937)
Die Werke, vor allem die schwarzen, auf Pergament oder Tierhäuten ausgeführten Tuschzeichnungen (s. Abb. S. 87), des tunesischen Künstlers Nja Mahdaoui erinnern an Kalligramme. Mahdaoui greift hierfür auf den außerordentlichen Formenreichtum der arabischen Schriftkunst, der Kalligraphie, zurück (→ Kunstgeschichtlicher Überblick, Islamische Kunst). Allerdings befreit er hierfür die Schriftzeichen von ihrer religiösen Bindung. Die Kenntnis der arabischen Sprache und die Beherrschung ihres Alphabetes reichen nämlich nicht aus, um Mahdaouis 'Botschaften' verstehen zu können. Seine Schriftzeichen lassen sich nicht lesend 'übersetzen', sie sind keine Sinn-, sondern Formträger.
Nach seinem Besuch der Koranschule sowie den weiterführenden Schulen in Tunis studierte Nja Mahdaoui Kunstgeschichte und Zeichnen an einer privaten Kunstschule in Karthago. In den sechziger und siebziger Jahren lebte er einige Jahre in Italien und anschließend in Frankreich, wo er Malerei und Philosophie studierte. Er begann sich außerdem intensiver mit den verschiedenen Techniken der Kalligraphie zu beschäftigen. 1977 kehrte er nach Tunesien zurück, seither lebt er nahe bei Tunis. In der Zwischenzeit hat der Künstler auch in Deutschland verschiedentlich ausgestellt.
Unermüdlich erfindet Mahdaoui immer neue Kompositionen und leistet so seinen Beitrag in einer Zeit, in der die arabische Kultur um ein neues Selbstverständnis ringt.

Masinissa (240–148 v. Chr.)
Ein weniger bekannter Zeitgenosse Hannibals und Scipio Africanus' ist Masinissa, König der Numider. Als Rom und Karthago um die Vorherrschaft im Mittelmeerraum kämpfen, streiten gleichzeitig Masinissa, König von Ostnumidien, und Syphax, König von Westnumidien, um die Macht in Nordafrika. Masinissa geht an der Seite des überlegenen Roms als Sieger aus dieser Auseinandersetzung hervor. In den nächsten Jahrzehnten entreißt er den im Zweiten Punischen Krieg geschlagenen und durch ein hartes Friedensdiktat zur Untätigkeit verurteilten Karthagern rund 70 Städte und Festungen und gründet das erste berberische Großreich.
Er ist jedoch nicht nur ein erfolgreicher Krieger, der die rivalisierenden Führer anderer Berberstämme ausschalten kann, er sorgt auch für Fortschritte in der Agrarpolitik. So trägt er zur Seßhaftwerdung der Nomaden bei, fördert den Mittelmeerhandel und bringt griechische Künstler in sein Reich. Nach seinem Tod wird – nicht zuletzt auf Druck seines römischen Bundesgenossen – sein Land unter seinen Kindern aufgeteilt und damit geschwächt. Jedoch war er der erste wirkliche Herrscher eines von der libyschen Küste bis nach Marokko reichenden nordafrikanischen Großreiches.

Sidi Mahrez († 1022)
Als 'Sultan el-Medina' wird er bezeichnet, der Schutzheilige von Tunis: Sidi Mahrez. Nicht nur seine wegweisenden theologischen Schriften wurden berühmt, sondern auch sein soziales Werk. Nachdem Aufstände, Plünderungen und Belagerungen Tunis stark zerstört hatten, war er es, der sich für

Berühmte Persönlichkeiten

die Armen einsetzte, die Stadtmauer wieder errichten ließ und erstmals den Juden ein eigenes Quartier, 'Hara' genannt, innerhalb der Stadt zuwies. Bis dahin war diese Minderheit lediglich vor den Stadttoren geduldet worden und hatte die Stadt nur tagsüber betreten dürfen. Sidi Mahrez selbst lebte sehr asketisch, weshalb er auch den Beinamen 'el-Abid' (= der Asket) erhielt.

Sidi Mahrez (Fortsetzung)

Der in Karthago als Sohn eines römischen Hauptmanns geborene Tertullianus war Kirchenschriftsteller und der erste christliche Theologe, der seine Texte in griechischer und lateinischer Sprache abfaßte. Sein juristisch geschultes Denken, das stets auf die strengste gesetzliche Entscheidung drängte und sich dabei mit viel Scharfsinn auf die Bibel berief, verband er mit deutlicher Polemik. Die Grundbegriffe der abendländischen Theologie stammen von ihm, wenn auch die Kirche seine Heilsauslegungen zeitweise verdammte und sein Werk nur in Auszügen der Nachwelt zugänglich machte. Die erste deutsche Gesamtausgabe seiner Werke erschien erst 1851 in Leipzig.
Tertullianus verstarb in seiner Geburtsstadt Karthago.

Quintus Septimius Florens Tertullianus (um 160 bis 220 n.Chr.)

Was für strenggläubige Moslems undenkbar ist, wagte Yahia Turki: Er malte gegenständliche Bilder. Damit setzte er sich über ein Tabu hinweg, das der Islam seinen Anhängern auferlegt. So ist sein Lebenswerk davon bestimmt, eine Bildsprache für ein Land zu entwickeln, das ausschließlich die Ornamentik als künstlerische Ausdrucksform kennt. An Matisse, Bonnard und Marquet orientierte sich sein Stil, die Themen griff er aus dem tunesischen Alltag auf.

Yahia Turki (1900–1960)

Kunst und Kultur

Kunstgeschichtlicher Überblick

Vor- und frühgeschichtliche Zeit

Nur wenige Fundstücke aus der Zeit vor der phönizischen Kolonisation sind erhalten und im Bardo-Museum in → Tunis ausgestellt, u. a. einfache Werkzeuge aus Stein und ab dem 4. Jahrtausend v. Chr. auch aus Bronze, aus Knochen angefertigte kleine Behältnisse und Amulette, durchbohrte Muscheln und Schnecken sowie verzierte Straußeneier. Prähistorische Felsbilder wie beispielsweise in Marokko gibt es in Tunesien nicht.

Zeit der Phönizier und Karthager

Im Altertum waren die Phönizier, die Vorfahren der später Punier genannten Bewohner Karthagos, wie auch ihre berühmten Nachfahren nicht sehr anerkannt. Griechische und römische Autoren wie Cicero, Livius, Plutarch und Appian unterstellten ihnen List, Lüge, Betrug und Grausamkeit. Wenn auch in der Zwischenzeit dieses Bild – verbreitet immerhin von ihren zeitgenössischen Feinden und Konkurrenten – hinterfragt und korrigiert worden ist, hat sich doch dasselbe negative Urteil über ihre Kunst noch weit ins 18. und 19. Jh., ja bis in die Mitte des 20. Jh.s erhalten. Die Streitfrage, ob die Phönizier die Kulturen der Alten Welt durch ihre Vermittlungstätigkeit erst zur Reife brachten oder ob sie lediglich die ägyptischen und griechischen Vorbilder nachahmten, ist jedoch immer noch nicht eindeutig beantwortet.

Allgemeines

Phönizier (rund 1100–800 v. Chr.) und Karthager (bis 146 v. Chr.) waren in erster Linie als hervorragende Seefahrer und Schiffsbauer bekannt, weniger als große Künstler. Dennoch waren ihre feinen Gewebe, Elfenbeinschnitzereien, Metallarbeiten, Schmuck aus Gold und Silber, Gefäße aus buntem Glas, reich dekoriertes Tafelgeschirr sowie zierlichen Toilettengeräte vom 8. Jh. v. Chr. an als Tausch- und Ehrengeschenke an Fürstenhöfen rund um das Mittelmeer begehrt. Auch gibt es einige kulturgeschichtlich wichtige Erfindungen, die bis heute abwechselnd den Phöniziern oder Ägyptern zugeschrieben werden: Glas und Glaspaste, 'Niello', eine Technik, bei der Silber mit geschwärzten Flächen und Gravuren geschmückt wurde, die Granulation genannte Technik zur Herstellung sandkorngroßer Goldperlchen auf Goldunterlage sowie das Monopol der Purpur-Färberei, das den Phöniziern ihren Namen gegeben hat, ganz zu schweigen von der Bedeutung der Alphabetschrift.

Zeugnisse

Erhalten geblieben sind winzige Köpfe aus Glaspaste mit kreisrunden Glupschaugen, sie wurden als Amulette getragen und den Verstorbenen mit ins Grab gegeben. Hohläugige, orientalisch anmutende Tonmasken, weit entfernt von irgendeinem Idealtypus, wie ihn Ägypter, Griechen und Römer kannten, sollten vermutlich Dämonen abhalten.

Da das semitische Bildverbot vermutlich bis zum Ende der punischen Geschichte galt, war die plastische Darstellung von Göttern nicht erlaubt. So tritt die Hauptgöttin Karthagos, die bereits im 5. Jh. v. Chr. nachgewiesene Tanit, Gemahlin des Baal, nur als Symbol auf: ein gleichschenkliges Dreieck, auf dessen Spitze ein Querbalken ruht, dessen überstehende Enden wie Haken nach oben geknickt sind; ein leerer Kreis steht für den Kopf, häufig von einer Mondsichel gekrönt; viel später bekommt die

Tanit-Symbol

◀ Numidisches Turmmausoleum in Dougga

Kunstgeschichtlicher Überblick

Punisches Glasköpfchen, Karthago

Stele mit Tanit-Symbol und Sonnenscheibe

Zeugnisse (Fortsetzung)

dreieckige Göttin Augen, Mund und Nase. Diesem Symbol einer Göttin mit segnend erhobenen Armen begegnet man auf den schmalen, spitz zulaufenden Steinpfeilern, den auf Gräbern aufgerichteten Stelen sowie als Mosaik in Fußböden und eingeschnitten in goldene Siegelringe.

Auf den im Tophet von Karthago, dem heiligen Platz, gefundenen Stelen befinden sich Inschriften, die an den Brauch der Karthager erinnern, in Krisenzeiten dem Götterpaar Tanit und Baal Kinderopfer, Molek genannt, darzubringen. In einer riesigen hohlen Bildsäule aus Erz sollen sie feierlich verbrannt und anschließend in mehreren Schichten übereinander beerdigt worden sein.

Da die Römer häufig ihre Siedlungen auf den Fundamenten der zerstörten karthagischen Städte bauten, ist von punischer Architektur nicht viel erhalten geblieben. Beispiele dieser v. a. von den Griechen beeinflußten Baukunst sind in Karthago, Utica und Kerkouane zu sehen.

Numidische Königsarchitektur

Zeugnisse numidischer Baukunst, die stets an ausgewählten, beherrschenden Stellen stehen und ohne den Landschaftsbezug auch nicht voll verstanden werden können, sind die unter dem Begriff numidische Königsarchitektur zusammengefaßten Reste zweier Höhenheiligtümer in Chemtou und Kbor Klit sowie das Turmmausoleum in Dougga. Gerade dieses quadratische und mehrstockige Bauwerk, dessen Prinzip von den Römern übernommen und weit über die Grenzen Nordafrikas verbreitet wurde, zeugt von der Langlebigkeit numidischer Architektur.

Zeit der Römer

Allgemeines

Nach der Zerstörung Karthagos im Jahre 146 v. Chr. unterwarfen die Römer ganz Nordafrika und prägten die neu eroberten Gebiete mit ihren Anlagen und Bauten, die ursprünglich etruskisch und später dann v. a. griechisch beeinflußt waren.

Kunstgeschichtlicher Überblick

Römisches Theater in Dougga

Von den (bislang nachgewiesenen) rund 200 Städtegründungen blieben – anders als bei den Phöniziern und Puniern – beeindruckende Zeugnisse erhalten: Dougga, Sufetula/Sbeitla, Bulla Regia, Maktar, Thuburbo Majus und nicht zuletzt das Amphitheater in Thysdrus/El Djem, um nur die bedeutendsten von ihnen zu nennen.

Die Römer siedelten zum Teil auf den Trümmern der unregelmäßig angelegten karthagischen Plätze. So ließ sich der regelmäßige römische Städtegrundriß nicht so konsequent übertragen. Mittelpunkt einer römischen Stadt war das Forum, ein großer, mit Platten belegter, von zahlreichen öffentlichen Bauten umgebener Platz. An dessen einem Ende erhob sich das Kapitol, der den Gottheiten Jupiter, Juno und Minerva geweihte Tempel. In unmittelbarer Nähe befand sich die Basilika, ein mehrschiffiger Hallenbau, in dem Gericht gehalten wurde und nach dessen Vorbild die späteren frühchristlichen Kirchen errichtet wurden. Die vom Forum ausgehenden zwei Achsen, Decumanus Maximus in ostwestlicher, Cardo Maximus in nordsüdlicher Richtung, teilten die Stadt in Viertel, die ihrerseits von rechtwinklig angelegten Nebenstraßen durchzogen wurden. In Sbeitla, dem antiken Sufetula, läßt sich diese regelmäßige Stadtanlage noch gut erkennen.

Neue Bausubstanzen und die Übernahme von Elementen aus der im Orient verbreiteten Lehmziegelarchitektur ermöglichten es den Römern, anstelle der rechteckigen Öffnungen ihre Vorliebe für Bögen zu entwickeln oder das durch Säulen gestützte hölzerne Flachdach durch ein Gewölbe zu ersetzen. Auf dem Höhepunkt ihrer Machtentfaltung begannen die Römer, neue Maßstäbe zu setzen: reich ausgestattete Kolonialstädte wurden mit einer großen Zahl hervorragend dekorierter öffentlicher Gebäude (Tempel, Basiliken, Curien u. a.) geschmückt, Viadukte, freistehende Amphitheater, prächtige Villen, teils mit unterirdisch angelegten Räumen versehen, und großzügig angelegte Thermen zeugen noch heute von dem Willen und der Zielstrebigkeit, Architektur und Kunst als Ausdruck für die Selbstdarstellung einzusetzen.

Allgemeines (Fortsetzung)

Römische Baukunst

Kunstgeschichtlicher Überblick

"Haus des Gutsherren Julius in Karthago", Bardo-Museum, Tunis

Römische Baukunst (Fortsetzung)	Sehr anschaulich beschreibt der römische Schriftsteller Apuleius (→ Berühmte Persönlichkeiten) den Reichtum einer nordafrikanischen Römervilla in seinen "Metamorphosen" als die 'Lustwohnung eines Gottes' u. a. mit folgenden Worten: "Die Decke ist künstlich gewölbt, mit Elfenbein und Zitronenholz eingelegt und von goldenen Säulen abgestützt. Getriebene Silberarbeiten bedecken die Wände... Der Fußboden prangt mit den köstlichsten Steinen, klein geschnitten und von verschiedenen Farben, so meisterlich zusammengestellt, daß sie die vortrefflichsten Gemälde bilden. Oh, zwei- und mehrmals glücklich sind diejenigen, die das Gold und die Edelsteine mit Füßen treten dürfen."
Römische Plastik	Im Inneren waren die Häuser mit bronzenen und marmornen Plastiken, Fußbodenmosaiken und Wandmalereien ausgeschmückt. Bei den auf tunesischem Boden gefundenen antiken Plastiken aus Marmor oder Bronze handelt es sich um griechische Originale (v. a. Götterfiguren, Epheben und Mänaden), römische Kopien berühmter griechischer Werke, Porträtplastiken römischer Kaiser, Prokuratoren und Feldherren, Steinmetzarbeiten wie reliefierte Gedenksteine, Votivaltäre, Votivstelen sowie um Reliefverzierungen von Triumphbögen, Gebäudefassaden, Säulen und Dachfirsten.
Mosaikkunst	Bereits im 3. Jahrtausend v. Chr. gab es im Alten Orient einen Wand- und Pfeilerschmuck, bei dem farbige Tonstifte in den Lehmverputz eingedrückt worden waren. Aus Nordgriechenland (Olynt) stammt das älteste mittelmeerländische Bodenmosaik (5./4. Jh. v. Chr.), bestehend aus schwarzweißen Kieseln. In hellenistischer Zeit wurde diese Technik mit vorbereiteten behauenen Steinen (Tesserae) und Glassteinchen (Smalten) weiterentwickelt und dabei versucht, die Steinchen zu figürlichen Darstellungen an Wänden oder Böden zusammenzufügen.

Kunstgeschichtlicher Überblick

"Triumph des Bacchus", Bardo-Museum, Tunis

Bereits die Punier kannten die Mosaiktechnik, wie Funde in Kerkouane und Karthago bestätigen. Zur großen Blüte in Nordafrika kam es jedoch erst unter den Römern. In keinem Land sind so viele Bodenmosaiken gefunden worden wie in Tunesien, und die Museen in Tunis, Sousse, El Djem und Sfax besitzen die bestausgestatteten Mosaikensammlungen der Welt.

Aus dem einfachen Streumosaik entwickelte sich das komplizierte Bildmosaik. Zunächst folgten die Künstler Bildvorlagen, nach und nach ihren eigenen Vorstellungen oder denen ihrer Auftraggeber. So begegnet man zunächst mythologischen Szenen, bald jedoch Szenen aus dem Alltag, Landbau, Viehzucht, Handel und Gewerbe, Sport und Spiel. Äußerst beliebt war aber auch die Darstellung von Fischfang-, See- und Meeresszenen. Die Bilder erzählen aus dem Alltag der römischen Oberschicht, ihren Lebens- Arbeits- und Freizeitgewohnheiten, teilweise haben sie höchsten dokumentarischen Wert.

Ab dem 4. Jh. n. Chr. wird Mosaikkunst v. a. als Grabschmuck angewandt. Auf Grabplatten tauchen immer mehr christliche Symbole wie Fisch, Vögel, Reben sowie der Verstorbene selbst auf. Ganze Szenen aus dem Alten Testament zeigen anschaulich den gestiegenen Einfluß des Christentums.

Mosaikkunst (Fortsetzung)

Zeit des Übergangs

Gegen Ende des 3. Jh.s n. Chr. begannen Macht und Reichtum der Römer zu schrumpfen, die künstlerische Ausstattung der Städte und Häuser geriet spürbar einfacher. Die Vandalen, die 439 auf tunesischem Boden ein eigenes Reich gründeten, hinterließen kaum Spuren. Und auch der Einfluß der Byzantiner, die ab 530 Nordafrika eroberten, blieb vergleichsweise gering. Sie bauten Festungen (Ksar Lemsa, das antike Limisa, Ain Tounga, das antike Thignica, und Haidra, das antike Ammaedara) und dreischiffige, durch Säulenreihen unterteilte Basiliken, die häufig in alte römische Groß-

Kunstgeschichtlicher Überblick

Zeit des Übergangs (Fortsetzung)

bauten einbezogen wurden. Ihre Mosaiken wurden aus merklich größeren Steinen zusammengesetzt und zeigen v.a. einfachere geometrische Muster. Im Inneren wurden die Kirchenwände häufig mit Terrakotta-Platten verziert.

Kunst der Berber

Allgemeines

In Architektur, Kunst- und Kunsthandwerk sowie in der Keramik hat die geometrisch abstrakte Ornamentik der Berber schon lange Eingang gefunden, und auch moderne Künstler wie Njib Belkodja, ein Vorreiter der abstrakten Malerei in Tunesien, sind von ihr sichtbar beeinflußt.

Baukunst

Die besonderen geographischen und klimatischen Voraussetzungen im Süden Tunesiens mit heißen Sommern, kalten Wintern und fehlendem Heizmaterial sowie jahrhundertealte Lebensformen in Großfamilienverbänden haben die Berber eine ganz eigene Baukunst entwickeln lassen. Sie schufen sich Höhlenwohnungen und Speicherburgen und bewiesen damit Anpassungsfähigkeit an die natürlichen Bedingungen. Einige dieser Zeugnisse sind noch erhalten und zu besichtigen. In den Augen der tunesischen Behörden gelten sie jedoch als rückständige Überbleibsel, die den modernen Anforderungen nicht mehr genügen. Die Mehrzahl der Wohnhöhlen und Speicherburgen wurde mittlerweile abgerissen, ihre Bewohner zogen in Retortensiedlungen. Andere wurden aufgegeben und damit dem Verfall überlassen. Die Notwendigkeit ihrer Restaurierung wird bislang nicht gesehen, die Anlage neuer Wohnhöhlen aus Kostengründen nicht gefördert. Einige wenige Beispiele wurden als touristische Sehenswürdigkeit 'am Leben erhalten' und in Museen oder Hotels umgewandelt.

Höhlenwohnungen

Nach Suter, "Die Wohnhöhlen und Speicherburgen", werden zwei Typen von Höhlenwohnungen unterschieden, die des Schachttyps und die des Hangtyps. Voraussetzung für ihre Anlage ist eine besondere Bodenbeschaffenheit. Verschiedene Gesteinsschichten müssen hierfür miteinander abwechseln: leicht zu bearbeitende, dicke weiche Mergel,- Ton oder Sandsteinschichten sowie widerstandsfähige Kalk- oder Dolomitbänke. Als Arbeitsmittel stehen menschliche Arbeitskraft sowie Hacke, Brecheisen und Schaufeln zur Verfügung.

Schachttyp

In hügeligen, sanftwelligen Gegenden fand v.a. der Schachttyp, die sogenannten Troglodyten, Verbreitung. Hierbei handelt es sich um unterirdische

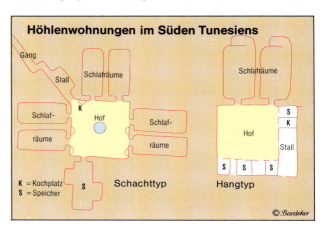

Kunstgeschichtlicher Überblick

Wohnanlagen, deren Kernstück ein sechs bis zwölf Meter tiefer, quadratischer Lichtschacht von zehn bis zwanzig Meter Seitenlänge ist. Von diesem zentralen Wohnhof, der von der gesamten Großfamilie genutzt wird, gehen die von den Einzelfamilien genutzten unterirdischen Wohnräume, die zum Teil zweistöckig angelegt sind, ab. Jede Familie besitzt ihre eigene Kochstelle. Vergrößert sich die Familie, wird eine weitere Wohnhöhle ausgegraben.

Ein unterirdischer, tunnelähnlicher Gang führt vom Wohnhof durch den Hang an die Erdoberfläche. Vom Gang selber gehen mehrere Erweiterungen ab, die als Ställe oder auch Vorratskammern dienen können. Beispiele für diesen Typ finden sich heute noch im Matmata-Bergland.

Schachttyp (Fortsetzung)

Liegt das Siedlungsgelände auf einem Hügel oder an einem Berghang, wird eine andere Bauweise, der Hangtyp, gewählt. Je nach Bodenbeschaffenheit können einzelne Höhlen nebeneinander in den Berghang gegraben, teilweise sogar stockwerkartig übereinander angelegt werden. Jede dieser Wohnhöhlen besitzt einen direkten Zugang zu einem vorgelagerten, gemeinsam benutzten Wohnhof. Dieser ist meist von einer hohen Mauer sowie von teils ein-, teils mehrgeschossigen Bauten umschlossen, in denen sich u.a. Vorratsräume, Küche und Stall befinden.

Hangtyp

Beispiele für diesen Typ finden sich heute v. a. im südlichen Dahar-Bergland, in Chenini, Douirat und Guermessa.

Die Lebens- und Wirtschaftsform des Halbnomadentums brachte noch eine weitere Bauform hervor, die Ksar (Ksour in der Mehrzahl) genannten Speicherburgen.

Speicherburgen Ksar/Ksour

In einzelnen Ghorfas, acht bis zehn Meter langen und drei Meter breiten Tonnengewölben, Vorratsspeicher und zeitweise Wohnsitz einer Großfamilie in einem, konnten während der periodischen Wanderungen die Vorräte, die nicht mitgeführt werden konnten, sicher aufbewahrt werden. Zahlreiche Ghorfas, die sich bis zu acht Stockwerke hoch auftürmen können, gruppieren sich wabenförmig um- und aufeinander und bilden in der Mitte einen allseits geschlossenen Hof. Teilweise wurde der Ksour mit einer ihn überragenden Festung (Kalaa) versehen. Beispiele finden sich v.a. im südtunesischen Dahar-Bergland, in Metameur (für Touristen restauriert), Médenine (einige Beispiele haben die Planierraupen überlebt) und in Kasar Haddada.

Islamische Kunst

Seit dem 7. Jh. breitete sich der Islam bis nach Spanien im Westen und Pakistan im Osten aus. Auf ihren Eroberungszügen kamen die Araber mit fremden Kulturen in Berührung, in der Auseinandersetzung mit diesen entwickelte sich die islamisch-arabische Kultur.

Allgemeines

Die islamische Kunst zeigt sich vor allem in der Kalligraphie (Schriftkunst) und Ornamentik sowie in der Architektur, bei welcher unterschieden wird zwischen sakraler (Moschee, Ribat, Mausoleum, Medersa etc.) und profaner Architektur (Palast, Hammam, Kasbah, Stadtmauer, Handelshaus etc.).

Die klassische und traditionsbildende islamisch-arabische Kunst entstand unter den Omaijaden (7./8. Jh.). Im Westen lebte sie in der maurischen Kunst unter den berberischen Dynastien der Almoraviden, Almohaden und Nasriden weiter (11.–15. Jh.). Durch deren Wechselbeziehungen wurde die maurische Kunst von der Iberischen Halbinsel nach Nordafrika gebracht. Sie erreichte, immer wieder verstärkt durch die verschiedenen Andalusierflüchtlingswellen, eine hohe Blüte.

Entwicklung

Gemäß dem Edikt des Yazid aus dem Jahre 721 schließt die islamische Kunst ausdrücklich jegliche Abbildung von Menschen und Tieren in Malerei und Plastik aus. Dies wird zwar üblicherweise durch die Vorschriften des Koran begründet – wonach die Nachahmung der Natur eine gottes-

Bilderverbot

Kunstgeschichtlicher Überblick

Bogenformen

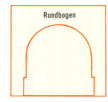
Rundbogen

Spitzbogen

Hufeisenbogen (Maurischer Bogen)

Bilderverbot (Fortsetzung)
lästerliche Tat sei –, dürfte aber vermutlich andere Ursachen haben, denn in den frühen Moscheen und anderen islamischen Bauten waren figürliche Abbildungen von Lebewesen durchaus üblich. Vermutlich nahm die Selbstdarstellung reicher Stifter überhand und wurde zum Symbol von Wohlhabenheit und Luxus. Gleichzeitig erwies es sich, daß mit dem Formenreichtum und der Ausdruckskraft der byzantinischen Malerei nicht konkurriert werden konnte. So setzte sich im Islam das Prinzip der Bilderlosigkeit durch. Strikt befolgt wurde das Verbot jedoch nur in der religiösen Kunst (und selbst dort gibt es Ausnahmen). In Persien und Indien entwickelte sich v. a. am Hof in der Miniaturmalerei eine figürliche Kunst.

Geometrische Muster
Das Bilderverbot führte zu einer breiten Entfaltung nichtfiguraler Darstellungsmöglichkeiten. Die islamischen Künstler verlegten sich auf die Kalligraphie (Schriftkunst) und die Ornamentik. Sie entwickelten eine höchst beeindruckende Vielfalt an geometrischen, stilisierten oder abstrakten Formen. Die verhältnismäßige Knappheit der Motive führte dazu, daß sie ständig wiederholt wurden. In den verschiedensten Farben treten sie in den Mustern der Fayencekacheln an Wänden und auf Fußböden, in den Holzschnitzereien an Türen und Decken, an den Fenstergittern, den Silberschmiedearbeiten und Metallziselierungen auf.

Ornamentik

Grundelemente
Grundelemente der arabischen Ornamentik sind die Kalligraphie, die Arabeske, das Stalaktitengewölbe sowie die geometrischen Muster aus Polygonen (meist Acht- oder Sechsecke) und Verbindungsgeraden.

Spinngewebe Gottes

Spinngewebe Gottes

Das wichtigste dieser Muster ist das 'Spinngewebe Gottes', ein System von Linien, die acht- bis sechzehnstrahlige Sterne bilden, wobei jede Linie aus der Mitte eines Sternes heraus und in das Zentrum eines anderen Sternes hineinführt. Da diese Art von Ornamenten außerordentlich fein gearbeitet werden mußte, bedurfte es eines entsprechend geeigneten Materials. So wurden neben dem Holz der Gips zum beliebtesten Werkstoff und Gipsstukkaturen zum charakteristischen Merkmal des Innendekors.

Kalligraphie
Bei der Ausgestaltung von Schriftbändern nahmen sich die arabischen Künstler die griechischen und persischen Inschrifttafeln zum Vorbild, wobei sie die Textschriften durch Koranverse sowie den Namen Allahs ersetzten. Hieraus entwickelten sie eine spezifisch arabische Kunstform, die der Kalligraphie (griechisch = Schönschreibung), wobei die stilisierte arabische Schrift als Ornament verwendet wird.
Man unterscheidet zwei Schriftformen: die ältere Kufi-Schrift mit eckigen, geometrisch anmutenden Zügen und die aus dem 11. Jh. stammende

Kunstgeschichtlicher Überblick

Bogenformen

Gekielter Hufeisenbogen

Vielpaßbogen

Lambrequinbogen

Neschi- oder Naskhi-Schrift, eine variantenreichere Kursivform mit weichen, abgerundeten Zügen.

Mit dem kalligraphischen Schriftornament wird häufig die sogenannte Arabeske verbunden, eine weitere typisch arabische Dekorform. Hierbei handelt es sich um ein Ornament aus eng miteinander verschlungenen stilisierten Pflanzenteilen (Stiele, Ranken, Blätter, Blüten), einer Weiterentwicklung ägyptischer, persischer und griechisch-byzantinischer Vorbilder (Akanthus, Palmette u. a.). Sie fanden als Bordüre und Fries sowie in der Schrift Verwendung.

Aus den persischen Trompengewölben haben die Araber die prismenähnlichen, stalaktitenförmigen Gebilde übernommen, die sie einzeln aus Gips formen und durch waagrechtes und senkrechtes Verschachteln zu mächtigen Stalaktitengewölben für Vordächer, Türbögen und Raumdecken verarbeiten.

Kalligraphie (Fortsetzung)
Arabeske

Stalaktitengewölbe
Mukarnasgewölbe

Islamische Architektur

Als Wüsten- und Nomadenvolk kannten die Araber keine größeren öffentlichen und privaten Gebäude. Erst in der Auseinandersetzung mit den fremden Kulturen, die sie bei ihren Eroberungszügen kennenlernten, schufen sie den charakteristischen Mischstil, der durch drei Stilrichtungen geprägt ist: den hellenistisch-römischen, den persisch-sassanidischen und den christlichen (im westislamischen Bereich speziell den westgotisch-christlichen). So verschmolzen die Araber die Bauform der griechischen Basilika mit jener der altpersischen Säulenhalle und bedienten sich des von den Westgoten stammenden Hufeisenbogens. Die Apsiden und Kapellnischen der christlichen Vorläuferbauten leben im Mihrab, die Kirchtürme in den Minaretten weiter.

Die Hauptcharakteristika des maurischen Stils in der Baukunst sind:
Ausdehnung der Bauten in die Breite (im Gegensatz etwa zur europäischen Gotik), im Moscheebau dominiert die T-Form: Querschiff vor der Qiblawand, Betonung des Mittelschiffs durch Kuppeln und größere Breite, Raumgliederung durch eine Vielzahl von eleganten Säulen ('Säulenwald'), die nach oben hin immer zierlicher werden, um der Gebäudedecke den Eindruck des Schwebens zu geben;
Verzicht auf Schmuck der Fassaden und zurückhaltende Strukturierung derselben durch Tür- und Fensteröffnungen;
Verwendung der typischen (westgotischen) Hufeisenbögen für Türen, Fenster und Verbindungsjoche der Säulen;
Stalaktitenkuppelgewölbe mit Trompen aus Holz oder Stuck und
reicher Innenschmuck mit Fayencefliesen, Fußbodenmosaiken aus Marmor, kunstvoll geschnitzte Fenstergitter, Intarsien, Holzschnitzereien.

Maurischer Stil

Alle diese Stilmittel charakterisieren als Gesamtheit oder einzeln die sakralen und profanen öffentlichen Gebäude. Jahrhundertelang haben sie eine erstaunliche Einheitlichkeit bewahrt.

Kunstgeschichtlicher Überblick

Sakralbauten
Hinweis

Seit 1972 dürfen Nichtmoslems in Tunesien die Gebetsräume der Moscheen nicht mehr betreten. Öffentlich zugänglich sind täglich außer freitags die Innenhöfe der Moscheen.
Nähere Angaben sind im Kapitel Reiseziele von A bis Z bei den entsprechenden Stichworten zu finden sowie bei den örtlichen Verkehrsvereinen erhältlich.

Moschee

Der wichtigste islamische Sakralbau ist die Moschee. Die arabische Bezeichnung lautet Masdjid (= Ort des Niederwerfens [zum Gebet]); die Hauptmoscheen bzw. die großen Freitagsmoscheen einer Stadt werden Djemaa (= Ort der Versammlung [zum Freitagsgebet]) genannt.
Im Unterschied zur christlichen Kirche ist die Moschee kein Sakralraum im strengen Sinne. Zwischen den Gebetszeiten diente sie ursprünglich auch als Gerichtshalle, theologische Hochschule, Ort für Geschäfts- und andere Abschlüsse sowie als Asyl für Arme und quartierlose Durchreisende. Dies drückt sich auch in ihrem Grundriß aus.

Geschichte

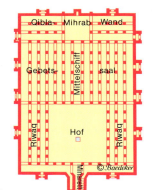

Typischer Moscheegrundriß

Vorbild für den Grundriß einer Moschee ist einmal das um 622 n.Chr. in Medina erbaute Haus des Propheten Mohammed, dessen Hof mit seinen seitlichen Schattendächern der erste Versammlungsraum der muslimischen Gemeinde war. Der Ort, wo der Prophet beim Gebet gestanden hatte, wurde mit einer Nische bezeichnet, dem späteren Mihrab; das kleine Podest, auf welches er sich bei seinen Unterweisungen setzte, wurde zum Vorbild der islamischen Treppenkanzel Minbar, die neben dem Mihrab steht und dem Imam bei der Freitagsansprache als erhöhter Sitz dient.
Zweites Vorbild war der ummauerte, mit vier Ecktürmen versehene alte Tempelbezirk (Temenos) von Damaskus, der um 706 n.Chr. zum seitlichen Einbau einer basilikalen Gebetshalle benutzt wurde. Der Mittelteil des früheren Platzes wurde an drei Seiten mit Arkaden eingesäumt und zum eingefaßten Moscheehof.
Aus diesen beiden Modellen entwickelte sich die frühe omajiadische Hallenmoschee, die ihrerseits Vorbild für die folgenden Jahrhunderte wurde.

Im Iran, in Syrien und Ägypten entwickelte sich seit dem 12. Jh. ein vom sassanidischen Palastbau abgeleiteter Moscheegrundriß, bei welchem der Innenhof auf allen vier Seiten von Bogenhallen umgeben ist. In Istanbul bildete sich seit dem 16. Jh. die osmanische Kuppelmoschee mit angegliedertem Vorhof (nach dem Vorbild der Hagia Sophia) heraus.
Im Maghreb hingegen behauptete sich die Grundrißform der Omaijadenmoscheen.

Grundriß

Sowohl die christliche Kirche als auch das islamische Gotteshaus waren ursprünglich von der antiken Basilika ausgegangen, wobei die christliche Liturgie zur Betonung der mittleren Längsachse geführt hatte.
Die islamischen Gläubigen hatten dagegen die Halle meist quer zur Längsachse genutzt und diese allmählich in eine breitflügelige, gleichmäßig hohe, beliebig erweiterbare Halle umgewandelt.

Die typische maghrebinische Moschee folgt der klassisch-traditionellen T-Grundrißform der Omaijadenmoscheen:
In dem mehrschiffigen Hallenbau wird das als Gebetsraum dienende Mittelschiff durch etwas größere Breite herausgehoben; dieses ist parallel mit

Kunstgeschichtlicher Überblick

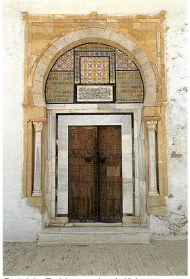
Portal der Barbiermoschee in Kairouan

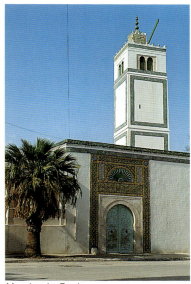
Moschee im Bardo

den Seitenschiffen senkrecht auf die Qibla- oder Kiblawand (Gebetswand) ausgerichtet. Ein entsprechendes Querschiff läuft entlang der Qiblawand. Die beiden Schiffe bilden die T-Form des Moscheengrundrisses.

Mittelschiff und Querschiff überschneiden sich vor dem Mihrab, der reich ausgestalteten Gebetsnische. Das 'Vierungsquadrat' vor dem die Gebetsrichtung angebenden Mihrab (bis 624 nach Jerusalem, seither nach Mekka) ist von einer Kuppel überwölbt. Neben dem Mihrab steht in der Regel senkrecht zur Qiblawand die Treppenkanzel (Minbar, Mimbar). An diese schließt sich die Maqsura, der umschrankte Betplatz des Kalifen, hinter welcher der Herrscher, ungesehen von seinem Volk, an dem Gebet teilnehmen konnte.

Grundriß (Fortsetzung)

Minbar

Im Gegensatz zu den christlichen Kirchen verzichtet der Islam auf die Ausschmückung der Gotteshäuser mit Ikonen und bildhaften Nacherzählungen der Heilsgeschichte, stattdessen wird aus dem Formenreichtum der Kalligraphie, der Ornamentik sowie der Arabesken geschöpft.

Auf dem Vorhof zum Gebetssaal, auf dem an Festtagen weitere Betende Platz finden, stehen meist offene Brunnenanlagen oder Brunnenhäuser, wo die Gläubigen die rituelle Reinigung vor dem Gebet vornehmen können.

An einer Ecke der Außenmauer bzw. der Seitengalerien steht ebenfalls seit omaijadischer Zeit das Minarett, von dem der Muezzin die Gläubigen fünfmal am Tag zum Gebet ruft, heute übernimmt diese Aufgabe meist ein Tonband. In Nordafrika und Spanien ist das Minarett gewöhnlich ein quadratischer, mit Ornamenten reich verzierter Turm, der in drei oder vier sich nach

Minarett

Kunstgeschichtlicher Überblick

Minarettformen

| Sidi Oqba Kairouan | Hammouda Pacha Tunis | Malwija Samarra | Selimiye Edirne | Almohaden Tunis | Ibn Tulun Kairo |

Minarett (Fortsetzung)

oben verjüngende Geschosse gegliedert und oben von einer Kuppel überwölbt ist. Deren Spitze wird – je nach Bedeutung der Moschee – von bis zu drei golden schimmernden Kugeln gekrönt.
Die Kasbah-Moschee in Tunis trägt als Zeichen der Hauptstadtmoschee sogar vier Kugeln.
Im Gegensatz zum 'malekitischen Vierkanter' kam die schlanke achteckige Minarettform mit den Türken nach Tunesien und wird als hanafitisches Minarett bezeichnet.
Im islamischen Osten setzte sich dagegen das runde, auch polygonale, meist nadelschlanke Minarett durch. Als deren Vorläufer gilt das spiralförmige, von einer breiten Rampe umzogene Minarett in Samarra (846 bis 852; heute Irak).

Medersa

Ein weiterer wichtiger Sakralbau ist die Medrese (Medresse; von arabisch darasa = studieren), im Maghreb Medersa genannt. Hierbei handelt es sich um eine höhere Schule für Theologie und islamisches Recht (gelegentlich auch für Medizin und Naturwissenschaften) mit integriertem Wohnteil für die Studenten (klosterartiges Internat) und einem moscheeähnlichen Gebetsraum. Die bedeutendsten Schulen befinden sich heute in Tunis und Kairouan.

Grundriß

Die Gebäudeteile einer Medersa gruppieren sich um einen zentralen rechteckigen Innenhof (mit Brunnen), an dessen Kopfseite der Gebetsraum liegt. In den den Hof umgebenden zwei- oder mehrgeschossigen Bauteilen befinden sich im Erdgeschoß die Lehrsäle, die Bibliothek und die Verwaltungsräume, im Obergeschoß die oft sehr kleinen, zellenartigen Zimmer der Studenten. Das Eingangstor der Medersa sowie die Innenhoffassaden sind häufig mit Fayencekacheln, Holzschnitzereien, Stalaktitengewölben und Ornamenten aus filigranen Stuckarbeiten verziert.

Ribat

Im 8. Jh. wurde entlang der afrikanischen Mittelmeerküste eine große Anzahl Ribat genannter Wehrburgen errichtet als Teil einer Küstenüberwachungs- und Verteidigungsanlage. In Friedenszeiten kümmerten sich die Mönchs-Ritter um die Verbreitung und Festigung des Islam im Lande. Auch bot das Ribat quartiersuchenden Gläubigen Unterkunft. In Notzeiten fand die Bevölkerung innerhalb der Festung Schutz, und die heiligen Krieger unternahmen von hier aus Angriffs- und Verteidigungskriege im Namen des Islam. Vom Ribat in Monastir hieß es sogar: "Drei Tage Garnison in dem Ribat öffnen die Tore ins Paradies".
Sein Grundriß war einfach, ein befestigtes Quadrat um einen Innenhof, um welchen sich Mönchszellen, Vorrats- und Wirtschaftsräume ordneten. Einziger Gemeinschaftsraum war die Moschee.
Die besterhaltenen Beispiele stehen in Sousse und Monastir.

Koubba

Zu den charakteristischen Sakralbauten des westlichen Maghreb sind auch die Koubbas oder auch Marabouts zu zählen. Diese eher kleinen,

Kunstgeschichtlicher Überblick

 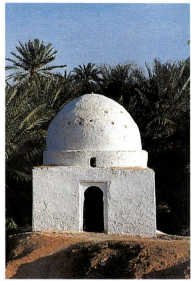

Ribat in Sousse *Koubba in Nefta*

würfelförmigen Kuppelbauten, die Grabstätten der Heiligen (Marabout = Heiliger; Grab), deren weißer Kalkanstrich laufend erneuert wird, glänzen im Sonnenlicht weithin sichtbar.

Koubba (Fortsetzung)

Als Zaouias (Zawijas) werden die Stammsitze religiöser Bruderschaften bezeichnet. Sie umfassen neben den Wohngebäuden die Grabstätte(n) des oder der Haupheiligen der Bruderschaft, oft in Form von Mausoleen, und eine Moschee. Ein sehenswertes Beispiel ist die Zaouia des Sidi Sahab in Kairouan.

Zaouia

Profanbauten

Von den ehemals eindrucksvollsten Profanbauten, den Palastanlagen der Herrscher, gibt es in Tunesien nur noch wenige Überreste, wie in Tunis der Bardo-Palast, in der Nähe von Kairouan die Paläste Al Abbasiya und Reqqada sowie geringe Reste in Mahdia. Sie setzten sich aus vielerlei Einzelgebäuden zusammen, die ohne einheitlichen Bauplan im Laufe der Jahrzehnte nach und nach errichtet wurden. Nicht selten zeigten sie ein bizarres Gemisch von Mauern, Gebäuden, Türmen, Plätzen, Innenhöfen, Gärten mit Teichen und Becken sowie Parkanlagen. Dennoch lassen sich vier Hauptbereiche unterscheiden:

Paläste

Mechouar, ein großer Hof für Audienzen, Versammlungen, Gerichtsverhandlungen oder Truppenparaden,

Mechouar

Diwan, der repräsentative Teil des Palastes mit Thronsaal für Staatsakte und Beratungsräumen, und

Diwan

Harem, der private Wohnbereich des Herrschers einschließlich der Frauengemächer.

Harem

Rings um den eigentlichen Palast liegen die Wirtschaftsgebäude, die Küchen, die Wohnungen der Bediensteten und die Kasernen für die Soldaten der Leibgarde.

Nebengebäude

Kunstgeschichtlicher Überblick

Befestigungen

In vielen Städten sind alte Befestigungsanlagen, Stadtmauern und Stadttore erhalten, besonders eindrucksvoll in Tunis, Kairouan, Sousse, Sfax, Mahdia, Monastir und Biserta.
Als reine Zweckbauten errichtet, ist ihre bauliche Gestaltung meist schmucklos. Dies gilt jedoch nicht für einige Monumentaltore, meist solche, die zur Herrscherresidenz oder zur Kasbah führen bzw. jene, vor denen die öffentlichen Gerichtsversammlungen abgehalten wurden. Diese mächtigen Einzelbauwerke sind vielfach prächtig mit Fayenceschmuck verkleidet und zeugen vom Reichtum, von der Macht und dem Kunstverständnis der jeweiligen Bauherren.

Hammam

Wie in der gesamten islamischen Welt finden sich auch in Tunesien öffentliche und private Badehäuser, arabisch 'Hammam' (= sich baden) genannt, deren Benutzung zum muslimischen Ritus (Körperreinigung vor dem Gebet) gehört.
Nach dem Muster der Thermen des Altertums bieten die nach Geschlechtern getrennt besuchten Häuser verschiedene Abteilungen: Kaltbad, Warmbad und Dampfbad sowie einen Ruheraum.
Der Zugang zum Hammam führt wie der maurische Innenhof eines Hauses stets um mehrere Ecken, damit man von außen nicht Einblick nehmen kann. In dem meist mit Fayencefliesen ausgekleideten Inneren sorgt ein Aufseher für (sittliche) Ordnung.
Zum Inventar gehören ferner ein Brunnen (oft aus Marmor) und Toiletten.

Hammam (Dampfbad)
Typischer Grundriß eines Badehauses

1 Zugang
2 Aufseherloge
3 Innenhof
4 Ruheraum
5 Toilette
6 Brunnen
7 Kaltraum
8 Warmraum
9 Heißraum
10 Heizungsbereich mit Ofen und Kessel

Brunnen

Beachtung verdienen manche der zahlreichen öffentlichen Brunnen, die zum großen Teil auch heute noch genutzt werden.
Die reizvollsten Beispiele sind im maurischen Stil gehalten und weisen nicht selten üppigen Zierat in Form von Stalaktitengewölben aus Stuck oder Holz auf; zuweilen haben sie ein von zierlichen Säulen getragenes Kuppeldach.

Fondouk

Fondouks (arab. Funduq, französ. Fondouq, italien. Fondaco), die früheren Herbergen für fahrende Kaufleute und ihre Karawanentiere, trifft man nur noch selten an. Es sind dies mehrstöckige Gebäude, deren vier Flügel einen rechteckigen Innenhof umschließen. Der alleinige Zugang von der Straße her führt durch ein schweres, abschließbares Tor. Zu ebener Erde befanden sich die Warenlager und die Tierställe; in den oberen Stockwerken lagen, zum Innenhof ausgerichtet, die über Außentreppen und Galerien zugänglichen Herbergszimmer für die Durchreisenden.
Heute werden die verbliebenen Fondouks zuweilen noch von Handwerkern oder als Abstellplätze genutzt.

Kunst und Kultur in der Gegenwart

Allgemeines

Die tunesische Kultur der Gegenwart ist von ihrem arabischen Erbe, afrikanischen und mittelmeerländischen sowie europäischen, darunter besonders stark französischen, Einflüssen geprägt. Herrschten in den fünfziger Jahren Begeisterung und Bereitschaft zur Übernahme aller möglicher internationaler, v.a. westlicher Einflüsse vor, ist in jüngster Zeit eine verstärkte Hinwendung zu eigenen Traditionen sowie zur eigenen künstlerischen Geschichte erkennbar.

Kunstgeschichtlicher Überblick

Nja Mahdaoui, "Ohne Titel"; Tinte auf pergamentartiger Tierhaut.

Im Bereich der bildenden Kunst verfügt Tunesien heute über eine ganze Reihe auch über seine Grenzen hinaus bekannter Künstler wie u. a. Hatim el Mekki (geb. 1917), Mahmoud Sehili, Ali Bellagha, Abdelazy Gorgi sowie Nja Mahdaoui (geb. 1937). Gerade das Werk des in Tunis lebenden Mahdaoui (→ Berühmte Persönlichkeiten) macht deutlich, wie bereichernd der Rückgriff auf die eigenen Traditionen in Verbindung mit Erkenntnissen und Techniken der modernen Malerei ist. Eine Erfahrung, die in umgekehrter Hinsicht auch zahlreiche westliche Kunstreisenden im Orient gewonnen haben wie Werke u. a. von Paul Klee, August Macke und Henri Matisse beweisen.

Bildende Kunst

Feste und Feiern, aber auch Theaterbesuche gehören zu den beliebtesten Freizeitbeschäftigungen in Tunesien, und Musik, sowohl Instrumental- als auch Vokalmusik, ist ein nicht zu überhörender Bestandteil des alltäglichen Lebens. Neben der uns vertrauten, westlich beeinflußten Unterhaltungsmusik wird viel klassische arabische Musik gehört, die für uns zunächst recht fremd klingt.

Musik und Festivals

Die Malouf genannte städtische Musik stammte ursprünglich aus Arabien, kam über Bagdad und Damaskus mit den Omaijaden ins südspanische Andalusien – daher auch die Bezeichnung 'andalusische Musik' – sowie von dort mit den Andalusienflüchtlingen nach Tunesien zurück. Ihre Merkmale sind chromatische Folgen und der Wechsel von Instrumental- und

Kunstgeschichtlicher Überblick

Musik und Festivals (Fortsetzung)

gesungenen Passagen. Die am weitest verbreiteten Instrumente sind Saiteninstrumente (Laute, Mandoline, Geige, Harfe, Zither), gefolgt von Flöte, Trommel und Tambourine.
Zahlreiche Musik- und Tanzeinlagen auf regionalen, nationalen und internationalen Festivals (→ Praktische Informationen, Feste und Veranstaltungen) zeugen von der Beliebtheit dieser Form der Unterhaltung, wobei der Bauchtanz erst von den osmanischen Türken nach Tunesien gebracht wurde.

Literatur und Theater

In der zweiten Hälfte des 19. Jh.s begann sich eine eigenständige tunesische Literatur zu entwickeln, und nach dem Ende des Zweiten Weltkrieges wurden einige Zeitungen und literarische Zeitschriften gegründet, um die herum Zirkel entstanden. Vereinfachend lassen sich zwei verschiedene Richtungen feststellen: Die einen Kräfte waren stark europäisch ausgerichtet, die anderen fürchteten den damit verbundenen Verlust der islamischen Werte. Wohl die beiden wichtigsten Vertreter der ersten Richtung sind Abul Qacin Chabbi (1909–1934) und Tahar Haddad (ebenfalls erstes Viertel des 20. Jh.s), letzterer schrieb für das Recht der Frau auf Ausbildung und gegen Polygamie.
Mit der entstehenden Unabhängigkeitsbewegung entwickelte sich – im Schatten der französischen Zensur – eine eigenständige tunesische Szene. Tunesische Journalisten, Schriftsteller und Musiker sorgten in zunächst kleinen, dann aber größer werdenden Kreisen für die Verbreitung der eigenen Kultur. Boulevardstücke und Klassiker fremder Sprachen wurden übersetzt, Theaterstücke, die von der arabischen Vergangenheit handelten und oftmals versteckte Kritik enthielten, verbreitet.
Mit der Unabhängigkeit 1956 begann eine neue Phase literarischen Schaffens, gefördert durch die Gründung zahlreicher Zeitschriften, in denen alle möglichen gesellschaftlichen Fragen sowie die erzählende Dichtung Platz fand. Seit den sechziger Jahren entstand ein neues engagiertes Theater, welches bis zu seinem Tod 1970 stark von Aly Ben Ayed geprägt war.

Kino

Das Kino in Tunesien ist älter als die Unabhängigkeit des Landes. Es erlebte jedoch nach 1956 einen enormen Aufschwung, auch wenn seine Situation nicht vergleichbar ist mit derjenigen von Ägypten, dem der Ruf des 'Hollywood' des Orients anhaftet. Es hat vielmehr mit vielerlei Schwierigkeiten wie mangelnder Filmförderung, Zensurmaßnahmen, chronischem Geldmangel und fehlendem Interesse kommerzieller Verleiher zu kämpfen.

Filmfestspiele

Mittlerweile finden in Tunesien die weit über die Landesgrenzen bekannten 'Journées Cinématographiques de Carthage' statt. Dies sind arabisch-afrikanische Filmfestspiele, die im zweijährigen Wechsel mit Ouagadougou (Burkina Faso) abgehalten werden.
In den siebziger Jahren wurden in Tunesien v. a. politisch motivierte Filme realisiert. Französische Kolonisation und der Befreiungskampf tauchten in einigen Filmen auf ("Au Pays de Tararani" [im Lande von Tarani], 1970 von Hamouda Ben Halima, Ferid Boughedir und Hedi Ben Khelifat; "Sejnane", 1974 von Abdellatif Ben Ammar; "L'Aube" [Dämmerung], 1966 von Omar Khlifi; "Les Fellages" [Die Fellachen], 1972 ebenfalls von Omar Khlifi).
Auch das Thema Familie und speziell die Rolle der Frau in der islamischen Gesellschaft wurde aufgegriffen, u.a. in "Om Abbes" (Die Mutter von Abbes; 1970) von Ali Abdelwahab; "Omi Traki" (1973) von Abderrazak Hammami; "Fatma 75" (1978) von Selma Baccar, einer der wenigen filmenden Frauen Tunesiens sowie in "La Trace" (Die Spur, 1982; von Nejia Ben Mabrouk), dem ersten langen Spielfilm einer Tunesierin.
Verarmung der Landbevölkerung, Landflucht und Emigration waren Themen von Filmen wie: "L'Ombre de la Terre" (Der Schatten der Erde, 1982) von Taieb Louhichi sowie von "Les Ambassadeurs" (Die Botschafter, 1975) von Nacer Ktari.
"Le Soleil des Hyènes" (Sonne der Hyänen, 1977, von Ridha Behi) geriet zur Anklage gegen eine ausufernde Fremdenverkehrspolitik.

Kleines Lexikon

Neuerdings sind die Filme stärker nach innen gerichtet. Nicht selten steht die Biographie der Regisseure im Vordergrund. Erfolgreichste Vertreter sind im Moment Nouri Bouzid und Férid Boughedir mit ihren Filmen "Les Sabots en or" (Stiefel aus Gold) sowie "Halfaouine" (der Name eines Stadtviertels in Tunis). Beide Filmemacher erhielten zur Realisierung ihrer Filme finanzielle Unterstützung von europäischen Fensehanstalten. Dies und die Tatsache, daß bei den Filmfestspielen in Cannes 1991 gleich zwei tunesische Beiträge vorgeführt wurden ("Automne 86" von Radid Ferchiou sowie "Chichkhan", einer Gemeinschaftsarbeit von Mahmoud Ben Mahmoud und Fadhel Jaibi) lassen auf ein gewachsenes Interesse am arabischen Kino hoffen.

Kino
(Fortsetzung)

Kleines Lexikon

Fachausdrücke aus Kunst, Geschichte und arabischer Kultur

Meist quadratische Abschlußplatte (über dem Echinus) eines Säulenkapitells (s. Graphik S. 103).	**Abakus**
Den Priestern vorbehaltenes Allerheiligstes eines Tempels mit dem Kultbild.	**Abaton, Adyton**
Vater, Besitzer von...	**Abou, Bou**
Ruf zum Sonnenuntergangsgebet.	**Adan**
Wandnische mit Säulenvorbau und Giebel; kleiner kapellenartiger Bau.	**Aedicula**
Marktplatz, Mittelpunkt des öffentlichen Lebens einer Stadt.	**Agora**
Fest. Aid es Seghir = kleines Fest am Ende des Ramadan; Aid el Kebir = großes Fest (Hammelfest).	**Aid**
Quelle; oft Teil des Ortsnamens; Aioun in der Mehrzahl.	**Ain**
Bärenklaupflanze, deren zerlappte Blätter zum Vorbild für den Schmuck des korinthischen und des byzantinischen (iustinianischen) Kapitells verwendet wurden.	**Akanthus**
Oberstadt, in der Regel ein hochliegender Tempelbezirk.	**Akropolis**
Figürliche oder ornamentale Bekrönung von First und Giebelecken (s. Graphik S. 103).	**Akroter**
Binsenartiges, äußerst zähes Steppengras (Stipa tenacissima), wird für die Herstellung von Schiffstauen, Flecht- und Korbwaren verwendet.	**Alfagras, Halfagras**
Gott.	**Allah**
Gebetsformel: "Gott ist der Größte".	**Allahu Akbar**
Tempel mit vorgestellten Säulen an beiden Schmalseiten (s. Graphik S. 102).	**Amphiprostylos**
(= Ringsum geschlossenes Theater) Anlage für Tier- und Gladiatorenkämpfe im römischen Reich. Eine ellipsenförmige Arena wird ringsum von ansteigenden Sitzreihen umgeben.	**Amphitheater**
Zweihenkliger bauchiger Krug.	**Amphora**

Kleines Lexikon

Ante	Vorgezogene Seitenwände der Cella, die die Vorhalle des Antentempels bilden (s. Graphik S. 102).
Antentempel	Tempel mit Säulen zwischen den Antenmauern an der vorderen Schmalseite (s. Graphik S. 102).
Anulus	Ring am dorischen Säulenschaft unterhalb des Echinus.
Aquädukt	Über der Erde geführte Wasserleitung.
Apodyterium	Auskleideraum in römischen Thermen.
Apotheose	Vergöttlichung eines Menschen.
Apsis	Meist halbrunder Raum am Ende einer Kirche.
Arabeske	Plastisch geformtes Pflanzenornament.
Archaische Kunst	Kunst des 7. und 6. Jh.s v. Chr. in Griechenland.
Architrav	Auf den Säulen aufliegender waagerechter Steinbalken.
Artesisches Wasser	Unter Druck stehendes Grundwasser, das selbständig aufsteigt.
Asr	Nachmittag, Nachmittagsgebet.
Atérien	Nach dem Fundort Bir al Ater benannte altsteinzeitliche Kultur Nordafrikas.
Atlant	Auch Gigant oder Telamon genannt: Gebälktragender Riese, benannt nach dem Titanen Atlas, der den Himmel trug.
Atrium	1. Hauptraum des römisches Hauses. 2. Vorhof einer altchristlichen Basilika.
Attika	Freistehende, zuweilen den Dachansatz verdeckende Wand über dem Hauptgesims.
Baal	Hauptgott der phönizischen Religion (semitisch Baal = Herr), entspricht Zeus (Griechen) und Jupiter (Römer).
Bab	Tor, Eingang; Biban in der Mehrzahl.
Baitylos	(Auch Baetylus) Heiliger Stein oder Pfeiler.
Balnea	Privatbad in einem römischen Haus.
Baptisterium	Frühchristliche Taufkapelle.
Baraka	Von Gott verliehene segensreiche Kraft.
Barga	Große Düne.
Basileus	König.
Basilika	1. Königshalle (Stoá basiliké; meist mehrschiffig); öffentlichen Zwecken dienende Stätte des Handels oder der Gerichtsbarkeit. 2. Im 4. Jh. n. Chr. ausgebildete drei- oder fünfschiffige Grundform christlichen Kirchenbaus mit überhöhtem Mittelschiff, niedrigeren Seitenschiffen und halbkreisförmiger Chornische.
Basis	Sockel von Statuen sowie der ionischen und korinthischen Säule (s. Graphik S. 103).

Kleines Lexikon

Meer, See.	**Behar**
1. Rednertribüne. 2. Altarraum einer christlichen Kirche.	**Bema**
Sohn; wird dem Stammes- oder Familienname vorgestellt, Sohn des...	**Ben**
Tochter des...	**Bent**
Beamtentitel der türkischen Verwaltung (Bey = türkisch Herr).	**Bey**
Brunnen.	**Bir**
Landschaft, auch Ortschaft.	**Bled, Blad**
Ein aus ästhetischen Gründen einer Mauer vorgeblendeter Bogen.	**Blendarkade, Blendbogen**
Festung, Fort.	**Bordj, Borj**
Siehe Abou.	**Bou**
1. Grob behauener Stein einer Mauer. 2. Vorsprung eines Steines zum Versetzen mit Hilfe von Seilen und Winde. 3. Schutzmantel behauener Steine, der erst nach dem Versetzen abgearbeitet wird.	**Bosse**
Kapuzenmantel.	**Burnus**
Richter.	**Cadhi**
Heißbaderaum römischer Thermen (caldus = warm).	**Caldarium**
Nach dem Tempelhügel Roms genannte Tempelanlage in römischen Städten.	**Capitolium**
Nach der Oase Gafsa (dem antiken Capsa) benannte mittelsteinzeitliche Kultur Nordafrikas.	**Capsien**
Nord-Süd-Achse des römischen Castrums und römischer Stadtanlagen, verläuft quer zum Decumanus.	**Cardo**
Muschelförmiger Raum der Sitzreihen eines Theaters (Koilon).	**Cavea**
Innenraum eines Tempels (Naos).	**Cella**
geistlicher Würdenträger, Weiser, bei dem man Rat einholt, der unbedingt befolgt werden muß.	**Cheikh**
Raum zwischen Langhaus bzw. Querschiff und Hauptapsis einer christlichen Kirche.	**Chor**
Bogen, der Langhaus bzw. Querschiff vom Chor trennt.	**Chorbogen, Triumphbogen**
Arabische Bezeichnung für Salzsee.	**Chott**
Der Erde zugehörig, unterirdisch, Bezeichnung für Gottheiten wie Persephone.	**Chthonisch**
Zylinder- oder kubusförmiger Grenz- oder Grabstein.	**Cippus, Zippus**
Französische Bezeichnung für Neusiedler.	**Colon**
Nach dem Fundort in Frankreich bezeichnete prähistorische Menschenrasse vom Typ des Homo sapiens.	**Cromagnon**

Kleines Lexikon

Curia Rathaus.

Dahar Bergrücken, Kamm.

Dar Haus.

Decumanus Ost-West-Achse eines römischen Castrums und einer römischen Stadtanlage, verläuft quer zum Cardo.

Destrictarium Raum zum Entfernen der Körperhaare in römischen Thermen.

Dey Türkischer Befehlshaber (Dey = türkisch Onkel).

Diakonikon Rechte (südliche) Seitenapsis einer byzantinischen Kirche.

Diazoma Umgang zwischen den Rängen eines Theaters.

Dijebba Wollener Umhang (Burnus).

Dipteros Tempel mit doppelter Säulenringhalle (s. Graphik S. 102).

Djebel Berg, Gebirge (siehe auch Dahar).

Djebeli Bergbewohner.

Djellaba Mantel.

Djema, Djama Freitag, Versammlung, Freitagsmoschee.

Djerbi Einwohner der Insel Djerba.

Djinn Geist.

Doppelantentempel Siehe Graphik S. 102.

Dorische Ordnung Beim antiken Tempel: Säule ohne Basis, der Schaft mit (meist) 20 scharfkantig aneinanderstoßenden Kanneluren; das Kapitell besteht aus Echinus und Abakus; das Gebälk trägt einen Metopenfries (s. Säulenordnungen).

Echinus Kissenartiger, später stereometrisch gestraffter Wulst; bildet mit dem darüberliegenden Abakus das dorische Kapitell (s. Graphik S. 103).

Eckkontraktion Zusammenziehung der Ecksäulen des dorischen Tempels als Folge des Eckkonflikts: Die Achse der Ecktriglyphe fluchtet nicht mit der Säulenachse.

El, al Arabischer Artikel für alle drei Geschlechter in Singular und Plural, manchmal nach dem Anlaut des folgenden Wortes zu esch, ed, es, et, er und ez verändert.

Elaeothesium Raum zum Einsalben in römischen Thermen.

Entasis Schwellung der Säule im unteren Drittel.

Epiphanie Erscheinung einer Gottheit.

Epistyl Auf den Säulen aufliegendes Gebälk eines Tempels; oben außen ein Fries (s. Graphik S. 103).

Erg Sandwüste.

Eschara Brandopferaltar (sprich 'Es-chara').

Kleines Lexikon

Ausgleichsschicht zwischen Fundament und Stufenbau eines Tempels.	**Euthynterie**
Meist halbkreisförmiger Raum mit Sitzbänken.	**Exedra**
Äußere Vorhalle einer Kirche.	**Exonarthex**
Reiterfestspiel.	**Fantasia**
Schauseite eines Bauwerkes.	**Fassade**
Ornamental oder figürlich bemalte Keramik.	**Fayence**
Ein durch Maßwerk gegliedertes Rundfenster.	**Fensterrose**
Glückssymbol.	**Fisch**
Unterirdische Wasserleitung (s. Graphik S. 45).	**Foggara**
Lagerhalle, Herberge, Rasthaus, Karawanserei.	**Fondouk**
Hauptplatz und politischer Mittelpunkt römischer Städte.	**Forum**
Schlucht, Öffnung; Mund.	**Foum**
Schmuckzone über dem Architrav eines Tempels; in der dorischen Ordnung aus Metopen und Triglyphen bestehend, in der ionischen Ordnung glatt oder skulptiert durchlaufend (s. Graphik S. 103).	**Fries**
Kaltbaderaum römischer Thermen.	**Frigidarium**
Gesims eines Tempeldaches. Das Traufgeison ist der untere Dachrand der Langseiten. Im Giebelfeld stehen die Giebelfiguren auf dem Horizontalgeison unter dem der Dachneigung folgenden Schräggeison (s. Graphik S. 103).	**Geison**
Tonnengewölbter berberischer Vorratsraum, Speicher.	**Ghorfa**
Kampf zwischen Göttern und Giganten.	**Gigantomachie**
Kreuz mit vier gleichlangen Armen.	**Griechisches Kreuz**
Strohhütte; Queraba in der Mehrzahl.	**Gourbi**
Anlage für sportliche Übungen sowie für die Erziehung überhaupt (von griechisch 'gymnós' = nackt). Ein rechteckiger oder quadratischer Hof wird von Säulenhallen umgeben, an die sich Räume verschiedener Größe und Zweckbestimmung anschließen.	**Gymnasion**
Mündlich überlieferte Aussprüche des Propheten Mohammed und seiner Gefährten.	**Hadith**
Die von jedem Muslim geforderte Wallfahrt nach Mekka.	**Hadsch, Haddsch**
Langgestreckter Bau, in der Regel mit geschlossener Rückwand und offener vorderer Säulenstellung, oft zweischiffig, seit dem 3. Jh. v. Chr. auch zweistöckig.	**Halle**
Maurisches Warmbad; Hammamat in der Mehrzahl.	**Hammam**
Moscheebrunnen für rituelle Waschungen.	**Hanafija**

Kleines Lexikon

Hanafiten	(Auch Hanefiten) Von Abu Hanifa († 855) begründeter islamischer Ritus.
Hara	Ghetto, Judenviertel.
Harem	Privaträume im Palast eines osmanischen Herrschers.
Hellenismus	Epoche von Alexander d.Gr. bis zu Augustus (330–30 v.Chr.).
Henchir	Bauernhof, kleines Gut.
Henna	Strauchpflanze, aus der roter Farbstoff gewonnen wird, mit dem sich die Frauen Haare, Füße und Handflächen färben.
Herme	Vierkantiger Pfeiler mit Kopf des Hermes und Genitalien; daraus entwickelte sich das Hermenporträt.
Hippodamisches Prinzip	Prinzip einer Stadtanlage mit geraden, sich rechtwinklig schneidenden Straßen; benannt nach Hippodamos von Milet (5. Jh. v.Chr.).
Hippodrom	Rennbahn für Pferde- und Wagenrennen, bestehend aus zwei gegenläufigen Bahnen, die durch die Spina getrennt werden.
Houmt	Viertel.
Hypogäum	Unterirdisches Gewölbe, Kultraum.
Hypokausten	Antike Warmluftheizung, bei der Heißluft durch ein unter dem Fußboden und in den Wänden verlegtes Kanalsystem geleitet wurde, besonders für Bäder oder Wohnräume.
Ibéromaurusien	Nordafrikanische Kultur der Jungsteinzeit.
Ikonostasis	(Auch Ikonostase) Bilderwand in der byzantinischen Kirche, die den Gemeinderaum vom Altarraum trennt.
Imam	Vorbeter, Leiter einer islamischen Gemeinde; bei den Schiiten Ehrentitel des Kalifen Ali und seiner Nachfolger.
Inkrustation	Verkleidung einer Wand mit kostbarem Material, v.a. Marmor.
In situ	In Fundlage; vor Ort.
Insula	Das von rechtwinklig sich schneidenden Straßen gebildete Wohnviertel einer antiken Stadt.
Interkolumnium	Lichte Weite zwischen zwei Säulen.
Ionische Ordnung	Siehe Säulenordnungen.
Isodom	Horizontal geschichtetes Mauerwerk.
Janitscharen	Elitetruppe osmanischer Sultane.
Jebel	Siehe Djebel.
Joch	Abstand zwischen zwei Säulenachsen.
Kaaba	Hauptheiligtum der Muslims in Mekka.
Kalaa	Festung (Bordj).
Kaftan	Wertvolles Gewand für Frauen.

Kleines Lexikon

Nachfolger des Propheten Mohammed; oberster weltlicher Herrscher bis zur Abschaffung des Kalifats 1924 durch Attatürk.	**Kalif**
Würfelförmiges Zwischenglied zwischen Kapitell und Bogen.	**Kämpfer**
Längsrillen an einer Säule oder einem Pfeiler (s. Graphik S. 103).	**Kannelierung, Kannelur**
Kopf einer Säule oder eines Pfeilers (s. Graphik S. 103).	**Kapitell**
Siehe Capitolium.	**Kapitol**
Weibliche Gestalt als Gebälkträgerin anstelle einer Säule.	**Karyatide**
Festung, Zitadelle.	**Kasbah**
Weicher, flanellartiger Mantel- und Kleiderstoff.	**Kasha**
Unterirdische Begräbnisstätte, benannt nach der Flurbezeichnung Catacumbas an der Via Appia bei Rom.	**Katakombe**
Bischofsthron.	**Kathedra**
Kirche mit Bischofsthron, Bischofskirche.	**Kathedrale**
'Leeres' Grab für einen andernorts bestatteten oder verschollenen Toten.	**Kenotaph**
Pächter, der vier Fünftel der Ernte abgeben mußte, den fünften Teil für sich behalten durfte; Khamsa = Hand.	**Khammes**
Siehe Qibla.	**Kibla, Qibla**
Abfallhaufen der Ibéromaurusien-Kultur.	**Kjökkenmöddinger**
Säulen oder Pilaster, die über mehrere Geschosse reichen.	**Kolossalordnung**
(Lateinisch = Taubenhaus) Römische Grabkammer mit Wandnischen für Aschenurnen.	**Kolumbarium**
Siehe Säulenordnungen.	**Kompositkapitell**
Muschelförmiger Gebäudeteil.	**Konche**
Heiliges Buch des Islam, enthält das Glaubensbekenntnis der islamischen Religion.	**Koran**
Mädchen, Mädchenstatue; auch Bezeichnung für Persephone.	**Kore**
Siehe Säulenordnungen.	**Korinthische Ordnung**
Durch einen Kanal mit dem Meer verbundener phönizischer Hafen.	**Kothon**
Meist gekuppeltes Mausoleum.	**Koubba**
Dreistufiger Unterbau eines Tempels ('Schuh'; s. Graphik S. 103).	**Krepis, Krepidoma**
Byzantinischer Kirchenbautypus mit einer Zentralkuppel über dem Schnittpunkt von vier gleichlangen Kreuzarmen.	**Kreuzkuppelkirche**
Unterkirche.	**Krypta**
Befestigter Ort, mehrere zu einer Festung zusammengeschlossene Dörfer, Speicherburgen; Ksour in der Mehrzahl.	**Ksar**

Kleines Lexikon

Kufi	Archaisch-monumentale Form der arabischen Schrift, nach Kufa in Mesopotamien genannt.
Kuros	Statue eines unbekleideten Jünglings.
Kurvatur	Leichtes Ansteigen der oberen Stufe eines Tempels nach der Mitte hin.
Kyklopisches Mauerwerk	Mauer aus mächtigen, unregelmäßigen Steinblöcken; in der Antike den Kyklopen zugeschrieben.
Laconicum	Schwitzbad in römischen Thermen.
Lalla	Heilige Frau.
Lateinisches Kreuz	Kreuz mit einem längeren und drei kurzen Armen.
Laterne	Kleines lichtspendendes Türmchen auf Kuppeln.
Lisene	Flache Wandvorlage, die die Mauerfläche gliedert.
Lünette	Bogenfeld über Fenster und Türen.
Mäander	Bandornament, benannt nach dem kleinasiatischen Fluß Maiandros (heute türkisch Menderes).
Maghreb	Sonnenuntergang, Gebet zum Sonnenuntergang, Bezeichnung für den westlichen Teil der arabisch-muslimischen Welt.
Mahdi	Von Gott Gesandter.
Malekiten	(Auch Malakiten oder Melikiten) Von Melik Ibn Anas († 795) begründeter islamischer Ritus.
Maalouf	Klassische andalusische Musik.
Mänade	Ekstatische, rasende Frau, auch Bacchantin, im Gefolge des Dionysos, meist auf griechischen Vasen, jedoch auch freiplastisch dargestellt.
Maksura, Maqsura	Trennwand in der Moschee, hinter welcher der Herrscher ungesehen dem Gebet beiwohnen kann.
Marabout, Marabut	Islamischer Heiliger und/oder sein Grabmal.
Maßwerk	Geometrische Dekoration gotischer Zeit zum Schmuck von u. a. Fenstern und Brüstungen.
Medersa, Medrese	Höhere Koranschule; Medresen in der Mehrzahl.
Medina	Arabische Stadt; heute meist die Bezeichnung für Altstadt (pl. Medoun).
Medjez	Furt.
Menzel	Siedlung; Manzel in der Mehrzahl.
Metope	Rechteckige Platte zwischen den Triglyphen am Fries eines dorischen Tempels; glatt oder mit Relief versehen (s. Graphik S. 103).
Midha	Anlage für die kultische Reinigung.
Mihrab	Gebetsnische, die die Gebetsrichtung nach Mekka, Qibla, anzeigt.
Mikrolithen	Kleine, aus Klingen oder Splittern hergestellte prähistorische Werkzeuge.

Kleines Lexikon

Turm der Moschee (s. Graphik S. 84).	**Minarett**
Treppenkanzel in der Moschee (s. Graphik S. 84).	**Minbar**
Opfer; die Bezeichnung stammt aus dem Hebräischen.	**Molek**
Rundtempel ohne Naos (s. Graphik S. 102).	**Monopteros**
Aus dem Haus Mohammeds entwickeltes Gebetshaus der islamischen Religion.	**Moschee**
Gebetsausrufer.	**Muezzin, Muezzim**
Oberster geistlicher Rechtsgelehrter.	**Mufti**
Einheimische Gemeinde mit eingeschränktem Bürgerrecht.	**Municipium**
Stalaktitengewölbe.	**Muqarnas**
Anhänger des islamischen Glaubens.	**Muslim**
Meist Rundturm islamischer Festungen.	**Nador**
Tempel, Tempelinneres, griechische Bezeichnung für den Raum, in dem das Götterbild steht (Cella).	**Naos**
Vorhalle einer byzantinischen Kirche.	**Narthex**
Freischwimmbecken in römischen Thermen.	**Natatio**
Totenstadt, Begräbnisplatz, Friedhof.	**Nekropole**
Oasen am südlichen Rand des Chott el Djerid.	**Nefzaoua**
Jungsteinzeit.	**Neolithikum**
Brunnen mit Göpelwerk.	**Noria, Nouria**
Den Wassergottheiten, Nymphen, geweihter Bezirk; Brunnenanlage.	**Nymphaeum, Nymphäum**
Gebäude für musikalische Aufführungen und deklamatorische Vorträge; in der Regel überdacht.	**Odéon, Odeion**
Empfangsraum, Prunksaal im antiken römischen Haus.	**Oecus**
Achteckiger Bau.	**Oktogon**
Dem Pronaos entsprechender Raum hinter dem Naos (Cella) eines Tempels.	**Opisthodomos**
Bereits den Phöniziern bekannte Art des Mauerbaues, unserem Fachwerk vergleichbar: Monolithische Pfeiler werden in gewissem Abstand voneinander aufgerichtet, die Mauerstücke zwischen ihnen mit Bruchsteinen oder einem anderen Material gefüllt.	**Opus Africanum**
Aus Kalk und Vulkanasche (auch Pozzolana) bestehender römischer Mörtel.	**Opus Caementicum**
Mosaik (Opus alexandrinum), Bild aus Steinen.	**Opus Musivum**
Mauerwerk mit netzförmiger Anordnung der Steine.	**Opus Recticulatum**

Kleines Lexikon

Opus Sectile	Mosaik aus zurechtgeschnittenen Marmorplatten.
Opus Signium	Streumosaik aus Marmorstücken (siehe auch Pavimentum punicum).
Opus Spicatum	Mauerwerk mit fischgrätförmiger Anordnung der Steine.
Opus Vermiculatum	Bildmosaik.
Orchestra	Tanzplatz des Chores; runde oder halbrunde Fläche zwischen Bühne und Zuschauerraum im Theater.
Orthostat	Aufrecht stehende Steinplatte im unteren Teil einer Tempelwand.
Oued, Wadi	Nur nach starken Regenfällen wasserführendes Trockental, Flußbett; in der Mehrzahl Oudiane.
Pagus	Gruppe der in einer römischen Stadt lebenden Einheimischen.
Palästra, Palaestra	Gebäude für sportliche Übungen (Ringkampf u.a.), oft auch Teil der Thermenanlagen.
Pantokrator	'Allherrscher' Christus.
Papyrus	Beschreibstoff in Blatt- oder Rollenform, gewonnen aus dem Stengelmark der Papyrusstaude. In Ägypten seit dem 3. Jahrtausend v.Chr. nachzuweisen.
Parodos	Seitlicher Zugang zur Orchestra eines Theaters.
Pascha	(Arabisch Pacha) Türkisch-osmanischer Titel für den obersten Beamten oder Offizier. Heute nur noch für höchste militärische Ränge.
Pastophorien	Die beiden Seitenapsiden – Diakonikon und Prothesis – einer byzantinischen Kirche.
Pavimentum Punicum	Streumosaik (Opus signium).
Pegasos	Sohn der Gorgo, ein geflügeltes Pferd, das vom korinthischen Heros Bellerophontes geritten wurde; später Dichterroß.
Pendentif	Auf der Spitze stehendes sphärisches Dreieck, das den architektonischen Übergang vom quadratischen Raum zur Kuppel bildet.
Peribolos	Umfassungsmauer eines Heiligtums.
Peripteros	Allseitig von einem Säulengang umschlossener Tempel, Ringhallentempel (s. Graphik S. 102).
Peristasis	Ringhalle eines Tempels.
Peristyl	Von Säulen gesäumter rechteckiger Hof, Säulenumgang, Säulenhalle, Säulenhof.
Pfeilerbasilika	Basilika, deren Schiffe durch Pfeiler getrennt werden; Gegenstück ist eine Säulenbasilika.
Pilaster	Pfeiler, der einer Wand vorgelegt ist.
Pinax	Bemalte Tafel aus Holz, Ton oder Stein.
Piscina	Schwimmbad römischer Thermen.

Kleines Lexikon

Jüngste Stufe des Tertiär.	**Pliozän**
Zeit mit erhöhtem Niederschlag und geringeren Temperaturen, entspricht der Eiszeit nördlicher Breiten.	**Pluvial**
Erhöhter Unterbau.	**Podium**
Vielfarbigkeit.	**Polychromie**
Mauerwerk aus vieleckig geschnittenen Steinen.	**Polygonal**
Poröser Kalksandstein.	**Poros**
Von Säulen getragener Vorbau eines Gebäudes, Säulenhalle.	**Portikus**
Feuerstelle der Hypokaustenheizung.	**Praefurnium**
Ehemaliger Konsul mit den Aufgaben eines Statthalters in der römischen Provinz.	**Proconsul**
Ehrensitze in Stadion oder Theater.	**Prohedrie**
Meist von Säulen umgebene Vorhalle eines Tempels.	**Pronaos**
Monumental ausgestaltetes Propylon.	**Propyläen**
Torhalle eines Kult- oder Palastbezirkes.	**Propylon**
Vorbühne im Theater.	**Proscaenium, Proskenion**
Tempel mit Säulenvorhalle vor der schmalen Frontseite (s. Graphik S. 102).	**Prostylos**
Linke (nördliche) Seitenapsis einer byzantinischen Kirche.	**Prothesis**
Menschlicher oder tierischer Ober- bzw. Vorderkörper als Schmuck an Bauten oder Gefäßen.	**Protome**
Rednertribüne, im Theater Trennwand zwischen Bühne und Orchestra.	**Pulpitum**
Jüngste geologische Formation der Erdneuzeit.	**Quartär**
Gebetsrichtung nach Mekka (Qiblawand, Qiblamauer, s. Graphik S. 82).	**Qibla, Kibla**
Islamischer Fastenmonat.	**Ramadan**
Kopf, Kap, Gipfel.	**Ras**
Geröllflächen in der Sahara.	**Reg**
Innenhof.	**Riad**
Befestigtes Kloster militärisch organisierter islamischer Mönche.	**Ribat**
Rednertribüne (= lateinisch Schiffsschnabel).	**Rostrum**
Mauer, deren Werksteine mit rauher ('bäuerischer') Oberfläche versehen sind.	**Rustica**
Randzone der Sahara, in Tunesien fruchtbares Gebiet zwischen Wüste und Küste.	**Sahel**
Arabische Begrüßung.	**Salam**

Kleines Lexikon

Salat Fünfmal täglich zu verrichtendes Gebet in der islamischen Religion (s. Erläuterungen S. 34).

Säulenbasilika Basilika, die von Säulen gestützt wird.

Säulenordnungen
(ausführliche Darstellung s.S. 103/104)

1. Dorische Ordnung: Die Säule besitzt keine Basis.
Ihr Schaft hat (meist 20) scharfkantig aneinanderstoßende Kanneluren; Das Kapitell besteht aus Echinus und Abakus; ihr Gebälk ist mit einem Metopenfries geschmückt.

2. Ionische Ordnung: Die Säule steht auf kleinasiatisch-ionischer oder attisch-ionischer Basis und hat 20 durch Stege voneinander getrennte Kanneluren. Bezeichnend für das ionische Kapitell sind zwei schneckenartige Voluten.

3. Korinthische Ordnung: Basis und Säulenform gleich der ionischen Ordnung. Das Kapitell besteht aus einem Kelch (Kalathos), der von zwei Reihen Akanthusblättern umgeben ist.
Das Kompositkapitell entstand in römischer Zeit aus der Verbindung ionischer und korinthischer Elemente.

Scenae frons Bühnenrückwand des römischen Theaters, mehrstöckig und in der Regel reich ornamentiert.

Scheschia, Sheshiya Orientalische Filzkappe.

Schiiten Islamische Glaubensrichtung, Anhänger der Partei Alis.

Schischa Wasserpfeife.

Schola Treffpunkt von Lehrern und Schülern (= griechisch Muße).

Schott Salzsee, arabisch = Chott.

Sebkha Salztonsenke.

Sefsari Orientalischer Schleier, mit dem sich Frauen verhüllen.

Seguia Bewässerungskanal.

Serual Weite Männerhose.

Sharia Auf dem Koran fußendes Recht.

Sidi Meister, Herr; meist ein Teil des Namens eines islamischen Heiligen.

Sima Traufgesims am Tempel mit Löwenköpfen als Wasserspeiern (s. Graphik S. 103).

Skene Bühnengebäude im griechischen Theater.

Spira Geschwungener Fuß einer Cellamauer.

Spolien Wiederverwendete Bruchstücke älterer Bauten.

Stadion
1. Längenmaß: 600 Fuß = ca. 185 m.
2. Laufbahn gleicher Länge.
3. Laufbahn und Wälle bzw. Sitzreihen für die Zuschauer.

Stele Aufrechtstehende Steinplatte als Grabstein.

Souk Markt, Marktstraße.

Kleines Lexikon

Islamisches Gewölbe mit Zierwerk, das tropfenförmig herabhängt.	**Stalaktitengewölbe**
Freistehender Pfeiler, meist mit Inschrift oder Relief versehen.	**Stele**
Säulenhalle.	**Stoa**
Obere Stufe des Tempelunterbaus, auf ihr stehen die Säulen (s. Graphik S. 103).	**Stylobat**
Schwitzbad in römischen Thermen.	**Sudatorium**
Höchster, für ein Jahr ernannter Beamter der karthagischen Verwaltung.	**Sufeten**
Mystiker der islamischen Religion (Suf = Wolle).	**Sufi**
Die gesamten überlieferten Aussprüche und Handlungsweisen des Propheten Mohammed.	**Sunna**
Islamische Glaubensrichtung; im Gegensatz zu den Schiiten erkennt sie auch die nicht direkt von Mohammed abstammenden Kalifen als rechtmäßige Nachfolger an.	**Sunniten**
Kapitel im Koran; die insgesamt 114 Suren des Koran sind der Länge nach geordnet.	**Sure**
Zwischen Atrium und Peristyl liegendes Geschäftszimmer und Archiv im römischen Haus.	**Tablinum**
Kommentare zum Koran.	**Tafsir**
Antike Gewichts- und Geldeinheit.	**Talent**
Phönizische Göttin nordafrikanischen Ursprungs.	**Tanit, Tinit**
Zylindrisches Bauglied, trägt eine Kuppel und dient zu ihrer Belichtung.	**Tambour**
Kuppel über einem Tambour.	**Tambourkuppel**
Heiliger Bezirk.	**Temenos**
Siehe graphische Darstellung S. 102.	**Tempelformen**
Warmbad in römischen Thermen.	**Tepidarium**
Geologische Formation der Erdneuzeit.	**Tertiär**
1. Das griechische Theater besteht aus dem Bühnenhaus (Skene), der Bühne (Proskenion) und der runden oder halbrunden Orchestra, um die sich die etwas mehr als halbrunde, eine natürliche Bergmulde ausnutzende Cavea mit den Sitzreihen legt. – 2. Das römische Theater hat eine ähnliche Grundform, doch ist die Bühnenwand (Scenae frons) so hoch gezogen wie der obere Abschluß des Zuschauerraums, der – die seitlichen Chorzugänge überbauend – bis an die Bühnenwand herangeführt ist; dadurch entsteht ein rundum geschlossener Raum, allerdings ohne Dach. Die Orchestra ist halbrund, die Bühne in späterer Zeit erhöht auf einem Podium angebracht. Der Zuschauerraum wird in der Regel von Substruktionen getragen, in denen die Zugänge angebracht sind.	**Theater**
Zielschwelle im Stadion.	**Terma**
Badeanlagen der römischen Antike, bestehend aus Auskleideraum (Apodyterium), Kaltwasserbad (Frigidarium), lauwarmem Luftbad (Tepidarium),	**Thermen**

Kleines Lexikon

Tempelformen

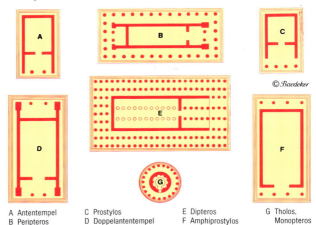

A Antentempel
B Peripteros
C Prostylos
D Doppelantentempel
E Dipteros
F Amphiprostylos
G Tholos, Monopteros

Thermen (Fortsetzung)	Heißwasserbad (Caldarium), Fußbodenheizung (Hypokaustum) sowie weiteren Erholungsräumen.
Thesauros	Schatz, Schatzhaus.
Tholos	Rundbau (Monopteros; s. Graphik S. 102).
Thyrsos	Von Efeu und Weinlaub umrankter Stab; Attribut des Dionysos.
Tophet	Heiliger Opferplatz.
Toreutik	Kunst der Metallbearbeitung.
Transeptschema	Aufgliederung des Bauwerks in Längs- und Querschiffe.
Trias	Geologische Formation des Erdmittelalters.
Triclinium	Eßsaal in einem römischen Haus.
Triglyphe	Steinplatte mit zwei Einschnitten; trennt die Metopen der dorischen Ordnung (s. Graphik S. 103).
Triumphbogen	1. Ein- oder mehrbogiges Monumentaltor der römischen Antike. 2. Chorbogen einer christlichen Basilika.
Troglodyten	Wohntrichter.
Tropfenplatte	Hängeplatte an der Unterseite des Geisons (s. Graphik S. 103).
Tympanon	1. Flacher Dreiecksgiebel des griechischen Tempels (s. Graphik S. 103). 2. Bogenfeld über einem Kirchenportal.
Ulama, Ulema	Islamischer Rechtsgelehrter.
Vestibulum	Vorhalle.

Kleines Lexikon

Raumquadrat, das durch die Überkreuzung von Lang- und Querhaus einer Kirche entsteht.	**Vierung**
Landsitz mit Garten.	**Villa**
Spiralelement des ionischen Kapitells.	**Volute**
Siehe Oued.	**Wadi**
Gebot der Wohltätigkeit in der islamischen Religion.	**Zakat**
Gebäude, dessen Hauptachsen gleichlang sind, z. B. Achteck- oder Rundbau (Oktogon bzw. Rotunde).	**Zentralbau**
Sitz einer religiösen Bruderschaft, Kloster.	**Zaouia, Zawija**
Olive, Olivenbaum.	**Zitouna**

Klassische Säulenordnungen

Dorische Ordnung

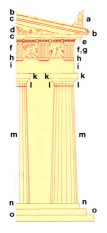

a Eckakroterion (Stirnziegel)
b Sima
c Geison (Kranzgesims)
d Tympanon (Giebelfeld)
e Hängeplatte mit Guttae (Tropfen)
f Triglyphen
g Metopen
h Regulae
i Architrav (Epistyl; einteilig)
k Abakus (Plinthos)
l Echinus (Wulst)
m Säulenschaft
n Stylobat
o Krepis (Krepidoma)

Ionische Ordnung

a Sima
b Geison
c Tympanon
d Fries (Zophoros)
e Architrav (Epistyl; dreiteilig)
f Kapitell (mit Voluten)
g Säulenschaft
h Attische Basis (mit doppeltem Wulst/Torus und einer Einkehlung/ Trochilus)
i Stylobat
k Krepis (Krepidoma)

Korinthische Ordnung

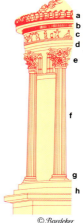

© Baedeker

a Geison
b Zahnschnitt
c Fries
d Architrav
e Kapitell
f Säulenschaft
g Basis
h Krepis

Säulenordnungen

Kleines Lexikon

Säulen (Fortsetzung): Dorische Ordnung

Strenge Säulen ohne Basis
: In der dorischen Ordnung steht der sich nach oben verjüngende, mit 16 bis 20 Kanneluren versehene Säulenschaft unmittelbar, ohne besondere Basis, auf dem Stylobat über dem dreistufigen Unterbau.
Charakteristisch ist die Entasis (Schwellung) der Säulen, die ebenso wie die oft angewendete Kurvatur des Stufenunterbaus dem Bau die kalte Strenge nimmt.

Kapitelle aus Echinus und Abakus
: Das dorische Kapitell besteht aus dem rings um das Schaftende sich vorwölbenden Echinus und der quadratischen Abakusplatte. Es trägt den Architravbalken, auf dem der aus eingekerbten Triglyphen und glatten oder skulptierten Metopen bestehende Fries liegt. Zwischen und unter den Triglyphen finden sich tropfenförmige Guttae. Das Giebeldreieck (Tympanon) wird durch waagerechtes Kranzgesims und Schräggeison gerahmt und nimmt meist die Komposition der Giebelfiguren auf. Metopen und Giebelfelder sind die Elemente, welche den Bildschmuck tragen, gelegentlich auch die Pronaosfront.

Farbigkeit
: Wo nicht Marmor, sondern Kalkstein verwendet wurde, hat man ihn mit einer glättenden Stuckschicht überzogen. Doch bot sich der Bau dem Auge nicht in der Naturfarbe des Steins, vielmehr war er farbig, wobei Blau und Rot neben Weiß dominierten.

Ionische Ordnung

Weichere Formen
: Die ionische Ordnung bevorzugt schlankere, weichere Formen als die dorische, die immer als die 'männliche' gegolten hat. Die Kanneluren der Säulen sind durch schmale Stege getrennt. Die Säule steht auf einer Basis, wobei man die kleinasiatisch-ionische (mehrere Einkerbungen übereinander) und die attisch-ionische (Wechsel von konvexem Torus und konkavem Trochilus) unterscheidet.

Kapitelle mit Voluten
: Das charakteristische Element der ionischen Kapitelle sind die an beiden Enden schneckenförmig eingerollten Voluten. Der Architrav ist nicht glatt, sondern kragt dreigeteilt vor. Der Fries ist nicht durch Triglyphen in einzelne Abschnitte geteilt, sondern durchlaufend.

Korinthische Ordnung

Die korinthische Ordnung stimmt bis auf das Kapitell mit der ionischen überein.

Kapitelle mit Akanthusblättern
: Das korinthische Kapitell ist gekennzeichnet durch große, zerlappte Akanthusblätter, die den runden Kapitellkörper umschließen. Zu den Ecken der konkaven Deckplatte schwingen sich Ranken hinauf.

Kompositkapitell
: Die korinthische Ordnung fand besonders während der römischen Kaiserzeit weite Verbreitung, in der das aus ionischen und korinthischen Formen zusammengesetzte Kompositkapitell entstand und immer reichere Dekorationssysteme entwickelt wurden.

Tunesien in Zitaten

Ceterum censeo Carthaginem esse delendam.
(= Im übrigen bin ich der Meinung, Karthago müsse zerstört werden.)

Historischer Ausspruch des berühmten Cato und bekannter Merksatz für Schülerinnen und Schüler zur lateinischen Grammatikalkonstruktion des ACI (accusativus cum infinitivo = Akkusativ mit Infinitiv).

Marcus Porcius Cato Censorius (234–149 v.Chr.) Römischer Staatsmann

Es bestand aus lauter Gemüse- und Obstgärten mit allen möglichen Obstbaumsorten und wurde allenthalben durch kanalisierte Wasserläufe bewässert. Überall standen prunkvoll ausgestattete und mit Stuck beworfene Landhäuser, die von dem Reichtum ihrer Besitzer zeugten.
Die Speicher strotzten von all den Dingen, die erforderlich sind, um ein luxuriöses Leben zu gewährleisten, da die Bevölkerung während einer langen Friedenszeit Gelegenheit gehabt hatte, Vorräte in Hülle und Fülle anzuhäufen.

Über das Kap Bon aus Diodors Geschichtswerk "Bibliothek".

Diodor von Sizilien (1. Jh. v.Chr.) Griechischer Historiker

Uralt war eine Stadt, Karthago, von Tyrern besiedelt,
Gegenüber Italiens Landen, und weit von des Tibers
Mündung, reich an Macht und gehärtet durch ständige Kriege.

Aus Vergils berühmter "Aeneis" (Erster Gesang, Verse 12–14).

Vergil (Vergilius; 70–19 v.Chr.) Römischer Dichter

Welcher Ehrentitel ist großartig und passend genug, um Karthago zu rühmen, eine Stadt, wo ich nur gebildeten Menschen begegne, die allen Wissenschaften zugetan sind . . .
Karthago ist die ehrwürdige Schule unserer Provinz, Karthago ist die göttliche Muse Afrikas, Karthago ist die Mutter all derer, welche die Toga tragen.

Apuleius (2. Jh. n.Chr.) Römischer Schriftsteller

Alle Straßen, die vom Forum zur Byrsa führten, waren von sechsstöckigen Häusern bestanden, aus denen die Verteidiger die Römer mit Geschoßhageln überschütteten. Wenn die Angreifer in die Häuser eindrangen, kämpfte man auf den Dächern und auf den Balken weiter, die man über die Hauslücken gelegt hatte. Dabei wurden viele zur Erde hinabgeschleudert oder auf die Waffen und Kämpfer unten in den Straßen. Da befahl Scipio, auch dieses gesamte Viertel in Brand zu stecken und die Trümmer wegzuschaffen, damit seine Truppen besser durchziehen könnten. Als das geschehen war, stürzten mit den Mauern die Leichen vieler Menschen herab, die sich in den obersten Stockwerken versteckt hatten und dann dort verbrannt waren, und zugleich mit ihnen andere, die noch lebten oder die verwundet waren oder schwere Brandwunden hatten. Dauernd hielt Scipio Legionäre bereit, um die Straßen für die vordringenden Römer zu räumen. Dabei wurden Tote wie Lebende gemeinsam in Gruben geworfen, und oftmals passierte es, daß die, die noch nicht tot waren, von anrückenden Pferden der Kavallerie zertrampelt wurden, zwar nicht absichtlich, sondern in der Hitze des Gefechtes. . .

Aus Appians Geschichtswerk "Romaïká" über das Ende Karthagos im Jahre 146 v.Chr., welches er nach einem Bericht des griechischen Historikers Polybios (um 200 bis nach 120 v.Chr.), der im Heer des Scipio mitgekämpft hatte, verfaßt hat.

Appianos (2. Jh. n.Chr.) Hellenistischer Geschichtsschreiber

Und du siehst die Erde leblos; doch wenn wir Wasser über sie niedersenden, dann regt sie sich und schwillt und läßt alle Arten hervorsprießen, die das Auge entzücken.

Koran, Sure 22, Vers 6

Tunesien in Zitaten

Ibn Chaldun (1332–1406) Arabischer Historiker

Beschreibung des gesamten politischen Kreislaufes.
Man muß wissen, daß eine Herrscherdynastie im Laufe ihrer Geschichte verschiedene Phasen durchläuft und daß die einzelnen Situationen, in denen sie sich befinden kann, durchaus veränderlich sind. . .
Im allgemeinen kann man fünf Stadien unterscheiden:
Zuerst kommt die Phase des Erfolges. Eine Dynastie hat ihre bis dahin die Macht innehabenden Feinde zurückgeschlagen, hat sich ihrer erfolgreich erwehrt und ihnen schließlich die Macht entrissen. . .
In der zweiten Phase monopolisiert der Anführer die Autorität auf seine Person und übt fortan ohne Rücksicht auf seine Stammesgenossen allein die monarchische Gewalt aus. . .
Die dritte Phase ist von Beruhigung und Festigung des Regimes bestimmt. Die Herrscher bemühen sich um Ordnung der Finanzen, lassen glorreiche Aufbauwerke ausführen und gönnen ihren Untertanen großzügige Vergünstigungen. . .
In der vierten Phase herrscht ein Bewußtsein der Befriedigung über das Erreichte und zugleich des Vergleiches mit den Errungenschaften der Vorgänger. Die Machthaber versuchen, mit ihresgleichen in Frieden auszukommen. . .
Die fünfte Phase ist gemeinhin von Verschwendungssucht gekennzeichnet. Der Souverän gibt den unmäßigen Ansprüchen seiner Umgebung nach und macht sich zunehmend von Vasallen abhängig. . . So verfällt das von den Vorfahren aufgebaute Gefüge. . . Nach einem letzten verzweifelten Aufflackern erlischt die Dynastie schließlich. . .
Dies ist in der Tat eine unaufhaltsame, schicksalhafte Entwicklung.

Aus den soziologischen und ökonomischen Texten der "Mouqaddima" (1375–1379) des arabischen Geschichtsschreibers Abd ar Rahman Ibn Chaldun (Khaldoun → Berühmte Persönlichkeiten).

Volksmund

Am Abend wurde für Ali eine große Tafel mit allen möglichen Köstlichkeiten gedeckt: Da gab es Fleischbrühe und verschiedene Fleischsorten, gefüllte Pfefferschoten und Salate, der Kuskus fehlte nicht, und es gab Paradiesäpfel und andere Früchte, kleine Küchlein und alle möglichen Süßigkeiten, kurz alles, vom salzigen ersten bis zum süßen letzten Gericht. . .
Nun wurde ein Lamm aus der Herde ausgesucht, geschlachtet und zubereitet. Der Vater des Mädchens lud den Wesir zum Abendessen ein, doch der entgegnete: "Ich vermag weder zu essen noch zu trinken." Als man ihn nach dem Grund fragte, antwortete er: "Der Sohn des Sultans, dem ich in seinem Leben nur Gutes erwiesen habe, hat an mich eine Anforderung gestellt, die selbst der Satan nicht weiß. Oder wißt ihr, was das Wasser spricht, wenn man es aufs Feuer setzt und es kocht?" Der Beduine rief seine Tochter und forderte sie auf, dem Wesir die Rätselfrage zu beantworten. Das Mädchen sprach: "Weh schrei ich, vom Himmel floß ich, im Grunde lag ich, das Holz, das ich belebe, durch das verbrenn ich."

Aus dem tunesischen Märchen "Prinz Ali".

Es war einmal ein schlauer und kluger Beduine namens Schann. Er leistete einen Eid, er werde die Länder solange durchstreifen, bis er eine Frau finde, die ihm ebenbürtig sei. Diese wolle er sodann heiraten.
Während er einmal auf Reisen war, begegnete ihm unterwegs ein Mann. Er schloß sich ihm an, und sie reisten fortan gemeinsam. Da fragte Schann plötzlich seinen Reisegefährten: "Willst du mich tragen, oder soll ich dich tragen?"
Jener antwortete: "Ich reite und auch du bist zu Pferd. Wie willst du mich tragen, oder wie soll ich dich tragen?"
... So reisten sie weiter, bis sie in ein Dorf kamen, und ihnen ein Leichenzug begegnete. Jetzt fragte Schann: "Was meinst du – ist dieser Mensch auf der Bahre tot oder lebendig?" Der Mann hielt ihm entgegen: "Du siehst einen Leichenzug und stellst die Frage, ob die Leiche tot oder lebendig sei." Schann schwieg wieder und überlegte, ob er sich von seinem Reise-

Tunesien in Zitaten

gefährten trennen sollte. Der Mann aber lehnte das ab und bestand darauf, Schann zu begleiten, bis sie sein Haus erreicht hätten.
Der Mann hatte aber eine Tochter namens Tabaka. Als sie das Haus erreicht hatten und eingetreten waren, fragte die Tochter den Vater, wen er mitgebracht habe. Er sagte sogleich: "Nie habe ich einen größeren Einfaltspinsel gesehen" und er erzählte ihr, was er mit Schann erlebt hatte. "Liebes Väterchen", sagte darauf Tabaka, "ich glaube nicht, daß er ein Einfaltspinsel ist. Denn alle seine Fragen haben einen Sinn. Wenn er fragt: Willst du mich tragen oder soll ich dich tragen? So meint er: Willst du mich unterhalten oder soll ich dich unterhalten... Bei dem Leichenzug hat er fragen wollen: Hat er Nachkommen hinterlassen, bei denen die Erinnerung an ihn lebendig ist oder nicht." ... Nach dieser Erklärung seiner Tochter ging der Mann hinaus zu Schann und begann mit ihm zu plaudern. Schließlich fragte er ihn: "Möchtest du, daß ich dir erkläre, wonach du unterwegs gefragt hast?" Schann sagte ja, und so erklärte der Mann es ihm. Schann aber konnte nicht glauben, daß der Mann selbst die Erklärungen gefunden hatte und fragte: "Dies sagst du nicht aus dir selbst, verrate mir also, von wem du dein Wissen hast!" Darauf antwortete der Mann: "Meine Tochter Tabaka hat es mir gesagt."
Da hielt Schann um die Hand dieser Tochter an, und der Mann gab ihm Tabaka zur Frau. Seitdem sagt man, wenn zwei zueinander passen: Schann paßt zu Tabaka.

Aus "Arabische Märchen"; hier Auszug aus "Tunesien verstehen", 1984.

Volksmund (Fortsetzung)

Wir fingen sogleich an, uns mit Kleidungsstücken zu versehen, da Tunis ein kleines Paris ist und in Kunstschneiderei Tripoli bei weitem den Rang abläuft.

Heinrich Barth (1821–1865) Deutscher Afrikaforscher

Die Vorbereitungen für das Opfer waren bereits im Gange. Man hatte einen Teil der Mauer des Moloch-Tempels niedergelegt, um den erzeugten Gott ins Freie bringen zu können ... Unterdessen brannte ein Feuer aus Aloe, Zedern und Lorbeer zwischen den Beinen des Kolosses... Die Salben, mit denen er bestrichen war, flossen ihm wie Schweiß über die erzenen Glieder. Um die runde Fliese herum, auf der seine Füße standen, bildeten die in schwarze Schleier gehüllten Kinder einen unbeweglichen Kreis. Und seine übermäßig langen Arme senkten seine Hände hinab bis zu ihnen, als wollte er diesen Kranz fassen und hinauftragen in den Himmel. Die Reichen, die Ältesten, die Frauen, die ganze Menge drängte sich hinter den Priestern und auf den Terrassen der Häuser. Manche fielen in Ohnmacht. Andere wurden in ihrer Ekstase teilnahmslos und wie erstarrt. Eine unendliche Angst lastete auf ihnen. Langsam verstummten auch die letzten Schreie, und das Volk von Karthago stöhnte, gefangen in seiner Sucht nach dem Entsetzlichen ... Mit einem langen Haken öffneten die Tempeldiener die sieben übereinanderliegenden Fächer im Körper des Baal. In das oberste schüttete man Mehl, in das zweite setzte man zwei Tauben, in das dritte einen Affen, in das vierte einen Widder, in das fünfte ein Lamm, und da man für das sechste keinen Ochsen zur Verfügung hatte, warf man eine aus dem Heiligtum geholte Haut hinein. Das siebente Fach aber blieb leer ... Die Kinder wurden langsam näher gebracht ... Keines rührte sich. Sie waren an Händen und Füßen gefesselt; die dunklen Schleier hinderten sie, etwas zu sehen, verhinderten, daß sie erkannt wurden.
... Die erzenen Arme arbeiteten schneller ... Jedesmal, wenn man ein Kind in sie legte, berührten die Molochpriester es mit der Hand, um es mit den Verbrechen des Volkes zu beladen, und riefen dabei: "Es sind keine Menschen, sondern Ochsen!", und die Menge wiederholte: "Ochsen! Ochsen." ...
Kaum hatten die Opfer den Rand der Öffnung erreicht, als sie wie Wassertropfen auf einer glühenden Platte verschwanden, und weißer Rauch stieg auf ... Unterdessen wuchs die Gier des Gottes ins Unermeßliche. Immer mehr verlangte er. .. Das alles dauerte lange, unendlich lange, bis in den Abend hinein... Wolken häuften sich über Baal. Der Scheiterhaufen, der

Gustave Flaubert (1821–1880) Französischer Schriftsteller

Tunesien in Zitaten

Gustave Flaubert
(Fortsetzung)

jetzt keine Flammen mehr hatte, bildete eine Pyramide aus Asche, die bis hinauf zu seinen Knien reichte. . .

Aus Flauberts Roman "Salammbô", 1863.

Heinrich
von Maltzan
(1826 – 1874)
Deutscher
Reiseschriftsteller

Der Kaffeewirth ist deshalb eine wichtige Persönlichkeit im arabischen Straßenleben. Wenn er auch meistenteils eine kleine Bude hält, wo er das duftende Getränk feilbietet, so bietet doch das wandernde Kaffeehaus ihm ungleich mehr Vorteil und bessere Kunden.
Das wandernde Kaffeehaus befindet sich auf dem Rücken seines Wirths in Gestalt von Töpfen, Tassen, Kohlenbecken, einer Unzahl winzig kleiner Kaffeekännchen.

Guy de
Maupassant
(1850 – 1893)
Französischer
Schriftsteller

In der Araberstadt ist der interessanteste Teil das Viertel der Souks. Das sind lange Straßen mit glatten oder gewölbten Plankendächern, durch deren Ritzen die Sonne feurige Klingen sticht, die Passanten, Spaziergänger und Straßenhändler zu bezeichnen scheinen. Basare sind hier in kreuz und quer gewundenen Galerien aufgebaut, und Verkäufer sitzen oder kauern bei ihren Waren in kleinen gedeckten Ständen, rufen laut nach Kundschaft oder verharren ganz still und unbeweglich in ihren mit Teppichen, bunten Stoffen, Lederzeug, Zügeln, Sätteln und goldverziertem Zaumzeug behangenen Nischen oder zwischen den an Schnüren aufgereihten gelben und roten Pantoffeln.
Jede Warengattung hat ihre eigene Straße, und man sieht auf den einzelnen, nur durch einfache Zwischenwände getrennten Galerien die Vertreter des gleichen Handwerks bei ihrer Arbeit immer die gleichen Bewegungen ausführen. Der Trubel, der Farbenreichtum, die Fröhlichkeit dieser orientalischen Märkte sind kaum zu beschreiben, denn man müßte das Entzükken der Augen, den Lärm und die Bewegung des Ganzen gleichzeitig wiedergeben können.
Einer dieser Souks ist so grotesk, daß die Erinnerung an ihn hartnäckig haftet wie die an manche Träume. Es ist der Souk der Wohlgerüche.
In ganz dichten, engen Hütten, so eng, daß sie an die Zellen von Bienenwaben erinnern, sitzen – buddhagleich – auf beiden Seiten längs der ganzen, etwas düsteren Galerie Männer mit durchsichtiger Gesichtsfarbe, jung fast alle und hell gekleidet. Durch ihre starre Ruhe und den Rahmen aus langen, von der Decke herabhängenden Wachskerzen, die um ihre Köpfe und Schultern ein geheimnisvolles, regelmäßiges Muster bilden, ziehen sie die Aufmerksamkeit auf sich. Die kürzeren Kerzen schweben ringförmig über dem Turban, die längeren reichen bis zu den Schultern, die ganz großen hängen neben den Armen herab. Und dabei wechselt die symmetrische Form dieses eigenartigen Aufputzes von Stand zu Stand ein wenig ab. Die blassen, regungs- und lautlos dasitzenden Verkäufer sehen selbst aus wie Wachsfiguren in wächsernen Kapellen. Rings um ihre Knie und Füße sind – in Reichweite für den Fall, daß ein Käufer kommt – alle erdenklichen Wohlgerüche in winzigen Schachteln, Phiolen und Säckchen verschlossen. Ein Geruch von Aromen und Räucherdüften flutet, die Sinne ein wenig benebelnd, durch den Souk hin und her.

Aus "Die Reise nach Kairouan", 1957; französische Originalausgabe "La vie errante", 1890.

Baedekers
"Mittelmeer"

Tunesien, der östliche Teil des *Maghreb*, ein Gebiet von ca. 129 000 qkm, hat nach unsicheren Schätzungen 1/2-2 Millionen Einwohner, außer den Mohammedanern (Berber, Araber, Mauren, Kuluglis und Neger) ca. 60 000 einheimische und eingewanderte (spanische und sog. livornesische) Juden (arabisch *ihûdi*, plur. ihûd), 81 000 Italiener (mit 20 Privatschulen und einem Hospital in Tunis), 35 000 Franzosen, 10 000 Malteser und 2400 sonstige Europäer. Die ca. 1000 km l. Küste erstreckt sich vom *Cap Roux* bis zum *Râs Adjir*. . .
Der Fremde kann sich im ganzen Lande unbesorgt und ungeführt bewegen, hüte sich jedoch, die Empfindungen der Mohammedaner zu verletzen

Tunesien in Zitaten

oder ihre Friedhöfe und Heiligengräber zu betreten. Die Moscheen und Zaouïas sind nur in Le Kef, Kairouan, Gafsa und Tozeur für Christen (aber nicht für Juden!) zugänglich...
H o t e l s ersten Ranges findet man nur in Tunis. Die Gasthöfe aller übrigen Plätze haben ähnliche Einrichtungen wie in Algerien, sind aber fast durchweg noch einfacher gehalten und mit einigen rühmlichen Ausnahmen modernen Ansprüchen nicht gewachsen. In der Steppe und in der Sahara ist man vielfach auf Unterkunft in den befestigten Karawansereien oder bei den eingeborenen Behörden angewiesen...

Aus dem Kapitel VII. (über Tunesien) der ersten Auflage von Baedekers Handbuch für Reisende "Das Mittelmeer", 1909.

Baedekers "Mittelmeer" (Fortsetzung)

Südlich vom Dschebel Aures und der östlichen Fortsetzung dieser Bergmasse dehnt sich eine leicht gewellte, weite Ebene aus, deren Senken mit Salzablagerungen bedeckt sind: Sie sind die Überreste von einstigen großen Binnengewässern und führen . . . in Tunesien den Namen Sebkha. . .
Da das Gebiet des Areg (Sanddünen) nahe heranreicht, sind die Einsenkungen des Schotts zum großen Teil mit tiefen, losen Sandmassen ausgefüllt, und nur in der Mitte des Schotts hat sich eine beträchtliche Wassermenge erhalten. Diese ist von einer Salzkruste bedeckt, unter der das hellgrüne Wasser keinen ganzen Meter tief unvermischt bleibt, und dann folgt bis zu einer Tiefe von fünfzig und noch mehr Metern ein mehlartiger, flüssiger Sand, der alles, was durch die salzige Kruste bricht, lautlos und mit teuflischer Sicherheit festhält und begräbt.
Diese Salzkruste bildet nicht etwa, wie Eis es tun würde, eine gleiche, ebene Fläche, sondern sie zeigt wellenförmige Erhöhungen und Vertiefungen. Sie ist im Durchschnitt vielleicht zwanzig, oft aber auch nur zehn und noch weniger Zentimeter dick und hat eine Farbe, die dem bläulich schimmernden Spiegel geschmolzenen Bleis gleicht. . . Der unablässig sich in Bewegung befindende Flugsand gibt den Krustentälern ein dunkleres Kleid. Er wird mit der Zeit schwerer, bricht endlich durch und läßt hinter sich eine neue, weiße Stelle entstehen. Weht der Samum von Süden her, so kracht und knackt das Salz an allen Ecken und Enden, die Hitze brennt Blasen und reißt Löcher und Risse hinein, so daß sich das ganze Gefüge verändert. Noch schlimmer aber wirkt die Regenzeit. Die Niederschläge lösen die Salzdecke an ihren seichten Stellen auf. Die Kruste sinkt in das Wasser ein, wird aber von dem schwimmenden Sand gehalten. Oder aber dieser Sand ist so fein und leicht, daß er nach oben steigt und nun der Stelle das Aussehen größter Festigkeit verleiht. Darum kann man nur einzelne Stellen dieser Schotts, aber auch nur mit Lebensgefahr, betreten. Und dennoch, man sollte es kaum glauben, führen einzelne Wege quer über die heimtückische Salzdecke. . . Sie haben eine Breite von höchstens einem halben Meter, erleiden unvorhergesehene und nur schwer bemerkbare Veränderungen und erwecken in dem Wanderer das Gefühl, als müsse er zur Winterszeit über einen glatt beeisten, viele Stockwerke hohen Dachfirst, mühsam das Gleichgewicht haltend, hinlaufen. . .
Wer sich einem solchen Pfad anvertrauen will, muß einen sicheren und geistesgegenwärtigen Führer haben, sonst ist er unrettbar verloren...

Aus Mays Reiseerzählung "Sand des Verderbens"; 5. Kapitel des Abschnitts 'Der Krumir'.

Karl May (1842–1912) Deutscher Volksschriftsteller

In Hammamet angelangt, ist noch ein kleiner Weg in die Stadt. Was für ein Tag! In allen Hecken singen die Vögel. Wir blicken in einen Garten, wo ein Dromedar an der Zisterne arbeitet. Das ist ganz biblisch. Die Einrichtung ist sicher die gleiche geblieben. Stundenlang könnte man zusehen, wie das Kamel, von einem Mädchen gelenkt, mürrisch auf und ab geht und dadurch das Herablassen des Schlauches, das Schöpfen, das Aufziehen desselben und seine Entleerung bewirkt.

Aus Klees Tagebuch über seine Tunisreise, 1914.

Paul Klee (1879–1940) Schweizer Maler

Tunesien in Zitaten

André Gide
(1869–1951)
Französischer
Schriftsteller

Die Oase von Gabès, die ich noch nicht kannte, scheint mir eine der schönsten, die ich je gesehen habe. Die reiche Fülle der (lauen) Gewässer...
Ich hielt mich einer so starken Bewunderung nicht mehr für fähig.

Aus Gides Tagebuch, Band 3 (21.11.1930)

Habib Bourguiba
(geb. 1903)
Ehem. tunesischer
Staatspräsident

Wenn eure Frauen vermummt durch die Straßen gehen, dann werdet ihr sie ja gar nicht wiedererkennen, wenn sie von einem anderen Mann begleitet werden!

Max-Pol Fouchet
(1913–1980)
Französischer
Lyriker

Betrachte die Wasserpfeife: Ihr gekrümmtes Rohr ist schon ein Zeichen. Ein deutliches Zeichen dafür, daß man an diesem Ort nicht nach der kürzesten Verbindung zwischen zwei Punkten suchen darf und daß die vielbefahrenen Schnellstraßen hier den gewundenen Wegen privater Träume Platz machen, die reich an Überraschungen und Bezauberungen sind.
Betrachtet man die Wasserpfeife richtig, enthüllt sich einem, was sie ist: ein Anker, den man ausgeworfen hat, um an einem ruhigen Ort zu verweilen. Das Pfeifenrohr bindet den Raucher genauso an den Ort, wie eine Ankerkette das Schiff an irgendeinen Grund.

Aus Fouchets Essay "Zu Haus in Sidi Bou Said".

Pressemeldung
(1957)

TUNIS (AP). Die verfassunggebende Versammlung Tunesiens hat am Donnerstagnachmittag im alten Thronsaal des Bardo-Palastes in Tunis den Bei Mohammad Lamin I. für abgesetzt erklärt, die Ausrufung der Republik beschlossen und den bisherigen Ministerpräsidenten, Habib Burgiba, zum ersten Staatspräsidenten der neuen Republik gewählt.

Mitteilung in der "Stuttgarter Zeitung" am Freitag, dem 26. Juli 1957.

Perspectives
Décennales

Die Regierung ist entschlossen, die ökonomische Entscheidungsbefugnis auszudehnen, indem sie die regionale Entwicklung fördert durch die Vermehrung von landwirtschaftlichen, handwerklichen, industriellen und touristischen polyvalenten Produktionseinheiten.

Aus dem ersten nationalen tunesischen Wirtschaftsplan, 1955.

Gisbert Haefs
(geb. 1950)
Deutscher
Schriftsteller

Einer nur hatte die große Sicht, und einen schwindelerregenden Moment hielt er die Macht und die Möglichkeit in der Hand, das Ende einer, seiner, meiner Welt zu verhindern und den Strom der Zeit in ein anderes Bett zu zwingen. Er war größer als Achilleus, Kyros und Alexander – aber nun ist Hannibal seit zwei Jahren tot. In den Tavernen reden sie noch immer von ihm; in Rom werden sie nie von ihm schweigen.

Antigonos über Hannibal in Haefs' Roman "Hannibal – Der Roman Karthagos", 1990.

Ridha Behi
Tunesischer
Filmregisseur

Der Tourismus macht uns blind. Die westliche Zivilisation wird an uns herangetragen – und von was für Trägern! Sie sind reich... sie verführen zum Träumen...
Die arabische Welt im allgemeinen und Tunesien im speziellen haben nach der Unabhängigkeit nicht genug Abstand gewonnen, um über ihre Wurzeln und ihre eigenen Werte nachzudenken. Wir haben uns treiben lassen. Inmitten dieser kulturellen Ungewißheit kam der Tourismus über uns. Er hat große Verwirrung gestiftet... Nimm zum Beispiel die Teppiche. Der Wollmarkt von Kairouan ist wegen des dortigen nationalen Handwerkszentrums zugrunde gegangen. Das Zentrum hat alles an sich gerissen. Die Touristen haben ihren Geschmack durchgesetzt, und die traditionellen Teppiche sind unerschwinglich geworden. Wenn wir heiraten, müssen wir die Teppiche der Touristen kaufen. Wir werden selbst Touristen.

Auszug aus "Tunesien verstehen", 1984.

Tunesien in Zitaten

Wir sind sehr arme Leute, und das Leben ist hart und teuer. Mein Bruder ist im Ausland, um sich fortzubilden, und ich helfe allein meiner Mutter. In Abwesenheit meines Bruders bin ich der Mann der Familie. . .
Ich arbeite nichts im Haus. Ich arbeite nur in der Fabrik und gebe das Geld meiner Mutter.

Tunesische Textilarbeiterin (1975)

Ich habe noch nie so viele Frauen auf einmal so temperamentvoll und gutgelaunt erlebt wie in Tunesien. Am Vorabend der Hochzeit meiner Schwägerin z.B. tanzten ihre Freundinnen, eine nach der anderen, einen Bauchtanz, der bühnenreif war, mit einem Elan, einem Rhythmus und einer Eleganz, der auch der nur provisorisch um die Hüfte drapierte Schal nichts anhaben konnte.

Irmhild Richter-Dridi Deutsche Wissenschaftlerin

Aus Richter-Dridis Buch "Frauenbefreiung in einem islamischen Land – ein Widerspruch?", 1981.

Im Namen des gütigen und verzeihenden Gottes, geben wir, Zine El Abidine Ben Ali, Premierminister der Republik Tunesien, folgende Erklärung ab: Bürger und Bürgerinnen, die außerordentlichen Leistungen und Opfer des Führers Habib Bourguiba und seiner Mitkämpfer bei der Befreiung Tunesiens und seiner Entwicklung sind unbestritten. . . Sein Alter und sein Gesundheitszustand haben sich aber soweit verschlechtert, daß er für unfähig erklärt werden muß, sein Amt wahrzunehmen. . . Mit der Hilfe des Allmächtigen übernehmen wir deshalb in Übereinstimmung mit Artikel 57 der Verfassung die Präsidentschaft der Republik und den Oberbefehl über die Streitkräfte. Bei der Ausübung unserer Verantwortung zählen wir auf den Beitrag aller Kinder unseres geliebten Vaterlands. . . Die Unabhängigkeit unseres Landes, die Integrität unseres Territoriums, die Unverletzlichkeit unseres Vaterlands und der Fortschritt unseres Volkes sind die Angelegenheit aller Tunesier. Die Liebe zum Vaterland, sein Schutz und alles, was seinem Gedeihen gilt, sind heiliger Auftrag für alle Bürger.

Presseerklärung (1987)

Aus der Fernseherklärung Ben Alis am 7. November 1987.

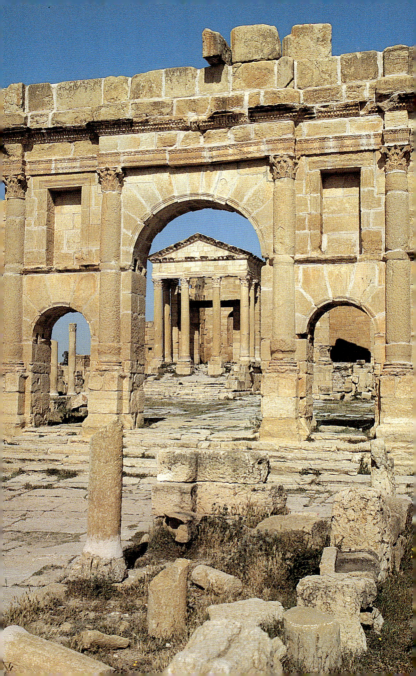

Routenvorschläge

Alle sehenswerten Orte Tunesiens auf einer einzigen Rundfahrt zu besuchen, ist aus Zeitgründen vermutlich ganz selten möglich. Wenn der erste Vorschlag dennoch von einer solchen 'großen Rundreise' ausgeht, geschieht das vor allem deshalb, um Anregungen bei der Gestaltung einer eigenen Route zu geben. Diese kann dann, wie die beiden folgenden Routenvorschläge auch, je nach Zeit und Interesse entsprechend erweitert oder abgeändert werden.
Die zweite Rundfahrt konzentriert sich auf das römische und punische Tunesien und damit vor allem auf den Norden des Landes.
Die dritte Route führt dagegen in den Süden Tunesiens.

Die Routenführung ist so gewählt, daß die Hauptsehenswürdigkeiten berührt werden. Dennoch lassen sich nicht alle in diesem Reiseführer beschriebenen sehenswerten Orte ohne weitere Abstecher erreichen. Ihre notwendige Ergänzung finden diese Routen in zahlreichen Vorschlägen und Empfehlungen für Abstecher, Umgebungsziele, Ausflugs- und Rundfahrten bei den Einzelbeschreibungen des Hauptkapitels 'Reiseziele von A bis Z'.

Die vorgeschlagenen Streckenführungen lassen sich auf der zu diesem Buch gehörenden Reisekarte verfolgen, welche die ins Detail gehende Reiseplanung erleichtert.

Orte und Landschaften, die im Abschnitt 'Reiseziele von A bis Z' unter einem Hauptstichwort beschrieben sind, erscheinen innerhalb der nachstehenden Routenvorschläge **in halbfetter Schrift.**

Sämtliche erwähnten Städte, Ortschaften, Oasen, Landschaften, Gebirge, Flüsse u. v. a. sowie einzeln stehende Sehenswürdigkeiten, gleichgültig ob Hauptstichworte oder Umgebungsziele, sind im Register am Ende dieses Reiseführers zusammengefaßt, das ein rasches und problemloses Auffinden des Gesuchten ermöglicht.

Bei den in Klammern hinter den Routenüberschriften genannten Entfernungsangaben handelt es sich um Kilometerzahlen, die sich lediglich auf den direkten Routenverlauf beziehen. Bei Abstechern, Umwegen oder Varianten sind die noch anfallenden Entfernungen jeweils dazuzurechnen.

→ Praktische Informationen, Anreise

Vorbemerkung

Allgemeine Hinweise

Anreise

1. Große Tunesien-Rundfahrt (rund 4500 km)

Ausgangspunkt ist die sehenswerte Landeshauptstadt **Tunis**, die gleichzeitig ein geeigneter Ausgangspunkt ist für den Besuch einer ganzen Reihe in der Nähe gelegener Sehenswürdigkeiten wie Karthago (**Carthage**), **Sidi Bou Said**, **Utica** und **Thuburbo Majus**.
Auch eine Fahrt um die Halbinsel **Cap Bon** läßt sich von Tunis aus beginnen. Im Kapitel 'Reiseziele von A bis Z' ist eine entsprechende Rundfahrt näher beschrieben.
Der nun folgende Routenvorschlag einer großen Tunesien-Rundfahrt beginnt in Tunis. Über Karthago (**Carthage**), **Sidi Bou Said** und **Utica** geht es in den Norden, nach Biserta (**Bizerte**), in dessen Umgebung der besuchenswerte, unter Naturschutz stehende Ichkeul-See liegt.

◀ *Blick durch den Antoninus-Pius-Bogen auf das Kapitol in Sbeitla*

Routenvorschläge

Große Rundfahrt (Fortsetzung)

Nächstes Etappenziel ist Teboursouk, von dem aus die alte Römerstadt **Dougga** bequem zu erreichen ist.

Auf der Weiterfahrt passiert man die Ausgrabungsstätte Mustis, die hochgelegene Stadt **Le Kef** sowie die beiden letzten großen Römerstädte Mactaris (**Maktar**) und Sufetula (**Sbeitla**).

Nun geht es über **Kasserine** nach **Gafsa**, der ersten Oasenstadt auf dieser Rundfahrt.

Die Phosphatstadt **Metlaoui** dient als Ausgangspunkt für einen Abstecher (im nostalgischen Lézard-Rouge-Zug) in die landschaftlich reizvolle Seldja-Schlucht. Weiter geht es über die nahe der algerischen Grenze gelegenen Bergoasen Tamerza, Mides und Chebika nach **Tozeur**. Entweder wählt man nun Tozeur als Standort und unternimmt von hier einen Abstecher in das westlich gelegene Nefta oder man fährt direkt nach Nefta und besucht Tozeur auf der anschließenden Weiterfahrt.

Auf einer gut zu befahrenden Asphaltstraße durchquert man den **Chott el Djerid** und gelangt über **Kebili** in die an der gleichnamigen Küste gelegene Oasenstadt **Gabès**.

Gabès eignet sich auch als Ausgangsort für einen Besuch des Höhlendorfes Matmata. Von einer Besichtigung Matmatas vom weiter südlich gelegenen Médenine ist abzuraten, da die Straße in einem sehr schlechten Zustand ist.

Nächstes Ziel ist, nach einem Abstecher zur Ausgrabungsstätte Gightis, die Insel **Djerba**, die man geschickterweise über die zwischen Djorf (Festland) und Adjim verkehrende Fähre erreicht.

Über Zarzis geht die Fahrt nach **Médenine** und nach Tataouine, von welchem aus die Ksour-Dörfer Douirat, Chenini, Guermessa und Ghoumrassen besucht werden können.

Über Médenine und Gabès führt die Küstenstraße wieder in Richtung Norden nach **Sfax**, vor dessen Küste die Kerkennah-Inseln (**Iles Kerkennah**) liegen.

Von Sfax geht es zunächst ins Landesinnere nach **El Djem**, anschließend wieder an die Küste zurück und über **Mahdia** und **Monastir** nach **Sousse**.

Sousse eignet sich auch als Ausgangsort für einen Besuch **Kairouans**, der vierten heiligen Stadt des Islam.

Über **Thuburbo Majus** geht die Rundreise nach **Hammamet** und weiter nach **Nabeul**, den beiden Hauptorten der Halbinsel **Cap Bon**. Falls Thuburbo Majus jedoch schon von Tunis aus besucht worden ist, führt die Strecke von Kairouan direkt zurück an die Küste und von dort nach **Hammamet** und **Nabeul**.

Von Hammamet und Nabeul aus besteht die Möglichkeit, auf direktem Wege nach Tunis zurückzufahren.

Sofern die Zeit reicht, sind beide Städte aber auch ideale Ausgangspunkte für eine Umfahrung des landschaftlich reizvollen **Cap Bon** (siehe oben).

2. Punisches und römisches Tunesien (rund 1300 km)

Ausgangspunkt ist auch in diesem Fall die Landeshauptstadt **Tunis** mit ihren besuchenswerten Zielen in der Umgebung (siehe oben).

Nach einem Besuch von Karthago (**Carthage**) und **Utica** führt diese Rundreise über Testour, Ain Tounga, und Teboursouk direkt zu der Römerstadt **Dougga**. Vom Standort Teboursouk aus lassen sich auch die beiden nordwestlich gelegenen Ausgrabungsstätten **Chemtou** und **Bulla Regia** besichtigen.

Über Mustis und das hochgelegene **Le Kef** sowie nach einem möglichen Abstecher zur Ausgrabungsstätte **Haidra** führt die Route nach **Maktar** und schließlich nach **Sbeitla**, der Römerstadt Sufetula.

Von Sbeitla geht es durch die Zentraltunesische Steppe nach **Kairouan**, der heiligen islamischen Stadt. Nach einem Besuch **El Djems**, der südlichsten Stadt dieser Route, beginnt die Rückfahrt, die in das an der Küste gelegene **Mahdia** führt. Nach einem Besuch der beiden Küstenstädte

Routenvorschläge

Monastir und **Sousse** führt ein Abstecher landeinwärts, nach **Thuburbo Majus** sowie über Zaghouan wieder an die Küste zurück, nach **Hammamet** und **Nabeul**, den beiden Hauptorten des **Cap Bon**.
Entweder wird von hier aus die Rückfahrt nach Tunis angetreten oder, sofern genügend Zeit und Interesse vorhanden ist, eine Rundfahrt um das **Cap Bon** unternommen. Im Kapitel 'Reiseziele von A bis Z' ist ein Routenvorschlag näher beschrieben.

Punisches und römisches Tunesien (Forts.)

3. Tunesiens Süden (rund 1200 km)

Ausgangspunkt dieser Route ist die Insel **Djerba**. Über Zarzis und **Médenine** dringt man tief in den Süden bis nach Tataouine, von wo aus Abstecher nach Douirat, Chenini und Guermessa unternommen werden. Anschließend führt die Route von Tataouine nach Ghomrassen bis nach Beni Kheddache und von hier nach Médenine zurück. Nächstes Ziel ist die am gleichnamigen Golf gelegene Oasenstadt **Gabès**, von welcher ein Ausflug ins Höhlendorf Matmata unternommen wird.
Von Gabès geht die Fahrt in den Westen Tunesiens. Sie führt durch die Zentraltunesische Steppe nach **Gafsa** und **Metlaoui**. Nach einer Fahrt durch die Seldja-Schlucht in dem nostalgischen Lézard Rouge folgt eine Rundfahrt durch die Bergoasen Tamerza, Mides und Chebika. Über die Oasenstadt Tozeur, die man zunächst nur passiert, gelangt man in die Oase **Nefta**. Auf der nun beginnenden Rückreise wird **Tozeur** besucht. Genauso empfehlenswert ist es, Tozeur als Standort zu wählen und von hier einen Abstecher nach Nefta zu unternehmen.
Anschließend bricht man zur Durchquerung des **Chott el Djerid** auf. Die Fahrt, die mittlerweile auf einer gut ausgebauten Straße zurückgelegt wird, führt über Kebili und Gabès und nach einem möglichen Abstecher nach Gightis auf die Insel Djerba zurück (am besten mit der zwischen Djorf und Adjim verkehrenden Fähre).

Reiseziele von A bis Z

Die Schreibung der tunesischen Namen ist schwierig, da es keine allgemein verbindliche Transkription für die tunesisch-arabische Sprache ins Deutsche gibt. Hinzu kommt, daß man sogar in ansonsten verläßlichen französischen, tunesischen und anderen Quellen nicht selten voneinander abweichende Versionen findet.
Arabische Wörter, die bereits in den deutschen Sprachgebrauch eingegangen sind (zum Beispiel Mohammed) wurden entsprechend übernommen. Zur Erklärung dieser und anderer vielleicht nicht immer ganz geläufiger Begriffe sei auf das ausführliche Lexikon für Fachausdrücke aus Kunst, Geschichte und arabischer Kultur verwiesen → Kleines Lexikon.
In den beschreibenden Teilen des Reiseführers wurde im wesentlichen der gängigen französischen Umschreibung der tunesischen Eigennamen gefolgt, da sie überall im Land auf Verkehrshinweisschildern, Stadtplänen u. a. Verwendung gefunden haben.

Hinweis zur Schreibung tunesischer Namen

Zuletzt seien noch einige Abkürzungen aufgelöst, die im nachfolgenden Text immer wieder vorkommen:
GP = Grands Parcours: Asphaltierte Hauptstraßen.
MC = Moyennes Communications: Häufig asphaltierte Straßen; manchmal handelt es sich aber auch um festgefahrene Sand- oder Steinpisten.
ONAT = Organisation Nationale de l'Artisanat Tunisien: Staatliche Kunsthandwerk-Organisation.
ONTT = Office National du Tourisme Tunisien: Staatliches Fremdenverkehrsamt.

Abkürzungen

Ain Draham

→ Tabarka, Umgebung

Béja

B 7

Gouvernoratshauptstadt
Einwohnerzahl: 50 000
Höhe: 250 m ü.d.M.

Béja liegt 109 km westlich von Tunis an der GP 6 Tunis – Jendouba. Es gibt regelmäßige Zugverbindungen mit Tunis, Jendouba und Tabarka.

Anfahrt

Das blühende Landwirtschaftszentrum Béja, Hauptstadt der gleichnamigen Provinz, liegt im fruchtbaren Medjerda-Tal an den Ausläufern des Djebel Acheul. Ihren Reichtum verdankte die Stadt früher dem Getreideanbau, heute haben jedoch Zuckerrohrfelder das Getreide verdrängt. In einer Zuckerraffinerie wird der Rohstoff gleich verarbeitet.

Lage und Bedeutung

Das vermutlich seit dem 6. Jh. v.Chr. besiedelte Vaga gehörte 146 v.Chr. zum Reich Masinissas und wurde 109 v.Chr. von Metellus erobert. Mitten in der Kornkammer von Ifriqiya gelegen, wurde es ein wichtiger Getreidemarkt. Sallust (85–35 v.Chr.), der einige Jahre Statthalter der Provinz Africa Nova war, berichtet von einem der Göttin Ceres/Demeter geweihten Ort sowie von ausgelassenen Ceres-Feiern. 448 n.Chr. wurde der Ort von Vandalen zerstört, jedoch von Justinian wiederaufgebaut und be-

Geschichte

◀ *Im Ribat von Monastir*

Bizerte · Biserta

Geschichte (Fortsetzung)
festigt. Nach dem Einfall der Beni-Hilal-Nomaden im 11. Jh. verödete das Umland, und erst unter den Franzosen entwickelte sich Béja zu dem heute wichtigsten Markt- und Verkehrszentrum des Medjerda-Gebietes.

Sehenswertes

Kasbah
Die hochgelegene Kasbah stammt ursprünglich aus der Zeit Justinians, ihr Name 'Theodoriana' geht auf die Kaisergattin Theodora zurück. Einst umfaßte sie zwanzig Türme und drei Tore. Eine steile, von Treppenstufen unterbrochene Gasse führt zu ihr hinauf, von oben genießt man einen schönen Ausblick auf Béja und die Umgebung.
Von der Festung selber sind nur spärliche Überreste erhalten, darunter ein Bergfried mit zwei runden Türmen, die nicht besichtigt werden können (Militärgebiet).

Altstadt
In der sehenswerten Altstadt fallen die zahlreichen Moscheen auf; belebte, ladengesäumte Straßen laden zu einem kleinen Spaziergang ein.
Die ehemalige Kirche wurde in ein Haus des Volkes umgewandelt, davor befindet sich ein kleines Mausoleum des Sidi Bou Arbaa. Folgt man der Rue Kheireddine, gelangt man zu einem alten Brunnen, Bab el Aïn, nahe den Überresten eines antiken Tores.
Im westlich gelegenen Stadtteil Mzara gibt es Höhlenwohnungen.

Umgebung von Béja

Pont de Trajan
Etwa 13 km südlich überquert die sogenannte Trajanbrücke (Pont de Trajan) den Oued Béja. Man erreicht sie über die MC 76 in südlicher Richtung, teils über eine weniger gute Piste, mehr oder weniger den Eisenbahnschienen folgend. Sie wurde vermutlich 29 n. Chr. als Teilstück der Verbindung Karthago – Bulla Regia errichtet. Die 70 m lange, dreibogige Brücke ist sehr gut erhalten.

Weitere Ausgrabungen
In Henchir Rhiria (9 km westlich) und in Fej Geddour (13 km westlich) sind Überreste römischer Bauwerke (einer noch nicht ganz ausgegrabenen Basilika sowie eines großen Tores) erhalten.

Henchir el Fouar
In Henchir el Fouar, dem antiken Belalis Major (8 km nordöstlich an der Straße nach Mateur gelegen), wurden seit den sechziger Jahren bei Ausgrabungen ein kleines Forum, Thermen und zwei christliche Basiliken freigelegt. Auf den Fundamenten der größeren Basilika wurde später ein islamisches Fort gebaut.

Bergoasen Mides, Tamerza, Chebika

→ Tozeur, Umgebung

Bizerte · Biserta   A 8

Gouvernoratshauptstadt
Höhe: 0–5 m ü.d.M.
Einwohnerzahl: 94 000

Anfahrt
Biserta liegt 65 km nördlich von Tunis, über die GP 8 Bizerte – Tunis erreichbar. Vom Busbahnhof (Gare Routière) gibt es regelmäßige Verbindungen mit Tunis, Menzel Bourguiba, Mateur und Tabarka sowie vom Bahnhof Zugverbindungen mit Tunis und Tabarka (über Mateur).

Bizerte · Biserta

Die französisch Bizerte und arabisch Benzert genannte nordtunesische Stadt liegt am Ausgang des gleichnamigen Binnensees, der durch einen Stichkanal mit dem Mittelmeer in Verbindung steht und bis 1963 als französischer Kriegshafen diente.

Die malerische arabische Altstadt mit ihrem Fischereihafen erstreckt sich entlang des Kanals, an dessen Einmündung in den See sich die modernen Europäerviertel anschließen.

Biserta, Verwaltungssitz eines Gouvernorats, besitzt einen der bedeutendsten Handelshäfen des Landes. Von hier werden Erdöl, Eisenerz, Getreide, Kork, Zement und andere Massengüter exportiert. Wichtigste Einfuhrgüter sind Holz, Baumaterial und Kohle, die hauptsächlich im Eisenhüttenkombinat von Menzel Bourguiba am Südufer des Sees von Biserta benötigt wird. Wirtschaftlich bedeutend sind weiterhin die Zementindustrie, ein Reifenwerk, eine Porzellanfabrik sowie eine Erdölraffinerie.

Lage und Bedeutung

Bizerte · Biserta

Lage und Bedeutung (Fortsetzung)
In den letzten Jahren entwickelte sich Biserta zu einem beliebten Seebad. Ausgedehnte Dünengebiete erstrecken sich entlang der Corniche, der Küstenstraße. Herrliche, nicht überlaufene Sandstrände laden zu erholsamen Ferien ein.

Geschichte
Biserta geht auf die phönizische Handelsniederlassung Hippo Diarrytus zurück, die im 9. Jh. v. Chr., wenig später als Karthago, gegründet wurde. Damals entstand bereits ein erster Kanal zum See von Biserta. 310 v. Chr. eroberte Agathokles, Tyrann von Syrakus, die Stadt. In römischer Zeit lag hier eine Garnison, und über den Hafen wurde Getreide nach Rom exportiert. 661 n. Chr. wurde der Ort von den Arabern erobert und erhielt den Namen Benzert.
Eine erste Blüte erlebte die Stadt im 13. Jh. als Residenz des Hafsiden El Mostansir Bihillah. Im 15. und 16. Jh. erbauten aus Spanien vertriebene Mauren das nördlich der Altstadt gelegene Andalusierviertel und machten die Stadt zu einem wichtigen Handelsort. 1535 bemächtigten sich die Spanier unter Karl V. der Stadt. Ihnen folgten jedoch schon 1572 die Türken, unter deren Herrschaft Biserta zu einem berüchtigten Piratennest entwickelte. Unter dem französischen Protektorat wurde die Stadt zum Flottenstützpunkt und Kriegshafen ausgebaut (1881). Im Zweiten Weltkrieg wurde Biserta von der deutschen Wehrmacht erobert und erlitt bei Luftangriffen schwere Schäden.
Auch nach dem Krieg blieb Biserta ein wichtiger militärischer Stützpunkt, den die Franzosen erst 1963, also sieben Jahre nach der offiziellen Unabhängigkeit Tunesiens, nach z.T. blutigen Unruhen räumten. Der 15. Oktober 1963 gilt heute als Feiertag "Fête de l'Evacuation".

Sehenswertes

Medina
Besuchenswert ist die um den malerischen Alten Hafen gelegene Altstadt, die Medina. Mit ihren verwinkelten, einem Labyrinth gleichenden, von Arkaden begleiteten Soukgassen verbreitet sie orientalische Atmosphäre. Die Straßen dieses Viertels verdanken ihren Namen den hier ansässigen und arbeitenden Handwerkern, u.a. Schmieden (Rue des Forgerons), Waffenschmieden (Armuriers), Tischlern (Menusiers) und Fleischern (Bouchers).

*Alter Hafen
Der Alte Hafen (Vieux Port) wird heute nur noch von Fischerbooten genutzt und ist durch einen Kanal mit dem großen Vorhafen (Avant Port) verbunden.

Kasbah
An der Nordseite des Alten Hafens erheben sich die alten Mauern der einstigen Kasbah aus dem 17. Jahrhundert. Von ihrer öffentlich zugänglichen Mauerkrone bietet sich eine schöne Aussicht auf den Alten Hafen. Das Innere der Kasbah ist heute ein Wohnviertel mit einer hanafitischen Moschee aus dem 17. Jahrhundert.

Fort Sidi el Hani
Das auf der Südseite des Alten Hafens, der Kasbah gegenüberliegende kleine Fort Sidi el Hani stammt ebenfalls aus dem 17. Jahrhundert. Es wurde kürzlich restauriert und beherbergt heute ein kleines Ozeanographisches Museum (Musée Océanographique).
Von der Terrasse des Forts bietet sich eine schöne Sicht auf den Alten Hafen, die Kasbah sowie die Stadt.

Moschee Rebaa
Zwischen den Souks der Altstadt und dem Hafen liegt die Place Slahedine Bouchoucha genannte Straße. Hier steht die Moschee Rebaa aus dem 17. Jh., deren achteckiges Minarett mit umlaufendem Balkon türkische Stilelemente aufweist. Ihr schließt sich ein überdachter Markt (Marché, v. a. Fischmarkt) an.
Wenige Schritte weiter, wo die Straße auf den Alten Hafen trifft, steht ein sehenswerter maurisch-andalusischer Brunnen von Bey Jussef (1642) mit einem Dach aus grünlasierten Ziegeln. Die Qualität seines Wassers muß

Bizerte · Biserta

Alter Hafen in Biserta

einer in türkisch und arabisch abgefaßten Inschrift zufolge sehr gut gewesen sein: "Trinke von der Quelle des Paradieses, und Du wirst Dich in Biserta wohler fühlen."
Bey-Jussef-Brunnen (Fortsetzung)

Auf einer Erhebung nordöstlich der Kasbah thront das mächtige Fort d'Espagne, an dessen Mauern ein alter Friedhof grenzt. Das Fort verdankt seine Entstehung dem türkischen Piraten Eudj Ali, der die Festung zwischen 1570 und 1573 zum Schutz gegen die Spanier errichtete, die Überfälle auf ihre Schiffe des öfteren mit Angriffen auf Biserta vergalten. Von der Terrasse des Forts bietet sich ein wunderschöner Ausblick auf die Altstadt und den im Hintergrund liegenden modernen Hafen.
Im Sommer finden hier Theater- und Musikveranstaltungen statt.
Fort d'Espagne

Sehenswert ist auch das Andalusierviertel (Quartier des Andalous), welches sich zwischen Kasbah und Fort ausbreitet. Es wurde im 15. und 16. Jh. von den Mauren, den andalusischen Arabern, gegründet, die aus Spanien vertrieben worden waren. Leider sind nur wenige der einst malerischen Gassen mit den typischen blauen, schmiedeeisernen Fenstergittern und Türen erhalten.
Andalusierviertel

Nördlich der Stadt, jenseits des Alten Hafens und der Kasbah, verläuft die Corniche genannte Uferstraße parallel zu den ausgedehnten Sandstränden. Sie wird von einer Kette Hotels, Restaurants, Ferienhäuser und vornehmer Villen gesäumt. Als Badeort ist Biserta bislang weniger bekannt als Hammamet, Sousse oder Djerba. Jedoch haben in den letzten Jahren zahlreiche europäische Reiseveranstalter die kilometerlangen und feinen Sandstrände für den Fremdenverkehr entdeckt.
Corniche

Verläßt man das Stadtzentrum auf der Avenue Habib Bourguiba in westlicher Richtung, passiert man die Militärakademie (Lycée Militaire), oberhalb derer sich der alte Europäerfriedhof mit französischen und italieni-
Weitere Sehenswürdigkeiten

Bizerte · Biserta

Weitere Sehens-
würdigkeiten
(Fortsetzung)

schen Mausoleen befindet. Weiter stadtauswärts gelangt man zu dem modernen Märtyrerdenkmal. Die mit Reliefs verzierte Säule erinnert an die Befreiung der Stadt und die damit verbundenen Opfer.

Umgebung von Biserta

Cap Blanc

Sehr lohnend ist ein Ausflug zum etwa 10 km nördlich von Biserta gelegenen Cap Blanc. Man verläßt die Stadt auf dem Boulevard Habib Bougatfa und folgt der Corniche entlang der Küste, vorbei an Hotelanlagen und idyllisch gelegenen Badebuchten. Zunächst erreicht man das mit einem Leuchtturm ausgestattete Cap Bizerte. Zwei Kilometer weiter zweigt rechts eine kleine Stichstraße ab zum Cap Blanc. Seine steil ins Meer abfallenden Felsen bilden den nördlichsten Punkt Afrikas. Die Steilküsten rund um das Kap sind von besonderer landschaftlicher Schönheit. Das kristallklare Meer ist ein Paradies für Taucher.

Djebel Nador

Folgt man der Hauptstraße weitere 1,5 km, so zweigt rechts eine schwierig zu befahrende Piste auf den 260 m hohen Djebel Nador ab. Auf dem Gipfel befindet sich eine Rundfunk-Signalstation. Von dort oben bietet sich ein sehr schöner Blick auf das unterhalb gelegene Cap Blanc sowie auf das in der Ferne gelegene Biserta.

Menzel Bourguiba

Etwa 24 km südwestlich liegt die unter dem Namen Ferryville von den Franzosen gegründete Stadt Menzel Bourguiba (30000, mit Umland 90000 Einwohner). Die ehemalige Arsenalstadt hat sich seit 1963 zu einem bedeutenden Industriezentrum (Stahl- und Metallverarbeitung, Textilindustrie) gewandelt. Der große Hafen besitzt über den Kanal von Biserta eine direkte Verbindung mit dem Mittelmeer.

*Ichkeul-See

Etwa 35 km südwestlich von Biserta, über die GP 11 in Richtung Mateur erreichbar, erstreckt sich der 110 km² große, von Bächen aus dem Mogod-Bergland gespeiste, fischreiche Ichkeul-See, der mit dem See von Biserta über den Oued Tindja verbunden ist. Er ist ein kleines Naturwunder, da er aus Süß- und Salzwasser zugleich besteht, und gehört zum UNESCO-Weltnaturerbe. Sind die Regenfälle stark, steigt der Süßwasseranteil, in den trockenen Sommermonaten dagegen nimmt der Anteil des salzhaltigen Wassers des Lac de Bizerte zu. An seinem Südende erstreckt sich ein großes Naturschutzgebiet, das von dem weithin sichtbaren Djebel Ichkeul (511 m; Aussicht) überragt wird. An seinem südlichsten Ausläufer steht ein Ökologie-Museum, welches über den Nationalpark informiert.
Die Sumpfoase bietet Lebensraum für vielerlei interessante Pflanzen, u. a. rosenfarbiger, blaßviolett blühender Lauch, vereinzelt auch Schachblumen mit glockenförmigen, purpurnen bis gelbgrünen Blüten, verschiedene Binsenarten, Sumpf- und Schwertlilien, Schilfrohr und Seerosen. Unzählige Wasservögel und einige wildlebende, vom Aussterben bedrohte Wasserbüffel, Tunesiens größte Säugetiere (etwa 1,80 m hoch und rund 1200 kg schwer), leben in dem geschützten Revier.
In den Wintermonaten, wenn Regenwasserzuflüsse den Ichkeul-See über die Ufer treten lassen und der Sumpf zu blühen beginnt, machen hier Hunderttausende von Zugvögeln aus Europa, hauptsächlich aber Enten, Quartier.
Wer den Djebel Ichkeul umfahren will, sollte schon ein erfahrener Autofahrer sein, denn die Piste ist nicht ganz einfach zu bewältigen. Für größere Exkursionen empfiehlt es sich, einen ortskundigen Führer mitzunehmen. Das Fremdenverkehrsamt in Biserta erteilt gerne nähere Auskunft.
Allerdings bedrohen Talsperren, die teilweise mit deutschen Geldern errichtet worden sind, das labile ökologische Gleichgewicht des Ichkeul-Sees. Zu große Wassermengen werden abgeleitet, der See droht auszutrocknen. Das auf diese Art und Weise gewonnene Wasser wird in den Fremdenverkehrszentren benötigt...

Am Ichkeul-See, im Hintergrund der Djebel Ichkeul

Die im Süden und Südosten von Biserta gelegenen Strände R'Mel (im Süden) sowie Ras el Djebel, Raf-Raf und Sidi Ali el Mekki (im Südosten) zählen zu den schönsten Küstenabschnitten der Umgebung.

R'Mel
Ras el Djebel
Raf-Raf

→ Utica (35 km südöstlich).

Utica

Bulla Regia B 6

Gouvernorat: Jendouba

Bulla Regia liegt 60 km südlich von Tabarka. Man erreicht es über die GP 17 Tabarka – Jendouba. 6 km vor Jendouba zweigt die MC 59 nach Bou Salem (ostwärts) ab. Die Ausgrabungsstätte liegt an dieser Straße.

Anfahrt

Am Fuße des 617 m hohen Djebel Rebia, in einem zum Medjerda-Tal hin sanft abfallenden Gelände, liegt Bulla Regia, etwa 7 km nordöstlich von Jendouba. Sie gehört zu den bedeutendsten römischen Ruinenstädten Tunesiens. Thermen, Zisternen, Tempel, Theater, Forum und v. a. großzügig angelegte Villen laden zu einer Besichtigung ein. Vermutlich um sich vor der sommerlichen Hitze zu schützen, waren die Wohnhäuser mit unterirdisch angelegten Wohnräumen ausgestattet worden, eine Bauweise, die sich im Süden Tunesiens, in den berberischen Trichterwohnungen, bereits bewährt hatte.
Aus Bulla stammen einige der schönsten Mosaiken des Bardo-Museums in → Tunis, allerdings sind auch noch einzelne vor Ort zu besichtigen.

Lage und Bedeutung

Vermutlich war die phönizische Stadt um 150 v. Chr. von Masinissa erobert worden. Nach dessen Tod wurde sie – ihr Beiname Regia weist darauf hin – Hauptstadt einer der drei von Rom geschaffenen numidischen König-

Geschichte

Bulla Regia

Geschichte (Fortsetzung)

reiche. Bereits 50 n. Chr. setzte die Romanisierung ein, und unter Hadrian wurde Bulla Regia (117/118 n. Chr.) zur Kolonie erhoben, ihre Einwohner römische Bürger. Oliven- und Getreidehandel machten sie zu einer der reichsten Städte des römischen Afrika.
399 hielt sich Augustinus in der Stadt auf, die seit 380 Bischofssitz war. Die Theaterleidenschaft der Einwohner veranlaßte den Kirchenmann zu einer heftigen Kritik.
Die byzantinische Epoche wird durch zwei Basiliken bezeugt.
Mit dem Arabereinfall im 7. Jh. setzte der Niedergang Bulla Regias ein, welches im späten 12. Jh. dann endgültig aufgegeben wurde.
Mit den Ausgrabungen wurde Anfang dieses Jh.s von L. Carton begonnen. Zur Zeit werden sie unter der Leitung des Institut National d'Archéologie de Tunis und der Ecole Française de Rome weitergeführt. Fundstücke aus römischer und mittelalterlicher Zeit wurden bislang gefunden.

**Ausgrabungen

Hinweis

Das Ausgrabungsgelände ist von 8.00–18.00 Uhr gegen Bezahlung einer Eintrittsgebühr zu besichtigen.
Häufig sind die sehenswerten Villenuntergeschosse verschlossen. Es empfiehlt sich daher, den Wächter um die Schlüssel zu bitten oder einen geführten Rundgang zu unternehmen. Die Eintrittskarte erhält man in dem kleinen Antiquarium gegenüber vom Eingang zum Ausgrabungsgelände.

Rundgang

Der Rundgang beginnt mit den Thermen der Julia Memmia, setzt sich in nördlicher Richtung fort, geht vorbei an Basiliken und verschiedenen Wohnhäusern und endet beim Palast der Amphitrite. Der Rückweg führt über Forum, Theater und Tempel wieder zum Ausgangspunkt zurück.
Gleich links vom Eingang zum Ruinenfeld liegen westlich und östlich restaurierte Zisternen sowie ein rätselhaftes Bauwerk, wegen seiner Bau-

Römische Straße in Bulla Regia

Bulla Regia

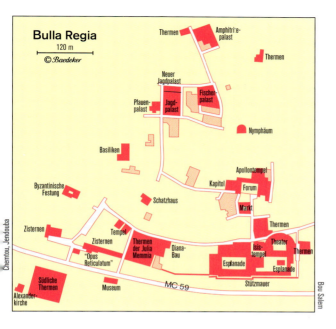

weise 'Opus reticulatum' genannt, aus dem 1. Jh. n. Chr.; sein Inneres wird durch zwei Pfeilerreihen in drei Schiffe geteilt.

Rundgang (Fortsetzung)

Der antiken Straße in nordöstlicher Richtung folgend, passiert man die Fundamente eines Bogens, unweit westlich hiervon sieht man die Reste einer byzantinischen Festung. Vorbei an zwei Tempeln erreicht man die Thermen der Julia Memmia. Der etwa 189 n. Chr. von einer reichen Bürgerin gestiftete Bau ist ein schönes Beispiel einer städtischen Badeanlage. Ein etwas erhöht liegender Portikus schließt die Thermen zur Straße hin ab, ihm öffnen sich kleine Räume, vermutlich beherbergten sie Läden.
Durch das Vestibül gelangt man zur etwas tiefer gelegenen Thermenanlage, die den typischen, symmetrischen Grundriß aufweist. Auf den Auskleideraum (Apodyterium, Vestiarium) folgen das Kaltbad (Frigidarium) mit zwei Kaltbadebecken. Den Fußboden schmückt ein Mosaik, welches das kretische Labyrinth darstellt.

Thermen der Julia Memmia

Bulla Regia

Thermen der... ...Julia Memmia

Thermen der Julia Memmia (Fortsetzung)

Rechts und links schließen sich zwei Räume, vielleicht Turnsäle (Gymnasium, Palaestra), an. Südlich folgen Laulufttraum (Tepidarium), Heißwasserbecken (Caldarium) und ein Dampfbad (Sudatorium), die beiden letzten sind von Heizräumen sowie von einem Bedienungsgang umgeben. Bei dem halbrunden Raum an der Südwestecke handelt es sich vielleicht um eine Bedürfnisanstalt (Latrine).
Östlich der Thermen finden sich Reste eines Wohnhauses, Diana-Bau genannt, mit einem überwölbten, achteckigen Raum.
Die mit Steinplatten belegte antike Straße wird überquert, der Rundgang in nordwestlicher Richtung fortgesetzt.

Weitere Sehenswürdigkeiten

Die z.T. wohlerhaltenen Wohnhäuser reicher Bewohner, die aus dem 3. und 4. Jh. n. Chr. stammen, wurden alle nach in den Häusern gefundenen Mosaiken benannt. Sie wurden nach einem einzigartigen Grundriß erbaut, der jedoch teilweise auch erst nachträglich in bereits bestehende Häuser eingefügt wurde. Um einen Säulenhof ordneten sich die Räume wie in römischen Wohnhäusern üblich, die eigentlichen Wohnräume lagen jedoch im Untergeschoss und waren, da keiner direkten Sonnenbestrahlung ausgesetzt, angenehm kühl. Beim verbreitetsten Grundriß gingen von einem unterirdischen Gang drei teilweise miteinander verbundene Räume ab. Sie wurden durch hinter ihnen liegende Schächte mit indirektem Licht und Luft versorgt (u.a. Schatzhaus/Maison du Trésor). Aufwendiger ist der Grundriß des Jagdpalastes (Maison de la Chasse) sowie des Fischerpalastes (Maison de la Pêche), deren unterirdische Räume um einen ebenfalls im Untergeschoß liegenden Säulenhof angeordnet waren. Im folgenden werden die besterhaltenen 'Untergeschoß-Häuser' näher beschrieben:

Schatzhaus Maison du Trésor

Linker Hand liegt das Maison du Trésor, nach einem dort entdeckten byzantinischen Silberschatz 'Schatzhaus' genannt; im unterirdischen Stockwerk ist ein gut erhaltenes, geometrisches Mosaik zu sehen.

Bulla Regia

Basiliken

In nördlicher Richtung führt der Weg an zwei miteinander verbundenen, gut erhaltenen christlichen Basiliken aus dem 6. Jh. vorbei. In der älteren und größeren sind noch einige Marmorsäulen, ein Taufbecken sowie ein Mosaik mit Fischen und Vögeln zu sehen.

Überblick

Von der kleinen Anhöhe in der Mitte des Geländes bietet sich ein schöner Blick über das Ausgrabungsgelände.

Jagdpalast Maison de la Chasse

Der große Jagdpalast, der seinen Namen einem heute fast verschwundenen Mosaik im Untergeschoß verdankt, war einst Wohnsitz eines wohlhabenden Bürgers. Bei dem Bau der prächtigen Anlage waren mehrere kleine Wohnhäuser zusammengelegt und umgebaut worden. Das Obergeschoß ist ziemlich verfallen. Das etwa fünf Meter unter dem Erdgeschoß liegende Untergeschoß, dessen Räume um einen mit korinthischen Säulen umstandenen Innenhof angelegt sind, ist jedoch gut erhalten. Neben den Schlafzimmern, zu erkennen an kleinen, mosaikgeschmückten Plattformen für die Betten, ist ein großer Eßsaal (Triclinium), ebenfalls mit einem Bodenmosaik, auszumachen. Sehr interessant ist das Be- und Entlüftungssystem der Schlafzimmer: In die Wände sind Föhren eingelassen, über die aus einem umlaufenden Schacht der Luftaustausch erfolgt.
Im Erdgeschoß ist die Anordnung vergleichbar (2 Höfe mit Säulenumgang, Eß- und Wohnräume, Schlafzimmer, kleine Bäder).

Neuer Jagdpalast Maison de la Nouvelle Chasse

Nördlich schließt sich der erst 1972 ausgegrabene Neue Jagdpalast an, sein namengebendes Mosaik aus dem 4. Jh. befindet sich im Triclinium (Eßsaal).
Wie einige andere Wohnhäuser auch wurde der Neue Jagdpalast später als Nekropole genutzt.

Amphorengewölbe

Eigentümlich und in zahlreichen römischen Städten Tunesiens vertreten ist die hier gut erkennbare Technik des Gewölbebaus. Sie wurde vermutlich im 2. Jh. entwickelt und bis zur arabischen Eroberung genutzt. Aus Erde gebrannte Röhren wurden ineinander geschoben und zur Kuppelform aufgereiht, die Zwischenräume geschlossen. Mehrere Reihen wurden so übereinander und nebeneinander gebaut, eine gegen die andere befestigt. Anschließend wurde die Innenseite des Gewölbes mit einer Tünche überzogen.

Fischerpalast Maison de la Pêche

Der Fischerpalast, östlich gelegen, gehört zu den besterhaltenen von Bulla. Er besitzt ein gut erhaltenes Untergeschoß. Um den säulengestützten Innenhof verläuft eine aus Tonnengewölben gebildete Galerie, von der mehrere Räume ausgehen. Auf dem Mosaik ist ein fischreiches Meer mit Fischern als Liebesgötter und Enten dargestellt.

Amphitritepalast Maison d'Amphitrite

Die schönsten und am besten erhaltenen Mosaiken befinden sich im unweit nordöstlich gelegenen sogenannten Amphitritepalast, bei dem es sich jedoch vermutlich um einen Neptuntempel handelte. Vom unterirdisch gelegenen Gang kommt man in einen großen Saal. Auf dem Fußbodenmosaik reitet Venus Marina, die ehemals mit der Meernymphe Amphitrite verwechselt wurde, in Begleitung von Neptun auf einem Meereskentauren. Aus dem Erdgeschoß dieses Hauses stammt das große Mosaik Venus von der Befreiung der Andromeda (heute im Bardo-Museum in → Tunis).

Weitere Sehenswürdigkeiten

Der Rückweg führt am Fischerpalast vorbei; unweit östlich hiervon befindet sich das Nymphäum. Der antike Brunnen ist immer noch in Betrieb. Leider ist er durch eine moderne Installation verstellt.

Forum

Ungefähr 100 Meter südlich erstreckt sich das Forum, ein riesiger, einst mit Steinplatten belegter Platz, der jedoch stark verfallen ist. Auch von den angrenzenden Bauwerken ist sehr wenig erhalten. Vom Kapitol stehen nur noch die Grundmauern; der nördlich stehende Apollontempel (Temple d'Apollon) bestand nach afrikanischer Art aus einem Hof und einer Cella. Hier gefundene, der Göttertrias Apollon, Ceres und Äskulap gewidmete Marmorstatuen sind ebenfalls im Bardo-Museum in → Tunis aufbewahrt.

Kapitol Apollontempel

Bulla Regia

Untergeschoßhof des Jagdpalastes "*Venus Marina*", *Mosaik im Amphitritepalast*

Markt	Südlich des Forums führt eine Straße zum Markt, einem großen, mit Steinplatten belegten Hof, der von einem Säulengang eingerahmt ist. Im Norden und Süden öffneten sich kleine Läden.
Theater	Die Straße führt an Thermen und Häusern vorbei und endet am restaurierten Theater. Ursprünglich stammt es aus dem 2. Jh., seine heutige Form erhielt es im 4. Jahrhundert. Der Durchmesser beträgt 60 m; erhalten ist die untere Reihe seiner stufenförmig angeordneten Sitzreihen; in den Boden der Orchestra ist ein Bärenmosaik eingelassen. Den südlichen Abschluß bildet ein Portikus, hinter dem sich ein großer Platz (Esplanade) öffnet, versehen mit Kolonnaden, Wasserbecken, Brunnen sowie Tempel. Unmittelbar westlich des Theaters sind die Reste eines Isistempels zu sehen. Westlich des Theaters öffnet sich ein weiterer Platz, der um einen Garten angelegt und ebenfalls von öffentlichen Bauten umgeben war. Stützmauern fassen den gesamten Komplex im Süden ein. An den Thermen der Julia Memmia vorbei gelangt man zum Eingang zurück.
Südliche Thermen Alexanderkirche	Südlich der Zufahrtsstraße liegen die Ruinen der großen südlichen Thermen (Thermes du Sud; 60×55 m) sowie die kleine Alexanderkirche (Église d'Alexandre), ein rechteckiges Gebäude mit zwei Reihen von Steintrögen. Die Bestimmung des bei einem Brand zerstörten Gebäudes ist unklar; u. U. handelte es sich um eine Art Sammel- und Verteilungsstelle für Naturalien, denn bei Ausgrabungen wurden verschiedene Gegenstände, darunter einhundert Getreide-, Wein- oder Ölamphoren entdeckt.

Cap Blanc

→ Bizerte, Umgebung

Cap Bon

A – C 9/10

Gouvernorat: Nabeul
Einwohnerzahl: 450000

Anfahrt

Von Tunis erreicht man das Cap Bon über die GP 1 (Tunis – Soliman, rund 38 km entfernt). Auch von Sousse ist das Cap Bon über die GP 1 (Sousse – Hammamet, rund 120 km) gut zu erreichen.

Lage und *Bedeutung

Die 70 km lange und bis zu 40 km breite Halbinsel Cap Bon nimmt den äußersten Nordosten Tunesiens ein. Sie ragt wie ein Finger ins Mittelmeer und trennt den Golf von Tunis im Norden vom Golf von Hammamet. Cap Bon ist außerdem der Name des an der Nordspitze gelegenen Kaps, dessen Felsen steil zur Straße von Sizilien abfallen, die an dieser Stelle nur ganze 140 km breit ist. Ihre Fläche deckt sich etwa mit dem Verwaltungsgebiet des Gouvernorats Nabeul. Die auch als 'Garten Tunesiens' bezeichnete Halbinsel besticht durch ein sehr vielfältiges Landschaftsbild und gehört zu den schönsten Reisezielen des Landes.

Veranstaltungen

Das ganze Jahr finden auf der Halbinsel Veranstaltungen statt, im folgenden die wichtigsten:
März/April: Orangenfest in Menzel Bou Zelfa; April/Mai: Frühlingsfest in Nabeul; Mai/Juni: Sperberfest in El Haouaria; Mai/Juni: Matanza in Sidi Daoud (Thunfischfang mit überlieferten, aber grausamen Riten); Juni: Musik- und Volksfest in Nabeul; Juli: Landwirtschaftsausstellung in Menzel Temime; Juli/August: Internationales Kulturfest in Hammamet; August: alle zwei Jahre Amateurfilmfest in Kelibia; August: alle zwei Jahre Theaterfest in Korba; September: Weinfest in Grombalia und Bou Arkoub sowie zahlreiche Veranstaltungen in Nabeul und Hammamet während der Hauptferienzeit.

Nordspitze des Cap Bon

Cap Bon

Im Landesinneren des Cap Bon

Landschaft

Geologisch ist die Halbinsel Cap Bon ein Ausläufer des Atlasgebirges, das den gesamten Maghreb durchzieht. Dessen Dorsale genannter südlicher Abschluß erstreckt sich bis zur Halbinsel, ist jedoch durch eine Senke von letzterer getrennt. Ihr Rückgrat bildet der noch bis zu 600 m ansteigende, in Nordostrichtung verlaufende Höhenzug Djebel Sidi Abd Er Rahmane, der im 393 m hohen Djebel Sidi Abiod ins Mittelmeer ausläuft.

Die Grombaliaebene trennt die beiden Gebirge. Sie war noch gegen Ende der letzten Eiszeit vom Golf von Tunis überflutet, der sich damals wesentlich weiter nach Süden hin ausdehnte. Erst jüngere Hebungsbewegungen und Verlandung ließen die Ebene von Grombalia trockenfallen. Heute ist das Cap Bon eine der landwirtschaftlich am intensivsten genutzten Regionen von Tunesien. Hierzu trugen nicht nur die fruchtbaren Schwemmlandböden bei, sondern auch die für tunesische Verhältnisse recht hohen Niederschläge, die insbesondere im Nordwesten der Halbinsel eine üppige mediterrane Vegetation aufkommen lassen.

Die Geologie bestimmt auch die Landschaft der Halbinsel: In der Grombaliaebene im Südwesten herrschen Gemüse- und Weinbau vor, im Nordwesten und Norden dagegen Steilküsten mit vielen kleinen, felsigen Buchten, das Landesinnere ist mit Getreidefeldern und Weiden bedeckt, an der Ostküste dehnen sich unendlich weite Sandstrände aus, im südöstlichen Küstensaum dominiert wiederum der Gemüseanbau. Abgesehen von Hammamet/Nabeul, dem zweitgrößten Fremdenverkehrszentrum des Landes, gibt es an den Küsten bislang noch keine großen Hotelkomplexe.

Geschichte

Seit der Antike hat sich die Nähe zu Sizilien (nur 140 km entfernt) und damit zu Europa auf die Geschichte der Halbinsel ausgewirkt. Auch der Name, der sich ursprünglich nur auf die felsige, ganz im Norden gelegene Spitze bezog, ist eine Ableitung aus dem italienischen Cap Bona (gutes Kap).

Bereits im 7. Jh. v. Chr. hatten die Karthager erkannt, daß Cap Bon wegen seiner natürlichen Voraussetzungen intensiv landwirtschaftlich zu nutzen war. Sie bauten vor allem Getreide und Oliven an, daneben aber auch

Cap Bon

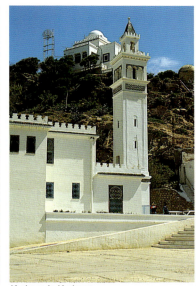

Côte du Soleil *Kurhaus in Korbous*

Wein, Feigen und Granatäpfel. Die Römer setzten die agrarische Tradition fort, gaben aber im Laufe der Zeit den damals gewinnbringenderen Ölbaumhainen den Vorzug.
Ausgedehnte Raubzüge der Beni-Hilal-Nomaden brachten im 11. Jh. die landwirtschaftliche Tradition fast völlig zum Erliegen. Sie lebte erst 600 Jahre später wieder auf, als sich moslemische Andalusienflüchtlinge hier niederließen und ihre wesentlich höher entwickelten landwirtschaftlichen Techniken sowie neue Nutzpflanzen mitbrachten. Ausgeklügelte Bewässerungssysteme (Tierkraftziehbrunnen und Norias, mit einem Doppelrad versehene Brunnen), die Einführung des spanischen Pflugs und der Mehrfachkultur verhalfen der Landwirtschaft von Cap Bon zu ungeahnter Blüte. Schon bald wurden hier sämtliche mediterranen Obst- und Gemüsearten sowie Tabak, Mais, Pfeffer und Tomaten angebaut. Cap Bon war wieder zum Garten Tunesiens geworden. Die französischen Kolonialherren setzten die landwirtschaftliche Tradition der fruchtbaren Halbinsel fort. Es waren aber vor allem Einwanderer aus Italien, die hier Wein, Zitrusfrüchte und Gemüse kultivierten. Bevorzugter Siedlungsraum war die Ebene von Grombalia, die sich bald zu einem Weinanbauzentrum entwickelte.

Geschichte (Fortsetzung)

Weit über 80 % der Bevölkerung leben von der Landwirtschaft. Heute befinden sich hier 45 % der tunesischen Weinbaufläche, und an die 70 % aller tunesischen Zitrusfrüchte werden auf Cap Bon geerntet.
Größere Probleme bereitet heutzutage die Wasserversorgung der Intensivkulturen. Die überhöhte Entnahme aus Tiefbrunnen ließ den Grundwasserspiegel bedenklich absinken, so daß bereits Pipelines notwendig sind, die das Wasser aus den nordtunesischen Gebirgen hierher leiten.

Gegenwart

Rundfahrt um die Halbinsel

Im folgenden werden die Sehenswürdigkeiten der Halbinsel im Rahmen einer rund 250 km langen Rundfahrt beschrieben.

Hinweis

Cap Bon

Soliman

Das 14 000 Einwohner zählende Landstädtchen Soliman liegt am nordwestlichen Rand der Grombaliaebene. Dank dieser Situation entwickelte es sich seit der Kolonialzeit rasch zu einem lokalen Landwirtschaftszentrum, umgeben von ausgedehnten Kartoffel-, Tomaten-, Oliven- und Obstkulturen. Einst fanden hier zahlreiche Andalusienflüchtlinge eine Bleibe, und auch heute noch lassen sich im Ortsbild mancherlei andalusische Stilelemente entdecken. 1943 erlitt es schwere Zerstörungen. Sehenswert im malerischen Altstadtkern sind die malekitische Moschee aus dem 17. Jh., deren Dach mit halbkreisförmigen Ziegeln bedeckt ist, sowie die hanafitische Moschee mit ihrem achteckigen Minarett.

Das am Meer gelegene Soliman Plage erstreckt sich vor den Toren der Stadt. Es ist ein beliebtes Ausflugsziel der Einwohner von Tunis.

*Côte du Soleil

Etwa 8 km nördlich von Soliman zweigt von der MC 26 die MC 128 links ab. Sie begleitet die zerklüftete Steilküste des Djebel Bou Korbous, die hier Côte du Soleil genannt wird. Dieser 12 km lange Streckenabschnitt ist landschaftlich einer der schönsten in Tunesien: rechter Hand die steile, bis 419 m ansteigende Gebirgsflanke, linker Hand die jäh zum Meer abstürzenden Klippen. Von einigen an der Straße gelegenen Haltebuchten bieten sich herrliche Fernblicke bis hinüber nach Karthago.

Korbous

Vorbei an dem kleinen Fischerort Sidi Rais, dem römischen Carpi, erreicht man nach wenigen Kilometern Tunesiens bedeutendstes Thermalbad.

Der Ort schmiegt sich in ein enges Tal, welches sich auf das Meer öffnet. Schon die Römer wußten die sieben 44–60°C heißen Quellen zu schätzen. Ahmed Bey war es, der die römischen Aquae Calidae Carpitanae im Jahr 1801 wiederentdeckte und den heutigen Badeort ins Leben rief. Er wurde später von den Franzosen ausgebaut, und heute bemüht man sich nicht mehr nur um Kranke, sondern auch um die Entwicklung des Fremdenverkehrs. Spätestens bis 1995 soll der verträumte und idyllische Ort zu einem Seewasser-Therapiezentrum mit Luxushotel und Yachthafen ausgebaut, die Bettenzahl auf etwa 5000 angehoben werden. Das Kalzium, Sulfat und Schwefel enthaltende Wasser zeigt bei Haut- und Atemwegserkrankungen, bei Arthritis und Rheuma heilende Wirkung. Das Kurhaus ist im ehemaligen Bey-Palast untergebracht. Der mittlerweile blankgeschliffene Stein der Zerziha soll mancher an Unfruchtbarkeit leidender Frau geholfen haben.

Stein der Zerziha

Hamma el Atrous

Sehenswert ist die 2 km nordöstlich, direkt an der Straße gelegene Hamma el Atrous, eine 50°C heiße Quelle, deren Thermalwasser als kleine Kaskade ins Meer stürzt. An den Wochenenden herrscht hier Hochbetrieb. Es sind insbesondere die Einheimischen aus dem nahen Tunis, die sich dann um ein Heißwasserbecken am Strand scharen oder aber im Meer unter dem heißen Wasserfall stehen. Über eine schmale Straße gelangt man nach etwa 8 km zum Strand von Port Prince mit einem Palast auf einer Anhöhe. Das Gebäude ist nicht zugänglich (Staatsbesitz), aber gegen ein Bakschisch kann man die Gärten und die Aussicht auf die Bucht von Tunis bewundern. Das benachbarte, sehr empfehlenswerte Restaurant ist nur während der Saison geöffnet.

Weiterfahrt

Nun verläßt die MC 23 die Küste und führt durch fruchtbare Landstriche. Im Osten wird sie von einem beinahe parallel zu Straße verlaufenden Bergrücken des Djebel Sidi Abd Er Rahmane begleitet.

Sidi Daoud

Fast schon an der Nordspitze von Cap Bon liegt Sidi Daoud (eine 3 km lange Sandpiste führt von der MC 26 in Richtung Küste), ein kleiner Fischerhafen, dem man nicht unbedingt ansieht, daß hier an die 50% des tunesischen Thunfisches angelandet werden. Berüchtigt und weitbekannt ist die noch immer angewandte, ursprünglich aus Sizilien stammende Fangmethode, die Matanza. Sowie in der Laichzeit zwischen Ende April und Anfang Juli die vollen Netze aus dem Wasser gezogen werden, stürzen sich die Fischer mitten in die Beute und töten die Tiere mit Knüppeln, Harpunen oder langen Messern. Im Hafen befindet sich eine Konservenfabrik, in der die Fische sogleich verarbeitet werden.

Cap Bon

Weit draußen im Meer erkennt man die Umrisse der beiden Felseninseln Zembra und Zembretta, der antiken Aegimuren.
Sie bilden ein Meeresschutzgebiet, in dem sich die älteste den Menschen bekannte Robbenart, die Mönchsrobbe, langsam wieder vermehrt, im Frühjahr Tausende von Sturmtaucherpärchen nisten und Millionen Zugvögel auf ihrer Reise nach Europa Station machen.
Das kleinere Zembretta trägt einen Leuchtturm, ist ansonsten jedoch unbewohnt.
Das größere Zembra (5 km^2; bis 432 m hoch) war früher eine Quarantänestation für Mekkapilger. Seit 1963 besaß es an seiner Südküste ein Tauchsportzentrum. Heute sind jedoch beide Inseln für den Besucherverkehr gesperrt.

*Zembra
Zembretta*

Der Nachbarort El Haouaria, am äußersten Punkt der Halbinsel gelegen, ist ebenfalls ein Fischerdorf, das vom Thunfischfang lebt. Seine Berühmtheit verdankt es dem Umstand, daß hier jedes Frühjahr Falken und Sperber auf ihrem Weg nach Europa Rast machen. Einige von ihnen werden im Februar/März mit Netzen gefangen und in kürzester Zeit auf die Wachteljagd abgerichtet. Am letzten Maitag wird die Jagd beendet, und die Raubvögel werden mit einem großen Festakt wieder freigelassen.

El Haouaria

Sehenswert sind die wenige Kilometer nordöstlich am Meer gelegenen Grottes Romaines (römische Grotten; arabisch Ghar el Kebir). Sie wurden in die steil zum Meer abfallenden Sandsteinfelsen gehauen.
Die Grotten dienten bereits den Puniern und anschließend den Römern als Steinbruch. In ihrem Inneren sind noch deutlich die Bearbeitungsspuren zu erkennen.
Sklaven trieben bis zu 30 m tiefe Schächte in den Fels. Die Steinblöcke wurden mit Seilen nach oben gezogen und nur einen Steinwurf weit entfernt auf Schiffe verladen, die das Baumaterial direkt bis in den Hafen von Karthago brachten.

**Römische
Grotten
Grottes
Romaines
Ghar el Kebir*

Römische Grotten

Blick vom Djebel Abiod

Cap Bon

Anfahrt

Die Strecke zu den Grotten ist einfach zu finden. Man durchquert El Haouaria auf einer Asphaltstraße, die am Marabout des Ortsheiligen vorbeiführt und kurz darauf zur Sandpiste wird. Sie endet unmittelbar vor der Küste auf dem Parkplatz eines kleinen Cafés, unweit der Grotten.

*Djebel Abiod

Lohnenswert ist die Besteigung des rund 400 m hohen Djebel Abiod. Der Wanderweg beginnt außerhalb El Haouarias. Von oben genießt man einen herrlichen Ausblick auf die Westküste und die davorgelegenen Inseln Zembra und Zembretta, auf den nordöstlichsten Punkt Tunesiens, das mit einem Leuchtturm versehene Cap Bon, sowie über die Nordostküste mit der in Richtung Kelibia gelegenen Pumpstation für die aus Algerien kommende, unter dem Meer nach Sizilien verlaufende Erdgaspipeline.

Kerkouane

Nach etwa 12 km folgt Kerkouane (Abzweigung von der MC 27 in Richtung Meer; der Anfahrtsweg ist beschildert). Die Ausgrabungen gehören zu den archäologisch wichtigsten in ganz Nordafrika, da es sich bei Kerkouane um die einzige bislang entdeckte größere punische Stadtanlage handelt.

Öffnungszeiten

Die Ausgrabungen sind täglich außer montags von 9.00–12.00 und von 14.00–17.00 Uhr geöffnet.

Geschichte

Vermutlich war Kerkouane lange vor der Gründung Karthagos ein phönizischer Ankerplatz. Aus diesem entwickelte sich mindestens seit dem 6. Jh. v. Chr. ein kleines Fischer- und Färberdorf, dessen Namen bis heute unbekannt ist. Im 2. Jh. v. Chr. wurde die Stadt von Scipio erobert und im Dritten Punischen Krieg von den Römern vollständig dem Erdboden gleichgemacht. Aber anders als Karthago wurde sie nie wieder aufgebaut, so daß die punischen Siedlungsstrukturen bis auf den heutigen Tag unüberbaut erhalten blieben.

*Ausgrabungen

Die erst 1952 entdeckte Siedlung wird seit 1966 ausgegraben. Die hufeisenförmig angelegte Stadt grenzt im Osten direkt an das Meer. Sie war von einer doppelten, mit zwei Toren ausgestatteten Mauer geschützt.

Punische Siedlung in Kerkouane

Cap Bon

Ausgrabungen (Fortsetzung)

Bislang wurden im wesentlichen Grundmauern und Fundamente freigelegt, erkennbar ist auch das alte Straßennetz. Die einzelnen Häuser besaßen heute noch erhaltene Marmorfußböden, die mit rot-weißen Mosaiken verziert waren. Bei vielen Gebäuden lagen die Räume um einen Innenhof mit Brunnen. Auffallend ist, daß fast jedes Haus ein eigenes Bad besaß. An mehreren Stellen kann man noch die trogförmigen, steinernen Badewannen erkennen, die über kleine Rinnen mit Wasser versorgt wurden. Mehrere erhaltene Abwässerkanäle weisen darauf hin, daß Kerkouane auch über ein für die damalige Zeit sehr hoch entwickeltes Kanalisationssystem verfügt haben muß.

Interessant sind auch die Überreste einer Purpurmanufaktur mit in den Fels gehauenen Vertiefungen, in denen die Murex-Schnecken gesammelt wurden. Auch fand man Halden von Schalen dieser Tiere, deren Schleim an der Luft zu dem begehrten violetten Farbstoff oxidierte. Die Phönizier besaßen das aus Thyros mitgebrachte Monopol auf die Purpurgewinnung. Kein anderer Farbstoff der damaligen Zeit war so wertvoll, fast 5000 Schnecken wurden benötigt, um ein Gramm Purpur zu gewinnen. Etwas außerhalb wurde eine Nekropole entdeckt. Neben dem Ausgrabungsgelände ist heute ein kleines Museum eingerichtet, das über die Entwicklung Kerkouanes und die Ausgrabungsstätte näher informiert.

Museum

Kelibia

Kelibia, 13 km südlich von Kerkouane gelegen, ist heute ein bedeutender Fischereihafen und Landwirtschaftszentrum des nördlichen Cap Bon (rund 20 000 Einwohner). Bekannt ist der aus der Umgebung stammende gleichnamige Muskatwein.

Vermutlich handelt es sich hierbei um eine punische Gründung, die 309 v. Chr. durch Agathokles von Syrakus eingenommen und in Aspis (= Schild) umbenannt wurde. 255 v. Chr., während des Ersten Punischen Krieges, wurde die Stadt durch Konsul Regulus erobert und 110 Jahre später, im Dritten Punischen Krieg, dem Erdboden gleichgemacht. Später wurde der Ort von den Römern als Clupea neu aufgebaut.

Festung in Kelibia

Carthage · Karthago

Kelibia
(Fortsetzung)
*Festung

Einzige Sehenswürdigkeit der heutigen Stadt ist die auf einem 150 m hohen Felsen thronende Festung, die schon in byzantinischen Zeiten bestand und unter den Hafsiden (1229–1574) weiter ausgebaut wurde. Eine steile Fahrstraße führt bis unmittelbar vor den Eingang der Festung hinauf. Die wuchtige Wehrmauer ist ringsum hervorragend erhalten. Im teils noch bewohnten Inneren der Festung sind umfangreiche Ausgrabungs- und Restaurierungsarbeiten im Gange.
Sehr lohnend ist die Aussicht von den Bastionen; bei klarer Sicht reicht der Blick bis nach Sizilien hinüber. Im Sommer gibt es eine Tragflügelbootverbindung mit Pantelleria und Trapani (Sizilien).

Vom 12 km südlich gelegenen Menzel Temine führt eine Straße nun durch das landschaftlich abwechslungsreiche Innere der Halbinsel über Menzel Bou Zelfa und Soliman zurück zur Ausgangsstelle dieser Rundfahrt.
Die der Küste folgende MC 27 führt über Korba nach Nabeul sowie weiter nach Hammamet.

Nabeul	⟶ dort
Beni Khiar	⟶ Nabeul, Umgebung
Dar Chaâbane	⟶ Nabeul, Umgebung
Hammamet	⟶ dort

Carthage · Karthago   B 9

Gouvernorat: Tunis Nord
Meereshöhe bis 70 m ü.d.M.

Blick auf das moderne Karthago und den punischen Kriegshafen

Carthage · Karthago

Anfahrt

Rund 20 km östlich von Tunis, Richtung La Goulette; regelmäßige Busverbindung; Station der Vorortschnellbahn (TGM Tunis–Carthage), deren Ausgangsbahnhof in Tunis am seeseitigen Ende der Avenue Habib Bourguiba liegt. Haltestellen entweder Salammbo oder Hannibal.

Lage und *Bedeutung

Karthago liegt auf einer in den Golf von Tunis hineinragenden Halbinsel, die zur Landseite durch zwei flache Binnenseen geschützt ist. Mit seinen palmen- und eukalyptusgesäumten Alleen, den Villen und Gärten voll roter Hibiskusblüten und lila Bougainvilleen ist Karthago wohl der schönste Vorort der Hauptstadt. Von der einst berühmtesten Stadt Nordafrikas und ihrer fast tausendjährigen glanzvollen Geschichte sind jedoch nur spärliche, zum Teil weiträumig verstreute Überreste erhalten. Mancher Besucher mag darüber im Vergleich zu Dougga, Bulla Regia, Sbeitla oder Maktar enttäuscht sein. Diese Städte waren jedoch nicht mutwillig vernichtet und über ein Jahrtausend als Steinbruch benutzt worden, auch sind sie nicht seit Mitte des 19. Jh.s modern überbaut worden. Trotzdem lohnt ein Besuch dieser geschichtsträchtigen Stadt, da einige kulturhistorisch bedeutende Bauwerke v. a. aus der Römerzeit erhalten geblieben sind.

Geschichte

Bereits die Gründung Karthagos 814 v. Chr. liegt im sagenumwobenen Dunkeln. Der Legende nach soll Elissa, eine phönizische Prinzessin und Tochter des Königs von Tyros, nach Erb- und Thronstreitereien vor ihrem Bruder aus Tyros geflohen und 814 v. Chr. mit einigen Getreuen an der Küste von Tunesien gelandet sein. Ein argloser Numiderfürst gewährte ihre Bitte um ein Stück Land von der Größe einer Kuhhaut. Sie zerschnitt diese in dünne Streifen und grenzte damit das Gebiet ab, auf dem Qart Hadasht, die neue Hauptstadt (der Name Karthago stammt von den Römern), entstehen sollte. Der Wahrheitsgehalt dieser Legende läßt sich nicht überprüfen, aber immerhin ist Alt-Karthago archäologisch gesehen bis 750 v. Chr. nachgewiesen, und die erste karthagische Siedlung stand auf dem 'Kuhhaut' genannten Hügel Byrsa.

Die heutige Sebkha Ariana (Salzsee) war in der Antike noch mit dem Meer verbunden, so daß Karthago das Ende einer leicht zu verteidigenden Halbinsel einnahm, die lediglich im Osten mit dem Festland verbunden war. Über 40 km lang, bis 13 m hoch und 10 m dick war die Wehrmauer mit ihren Türmen, Graben- und Erdwallsystemen, die das Stadtgebiet und seine umliegenden, landwirtschaftlich genutzten Flächen vor feindlichen Übergriffen schützte. Verteidigt wurde dieses Bollwerk von rund 20 000 Fußsoldaten, 4000 Reitern und 300 Elefanten. Unter dem Geschlecht der Magoniden (Hamilkar, Hasdrubal, Hannibal) stieg Karthago zur unumschränkten Handelsmacht im westlichen Mittelmeer auf, Afrika wurde umsegelt und die Küsten Britanniens entdeckt. Die Auseinandersetzungen mit der anderen Weltmacht Rom führten zu den Punischen Kriegen und gipfelten in der vollständigen Zerstörung Karthagos nach dem Dritten Punischen Krieg. 146 v. Chr. ließen die überlegenen Sieger den "Dorn im Auge Roms" niederbrennen, plündern, schleifen und umpflügen. Schließlich wurde das Stadtareal noch mit Salz bestreut, um sogar den Boden unfruchtbar zu machen.

Es dauerte mehr als 100 Jahre, bis das Gebiet Karthagos von den Römern neu besiedelt wurde. Unter Kaiser Augustus wurde nach Cäsars Plänen die Colonia Julia Carthago gegründet und wenig später zum Sitz der Provinzialregierung erklärt. Ein neuer Aufstieg begann.

Im frühen 2. Jh. n. Chr. war Karthago bereits die drittgrößte Stadt des römischen Reiches und besaß etwa 300 000 Einwohner. In dieser Zeit entstanden Prachtbauten, die denen der Hauptstadt Rom kaum nachstanden. Zentrum der Stadt war, wie schon zu punischen Zeiten, der Byrsa-Hügel mit dem Kapitol und dem Forum. Auch sonst haben die Römer die alte punische Stadtgliederung weitestgehend übernommen. Zu Beginn des 4. Jh.s entwickelte sich Karthago zum Mittelpunkt des christlichen Afrika und wurde Bischofssitz. Unter byzantinischer Herrschaft konnte Karthago seine Vormachtstellung im nördlichen Afrika weiterhin behaupten, bis 692 die Araber einfielen und die einstige Weltstadt zum zweiten Mal restlos zer-

Carthage · Karthago

Geschichte (Fortsetzung)

störten. Karthago fiel in Vergessenheit, die erst unter dem französischen Protektorat endete, nachdem die katholische Mission im Gedenken an die einstige frühchristliche Tradition Karthagos hier ihren Hauptsitz für Afrika gründete.

Die moderne Villensiedlung entstand nach 1945 und dehnt sich seither in immer rascher werdendem Tempo aus.

Auch bedroht das Vordringen des Meeres zunehmend die an der Küste gelegenen Ausgrabungsstätten. Infolge des steigenden Wasserspiegels und der zunehmenden Bodenerosion weicht die Küste pro Jahrhundert drei bis dreieinhalb Meter zurück.

Ausgrabungen

Die Ausgrabungsarbeiten wurden 1857 begonnen und bis heute noch nicht beendet. Im Jahre 1974 startete die UNESCO mit großem finanziellem Aufwand eine Rettungsaktion für eine der bedeutendsten Stätten der Menschheitsgeschichte. Seitdem konnten die Ausgrabungsareale ständig erweitert werden. Vierzehn Staaten, darunter auch die Bundesrepublik Deutschland, sind daran beteiligt.

Bislang wurden insgesamt drei Epochen der Stadtentwicklung nachgewiesen: eine frühe Siedlung mit kleinen, einheitlich orientierten Lehm-

Carthage · Karthago

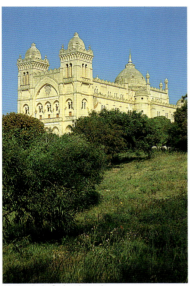
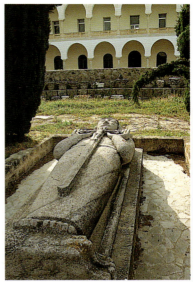

Kathedrale St-Louis und ...   *... Kenotaph Ludwigs IX.*

ziegelhäusern, darauf eine dichter bebaute Erweiterung zur Großstadt mit rechteckig geschnittenen Insulae, Zisternen und einem dreifachen Festungsgürtel, schließlich die letzte Blütezeit bis zum Untergang.

Ausgrabungen (Fortsetzung)

Sehenswertes

Die historischen Stätten sind im Sommer von 9.00–19.00, im Winter von 9.00–17.00 Uhr geöffnet. Sie liegen über den ganzen Ort verteilt, und man sollte, will man die wichtigsten Sehenswürdigkeiten besuchen, gut zu Fuß sein. Es besteht aber auch die Möglichkeit, mit einer Pferdekutsche oder einem Taxi die Besichtigung zu unternehmen. Die Kutscher und Fahrer kennen sich bestens aus und bringen ihre Fahrgäste zu allen gewünschten Ausgrabungsstätten. Um Mißverständnisse zu vermeiden, sollte man vor Beginn der Besichtigung den Preis ausmachen.
Alle Punkte sind auch mit der TGM sowie zu Fuß erreichbar.

Hinweis

Die Hauptsehenswürdigkeiten des punischen Karthago befinden sich auf dem Byrsa-Hügel sowie im Stadtteil Karthago-Salammbo, zwischen der Hauptdurchgangsstraße, die von La Goulette kommend nach Sidi Bou Said führt, und dem Meer. Es handelt sich im einzelnen um das Nationalmuseum und das Quartier Punique (Ausgrabung eines punischen Wohnviertels), den Tophet genannten heiligen Bezirk der Punier, den punischen Hafen (Kothon) sowie das Quartier Magon.
Wenn genügend Zeit vorhanden ist, empfiehlt es sich, eine Besichtigung Karthagos mit einem Besuch im Nationalmuseum und dem Quartier Punique, beides auf dem Byrsa-Hügel gelegen, zu beginnen. Anschließend folgen Tophet, Kothon und Quartier Magon. Die Antoninus-Pius-Thermen, die in unmittelbarer Nähe liegen, leiten dann in die römische Epoche der Stadt über. Über Theater, Römische Villen und christliche Kirchen könnte der Rundgang beendet werden.

Punisches Karthago

Römisches Karthago

Carthage · Karthago

Byrsa-Hügel
Colline de Byrsa

Hinter der Durchgangsstraße Avenue Habib Bourguiba, nahe der Schnellbahnstation Carthage-Hannibal, erhebt sich der ursprünglich 70 m hohe Byrsa-Hügel, der von der weithin sichtbaren Kathedrale St-Louis gekrönt wird. Von hier oben genießt man einen prachtvollen Ausblick auf das moderne Karthago, den punischen Hafen, La Goulette, nach Tunis, auf das Mittelmeer sowie den schön geformten Djebel Bou Kornine.

Der Byrsa-Hügel war einst Mittelpunkt der punischen Niederlassung. Die Römer trugen seine Kuppe um rund sechs Meter ab, um eine breitere Plattform für kaiserliche Bauten zu gewinnen (im Museum ist ein Modell des Kapitols ausgestellt).

Kathedrale St-Louis

Die 1890 in maurisch-byzantinischem Stil errichtete Kathedrale erinnert an den während der Belagerung von Tunis 1270 hier verstorbenen französischen König Ludwig IX. Sie ist die größte Kirche ganz Nordafrikas und war bis 1965 Sitz des Erzbischofs von Karthago und Primas von Afrika. Sie gehörte zum Kloster der Pères Blancs. Der Missionsorden der 'Weißen Väter' war von dem französischen Kardinal Lavigerie gegründet worden, dessen erklärtes Ziel die Rückeroberung Nordafrikas für das Christentum war. 1881 hatten sie sich auf dem Byrsa-Hügel niedergelassen und neben ihrer Missionsarbeit mit dem Sammeln antiker Funde begonnen. Seit 1964 befinden sich die Kathedrale sowie das dazugehörende Konventsgebäude in staatlichem Besitz, letzteres beherbergt heute das Archäologische Nationalmuseum, dessen großzügige Neuordnung geplant ist.

Besuchenswert ist auch der Museumsgarten. Zwischen Pflanzen finden sich freigelegte Funde aus den verschiedensten Epochen sowie eine 3m hohe Marmorstatue, die an Ludwig IX. erinnert. Allerdings stellt die Statue irrtümlich Karl V. dar.

*Archäologisches Nationalmuseum

Das Archäologische Nationalmuseum (Musée National de Carthage) befindet sich im Aufbau. Die sehenswerte, über zwei Stockwerke verteilte Ausstellung umfaßt u. a. Informationen über den Verlauf der Ausgrabungen, ein Modell des punischen Karthago, Fundstücke aus punischer und frühchristlicher Zeit, Schmuck- und Gebrauchsgegenstände, Tonmasken und großäugige Köpfchen aus bunter Glaspaste (s. Abb. S. 74), Grabstelen, verschiedene Sarkophage, Mosaiken sowie zwei Modelle des punischen Tophet und des Kapitols, welches die Römer auf den Fundamenten des zerstörten punischen Karthago erbaut hatten.

*Quartier Punique

Südlich vom Museum erstreckt sich das Quartier Punique. Ausgrabungen haben ergeben, daß der Hügel in frühester Zeit als Nekropole genutzt wurde. Im 5. Jh. errichteten die Punier an dieser Stelle erste Werkstätten, die wiederum später Wohnbauten weichen mußten. Nach der Zerstörung Karthagos blieb der Hügel unbesiedelt. Erst unter der Herrschaft von Augustus (30 v. Chr. – 14 n. Chr.) wurde die Kuppe des Byrsa-Hügels mitsamt der punischen Überreste (einschließlich eines hier stehenden Eschmun-[Asklepios]-Tempels) eingeebnet und an dieser Stelle mit der Anlage eines riesigen Forums mit Kapitol begonnen. Auch war hier der Ausgangspunkt der beiden Hauptachsen des römischen Karthago, des von Ost nach West verlaufenden Decumanus sowie der von Nord nach Süd verlaufenden Cardo. Bei Ausgrabungen unter der Kirche und dem Kloster wurden aus römischer Zeit Fundamente von Tempeln, Mosaike und der im Bardo-Museum in Tunis ausgestellte Altar der Gens Augusta entdeckt. Zunächst fallen die zwei Reihen diagonal zum punischen Straßennetz verlaufenden Pfeiler ins Auge. Es sind die Fundamente einer von den Römern errichteten Plattform, die das Kapitol zu tragen hatte. Bislang sind zwei Parzellen der punischen Stadt ausgegraben, bei deren Besuch man sich ein recht gutes Bild über ehemalige Wohnanlagen machen kann. Die meist zweistöckigen Wohnhäuser besaßen unterirdische, runde Zisternen mit darüberliegenden Brunnen zur Wasserversorgung.

Gargilius-Thermen

Auf dem Weg zwischen Byrsa-Hügel und dem Ortsteil Salammbo stößt man linker Hand auf die Überreste der Gargilius-Thermen, vermutlich fand hier 411 das Konzil von Karthago statt.

Carthage · Karthago

Quartier Punique auf dem Byrsa-Hügel

Zum Tophet gelangt man, wenn man von der TGM-Station Carthage-Salammbo in Richtung Meer weitergeht und anschließend links in die Rue Hannibal abbiegt.

*Tophet Sanctuaires Puniques

Der Begriff Tophet stammt aus dem Alten Testament, darin wird die Stätte im Hinnom-Tal bei Jerusalem so genannt, und bedeutet heiliger Platz, an dem den Göttern Menschenopfer, die sogenannten Molk, dargebracht wurden. Die Hauptgötter Karthagos waren der Sonnengott Baal Hammon (= Kronos der Griechen, Saturn der Römer) und die Mondgöttin Tanit (Baal's Antlitz = Astarte der Phönizier, Hera der Griechen, Juno Caelestis der Römer).

Geschichte

Der mauerumgürtete Tophet (Sanctuaires Puniques) im südlichen Stadtteil Salammbo wurde von den Puniern vermutlich an der Stelle angelegt, an der die sagenhafte Stadtgründerin Elissa an Land gegangen war.

Die Ausgrabungen beweisen, daß der ursprünglich im Vorderen Orient verbreitete Brauch, die erstgeborenen, v.a. männlichen Kinder zu opfern, auch in der Frühzeit in Karthago ausgeübt wurde. Auch wenn der Höhepunkt des hier praktizierten Kultes vom 6. bis zum 3. Jh. v. Chr. andauerte wurde der Tophet bis in die frühchristliche Zeit als Kultstätte genutzt.

Gustave Flaubert beschreibt in seinem 1863 veröffentlichten Roman "Salammbô" auf eindringliche Weise diesen furchtbaren Brauch (→ Tunesien in Zitaten).

Die Asche der verbrannten Opfer wurde in dem heiligen Bezirk bestattet, anfänglich in von Dolmen umgebenen Urnen, später wurden die Urnen vergraben, und jedes Grab erhielt eine steinerne, zwischen 30 und 90 cm hohe Stele, Gedenkstein und Mahnmal zugleich. Zahlreiche dieser Stelen sind mit punischer (libyscher) Schrift, magischen Zeichen und stilisierten Darstellungen der Götter versehen. War der Tophet überfüllt, wurde die Opferstätte mit Erde aufgeschüttet und eine neue Schicht angelegt.

In der allerunterste Schicht wurde eine kleine Nische, die Cintas-Kapelle, möglicherweise das Grabheiligtum der Elissa entdeckt.

Carthage · Karthago

Punischer Tophet

Urne und punische Grabstele

Modell des Tophet, ausgestellt im Nationalmuseum in Karthago

Carthage · Karthago

Die Punier hofften, in Not- und Krisenzeiten durch Menschenopfer die Gunst der Götter zu erlangen. Schätzungen über die Zahl der Toten reichen bis zu 7000 Opfern. Anhaltspunkte ergaben sich aus der Anzahl der gefundenen Grabstelen und Tonurnen, die heute zum großen Teil in den Museen von Tunis und Karthago ausgestellt sind. Da der größte Teil des ursprünglich 2 ha großen Tophet überbaut ist, wurde bislang nur ein kleiner Teil freigelegt: Zu sehen sind ein Gewirr von Grabungsschächten und Fundamentresten sowie zahlreiche Stelen, die teilweise mit Inschriften und Symbolen verziert sind.

Gegen ein kleines Trinkgeld öffnet der Wächter einen Schuppen, in dem eine Fülle weiterer, meist beschrifteter Stelen sowie Tonurnen, angeblich noch mit der Asche der unglücklichen Opfer, aufbewahrt sind.

Tophet (Fortsetzung)

Nicht weit entfernt (man folge der Rue Hannibal) gelangt man zum Kothon, dem aus zwei Becken bestehenden alten punischen Hafen (Port Punique). Hier lag einst die mächtigste Flotte des Mittelmeeres vor Anker.

Antiken Quellen zufolge bildete der Handelshafen ein 456×356 m großes Rechteck, welches durch einen 23×20 m großen Kanal mit dem offenen Meer verbunden war. Sein Zugang konnte mit einer Kette abgesperrt werden.

Der nördlich davon gelegene, von einer hohen Mauer umgebene Kriegshafen besaß einen Durchmesser von 325 m und erhielt erst im Dritten Punischen Krieg einen eigenen direkten Kanal zum offenen Meer.

In seiner Mitte befindet sich eine kleine Insel, die früher den Palast des Flottenbefehlshabers trug. Der Kriegshafen allein bot Liegeplätze für ungefähr 220 Schiffe, die sowohl entlang der Landseite als auch rund um die kleine Insel festgemacht wurden.

Kothon
Punischer Hafen

Zwischen den beiden Hafenbecken befindet sich das Ozeanographische Institut, dem ein kleines meeresbiologisches Museum (Musée Océanographique) angeschlossen ist (dienstags–samstags, April–Juni 15.00–18.00 Uhr; Juli–September 16.00–19.00 Uhr; während der Wintermonate 14.00–17.00 Uhr; sonntags 10.00–12.00 Uhr, Juni–September 9.00 bis 11.00 Uhr; montags geschlossen).

Ausgestellt sind präparierte Mittelmeerfische, eine Muschelsammlung, tunesische Fischkutter, ausgestopfte tunesische Vögel sowie einige Meerwasseraquarien.

Ozeanographisches Museum

In einem kleinen Park befindet sich das Quartier Magon genannte Ausgrabungsgebiet (der Zugang liegt unmittelbar an der Meeresküste, zwischen Kothon und Archäologischem Park). Hier erhält man einen Überblick über die Stadtentwicklung in punischer Zeit. Dicht hinter der im 5. Jh. v.Chr. errichteten Seemauer, die kurz vor dem Dritten Punischen Krieg 13 m hoch war, lagen die Quartiere der Handwerker, anschließend folgten größere Wohnhäuser und schließlich luxuriöse Villen mit buntgemusterten Terrazzofußböden.

In einem kleinen Museum werden Modelle der punischen Stadtmauer, Häuser und Straßen, Fußbodenmosaiken aus punischer Zeit sowie ein Modell der antiken Steinbrüche von El Haouaria (⟶ Cap Bon) gezeigt.

Quartier Magon

Die bedeutendsten Sehenswürdigkeiten des römischen Karthago sind die Überreste der Thermen des Antoninus Pius mit dem angegliederten Archäologischen Park. Sie liegen in dem Gelände zwischen der Avenue Habib Bourguiba und dem Meer. Ein nachgebildetes Kapitell der Thermen markiert die Kreuzung der beiden Hauptstraßen Didon und Habib Bourguiba, Ausgangspunkt der Avenue des Thermes d'Antonin, an deren Ende der Zugang zu den Thermen liegt.

Die gewaltige Ruinenanlage nimmt eine Fläche von annähernd 18 000 m² ein, damit waren die zwischen 146–162 n.Chr. unter Kaiser Antoninus Pius erbauten Thermen die größten außerhalb Roms. 389 wurden sie umfassend restauriert, stürzten jedoch vermutlich infolge baulicher Mängel in den folgenden Jahren in sich zusammen und wurden in den darauffolgen-

*Antoninus-Pius-Thermen

Carthage · Karthago

Thermen des Antoninus Pius

Antoninus-Pius-Thermen (Fortsetzung)

den Jahrhunderten als Steinbruch genutzt. Leider sind heute nur die Mauern des Untergeschosses, die wegen der Küstenlage besonders tief fundiert worden waren, sowie an der Westseite ein über beide Geschosse gehendes Bauteil erhalten.

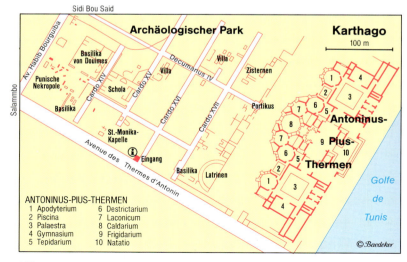

ANTONINUS-PIUS-THERMEN
1 Apodyterium
2 Piscina
3 Palaestra
4 Gymnasium
5 Tepidarium
6 Destrictarium
7 Laconicum
8 Caldarium
9 Frigidarium
10 Natatio

Carthage · Karthago

Stuckdecke und ... ... Kapitell aus den Thermen

Im Erdgeschoß – und nicht wie sonst üblich im Untergeschoß – befanden sich neben Personal- und Ruheräumen vor allem die Heiz- und Leitungssysteme. Die eigentlichen Baderäume lagen in den oberen Geschossen. Über eine großzügig angelegte Freitreppe, die heute ebenfalls nicht mehr existiert, gelangte man von den Baderäumen direkt zum Meer hinunter.

Die Thermen waren streng symmetrisch angelegt, möglicherweise war ein Flügel den Frauen, ein zweiter den Männern vorbehalten. Acht kolossale, graue Granitsäulen, (jede 1,60 m im Durchmesser, 50 Tonnen schwer, mit weißen korinthischen Marmorkapitellen versehen, die je 1,80 m hoch und mehr als 4 Tonnen schwer waren) trugen die Gewölbe der Cella Media, die 50×20 m maß. Eine der acht Säulen wurde restauriert und steht wieder an ihrem Platz.

Der Ablauf eines Thermenbesuchs folgte einer mehr oder weniger festen Reihenfolge. Nach dem Auskleiden im Apodyterium bestand die Wahl zwischen dem Besuch eines warmen Schwimmbeckens oder sportlichen Übungen in der Palästra oder im überdachten Gymnasium. Im Tepidarium konnte man sich aufwärmen, im anschließenden Destrictarium wurde mit der Körperpflege begonnen. Im Anschluß folgten dann nach dem Besuch des Laconicums (Heißluftraum) ein Bad im Caldarium (Heißwasser), eine langsame Abkühlung im Tepidarium und zuletzt ein Kaltbad in einem der vier Becken des Frigidariums, dem Mittelpunkt der gesamten Anlage.

Auf der Meerseite schloß sich eine Sonnenterrasse mit einem offenen Schwimmbad (Natatio) an, auf der Landseite zwei halbrunde Gemeinschaftslatrinen.

Antoninus-Pius-Thermen (Fortsetzung)

Der Archäologische Park (Parc Archéologique) wurde 1953 hinter den Thermen angelegt. Sein rechtwinkliges Wegenetz folgt den Straßen des einst hier gelegenen römischen Villenviertels, und sein Besuch vermittelt einen Überblick über die gesamte Stadtgeschichte Karthagos, u.a. punische Gräber aus dem 6. und 5. Jh. v.Chr., eine fünfschiffige Basilika des Dioumes aus dem 6. Jh. n.Chr. sowie eine hierher verlegte, unterirdische

Archäologischer Park

Carthage · Karthago

Römisches Mosaik im Archäologischen Park

Archäologischer Park (Fortsetzung)
Grabkapelle (Chapelle Ste-Monique) aus dem 7. Jh. n.Chr. für einen gewissen Asterius. In einer der zahlreichen Apsiden der Schola (→ Maktar) befindet sich ein gut erhaltenes spätrömisches Mosaik, Vorbereitungen einer kaiserlichen Zeremonie darstellend. Überall auf dem Gelände liegen die Reste römischer Zisternen, unter einem Baum zahlreiche Geschützkugeln aus Kalkstein, die noch aus den karthagischen Arsenalen stammen.
Nordöstlich hinter dem Parkgelände erstreckt sich das Gelände eines ehemaligen Bey-Palastes (19. Jh.). Heute befindet sich hinter den Mauern die bewachte Residenz des Staatspräsidenten (Présidence).

Römisches und Frühchristliches Museum
Auf dem Weg zurück zur Avenue Habib Bourguiba gelangt man zum Römischen und Frühchristlichen Museum (Musée Romain et Paléochrétien). Es unterrichtet über den Stand der Ausgrabungen und stellt Fundstücke aus dem 4.–7. Jh. n.Chr. aus.

Weitere Sehenswürdigkeiten
Theater
Die Avenue Reine Didon führt in östlicher Richtung zu dem römischen Theater, welches im 2. Jh. in den hier leicht zum Meer hin abfallenden Hang hineingebaut wurde. Die Tribünen boten etwa 5 000 Menschen Platz. Die leicht erhöhte Bühne wurde von einer Bühnenrückwand (Scenae Frons) abgeschlossen. Nach mehrmaligen Umbauten und Zerstörungen ist das Theater fast vollständig erneuert worden, und in den Sommermonaten Juli und August finden hier Freilichtveranstaltungen sowie die Filmwoche statt.

Römische Villen
Villas Romaines
In unmittelbarer Nachbarschaft erstreckt sich der Park der römischen Villen (Parc des Villas Romaines). Hier standen einst auf einer punischen Nekropole (einige Grabschächte sind noch zu sehen) die Peristylhäuser reicher Römer. Eine Villa aus dem 3. Jh., die Villa des Volières, wurde restauriert und dient als kleines Antiquarium. Sehenswert sind die schönen Bodenmosaiken.

Carthage · Karthago

Blick von der Terrasse der Villa des Volières

Von der Terrasse, auf der Skulpturenfragmente aufgestellt sind, genießt man einen schönen Ausblick über Karthago, die unterhalb gelegene Präsidentenresidenz und den Golf von Tunis bis zur Halbinsel Cap Bon.
Ausblick

Ganz oben auf dem Hügel liegen die Überreste des einstigen Odeons, das 207 n.Chr. als gedeckter Saal errichtet wurde.
Odeon

Etwa 1 km nordwestlich des Byrsa-Hügels, links neben der Straße in Richtung Tunis, den Zisternen von Malga gegenüber, liegt das im 2. Jh. erbaute römische Amphitheater (Amphithéâtre). Seine fünf Stockwerke boten etwa 50000 Zuschauern Platz, es war damit wohl ungefähr gleichgroß wie das Amphitheater von → El Djem. Zur Inszenierung von Naumachien (Seeschlachten) konnte seine Arena unter Wasser gesetzt werden. Leider ist außer mächtigen Fundamenten und einigen unterirdischen Zwingern und Verliesen nichts erhalten geblieben.
Am 17. März 202 starben hier während der Christenverfolgung die heilige Perpetua, ihre Sklavin Felicitas sowie Gefährten den Märtyrertod. Sie wurden von einer wilden Kuh zu Tode getrampelt. Die Marmorsäule in der Anlage wurde von den Pères Blancs zu ihrem Andenken aufgestellt.
Der heilige Cyprianus wurde hier 258 als erster afrikanischer Märtyrerbischof enthauptet, und Augustinus (→ Berühmte Persönlichkeiten) hielt in dieser Arena Vorlesungen.
Amphitheater

Vom südlich gelegenen Zirkus (Cirque) erkennt man nur noch eine langgestreckte Mulde im Boden.
Zirkus

Von der dem Amphitheater gegenüberliegenden Straßenseite führt ein Fußweg zu den Zisternen von Malga, die in römischer Zeit das aus den Bergen von Zaghouan stammende, über einen 132 km langen Aquädukt herangeführte Wasser speicherten (→ Tunis, Umgebung) und die Wasserversorgung der antiken Großstadt sicherstellten. Heute sind noch 15 der
Zisternen

Chemtou

Zisternen (Fortsetzung)	einst 24 Zisternen, die jeweils 95 m lang, 12,5 m breit und 11,50 m hoch waren, erhalten.
Juno-Hügel	Nördlich des Byrsa-Hügels liegt der Juno-Hügel mit einem ehemaligen Karmeliterkloster. Am Nordwesthang steht ein mit Zwillingssäulen versehenes Gebäude. Noch ist seine ehemalige Nutzung unbekannt.
Christliche Kirchen	Etwas außerhalb der antiken Stadt liegen westlich der Hauptstraße nach Sidi Bou Said (TGM-Station Présidence) die Reste der Basilika Damous el Karita, der größten Kirchenruine des frühchristlichen Tunesiens. Von der ehemals neunschiffigen Basilika ist nur noch ein Wald von Säulenstümpfen und Pfeilern erhalten, daneben erstreckt sich der Friedhof der Pères Blancs (siehe oben). Östlich der Hauptstraße befinden sich die Basilika des heiligen Cyprianus sowie das Kloster der heiligen Monika (Ste-Monique) mit einer ehemals siebenschiffigen Kirche. Die Basilika Majorum ist nur noch im Grundriß erhalten. Sie barg die Grabkapelle mit den Sarkophagen von Perpetua, Felicitas und ihren Gefährten.

Umgebung von Karthago

Sidi Bou Said	→ Sidi Bou Said (7 km nördlich)
La Goulette	→ Tunis, Umgebung
La Marsa	→ Tunis, Umgebung
Gammarth	→ Tunis, Umgebung
Utica	→ Utica (57 km nördlich)

Chemtou   C 6

Gouvernorat: Jendouba

Anfahrt	Chemtou liegt rund 28 km nordwestlich von Jendouba; Anfahrt über die GP 17 Tabarka–Jendouba, beschilderte Abzweigung in westlicher Richtung auf die MC 59 nach Chemtou (genau gegenüber der in östlicher Richtung nach Bulla Regia führenden Abzweigung). Fortsetzung siehe unten; oder aus der anderen Richtung: GP 6 Béja–Jendouba, Abzweigung auf die GP 17 in Richtung Tabarka, etwa nach 10 km Abzweigung auf die westwärts führende MC 59 nach Chemtou (Richtung Osten führt die MC 59 nach Bulla Regia). Nach etwa 11 km wird die Straße zu einer Schotterpiste, nach weiteren 5 km gelangt man zur Ausgrabungsstelle.
Lage und Bedeutung	Das Ruinenfeld der antiken Stadt Simitthus liegt inmitten einer herrlichen Landschaft am Rande des Djebel Chemtou. Schon seit jeher war die obere Medjerda-Ebene eine der Kornkammern Nordafrikas, und auch heute noch bestimmt der Getreideanbau das weiträumige Flußtal. Der größte, ganzjährig wasserführende Fluß Tunesiens, der antike Bagrada, entspringt jenseits der nicht weit entfernt gelegenen algerischen Grenze. Simitthus (heute Chemtou) lag an der Kreuzung zweier in der Antike wichtiger Straßen, die Karthago und Hippo Regius (Annaba) sowie Sicca Veneria (Le Kef) und Thabraca (Tabarka) miteinander verbanden.
Marmor Numidicus	Hier befindet sich das seit den Numidern im 2. Jh. v. Chr. bis zu den Byzantinern im 6. Jh. n. Chr. ausgebeutete Steinbruchgebiet des berühmten,

Chemtou

Landschaft um Chemtou

vom dunkel, gleichförmigen Gelb bis zum lichten Rosa und cremigen Weiß schimmernden Marmor Numidicus, der bei den Kaiserbauten am ganzen Mittelmeer verwendet worden ist. Nach dem ägyptischen Porphyr und dem grünen Serpentin aus Sparta zählte der heute unter dem Namen Giallo Antico bekannte Marmor aus Simitthus zum kostbarsten Gestein der Antike. Sein Abbau war kaiserliches Monopol.

Marmor Numidicus (Fortsetzung)

Bei Luftaufnahmen wurde ein außerhalb der Stadt gelegenes Arbeitslager entdeckt, in welchem die Steinbrucharbeiter, Sklaven und Zwangsarbeiter, viele davon Christen, untergebracht waren, die in dem größten Steinbruch Nordafrikas den begehrten Marmor brachen. In einer in der Nähe gelegenen Manufaktur wurden marmorne Luxusgüter hergestellt.
1970 wurde mit den Ausgrabungen in Chemtou begonnen (ein Gemeinschaftsunternehmen tunesischer und deutscher Archäologen), bislang wurde erst ein kleiner Teil freigelegt. Jedoch steht bereits fest, daß das Arbeitslager von Chemtou die größte und geschlossenste bislang bekannte Anlage dieser Art aus der römischen Welt ist. Zum ersten Mal können Produktionsvorgänge der antiken Welt genau verfolgt und erstaunliche Aufschlüsse über Abbau und Verarbeitungsmethoden gewonnen werden.

Arbeitslager

Auf einem schmalen Felsrücken des Djebel Chemtou, der sich weit in das Flußtal des Medjerda/Bagrada vorschiebt und so eine natürliche Furt hatte entstehen lassen, lag vermutlich eine frühe hochwassergeschützte numidische Siedlung. Mitte des 2. Jh.s v.Chr. hatte der Numiderkönig Masinissa (→ Berühmte Persönlichkeiten) die fruchtbare Kornkammer des oberen Bagrada-Tals sowie die Getreideanbauflächen um Dougga herum den Karthagern abgenommen und damit die Grenze seines Königreiches weit nach Osten vorgeschoben. Wenige Jahrzehnte später ließ Masinissa oder sein Sohn und Nachfolger Micipsa auf dem etwa 20 km von der Königsstadt Bulla Regia entfernten Gipfel des Djebel Chemtou ein

Geschichte

Chemtou

Geschichte (Fortsetzung)

Höhenheiligtum errichten. Beim Bau dieses Denkmals stießen sie auf den gelben numidischen Marmor, aus dem die gesamte Westhälfte des Djebel Chemtou besteht. Aber erst unter den Römern, die 27. v. Chr. die Siedlung als Colonia Julia Augusta Numidica Simitthus gründeten, begann mit einer hochentwickelten Steinbruchtechnik der planmäßige Abbau des begehrten Baumaterials.

Transport und Verwendung

Die Marmorblöcke wurden auf einer erst kürzlich freigelegten Straße zum Fluß Medjerda transportiert, von wo sie nach Karthago gelangten. Auf einer zweiten Straße, die quer durch das Gebiet führte, wurde der Marmor zum nächstgelegenen Hafen von Thabraca (Tabarka) transportiert und dann über Rom bis in die entferntesten Winkel des römischen Weltreiches verbreitet. So verwendete Augustus den Stein beim Bau seines Forums, Domitian für seine Domus Flavia, Trajan für sein Forum Trajanum und Hadrian für seine Villa im Tivoli. Bis zur arabischen Eroberung wurden die Steinbrüche ausgebeutet, und im 19. Jh. wurde ein neuer Abbau versucht, das Vorhaben jedoch wieder aufgegeben. Während des algerischen Befreiungskrieges hatte die algerische Armee hier einen wichtigen Stützpunkt eingerichtet.

*Ausgrabungen

Hinweis

Das Ruinengelände liegt östlich der Zufahrtsstraße, unsere Beschreibung beginnt bei den hier gelegenen Thermen.

Simitthus

Am Fuße des Felsrückens liegt das Ruinenfeld der 27 v. Chr. gegründeten römischen Stadt Simitthus, deren Namen berberischen Ursprungs ist (bislang noch wenig ausgegraben). Aufgrund ihrer Lage an einem wichtigen Straßenkreuz (siehe oben) erlebte sie einen schnellen Aufschwung, ihre eigentliche Bedeutung lag jedoch in den umliegenden Steinbrüchen.
Die Thermen wurden, wie die Stadt auch, über ein Aquädukt mit Wasser aus einer 30 km entfernt gelegenen Quelle versorgt. Rund 2 km nördlich befindet sich ein 15 000 Liter fassender Wasserspeicher (Zisterne).

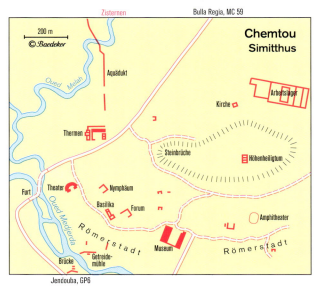

Chemtou

Überreste des freistehenden Theaters

Am östlichen Stadtrand liegt das Amphitheater, unweit nordwestlich eine weitere Zisterne.
Im Süden des Geländes liegen teils im Medjerda, teils am Ufer verstreut die mächtigen Reste einer Römerbrücke, die im 4. Jh. n. Chr. bei einem Hochwasser einstürzte, sowie (direkt daneben) eine in der Antike durch Wasserkraft angetriebene Getreidemühle, in die das Wasser durch düsenartig sich verengende Kanäle einströmte. Ein Modell dieser einzigartigen Anlage ist im Museum ausgestellt.

Simitthus (Fortsetzung)

Sehenswert ist das 1996 eröffnete Museum, das über die numidischen Anfänge bis zur Neuzeit unterrichtet, denn auch heute noch wird in der Nähe der berühmte Marmor gebrochen; hier sind auch einige Felsreliefs ausgestellt (s. S. 153; geöffnet: Di.–So. 8.00–17.00 Uhr).

*Museum

Nördlich hiervon befinden sich die Überreste des Theaters, wie in → Bulla Regia freistehend, die Cavea ist teilweise noch erhalten. An der Bühnenrückwand erinnern keine Überbleibsel. Ganz in der Nähe sind die Reste des Forums mit einer Basilika und einem Nymphäum zu sehen.

Theater

Das auf der Spitze des 85 m hohen Djebel Chemtou im 2. Jh. v. Chr. errichtete Heiligtum war dem punischen Gott Baal Hammon geweiht. Nur wenige Spuren erinnern an den monumentalen, ursprünglich zweistöckigen, über 10 m hohen Marmoraltar, von dem jedoch das 12,15×5,64 m große Fundament erhalten ist.
Bei der Freilegung wurden schöne Architekturfragmente des ehemals reich verzierten Baues gefunden (im Museum zu sehen), u. a. 1,20 m hohe, reliefverzierte Marmorblöcke, welche die Basis des Bauwerkes bildeten, sowie ein 190 cm langer Scheintür-Architrav mit ägyptisierendem Dekor (über einem Lotosblüten-Schmuckband wird eine Sonnenscheibe mit stilisiertem Strahlenkranz von zwei gekrönten Uräusschlangen in Drohstellung eingerahmt).

Höhenheiligtum

Chemtou

Höhenheiligtum in Chemtou

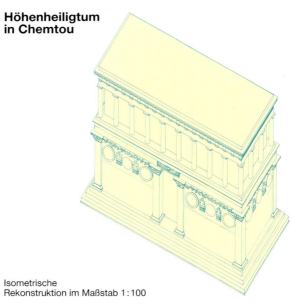

Isometrische Rekonstruktion im Maßstab 1:100

Höhenheiligtum (Fortsetzung)
: Die Römer erweiterten das numidische Heiligtum im 2. Jh. n. Chr. zu einem Saturntempel. Im 4. Jh. mußte es einer kleinen, dreischiffigen Kirche weichen, die später mit Fußbodenmosaiken ausgestattet wurde.
Geplant ist die Wiedererrichtung des Höhenheiligtums mit Abgüssen der Originale auf dem Gipfel des Djebel Chemtou.

Blick
: Von hier oben überblickt man das nördlich des Tempelberges gelegene Arbeitslager.

Arbeitslager
: Bei Luftaufnahmen 1961 nach heftigen Niederschlägen wurde am Nordrand des Tempelberges das Arbeitslager der kaiserlichen Steinbrüche entdeckt. Sie waren 154 n. Chr. deutlich außerhalb der Stadt auf einer Fläche von rund 40 000 m² angelegt (bislang wurden erst rund 8000 m² freigelegt) und durch schwere, über 1 m hohe Mauern gefängnisähnlich umschlossen. Um größere Höfe gruppierten sich Arbeits-, Wohn- und Verwaltungsgebäude, Depots, Stapelplätze, aber auch Thermenanlagen und Heiligtümer sowohl für die hier Arbeitenden als auch für die Verwalter dieses riesigen Steinbruches. In den Lagern lebten die Sklaven und zur Zwangsarbeit "ad metalla" in den Steinbrüchen verurteilte Arbeiter, darunter viele Christen.

Marmormanufaktur
: Seit dem 2. Jh. n. Chr. war die sogenannte Fabrica der wichtigste Bau innerhalb des Lagers. In sechs langen, noch einmal ummauerten Werkhallen wurden in einer hochentwickelten, spezialisierten Serienproduktion für den Export bestimmte Produkte hergestellt, u. a. Schalen, Mörser, Stößel, Schminkpaletten, Platten, Reliefteller. Ihre Fertigung erfolgte an verschiedenen, gut erkennbaren Arbeitsplätzen nach dem Prinzip der Arbeitsteilung, dem Fließband vergleichbar, bis das vollendete Produkt am nördlichen Lagertor für den Abtransport herauskam.

Steinbrüche
: In den Steinbrüchen selber zeigen gut erhaltene, bis zu 20 m hohe Steinbruchwände überall Spuren römischer Bruchtätigkeit, manche nicht

Chott el Djerid

abtransportierte Quader tragen Inschriften mit den Namen des Kaisers, der Konsuln, des für die Steinbruchzone verantwortlichen Beamten sowie die Bezeichnung des Bruchabschnittes.

Steinbrüche
(Fortsetzung)

An den südwestlichen, westlichen und nördlichen Hängen des Tempelberges wurde die größte Serie römischer Felsenreliefs (über 200) entdeckt. Sie sind nur bei einer bestimmten Stellung der Sonne (und dann nur wenige Minuten lang) zu erkennen, zwischen 20 und 55 cm hoch und 30 bis 35 cm breit. Es handelt sich dabei um einfache Handwerkerarbeit, die v.a. Opferzeremonien für Saturn darstellen, dem Nachfolger des punischen Baal Hammon, und sind von großer kultischer Bedeutung.

Felsreliefs

Chenini

→ Médenine, Umgebung

Chott el Djerid   H−K 4−7

Gouvernorate: Tozeur, Kebili und Gabès (anteilig)
Höhe: 17 m u.d.M. −25 m ü.d.M.

Die französisch Chott, deutsch Schott und arabisch Sebcha genannten Salzseen teilen Tunesien in zwei beinahe gleichgroße Teile. Die 'Grenze' verläuft südlich der Linie zwischen Tamerza (unweit der algerischen Grenze), Gafsa und Meknassy. Hier zieht sich der in Ostalgerien beginnende Schott-Graben bis zum Golf von Gabès. Er trennt die sich nördlich erstreckende Zentraltunesische Steppe, die in Richtung Süden immer karger wird und jenseits der Schotts in Vollwüste übergeht.
Auf tunesischem Boden beginnen die Schotts mit dem im Westen gelegenen Chott el Gharsa, der sich im Chott el Djerid (110×70 km) sowie in seinem östlichen Ausläufer, dem 90 km langen, bis zu 20 km breiten Chott el Fedjedj fortsetzt, zusammen bilden sie den größten Salzsee der Sahara (7 700 km^2).
In ihrem Gebiet liegen die beiden bedeutendsten Oasengebiete des Landes: im Nordwesten das Bled el Djerid um Tozeur, Nefta, El Oudiane und El Hamma, im Südosten die Nefzaoua um Kebili und Douz. Über 3 Mio. Dattelpalmen wachsen hier und gaben der Region den Namen: Bled el Djerid bedeutet Land der Palmen (Djerid = Palme).
Die reizvollen, inmitten einer fremdartigen Landschaft gelegenen Oasen haben das Gebiet der Schotts zu einem beliebten Reiseziel werden lassen, und zahlreiche ehrgeizige Projekte sehen vor, den Fremdenverkehr hier planmäßig auszubauen.

Lage und
*Bedeutung

Die teilweise unter dem Meeresspiegel liegende, landschaftlich höchst eindrucksvolle Senke (arabisch = Sebcha, Salzsee) entstand vor rund 1,5 Mio. Jahren im Jungtertiär durch tektonische Verschiebungen. Einst soll die Senke vom Meer überflutet gewesen und später dann ausgetrocknet sein. Im Frühjahr und Herbst lassen starke Regenfälle und unterirdische, aus den nördlichen Bergen stammende Quellen große Salzwasserlachen und Salzsümpfe entstehen. Der Niederschlag verdunstet jedoch sehr schnell (die Verdunstungskapazität ist fünfundzwanzig Mal höher als der Niederschlag) und läßt die aus dem Gestein herausgespülten Salze an der Oberfläche zurück. Weite Teile der Schotts sind mit einer bläulich-weiß schimmernden Salzkruste überzogen, die teilweise in mächtigen und bizarr erscheinenden Formen auskristallisiert sind.
Unter dem Salzsee befinden sich riesige fossile Grundwasserstöcke, welche die umliegenden Oasen bewässern. An manchen Stellen treten sie als Süßwasserquellen (Ain, Aioun im Plural) an die Oberfläche. Es ist

Entstehung

Chott el Djerid

Im Schott el Djerid und ...   *... die Salzkruste aus der Nähe*

Entstehung (Fortsetzung)	äußerst gefährlich, die asphaltierte Straße zu verlassen, um auf eigene Faust die scheinbar flachen Schotts zu durchqueren, da an manchen Stellen die Salzkruste infolge des fehlenden festen Untergrundes nachgeben und einbrechen kann. Die Schotts el Rharsa und el Fedjadj sind im Frühjahr beliebte Brutplätze von Flamingos, die aus Nordtunesien anfliegen, hier Nester bauen, ihren Nachwuchs ausbrüten und aufziehen. Anfang Juli verlassen sie die Salzseen wieder. Farbige Salzkristallablagerungen, die berühmten Fata-Morgana-Erlebnisse (= optische Täuschungen, die durch gleichmäßige Brechungen von Lichtstrahlen in ungleichmäßig erwärmten Luftschichten entstehen) sowie an besonders heißen Mittagen gelegentliche Staubstürme gehören zu den eindrucksvollen Erlebnissen dieser fremden Landschaft.
Überfahrt	Eine Überfahrt ist ganzjährig und problemlos über die 70 km lange Dammstraße GP 16 von Kriz (bei Tozeur) nach Bechri (bei Kebili) möglich. Es empfiehlt sich auf jedenfall die Mitnahme von genügend Trinkwasser sowie eines Kanisters mit Treibstoff. Zu Beginn der Strecke, im Nordwesten (von Tozeur aus), bestimmt noch vorwiegend flache Steppenlandschaft das Bild, auf einmal öffnet sich die endlos erscheinende Salzkruste der Schotts, die an manchen Stellen von Salzwasserlachen unterbrochen wird. Im Südosten künden mit Palmen bewachsene Dünen die Oasen der Nefzaoua an. Mitten auf dem Salzsee haben sich einige Souvenirläden angesiedelt, die neben Sandrosen und Salzkristallen auch Getränke anbieten.
Djerid-Oasen	Die am Rand gelegenen Oasen ⟶ Nefta und ⟶ Tozeur sind dicht besiedelt. Sie gehören zur Region Bled el Djerid oder kurz Djerid genannt.
Bergoasen	Im Nordwesten liegen in landschaftlich reizvoller Umgebung die Bergoasen von Mides, Tamerza und Chebika (⟶ Tozeur, Umgebung).

Am Südostrand der Schotts liegen die Oasen der Nefzaoua, hierbei handelt es sich um zahlreiche, weit verstreut liegende Oasen, deren Hauptorte Kebili und Douz heißen (→ Kebili).

Chott el Djerid (Fortsetzung) Nefzaoua

Djerba

J 10 und Nebenkarte

Gouvernorat: Médenine
Einwohnerzahl: 100 000
Höhe: 30–54 m ü.d.M.

Der internationale Flughafen Djerba-Mellita liegt ca. 10 km westlich vom Hauptort Houmt-Souk. Es gibt Linienflüge der Tuninter nach Tunis, Tozeur, Tabarka und Sfax und von anderen internationalen Gesellschaften nach Brüssel, Frankfurt, Genf, Lyon, Marseille, Paris und Zürich.
Während der Saison gibt es zahlreiche Charterflüge von Europa aus.

Anreise
Mit dem Flugzeug

Vom Busbahnhof (Gare Routière) an der Avenue Habib Bourguiba in Houmt-Souk fahren Busse nach Tunis, Sousse, Sfax, Gabès, Médenine, Zarzis und Ben Gardane.
Auf der Insel selber verkehren mehrere Buslinien zwischen den Touristenhotels einerseits und den Orten Midoun, Adjim, Guellala, Sedouikech, Er Riadh, auch Hara Seghira genannt, Oualegh, Houmt-Souk und zum Flughafen.

Mit dem Bus

Selbstfahrer erreichen die Insel mit der Fähre oder auf dem Landweg. Mit der Fähre: GP 1 Gabès – Médenine; kurz hinter Mareth zweigt die MC 116 östlich (nach links) ab. Nach rund 50 km erreicht man bei Djorf die regelmäßig zwischen dem Festland und Adjim (auf Djerba) verkehrenden Autofähren.
GP 1 Gabès – Médenine; etwa 15 km nordwestlich von Médenine zweigt die MC 118 in Richtung Zarzis ab; weitere 20 km nordöstlich von Zarzis beginnt die nach El Kantara (Djerba) führende, 6,4 km lange Dammstraße.

Mit dem Auto und der Fähre

Über den Damm

Die Insel Djerba liegt 3 km vor der tunesischen Südküste im Golf von Gabès oder auch Golf der Kleinen Syrte genannt.
Ausgedehnte, meist sanft abfallende Sandstrände, v. a. im Nordosten und im Südosten der Insel, und das hier besonders konstante Mittelmeerklima haben Djerba neben Sousse/Monastir und Hammamet/Nabeul zu einem der drei beliebtesten Fremdenverkehrszentren Tunesiens gemacht.
Neben dem Hauptort Houmt-Souk gibt es noch zahlreiche weitere Sehenswürdigkeiten, die nachfolgend in Form einer Inselrundfahrt beschrieben werden. Empfehlenswert ist auch ein Ausflug ins Inselinnere 'hoch zu Dromedar', den einheimische Führer anbieten.
Auskünfte erteilen in der Regel die Hotels.

Lage und
*Bedeutung

Mit einer Fläche von 514 km² ist Djerba die größte Mittelmeerinsel Nordafrikas. Von Norden nach Süden sowie von Osten nach Westen mißt sie etwa 30 km.
Geologisch gehört die Insel zum Festland. Als sich jedoch nach der Eiszeit der Mittelmeerspiegel hob, wurde sie von der Küstenebene getrennt. Noch heute ist der kleine Golf von Bou Grara, der Djerba vom Festland trennt, flach und lagunenhaft.
Ein 6,4 km langer Straßendamm verbindet die Insel mit dem Festland. Hauptort ist das an der Nordküste gelegene Houmt-Souk.

Allgemeines

Aufgebaut ist die Insel aus tertiären Ablagerungen, zum Teil bedeckt von einer Kalkschicht. Bis auf eine 54 m ansteigende Anhöhe im Südosten ist die Insel flach.
Ein großes Problem auf Djerba ist von jeher die Wasserversorgung, denn auf der niederschlagsarmen Insel (200 mm jährlich) mit ihren geringen Höhenunterschieden gibt es kein oberirdisches Gewässernetz. Abge-

Vegetation und
Wasserversorgung

Djerba

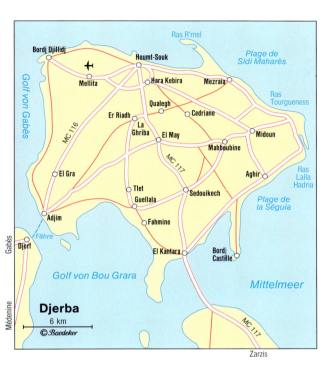

sehen von der Fremdenverkehrsregion an der Nordküste, die über eine Pipeline vom Festland mit Wasser versorgt wird, sind die übrigen Teile Djerbas noch heute größtenteils von rund 4000 Brunnen und 2000 Zisternen abhängig, deren Wasser leicht salzhaltig ist. Die Wasserqualität nimmt allerdings von den küstennahen Gebieten zum Landesinnern hin zu. Dies spiegelt sich deutlich in der Struktur der Landwirtschaft wider: An der Inselküste wachsen vorwiegend ertragsarme Dattelpalmen (1,2 Mio. Bäume), in deren Schatten Feigenbäume, Getreide und Wein gedeihen, während landeinwärts eine intensiver genutzte Ölbaumzone (rund 600 000 Bäume) folgt, die in der Inselmitte schließlich von ausgedehnten, bewässerten Gartenkulturen (Obstbäume) abgelöst wird.

Vegetation und Wasserversorgung (Fortsetzung)

Neben der Landwirtschaft spielt das traditionelle Töpfer- und Weberhandwerk eine wichtige Rolle. Beliebt und berühmt sind die Töpferwaren von Guellala und die vom Festland eingeführten Schaffelle, die zunächst zu Wolle verarbeitet und dann zu Tüchern verwebt werden, sowie die Erzeugnisse der Gold- und Silberschmiede.

Wirtschaft

Schließlich gehören noch Fischerei und Schwammtaucherei zu den traditionellen Erwerbszweigen. Die Gewässer um Djerba sind besonders fischreich, am häufigsten vertreten sind Stachelmakrelen, Barben, Thunfische, Barsche, Brassen, Garnelen und Krabben. An einer mit vielen kleinen Tonkrügen versehenen Langleine werden Tintenfische gefangen, die sich gerne in diesen Gehäusen verkriechen.

◀ *Blick über Djerba*

Djerba

Töpfermarkt in Houmt-Souk *Töpfer bei der Arbeit*

Wirtschaft (Fortsetzung)

Die jahrhundertealte traditionelle Wirtschaftsstruktur erhielt jedoch nach dem Zweiten Weltkrieg ein auf die nördliche Küstenregion beschränktes zweites Bein, denn das niederschlagsarme, durch den Einfluß des Mittelmeers sehr ausgeglichene, sonnige Klima führte hier in Verbindung mit kilometerlangen Sandstränden zum gezielten Aufbau einer Fremdenverkehrszone, die sich zusammen mit der am Festland gelegenen Oase Zarzis zur größten in Südtunesien entwickelte. Eine Kette von rund 70 Hotels europäischen Standards mit rund 30000 Betten säumt die Küste von Sidi Maharez und La Seguia im Südosten der Insel. Der nur 20–35 km entfernte Flughafen von Mellita verbindet die Insel mit den europäischen Herkunftsländern der Touristen.

Bevölkerung

Charakteristisch sind weitläufige Streusiedlungen, die jedoch keineswegs Zeichen einer geringen Bevölkerungsdichte sind. Im Gegenteil: Letztere ist mit 156 Einw./km² für tunesische Verhältnisse sehr hoch. Die aufgelockerte Siedlungsform ist wohl eher Ausdruck des auf Djerba weitverbreiteten Kleinbesitzes, der im übrigen Tunesien nicht üblich ist.

Die Inselbewohner, Djerbi genannt, sprechen noch zu etwa 25 % berberische Dialekte. Viele von ihnen haben die Insel in der Vergangenheit verlassen, weil die Landwirtschaft als Lebensgrundlage für die stark angewachsene Bevölkerung nicht mehr ausreichte. In den großen Fremdenverkehrszentren fanden nur wenige von ihnen Arbeit, da viele Hotelangestellte aus anderen tunesischen Regionen nach Djerba einwanderten. Abgewanderte Djerbi sind heute in allen größeren Städten des Landes als geschickte Handwerker und Kaufleute bekannt.

Juden

Neben der arabischen Bevölkerung lebten viele Juden auf Djerba. Allerdings hat sich ihre Zahl in den letzten Jahren durch Auswanderung stark verringert. Jüdische Einwanderer hatten die beiden Dörfer Hara Kebira und Hara Seghira (heute Er Riadh) gegründet (siehe unten). Die berühmte Synagoge La Ghriba ist alljährlich, 33 Tage nach Ostern, das Ziel zahlreicher jüdischer Pilger aus allen Teilen der Erde.

Djerba

Bevölkerung (Fortsetzung)

Die Mehrzahl der Djerbi lebt, wie bereits erwähnt, nicht in geschlossenen Dorfsiedlungen, sondern in Menzel genannten, ummauerten Gehöften, die den Großfamilien genügend Platz bieten. Charakteristisch sind die undurchdringlichen Opuntienhecken, die die Grundstücke zumeist schützend umgeben. Typisch sind auch die über die ganze Insel verstreut liegenden kleinen Moscheen, die meistens nur von einigen benachbarten Großfamilien benutzt werden.

Die berberischen Djerbi gehören zwei verschiedenen islamischen Glaubensrichtungen an, den Ibaditen und den Malekiten (letzteren gehört die Mehrheit der Tunesier an). Die Ibaditen hatten sich im 7. Jh. unter dem Namen Kharedjiten (= die Ausziehenden) abgespalten und v. a. unter den Berbern zahlreiche Anhänger gefunden. Auf der Flucht vor ihren traditionalistisch gesinnten Glaubensbrüdern flohen sie auf die Insel Djerba, wo sie eine neue Heimat fanden und sich Ibaditen nannten. Heute gibt es nur noch auf Djerba (hier v. a. im Westen der Insel), in Algerien (dort Mozabiten genannt) sowie in Oman Anhänger dieser Glaubensrichtung. Heutzutage scheint es, als ob das Bekenntnis zu der einen oder anderen Lehre seine ehemals trennende Funktion verloren hat.

Insgesamt gibt es etwa 250 kleine Moscheen auf Djerba, deren Bauweise – entsprechend ihrer religiösen Einstellung – auffallend schlicht und einfach gehalten ist. Die ibaditischen unter ihnen erkennt man an dem entweder fehlenden oder aber vierkantigen Minarett, während die Gotteshäuser der Malekiten besonders spitz zulaufende Minarette aufweisen.

Geschichte

Der Sage nach soll Odysseus auf seiner Irrfahrt von Troja auf Djerba, der Lotophagen-Insel, gelandet sein. Gesicherte historische Kenntnisse reichen bis ins 9. Jh. v. Chr. zurück, als die Phönizier auf der in der Antike Meninx genannten Insel Handelsniederlassungen gründeten. Vermutlich betrieben sie auch eine Purpur-Manufaktur. Große Mengen zerstoßener Murex-Schneckenhäuser, Grundlage für die Gewinnung des kostbaren Farbstoffes, lassen darauf schließen. Unter römischer Herrschaft blühte Djerba auf, da von hier aus die aus der Sahara und dem Inneren Afrikas stammenden Karawanen mit Sklaven und Handelsware nach Rom verschifft wurden. Haribus, Tipasa, Meninx und Girba hießen die vier Städte, von der letztgenannten leitet sich wohl der heutige Inselname ab. Um die Insel besser versorgen zu können, bauten die Römer (u. U. auf noch älteren Fundamenten) durch das zwischen 4 und 25 m tiefe Wasser einen Damm, dessen Reste die Fundamente der heutigen Straßenverbindung zwischen El Kantara (dem antiken Meninx) und dem Festland bilden.

Der Niedergang Roms bedeutete für die Insel den Anfang eines langsamen Niederganges. Auf die Überfälle der Vandalen (410 n. Chr.) folgten die Byzantiner, 667 schließlich die Eroberung durch die Araber und im 11. Jh. die Verwüstung durch die Beni-Hilal-Nomaden. Erst die Auseinandersetzungen um die Herrschaft im Mittelmeerraum ließen eine neue Epoche anbrechen. 1135 eroberten sizilianische Normannen die Insel, die jedoch bereits 1155 durch die Almohaden zurückgewonnen wurde. Das 1284 von den Spaniern aufgezwungene Joch der Fremdherrschaft überwanden die Djerbi im Jahr 1334 durch einen blutigen Aufstand. Unter den Hafsiden kam es dann in der 2. Hälfte des 15. Jh.s zu einem erneuten wirtschaftlichen Aufschwung, als sich Djerba zu einem berüchtigten Piratennest entwickelte. Zu zweifelhafter Berühmtheit gelangte insbesondere der Korsarenführer Dragut (→ Berühmte Persönlichkeiten), der die volle Unterstützung des osmanischen Sultans besaß. Um 1550 baute er zunächst die Festung von Houmt-Souk aus, um sich spanischer Vergeltungsexpeditionen besser erwehren zu können. Im Jahr 1560 schließlich suchten die Spanier eine endgültige Entscheidung. Sie rückten mit 30 Schiffen und einer Streitmacht von 30000 Mann gegen Houmt-Souk vor und nahmen die Festung ein. Auf ihrem Rückweg wurde die Flotte von Dragut angegriffen, an die 18000 Spanier und Malteser verloren dabei ihr Leben. Anschließend belagerte Dragut die Festung, und als die dort verbliebenen 5000 Soldaten ergeben mußten, wurden sie alle bis auf den letzten Mann geköpft. Zur 'Abschreckung' ließ Dragut die Schädel vor der Festung zu einer

Djerba

Geschichte (Fortsetzung)

Pyramide auftürmen, und es dauerte fast 300 Jahre, bis dieses makabre Symbol 1848 endlich beseitigt wurde. Heute erinnert ein Mahnmal an die unrühmliche Vergangenheit der Festung von Houmt-Souk.
In der Folgezeit gelangte Djerba zunächst unter türkische und ab 1881 unter französische Herrschaft, gegen die sich mehrere Aufstände richteten.

Houmt-Souk

Lage und Bedeutung

Mit rund 20 000 Einwohnern ist Houmt-Souk Hauptort und Verwaltungszentrum der Insel. Der heutige Name der an der Nordküste gelegenen Stadt bedeutet Marktviertel und spricht für eine lange Tradition als Handelsort. Bereits die Römer hatten seine günstige Lage am offenen Meer entdeckt und an dieser Stelle eine Siedlung namens Girba gegründet, die sich in der Folgezeit schnell zu einem lebhaften Umschlagplatz entwickelte.

Sehenswertes
*Altstadt

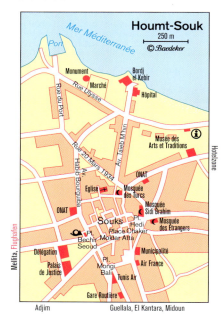

Ein kleiner Fischerhafen, eine hübsche Altstadt und malerische, labyrinthische Soukgassen, in denen montags und donnerstags Markt abgehalten wird, prägen den Ort.
Das Warenangebot der Händler ist größtenteils am Souvenirbedarf der Touristen ausgerichtet, und so werden u.a. vielerlei Schmuck, Kleider für die ganze Familie und Schuhe sowie Seide, Messing-, Silber- und Lederwaren angeboten. Beliebte Reisemitbringsel sind auch die meist roten, mit traditionellen geometrischen Mustern versehenen Wolldecken.

Fondouk

Sehenswert im Soukviertel sind mehrere alte Fondouks oder Karawansereien, wie die mehrgeschossigen Lagerhäuser und Herbergen auch genannt werden, die um einen mit Arkaden versehenen Innenhof gebaut wurden. In ihnen fanden früher die von weither angereisten Kaufleute Unterkunft und die meist wertvolle Ware ein sicheres Zwischenlager. Heute sind einige der Fondouks in einfache Hotels oder Restaurants umgewandelt.

Fremdenmoschee
Mosquée des Etrangers

Am Ostrand der Medina erhebt sich die sogenannte Fremdenmoschee Djama el Ghorba mit ihrem viereckigen, mit Schriftbändern verzierten Minarett.
Schräg gegenüber steht die Zaouia des Sidi Brahim von 1674. Folgt man von hier der Avenue Habib Thameur nordwärts, so erreicht man nach etwa

Djerba

Fremdenmoschee   *Türkenmoschee*

200 m linker Hand die sogenannte Türkenmoschee Djama Tourk aus dem 17. Jahrhundert. Mit ihren sieben Kuppeln und dem runden Minarett gilt sie als die schönste Moschee der Stadt. Montags und donnerstags wird auf dem davorgelegenen Platz der Markt abgehalten.

Türkenmoschee
Mosquée des Turcs

Folgt man von der Zaouia des Sidi Brahim der Avenue Abdel Hamid el Cadhi in nördlicher, später in östlicher Richtung, so erreicht man nach etwa 500 m das auf der linken Straßenseite (kurz vor der Hotelfachschule) gelegene, sehenswerte kleine Volkskundemuseum von Houmt-Souk. Das Musée des Arts et Traditions Populaires (auch kurz Musée ATP genannt) ist seit 1968 in der aus dem 18. Jh. stammenden Zaouia des Sidi Zitouni untergebracht.

*Volkskunde-museum

Das Museum ist täglich außer freitags von 9.30–12.00 und von 15.00 bis 16.30 Uhr geöffnet.

Hinweis

Im ehemaligen Gebetssaal ist eine bunte Sammlung von Volkstrachten ausgestellt; weiterhin sind schöne alte Schmuckarbeiten, eine eingerichtete Töpferwerkstatt, wertvolle Keramikerzeugnisse, Küchenwerkzeug sowie alte Hochzeitstruhen zu sehen. In einem kleinen Raum sind alte Koranausgaben aufbewahrt. Auffallend schön sind die Stalaktiten-Decken der Zaouia.

Hauptachse von Houmt-Souk ist die Avenue Habib Bourguiba. Sie durchmißt die Neustadt in nordsüdlicher Richtung. Folgt man ihr von der Stadtmitte in nördlicher Richtung, so gelangt man über ihre Verlängerung, die Rue du Port, zum Hafen von Houmt-Souk. Unmittelbar vor dem Hafen zweigt rechts die Rue Ulysse ab. Auf ihr erreicht man die Festung Bordj el Kebir, auch Bordj Ghazi Mustafa genannt. Der auf römischen Fundamenten errichtete Bau aus dem 11. Jh. erfuhr im 15. Jh. eine erste Verstärkung. Der berüchtigte Korsarenführer Dragut baute sie 1560–1570 zu der heute noch erkennbar mächtigen Festung aus. Im Inneren veranschaulicht ein Museum die bewegte Vergangenheit von Houmt Souk.

Bordj el Kebir

Djerba

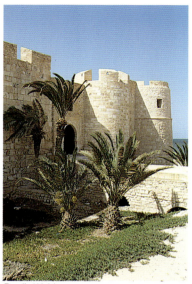
Bordj el Kebir

Fischerfamilie

Bordj el Kebir (Fortsetzung)

Zwischen Fort und Hafen steht ein kleiner Obelisk, der an die grausige Schädelpyramide erinnert, die hier von Dragut errichtet worden war.

Inselrundfahrt

Er Riadh
Hara Seghira

Geschichte

Von Houmt-Souk sind es nur 8 km nach Er Riadh, dem früheren Hara Seghira (= kleines Ghetto), der zweiten jüdischen Gemeinde neben Hara Kebira (= großes Ghetto) am südöstlichen Stadtrand von Houmt-Souk.
Die Juden waren nach der Zerstörung Jerusalems (70 n. Chr.) auf Djerba eingewandert. Andere Quellen berichten, daß bereits im 6. Jh. v. Chr. nach der Zerstörung Jerusalems durch Nebukadnezar, die ersten Juden nach Djerba kamen. Im 16./17. Jh. gesellten sich noch zahlreiche jüdische Andalusienflüchtlinge hinzu. Sie fanden friedliche Lebensbedingungen auf der Insel vor, denn die Djerbi waren fremden Religionen gegenüber äußerst tolerant. Noch vor 100 Jahren stellte die jüdische Minderheit einen Anteil von 10 % an der Inselbevölkerung. Erst die Gründung Israels nach dem Zweiten Weltkrieg führte zu einer starken Abwanderung. Heute gibt es auf Djerba nur noch etwa 1000–2000 Juden.

Synagoge
*La Ghriba

Eindruckvollstes Denkmal der Juden auf Djerba ist die 1 km östlich von Hara Riadh gelegene Synagoge La Ghriba (= die Wundertätige; samstags für nichtjüdische Besucher geschlossen). In ihrer heutigen Form stammt der äußerlich eher unscheinbare Bau aus den zwanziger Jahren unseres Jahrhunderts, in seinen Ursprüngen ist er jedoch viel älter. Um seine Entstehung ranken sich verschiedene Sagen, u.a. soll an dieser Stelle einst ein vom Himmel gestürzter Meteorit aufgeschlagen sein.
Der Innenraum ist mit prachtvollen Täfelungen, alten Leuchtern und wertvollen Thorarollen und weiteren Kultgegenständen ausgestattet. Die Rabbiner, die in der Pilgerherberge gegenüber der Synagoge wohnen, achten

Djerba

strikt darauf, daß jeder Besucher der Synagoge seine Schuhe auszieht und eine Kopfbedeckung trägt, die man am Eingang des Gotteshauses ausleihen kann. Jedes Jahr ist La Ghriba Zielpunkt von Wallfahrten, wenn 33 Tage nach Ostern Gläubige aus aller Welt eintreffen.

Synagoge La Ghriba (Fortsetzung)

Etwa 3 km südöstlich liegt El May (5000 Einwohner) mit der malerischen ibaditischen Moschee Oum et Turkiya aus dem 16. Jh. (Betreten für Nichtmoslems verboten). Von hier führen Straßen nach Guellala, Midoun, Houmt Souk und nach Adjim zur Autofähre.

El May

Etwa 11 km südlich von Er Riadh liegt an der Südküste der Insel das Dorf Guellala, wo das Töpferhandwerk von Djerba zu Hause ist. Das antike Haribus (der Name kommt von Heres = das Gefäß) lieferte einst seine berühmten Erzeugnisse bis weit in die Sahara hinein, und auch heute noch säumen zahlreiche Töpferläden die Hauptstraße und bieten den vielen Touristen ihre Produkte an. Insgesamt soll es in dem weitverstreuten Dorf noch rund 450 Töpfer geben. Der Ton wird in unterirdischen, bis zu 80 m tiefen Schächten gewonnen, anschließend trocknet er zwei bis drei Tage, wird dann zerkleinert und mit Wasser aufbereitet (für rote Keramik benötigt man Süßwasser, für weiße Salzwasser). Die Töpferwaren müssen nach ihrer Fertigung 60 Tage trocknen, anschließend werden sie in Ziegelöfen, die halb unter der Erde liegen, vier Tage lang gebrannt. In diesen bleiben sie weitere zehn Tage liegen, um langsam kalt zu werden.

Guellala

Auch das 6 km östlich von hier gelegene Sedouikech (4000 Einwohner; Dienstagsmarkt) lebt hauptsächlich von der Töpferei.

Sedouikech

Ganz im Süden der Insel liegt El Kantara. Von dem einst bedeutenden römischen Meninx ist nicht mehr viel zu erkennen. In den Resten einer großen christlichen Basilika wurde ein kreuzförmiges Taufbecken gefunden, welches heute im Bardo-Museum in → Tunis ausgestellt ist. In El Kantara beginnt der 6,4 km lange und 10 m breite Damm, der die Insel mit dem

El Kantara

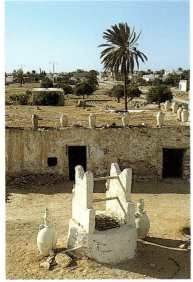

Töpferwerkstatt ...   *... und Brennofen in Guellala*

Djerba

El Kantara
(Fortsetzung)
Festland verbindet. Er ruht auf römischen, vielleicht sogar auf noch älteren Fundamenten. Parallel zum Damm verlaufen die Rohre, welche die im Nordosten der Insel liegenden Hotels mit vom Festland stammendem Süßwasser versorgen.

Bordj Castille
Folgt man der Küstenstraße ostwärts, erkennt man das auf einer schmalen Landzunge stehende Bordj Castille, eine ursprünglich aus dem 13. Jh. stammende, im 15. Jh. erweiterte Festung.

Casino
Das Casino mit seinen Spielsälen, maurischem Kaffeeraum, Laden-Galerie, Wintergarten und einem vorzüglichen Restaurant "El Ferida" ist täglich ab 17.00 Uhr geöffnet (Busverbindungen zu den Hotels bis 4.00 Uhr früh).

Midoun
Etwa 5 km inseleinwärts liegt Midoun inmitten von Gärten, Obst- und Dattelhainen. Mit 7000 Einwohnern ist es nach Houmt-Souk der zweitwichtigste Marktort Djerbas (Freitagsmarkt). Der heute von Souvenirläden bestimmte Marktplatz bildet den Mittelpunkt der hübschen Medina. In Midoun leben viele Nachkommen der einst aus dem Sudan verschleppten Sklaven. Während der Hauptsaison findet hier dienstags eine 'Fantasia' statt, auf der eine traditionelle Hochzeitsfeier vorgeführt wird (ohne Braut, jedoch mit Dromedar, Kapelle, Volkstanz und Reiterspielen).

Folklorezentrum Oasis
Heiße Nächte bei orientalischer Musik, Leila zeigt einen hinreißenden Bauchtanz, Farouk beschwört Schlangen, Ali bietet frischen Tee an und sorgt dafür, daß die Wasserpfeifen nicht ausgehen. Dieses und vieles andere ist im Oasis zu sehen. Ein maurisches Café, eine Cafeteria und eine landestypische Speisefolge bilden mit einem deutschen Biergarten (romantisch!) einen originellen Rahmen selbst für den einmal wöchentlich stattfindenden karibischen Abend. Das in der Nähe des Hotels Calimera gelegene Zentrum ist ab 10.00 Uhr geöffnet; ab 20.00 Uhr gibt es Darbietungen (Reservierung empfehlenswert, Tel. 05/65 91 73, Fax 05/65 91 74).

Mahboubine
Etwa 4 km südwestlich liegt Mahboubine. Sehenswert ist die El-Katib-Moschee, eine verkleinerte Kopie der Hagia-Sofia-Moschee, von 1903.

Plage Sidi Maharès
Etwa 9 km östlich von Houmt-Souk beginnt der Plage Sidi Maharès. Er ist der ältere und am besten erschlossene Hotel- und Strandabschnitt und zieht sich 13 km lang bis zum Ras Tourguesse mit dem 54 m hohen Leuchtturm. Regelmäßige Busverbindung mit Houmt-Souk und Midoun.

Bordj Djillidj
Verläßt man Houmt-Souk in westlicher Richtung, erreicht man etwa 3 km nach dem Flughafen Mellita den nordwestlichsten Punkt der Insel. In der ehemaligen Festung von 1745 befindet sich heute ein Leuchtturm.
Ein kleiner, wenig befahrener Küstenweg führt von hier nach Adjim.

Adjim
Die MC 116 verläßt Houmt-Souk in südwestlicher Richtung und führt durch eine dünn besiedelte, mit Ölbaum- und später Palmenhainen bewachsene Landschaft. Nach etwa 22 km erreicht man Adjim, das antike Tipasa (wenig Überreste), Zentrum der Schwammfischerei. Zwischen Adjim und dem Festland (Djorf) verkehren regelmäßig Autofähren.

Umgebung von der Insel Djerba

Gightis
Anfahrt
Gightis liegt an der MC 108 Djorf – Médenine, unweit südlich der Abzweigung nach Bou Grara.

Lage und Bedeutung
Rund 20 km südlich von Djorf und 27 km nördlich von Médenine liegt das römische Ruinenfeld Gightis. Auch wenn es nicht ganz so beeindruckend ist wie die großartigen im Norden Tunesiens gelegenen Römerstädte, empfiehlt sich ein Ausflug von der Insel Djerba.

Djerba

El-Katib-Moschee in Mahboubine

Bereits im 6. Jh. v.Chr. gründeten aus Tyros stammende Phönizier hier einen Handelsposten. Dank seiner Lage am Golf von Bou Grara entwickelte er sich rasch zu einem wichtigen Hafen und Karawanenumschlagplatz. 46 n.Chr. übernahmen die Römer die Stadt und bauten sie weiter aus. Zwar überlebte sie den Niedergang des römischen Weltreiches und wurde im 4. Jh. sogar Hochburg des Christentums in Südtunesien, der Vandalensturm aber brachte das Ende.

Der rege Handel führte auch zu einem kulturellen Austausch, und noch lange blieb griechischer, ägyptischer und punischer Einfluß wirksam. Dies schlägt sich u.a. in der Architektur nieder. Die heute sichtbaren Überreste stammen v.a. aus dem 2. nachchristlichen Jahrhundert.
Aus Djorf kommend, stößt man zunächst auf die Reste der Thermen, einer rechteckigen Anlage mit einer runden Arena, dem ehemaligen Sportplatz (Palaestra). Östlich erstreckte sich das Forum, um welches die wichtigen öffentlichen Gebäude lagen. Nördlich hiervon standen die Apollon, Concordia und Herkules geweihten Tempel, östlich ein Dionysostempel (Liber Pater), im Westen der einstige Kapitol- oder Podiumstempel, von dem nur noch die Stufen zum Podium und sechs Säulenstümpfe übriggeblieben sind. Vermutlich wurden hier Isis und Serapis verehrt, aus Ägypten und dem Orient stammende Gottheiten.
Der Markt und die Wohnhäuser lagen südlich des Forums, jenseits des Chabel-el-Hassian-Flüßchens, und boten Aussicht aufs Meer. Im Südwesten der Stadt sind Reste des Merkurtempels erhalten, der vom Anfang des 3. Jh.s stammt.
Alle Fundstücke sowie ein Modell der Stadt sind im Bardo-Museum in → Tunis ausgestellt.
Den nördlichen Abschluß bildet eine byzantinische Festung.

Geschichte

*Ausgrabungen

Dougga

Zarzis
Anfahrt

Nach Überquerung der Dammstraße von El Kantara (Djerba) auf das Festland folgt man der MC 117 in südöstlicher Richtung und erreicht nach 20 km die Ortschaft Zarzis. Die am Dammende beginnende küstennahe "Route Touristique" (Route des Hôtels) fährt durch Hassi und direkt zu der am Meer gelegenen Hotelzone.

Lage und Bedeutung

Zweiter Schwerpunkt des südtunesischen Fremdenverkehrs ist die küstennahe Oase Zarzis, die rund 20 km südöstlich von Djerba auf der Akkara-Halbinsel liegt. Die geographisch zur Djeffara-Ebene gehörende Küstenoase wurde Ende des letzten Jahrhunderts von den Franzosen angelegt. Verstreute Ölbaumplantagen (700 000 Bäume), Dattelpalmhaine (110 000 Bäume; die Datteln werden nur verfüttert) sowie Gartenbau bestimmen das Landschaftsbild. In der gleichnamigen, stark vom Fremdenverkehr geprägten Ortschaft leben rund 11 000 Einwohner.
Die Hotelzone erstreckt sich etwa 8 km entlang der Küste und endet 4 km vor der Ortschaft Zarzis, regelmäßig verkehrende Busse unterhalten die Verbindung.

Weitere Sehenswürdigkeiten in der Umgebung

Djerba eignet sich sehr gut für weitere Ausflüge in die nähere und weitere Umgebung. Im folgenden einige Stichworte, die ihrerseits ebenfalls sehenswerte Umgebungsziele besitzen:
⟶ Chott el Djerid
⟶ Gabès
⟶ Gafsa
⟶ Tozeur
⟶ Nefta
⟶ Kebili
⟶ Médenine

Dougga C 7

Gouvernorat: Siliana
Höhe: 520–600 m ü.d.M.

Anfahrt

GP 5 Tunis – Béja. Etwa 60 km hinter Tunis, in Mejez El Bab, teilt sich die Straße. Nordostwärts führt die GP 6 weiter nach Béja, die GP 5 dagegen verläuft südostwärts über Testour, Téboursouk bis nach Le Kef. Nach rund 50 km (kurz hinter der Abzweigung nach Téboursouk) führt eine kleinere, beschilderte Straße zum 7 km nördlich gelegenen Ausgrabungsgelände hinauf.

Lage und Bedeutung

Die antike Stadt Thugga ist die besterhaltene Römerstadt in Afrika. Inmitten einer herrlichen Landschaft, umgeben von Wiesen und Olivenhainen, stehen die Ruinen, von weitem sichtbar, auf einem Plateau am Rande der Monts de Téboursouk, deren Flanken im Norden steil und im Süden sanft in das Tal des Oued Khalled abfallen. In der Nähe befindet sich die heute noch genutzte Quelle Aïn Mizeh.
Die in römischer Zeit nicht ummauerte Stadt nahm ungefähr 25 ha ein. Ursprünglich war sie ohne Plan gebaut und im Gegensatz zu den meist rechtwinklig angelegten römischen Städten ein Labyrinth gepflasterter Straßen, die nur für Fußgänger benutzbar waren.
Jährlich findet im Juni ein Theaterfestival statt.

Geschichte

Die Wahl des Siedlungsplatzes auf einem steil abfallenden Hang (daher auch der Ortsname: Tukka = steiler Fels) läßt wie in Sicca Veneria (⟶ Le Kef) und ⟶ Bulla Regia auf eine numidische Gründung schließen. Im 2. Jh. v.Chr. wurde die Siedlung vom Numiderkönig Masinissa zu einem Adels- oder Königssitz erweitert. Die Reste einer megalithischen Mauer, ein Baal-Heiligtum, Dolmengräber sowie ein numidisches Mausoleum stammen aus dieser Zeit.

Dougga

Überragt vom Kapitol: Dougga

Etwa 105 v. Chr. siedelten sich die ersten Römer in der Umgebung der Stadt Thugga an, die laut Diodorus Siculus (einem griechischen Geschichtsschreiber aus dem 1. Jh. v. Chr.) bereits damals "von einer schönen Größe" war.

Unter Cäsar wurde die Stadt 46 v. Chr. der Provinz Africa Nova einverleibt. Die numidische Siedlung auf dem Burgberg blieb jedoch bestehen, die römischen Verwalter und Veteranen siedelten sich unterhalb davon in der Ebene an. Im Laufe der Zeit wuchsen die numidische und die römische Siedlung zusammen. 205 n. Chr. wurde die Stadt zu einem Municipium erhoben, und alle freien Bürger erhielten das römische Bürgerrecht. Als Thugga 261 zur Colonia Licinia ernannt wurde, war die Romanisierung abgeschlossen und die Stadt auf dem Höhepunkt ihrer Entwicklung. Aus dieser Zeit stammen die meisten öffentlichen Prachtbauten, aus Spenden besonders wohlhabender römischer Großgrundbesitzer erbaut, sowie die heute noch zugänglichen Privathäuser.

Ende des 3. Jh.s begann der Niedergang. Unter byzantinischer Herrschaft wurde die Stadt befestigt, die Steine dafür aus antiken Monumenten herausgenommen. Irgendwann wurde die Stadt aufgegeben. In der Umgebung ließen sich jedoch aus Andalusien stammende Flüchtlinge nieder, die den Olivenanbau wiederbelebten.

Entdeckt wurde das Ruinenfeld bereits im 17. Jh., mit den Ausgrabungen, die bis heute andauern, wurde 1899 begonnen.

Geschichte

✻✻Ausgrabungen

Die Auffahrtsstraße endet direkt bei dem Eingang in das Ruinenfeld. Hier werden die Eintrittskarten verkauft und Führungen angeboten. Um Mißverständnisse zu vermeiden, sollte der Preis einer Führung vorab ausgehandelt werden. Hier beginnt auch die in Form eines Rundganges gehaltene Beschreibung.

Hinweis

Dougga

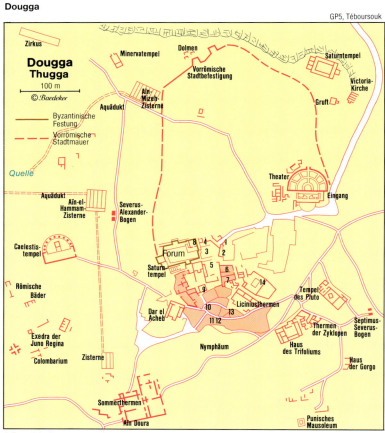

1 Tempel der Pietas Augusta
2 Fortunatempel
3 Platz der Windrose
4 Merkurtempel
5 Macellum
6 "Haus der Mundschenke"
7 "Haus der Treppen"
8 Kapitol
9 Tellustempel
10 "Omnia tibi felicia"
11 "Dionysos und Odysseus"
12 "Haus des Labyrinths"
13 "Haus der drei Masken"
14 Concordia-, Frugifer- und Liber-Pater-Tempel

Theater   Im Auftrag eines reichen Stadtbewohners wurde 168/169 n.Chr. das Theater nach römischem Grundriß in eine Hangmulde hineingebaut (s. Abb. S. 75). Sein Durchmesser beträgt 120 m. Drei Ränge mit je 19 Sitzreihen steigen im Halbrund 15 m an, ein Bogengang bildet den oberen Abschluß der rund 3500 Zuschauer fassenden Cavea (Zuschauerraum). Die Ehrengäste saßen auf den Orchesterplätzen. Eine mit vielen Nischen für Marmorstatuetten versehene niedrige Mauer (Pulpitum) trennte den Zuschauerraum vom Bühnenraum (Proscenium).

Der schöne Ausblick ins Tal, über die gesamte antike Stadt bis hin zu dem unterhalb gelegenen numidischen Mausoleum (siehe unten), den man heute von den oberen Sitzreihen genießt, war ursprünglich durch eine hohe Bühnenrückwand verstellt, von ihr stehen nur noch einige Säulen. Ihre den Zuschauern zugewandte Schauseite bestand aus drei überein-

Dougga

Theater (Fortsetzung)

anderstehenden Säulenreihen mit Treppenaufgang. In dem Theater wurden Lustspiele und Pantomimen aufgeführt.
Durch ein Bühnenportal gelangt man in eine korinthische Säulenhalle, das ehemalige Foyer des Theaters. Eine Inschrift nennt den großzügigen Mäzen und beschreibt die Räumlichkeiten des Theaters.
Im Untergeschoß des Bühnenhauses befanden sich Magazin- und Requisitenräume.

Nördlich oberhalb des Theaters liegen der Saturntempel (dessen Säulen bereits von der Auffahrtsstraße aus zu sehen waren), die Victoria-Kirche sowie eine heidnische Begräbnisstätte.

Saturntempel

Der prächtig gelegene Saturntempel wurde 195 n. Chr. an die Stelle eines vorrömischen Baal-Heiligtums gebaut (von diesem wurden einige Ascheurnen und Grabstelen gefunden). Die östliche Schmalseite bildet ein mit vier Säulen geschmücktes Vestibül. Der Innenhof ist an drei Seiten von einem korinthischen Portikus umgeben, drei Cellae bilden die Westseite. In der unter dem Innenhof liegenden Zisterne wurde der Kopf der Saturn-Statue gefunden, die vermutlich die mittlere Cella schmückte (heute im Bardo-Museum in → Tunis), die südlichste Cella hat einen Teil ihres mit Stuck überzogenen Gewölbes bewahrt.

Unterhalb des Tempels liegt die sogenannte Gruft. In einer heidnischen Nekropole befindet sich ein Hypogäum, zu dem sieben Stufen hinunterführen.

Victoria-Kirche

Unweit östlich steht die Victoria-Kirche, ein kleiner, dreischiffiger Bau mit Mosaikresten. In der unter dem erhöhten Presbyterium liegenden Krypta wurde ein Sarkophag mit der Inschrift Victoria gefunden. Die kleine Kirche wurde Anfang des 5. Jh.s n. Chr. auf unregelmäßigem Grundriß mit Steinen aus dem Saturntempel erbaut.

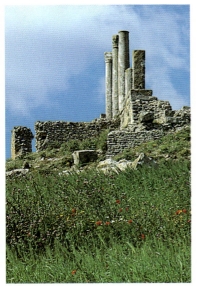

Saturntempel

Severus-Alexander-Bogen

Dougga

Tempel der Pietas Augusta

Wieder zum Theater zurückgekehrt, folgt man einer von verfallenen Läden und Häusern gesäumten, gepflasterten Straße. Das Regenwasser wurde in den in der Straßenmitte gelegenen Vertiefungen aufgefangen und unterirdisch abgeleitet. Zunächst gelangt man zum kleinen, halbrunden Tempel der Pietas Augusta. Von dieser aus dem 2. Jh. n.Chr. stammenden Stiftung stehen auf einem Sockel noch zwei Pfeiler mit korinthischen Kapitellen. Weiter folgt der Unterbau eines der Fortuna geweihten Tempels sowie eine kleine Moschee.

Platz der Windrose

Der von Säulenhallen umgebene Platz der Windrose wurde um 190 n.Chr. als Erweiterung des Forums angelegt. Das mit Kalksteinen gepflasterte Rechteck wird im Osten durch einen Halbkreis geschlossen. Namengebend ist eine in den Boden eingeritzte Windrose aus dem 3. Jh. mit den Namen der zwölf Winde (Septentrio, Aquilo, Euraquilo, Vulturnus, Eurus, Leuconotus, Auster, Libonotus, Africus, Favonius, Argestes und Circius).

Merkurtempel

An dem Platz liegt im Norden der dem Gott des Handels geweihte Merkurtempel. Ein zehnsäuliger Portikus führt in das Heiligtum, welches aus drei Kultnischen (Cellae) besteht, vielleicht ein Hinweis auf eine afrikanische Dreifaltigkeit.

Macellum

Den südlichen Abschluß bildet der Marktplatz (Macellum), ursprünglich wohl im 1. Jh. n.Chr. angelegt, jedoch Ende des 2. Jh.s zu einem Fleischmarkt umgebaut. Beim Bau der byzantinischen Festung im 6. Jh. wurde er größtenteils zerstört.

Im Osten des Platzes stehen zwei Wohnhäuser: das "Haus der Mundschenke", benannt nach einem im Untergeschoß gefundenen Mosaik (heute im Bardo-Museum in → Tunis), sowie das "Haus der Treppen".

Kapitol

Zwischen dem Platz der Windrose und Forum erhebt sich das auf einem Podest stehende Kapitol. Der den drei Göttern Jupiter, Juno und Minerva geweihte Tempel wurde 166 oder 167 n.Chr. gebaut und gehört zu den schönsten und besterhaltenen römischen Tempeln in Nordafrika.

Eine monumentale Treppe führt zum Portikus hinauf, der der Cella vorgestellt ist. Die vier vorderen und zwei seitlichen korinthischen Säulen sind bis auf eine aus Kalkstein geschaffene Monolithen. In einem Fries stehen die Namen der Spender des Tempels sowie eine Widmung an die Herrscher Mark Aurel und Lucius Verus. Das Giebelfeld schmückt ein Relief, auf dem ein Mensch von einem Adler emporgehoben wird, vielleicht stellt es die Vergöttlichung des Kaisers Antoninus Pius dar.

In der Rückwand der fast quadratischen Cella (13 x 14 m) befinden sich die drei Nischen für die Götterstatuen, eine halbrunde in der Mitte für Jupiter, seitlich zwei rechteckige Nischen für Juno und Minerva.

Im Untergeschoß befand sich eine dreischiffige Krypta, die vielleicht als Kirche gedient hat; bei Ausgrabungen wurde hier der aus weißem Marmor bestehende Kopf der Jupiter-Kultstatue gefunden.

Forum

Im Westen schließt sich das mit 38,5 m Länge und 24 m Breite eher bescheidene Forum (angelegt zwischen 14 und 37 n.Chr.) an. Es war ursprünglich auf drei Seiten von Portiken umgeben, deren rot geäderte Marmorsäulen korinthische Kapitelle aus weißem Marmor trugen. Mehrere Gebäude öffneten sich auf das Forum.

Im 6. Jh. wurden jedoch Forum, Kapitol und der gegenüberliegende Saturntempel zu einer byzantinischen Festung zusammengezogen und zwei Türme hinzugefügt, die Steine dazu aus umliegenden Bauten herausgenommen.

Severus-Alexander-Bogen

Nordwestlich des Forums liegt der Triumphbogen des Severus Alexander, auch Bab er Roumia (das Tor der Christin) genannt. Er wurde um 222–235 gebaut, wahrscheinlich um die Verleihung von weiteren Privilegien an die Stadt zu feiern.

Kapitoltempel in Dougga ▶

Dougga

Caelestistempel

Zisternen

Etwas weiter nördlich liegt die Aïn-el-Hammam-Zisterne mit fünf je 33 m langen und 5 m hohen Becken. Sie konnten insgesamt 6000 m³ Wasser speichern.
Rund 150 m weiter befindet sich die Aïn-Mizeh-Zisterne. Sieben Becken hatten zusammen ein Fassungsvermögen von 9000 m³. Von hier wurden die übrigen Thermen, Brunnen und einige Wohnhäuser mit Wasser versorgt, welches über ein Aquädukt von der 12 km westlich gelegenen Quelle herbeigeführt wurde.

Minervatempel

Von dem zwischen 138 und 161 n.Chr. gebauten Minervatempel ist nur noch wenig erhalten. Das gleiche gilt für die vorrömische Stadtmauer, neben der einige römische Gräber und ein paar vorgeschichtliche Dolmen liegen.

Zirkus

Auch vom weiter nördlich ausgegrabenen Zirkus, 204 n.Chr. in einer natürlichen Bodenmulde eingerichtet und 170 m lang, ist mehr zu erraten als zu erkennen.

Caelestistempel

Der Rückweg führt am Tempel der Juno Caelestis vorbei, der romanisierten punischen Göttin Tanit, und das am häufigsten für Tanit verwendete Symbol der Mondsichel bestimmt auch seinen Grundriß.
Zwischen 222 und 235 wurde das Heiligtum von Julius Gabinius und seiner Frau Julia Gabinia Venusta gestiftet. Der auf einem Podium stehende Tempel, ein Peripteros, ist von einer halbkreisförmigen Portikus-Mauer umgeben, die ihrerseits von einer ebenfalls halbrunden Mauer eingerahmt wird. Das Becken für die rituelle Reinigung befand sich zwischen Ringmauer und Nebengebäude im Osten des Bezirkes.
Die an der Nordseite angebaute Apsis erhielt der Tempel, als er in eine Kirche umgewandelt wurde.
Unterhalb des Caelestistempels liegen die Exedra der Juno Regina, ein kleines Oratorium sowie das Columbarium der Remii, ein Grabbau aus dem 2./3. nachchristlichen Jahrhundert.

Dougga

Sommerthermen

Ganz im Südwesten Thuggas befinden sich in der Nähe der Aïn-Doura-Quelle die sogenannten Sommerthermen.

Tempel der Tellus

Unterhalb des Forums steht der vermutlich 261 n. Chr. erbaute Tempel der Tellus, einer Fruchtbarkeitsgöttin. In den drei Nischen der Cellawand standen Statuen der Gottheiten Tellus, Pluto und Ceres.

Dar el Acheb

Etwas südwestlich liegt das heute Dar el Acheb genannte Monument, vermutlich ein 164–166 gebauter Tempel. Ein rechteckiges Tor führt auf einen ummauerten Hof.

Verschiedene Villen

An der in östlicher Richtung führenden gepflasterten Straße liegen mehrere einst prachtvoll ausgeschmückte Wohnhäuser. Ihre Namen erhielten sie nach dort entdeckten Mosaiken, die im Bardo-Museum in → Tunis ausgestellt sind. Sie wurden in der Mitte des 3. Jh.s nach einem in Nordafrika vielfach angewandten Grundriß errichtet: Eine Tür in der zur Straße hin fensterlosen Hauswand führte in eine Vorhalle (Vestibül). Die hinter Portiken gelegenen Zimmer öffneten sich bei größeren Häusern auf einen Garten, bei kleineren auf einen Innenhof (Patio, Peristyl). Im Sommer wurden die kühleren Untergeschosse, im Winter die Obergeschosse bewohnt. Diese auch in → Bulla Regia verbreitete Bauweise bot sich hier durch die natürliche Hanglage besonders an.

Bei dem Haus "Omnia tibi felicia" ("Dir alles Glück") handelt es sich vielleicht um das städtische Freudenhaus, dessen Räume sich um einen kleinen Peristylhof anordneten. Das gegenüberliegende "Haus des Dionysos und Odysseus" gehört zu den besterhaltenen Villen in Dougga.

Weiter folgen das "Haus des Labyrinths" sowie das "Haus der drei Masken"; unweit südlich das "Haus des Trifoliums". Von diesem vermutlich einst größten Privatbau sind nur noch die unteren Wohnräume erhalten. Seinen Namen erhielt das Haus nach dem kleeblattförmigen Grundriß (Trèfle = Kleeblatt) eines seiner Räume.

Thermen der Zyklopen

Der anschließende Gebäudekomplex wird die "Thermen der Zyklopen" genannt, im Untergeschoß sind Gewölbekeller erhalten. Unweit südlich sind die eigentlichen Thermen, im Frigidarium befand sich ein Zyklopen-Mosaik (heute im Bardo-Museum in → Tunis).

Sehenswert sind die guterhaltenen Latrinen (über eine Seitenstraße zu betreten). In einer hufeisenförmigen Steinbank sind zwölf Sitze eingelassen. Die Abwässer wurden aufgefangen und unterirdisch in den Hauptkanal abgeführt.

Bogen des Septimus Severus

Der 5 m breite Triumphbogen des Septimus Severus wurde im Jahre 205 n. Chr. errichtet, um die Erhebung der Stadt zum Municipium zu feiern. Diese Aufwertung war mit der Gewährung mehrerer Vorrechte (u. a. eigene Verfassung, eigener Beamtenapparat, Bürgerrecht) verbunden. Das Tor führte auf die Verbindungsstraße Karthago – Theveste (Tébessa).

Mausoleum des Ateban

Das im Tal gelegene Mausoleum (s. Abb. S. 72) ist das einzige erhaltene numidisch-punische Bauwerk Tunesiens. Erst kürzlich wurde ein weiteres in Sabratha in Tripolitanien (Libyen) entdeckt. 1842 war es fast vollständig zerstört worden, als ein englischer Konsul sich eine zweisprachige Inschrifttafel aus der Fassade herausbrechen ließ. Anfang des 20. Jh.s wurde es jedoch wieder errichtet. Das dreistöckige, 21 m hohe Turmgrabmal wurde gegen Mitte des 2. Jh.s v. Chr. für Ateban, einen Zeitgenossen Masinissas, Sohn des Jepmatath und Enkel des Palu, gebaut. Anhand einer zweisprachigen, punisch-numidischen Inschrift (heute im Britischen Museum in London) gelang es, die von den Numidern erfundene libysche Schrift zu entziffern, eine Vorform der Tifinagh-Schrift, die heute noch von den in der Sahara lebenden Tuareg verwendet wird.

Dougga

Latrinen

Licinius-Thermen

Mausoleum des Ateban (Fortsetzung)

Die Gestaltung des reliefgeschmückten Bauwerkes zeigt hellenistische und ägyptische Einflüsse. Ein sechsstufiges Untergeschoß trägt einen quadratischen Sockel, der an den Ecken Pilaster mit äolischen Kapitellen aufweist. Die Grabkammer war durch zwei mit Steinplatten zu verschließende Fenster zu betreten. Drei Stufen tragen das zweite Stockwerk, das durch kannelierte, ionische Halbsäulen gegliedert ist. Weitere drei Stufen leiten zum dritten Geschoß über, an den Ecken standen Reiterstatuen. Ein pyramidenförmiges Dach schließt das Mausoleum ab.

Der Rückweg führt am etwas abseits gelegenen Haus der Gorgo vorbei zu den Licinius-Thermen.

Licinius-Thermen

Die Licinius-Thermen, die eigentlichen Winterthermen, wurden um 260 errichtet und im 4. Jh. umgebaut. Soweit es die Hanglange zuließ, wurden die Thermen nach dem üblichen symmetrischen Grundriß erbaut. Der fast quadratische Eingangssaal lag im Norden und war von einem zwölfsäuligen Portikus umgeben, auf dem ein sogenanntes Amphorengewölbe (→ Bulla Regia) ruhte. Die Wände waren marmorverkleidet und der Fußboden mit einem geometrischen Mosaik geschmückt.

Über einen kleinen Vorraum gelangte man in das ebenfalls reich ausgestattete Frigidarium (Kaltbaderaum), welches in der Gebäudemitte liegt. Dem Eingangssaal genau gegenüber lag die Palaestra (Gymnastikraum), ebenfalls von einem Portikus eingerahmt. Über das Frigidarium gelangte man in das nördlich gelegene Tepidarium (Warmbaderaum) und anschließend in das Caldarium (Heißbaderaum), welches unterirdisch durch eine Hypokaustenheizung erwärmt wurde. Latrinen sowie ein Sudatorium (Schwitzraum) befanden sich in weiteren Nebenräumen.

Concordiatempel

Die neben den Thermen liegenden Concordia-, Frugifer- (= Pluto) und Liber-Pater-Tempel (= Dionysos/Bacchus) liegen hinter dem Haupteingang zu den Thermen. Sie wurden zwischen 128 und 138 n. Chr. ebenfalls mit Spendenmitteln errichtet.

Am südöstlichen Ende befindet sich ein kleines, ehemals überdachtes Theater, leider wurde es durch eine später hinzugefügte Stadtmauer verbaut.

Weitere Sehenswürdigkeiten

Umgebung von Dougga

Mustis liegt rund 12 km südwestlich von Dougga an der GP 5 in Richtung Le Kef. Vermutlich siedelte hier Marius nach seinem Sieg über Jugurtha, Ende des 2. Jh.s v.Chr., einheimische Veteranen an. Die an der Handelsstraße Karthago – Theveste (Tébessa) gelegene Stadt wurde zum Municipium erhoben (wahrscheinlich von Julius Cäsar).
Zwei Triumphbögen markierten die wichtigsten Ein- und Ausfahrtsstraßen, der wohlerhaltene steht etwas östlich. Der Rundgang beginnt bei den Ruinen eines Apollontempels, daneben liegen die eines Ceresheiligtums. Eine gepflasterte Straße führt zu den Überbleibseln eines römischen Wohnhauses, etwas weiter befinden sich eine Ölpresse sowie östlich die Reste eines Plutontempels. Gegenüber den Grundmauern einer dreischiffigen byzantinischen Basilika erheben sich die Reste einer byzantinischen Festung, die aus Steinen der römischen Bauwerke erbaut wurde.

Mustis

→ Le Kef (rund 30 km südwestlich) *Le Kef*

→ Testour, Umgebung *Ain Tounga*

→ Testour (22 km nordöstlich) *Testour*

Douz

→ Kebili, Umgebung

El Djem E 10

Gouvernorat: Mahdia
Einwohnerzahl: 12000
Höhe: 110 m ü.d.M.

El Djem liegt an der GP 1, auf halber Strecke zwischen Sousse (63 km) und Sfax (64 km), rund 210 km südlich von Tunis. Vom Bahnhof gibt es tägliche Verbindungen mit Sousse/Tunis sowie mit Sfax und Gabès.
Vom Busbahnhof (Gare Routière) bestehen regelmäßige Verbindungen mit Sousse, Mahdia und Sfax.

Anfahrt

Die kleine Marktstadt El Djem, arabisch El Jem genannt, liegt in der tunesischen Sahelzone zwischen Sousse im Norden und Sfax im Süden. Wahrzeichen der Stadt ist das Amphitheater, das bedeutendste römische Bauwerk Nordafrikas, dessen Mauern die umliegenden Hausdächer deutlich überragen. Egal aus welcher Richtung man sich El Djem nähert, immer fällt der Blick auf die im Zentrum des Ortes gelegene Arena.
Jeden Montag findet hier ein gut besuchter Markt statt. In den Sommermonaten werden im Theater Musikveranstaltungen organisiert.

Lage und Bedeutung

Bereits im 3. Jh. v.Chr. hatten die Punier den Ort besiedelt. Bedeutung erhielt er jedoch erst, als Cäsar, nachdem er in Ruspina, dem heutigen Monastir, an Land gegangen war, an dieser Stelle 46 v.Chr. die römische Stadt Thysdrus gründete. Sie lag an einer wichtigen Verkehrsstraße sowie in der Mitte eines großen Olivenanbaugebietes. Da im damaligen Rom eine

Geschichte

El Djem

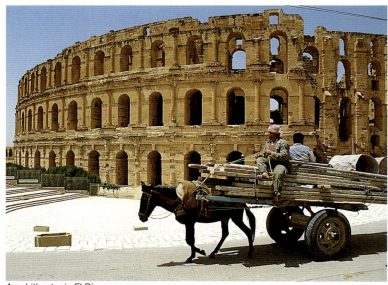

Amphitheater in El Djem

Geschichte (Fortsetzung)

starke Nachfrage nach Olivenöl bestand, das nicht nur als Nahrungsmittel und Brennstoff, sondern auch bei der Herstellung von Seifen und Essenzen benötigt wurde, erlebte die Stadt einen raschen Aufschwung. Bereits unter Kaiser Hadrian (2. Jh.) war sie das bedeutendste Olivenanbauzentrum in ganz Nordafrika. Ihre Olivenbäume waren für ihre überdurchschnittlich hohen Erträge bei bester Qualität berühmt. In der rund 20 000 bis 30 000 Einwohner zählenden Stadt häuften sich enorme Reichtümer an, die teilweise – wie in anderen Römerstädten auch – in öffentliche und private Bauten flossen.

Ein Symbol des Wohlstandes sollte auch das Amphitheater werden, mit dessen Bau Ende des 2. Jh.s begonnen wurde. Aber noch vor seiner Vollendung setzte der Niedergang von Thysdrus ein. Anlaß war die Wiedereinführung der Olivenölsteuer 238 n.Chr., die einen sich über ganz Tunesien ausbreitenden Aufstand auslöste. In Thysdrus ermordeten aufgebrachte Großgrundbesitzer mit Hilfe der Juvenes (→ Maktar) den kaiserlichen Steuereinnehmer und ernannten den bereits achtzigjährigen Proconsul Gordianus zum Gegenkaiser. Die Erhebung wurde niedergeschlagen, die Stadt geplündert. Von diesem Schlag erholte sich Thysdrus nicht mehr, seine einstige Vormachtstellung wurde von Sufetula, dem heutigen Sbeitla, übernommen. Später wurde das Theater zur Festung umgebaut, u.a. diente es 699 der Berberführerin Damia Kahina (El Kahina → Berühmte Persönlichkeiten) als Schlupfwinkel in ihrem Kampf gegen die arabischen Eroberer. Nach deren Sieg wurde der Ort ganz aufgegeben. Erst in der Kolonialzeit wurde das heutige El Djem wieder besiedelt.

Sehenswertes

**Amphitheater

Nicht zu Unrecht trägt das in der Ortsmitte gelegene Amphitheater den Beinamen 'afrikanisches Kolosseum', denn es ist nach dem römischen Kolosseum und nach dem Theater von Pozzuoli (bei Neapel) das viert-

El Djem

Römische Mosaike im Museum

größte Theater, das es im römischen Reich je gegeben hat. Rang drei nahm das Amphitheater von Karthago ein, das jedoch in seiner Ursprungsform nicht erhalten blieb.
Die Länge des ovalen Baukörpers mißt 148 m, seine Breite beträgt 122 m (im Vergleich dazu die Maße des römischen Kolosseum: 188×156 m). Auch die Höhe der Anlage, die durch ein Sonnensegel (Velum) abgedeckt werden konnte, ist mit 40 m äußerst beeindruckend. Kein Wunder also, daß hier über 30 000 (manche Schätzungen gehen sogar von 60 000 aus) Zuschauer den sportlichen Wettkämpfen, blutigen Gladiatorenkämpfen sowie den Tierhetzen beiwohnen konnten. Damit war die Anlage für das damalige Thysdrus eigentlich viel zu groß. Die Absicht der Stadt, mit dem Amphitheater ihre Macht und Wohlstand nach außen zu demonstrieren, war mehr als offenkundig. Obwohl die Arena von El Djem über Jahrhunderte als Steinbruch diente, war sie besser erhalten als das Kolosseum in Rom. Ihr Übriges taten die 1980 abgeschlossenen, in neuester Zeit wieder aufgenommenen Restaurierungsarbeiten.
Heute stehen nur noch zwei Drittel der aus drei übereinanderliegenden Bogengängen bestehenden Außenmauer. 1695 war auf Anordnung des türkischen Bey Mohammed die Nordwestseite gesprengt worden. Zu häufig hatten sich berberische Rebellen im Theater verschanzt, mit dem gewaltsamen Öffnen sollte dies zukünftig verhindert werden.
Jeder der drei Bogengänge besaß ursprünglich 30 Arkaden, von denen heute immerhin noch insgesamt 68 stehen.
Von den Zuschauerrängen im Inneren ist nicht allzuviel erhalten geblieben. Deutlich erkennbar sind jedoch die beiden sich kreuzenden Gänge unter der 65×37 m messenden Arena, die 1909 freigelegt wurden. Durch sie gelangten die Gefangenen und die Löwen in die Arena. Die Tierkäfige und die Verliese lagen zu beiden Seiten der Gänge.
Sehr lohnend ist es auch, die gleich am Eingang beginnenden Treppen zu den oberen Bogengängen hinaufzusteigen, da sich von oben ein schöner Blick über die Gesamtanlage sowie über die Stadt bietet.

Amphitheater (Fortsetzung)

Gabès

El Djem
(Fortsetzung)
*Archäologisches Museum

Das besuchenswerte Archäologische Museum (Musée Archéologique) liegt etwas außerhalb des Stadtzentrums an der Straße in Richtung Sfax (an der Post vorbei, auf der rechten Straßenseite). Es ist täglich außer montags von 8.30–12.00 und 14.00–17.30 Uhr geöffnet.
Um einen Säulenhof sind Skulpturenreste und an den Wänden reliefierte Tonplatten, die einst die Wände christlicher Kirchen schmückten, ausgestellt. In den verschiedenen Räumen sind Kleinfunde aus der Römerzeit, u. a. Terrakotten, Öllampen und Münzen, zu sehen sowie einige großartige Mosaike mit geometrischen, pflanzlichen und Tier-Darstellungen. Sie stammen aus den Villen reicher Grundbesitzer, u. a. zwei Löwen, die ein Wildschwein zerfleischen, sowie ein Tiger beim Reißen zweier Wildesel (beide Mosaike stammen aus dem 2. Jh.). Eine große Zahl schöner Mosaike aus El Djem befinden sich im Bardo-Museum in → Tunis.

Weitere Ausgrabungen

Unmittelbar hinter dem Museum schließt sich das Ausgrabungsgelände an. Die bedeutendsten Mosaikenfunde befinden sich zwar im Museum, einige können jedoch noch vor Ort besichtigt werden, u. a. im sogenannten Pfauenhaus (Maison du Paon), einer riesigen Villa mit davorgebauten Läden, sowie im Sollertiana-Haus.
Auf der gegenüberliegenden Straßenseite, jenseits der Bahnlinie, liegen ein kleineres, etwa 6000 Zuschauer fassendes Amphitheater aus dem 1. Jh. n. Chr. und ein zweites, welches noch nicht ausgegraben ist.
Neben den Theaterbauten gibt es weitere Überreste des römischen Thysdrus, so zum Beispiel antike Stadtviertel im Westen der Stadt gelegen, ein Zirkus, dessen 500 m lange und 100 m breite Arena bislang nur auf einem Luftbild zu erkennen ist, Thermen aus dem 2. Jh. sowie die Reste prächtiger Römervillen.
Der Besuch dieser Ausgrabungsstätten ist jedoch nur für archäologisch besonders Interessierte zu empfehlen.

Ellès

→ Maktar, Umgebung

Foum Tataouine

→ Médenine, Umgebung

Gabès   J 8/9

Gouvernoratshauptstadt
Einwohnerzahl: 65 000
Höhe: 0 – 40 m ü.d.M.

Anfahrt
Bahnstation

Busverkehr

Gabès liegt an der GP 1 Sfax – Médenine; 405 km südlich von Tunis.
Vom in der Rue Mongi Slim gelegenen Bahnhof bestehen Verbindungen nach Sfax, Sousse und Tunis.
Vom Busbahnhof (Gare Routière; am nordwestlichen Stadtrand in Richtung Sfax) bestehen Verbindungen nach Sfax, Sousse, Tunis, Kairouan sowie nach Médenine/Foum Tataouine, Gafsa, Tozeur, Kebili/Douz, Matmata, Djorf/Djerba und Ben Gardane/Tripolis.

Lage und
Bedeutung

Die häufig als das Tor des Südens bezeichnete, arabisch Kabis genannte Gouvernoratshauptstadt liegt am Golf von Gabès, der antiken Kleinen Syrte. Im Norden sind noch Ausläufer des fruchtbaren Sahel zu erkennen, südlich schließt sich die sogenannte Littoralzone (Littoral = Küste) an, die

Gabès

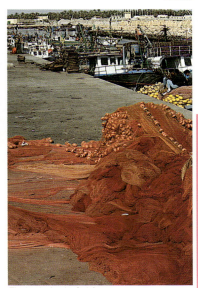

Gewürzstand im Souk *Fischerhafen in Gabès*

landeinwärts in die bis zur libyschen Grenze vorstoßende, halbwüstenartige Djeffara-Ebene übergeht.
Gabès besteht aus den Ortsteilen Djara und Menzel und ist das Zentrum einer neun weitere Siedlungen umfassenden, langgestreckten Küstenoase. Hier wachsen über 500 000 Dattelpalmen und ausgedehnte, künstlich bewässerte Fruchtbaumkulturen mit Aprikosen, Feigen, Oliven und Granatäpfeln. Das Wasser stammt vom 10 km entfernt entspringenden Oued und aus künstlich erschlossenen artesischen Quellen.
Das Wirtschaftsleben wird außer von der Landwirtschaft und dem Fischfang vor allem in jüngerer Zeit von mehreren großen Industriebetrieben getragen, die sich am Neuen Hafen im Norden der Stadt angesiedelt haben (Phosphatwerk, Raffinerie, Zementwerk). Hauptausfuhrgüter des Alten Hafens sind die in der Umgebung erzeugten landwirtschaftlichen Produkte. Ein weiterer, wichtiger Erwerbszweig ist immer noch die traditionelle Teppich-, Flecht- und Schmuckwarenherstellung.
Wegen des selbst im Winter sehr milden Klimas, der ausgedehnten Oase und herrlicher Sandstrände hat in den letzten Jahren der Fremdenverkehr an Bedeutung gewonnen. Im Juli und August werden Musik- und Folklorefeste veranstaltet. Dem Ortsheiligen Sidi Boulbaba wird jeweils am Ende des Fastenmonats Ramadan gedacht.

Lage und Bedeutung (Fortsetzung)

Bereits die Phönizier hatten an dieser zwischen Steppe, Wüste und Meer unweit einer Süßwasserquelle gelegenen Stelle einen Handelsplatz gegründet. Dank seiner Lage am Kreuzungspunkt zwischen der aus der Sahara kommenden Karawanenwege und der in den Norden führenden Küstenstraße erlebte er einen raschen Aufschwung. Unter den Römern wurde Gabès zur Colonia Tacapae ernannt. Jedoch kehrte sich die Gunst der Lage schon bald ins Gegenteil um. Alle nach Nordafrika einfallenden Eroberer zogen durch diese Gegend. Eine Beruhigung trat erst im 7. Jh. unter der Herrschaft der Araber ein, nachdem Sidi Boulbaba, der Barbier Mohammeds, sich in der Stadt niedergelassen hatte.

Geschichte

Gabès

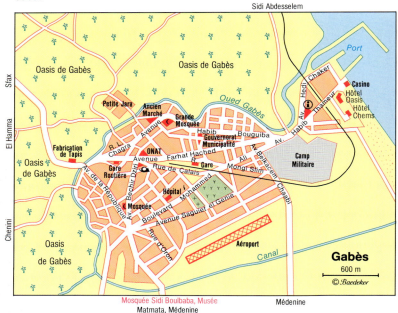

Geschichte (Fortsetzung)	Im Mittelalter erlebte Gabès als Handelszentrum der aus Innerafrika kommenden Karawanen einen zweiten Aufschwung. Unter französischem Protektorat verlor es seine Bedeutung an die im Norden gelegenen Städte Sfax und Sousse. Im Zweiten Weltkrieg geriet es zwischen die Fronten der deutschen und alliierten Truppen (Mareth-Linie), wurde mehrfach bombardiert und restlos zerstört. Erst die Industrialisierung brachte einen erneuten wirtschaftlichen Aufschwung, und heute ist Gabès bedeutendster Industriestandort im Süden Tunesiens.

Sehenswertes

Stadtbild	Die Stadt ist überwiegend modern. Nach einem Spaziergang über die Avenue Habib Bourguiba, der Hauptgeschäftsstraße, und einem Besuch des Grande Jura genannten Soukviertels bei der großen Moschee lohnt sich eine Besichtigung des ONAT, Organisation Nationale d'Artisanat, wo man beim Teppichknüpfen zuschauen kann (Verkauf). Jenseits des Oued liegt das alte, Petite Jara genannte Stadtviertel mit der ursprünglich aus dem 11. Jh. stammenden, 1972 restaurierten Moschee Sidi Driss und dem Campingplatz. Die Verlängerung der Avenue Habib Thameur führt zum Hafen (Port).
Sidi Boulbaba-Moschee	Bedeutendste Sehenswürdigkeit von Gabès ist die Sidi-Boulbaba-Moschee am südwestlichen Stadtrand, auf einem Hügel links der Straße nach Matmata gelegen. Hier befindet sich auch das Grabmal Sidi Boulbabas. Der ehemalige Barbier des Propheten Mohammeds hatte sich im 7. Jh. Gabès als Altersruhesitz gewählt. Die Wände des zugänglichen Hofes sind mit schönen Kacheln und Schriftbändern geschmückt.

Gabès

Sidi-Boulbaba-Moschee

Unmittelbar daneben befindet sich die ehemalige Koranschule (Medersa), sie beherbergt ein kleines Volkskundemuseum.

Sidi Boulbaba-Moschee (Forts.)

Das Volkskundemuseum (Musée des Arts et Traditions Populaires) ist täglich außer montags von 9.00–12.00 und von 14.00–17.00 Uhr geöffnet. Ausgestellt sind u.a. Gebrauchsgegenstände, traditionelle Webarbeiten, einheimische traditionelle Kleidung, eine vollständige Brautausstattung, Schmuck sowie einige Funde aus punischer, römischer und byzantinischer Zeit.

Museum

✻Oase von Gabès

Empfehlenswert ist eine Fahrt durch die sich im Norden und Westen der Stadt ausdehnende Oase von Gabès, in der mehrere kleinere Ortschaften liegen.
Der Ausflug kann mit dem Auto unternommen werden, beschaulicher ist jedoch eine Rundfahrt (Circuit d'Oasis) mit einer Pferdedroschke (Calèche). Sie stehen am Ortseingang, nahe des Busbahnhofs (Gare Routière). Um Mißverständnisse zu vermeiden, sollte der Fahrpreis vorher ausgemacht werden.

Rundfahrt

Der Wasserbedarf der etwa 2000 ha großen Oase wird durch den Oued Gabès sowie durch zahlreiche artesische Brunnen sichergestellt. Große Probleme entstanden jedoch durch die geringen Niederschläge der letzten Jahre sowie das Abpumpen des Wassers für Industriezwecke. Der Grundwasserspiegel ist deutlich gesunken, und heute muß das Wasser aus mehreren hundert Meter tiefen Brunnen gepumpt werden.
Sie ist die einzige unmittelbar am Meer gelegene Oase ganz Nordafrikas. Jedoch mindert die hohe Luftfeuchtigkeit die Qualität und die Ertragsmenge der Dattelpalmen (berühmt ist der hier gewonnene Palmensaft,

Allgemeines

Gabès

Oase von Gabès (Fortsetzung)

Laghmi). So ist es nicht weiter verwunderlich, daß in Gabès der Gartenanbau und die Fruchtbäume die wirtschaftlich bedeutendere Rolle spielen. Bereits Plinius schrieb in seiner "Naturgeschichte": "Wenn man die Syrten und Leptis Magna erreicht, trifft man auf eine afrikanische Stadt namens Tacapae... Im Schatten der hohen Palmen wächst die Olive, unter der Olive der Feigenbaum, darunter der Granatapfel und der Wein, unter dem Wein das Getreide und das Gemüse; eine Pflanze gedeiht im Schatten der anderen, und alle bringen im selben Jahr Frucht hervor."

An diesem Bild hat sich nichts Grundlegendes geändert. Die Obst- und Gartenkulturen liegen vor allem im Zentrum der Oase, während sich die Dattelpalmen mehr auf den Rand der Oase konzentrieren. Wichtigste Gartenbauprodukte sind Gemüse, Tabak, Pfeffer, Trauben, Indigo, Kürbisse, Bananen und Melonen, während aus den Fruchtbaumhainen vor allem Pfirsiche, Aprikosen, Granatäpfel, Oliven und Zitrusfrüchte hervorgehen.

Chenini du Gabès

Der beliebteste, für seine schönen Korbwaren bekannte Ort in der Oase ist Chenini du Gabès, etwa 4 km westlich von Gabès gelegen. Man erreicht den Oasenort, wenn man die Stadt in Richtung Sfax verläßt und unmittelbar vor der Brücke über den Oued Gabès links abbiegt und dann den Schildern folgt.

Am Ortsrand von Chenini fährt man üblicherweise zum sogenannten Barrage Romain, einem Rückhaltebecken, das den Ablauf des Oued Gabès reguliert. Angeblich bestand hier schon zu römischer Zeit ein Staudamm, daher stammen vielleicht die großen Quadersteine, die das Wasserbecken einfassen. Hier befindet sich auch ein kleiner Zoo mit Wüstentieren, u.a. Gazellen, Krokodilen und Vögeln.

Oberhalb des Staubeckens liegt der bequem zu Fuß erreichbare Chellah Club mit einem Aussichtsplateau, von dem aus man einen schönen Blick über die Baumwipfel der Oase genießen kann.

Umgebung von Gabès

El Hamma du Gabès

Rund 27 km westlich liegt die Oase El Hamma du Gabès. Auch sie besteht aus mehreren Dörfern. Bereits die Römer nutzten die hier 46°C warmen, schwefelhaltigen Quellen und gründeten das Thermalbad Aquae Tacapitanae. Überreste der alten Becken sind erhalten. Mittwoch ist Markttag.

*Matmata

Von Gabès lohnt ein Ausflug nach Matmata, dem bekanntesten und meistbesuchten Höhlendorf Tunesiens, welches rund 45 km südlich von Gabès liegt.

Anfahrt

Man verläßt Gabès in südlicher Richtung über die MC 107. Über Matmata Nouvelle führt sie direkt zum Höhlenort.

Sehenswertes

Der rund 3000 Einwohner zählende Ort liegt am Ostabfall des Dahar-Berglandes (→ Médenine) in 650 m Höhe. Matmata Nouvelle wurde erst in den sechziger Jahren errichtet und ist heute Zentrum der Region mit Läden, einer Schule, Post sowie einer Tankstelle.

Etwa 15 km weiter liegt die 'Kraterlandschaft' des alten Höhlendorfes, welches zum größten Teil nicht mehr bewohnt ist. Zum Schutz vor der Sonne schufen sich die Bewohner eigentümliche, unterirdische Höhlenwohnungen (s. Graphik S. 78). Zunächst wurde ein runder, zwischen 6 und 12 m tiefgelegener Lichtschacht ausgehoben. Um diesen etwa 12 m breiten Innenhof sind mehrere größtenteils zweistöckige Wohnräume, Vorratskammern, Stallungen und Speicher angelegt. Ein schräg in die Erde gebuddelter Tunnel führt auf den jeweils von einer Großfamilie gemeinsam genutzten Innenhof, in dem der Ofen zum Brotbacken, Tabouna, steht. In einigen Wohnhöhlen (Troglodyten) sind mittlerweile einfache Hotels untergebracht, andere sind zu kleinen Museen umgebaut worden.

Die Bevölkerung lebt von der Landwirtschaft. In sogenannten Dammkulturen, Djessur, wird das Regenwasser gesammelt. Geländemulden

Gafsa

Wohnhöhlen in Matmata

werden mit Dämmen geschlossen. Kleine Kanäle leiten das auf diese Art gestaute Wasser auf die angrenzenden Oliven-, Dattel-, Feigen- und Getreidefelder. Einen guten Überblick genießt man vom im Westen gelegenen Aussichtsberg.

Sehenswertes in Matmata (Fortsetzung)

Die ca. 100 km lange Wüsten- und Gebirsssstrecke von Matmata über das Berberdorf Tamezret nach Douz ist seit 1998 durchgehend asphaltiert und problemlos zu befahren.
Ein weiterer Abstecher (ca. 65 km) führt in Richtung Süden nach Médenine. Auf einer Teerstraße gelangt man zunächst nach Techine, dessen Bewohner zum großen Teil in Neubauten wohnen, die einstigen Wohnhöhlen dienen als Lagerräume. Auf einer Pkw-tauglichen Piste gelangt man nach Toujane. Die Bewohner des Berberdorfs sind für ihre Webteppiche und für ihren Honig bekannt. Über Ain Tounine erreicht man auf einer asphaltierten Straße Mareth, das bereits an der Strecke Gabès – Médenine liegt.

Abstecher von Matmata

→ Médenine (73 km südlich)

Médenine

Gafsa

G 6

Gouvernoratshauptstadt
Einwohnerzahl: 61 000
Höhe: 325 m ü.d.M.

Gafsa liegt am Schnittpunkt mehrerer wichtiger Straßen: der aus Kasserine kommenden GP 15, der aus Kairouan kommenden GP 3, die weiter nach Tozeur führt, der GP 14 aus Sfax sowie der GP 15 aus Gabès; es liegt 146 km nordwestlich von Gabès, 106 km südlich von Kasserine und 93 km nordöstlich von Tozeur.

Anfahrt

Gafsa

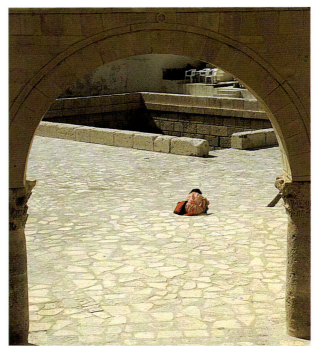
Blick auf ein römisches Bad

Anfahrt (Fortsetzung)
Bahnstation
Busverkehr

Vom 3 km südöstlich in Richtung Gabès gelegenen Bahnhof Gafsa-Gare bestehen Verbindungen über Maharès nach Gabès sowie nach Sfax/Sousse/Tunis. Vom in der Stadtmitte gelegenen Busbahnhof (Gare Routière) gibt es Verbindungen nach Metlaoui, Tozeur, Nefta, Kairouan/Tunis, Sfax und Gabès.

Lage und Bedeutung

Die am Übergang zwischen Steppe und Wüste gelegene Gouvernoratshauptstadt Gafsa ist Handels- und Verkehrsmittelpunkt im Südwesten Tunesiens, umgeben von einer ausgedehnten Gebirgsoase mit rund 300 000 Dattelpalmen, riesigen Ölbaumhainen und künstlich bewässerten Obst- und Weingärten.
In der Nähe sind große Phosphatlagerstätten sowie Eisenerzvorkommen aufgeschlossen.
Neben der Vermarktung agrarischer Produkte spielen v. a. die nach traditionellen Mustern gewebten Erzeugnisse eine große Rolle im Wirtschaftsleben der Stadt. Zahlreiche Familien leben von der Herstellung und dem Verkauf feiner Teppiche und weiß-rot gestreifter Wolldecken. Nicht wenige Bewohner sind außerdem in den Phosphatminen von → Metlaoui (42 km westlich gelegen) beschäftigt. Dienstags wird ein bedeutender Markt abgehalten.

Geschichte

Die Gegend von Gafsa war bereits im 8. Jahrtausend v. Chr. besiedelt. Nach dem wichtigsten Fundort (etwa 3 km außerhalb der Stadt am Djebel Assalah) erhielt diese Kultur den Namen Capsien, abgeleitet vom antiken

Gafsa

Capsa. Im 2. Jh. v. Chr. bestand hier eine numidische Siedlung, die jedoch 106 v. Chr. von Marius erobert und zerstört wurde. In der Kaiserzeit gründeten die Römer die Stadt neu. Sie entwickelte sich zu einer wichtigen Garnison und Thermalstadt und wurde durch Trajan zur Colonia erhoben. Die Byzantiner befestigten sie 540 und nannten sie um in Justiniania. Von ihrer erneuten Zerstörung beim Einfall der Araber 680 erholte sie sich nur langsam. Unter den Hafsiden entstand 1434 die alte Kasbah, die 1556 von dem türkischen Korsaren Dragut (→ Berühmte Persönlichkeiten) eingenommen wurde.

Die Entdeckung der Phosphatvorkommen am Anfang des 20. Jh.s brachte der Stadt einen raschen wirtschaftlichen Aufschwung. In Gafsa, Sfax und Gabès wird der Phosphat zu Kunstdünger, Fluor und Phosphorsäure verarbeitet.

Im Zweiten Weltkrieg wurde die Stadt bei Kämpfen zwischen Alliierten und dem deutschen Afrikakorps schwer zerstört. Dank internationaler Hilfe wurde sie jedoch nach Kriegsende fast originalgetreu wieder aufgebaut, besonders die Altstadt.

Geschichte (Fortsetzung)

Sehenswertes

Nach den Zerstörungen im Zweiten Weltkrieg wurde Gafsa mit breiten Alleen und großzügigen Plätzen wieder aufgebaut und ist somit eine ziemlich moderne Stadt mit wenigen Überresten aus der römischen Zeit.
Mittelpunkt der Stadt ist der im Osten gelegene, von vielen Läden und Cafés gesäumte, bunt bepflanzte Square Bourguiba. Im Norden zweigt von ihm die Rue Mohammed Khadouna ab, im Westen öffnet er sich auf die kleinere Place de la Victoire, Mittelpunkt der geschäftigen Altstadt. Parallel zur Rue Mohammed Khadouna verläuft die Avenue Habib Bourguiba, an der die Verwaltungsgebäude liegen.

Square Bourguiba

An ihr erhebt sich auch die Kasbah, die 1434 von dem Hafsiden Abou Abdallah Mohammed auf den Grundmauern der byzantinischen Festung errichtet wurde. 1943, bei der Explosion eines deutschen Munitionsdepots, wurde sie schwer beschädigt. Nach umfangreichen Restaurie-

Kasbah

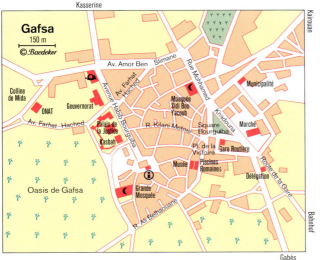

Gafsa

Kasbah
(Fortsetzung)

rungen hat sie ihr ursprüngliches Aussehen wiedererhalten. In einen gänzlich zerstörten Teil wurde ein Neubau hineingesetzt, dieser beherbergt das Gerichtsgebäude.

*Römische Bäder
Piscines Romaines

Am Südostende der Avenue Habib Bourguiba befindet sich die Hauptsehenswürdigkeit von Gafsa, die Römischen Bäder (Piscines Romaines). Zwei mit einem kleinen Tunnel verbundene, 4 m tiefe Becken werden von 25°C warmen Thermalquellen gespeist. Die mächtigen Quadersteine der Beckeneinfassungen stammen noch aus der Römerzeit, teilweise sind sie mit alten Inschriften versehen. Heute springen von den Beckenrändern sowie von am Rande stehenden Palmen Kinder wagemutig in die Fluten und erwarten dafür von den Touristen handfeste Trinkgelder. In dem klaren Wasser leben Blaulippenmaulbrüter, diese Fische ziehen ihre Jungen im Maul auf.
An das größere der beiden Becken grenzt unmittelbar der ehemalige türkische Bey-Palast. Säulen mit antiken Kapitellen tragen den dreibogigen Laubengang.

Museum

In dem kleinen, unmittelbar bei den Römischen Bädern gelegenen Museum sind römische Mosaiken ausgestellt, teils Originale, teils als großformatige Reproduktionen, sofern sich die Originale in den Museen von → Sousse oder → Tunis befinden.

Große Moschee
Grande Mosquée

Von den Römischen Bädern lohnt ein kleiner Spaziergang durch die engen Gassen der wiedererrichteten 'Altstadt'. Etwas südwestlich steht die ursprünglich aus dem 14. Jh. stammende, in den sechziger Jahren wieder aufgebaute Große Moschee, ihr Minarett ist von weitem zu sehen. Der Grundriß mit 19 je 5 Joch tiefen Schiffen erinnert stark an die Sidi-Oqba-Moschee von Kairouan. Ihr Gebetssaal enthält zahlreiche antike Säulen, ein blaues Kacheldekor und einen schön geschnitzten Minbar (Gebetskanzel).

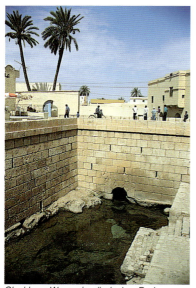

Glasklares Wasser im römischen Bad

Große Moschee

Gafsa

Große Moschee (Fortsetzung)

Lohnenswert ist ein Blick vom Minarett über die Stadt, über die Oase sowie die im Norden der Stadt gelegenen Berge.

ONAT

Am Stadtausgang in Richtung Tozeur befindet sich der Laden der ONAT (Organisation Nationale d'Artisanat Tunisien) mit Webwerkstätten (Verkauf).

Umgebung von Gafsa

Oase von Gafsa

Die aus drei großen Hainen bestehende Oase umgibt die Stadt halbkreisförmig im Süden, Osten und Westen. Da aus Klimagründen die Qualität der Datteln nicht so gut ist, werden sie nur an Tiere verfüttert, wirtschaftlich bedeutender sind die Obstbäume (Aprikosen, Orangen, Zitronen), Feigenbäume und Weinreben sowie der Gemüseanbau.

Lalla

Die 7 km südöstlich gelegene Oasenlandschaft Lalla ist die landschaftlich reizvollste. Man verläßt Gafsa in Richtung Gabès und biegt gleich nach Überqueren der Bahnlinie links ab. Oberhalb des Oued Melah befindet sich ein kleines Café, von hier genießt man einen schönen Blick auf die Oase.

Mida-Hügel

Die beste Aussicht auf die Stadt und die unten liegende Oase bietet sich vom Mida-Hügel, den man von der Straße nach Tozeur erreicht.

El Guettar

El Guettar ist eine kleine Oasensiedlung, 18 km südöstlich von Gafsa, am Schott el Guettar gelegen. Die qualitativ hochwertigen Dattelpalmenhaine werden hier noch von traditionellen Foggaras bewässert, wie sie sonst nur in den Nefzaoua-Oasen am Südostrand des Schott el Djerid üblich sind (s. Graphik S. 45). Das Wasser wird durch unterirdische Stollen geleitet, von denen Schächte senkrecht nach oben führen. Dort, wo sie die Erdoberfläche erreichen, befinden sich künstlich aufgeworfene Erdhügel. Der Vorteil dieses Bewässerungssystems gegenüber offenen Kanälen liegt in der geringeren Verdunstung des kostbaren Wassers. Heute sind jedoch viele der unterirdischen Stollen verfallen.

Sidi Ahmed Zarrouk

Abseits der nach Tozeur führenden Straße liegt 6 km nordwestlich diese kleine Oase mit einem schwefelhaltigen Thermalbad (Hotel).

Seldja-Schlucht

→ Metlaoui, Umgebung (rund 50 km westlich)

Bergoasen

Gafsa bietet sich als Ausgangsort für eine Rundfahrt zu den Bergoasen Chebika, Tamerza und Midès an, → Tozeur, Umgebung.

Tozeur

→ Tozeur (93 km südwestlich)

Nefta

→ Nefta (113 km südwestlich)

Sbeitla

Empfehlenswert ist der Besuch der Römerstadt Sufetula, → Sbeitla (144 km nördlich).

Gightis

→ Djerba, Umgebung

Guellala

→ Djerba

Haidra

Triumphbogen des Septimus Severus

Haidra   E 5

Gouvernorat: Kasserine
Höhe: 900 m ü.d.M.

Anfahrt

Von der GP 17 Le Kef – Kasserine kommend, zweigt man beim Bergbauort Kalaat Khasba (dem ehemaligen Kalaa Djerda) in Richtung algerische Grenze auf die GP4 ab. Nach weiteren 18 km Pistenstraße erreicht man Haidra.
Kalaa Khasba ist Endpunkt einer aus Tunis kommenden Eisenbahnlinie. Es besteht eine unregelmäßige Busverbindung nach Haidra.

Lage und Bedeutung

Das Ruinenfeld der antiken Stadt Ammaedara liegt in 900 m Höhe, unweit der algerischen Grenze. Der heutige Grenzort Haidra stammt vom Ende des Zweiten Weltkrieges.

Geschichte

Der bereits von den Berbern besiedelte Ort Ammaedara wurde aufgrund seiner günstigen Lage an den Hauptverbindungsstraßen zwischen Karthago und Hadrumetum (Sousse) einerseits und Theveste (dem heutigen Tebessa) andererseits von den Römern übernommen. Sie gründeten zunächst ein Militärlager, aus dem sich in der Folge eine größere Siedlung entwickelte. Seit Augustus war hier die berühmte dritte Legion Augusta zur Grenzsicherung der Provinz Africa stationiert.
Unter Vespasian wurden die Truppen in das weiter westlich gelegene Theveste (Tebessa) verlegt, Ammaedara als Veteranensiedlung zur "Colonia Flavia Augusta Emerita Ammaedara" erhoben.
Aus byzantinischer Zeit ist es als Bischofssitz verbrieft, welches in die Auseinandersetzungen mit den Donatisten (→ Religion) verwickelt war. Um 540 erhielt die Stadt eine bedeutende Festung. Die genauen Umstände für ihren Untergang sind unbekannt. Wegen ihrer Grenzlage gab es immer

wieder Pläne, die Festung neu aufzubauen, und 1840 wurde die Nordmauer wieder errichtet. 1883 wurde mit den Ausgrabungen begonnen. Sie sind noch nicht abgeschlossen.

Geschichte (Fortsetzung)

✷Ausgrabungen

Die von Kalaa Khasba nach Tebessa führende Straße verläuft mitten durch das Ausgrabungsfeld, parallel zu ihr liegt der in Ost-West-Richtung verlaufende einstige Decumanus. Der in Nord-Süd-Richtung verlaufende Cardo Maximus überquerte den Oued Haidra und führte in seiner Verlängerung bis nach Thelepte (→ Kasserine, Umgebung). Der folgende Rundgang beginnt im Osten des Geländes.

Südlich des Decumanus befindet sich eine dreischiffige christliche Basilika (4.–7. Jh.), auch Candidus- oder Märtyrer Basilika genannt, die über einer Nekropole errichtet wurde. Ihre Außenmauern (in der antiken 'Fachwerk-Technik' des Opus Africanum → Thuburbo Majus) wurden später durch eine zweite innere Mauer verstärkt. Die feingearbeiteten Bodenmosaiken sind im Bardo-Museum in → Tunis ausgestellt.

Candidus-Basilika

Nordwestlich erhebt sich der Triumphbogen des Septimus Severus (195 n.Chr.), der später in die byzantinische Festung eingebaut wurde und aus diesem Grunde gut erhalten ist.

Triumphbogen

Mitten im Gelände, in der Nähe des Oued Haidra, steht ein zweistöckiges Mausoleum. Ein viereckiger Sockel trägt eine Art Tempel mit davorstehenden Säulen.

Mausoleum

Vor dem Triumphbogen sind stadteinwärts noch Pflasterspuren des Decumanus zu erkennen.
Auf der gegenüberliegenden Straßenseite liegen die (spärlichen) Reste eines ehemals freistehenden Amphitheaters (299 n.Chr.).
Etwas weiter nordwestlich stehen die Mauern eines Edifice à Auges genannten Baus mit Trögen. Der Grundriß ähnelt dem einer Basilika, die Tröge lassen an eine Nahrungsmittel-Sammelstelle oder Poststation (?) denken.

Bau mit Trögen Edifice à Auges

Unmittelbar nördlich stehen die Grundmauern einer vandalischen Basilika (dreischiffig, 21×9 m groß).

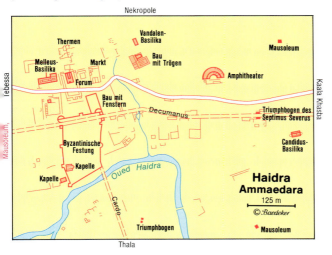

Haidra

Ostseite der byzantinischen Festung

Byzantinische Festung	Die Reste der unter Justinian (527–565) errichteten, einst mächtigen byzantinischen Festung liegen auf der gegenüberliegenden Straßenseite. Ihr Grundriß entsprach einem Parallelogramm (200×110 m). Die Westseite war mit vier Türmen, die Ostseite mit einem Turm verstärkt. 1840 wurde ihre Nordseite wieder errichtet, die Südseite vor nicht allzu langer Zeit bei Überschwemmungen des Oued Haidra fortgespült. Die Verbindungsstraße Theveste – Karthago verlief unmittelbar an ihrer Nordflanke. An ihrer Südseite lag die über den Fluß führende Brücke, die gleichzeitig den Zugang zur Verbindungsstraße Thala – Thelepte bildete. Innerhalb der Festung sind Reste einer kleinen Kapelle mit einer erhöhten Apsis gefunden worden. An ihrer Nordostseite die Reste eines Baus mit Fenstern (Edifice à Fenêtres).
Melleus-Basilika	Wieder auf die nördliche Straßenseite zurückgekehrt, erreicht man die Hauptbasilika, auch Melleus-Basilika genannt (mit 60×30 m die größte des Ortes), die Ende des 4. Jh.s errichtet wurde. In ihr fanden sich zahlreiche Gräber, auch die des namengebenden Bischofs Melleus. An die Basilika schließt das römische Forum an, welches von der heutigen Straße durchschnitten wird, sowie östlich ein nur noch undeutlich zu erkennender Markt (?).

Umgebung von Haidra

Thala	Die Weiterfahrt in Richtung ⟶ Kasserine führt durch mit Halfagras bewachsene Steppenlandschaft. Die GP 17 passiert das 1017 m hoch gelegene Thala (4000 Einwohner). Bei den am Ortseingang beiderseits der Durchfahrtsstraße verstreut liegenden Ruinen handelt es sich vielleicht um das von Sallust im "Bellum Jugurthinum" erwähnte Thala.

Hammamet

C 9

Gouvernorat: Nabeul
Einwohnerzahl: 20 000
Höhe: 0–50 m ü.d.M.

Hammamet liegt rund 63 km südöstlich von Tunis (70 km vom internationalen Flughafen Tunis-Carthage entfernt) und ist über die Autobahn sowie über die GP 1 mit der Hauptstadt verbunden.

Anfahrt

Vom SNCFT-Bahnhof (Gare; rund 1 km außerhalb Hammamets gelegen) bestehen Verbindungen nach Tunis, Nabeul und Bir Bou Rekba und von dort Anschluß nach Sousse/Sfax.

Eisenbahnverkehr

Vom Busbahnhof (Gare Routière) gibt es regelmäßige Verbindungen nach Tunis, Nabeul, Sousse, Monastir, Mahdia, Kelibia und Kairouan.

Busverkehr

Hammamet, auch El-Hammamet genannt, liegt malerisch an der gleichnamigen Bucht der Halbinsel → Cap Bon und ist die Urzelle des tunesischen Fremdenverkehrs. Zusammen mit dem 10 km weiter nordöstlich gelegenen → Nabeul hat sich der ehemalige Fischerort zum größten Badeort des Landes entwickelt.

Lage und Bedeutung

Zu seinem guten Ruf haben nicht nur die herrlichen Sandstrände an der Küste des Golfs von Hammamet mit den dahinterliegenden Orangen- und Zitronenhainen beigetragen. Ebenso bedeutsam ist die geschützte Lage der Stadt im Windschatten des Dorsale genannten mitteltunesischen Gebirgsrückens, dessen Ausläufer das Rückgrat der Halbinsel Cap Bon bilden.

Im Sommer finden Theater- und andere kulturelle Veranstaltungen statt.

Die Medina liegt malerisch auf einer weit ins Meer hinausspringenden Felszunge, überragt von der mit hohen Mauern umgebenen Kasbah, die einst den kleinen Fischerhafen schützte. Trotz des äußerst lebhaften Fremdenverkehrs hat sie sich bis heute ihren Charme bewahrt.

Ortsbild

Nördlich und südlich der Medina erstrecken sich prächtige Sandstrände, an die sich schön angelegte Garten- und Parkgelände anschließen. In

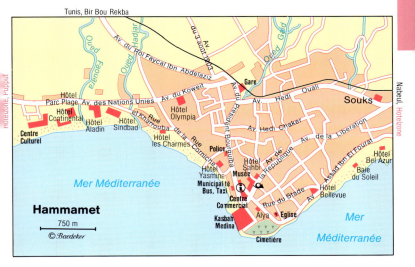

Hammamet

Fischerhafen in Hammamet

Ortsbild (Fortsetzung)

ihnen befinden sich die seit dem Ende der sechziger Jahre entstandenen Hotelviertel. Die dem traditionell üblichen Baustil angepaßten Gebäude fügen sich harmonisch in das Landschaftsbild ein.

Geschichte

Bereits die Römer hatten an dieser Stelle eine kleine Siedlung namens Pupput (Put Put) gegründet, von der noch bescheidene Reste übrig geblieben sind. Im 13. Jh. wurde zwar eine Festung erbaut, der Ort selber entwickelte sich jedoch erst zwei Jahrhunderte später. Zunächst wurde es ein Seeräubernest, welches wenig später in die Hände der Spanier fiel, die Jagd auf die Seeräuber machten. Danach fiel Hammamet in eine Art Dornröschenschlaf. Entdeckt wurde das malerisch gelegene Fischerdorf schließlich um die Jahrhundertwende von Schriftstellern und Künstlern wie Paul Klee, Gustave Flaubert, August Macke, Guy de Maupassant, Oscar Wilde und André Gide. Ihnen folgten nach dem Ersten Weltkrieg wohlhabende Engländer, Amerikaner und Franzosen, die sich in Hammamet großzügige Villen errichten ließen. Der eigentliche Aufschwung setzte dann gegen Ende der sechziger Jahre ein, als der Massentourismus auch auf Tunesien übergriff. Heute ist Hammamet Tunesiens bedeutendster Badeort, und während der Hauptsaison leben in dem Städtchen mehr Touristen wie Einheimische. Im Januar 2000 starb hier der ehemalige italienische Ministerpräsident Bettino Craxi. Der Politiker hatte sich seiner rechtskräftigen Verurteilung in Italien – u. a. wegen Korruption und Amtsmißbrauch – durch die Flucht nach Tunesien entzogen.

Sehenswertes

*Medina

Die kleine, von einer aus dem 15. Jh. stammenden Mauer umgebene Medina ist ein Labyrinth enger, teilweise überdachter Gassen. Das Angebot der Soukhändler zielt ganz und gar auf die Touristen, beliebteste Artikel sind Stickereien, Keramik, Lederwaren und Teppiche.

Hammamet

Blick über die Dächer der Medina

Durch die Seitengassen der Souks gelangt man zu den beiden Moscheen der Stadt. Die Große Moschee mit ihrem alten rechteckigen Minarett stammt aus dem 15. Jh. und wurde 1972 restauriert. Daneben befindet sich die als Koranschule benutzte, 1798 errichtete Sidi-Abdel-Kader-Moschee.
Große Moschee

Die im 15. Jh. auf älteren Fundamenten errichtete kleine Festung lohnt einen Besuch. Sie beherbergt ein kleines, sehenswertes Widdermuseum. Von den Mauern der Kasbah bietet sich ein schöner Blick über die Medina, die Neustadt und über den malerischen alten Fischerhafen.
Kasbah

An der Ostseite der Medina liegt ein alter französischer Friedhof sowie ein islamischer Friedhof.
Friedhof

Westlich und nördlich von der Medina befindet sich der Mittelpunkt des modernen Hammamet, von hier gehen auch die beiden nach Norden und Osten führenden Hauptgeschäftsstraßen (Avenue Habib Bourguiba und Avenue de la République) ab. Im Scheitelpunkt der beiden Straßen steht das 1979 eröffnete Einkaufszentrum (Centre Commercial).
Weitere Sehenswürdigkeiten

In der südlichen Hotelzone, hinter dem Continental-Hotel, liegt linker Hand das Centre Culturel (Internationales Kulturzentrum). Hier stand die Villa des Rumänen Georges Sebastian, der sich in den zwanziger Jahren als erster Millionär in Hammamet niedergelassen hatte. In dem schönen Parkgelände findet im Juli und August ein internationales Musik- und Theaterfestival statt. Allerdings wird das Kulturzentrum aus unerfindlichen Gründen in unregelmäßigen Abständen geschlossen. Das Theater wurde 1964 nach griechisch-römischem Vorbild für diese Zwecke errichtet.
Centre Culturel

Weiter außerhalb, zwischen den Hotels Samira Club und Tanfous, liegt das Ausgrabungsgelände der römischen Siedlung Pupput.

Kairouan

Umgebung von Hammamet

Hinweis	Hammamet ist ein schöner Ausgangspunkt für Fahrten in die nähere und weitere Umgebung.
Cap Bon	Ganz besonders empfehlenswert ist eine Rundfahrt um die Halbinsel → Cap Bon.
Tunis	→ Tunis (63 km nordwestlich)
Thuburbo Majus	Die einzigartige römische Ruinenstätte → Thuburbo Majus liegt 80 km westlich.
Zaghouan	Auf der Fahrt nach Thuburbo Majus lohnt eine Unterbrechung zur Besichtigung des römischen Nymphäums in Zaghouan (38 km westlich, → Tunis, Umgebung).
Nabeul	Nur 10 km nordöstlich von Hammamet liegt der Nachbarort → Nabeul mit einem kleinen, sehenswerten Museum.
Dar Chaabane	→ Nabeul, Umgebung
Beni Khiar	→ Nabeul, Umgebung

Houmt-Souk

→ Djerba

Ichkeul-See

→ Bizerte, Umgebung

Kairouan D/E 8/9

Gouvernoratshauptstadt
Einwohnerzahl: 75 000
Höhe: 60 m ü.d.M.

Anfahrt	Kairouan liegt am Schnittpunkt mehrerer Hauptstraßen, rund 155 km südwestlich von Tunis (GP 3 Tunis–Kairouan); 97 km südwestlich von Hammamet (GP 1 Hammamet–Sousse; Abzweigung bei Enfidaville auf die GP 2 in Richtung Kairouan); 53 km westlich von Sousse (GP 12 Sousse–Kairouan); 159 km nördlich von Gabès (zunächst 42 km auf der GP 1 Richtung Sfax; Abzweigung auf der Höhe von Skhira auf die GP 2 in Richtung Kairouan).
Busverkehr	Vom Busbahnhof (Gare Routière), an der Straße nach Sousse gelegen, gibt es Verbindungen nach Tunis und Sousse sowie nach Makthar, Sbeitla, Gafsa, Gabès, Tozeur/Nefta und Le Kef.
Lage und **Bedeutung	Inmitten einer öden Steppenlandschaft, am Westrand des Sahel, liegt Kairouan, nach Mekka, Medina und Jerusalem die vierte heilige Stadt des Islam, deren rein arabisch-moslemisches Erscheinungsbild sich bis heute behaupten konnte. So gehört die mauerumgebene Medina mit ihren

Minarett der Sidi-Oqba-Moschee ▶

Kairouan

Stadtbild (Fortsetzung)
bedeutenden Sakralbauwerken zu den schönsten und meistbesuchten Sehenswürdigkeiten des gesamten Magreb.
Montags findet ein vielbesuchter Markt statt.

Wirtschaft
Als Zentrum des Islam in Nordafrika ist Kairouan Ziel für Millionen Pilger und damit einer der wichtigsten Fremdenverkehrsorte Tunesiens.
Berühmt wurde die mittlerweile fünftgrößte Stadt des Landes durch die hier v.a. von Frauen und Kindern gewebten und geknüpften Teppiche (→ Praktische Informationen, Teppiche). Auch das übrige Kunsthandwerk, Holz-, Messing-, Kupfer- und Lederwaren, ist weitbekannt.
In den Räumen der staatlichen ONAT (Organisation Nationale de l'Artisanat Tunisien) finden Verkaufsausstellungen mit Beratungsmöglichkeiten statt.

Kairouan

In der Medina von Kairouan

Kairouan selber verfügt über keine ausreichenden Quellen. Seit seiner Gründung mußte Wasser aus großen Entfernungen herangeführt werden. Die Ebene von Kairouan wird dagegen v. a. im Winter von starken Regenfällen überschwemmt. Im Südwesten der Stadt wurde ein Damm und beim Oued Zeroud, bei Sidi Saad, eine Talsperre gebaut. Mit dem so gewonnenen Wasser wird Steppenland bewässert und landwirtschaftlich genutzt. Es wird Schafzucht (in Kairouan findet täglich ein Viehmarkt statt) sowie Getreide- und Obstanbau betrieben. In kleineren Industriebetrieben werden die Agrarerzeugnisse weiterverarbeitet.

Wirtschaft (Fortsetzung)

Im September finden in Sidi Ali Ben Nasrallah Fantasia genannte Reiterfestspiele statt (Auskünfte erteilt das lokale Fremdenverkehrsamt).

Festspiele

Oqba Ibn Nafi, Befehlshaber des nach Nordafrika vorstoßenden arabischen Heeres und seit 670 Gouverneur von Ifriqiya, errichtete 671 n. Chr. mitten in der Steppe sein Feldlager. Für die Standortwahl waren strategische Gründe ausschlaggebend, denn es gab weder eine römische noch eine ältere Vorgängersiedlung, da der Platz über kein ausreichendes Wasservorkommen verfügte. Der Ort lag geographisch zwischen dem Cap Bon und dem Schott. Die Berge im Rücken der Siedlung boten natürlichen Schutz vor berberischen Überfällen, die davorliegende weite Ebene machte Überraschungsangriffe von den Byzantinern, die immer noch die Küste beherrschten, unmöglich.

Geschichte

Kairouan wurde der Ausgangspunkt für die islamischen Eroberungen in Afrika bis nach Spanien. Als die Aghlabiden im 9. Jh. Kairouan zu ihrer Hauptstadt wählten und ausbauten, erlebte es seine größte Blütezeit. Aber bereits im 10. Jh. verlor die Stadt ihre führende Rolle an das 916 gegründete Mahdia, und nach der Eroberung Ägyptens durch die Fatimiden an Kairo (973). Der endgültige Niedergang setzte mit dem Einfall der Beni-Hilal-Nomaden ein, die 1057 Kairouan plünderten und zerstörten, die religiösen Bauten jedoch verschonten.

Kairouan

Geschichte (Fortsetzung)

Im 14. Jh. wurde die Stadt von den Hafsiden wieder aufgebaut und im frühen 18. Jh. von den Husseiniten erweitert. Auch wenn Tunis unbestrittener politischer Mittelpunkt wurde, seine religiöse Bedeutung für die nordafrikanischen Moslems konnte sich Kairouan bewahren, und heute können sieben Wallfahrten nach Kairouan die vorgeschriebene Pilgerfahrt in das ferne Mekka, die Haddsch, ersetzen.

Stadtbild

Kairouans Medina (Altstadt) gilt als die besterhaltene in ganz Tunesien. Eine 3,5 km lange, 10 m hohe, mit vielen Türmen befestigte und teils begehbare Backsteinmauer umgibt die rund 1 km lange und 500 m breite Altstadt. Sie wurde von den Husseiniten zwischen 1706 und 1712 auf den Fundamenten einer von 1052 stammenden Mauer errichtet und seither mehrfach restauriert. Im Norden und Westen schließen sich eine Reihe älterer Vorstädte (Gueblia, Djeblia, Zlass) an, Kairouans Neustadtviertel liegt im Süden der Medina.

Sehenswertes

Neustadt

Hauptachse der im Vergleich zu anderen tunesischen Städten deutlich kleineren Neustadt ist die Avenue Habib Bourguiba. Kaffeehäuser und Souvenirläden säumen diese belebte Fußgängerstraße. Sie führt geradewegs auf das Bab ech Chouhada (Porte des Martyrs, Märtyrertor) und mündet hier in die Place Mohammed el Bejaoui (Place des Martyrs). Hinter dem 1722 erbauten Stadttor, das einst Bab el Jalladin hieß (Tor der Lederhändler; auf der innerstädtischen Seite sind im Mauerwerk antike Steine erkennbar), beginnt die Medina.

**Medina Hauptsehenswürdigkeiten, Besuchszeiten

Bevor man jedoch die Medina betritt muß man sich eine Sammeleintrittskarte zu den Hauptsehenswürdigkeiten besorgen, u. a. für die Zaouia Sidi Abid el Ghariani, die Sidi-Oqba-Moschee, die Aghlabidenbassins und die Zaouia des Sidi Sahab. Auch wenn der Gebetssaal der Sidi-Oqba-Moschee von Nichtmoslems nicht betreten werden darf (wie in allen Moscheen Tunesiens → Kunst und Kultur, Islamische Architektur), ist der Besuch des Moschee-Innenhofes sehr zu empfehlen. Öffnungszeiten: täglich außer freitagnachmittags und an Feiertagen, 8.00–12.30 und 16.30 bis 17.30 Uhr; im Winter 8.00–12.30 und 14.45–16.30 Uhr. Die übrigen islamischen Bauwerke sind in der Regel täglich von 9.00 bis 18.00 Uhr geöffnet.

Eintrittskarte, Erklärung

Nur im Fremdenverkehrsbüro ONTT (Office National du Tourisme Tunesien, Tel. 07/22 04 52) gibt es eine Sammeleintrittskarte für die Sehenswürdigkeiten zu kaufen. Das ursprünglich am Place des Martyrs gelegene Büro befindet sich heute bei den Aghlabidenbassins (siehe Plan S. 196). Bei den einzelnen Sehenswürdigkeiten gibt es keine weiteren Kartenverkaufsstellen.

Bei dieser Gelegenheit muß der Fremde eine Erklärung, den sogenannten "Annexe touristique", unterschreiben. Hierin verpflichtet sich der Besucher, die heiligen islamischen Stätten mit Respekt zu besichtigen (u.a. angemessene Kleidung zu tragen, keinen unnötigen Lärm oder Unordnung zu machen, nicht zu rauchen, die Gebetssäle der Moscheen nicht zu betreten).

Zaouia Sidi Abid el Ghariani

Hinter der Bab ech Chouhada beginnt die Rue Ali Belhaouane, die Hauptstraße der Medina. In der zweiten nach rechts abzweigenden Gasse (Rue Sidi Ghariani) liegt nach wenigen Metern rechter Hand die Zaouia des Sidi Abid el Ghariani, Grabstätte eines Heiligen, der im 14. Jh. in der Stadt lebte. Besonders sehenswert sind die mit Holz verzierte Stuckdecke, die prachtvoll geschmückte Kuppel des Grabes und der Innenhof mit seinen schönen Arkaden. Hier soll zukünftig die Association de Sauvegarde de la Medina, die für die Restaurierung der Altstadt verantwortlich zeichnet, einziehen. Geplant ist außerdem die Einrichtung eines Museums für Arabische Kalligraphie mit einer Sammlung beschrifteter Grabsteine aus dem 9.–11. Jahrhundert.

Kairouan

Innenhof der Zaouia Ghariani   *Moschee der drei Tore*

Folgt man der Soukhauptstraße weiter in nördlicher Richtung, so zweigt nach etwa 100 m rechter Hand (bei dem traditionsreichen Café Halfaouine) die Rue des Cuirs ab. Auf ihr gelangt man nach wenigen Metern zum blauen Eingangstor des Bir Barouta, eines Schöpfbrunnens (Bir = Brunnen) aus dem 17. Jh., der im Obergeschoß untergebracht ist. Ein Dromedar, dessen Augen verbunden sind, treibt das Göpelwerk eines Wasserrades an.
Das Wasser wurde früher auf diese Weise in Tonkrügen gesammelt, floß in einen Steinkrug und wurde über Kanäle in die Häuser weitergeleitet. Der Legende nach besitzt die Brunnenquelle eine unterirdische Verbindung mit der Zemzem-Quelle in Mekka.
Heute erinnert es eher an ein trauriges Spektakel, inszeniert für Touristen auf der Suche nach orientalisch anmutenden Bildern.

Medina (Fortsetzung)

Bir Barouta

Die Rue Ali Belhaouane führt nun weiter geradewegs durch die Soukviertel der Altstadt, die v. a. im 17. und 18. Jh. eingerichtet wurden und teilweise noch alte Gewerbe vertreten, vorbei an der El-Bey-Moschee (rechts) und der Moschee El Maalek (links) zum Bab el Tounes (Tunistor; 1771).
Vom Bab el Tounes sind alle übrigen Sehenswürdigkeiten von Alt-Kairouan gut erreichbar. Vor dem Tor biegt der Besucher rechts ab und folgt der Stadtmauer bis zur Kasbah, die jedoch nicht besichtigt werden kann. Nun geht es weiter in nördlicher Richtung, innen an der Stadtmauer entlang, zur Djama Sidi Oqba, der Sidi-Oqba-Moschee.

Souks

Setzt man stattdessen den Spaziergang durch die Souks in nördlicher Richtung fort, führt die Rue de la Mosquée direkt zur Moschee der drei Tore, der Mosquée des Trois Portes oder Djema Tleta Bibane. Sie wurde 866 von einem andalusischen Gelehrten gestiftet und ist eines der ältesten Bauwerke Kairouans. Beachtenswert ist die schön gestaltete Fassade mit den drei Toren. Zwei Kufifriese fassen ein Schmuckband ein. Das Minarett wurde ebenso wie der unterste Schriftfries 1440 hinzugefügt.

Moschee der drei Tore

Kairouan

Sidi-Oqba-Moschee

In der Nordostecke der Medina erhebt sich die Sidi-Oqba-Moschee, auch Große Moschee genannt, mit ihrem gewaltigen, in die Umfassungsmauer einbezogenen Minarett. Dieses bedeutendste und zugleich älteste islamische Bauwerk in Nordafrika, Vorbild für die ganze spätere maurische Sakralarchitektur, wurde in ihren Ursprüngen von dem arabischen Eroberer und Stadtgründer Kairouans Oqba Ibn Nafi im Jahr 672 errichtet. In der Folgezeit mehrfach abgerissen, wiedererrichtet, umgebaut und erweitert, war die Moschee um 836 unter dem Aghlabiden Ziyadet Allah in ihrer heutigen Form fertiggestellt. Anschließend folgten noch mehrere Renovierungen (v.a. 1025, 1294, 1618, 1968–1973). Einst war sie Mittelpunkt der Siedlung, die sich jedoch, wie deutlich auf dem Stadtplan zu erkennen ist, allmählich nach Südwesten ausdehnte.

Die gesamte Anlage ist etwa 135 m lang und 80 m breit. Von der Westmauer, wo sich die Midha, der Raum für Waschungen, befindet, gelangt man in den Innenhof, in den mehrere Tore führen. Er bildet ein leicht verschobenes Viereck und ist an drei Seiten von einem zweischiffigen Bogengang mit antiken Säulen umgeben. Unter dem marmorgepflasterten, leicht zur Mitte hin gesenkten Hof befinden sich Zisternen. An seiner Nordseite erhebt sich das mächtige Minarett, während der Gebetssaal mit seiner herrlichen Fassade die Südseite einnimmt. Die zwei Joche tiefe, von einer gerippten Kuppel geschmückte Vorhalle entstand im 9. Jahrhundert.

Siebzehn holzgeschnitzte Türen öffnen den aus ebensovielen Schiffen bestehenden Gebetssaal. Das deutlich breitere Mittel- oder Hauptschiff führt auf die Qibla-Wand und stößt vor dem Mihrab, der Gebetsnische, auf ein entsprechendes Querschiff. Das Joch vor dem Mihrab krönt eine Kuppel, sie gehört zu den ältesten Steinkuppeln Nordafrikas. Der 80×40 m große Saal ist ein Wald von Säulen mit wunderbaren Säulenschäften und Kapitellen, die aus den verschiedenen Ruinenstätten des Landes stammen (u.a. aus Karthago und Hadrumetum, dem antiken Sousse). Mit den Säulen des Hofes beträgt ihre Gesamtzahl 414.

Der nach Mekka ausgerichtete Mihrab (spätere Messungen ergaben, daß die Richtung um 30° abweicht) wird von 130 kostbaren Fayencefliesen eingefaßt. Bei ihrer Bemalung wurde durch die Zugabe von Metalloxyden eine edelmetallartige Färbung erreicht. Dieses Verfahren war im Westen noch nicht bekannt, als die Fliesen 862 aus Bagdad eingeführt wurden. Die Rückwand ist mit 28 verzierten Marmorplatten (60×45 cm groß) verkleidet. Marmorsäulen tragen den Rundbogen über der Mihrabnische. Rechts daneben steht der mit kostbarsten Intarsien verzierte hölzerne Minbar (Gebetskanzel), der ebenfalls im 9. Jh. im Auftrag von Ibrahim Ibn Aghlab hergestellt wurde. Er ist damit der älteste erhaltene Minbar der gesamten

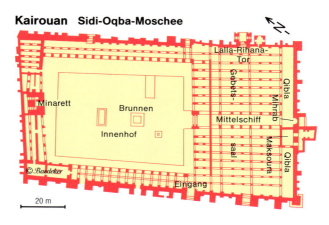

Kairouan Sidi-Oqba-Moschee

Kairouan

Innenhof der Sidi-Oqba-Moschee

islamischen Welt. Im Islamischen Museum (siehe unten) sind ein Nachbau sowie Fotos des Minbar zu sehen. Die Maksura (eine Art Raumteiler, hinter welcher der Herrscher am Gebet teilnahm) ist ein geschnitztes Meisterwerk von 1022.

Sidi-Oqba-Moschee (Fortsetzung)

Bedauerlicherweise ist das Betreten des Gebetsraumes seit 1972 nur Moslems gestattet, der Interessierte somit auf Beschreibungen und – sofern ein Tor geöffnet ist – einen Blick von außen nach innen angewiesen.

724–728 wurde das 35 m hohe Minarett errichtet (s. Abb. S. 195). Es ist nicht nur der älteste Teil des gesamten Baues, sondern der älteste Moscheeturm Nordafrikas. Seine drei sich nach oben verjüngenden viereckigen Geschosse sind mit Zinnenkränzen, Blendbögen und offenen Bögen verziert. Das dritte Geschoß trägt die wegen ihrer Bedeutung mit drei Kupferkugeln versehene, gerippte Kuppel (im 13. Jh. hinzugefügt). Hinauf führen Treppen, deren 128 Stufen zum Teil aus frühchristlichen Grabplatten bestehen. Auf diese Weise sollte der Sieg des Islam über das Christentum symbolisch zum Ausdruck gebracht werden.

Minarett

Bei einem Gang um die Sidi-Oqba-Moschee gelangt man an ihrer Ostseite zu dem nach einer Heiligen benannten Lalla-Rihana-Tor, das direkt in den Gebetssaal führt. Der den mächtigen Moscheemauern vorgesetzte, quadratische Bau stammt von 1294 und ist in spanisch-maurischem Stil verziert. Einen schönen Blick auf Moschee und Altstadt genießt man von der dem Minarett gegenübergelegenen Stadtmauer.

Tor der Lalla Rihana

200 m nördlich der Großen Moschee, außerhalb der Stadtmauer, befindet sich ein ausgedehnter Friedhof (Cimetière).

Nördlich der Kasbah, jenseits der Avenue de la République, liegen die 1969 restaurierten Aghlabiden-Bassins. Sie stammen aus dem 9. Jh. und sind zwei von ursprünglich mehreren Wasserspeichern, die zum Aghlabidenpalast gehörten, der an der Stelle des heutigen Friedhofes stand.

Aghlabiden-Bassins

Kairouan

Aghlabiden-Bassins (Fortsetzung)

Über ein Aquädukt wurde das Wasser aus dem 36 km entfernt gelegenen Djebel Cherichera herangeführt. Zunächst wurde es in dem kleineren Becken (37 m Durchmesser, 17-eckig) geklärt. Anschließend floß es in das größere Becken, welches 50 000 m^3 Wasser fassen konnte (48-eckig, 128 m Durchmesser, 10 m Tiefe).
Auf dem Pfeiler in der Mitte des größeren Beckens stand vermutlich ein herrschaftlicher Pavillon.
Unweit westlich wurde ein weiterer Wasserspeicher entdeckt.

Zaouia Sidi Sahab Barbiermoschee

Der Avenue de la République weiter in westlicher Richtung folgend, gelangt man nach etwa 800 m auf die rechter Hand gelegene Barbiermoschee (Mosquée du Barbier). Der Mausoleums- und Medersakomplex entstand zwischen 1629 und 1692 über dem Grabmal eines 685 verstorbenen Gefährten Mohammeds.
Der Legende nach soll Sidi Sahab als Zeichen seiner Verehrung immer einige Barthaare des Propheten bei sich getragen haben (er war jedoch nicht Mohammeds Barbier, dieser ruht in Gabès).
Die Zaouia ist nicht zuletzt wegen ihrer Ausschmückung sehenswert, die jedoch zu einem großen Teil im 19. Jh. entstand. Sie wird durch einen Vorhof betreten; in dem einen Flügel (nach dem Eingang links) befinden sich der Wohnbereich des Vorstehers, Gästezimmer sowie die Anlagen für die rituellen Waschungen; dem Eingang gegenüber erhebt sich das Minarett. Von dem Vorhof gelangt man außerdem zu der ebenfalls mit einem Hof versehenen Medersa, dem dahinterliegenden Gebetsraum sowie (durch einen neben dem Minarett gelegenen Durchlaß) zu einem weiteren Säulenhof, auf welchen sich das Grabmal des Sidi Sahab, dessen eigentlicher Name Abu Djama el Balani war, öffnet.
Der nicht öffentliche Raum ist mit schönen Kacheln geschmückt und besitzt eine mit Stuck verzierte Kuppel.

Zaouia Sidi Amor Abbada Säbelmoschee

Wieder stadteinwärts (der Avenue Zama el Balaoui in südlicher Richtung folgend, dann Abzweigung in die ostwärts führende Rue Sidi Gaid, nach weiteren 150 m nochmals rechts ab) gelangt man zur sogenannten Säbel-

Kairouan

moschee (Mosquée des Sabres), dem 1860 erbauten Grabmal des als Heiligen verehrten Schmiedes Sidi Amor Abbada. Mit ihren fünf gerippten Kuppeln zählt die Zaouia zu den wichtigsten Pilgerzielen Kairouans. Um das Grabmal herum stehen gewaltige von ihm geschmiedete Säbel, Steigbügel, Anker, Truhen, seine Tabakspfeife sowie Holztafeln mit seinen Prophezeiungen.

Zaouia
Sidi Amor Abbada
(Fortsetzung)

Umgebung von Kairouan

10 km südwestlich (an der nach Sfax führenden GP 2) liegt Reqqada. Von der einstigen Residenz des Aghlabiden-Herrschers Ibrahim II. (875–902) gibt es nur noch spärliche Überreste zu sehen: ein kleineres und ein größeres Wasserbassin sowie Teile der Grundmauern.

Reqqada

Das sehenswerte Islamische Museum ist in einem 1970 errichteten Präsidentenpalast untergebracht, welcher in einem schönen Parkgelände liegt. Das Musée National d'Art Islamique ist täglich außer montags von 9.00 bis 12.00 und von 14.30–17.30 Uhr geöffnet.
Ausgestellt sind Funde aus Kairouan, den Aghlabiden-Residenzen Reqqada und Al Abbasiya sowie weiteren Städten in der Umgebung. Die unweit vom Museum gelegenen Ausgrabungen von Sabra Mansourya (eine vom Kalifen El Mansour Mitte des 10. Jh.s gegründete Residenz auf rundem Grundriß) werden gesondert gezeigt.
Im Eingangssaal sind ein Modell der Sidi-Oqba-Moschee sowie eine Nachbildung des Mihrab zu sehen. In den übrigen Sä en sind Gravuren mit historischen Stadtansichten, Münzen der verschiedenen Dynastien (Aghlabiden, Fatimiden, Ziriden), alte islamische Koranschriften, u. a. auf einer blau gefärbten Gazellenhaut, verschiedene Keramik und eine Sammlung beschrifteter Grabstelen ausgestellt.

*Islamisches Museum

Zaouia Sidi Sahab, Barbiermoschee

Kasserine

Islamisches Museum (Fortsetzung)

Das Museum ist im Aufbau befindlich, eine endgültige Beschreibung kann daher gegenwärtig nicht erfolgen. Auch sind die Ausstellungsstücke bislang nur arabisch beschriftet. Dennoch ist sein Besuch sehr zu empfehlen.

Sidi Ben Nasrallah

In diesem nordwestlich von Kairouan gelegenen Dorf züchten Zlass-Halbnomaden arabische Vollblüter. Im Sommer organisieren sie Fantasia genannte Reiterfestspiele.

Karthago

→ Carthage

Kasserine F 6

Gouvernoratshauptstadt
Einwohnerzahl: 24 000
Höhe: 570 m ü.d.M.

Anfahrt

Kasserine liegt sowohl an der aus Le Kef kommenden GP 17 als auch an der aus Kairouan kommenden GP 3 (120 km südlich von Le Kef, 155 km südwestlich von Kairouan).

Busverkehr

Kasserines Anschluß an das Eisenbahnnetz dient ausschließlich dem Güterverkehr. Von der in der Ortsmitte gelegenen Busstation (Gare Routière) bestehen Verbindungen mit Gafsa, Kairouan, Le Kef, Sbeitla, Sfax und Thala sowie mit Maktar.

Lage und Bedeutung

In 570 m Höhe, am Nordwestrand des zentraltunesischen Steppenhochlandes liegt Kasserine am Fluß Oued el Habeb. Es wird vom Djebel Chambi (im Nordwesten), dem mit 1544 m höchsten Berg Tunesiens, dem Djebel Semmama (1314 m, nördlich) sowie dem Djebel Sellouim (1373 m, südöstlich) eingerahmt. Aufgrund ihrer Lage ist die Stadt ein wichtiger Verkehrsknotenpunkt und Marktort (Dienstagsmarkt). Vor allem aber ist Kasserine Industriestandort. In dem 1963 errichteten größten Industriekomplex Zentraltunesiens wird das in dem umgebenden Steppenhochland wachsende Halfagras zu Zellulose und Papier verarbeitet.

Geschichte

Die Stadt wurde unter den Römern vermutlich im 2. Jh. n.Chr. als Cellium gegründet und im 3. Jh. zur Colonia erhoben. Mit dem Niedergang des römischen Reiches verlor sie an Bedeutung und blieb bis zur Kolonialzeit ein kleines Marktzentrum für die umliegende Bevölkerung. Die Franzosen errichteten eine Bahnstation und siedelten 'Colons', europäische Siedler, an.

Sehenswertes

Neustadt

Unter den Franzosen wurde um den Kern des alten Ortes die moderne Stadt errichtet. Hauptstraße ist die etwa 4 km lange, durch die Stadt führende Avenue Habib Bourguiba. An ihrem östlichen Abschnitt (Richtung Kairouan) liegt das moderne Zentrum mit dem Bahnhof, vielen Geschäften und der Busstation.
Die antiken Sehenswürdigkeiten liegen dagegen am anderen Ende der Straße in Richtung Gafsa.

Mausoleum

Am westlichen Ortsausgang liegen rechts der Straße, gegenüber der Kaserne, die kargen Überreste eines turmartigen Mausoleums (Sockel und Reste zweier Wände).

Kasserine

Karge Steppenlandschaft

Etwa 600 m weiter westlich befindet sich ebenfalls rechts der Straße, gegenüber dem Gouvernoratsgebäude, 200 m hinter der Brücke über den Oued Derb, ein anderes, gut erhaltenes Turmmausoleum, welches an das numidische Mausoleum von → Dougga erinnert. Die Fassade des dreistöckigen Baues ist im unteren Abschnitt mit einer 110 Zeilen umfassenden Inschrift versehen. Auf ihr wird der hier mit seiner Familie bestattete Stifter Flavius Secundus gepriesen. Den mittleren Teil des Gebäudes schmücken Halbsäulen. In der Nische des dritten Stockwerkes stand ursprünglich ein Standbild des Flavius, und einstmals krönte ein pyramidenförmiges Dach die Grabstätte.

Flavius-Mausoleum

Außerhalb der Stadt liegt das Ruinenfeld des antiken Cillium, ebenfalls direkt an der Straße nach Gafsa (kurz hinter der Abzweigung der nach Thala führenden GP 17, etwa 200 m hinter dem Hotel Cillium).
Die Ruinen der Stadt liegen links der Straße. Sie sind noch wenig erforscht und nur zu einem kleinen Teil freigelegt. Am besten erhalten ist der mit einem Fries und einer Inschrift geschmückte Triumphbogen, der wie die meisten Gebäuderuinen aus dem 3. Jh. stammt. Dem etwas entfernt am Berghang gelegenen Theater fehlt die Bühnenrückwand.
Neben dem Triumphbogen liegen die Fundamente einer christlichen Basilika und diejenigen einer kleinen byzantinischen Festung.

Cillium

Umgebung von Kasserine

Der Djebel Chambi ist mit 1544 m der höchste Berg Tunesiens. 1981 wurde das Gebiet zum Nationalpark erklärt. Dichte Wälder mit Aleppokiefern überziehen das Massiv, unterbrochen von halfagrasbewachsenen Lichtungen. Hier leben heute wieder die selten gewordenen Berggazellen, Mähnenschafe, Hyänen, Adler, Geier und Wanderfalken.

Djebel Chambi

Kebili

Djebel Chambi (Fortsetzung)	Am Fuße des Berges, mitten im Wald, befindet sich das Auskunftsbüro des Nationalparkes, dem ein kleines Naturmuseum angeschlossen ist.
Anfahrt	Anfahrt über die GP 17 in Richtung Thala/Le Kef; Abzweigung nach 5 km auf die nach Nordwesten führende GP 13; nach weiteren 4 km abermals Abzweigung auf eine in südlicher Richtung zum Dorf Chambi führende Piste. Diese ist bis auf 1300 m Höhe befahrbar (mit einem Geländewagen; Informationen erteilt das Arrondissement Forestier, Kasserine). Hier befinden sich die Sendestation und das kleine Bleibergwerk Kef (Felsen). In einem rund zweistündigen Fußmarsch erreicht man von dieser Stelle den mit einem Halbmond gekrönten Gipfel (weite Rundsicht).
Thelepte	Rund 30 km südwestlich von Kasserine (GP 17 Richtung Gafsa; Abzweigung auf die nordwestwärts führende GP 15; rund 700 m hinter dem belebten Ort) liegt beiderseits der Straße und des Bahngleises das ausgedehnte Ruinenfeld der römischen Garnisonsstadt Thamesmida (sehenswert nur für den archäologisch Interessierten).
Feriana	Der kleine Marktort Feriana liegt 4 km weiter südlich (an der GP 15 in Richtung Gafsa) und zählt 4000 Einwohner.
Haidra	⟶ Haidra (60 km nordwestlich)
Sbeitla	Die Ruinen des antiken Sufetula liegen 38 km nordöstlich von Kasserine an der nach Kairouan führenden GP 13, ⟶ Sbeitla.

Kebili   J 6

	Gouvernoratshauptstadt Einwohnerzahl: 6000
Anfahrt	Kebili liegt an der GP 16 Gabès – Tozeur, rund 122 km westlich von Gabès und 89 km südöstlich von Tozeur. Es bestehen regelmäßige Busverbindungen nach Gabès und Tozeur.
Lage und Bedeutung	Kebili ist Verwaltungs- und Marktzentrum (Dienstagsmarkt) der Nefzaoua-Oasen und liegt auf einer dem Djebel Tebaga vorgelagerten Landzunge zwischen dem Schott el Djerid im Osten sowie dem Schott el Fedjedj im Westen. Im Süden schließt sich die Sandwüste des Großen Östlichen Erg, des Grand Erg Oriental, an. Bis zum Verbot des Sklavenhandels Mitte des 19. Jh.s war Kebili ein wichtiger Umschlagsort für Sklaven, und immer noch leben hier zahlreiche Haratin genannten Nachkommen der ehemaligen Sklaven. Während des französischen Protektorats war es Garnisonsstadt (in einer ehemaligen Festung, dem Bordj des Autruches [= Straußenfort], ist heute ein Hotel untergebracht) und 1934 Verbannungsort von Habib Bourguiba. Der Ort besitzt keine ausgesprochenen Sehenswürdigkeiten. An der Straße nach Douz (siehe unten) bietet neuerdings ein Wasserbecken Erfrischung. Heute ist Kebili v. a. Ausgangsort für Ausflüge in die umliegenden Nefzaoua- und Djerid-Oasen sowie für eine Überquerung des Schotts (⟶ Chott el Djerid).
Nefzaoua-Oasen	Begrenzt durch den Ausläufer des Djebel Tebaga im Nordosten und die Salzseen der ⟶ Chotts im Nordwesten liegen die Nefzaoua-Oasen, zu denen neben den beiden Hauptorten Kebili und Douz noch zahlreiche kleinere Oasen gehören wie u. a. Bechri, Menchia, Blidet, Nouail, Zaafrane, Es Sabria und Bazma. Wie die Djerid-Oasen (⟶ Tozeur und ⟶ Nefta) verdanken sie ihre Existenz artesischen (unterirdischen) Quellen. Die Verteilung des Wassers erfolgt über das ansonsten nur noch in El Guettar (⟶ Gafsa) verbreitete Foggara-System (s. Graphik S. 45).

Kebili

Dromedarherde in der Wüste

Rund 30 km südlich von Kebili liegt die Oase Douz (Anfahrt: Es besteht eine Busverbindung mit Gabès und Tozeur.), Zentrum der Mherazigberber. Die meisten leben hier seit mehreren Generationen als Oasenbauern; nur noch etwa zwanzig Familien wandern ganzjährig zwischen der Oase Ksar Ghilane im Südosten und Regim Maâtoug an der algerischen Grenze.
Vier Wohnviertel gruppieren sich um den Mittelpunkt des kleinen Orts, der keine eigentlichen Sehenswürdigkeiten besitzt; im Norden, Süden und Westen schließt die Oase an. Donnerstags ist großer Markttag, und Ende Dezember finden hier die traditionellen Sahara-Festspiele statt, u. a. mit Dromedar- und Pferderennen, der Darbietung einer traditionellen Hochzeit sowie Musik- und Tanzvorführungen.
In der bislang vom Fremdenverkehr nicht übermäßig berührten Oase Douz entsteht gegenwärtig auf 45 Hektar ein riesiger Tourismuskomplex mit 5000 bis 7000 Betten.
Neben den positiven Folgen wie der Schaffung neuer Arbeitsplätze und Deviseneinnahmen ist aber auch mit negativen Auswirkungen zu rechnen, u. a. mit Konflikten um die Verteilung des wertvollen Wassers und um Eingriffe in die Landschaft. Mit einem mittleren Verbrauch von 300 l Wasser pro Tag benötigt der ausländische Gast in 26 Tagen genauso viel wie ein Bewohner in den Städten der Küste im ganzen Jahr. Dieses Wasser fehlt der Landwirtschaft. Aufgrund der Wasserknappheit müssen Brunnen vertieft und neuangelegt werden. Infolge der intensiven Nutzung sinkt der Grundwasserspiegel. Noch tiefere Brunnen werden gebaut... Auch nimmt die Gefahr nicht wiedergutzumachender Eingriffe in die Landschaft zu (Beispiel El-Hofra-Hotelbau, siehe unten).

4 km südlich von Douz, unweit der nach Zaafrane führenden MC 206, erhebt sich die große El-Hofra-Düne. Von ihrer Kuppe genießt man einen weiten Blick über die endlos erscheinende Sandwüste des Erg Oriental. Vor der Düne stehen mittlerweile fünf Hotelanlagen, die bei Umweltschützern sehr umstritten sind.

Douz

Fremdenverkehr

El-Hofra-Düne

Iles Kerkennah · Kerkennah-Inseln F/G 10/11

Gouvernorat: Sfax
Einwohnerzahl: 15 000
Höhe: 0–13 m ü.d.M.

Schiffsverkehr

Vom Hafen in ⟶ Sfax verkehrt je nach Saison zwei- bis fünfmal täglich eine Autofähre zur Anlegestelle Sidi Youssef an der Südwestspitze der Insel Gharbi.
Die Überfahrt dauert 75 Minuten. Von Sidi Youssef besteht mehrmals täglich eine Busverbindung mit den im Inneren der Insel gelegenen Orten.

Lage und Bedeutung

Die besuchenswerte Inselgruppe liegt 20–40 km östlich von Sfax vor der tunesischen Küste. Der Archipel besteht aus sieben Inseln, die zusammen eine Fläche von rund 180 km² besitzen. Bewohnt sind nur die beiden Hauptinseln Gharbi und Chergui. Sie sind durch einen 1 km langen Damm miteinander verbunden, der 1961 auf römischen Fundamenten erbaut wurde.

Landschaft

Die Inseln sind überwiegend flach (maximal 13 m ü.d.M.) und sandig. Landwirtschaft spielt nur eine unbedeutende Rolle, zu gering sind die Niederschläge (200 mm/Jahr), und auch das Grundwasser besitzt nur minderwertige Qualität. Die ausgedehnten Palmenhaine, die man auf der Fahrt vom Fährhafen Sidi Youssef im Süden Gharbis nach El Attaia im Nordosten Cherguis durchquert, tragen wegen zu hoher Luftfeuchtigkeit fast keine Früchte. Verwendung finden hauptsächlich die Palmwedel, und zwar bei der Herstellung von Fischreusen. Rings um die Inseln sieht man überall im flachen Wasser die in V-Form angelegten Reusen.

Wirtschaft

Die Inselbewohner leben in 13 Dörfern hauptsächlich vom Fischfang, dem Schwammtauchen sowie dem Kunsthandwerk. Neuerdings hat auch der Tourismus auf der Hauptinsel Chergui Fuß gefaßt.
Mittelpunkt ist der Hotelkomplex von Sidi Fredj, westlich von der Ortschaft Ouled Kacem an der Südwestküste von Chergui gelegen. Die größtenteils noch sehr einsamen Sandstrände eignen sich hervorragend zum Tauchen.

Chergui

Das auch Grand Kerkennah genannte Chergui ist an seiner längsten Ausdehnung 22 km lang und im Norden bis zu 10 km breit.

Gharbi

Das kleinere Gharbi mit dem Hauptort Mellita mißt dagegen nur 14×6 km.

Geschichte

Kyrannis hießen die Kerkennah-Inseln bei den alten Griechen, und die Römer nannten die Inselgruppe Cercina. Es gilt als gesichert, daß der Archipel bereits zu punischer Zeit besiedelt war, denn Hannibal wählte die Kerkennahs zu seinem Verbannungsort, nachdem er 202 v.Chr. in der Schlacht von Zama unterlegen war.
Zur Römerzeit richtete Sallust, der Statthalter Cäsars, hier seinen Stützpunkt im Kampf gegen die Pompejaner ein. In den darauffolgenden Jahrhunderten gerieten die Kerkennah-Inseln in das Spannungsfeld der Auseinandersetzungen zwischen Arabern und Christen, später ins Schußfeld der Spanier, die ihre Vergeltungsschläge gegen Korsaren entlang der tunesischen Küste unternahmen. Die Dörfer wurden zerstört und schließlich verlassen, da sie für eine Besiedlung zu unsicher geworden waren.
Die Vorfahren der heutigen Inselbewohner siedelten erst im 17. und 18. Jh. vom Festland her auf die Insel über. Ins Licht der Geschichte rückten die Kerkennah-Inseln wieder während des tunesischen Unabhängigkeitskampfes. Hier wurde der spätere Gewerkschafter Farhat Hached geboren, und von Chergui floh Habib Bourguiba 1945 nach Libyen.

Inselrundfahrt

Kulturhistorisch bedeutsame Sehenswürdigkeiten besitzen die Kerkennah-Inseln nicht. Dennoch lohnt sich die Überfahrt, denn wer Ruhe und Erholung sucht, findet beides hier.

Bei Mellita steht die Ruine eines türkischen Verteidigungsturmes (Tour Mellita). Die gut befahrbare Straße durchquert beide Inseln. Über das im Inselinneren gelegene Remla (Tankstelle, Bank, Geschäfte) erreicht man El Kellabine, El Abassia und schließlich das Dorf Ech-Chergui. Von hier aus flüchtete Bourguiba nach Libyen. Die Hütte, in der er übernachtete, und das Boot, das er benutzte, können noch besichtigt werden. Der Weg ist beschildert als Résidence du Salut du Président Bourguiba.

El Attaia liegt im Nordosten von Chergui und ist Hauptort der Kerkenah-Inseln.

Inselrundfahrt (Fortsetzung) Mellita

El Attaia

Kerkouane

→ Cap Bon, Rundfahrt

Korbous

→ Cap Bon, Rundfahrt

La Marsa

→ Tunis, Umgebung

Le Kef   C 6

Gouvernoratshauptstadt
Einwohner: 28 000
Höhe: 700–850 m ü.d.M.

Le Kef liegt an der GP 5, 170 km südwestlich von Tunis und 42 km östlich von der algerischen Grenze entfernt.

Anfahrt

Von dem in der Unterstadt gelegenen Busbahnhof (Gare Routière) bestehen regelmäßige Verbindungen nach Tunis, Tabarka, Maktar, Kairouan und Kasserine.

Busverkehr

Die alte Stadt Le Kef (Kef = Fels) liegt malerisch an einem Hang des Dir el Kef, einem südlichen Ausläufer des Hohen Tell. Sie ist Marktzentrum des umgebenden Berglandes mit einem vielbesuchten Donnerstagsmarkt.
Die von einer Kasbah gekrönte alte Oberstadt ist bislang noch kaum vom Fremdenverkehr geprägt. Gegenwärtig gibt es Pläne, die Stadt für den Tourismus zu erschließen. Sollten diese verwirklicht werden, ist die arabisch Chikka Benar genannte Stadt ein empfehlenswerter Standort, da in ihrer Umgebung einige der bedeutendsten historischen Stätten Tunesiens liegen wie u. a. → Dougga, → Bulla Regia und → Maktar.

Lage und Bedeutung

Bereits die Numider hatten an dieser beherrschenden Stelle eine Siedlung gegründet, an die jedoch nichts mehr erinnert. Sehr früh war sie unter den Einfluß Karthagos geraten. Am Ende des Ersten Punischen Krieges (241 v. Chr.) versetzte Karthago aus Sizilien zurückberufene, meuternde Söldner zur Strafe an diesen Ort (was jedoch den Ausbruch eines blutigen Söldnerkrieges 240–237 v. Chr. nicht verhinderte). Unter ihnen befanden sich auch Elymer aus dem sizilianischen Eryx, die ihren Kult um die Göttin Sicca Veneria mitbrachten. Der Kult fand bald Anhänger, und der nun nach dem Kult benannte Ort Sicca Veneria entwickelte sich zu einem bedeutenden Heiligtum.

Geschichte

Le Kef

Ansicht von Le Kef

Geschichte (Fortsetzung)

Die als Sicca Veneria verehrte Göttin ist gleichzusetzen mit der von den Puniern Astarte, von den Griechen Aphrodite und von den Römern Venus genannten und verehrten Gottheit. In dem Kult spielte die Tempelprostitution eine große Rolle. Und obwohl Elissa, die sagenhafte Gründerin Karthagos, diesen Kult mit achtzig Hierodulen (Tempeldienerinnen) mitgebracht haben soll (→ Geschichte), finden sich außer in Le Kef im übrigen punischen Afrika nirgendwo Spuren davon.

In dem heute neben Le Kef gebräuchlichen arabischen Namen Chikka Benar oder Chakbenaria klingt noch der antike Name Sicca Veneria nach.

Die Römer übernahmen die Siedlung unter ihrem punischen Namen Sicca Veneria. Unter Augustus wurde sie zur Colonia erhoben, und im 2. und 3. Jh. erlebte die Stadt einen enormen Aufschwung. Bereits 256 war sie Sitz eines Bischofs.

Nach den Einfällen der Vandalen und erst recht nach den arabischen Eroberungen wurde Sicca Veneria aufgegeben und erst im 16. Jh. als El Kef (= der Fels) wieder gegründet. Lange Zeit war sie eine sowohl von Algier als auch von Tunis beanspruchte Grenzstadt, die gegen Ende des 17. Jh.s eine mächtige Kasbah erhielt. Im 18. Jh. fiel sie endgültig an Tunis. Im Zweiten Weltkrieg war Le Kef zeitweise Sitz der französischen Protektoratsregierung.

Sehenswertes

Stadtbild

Die Kasbah von Le Kef beherrscht die sich den Berg hinaufziehende Altstadt; Reste der einstigen Stadtmauer ziehen sich ostwärts bis zum ehemaligen Präsidentenpalast. Am Fuß der Altstadt entstand während der französischen Protektoratszeit die Unterstadt (Bahnhof; Busbahnhof).
Zwischen diesen beiden Stadtteilen, auf halber Höhe, verläuft die Hauptstraße Avenue Habib Bourguiba. An ihrem östlichen Ende (wo sie zur Neustadt hin südwestwärts abknickt) gelangt man, der Rue de la Source fol-

Le Kef

gend, zu einer Moschee, hinter der sich ein kleines Ausgrabungsgebiet befindet. Hier beginnt auch die verwinkelte Altstadt mit ihren vielen Gassen und v.a. Treppen.
<small>Stadtbild (Fortsetzung)</small>

In der ebenfalls von der Avenue Habib Bourguiba abzweigenden, ostwärts führenden Rue Farhat Hached steht die frühchristliche, dem hl. Petrus geweihte, dreischiffige Kirche Dar el Kous (restauriert). In dem überwölbten Narthex wurden bis zur Unabhängigkeit Gottesdienste abgehalten. Über dem Türsturz (an der rechten Außenwand) sind noch christliche Symbole zu erkennen. Die erhöhte, gut erhaltene Apsis ähnelt derjenigen aus der Festungskirche in → Haidra.
<small>Dar el Kous</small>

Oberhalb, gegenüber einer seit langem verlassenen Synagoge, steht das im 17. Jh. errichtete Mausoleum des Husain Ben Ali, Vater des ersten Husseinitenherrschers.
<small>Mausoleum</small>

Im Osten, südlich des ummauerten, ehemaligen Präsidentenpalastes (Habib Bourguibas erste Frau stammte aus Le Kef), steht die Zaouia Quadriya oder Zaouia Sidi Mizouni, die 1834 errichtet wurde. Vier kleinere Kuppeln rahmen eine große. Von hier oben genießt man eine schöne Aussicht.
<small>Zaouia Quadriya</small>

Nördlich des einstigen Palastes befindet sich die 1784 errichtete Zaouia des Sidi Ben Aissa, in der heute das Volkskundemuseum (Musée Regional des Arts et Traditions; geöffnet täglich außer montags von 9.30–16.30 Uhr) untergebracht ist.
Ausgestellt sind u.a. traditionelle Gewänder, Brautschmuck, ein Nomadenzelt mit zahlreichen Gegenständen, die im Alltag Verwendung finden, Keramik für den Hausgebrauch, Webarbeiten und Pferdegeschirre.
<small>Volkskundemuseum</small>

Von hier führt die Straße bis zur türkischen Festung, die 1679 unter Mohammed Bey von Algier auf byzantinischen Fundamenten und aus altem Material errichtet wurde. Häufig verändert, diente sie bis vor kurzem als Kaserne. Geplant ist die Einrichtung eines kulturellen Zentrums sowie eines archäologischen Museums.
Vom Turm genießt man einen schönen, von der etwas nordöstlich oberhalb gelegenen Bastion sogar einen noch weiteren Blick über die Stadt und die Ebene.
<small>Kasbah</small>

Vor der Kasbah befindet sich die restaurierte ehemalige Große Moschee Djama el Kebir. Im 8. Jh. war sie an der Stelle eines Vorgängerbaues errichtet worden. Heute wird sie als Festraum genutzt. Im Inneren und im Garten sind Steinfragmente, Mosaikenreste und Stelen ausgestellt.
<small>Djama el Kebir</small>

Unterhalb der Kasbah liegt die hübsche Moschee und Zaouia des Sidi Bou Makhlouf mit zwei gerippten Kuppeln und einem achteckigen Minarett aus dem 16. Jahrhundert. Ihr Inneres ist mit fein gearbeiteten Stuckverzierungen und schönen Wandfliesen geschmückt, die Kuppel des dreischiffigen Gebetssaals ruht auf antiken Säulen.
<small>Mosquée Sidi Bou Makhlouf</small>

Nördlich außerhalb der Stadt liegen elf je 11×6 m breite römische Zisternen.
<small>Zisternen</small>

Umgebung von Le Kef

→ Dougga, Umgebung	Mustis
→ Dougga (rund 80 km nordöstlich)	Dougga
→ Chemtou (rund 83 km nördlich)	Chemtou
→ Bulla Regia (rund 70 km nördlich)	Bulla Regia

Le Kef

Umgebung von Le Kef (Fortsetzung) Kalaat es Senan Table de Jugurtha

Weithin sichtbar erhebt sich der im Süden von Le Kef gelegene Tafelberg Kalaat es Senan (Table de Jugurtha, Tisch des Jugurtha). Er ähnelt einem mächtigen Kegelstumpf, dessen Wände bis zu 70 m senkrecht hinaufragen. Ein kleiner Pfad führt bis zu einer in den Stein gehauenen Treppe, die bis auf das Plateau hinaufführt. Auf halber Höhe passiert man einen aus byzantinischer Zeit stammenden Torbogen. In 1271 m Höhe befinden sich die Reste einer byzantinischen Festung, Höhlenwohnungen sowie das Marabout des Sidi Abd el Jouad. Von hier oben genießt man eine großartige Fernsicht.

Anfahrt

GP 5 bis zur Abzweigung der GP 17 (Richtung Kasserine). Kurz nach Tadjerouine Abzweigung in Richtung algerische Grenze. Kurz hinter der Moschee des Dorfes Kalaat es Senan (2000 Einwohner) führt eine Straße hinauf nach Ain Senan. Dort zweigt man nach links ab; am Ende der kleinen Straße, bei einer Siedlung, beginnt der Fußweg, der in rund 2 Std. auf das Plateau hinaufführt.

Maktar

→ Maktar (rund 70 km südöstlich)

Haidra

→ Haidra (rund 80 km südlich)

Medeina

Rund 38 km südlich liegt zwischen dem Oued Ain Oum el Abid und dem Oued Medeina das bislang nur zu einem kleinen Teil ausgegrabene Ruinenfeld der antiken Stadt Althiburos.

Geschichte

Vermutlich hatten bereits die Numider an dieser Stelle eine Siedlung gegründet, die – wie Le Kef auch – außerhalb der römischen Provinz lag und nach dem Dritten Punischen Krieg viele Karthagoflüchtlinge aufnahm. Die Romanisierung vollzog sich langsam, und erst unter Hadrian (117–138 n.Chr.) wurde die Stadt zum Municipium erhoben. Ihrer günstigen Lage an der Verbindungsstraße Karthago-Theveste (Tebessa), ihrem fruchtbaren Hinterland und nahegelegenen Steinbrüchen verdankte Althiburos einen raschen Aufstieg. Im 4. Jh. war sie Bischofssitz. Vandalen- und Arabereinfälle besiegelten dann jedoch ihren Niedergang.

Ausgrabungen

Das 44,60×37,15 m große und gepflasterte Forum ist noch gut zu erkennen, von dem Portikus sind noch einige korinthische Säulenkapitelle erhalten. Im Südosten war es vom Kapitol begrenzt. Zwischen Forum und Kapitol verläuft ein gepflasterter Weg. Unweit nordwestlich stehen die Reste eines 128 n.Chr. errichteten Hadriantores, am anderen Ende gelangt man zu einem gut erhaltenen Brunnen.
Südlich hiervon liegt das Amphitheater, von dem noch einige Bögen erhalten sind, sowie etwas weiter östlich ein Mausoleum.
Nordwestlich vom Forum steht das nach einem Mosaik benannte "Maison de Pêche" (Haus des Fischfangs; das Mosaik befindet sich heute im Bardo-Museum, Karthago-Saal, → Tunis); auf der anderen Seite des Flusses stehen zwei weitere römische Häuser, "La Maison des Muses" (Haus der Musen) sowie "L'Edifice des Asclepeia". Das letztere einst als Privathaus errichtete Gebäude war mehrmals im 3. und 4. Jh. umgebaut worden (die Mosaiken der beiden Häuser sind ebenfalls im Bardo-Museum, Karthago-Saal, in → Tunis ausgestellt).

Anfahrt

Man verläßt Le Kef in Richtung Tunis auf der GP 5; nach 3 km biegt man auf die MC 71 nach Dahmani (ehemals Ebbat Ksour; südlich). In Dahmani geht es in westlicher Richtung auf der MC 72; nach 7 km (bei einer kleinen Ansiedlung) zweigt eine kleine Piste nach Süden ab; nach 500 m überquert man eine kleine Furt und kurz darauf folgt man einem Weg (rechts) zur Ruinenstätte (die linke Abzweigung führt nach Dahmani zurück).

Mactaris

→ Maktar

Mahdia

Blick über die Medina von Mahdia

Mahdia E 10

Gouvernoratshauptstadt
Einwohnerzahl: 27 000

Mahdia liegt an der MC 82, rund 68 km südöstlich von Sousse und 20 km nordöstlich von El Djem. Es ist mit dem Auto gut erreichbar; außerdem bestehen regelmäßige Metro- und Busverbindungen mit Monastir und Sousse. Über diese Städte ist es auch mit dem tunesischen Eisenbahnnetz verbunden. — Anfahrt

Die Gouvernoratshauptstadt liegt geschützt auf einer kleinen, felsigen Halbinsel, die 1,5 km lang, knapp 500 m breit und nur durch einen schmalen Isthmus mit dem Festland verbunden ist. — Lage und Bedeutung
Sie ist Wirtschaftszentrum des südlichen Sahel, und in neuester Zeit hat sich Mahdia zum größten Fischereihafen Tunesiens entwickelt. Etwa ein Drittel des inländischen Ertrages wird hier gefangen und in zahlreichen Konservenfabriken an Ort und Stelle weiterverarbeitet.
Jedes Jahr finden im Juli oder August die 'Nuits de Mahdia' statt. Während beleuchtete Fischerboote auf das Meer hinausfahren, werden an Land klassische und volkstümliche Tänze aufgeführt.
Mahdia besitzt eine hübsche Medina und im Norden der Stadt einen herrlichen Sandstrand. Bislang spielt der Fremdenverkehr jedoch eine untergeordnete Rolle. Der Freitagsmarkt findet auf der Place Farhat Hached, vor dem modernen Fischereihafen, statt.

Bereits die Phönizier hatten die strategisch günstige Lage Mahdias auf der Landzunge erkannt und einen Kothon, ein rechteckiges, mit Wachtürmen versehenes Hafenbecken, angelegt. Es befindet sich im Norden der Halbinsel und wird heute noch genutzt. — Geschichte

Mahdia

Geschichte (Fortsetzung)

Weder von der punischen noch von der anschließenden römischen Siedlung sind nennenswerte Überreste erhalten. 1907 fanden jedoch Schwammfischer ein 86 v.Chr. vor der Küste gesunkenes römisches Schiff mit griechischer Ladung (siehe unten).
Die Stadt war während der arabischen Eroberung Nordafrikas restlos zerstört und erst 913 von dem Fatimidenkalifen Obaid Allah el Mahdi (909 bis 934) neugegründet worden. Für die nach ihm benannte Stadt sprach ihre Lage auf dem vorgelagerten Cap Ifriquiya (Cap Afrique) mit der Möglichkeit, die Küstenschiffahrt zu kontrollieren. Auf der Halbinsel wurde eine weitläufige Residenz errichtet. Ihr Zugang von der Landseite wurde durch eine 11 m dicke Mauer mit vier Bastionen gesichert, die nur ein einziges, mit sechs Fallgittern versehenes Tor besaß. Noch heute sind Teile der Mauer und der Festung zu sehen. Ein Hafenbecken wurde ausgehoben. Nach der Fertigstellung dieser nahezu uneinnehmbaren Festung siedelte der Mahdi von seinem alten Sitz Reqqada (→ Kairouan, Umgebung) nach Mahdia über (921). Von hier zogen die Fatimiden aus, Ägypten zu erobern. Nach erfolgreichem Abschluß verlegten sie 973 ihre Residenz nach Kairo, und Mahdia fiel in einen Dornröschenschlaf.
Eingenommen wurde die Festung Mahdia zweimal, einmal durch die Normannen im 12. Jh., ein zweites Mal durch die Spanier. Letztere hatten die Stadt anläßlich ihrer Vergeltungsfeldzüge gegen den Korsaren Dragut (→ Berühmte Persönlichkeiten) erfolgreich belagert. Als sie 1554 wieder abzogen, sprengten sie zuvor sämtliche Bastionen. Diese wurden nie wieder aufgebaut, Mahdia versank endgültig in Bedeutungslosigkeit.

Sehenswertes

Medina

Zentrum Mahdias ist die auf der schmalen, felsigen Halbinsel gelegene Medina. Im Westen und im Süden schließt die Neustadt an, in nordwestlicher Richtung erstreckt sich schöner Sandstrand.

*Skifa el Kahla

Den Zugang zur Altstadt bildet heute wie damals der gewaltige Torbau der Skifa el Kahla, Schwarzes Tor oder auch Bab Zouila genannt. Der 44 m lange Torweg war früher in die 175 m lange und 11 m dicke Mauer inte-

Mahdia

griert. Das heute vorhandene Tor stammt nicht mehr aus der fatimidischen Epoche. Es wurde erst 1554, nach der Zerstörung Mahdias durch die Spanier, wieder errichtet, zu seinem Bau die Steine der fatimidischen Festung verwendet. Von den ehemaligen, auf polygonalen Sockeln ruhenden Rundtürmen, die sowohl im Norden als auch im Süden von der Meerseite die Mauer zusätzlich verstärkten, sind im Norden noch Stümpfe erhalten. Die eigentliche Wohnstadt Zouila erstreckte sich westlich der Festung, an die hier ebenfalls gelegenen Souks erinnern keine Überreste mehr.

Skifa el Kahla

Vom Dach der Skifa genießt man einen schönen Blick über die Medina bis zur Spitze der Halbinsel, den modernen Hafen sowie die im Südwesten gelegene Neustadt. Das Dach wird über eine Treppe betreten, die sich am medinaseitigen Ausgang der Skifa, auf der Rückseite des Rathauses (Municipalité), befindet.

Ausblick

Folgt man der hinter dem Tor beginnenden Rue Obaid Allah el Mahdi, beginnt linker Hand ein kleiner, überdachter Souk.
Gegenüber befindet sich der Eingang zum Dar el Himma, einem kleinen Museum mit Seidenwebereierzeugnissen, welches jedoch zur Renovierung geschlossen ist.

Nach einigen Metern erreicht man die Place du Caire sowie die Place El Kadhi Noamene, an der sich, direkt am Meer gelegen, die Große Moschee erhebt. Sie wurde 921 vom Stadtgründer Obaid Allah el Mahdi als erste fatimidische Moschee nach dem Vorbild der Sidi-Oqba-Moschee von Kairouan errichtet und war auf zwei Seiten mit der Festungsmauer verbunden. Als die Spanier diese sprengten, wurde auch die Große Moschee bis auf die Nordfassade zerstört. Ein in der Zwischenzeit errichtetes, jedoch einsturzgefährdetes Provisorium wurde in den sechziger Jahren abgetragen und die Große Moschee an der alten Stelle nach altem Grundriß sorgfältig rekonstruiert.

*Große Moschee
Grande Mosquée

Eingangsportal der Großen Moschee

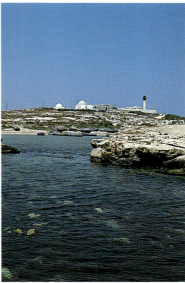

Alter Hafen

Mahdia

Große Moschee (Fortsetzung)

Die Moschee wird durch ein monumentales, der Mauer vorgestelltes Portal betreten, das eher an einen römischen Triumphbogen erinnert und dem Kalifen vorbehalten war. Seine Fassade ziert ein großer Hufeisenbogen, der rechts und links von zwei übereinanderstehenden Nischenreihen flankiert wird, die unteren als sogenannte Flachnischen, die oberen als Hohlnischen.
Der 42×50 m große Innenhof ist an drei Seiten von einer Galerie mit Hufeisenbögen umgeben.
Der neunschiffige, drei Joch tiefe Gebetssaal besitzt den gleichen Grundriß wie sein Vorbild in Kairouan. Das auf den Mihrab hinführende Mittelschiff ist länger als die acht übrigen. Das Joch vor dem Mihrab wird von einer Kuppel gekrönt.

Bordj el Kebir

Von der Großen Moschee sind es nur wenige Schritte am Meer entlang bis zum gewaltigen Festungskomplex des Bordj el Kebir. Das quadratische Bollwerk entstand 1595 unter Abu Abd Allah Mohammed. Es thront auf dem höchsten Punkt der Halbinsel von Mahdia, von wo aus die Stadt am leichtesten verteidigt werden konnte. Von dem im 10. Jh. an dieser Stelle errichteten Palast des Stadtgründers Mahdi ist nicht allzuviel erhalten geblieben. Man fand lediglich einzelne Bauteile des ehemaligen Eingangsbereichs. Im Innenhof der Festung befindet sich eine kleine Moschee. Im Mauerwerk des südwestlich stehenden Turmes sind zwei vermutlich ältere Reliefs erkennbar.
Besuchenswert ist das Bordj el Kebir jedoch hauptsächlich wegen des herrlichen Ausblicks von seinen zinnenbewehrten Mauern über die Stadt, den Alten Hafen und das Cap Afrique. Es ist täglich außer montags von 9.30 bis 16.30 geöffnet.

Zwischen der Festung und dem Leuchtturm am Cap Africa dehnt sich ein Friedhof. In der Nähe des Leuchtturms liegen noch einige schiitische Gräber aus dem 10. Jh. sowie Mauerreste von Zisternen.

Bordj el Kebir

Folgt man der Südküste, gelangt man zum Alten Hafen von Mahdia (Ancien Port Fatimide), der vermutlich auf den punischen und später von den Römern genutzten antiken Kothon (126×57 m) zurückgeht. Eine etwa 15 m lange, schmale Fahrrinne wurde von zwei von den Fatimiden errichteten Wehrtürmen bewacht, die in die Stadtmauer einbezogen waren und erst später mit einem Bogen verbunden wurden. Dieser Kothon ähnelt demjenigen von Karthago (→ Carthage).

Alter Hafen

Die Vermutung, daß das Hafenbecken zumindest schon in römischer Zeit bestanden haben muß, liegt sehr nahe, denn im Jahr 1907 entdeckten Schwammfischer etwa 5 km vor der Küste in 39 m Tiefe das Wrack eines römischen Segelschiffes. Wie seine Ladung beweist, war das Boot von Piräus gekommen und enthielt Weihereliefs sowie zahlreiche Marmorsäulen. Der Segler war 86 v.Chr. in einem Sturm gesunken. Das Wrack befindet sich heute als "Mahdia-Schiff" im Bardo-Museum von → Tunis.

Mahdia-Schiff

Umgebung von Mahdia

→ El Djem (42 km südwestlich)
El Djem

→ Monastir (45 km nördlich)
Monastir

→ Sousse (62 km nördlich)
Sousse

Für archäologisch besonders interessierte Besucher Tunesiens bietet sich ein Ausflug entlang der Küste an, der über Salakta und Chebba zum 59 km südlich gelegenen Ras Bou Tria führt. Nach 14 km erreicht man hinter dem Städtchen Ksour Essaf die bescheidenen Ruinen des antiken Sullectum (Salakta). Vermutlich wurde von hier die Arena in El Djem mit Löwen für die Gladiatorenkämpfe versorgt, die mit dem Schiff hertransportiert wurden.

Rundfahrt

Salakta

Nach weiteren 23 km folgt die Ortschaft Chebba. Am vorgelagerten Cap Ras Kaboudia stehen die auf byzantinischen Grundmauern errichteten Ruinen des Ribat Bordj Kjadidja. Er gehörte zu einer Kette gleichartiger Anlagen, die im 8. Jh. von den Abbasiden entlang der tunesischen Sahel-Küste errichtet wurden (→ Sousse, → Monastir).

Chebba

Die antike Siedlung, die an gleicher Stelle bestanden hatte, trug den Namen Caput Vada. Sie machte in byzantinischer Zeit Geschichte, als hier 533 der oströmische Feldherr Belisar landete, bevor er den Vandalen eine vernichtende Niederlage beibrachte.

Etwa 15 km südlich von Chebba liegt das Cap Ras Bou Tria (Anfahrt: 8 km südlich der Ortschaft Melloueleche zweigt eine Straße in Richtung Küste ab) mit den Überresten des antiken Acholla. Das Ausgrabungsfeld enthält neben den Grundmauern römischer Häuser auch die bescheidenen Ruinen eines Amphitheaters und die Überreste einer Thermenanlage.

Ras Bou Tria

Acholla

→ Monastir, Umgebung

Moknine, Ksar Hellal

Maktar   D 7

Gouvernorat: Siliana
Einwohnerzahl: 6000
Höhe: 950 m ü.d.M.

Maktar liegt an der GP 12 (Le Kef – Kairouan, 114 km nordwestlich von Kairouan und 69 km südöstlich von Le Kef) sowie an der GP 4, 156 km südwestlich von Tunis (die von Tunis kommende GP 3 zweigt bei El Fahs in die nach Maktar führende GP 4 ab).

Anfahrt

Maktar

Anfahrt Busverkehr	Vom Busbahnhof (Gare Routière, am Marktplatz) gibt es Verbindungen nach Tunis, Teboursouk/Tunis, Le Kef, Sbeitla/Kasserine und Kairouan.
Lage und Bedeutung	Die kleine, erst 1887 wieder gegründete Marktstadt liegt weithin sichtbar auf einem hohen Plateau inmitten des Hoher Tell genannten mitteltunesischen Gebirgsrückens. Ihr Umland zählt neben dem Talbecken der Qued Medjerda zum bedeutendsten Getreideanbaugebiet Tunesiens. Auch gedeihen hier trotz der Höhe Ölbaumkulturen. Aufgrund ihrer Lage im Übergangsgebiet zwischen Bergland und Steppe hat sie einen für das Umland wichtigen Montagsmarkt. Besuchenswert ist Maktar wegen seiner in schöner Landschaft gelegener Ruinenfelder aus römischer Zeit, die neben → Dougga und → Bulla Regia zu den bedeutendsten archäologischen Stätten Tunesiens gehören.
Geschichte	Bereits im 2. Jh. v. Chr. gründeten Numider an dieser Stelle eine Siedlung. Aus der beherrschenden Lage ließen sich räuberische Überfälle gut abwehren sowie die zwischen Bergland und Steppe gelegenen Verbindungswege kontrollieren. Hohe sommerliche Niederschläge sorgten im umliegenden Tal für ausreichende Wassermengen. Nach der Zerstörung Karthagos 146 v. Chr. zogen viele punische Flüchtlinge nach Maktar, da der inzwischen befestigte Ort zum damaligen Zeitpunkt noch außerhalb der römischen Provincia Africa lag (bis zur Errichtung der Provinz Africa Nova 46 v. Chr.). Die Überreste eines Tophet (→ Carthage) sowie zahlreiche Grabsteine und punische Inschriften sind ein Zeichen für die Langlebigkeit des libysch-punischen Einflusses. Wie in anderen Städten lebten auch hier die beiden Gemeinden, die alteingesessene libysch-punische Civitas sowie der römische Pagus, friedlich nebeneinander. Es dauerte beinahe 200 Jahre, bis die Romanisierung von Mactaris, wie die Römer den Ort nannten, vollzogen war. Erst unter Trajan, zu Beginn des 2. Jh.s n. Chr., wurde die Siedlung zum Municipium erhoben. 180 schließlich erhielt Mactaris unter Marc Aurel den Status einer Colonia und somit alle Bewohner das römische Bürgerrecht. Sie verwaltete rund 60 kleinere, in der Umgebung gelegene Dörfer und wurde eine der reichsten Städte der Provinz. Getreide-, Oliven-, Vieh- und Textilienhandel entwickelten sich zu höchster Blüte. Dies schlug sich auch in einer regen Bautätigkeit nieder. Zu Beginn des 3. Jh.s nahm Mactaris am sogenannten Gordianus-Aufstand teil, der sich gegen die von Rom wieder eingeführte Olivenölsteuer wendete. Während → El Djem, die damals wohlhabendste Stadt der Sahelzone, an den Folgen dieses Aufstandes zugrunde ging, konnte sich Mactaris noch einmal von den Rückschlägen erholen. Auch den Vandaleneinfall (439–534) überstand die Stadt, die anschließend von den Byzantinern befestigt wurde. Die arabische Eroberung brachte schließlich den Niedergang, der durch die Raubzüge der Beni Hilal (1050) unwiderruflich besiegelt wurde. Nach der Neugründung durch die Franzosen als Verwaltungs- und Marktort im Jahr 1887 begannen 1914 die ersten Ausgrabungsarbeiten in Maktar. Bislang wurde erst ein Drittel des äußerst weitläufigen antiken Stadtgebietes freigelegt.

✻✻Ausgrabungen

Hinweis	Das Ausgrabungsgelände wird über den Museumsgarten betreten, der direkt an der Ausfallstraße Kairouan – Le Kef liegt. Es ist täglich geöffnet von 9.00–12.00 und von 14.30–18.30 Uhr, im Winter von 14.00–17.30 Uhr. Die Beschreibung erfolgt in einem Rundgang.
Bab el Ain	Unmittelbar am Ortsausgang, außerhalb des Ausgrabungsgeländes, erhebt sich linker Hand das antike Stadttor Bab el Ain (restauriert). An dieser in der Nähe des Baches gelegenen Stelle befand sich das Baal Hammon geweihte punische Tophet.

Maktar

Auf der gegenüberliegenden Straßenseite befindet sich das kleine sehenswerte Museum von Maktar, welches gleichzeitig der Zugang zum Ausgrabungsgelände ist.

Im Museum sind u. a. Grabsteine und Stelen aus dem 1. Jh. v. Chr.–3. Jh. n. Chr. ausgestellt, teilweise mit punischen Inschriften und Symbolen (u. a. Halbmond, Tauben, Pfau, Weintraube, Granatapfel und Fische) versehen. Aus römischer Zeit stammen Skulpturen und Architekturfragmente, aus byzantinischer Zeit einige Bronzen, Öllampen und ein Bodenmosaik mit Tierdarstellungen und einer Inschrift (6. Jh.).

Hinter dem Museum sind die Reste eines in eine Basilika umgewandelten Tempels zu sehen.

Eine gepflasterte römische Straße (Rue Romaine) führt an einem westlich gelegenen Amphitheater mit erhaltener Arena vorbei auf eine Anhöhe hinauf. Oben angelangt, erkennt man schon von weitem den sehr gut erhaltenen Bogen des Trajan (siehe unten).

Östlich liegt der kleine Hathor-Miskar-Tempel. Ursprünglich vermutlich im 1. Jh. v. Chr. als punisches Heiligtum errichtet (Hathor Miskar war eine aus

Museum

Hathor-Miskar-Tempel

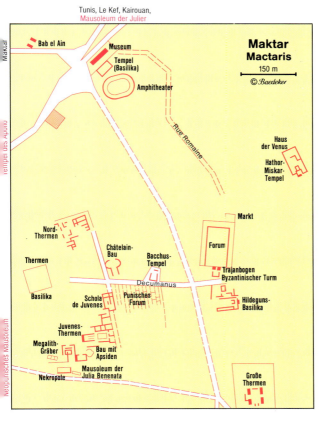

Maktar

Hathor-Miskar-Tempel (Fortsetzung)

Äypten stammende Liebesgöttin), wurde es im 2. Jh. erneuert und im 4. Jh. zu einer christlichen Basilika umgebaut. Der Grundriß besteht aus einem ummauerten Vorhof, einer Vorhalle sowie der Cella. Auf einer Inschrift sind die Namen dreier Sufeten (punische Stadtverwalter) vermerkt. Die Apsis wurde wohl im 4. Jh. angefügt. In einer Kammer unter dem Heiligtum wurde der Tempelschatz aufbewahrt.

Haus der Venus

In dem direkt anschließenden römischen Haus (Maison de Venus) wurde ein gut erhaltenes Bodenmosaik gefunden: Venus, die ihre Sandalen ablegt, sowie Vögel und Fische (2./3. Jh.).

Forum

Vermutlich zu Beginn des 2. Jh.s, als Mactaris zum Municipium ernannt wurde, entstand das rechteckige, an der Kreuzung von Cardo und Decumanus gelegene, marmorgepflasterte Forum. Von den ehemals es umgebenden Portiken und Gebäuden gibt es keine Spuren mehr. Nordöstlich schließt sich ein kleiner Markt an. Am südlichen Ende des Forums erhebt sich der prächtig erhaltene Trajanbogen.

Bogen des Trajan

Für die Erhebung zum Municipium ließen die Bürger von Mactaris 116 n. Chr. den Trajanbogen errichten. Eine Inschrift widmet ihn "dem Kaiser Caesar Nerva Trajanus Augustus, dem besten aller Kaiser, Besieger der Germanen, Armenier und Parther, im 21. Jahr seiner tribunizischen Gewalt". Die Byzantiner vermauerten den Bogen und integrierten ihn in ihre Festungsanlage.

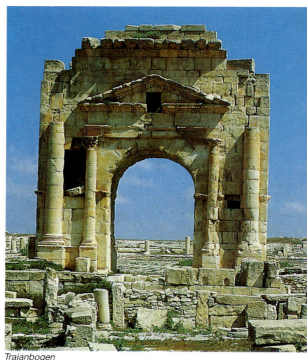

Trajanbogen

Maktar

Durch den Trajanbogen hindurch gelangt man zu den Resten einer dreischiffigen, mehrmals veränderten Basilika mit einem von vier Säulen flankierten Taufbecken. In ihr wurde ein Vandalenfürst namens Hildeguns begraben.

Hildeguns-Basilika

Weiter südlich folgen die stattlichen Überreste der Großen Thermen, die kurz vor Ende des 2. Jh.s erbaut wurden und zu den besterhaltenen in Afrika zählen. Das Untergeschoß ist vollständig erhalten. Die Wände der Cella Media, an die sowohl das Frigidarium (Kaltbad), als auch das Caldarium (Warmbad) anschlossen, ragen 12–15 m empor und zeigen noch ihre Gewölbeansätze, schöne Bodenmosaike sind freigelegt. Sehenswert sind auch die im Rankenwerk der Säulenkapitelle auftauchenden Fabeltiere, Zeichen dafür, daß zur Entstehungszeit des gewaltigen Komplexes noch immer libysch-punisches Kulturgut in Mactaris lebendig war.

Große Thermen

Wieder auf die Place Sévérienne zurückgekehrt, folgt man dem gepflasterten Decumanus Maximus westwärts zum älteren punischen Forum, welches der Civitas, der libysch-punischen Bevölkerung, vorbehalten war. Nördlich hiervon steht der dem Bacchus geweihte Tempel des Liber Pater.

Bacchus war wohl einer der Stadtheiligen. Von dem Heiligtum ist außer einer Doppelkrypta nur wenig erhalten, das heutige Mauerwerk stammt von einem späteren Bau.

Tempel des Bacchus

Westlich des Punischen Forums befindet sich eine Straßenkreuzung. Rechts ab gelangt man an den Resten eines nach seinem Ausgraber 'Châtelain' genannten Gebäudes vorbei zu den sogenannten Nord-Thermen mit schönen Fußbodenmosaiken. Biegt man dagegen an der Kreuzung links ein, führt der Weg seitlich am Punischen Forum vorbei, geradewegs auf das sich in der Südwestecke des Ausgrabungsfeldes befindende Ruinenfeld zu.

Bei dem sehr weitläufigen Komplex der Schola de Juvenes, einer Schule der Jugend, handelt es sich um eine auch aus anderen Städten bekannte Einrichtung der Collegia Juvenum. In diesen Anstalten wurden junge Männer nicht nur in sportlicher und militärischer Hinsicht, sondern auch in Politik, Steuerrecht und Warenkunde unterrichtet. Die so ausgebildeten Männer wurden ebenso bei der Steuereintreibung eingesetzt wie auch bei der Verteidigung des reichen Mactaris gegen Überfälle der räuberischen Steppennomaden.

Schola de Juvenes

Mit dem Bau der Schola de Juvenes von Mactaris war 88 n. Chr. begonnen worden, wie eine im Ruinengelände gefundene Inschrift, auf der namentlich 70 Mitglieder aufgezählt werden, beweist. Aber erst gegen Ende des 2. Jh.s war der Gesamtkomplex fertiggestellt. Die Macht der Jugendorganisation war zu Beginn des 3. Jh.s auf ein erstaunliches Maß angewachsen, wie ihre Beteiligung am Gordianus-Aufstand (238 n. Chr.) belegt. Allerdings setzte da auch bereits ihr Niedergang ein, denn unmittelbar nach dem Aufstand wurde die Organisation zerschlagen, die Baulichkeiten zerstört. Diokletian ließ die Anlage jedoch wieder herstellen. Besonders gut erhalten ist die sogenannte Palaestra, ein durch den wohlhabenden Bürger Julius Piso gestiftetes Gymnasium mit einem von korinthischen Säulen umgebenen Innenhof sowie ein kleiner anschließender Vorlesungsraum. Auch die Basilika, die ehemalige Versammlungshalle von 88 n. Chr., die später als christliche Kirche diente (der Altar ist ein punischer Sarkophag), ist noch gut zu erkennen.

Besondere Beachtung verdient ein hier aufgestelltes, dem großzügigen Stifter und seiner Tochter Julia gewidmetes Denkmal; sehenswert ist die schön verzierte Säule für die Tochter.

Südlich an die Schola grenzen die Juvenes-Thermen, das frühchristliche Mausoleum der Julia Benenata aus dem 4. Jh. sowie ein mit vier Apsiden ausgestatteter Bau (Edifice à Auges; drei Apsiden wurden nachträglich im 4. Jh. angefügt).

Maktar

Nekropole — Unmittelbar dahinter liegt eine Nekropole, die seit der Gründung von Mactaris bis ins 4. Jh. als Begräbnisstätte diente, sowie mehrere freigelegte Dolmen- oder megalithische Gräber aus numidischer Zeit.

Neopunisches Mausoleum — Ungefähr 300 m westlich gelangt man zu einem zweistöckigen, von einem Pyramidendach gekrönten Mausoleum. Es ist die römische Version der aus numidisch-punischer Zeit übernommenen turmförmigen Grabmäler, von denen nur ein Beispiel in → Dougga erhalten geblieben ist.

Weitere Sehenswürdigkeiten — Nordwestlich liegen die Überreste eines Apollotempels (2. Jh.), der vermutlich an der Stelle eines Baal-Hammon-Heiligtums errichtet wurde. Hier sind auch noch die Überbleibsel eines Aquädukts zu erkennen.
Außerhalb des Ausgrabungsgeländes, nordöstlich vom Museum gelegen, erhebt sich das halbzerfallene Mausoleum der Julier.

Umgebung von Maktar

Hammam Zouakra — In der Umgebung liegen noch zahlreiche, aber erheblich weniger bedeutende Ausgrabungsstätten. In Hammam Zouakra (19 km nordwestlich) sind Ruinen der antiken Siedlung (Triumphbogen, megalithisches Denkmal, Mausoleen) zu sehen.

*Ellès — Punische Megalithgräber sind auch in Ellès, dem antiken Thigibba, erhalten. Über 40 dieser aus dem 2. Jh. v.Chr. stammenden Großsteingräber wurden hier entdeckt. Riesige, mehrere Tonnen schwere Steinquader, bis zu 12 m² groß und 50 cm dick, bedecken die zu den Grabkammern führenden, ebenfalls aus Steinen zusammengestellten Grabgänge.

Anfahrt — GP 12 Richtung Le Kef, nach rund 27 km Abzweigung in südlicher Richtung, nach weiteren 12 km erreicht man den kleinen Ort Ellès.

Megalithgräber in Ellès

Nach dem Sieg Cäsars über Juba (46 v.Chr.) wurde ihm zu Ehren ein Siegesdenkmal errichtet. Von dem sind jedoch nur noch spärliche Reste aufeinandergeschichteter Mauerblöcke erhalten.
GP 12 Richtung Le Kef, nach rund 22 km Abzweigung, weitere 8 km in Richtung Siliana (nordöstlich), dann 1 km östlich.
Unweit jenseits des Bergrückens steht mitten im Feld ein römisches, einst dreistöckiges Mausoleum.

Kbor Klit

Anfahrt

Ksar Touar

Matmata

→ Gabès, Umgebung

Medeina

→ Le Kef, Umgebung

Médenine

K 9

Gouvernoratshauptstadt
Einwohner: 18000

Médenine liegt an der GP 1 Gabès – Ben Guerdane, 73 km südlich von Gabès, 77 km nordwestlich von Ben Guerdane und 62 km westlich von Zarzis.
Vom Busbahnhof (Gare Routière; an der Straße in Richtung Tataouine) bestehen regelmäßige Busverbindungen nach Tataouine, Djorf, Zarzis und Ben Gardane.

Anfahrt

Die kleine Verwaltungs- und Marktstadt Médenine ist – wie Tataouine auch (siehe unten) – ein geeigneter Ausgangspunkt für eine Besichtigung der in der Nähe gelegenen Bergdörfer.
Ursprünglich war Médenine eine wichtige Station der aus dem Inneren Afrikas kommenden Karawanen. Während der Protektoratszeit war sie Garnisons- und Verwaltungssitz für Südtunesien.
Die kleine Stadt bestand aus einer Ansammlung zahlreicher Ksour mit insgesamt über 6000 Ghorfas. In diesen Ksour genannten Speicheranlagen (Ksar in der Einzahl) bewahrten die Halbnomaden ihren Besitz auf, während sie auf Wanderschaft gingen. Jede Familie besaß ihren eigenen Ghorfa (Speicher). Diese tonnengewölbten schmalen Zellen wurden zu ganzen Einheiten nebeneinander und bis zu sechs Stockwerken übereinander zusammengestellt.
In den fünfziger Jahren wurden die Ksour größtenteils abgerissen, und heute stellt sich Médenine als überwiegend moderne Stadt dar.
An der Straße in Richtung Djorf stehen noch einige zweistöckige Ghorfas, die heute in Souvenirläden umgewandelt worden sind.
Mittwochs und donnerstags findet in Médenine ein großer Markt statt.

Lage und Bedeutung

Umgebung von Médenine

Zwischen Gabès im Norden und der libyschen Grenze erstreckt sich die Wüstensteppe der Djeffara-Ebene. Das Gebiet ist seit dem 7. Jh. die Heimat arabischer und arabisierter Halbnomaden. Auch heute noch sieht man vereinzelt ihre Zelte. Jedoch weisen verlassene Speicher, Ghorfas, darauf hin, daß die jahrhundertealte Lebensform des Nomadismus eigentlich vor-

Djeffara-Ebene

Médenine

Ghorfas in Médenine

Djeffara-Ebene (Fortsetzung)
Dahar-Bergland

über ist. Heute verfallen die aus Lehm gebauten Ghorfas oder erfahren – vereinzelt – als Sehenswürdigkeit herausgeputzt eine neue Verwendung.
Landeinwärts schließt sich an die Djeffara-Ebene das Dahar-Bergland (Dahar = Rücken) als schmaler Streifen an. Die bis auf 600 m ansteigende Hochfläche fällt zur Djeffara-Ebene in mehreren Stufen ab. Im Dahar leben traditionell die Djebalia genannten Berglandbewohner, Berber, die sich im 11. Jh. vor den Einfällen der Beni Hilal in die Berge zurückgezogen haben. Heute ziehen ihre als 'Bergnester' bezeichneten Dörfer mit ihrer eigentümlichen Architektur der Ghorfas und Ksour vor allem Touristen an.

Metameur

Etwa 6 km nördlich von Médenine liegt Metameur, überragt von einem teilweise zu einem kleinen Hotel umgebauten Ghorfa-Komplex. In den letzten Jahren wurden die meisten der hier befindlichen Ghorfakomplexe abgerissen und nur einige wenige für den Fremdenverkehr wieder hergerichtet.
Von Metameur führt eine einfach zu befahrende Piste (MC 104) nach Toujane (siehe unten). Die anschließend nach Matmata weiterführende Bergstraße ist jedoch nur geübten Autofahrern, die mit einem Geländefahrzeug unterwegs sind, zu empfehlen. Ein Besuch Matmatas sollte von → Gabès aus unternommen werden.

Toujane

Das Bergdorf Toujane liegt malerisch auf halber Höhe des Kef Toujane (632 m) und ist u. a. für seine Webarbeiten und seinen ausgezeichneten Honig bekannt.

Matmata

→ Gabès, Umgebung

Tamezret

→ Gabès, Umgebung

Ben Gardane

Rund 80 km östlich von Médenine liegt Ben Gardane (2500 Einwohner; Freitagsmarkt), eine erst 1892 von den Franzosen gegründete Stadt. Von hier sind es nur noch 33 km zur libyschen Grenze.

Médenine

Tataouine

49 km südlich von Médenine liegt Tataouine (auch Foum Tataouine genannt), ein ziemlich junger Ort mit rund 7000 Einwohnern (Donnerstagsmarkt), der aus einem Militärlager hervorgegangen ist.
Er ist wie Médenine ein geeigneter Ausgangsort für Fahrten in die Bergdörfer der Umgebung.
Einmal im Jahr (März/April) findet hier das Ksour-Fest (Festival des Ksours Sahariens) statt, zu dem sich Berberstämme aus dem gesamten Süden treffen. Fünf Tage lang werden Reiterspiele, nachgestellte Berberhochzeiten, Kamelrennen u.a. inszeniert.

Beni Barka

Etwa 8 km südlich von Tataouine liegt auf einer Bergspitze (Aussicht) die schon von weitem sichtbare Speicherburg Beni Barka. In ihren Ursprüngen geht sie auf das 14. Jh. zurück.

*Ksar Soltane

Etwa 10 km südöstlich (zunächst in Richtung Beni Barka, dann jedoch weiter auf der Straße in Richtung Maztouria und Tamellest) liegt der teilweise noch gut erhaltene Ksar Soltane, dessen Ghorfas sich um zwei Innenhöfe gruppieren. Die ältesten stammen aus dem 15. Jh., die jüngsten aus dem 19. Jahrhundert.

*Douirat

Diesen Ort (1000 Einwohner; rund 13 km südwestlich von Tataouine) erreicht man zunächst auf der nach Remada führenden MC 112, von der nach etwa 9 km eine Piste westwärts abzweigt.
Auf der Hügelspitze liegt die befestigte Speicherburg, erhalten sind auch noch in die Hänge gegrabene Höhlenwohnungen. Heute leben die Einwohner jedoch in neugebauten Häusern am Fuße des Hügels.

Weitere Bergdörfer

Westlich sowohl von Tataouine als auch von Médenine liegen noch zahlreiche sehenswerte, teilweise auch schwierig zu erreichende Bergdörfer.

*Chenini

Chenini gehört zu den schönsten und am meisten besuchten Bergdörfern (18 km westlich von Tataouine). Eine weiß gekalkte Moschee hebt sich

Chenini

Metlaoui

Chenini (Fortsetzung)	malerisch von den erdfarbenen und teils verfallenen Ghorfas ab, die in den Hang hineingegraben sind. Beim Friedhof, zwischen zwei Berghängen, befindet sich die in den Felsen gehauene Moschee 'der sieben Riesen' mit sieben langen Gräbern. 20 km südlich liegt Douirat (siehe oben).
Ausflug	Ein schöner Ausflug führt von Médenine über Ksar Jouamaa (oder Djouama; Aussicht), Beni Kheddache, El Hallouf (Oase; der Weg führt wieder zurück nach Beni Kheddache), Ksar Haddada (ein Teil des Ksar ist zu einem kleinen Hotel umgebaut worden), Ghoumrassen (auf der Felsspitze der Marabout des Ortsheiligen Sidi Arfa) und Guermessa nach Tataouine und zurück.
Djerba	→ Djerba (rund 80 km nordöstlich über den Damm und ca. 40 km nördlich bis zur Fähre in Djorf)
Zarzis	→ Djerba, Umgebung (rund 62 km nordöstlich)
Gabès	→ Gabès (73 km nördlich)
Schott el Djerid	→ Chott el Djerid

Metameur

→ Médenine, Umgebung

Mustis

→ Dougga, Umgebung

Metlaoui   H 5

Gouvernorat: Gafsa
Einwohnerzahl: 18 000

Anfahrt	Metlaoui liegt an der GP 3 Gafsa – Tozeur, etwa 42 km südwestlich von Gafsa und 51 km nördlich von Tozeur.
Bahnverkehr	Vom Bahnhof von Metlaoui gibt es täglich Verbindungen nach Gafsa, Sfax, Tunis und Gabès. Die Abfahrtszeiten liegen jedoch meist ungünstig. Bei abendlichen Abfahrtszeiten sollten nur die Langstreckenverbindungen gewählt werden, da Nahverkehrszüge über Nacht nicht fahren, sondern an kleineren Bahnhöfen anhalten und den Tag abwarten. Von der Busstation (Gare Routière) am Marktplatz gibt es mehrmals täglich Verbindungen nach Tozeur, Gafsa und Redeyef sowie einmal am Tag zu den Bergoasen Tamerza, Chbika und Midès.
Fahrten mit dem Lézard Rouge ('Rote Eidechse')	Seit 1997 verkehrt der bei Touristen beliebte 'Lezard Rouge' wieder auf der ca. 20 km langen Strecke zwischen Metlaoui und der Seldja-Schlucht. Ausgangsbahnhof ist Metlaoui. Der Zug fährt allerdings nach Bedarf. Abfahrtszeit ist 10.00 Uhr (Einzelreisenden wird empfohlen, mindestens eine Stunde vor Abfahrt am Bahnhof in Metlaoui zu sein). Auskünfte über den Fahrplan sind erhältlich in der Zentrale in Tunis, Tel. 01/79 96 34, Fax 01/79 98 10, am Bahnhof Metlaoui, Tel. 06/24 10 59, oder in einem kleinen, beim Bahnhof gelegenen Reisebüro, Tel. 06/24 14 69. Der sogenannte Lézard Rouge ('Rote Eidechse') ist ein Salonzug, den der französische Staat im Jahr 1910 dem tunesischen Bey Mohamed Naceur

Metlaoui

Pacha geschenkt hatte. Er und seine Nachfolger benutzten ihn bis 1945. Zwischen 1984 und 1994 wurde er für Touristenfahrten in die Seldja-Schlucht eingesetzt. Wegen technischer Mängel wurde er stillgelegt, nach Originalplänen sorgfältig restauriert, und nun fährt er wieder.

Lézard-Rouge-Fahrten (Fortsetzung)

Am südlichen Rande des zu den Ausläufern des Tell-Atlas zählenden Berglandes von Gafsa liegt die Bergbau- und Industriestadt Metlaoui, Hauptsitz des Phosphatbergbaus (Sitz der Direktion der Phosphatgesellschaft) und Verwaltungs- und Marktmittelpunkt des gesamten südwesttunesischen Phosphatgebietes. In mehreren modernen Anlagen wird das in der näheren und weiteren Umgebung gewonnene Phosphat verarbeitet und verladen. Kraftwerke und Folgeindustrien sind daher ebenfalls vorhanden und bestimmen das Bild der Stadt.

Um ein europäisch anmutendes Wohnviertel, welches vorwiegend von den höheren Angestellten der staatlichen Phosphatgesellschaft bewohnt wird und von den Franzosen um die Jahrhundertwende für ihre Führungskräfte (leitende Ingenieure, Angestellte) errichtet wurde, legen sich die Arbeiterwohnsiedlungen, in denen die Arbeiter getrennt nach ihren Herkunftsländern Tunesien, Marokko, Algerien und Libyen leben. Das Bergbaugebiet selber ähnelt einer Kraterlandschaft.

Schließlich leben noch Bauern in Metlaoui, die sich vom Ackerbau, dem Obstanbau und der Halfagrasproduktion ernähren. Die Landwirtschaftsdomäne 'Chaal' mit einer Fläche von ca. 2600 ha und über 170 000 Olivenbäumen gehört der staatlichen Phosphatgesellschaft.

Lage und Bedeutung

Metlaoui verdankt seine Existenz den gewaltigen Phosphatvorkommen seiner Umgebung, die heute 90 % der tunesischen Phosphatproduktion liefern. Phosphat ist ein wichtiger Grundstoff der chemischen Industrie für die Herstellung von Düngemitteln, Waschpulvern sowie Rostschutzmitteln und daher auf dem Weltmarkt stark gefragt. Tunesien war lange Zeit der erste Phosphatexporteur der Welt, inzwischen nimmt es nur noch den

Phosphat

Abraumhalden und ...   *... Phosphattransportband in Metlaoui*

Metlaoui

Olivenhain

Lézard Rouge

Phosphat (Fortsetzung)

vierten Platz ein. Denn die Phosphatvorkommen Tunesiens liegen 5 bis 8 m tief unter der Erde und werden im Untertagebau abgebaut. Zudem müssen die Produkte zur Verschiffung auf eigenen Bahnlinien (Schmalspurbahnen) an die Küste nach Sfax und Gabès transportiert werden. Andere Länder beuten inzwischen Vorkommen im Tagebau aus, die nicht weit von der Küste und den Häfen entfernt liegen. Hinzukommt, daß in Deutschland, dem Hauptabnehmer tunesischer Phosphate, in zunehmendem Maße phosphatfreie Waschmittel verlangt und hergestellt werden.

Geschichte

Entdeckt wurden die tunesischen Phosphatvorkommen um Metlaoui von Philippe Thomas, einem französischen Militärtierarzt und Hobby-Paläontologen, der 1886 in Ras el Aioun, in der Nähe von Metlaoui, auf phosphathaltige Erdschichten stieß. 1896 begann die französische "Compagnie des Phosphats et du Chemin de Fer du Gafsa", welche die Abbaurechte erworben hatte, mit dem Abbau. Ab 1899 wurden die Bodenschätze auf einer Schmalspurbahn nach Sfax zum Verschiffen transportiert. Kurz danach wurden weitere Vorkommen bei Redeyef und Moulares entdeckt, die 1904 bzw. 1905 durch neue Streckenabschnitte der Schmalspurbahn mit Metlaoui und damit Sfax verbunden wurden. 1909 erhielten sie sogar eine eigene Bahnstrecke über Kasserine/Sbeitla und Sousse. Bis 1945 erfolgte die Verschiffung der Phosphate von Sousse, seither von Sfax aus.
1913 wurden neue Lager südlich von Gafsa am Djebel Mdilla entdeckt, die ebenfalls an die Bahnlinie Gafsa – Sfax angeschlossen wurden.
Metlaoui, ein vorher völlig unbedeutender Weiler, wuchs in der Folgezeit sehr rasch heran und entwickelte sich zum Zentrum des größten Bergbaugebietes Tunesiens. Die Phosphatlager erstrecken sich mittlerweile von Metlaoui bzw. vom Djebel Mdilla bis zur algerischen Grenze bei Mides. Jährlich werden ca. 3,5 Mio. Tonnen Phosphate geliefert. Während sich die Hauptförderung der Bodenschätze nach Westen, nach Redeyef und Moulares, verlagerte, wurde Metlaoui Sitz der Verwaltung der inzwischen staat-

lichen Phosphatgesellschaft (Phosphates de Gafsa), die als größter Industriebetrieb Tunesiens ca. 15 000 Arbeiter und Angestellte beschäftigt. Schulen, Krankenhäuser und ein Bahnhof, die der Gesellschaft gehören, sowie zentrale Verwaltungseinrichtungen erhoben Metlaoui zum wichtigsten Ort des gesamten Phosphatgebietes. Die Gruben am Djebel Mdilla wurden von einer anderen Gesellschaft, der "Compagnie Tunisienne du Phosphat du Djebel Mdilla" übernommen. Hier sind noch einmal 2000 Menschen beschäftigt.

Im Zentrum der Stadt gibt es ein kleines Naturkunde-Museum (geöffnet täglich von 9.00 bis 12.00 und von 14.00 bis 17.30 Uhr), in dem interessante Fossilien, die z. T. noch von Philippe Thomas gefunden wurden, ausgestellt werden. Daneben sind prähistorische Objekte sowie römische Funde (darunter ein schöner Mosaikfußboden einer römischen Villa) aus der Umgebung zu sehen.

Im Stadtpark befindet sich ein kleiner Zoo mit Tieren der tunesischen Steppen- und Wüstenregion, u. a. Hyänen, Schakale und Dorcas-Gazellen.

Umgebung von Metlaoui

Diese wilde, vom Oued Seldja 150 – 200 m tief eingeschnittene Schlucht liegt 10 km westlich von Metlaoui. Sie erstreckt sich über 15 km, wobei der schönste Abschnitt, in dem die Kalkfelsen zum Teil klammartig senkrecht abfallen, 8 km lang ist.
Besonders malerisch ist die Engstelle der Schlucht, "Coup du Sabre", Säbelhieb, genannt. Der Legende nach war sie vom Berberprinz Al Mansour in den Felsen geschlagen worden, als er sich mit seiner Geliebten

Seldja-Schlucht

Monastir

Seldja-Schlucht (Fortsetzung)

Leila auf der Flucht befand. An den Felswänden dieser Engstelle sind noch Reste einiger Verankerungen zu erkennen, die von einer römischen Staumauer stammen. Die Schlucht beginnt als enge Klamm, ihr folgt ein kleinerer Talkessel, an den sich der Coup du Sabre anschließt. Danach weichen die Felswände erneut auseinander und bilden einen wunderschönen begrünten Talkessel, für viele Besucher der schönste Abschnitt der Schlucht. Dieser schließt mit einer weiteren Felsenge ab. Am Ausgang dieser Enge liegt die Quelle Ras el Aioun, wo Philippe Thomas das erste Phosphatvorkommen entdeckte.

Anfahrt

Die Schlucht kann mit dem oben erwähnten Lezard Rouge (s. S. 226) und mit dem Fahrzeug angefahren werden.

Mit dem Auto fährt man zunächst auf der GP 3 in Richtung Tozeur. Kurz nach dem Ortsausgangsschild von Metlaoui (beim Schild Thilja) zweigt eine Piste nach rechts (Richtung Bergrücken) ab; diese gabelt sich, die rechte Abzweigung führt zu einer Gruppe von Häusern. Hier liegt der Eingang in die Schlucht. Von hier aus kann man zu Fuß mehrere Kilometer in die Schlucht hinein gehen.

Hinweis

Vor allem während der heißen Sommermonate halten sich in der Schlucht gerne Giftschlangen (afrikanische Kobra) auf, gutes Schuhwerk wird daher dringend empfohlen! Auch muß ein Teil der Wegstrecke auf den Eisenbahnschienen zurückgelegt werden.

Gafsa

→ Gafsa (42 km nordöstlich)

Tozeur

→ Tozeur (51 km südlich)

Bergoasen Midès, Tamerza, Chebika

→ Tozeur, Umgebung

Im folgenden lediglich die Beschreibung der Anfahrt von Metlaoui aus:
Von Metlaoui geht es auf die nach Norden führende MC 122. Diese mündet auf die von Gafsa kommende MC 201. Östlich der Straße liegt ein größerer Salzsee, der Garaet ed Douza. Im Herbst und Winter machen hier riesige Zugvögelschwärme halt. An dieser Kreuzung biegt man links, Richtung Moulares, ab. Nach 500 m liegen direkt am Straßenrand die Grundmauern einer römischen Villa, deren Mosaikfußboden im Museum von Metlaoui ausgestellt ist.

Die MC 201 führt bis zu dem 37 km von Metlaoui entfernt gelegenen Moulares. Die Landschaft zwischen Metlaoui und Moulares ist eine öde, vollständig zerwühlte, mit Abraumhalden übersäte 'Mondlandschaft'. An den Felswänden sind die verschiedenfarbigen Erdschichten gut erkennbar. Von Moulares führt eine gute, asphaltierte Straße nach Redeyef (18 km) und von dort weiter nach Tamerza (23 km).

Von Tamerza aus führt eine zunächst asphaltierte Straße nach dem westlich gelegenen Midès. Nach 5 km zweigt von dieser Straße, die weiter zur algerischen Grenze und zur Zollstation führt, eine weniger gute Piste ab, die bis nach Midès geht.

Nach Chebika gelangt man ebenfalls von Tamerza in südwestlich-südlicher Richtung über eine landschaftlich sehr schöne, aber schlechte Straße. Von ihr hat man herrliche Ausblicke auf die Oase und den südlich gelegenen Schott (→ Chott el Djerid). Eine Nebenstraße führt als Piste in steilen Serpentinen durch eine 150 m tief eingeschnittene Schlucht des Oued Khanga.

Monastir D 10

Gouvernoratshauptstadt
Einwohnerzahl: 30 000

Anfahrt

Monastir liegt rund 22 km südöstlich von Sousse (MC 82) und 165 km südöstlich von Tunis.

Monastir

Blick über Monastir

Der internationale Flughafen Monastir-Skanès liegt 7 km außerhalb des Stadtzentrums an der Straße nach Sousse. Von hier gibt es Linienverbindungen in alle europäischen Hauptstädte sowie in den Sommermonaten täglich Charterverbindungen.

Anfahrt (Fortsetzung) Flugverkehr

Vor der Westmauer der Medina befindet sich der Bahnhof der Métro du Sahel. Von hier regelmäßige Verbindungen zum Flughafen und nach Sousse (stündlich) sowie nach Tunis und Gabès. Vom Busbahnhof (Gare Routière) an der Bab El Gharbi, im Südwesten außerhalb der Medina, regelmäßige Verbindungen nach Tunis, Sousse, Mahdia, Sfax und anderen Saheforten.

Eisenbahn- und Busverkehr

Die Gouvernoratshauptstadt und Universitätsstadt Monastir liegt auf der Spitze einer kleinen felsigen Halbinsel am südlichen Ende des Golfs von Hammamet. Sie besitzt eine kleine ummauerte Medina. Ihr bedeutendstes Bauwerk ist das alte Ribat, welches mit dem von → Sousse in Sichtverbindung stand.

Lage und Bedeutung

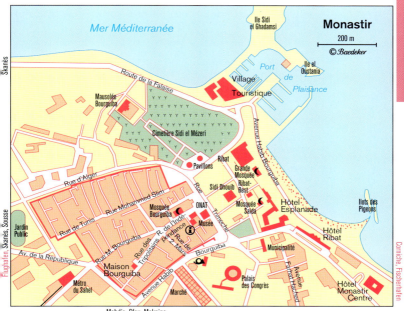

Monastir

Ribat von Monastir

Bedeutung (Fortsetzung)

Im Verlauf der letzten 20 Jahre hat sich die Geburtsstadt des ehemaligen Staatspräsidenten Habib Bourguiba (1903) zu einem der bekanntesten Seebäder des Landes entwickelt. Vor allem in Richtung Norden schließen sich in Dkhila und Skanès ausgedehnte Hotelzonen mit kilometerlangen, breiten und feinkörnigen Sandstränden an.
Neben dem Fremdenverkehr spielen noch die Olivenölverarbeitung und Salzgewinnung eine wirtschaftliche Rolle. Der kleine Fischereihafen ist nur von untergeordneter Bedeutung.
Im Sommer finden im Ribat Son-et-Lumière-Veranstaltungen statt.

Geschichte

Bereits die Phönizier hatten an dieser strategisch günstig gelegenen Stelle eine Handelsniederlassung namens Rous Penna gegründet, welche die Römer als Ruspina weiterbesiedelten. Während des Bürgerkrieges zwischen Pompejus und Cäsar 49–46 v.Chr. hatte letzterer hier sein Hauptquartier in Nordafrika aufgeschlagen und es mit einer dreifachen Befestigung umgeben.
Als die Araber im 8. Jh. die nordafrikanische Küste mit einer Kette von Wehrklöstern überzogen, erkannten sie die strategisch günstige Lage an der Spitze der Halbinsel und errichteten das Ribat, dem die heutige Stadt ihren aus dem Griechischen abgeleiteten Namen verdankt: Monasterion (= Kloster). Die Ritter-Mönche von Monastir führten mehrere Glaubenskämpfe gegen das christliche Sizilien. Und nach dem Niedergang Kairouans nahm Monastir zeitweise sogar dessen Stellung als heiligste islamische Stadt Tunesiens ein.
Das Ribat genannte Wehrkloster bewahrte seine militärische Bedeutung bis in die Türkenzeit hinein, als die Beys das Ribat zur Festung ausbauen ließen. In der Protektoratszeit sank Monastir jedoch zu einem unbedeutenden Markt- und Fischerort ab, der erst nach der Unabhängigkeit Tunesiens neue Bedeutung erlangte. Seine heutige Stellung verdankt die Stadt vor allem der Entwicklung des Massentourismusses während der letzten zwanzig Jahre. Rund 20 Hotels stellen etwa 9000 Betten zur Verfügung.

Monastir

Sehenswertes

Die Medina ist von einer erst im 18. Jh. errichteten, zinnenbewehrten Mauer umgeben. Dem Fremdenverkehr zuliebe wurde sie in den letzten Jahren vollständig renoviert und macht einen überaus gepflegten, vielleicht sogar zu gepflegten Eindruck. Ähnlich wie in anderen Fremdenverkehrsorten sind die Angebote der Souk-Händler vor allem auf die Touristen ausgerichtet und die Preise entsprechend hoch.

Erwähnenswerte Bauwerke der Altstadt sind das Geburtshaus des ehemaligen Staatspräsidenten Bourguiba in der Rue Trabelsia mit dem Musée du Mouvement National (Geschichte der Unabhängigkeit Tunesiens) sowie die Bourguiba-Moschee an der Rue de l'Indépendance. Ihr achteckiges, 41 m hohes Minarett ist schon von weitem zu erkennen. Sie wurde in Anlehnung an die Hammouda-Pacha-Moschee in → Tunis 1963 von Taieb Bouzguenda gebaut. Ihr Gebetssaal kann 1000 Menschen aufnehmen.

Medina

Bourguiba-Moschee

In dem Gebäude des Fremdenverkehrsamtes ONTT, Quartier Chraga, Rue de l'Indépendance, befindet sich ein kleines Trachten-Museum (Musée du Costume traditionnel; geöffnet 9.00–12.00 und 15.00–18.00 Uhr), in dem Hochzeitskleider aus den verschiedensten Regionen Tunesiens ausgestellt sind.

Trachtenmuseum

Vor dem Hafen erhebt sich das berühmte Ribat von Monastir, das 796 von Harthama Ben Ayan errichtet wurde und zusammen mit dem Wehrkloster von → Sousse zu den ältesten arabischen Festungsanlagen in Nordafrika gehört. Während jedoch das Ribat von Monastir weiter verstärkt wurde, hatte das Ribat von Sousse seine militärische Bedeutung bald an die in der Zwischenzeit errichtete Kasbah verloren. So lassen sich die Ähnlichkeiten zwischen diesen beiden Bauten nicht auf Anhieb erkennen.

In Monastir war im 9. und 11. Jh. die Kasbah um das Ribat herumgebaut worden, das auf diese Weise seine dominierende Stellung im Gefüge der Medina behielt. Im 16./17. sowie im 18./19. Jh. erhielt es weitere Anbauten. In den siebziger Jahren fand eine ausgiebige Renovierung statt.

Im Kern gleicht sein Grundriß dem des Ribats von Sousse. Seine (ursprüngliche) Seitenlänge beträgt nur 32,80 m, auch besitzt es keine Halbrundtürme in den Seitenmitten. An seiner Südostseite erhebt sich der dreigeschossige Nador, der begehbar ist. Von hier oben genießt man einen schönen Blick über den Jachthafen, den ausgedehnten Friedhof mit dem Bourguiba-Mausoleum, der Großen Moschee sowie über die Dächer der Medina.

**Ribat

Ausblick

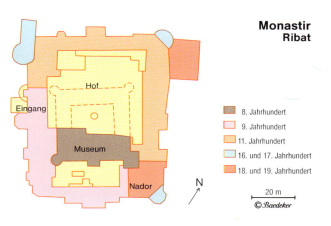

Monastir
Ribat

8. Jahrhundert
9. Jahrhundert
11. Jahrhundert
16. und 17. Jahrhundert
18. und 19. Jahrhundert

20 m
© Baedeker

Monastir

Bourguiba-Moschee

Ribat (Fortsetzung)

Durch ein mächtiges Tor an der Westseite betritt man den Innenhof, um welchen an drei Seiten in mehreren Stockwerken die ehemaligen Mönchszellen, Vorratsräume und Kasematten angeordnet sind. Das Männer-Ribat war durch ein Tor von dem voraussichtlich im 9. Jh. angefügten (Frauen?-) Ribat getrennt.

Islamisches Museum

Den ehemaligen Gebetssaal im Obergeschoß nimmt heute ein Museum ein. Ausgestellt sind u. a. eine interessante Münzsammlung (10.–11. Jh.), Koranschriften (8.–12. Jh.), Stoffe (ägyptisch-koptisches Leinen sowie feine Seidenstoffe), Kunsthandwerk aus Glas und Bronze, Keramikobjekte, Schmuckstücke sowie ein aus Cordoba stammendes Astrolabium von 927.

Öffnungszeiten

Das Ribat ist täglich außer montags und feiertags von 9.00–12.00 und von 14.30–18.00 Uhr geöffnet, im Winter nur bis 17.00 Uhr.

Sowohl innerhalb als auch um das Ribat herum drehte 1976 der italienische Regisseur Franco Zefirelli Szenen für seinen Film "Jesus von Nazareth".

Große Moschee

Südlich des Ribats steht die im 9. Jh. errichtete und im 11. Jh. von den Ziriden vergrößerte Große Moschee.

Moschee Saida

Gegenüber dem Hotel Esplanade finden sich Überreste der Saida-Grab-Moschee, die einst innerhalb eines zweiten Ribats erbaut worden war.

Sidi-Dhouib-Ribat

Das Sidi-Dhouib-Ribat, ein drittes, etwas kleineres Ribat, steht in Richtung Medina und ist in seinem Erdgeschoß wiedererrichtet.

Friedhof

Im Nordwesten schließt sich an das Ribat ein ausgedehntes Friedhofsgelände mit einigen wunderschönen alten Marabouts an, die teilweise mit Kufi-Schriftbändern und Fayencenschmuck verziert sind, u. a. das aus

Monastir

Bourguiba-Mausoleum

dem 12. Jh. stammende Grabmal des Sidi el Mazeri. Die Größe des Friedhofs hängt mit dem Wunsch zahlreicher Muslime zusammen, in der Nähe des als Heiligtum geltenden Wehrklosters begraben zu werden.

Friedhof (Fortsetzung)

Am nördlichen Ende des Friedhofs, in einer Achse mit den zwei modernen achteckigen Pavillons, die den Eingang des Friedhofs flankieren, erhebt sich das schon aus größerer Entfernung sichtbare, mit einer goldenen Kuppel versehene Mausoleum der Familie Bourguiba. Es wurde 1963 als Grabmoschee des früheren Präsidenten (→ Berühmte Persönlichkeiten) und seiner Angehörigen errichtet.
Die zwei schlanken, 25 m hohen Minarette sind aus italienischem Marmor gefertigt. Rechter Hand steht der kleine Marabout des Sidi Bou Zid, dessen Kuppel aus Tonröhren gefertigt wurde.

Bourguiba-Mausoleum

Südöstlich der Medina liegt das Geschäftszentrum der Neustadt, u.a. mit dem modernen Kongreßgebäude, Theater und Bibliothek.
Die Küstenpromenade (Corniche) führt bis zum Jachthafen (Port de Plaisance) mit einem neuerbauten Ferienkomplex.
Vor der Küste liegen die zwei kleinen, über einen Damm mit dem Festland verbundenen Inseln Sidi el Ghadamsi und Ile el Oustania.
Zwischen der nach Süden führenden, von Hotels gesäumten Uferstraße Avenue Habib Bourguiba und dem Meer erstreckt sich ein kleiner Sandstrand, der Küste vorgelagert sind die Ilots des Pigeons (Taubeninseln). Im äußersten Südosten liegt der moderne Fischereihafen.

Weitere Sehenswürdigkeiten
Hafen

Ilots des Pigeons

Nördlich von Monastir führt die Route de la Falaise zu dem Villen- und Hotelvorort Skanès. In Skanès, direkt an der Durchfahrtsstraße, befindet sich auch der ehemalige Präsidentenpalast hinter einer hohen Mauer mit einem großen schmiedeeisernen Tor.
Die Straße setzt sich in der von Salinen gesäumten Route Touristique de la Dkhila bis kurz vor Sousse fort.

Skanès

Nabeul

Umgebung von Monastir

Moknine
: Etwa 15 km südlich liegt am Rand des gleichnamigen Salzsees Moknine. Der kleine Ort ist für sein Kunsthandwerk (Schmuck, Keramik) bekannt. In der ehemaligen Moschee des Sidi Babana ist ein kleines Volkskundemuseum untergebracht (geöffnet täglich außer montags und feiertags von 9.00–12.00 und 14.30–18.00 Uhr, im Winter von 9.00–12.00 und 14.00 bis 17.30 Uhr).
Sehenswert ist hier die angewandte, bereits aus → Bulla Regia bekannte Technik der Gewölbekonstruktion des sogenannten Amphorengewölbes.

Ksar Hellal
: Fast mit Moknine zusammengewachsen ist diese kleine Textilindustriestadt. 1934 fand hier der Gründungskongress der Neo-Destour-Partei statt.

Sousse
: → Sousse (22 km nordwestlich)

Kairouan
: → Kairouan (83 km westlich)

Mahdia
: → Mahdia (22 km südlich)

El Djem
: → El Djem (84 km südwestlich)

Nabeul   C 10

Gouvernoratshauptstadt
Einwohnerzahl: 40 000

Anfahrt
: Nabeul liegt rund 70 km südöstlich von Tunis und vom internationalen Flughafen Tunis-Carthage entfernt und ist entweder über die Autobahn Tunis – Hammamet (weiter über die MC 28 nach Nabeul) oder über die GP 1 Tunis – Hammamet (weiter über die MC 28 nach Nabeul) erreichbar.

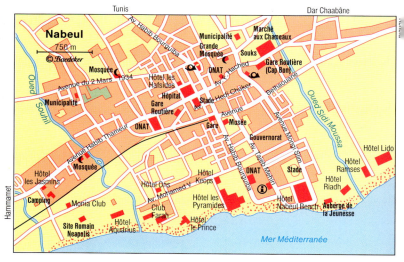

Nabeul

Keramikverzierte Häuserfassade in Nabeul

Vom SNCFT-Bahnhof an der Avenue Habib Bourguiba bestehen Verbindungen nach Tunis und Hammamet/Bir Bou Rekba mit Anschluß nach Sousse/Sfax. Vom Busbahnhof (Gare Routière) an der Straße nach Hammamet bestehen Verbindungen nach Tunis, Hammamet, Korbous, El Haouaria, Soliman, Kairouan, Zaghouan, Sousse sowie zum internationalen Flughafen Tunis-Carthage.

Anfahrt (Fortsetzung)

Nabeul ist die größte Stadt des → Cap Bon und liegt am südöstlichen Ende der Halbinsel, nicht weit von dem ausgedehnten Sandstrand entfernt, der sich um den Golf von Hammamet legt. Zusammen mit dem 10 km entfernt gelegenen → Hammamet bildet Nabeul das zweitgrößte Ferienzentrum Tunesiens, ohne gänzlich vom Fremdenverkehr geprägt zu sein. Es besitzt ein agrarisch intensiv genutztes Umland mit Obst- und Gemüseanbau, dessen Erzeugnisse freitags auf dem bedeutenden regionalen Markt verkauft werden. Berühmt ist es aber auch als Hauptort des tunesischen Kunsthandwerks, v.a. für das durch den Fremdenverkehr stark wiederbelebte traditionelle Töpferhandwerk, und für seine Parfümherstellung.
Bekannt und beliebt sind auch die Erzeugnisse der Mattenflechter und Steinmetzen sowie die Stickerei- und Webarbeiten.
Die meisten Hotels von Nabeul liegen im südlichen Küstenabschnitt, Richtung Hammamet, wohingegen sich einige exklusivere Unterkünfte nördlich der Stadt, Richtung Kelibia, angesiedelt haben. Insgesamt stellen rund zwölf Hotelanlagen derzeit etwa 6000 Fremdenbetten zur Verfügung.

Lage und Bedeutung

Das antike Neapolis (griechisch = Neustadt) lag unmittelbar am Meer und geht auf eine karthagische Gründung im 5. Jh. v.Chr. zurück. Im Dritten Punischen Krieg wurde es von den Römern besetzt, im 2. Jh. n.Chr. zur Colonia erhoben und 256 zum Bischofssitz ernannt. Im 16. und 17. Jh. ließen sich hier Flüchtlinge aus Andalusien nieder, deren Einfluß auf das Kunsthandwerk, besonders auf die Töpferei, bis heute spürbar ist.

Geschichte

Nabeul

"Marsyas und Apollon", Archäologisches Museum, Nabeul

Sehenswertes

Neapolis
Nabeul ist eine überwiegend moderne Stadt. Einige wenige Überreste des antiken Neapolis (eingezäunt und zu besichtigen) wurden beim Bau des Hotels Neapolis sowie in der Nähe des Hotels Jasmin gefunden, u. a. eine Einrichtung zur Herstellung von Garum (von griechisch 'gáron'). Diese bekannteste und beliebteste Speisewürze des Altertums (hergestellt auf der Basis von Fisch) war einst über die Griechen und Karthager bis zu den Römern gelangt und noch im Mittelalter als Würztunke in ganz Europa verwendet worden.

Place du 7 Novembre
Eigentlicher Verkehrsmittelpunkt (Banken, Restaurants, Läden) ist die Place du 7 Novembre, die Kreuzung der aus Hammamet kommenden Avenue Habib Thameur (die in die Avenue Farhat Hached übergeht) mit der von der Küste kommenden Avenue Habib Bourguiba. Hier steht auch das städtische Wahrzeichen, ein riesiger, bemalter Tonkrug, aus dem ein Baum herauswächst. Er weist auf die lange Töpfer-Tradition dieser Stadt hin.

Kamelmarkt
Der ehemals berühmte, freitags stattfindende Kamelmarkt (Marché aux Chameaux) ist mittlerweile zu einem Touristenspektakel geraten. In den frühen Morgenstunden ist der Markt noch nicht so überlaufen.

Kunsthandwerk
Lohnenswert ist ein Spaziergang durch die Souks der Stadt, in denen die Erzeugnisse aus den Keramik-, Steinmetz- und Webwerkstätten angeboten werden. Bei den Töpferfarben herrschen grün (ein Gemisch aus Blei und Kupferoxyd) sowie gelb (Blei und Antimon) vor. Eine im 17. Jh. ursprünglich aus Djerba stammende Familie hatte diese Technik mit nach Nabeul gebracht. Die einfachen geometrischen Ornamente gehen dagegen auf antike Vorbilder zurück.
Empfehlenswert ist es, sich in dem Ausstellungsraum der ONAT, der Organisation Nationale d'Artisanat (Avenue Habib Thameur) über die Qualität und die ortsüblichen Preise zu informieren.

Nabeul

In der Avenue Habib Bourguiba, dem Bahnhof schräg gegenüber, befindet sich das kleine, sehenswerte Museum (Musée Archéologique Régional; geöffnet täglich außer montags von 9.00–16.30 Uhr).
In der Eingangshalle hängt eine historische Karte des Cap Bon sowie der Plan des antiken Neapolis.
Im Saal I (links der Eingangshalle) sind Funde aus punischer Zeit (7.–4. Jh. v.Chr.) ausgestellt, u.a. Keramik, Öllampen aus gebranntem Ton, Schmuckstücke und Münzen. Die hier ausgestellten Gegenstände stammen zum großen Teil aus Grabungen in Kerkouane (→ Cap Bon, Rundfahrt).
Im Gang befinden sich Funde aus punischer und römischer Zeit aus der Gegend um Bir Bou Rekba.
Sehenswert sind die den in Karthago verehrten Göttern Baal Hammon und Tanit geweihten Tonstatuen, Zeugnisse für die Lebendigkeit punischen Glaubens auch nach Untergang des karthagischen Reiches unter römischer Herrschaft.
Im Innenhof befinden sich schöne römische Mosaiken, u.a. aus Kelibia (2./3. Jh. n.Chr.) und aus Neapolis (4. Jh.), eine Sammlung römischer Grabstelen (4. Jh.) und Statuenreste.

Archäologisches Museum

Umgebung von Nabeul

Nabeul ist wie Hammamet ein geeigneter Ausgangspunkt für Ausflüge in die nähere und weitere Umgebung.

Hinweis

Besonders empfehlenswert ist eine Rundfahrt um die landschaftlich sehr abwechslungsreiche Halbinsel → Cap Bon mit zahlreichen besuchenswerten Orten.

Cap Bon

Der kleine Kunsthandwerkerort Dar Chaabane (2 km nordöstlich) ist berühmt für seine hier gefertigten Steinmetzerzeugnisse, die sich als Türen- und Fensterumrahmungen in fast allen Teilen des Landes wiederfinden.

Dar Chaabane

Nicht weniger bekannt ist der 5 km nordöstlich entfernt gelegene Ort Beni Khiar, ein Weberdorf, dessen kunstvoll nach alten Mustern hergestellten Wolldecken, Kleider und Kelims sich bei den vielen ausländischen Besuchern großer Beliebtheit erfreuen.
Hier befindet sich auch der Fischereihafen von Nabeul.

Beni Khiar

Im 8,5 km entfernt gelegenen Es Somaa werden Flechtarbeiten hergestellt.

Es Somaa

20 km nordöstlich liegt Korba, im August findet hier alljährlich das Festival des jungen Theaters statt. Auskünfte erteilt das Fremdenverkehrsamt ONTT in Nabeul.

Korba

→ Cap Bon (75 km nördlich)

Kerkouane

→ Tunis (74 km nordwestlich)

Tunis

→ Thuburbo Majus (rund 90 km westlich)

Thuburbo Majus

Auf der Fahrt nach Thuburbo Majus lohnt eine Unterbrechung zur Besichtigung des römischen Nymphäums in Zaghouan (48 km westlich → Tunis, Umgebung).

Zaghouan

→ Hammamet (10 km südwestlich)

Hammamet

→ Kairouan (110 km südwestlich)

Kairouan

Nefta J 4

Gouvernorat: Tozeur
Einwohnerzahl: 15 000

Anfahrt

Nefta liegt an der GP 3 Gafsa – Nefta, 25 km südwestlich von Tozeur (Flughafen; von hier bestehen regelmäßige Flugverbindungen mit Tunis, Monastir und Djerba) sowie 113 km südwestlich von Gafsa.

Busverkehr

Von der Busstation (Gare Routière) an der Avenue Habib Bourguiba gibt es regelmäßige Busverbindungen nach Tozeur und Gafsa, einmal täglich eine Verbindung nach Douz und Hazaoua, der Grenzstation nach Algerien. Von dort sind es noch 4 km bis zur Grenze, die mit den Louages (Gemeinschaftstaxis) oder zu Fuß zurückgelegt werden müssen. Von der algerischen Grenzstation gibt es Busse nach El Oued.

Lage und Bedeutung

Das Oasenstädtchen Nefta liegt südwestlich von Tozeur, nur 36 km von der algerischen Grenze entfernt, am westlichen Rand des Schott el Djerid in einer rund 1100 ha großen Dattelpalmenoase.
Es ist das Marktzentrum der westlichsten tunesischen Oase, in dem jeden Donnerstag ein bekannter Markt stattfindet.
Seine Bewohner leben von der Oasenwirtschaft (über 400 000 Dattelpalmen, davon rund 70 000, die die besonders guten Datteln 'Deglet en Nour', 'Finger des Lichts', hervorbringen), vom Handel sowie vom Handwerk.
Bekannt sind die Erzeugnisse der Teppich- und Seidenweber sowie der Töpfer.

Fremdenverkehr

In jüngster Zeit hält der Fremdenverkehr verstärkt Einzug. Das Zauberwort 'Sahara-Tourismus' führte ähnlich wie in der Oase Douz (→ Kebili) zu einem enormen Aufschwung. Zahlreiche neue Hotels sind entstanden oder noch im Bau befindlich, die Bettenkapazität soll in den kommenden Jahren weiter gesteigert werden. Außer dauerhafter Sonne locken u.a. Landroverausflüge in die Wüste, der Besuch palmenreicher, in der Umgebung gelegener Oasen, u.a. → Tozeur, sowie der Nefzaoua-Oasen (→ Kebili), eine Fahrt über den Schott el Djerid (→ Chott el Djerid) sowie durch die Seldja-Schlucht (→ Metlaoui).

Nefta

Moschee Sidi Salem

Nefta ist ein ganzjährig vielbesuchtes Wallfahrtsziel; im November/Dezember findet außerdem ein Dattelfest sowie im April ein Volksfest statt.

Veranstaltungen

Vor allem ist Nefta das religiöse Zentrum des Bled el Djerid ('Land der Palmen', Djerid = Palme) mit über 24 Moscheen und 100 Marabouts. Letztere sind auch heute noch vielbesuchte Wallfahrtsziele der gesamten ländlichen Bevölkerung des südlichen Tunesien, selbst aus Algerien kommen Anhänger nach Nefta. Diese hohe Verehrung der Marabouts ist ein Zeichen für die Lebendigkeit des Sufismus, einer im 12. Jh. um den Gelehrten Sufi Abu Madian (gestorben 1197) entstandenen Bewegung. Den Namen erhielten sie nach ihrem wollenen Gewand = Suf. Die Sufis waren der Meinung, daß die Anhänger des Islam als einer Wüsten-Religion sich durch besondere Bescheidenheit und Askese hervortun sollten. Auch waren Mystizismus, Heiligenverehrung, Versenkung in spirituelle Erfahrung und Meditation besonders stark verbreitet. Geprägt ist der Sufismus aber auch von religiösen Formen, die aus den vorislamischen, animistischen Religionen der berberischen Bevölkerung übernommen wurden und vom orthodoxen Islam heftig bekämpft werden: Glaube an Geister, Zauberei, Wahrsagerei, Wirkung von Amuletten usw.

Religiöses Zentrum

Sufismus

Regional gefärbte Ausprägungen des Sufismus wurden von heiligen Männern gelehrt, die häufig eigene Bruderschaften mit Stammsitzen zur Unterbringung und Unterweisung von Schülern gründeten. Ihnen werden vielerlei Wunder nachgesagt, sie werden als Heilige verehrt, und ihre Gräber (Marabouts) sind mehr oder weniger berühmte Wallfahrtsziele. Früher hatten diese heiligen Männer auch Richterfunktion bei den häufig vorkommenden Zusammenstößen zwischen Nomadengruppen und seßhaften Oasenbewohnern.

Nefta ist letztes Zentrum dieses Sufismus und wird nicht zu Unrecht auch 'Kairouan des Südens' genannt. Die verehrten Marabouts liegen in der gesamten Altstadt von Nefta sowie der Oase verstreut.

Nefta

Stadtbild

Das Städtchen wird durch einen kleinen Oued (Fluß) und einen an dessen nördlichem Ende gelegenen Talkessel in zwei Stadtviertel gegliedert. Östlich des Oueds liegt die Neustadt mit dem alten Soukviertel (in ihrem südwestlichen Teil), im Westen zieht sich die Altstadt den Hügel hinauf.
Die von Tozeur kommende Hauptverkehrsstraße führt als Avenue Habib Bourguiba durch die Neustadt und westlich des kleinen Flusses dann am Rande der Altstadt entlang. Von ihr zweigt am (westlichen) Ende der Stadt eine Straße rechts ab. Sie führt den Hügel hinauf, ringförmig um die Altstadt herum und östlich des "Corbeille" genannten Talkessels wieder auf die Avenue Habib Bourguiba zurück.
Bis Anfang der 90er Jahre bestimmten kubisch ineinander verschachtelte Häuser mit Flachdächern das Stadtbild, ihre Fassaden waren im sogenannten Tozeur-Stil verziert (→ Tozeur). Starke Regenfälle zerstörten allerdings viele dieses Lehmziegelbauten, an ihrer Stelle entstanden gesichtslose Neubauten, so hat der Ort leider an Reiz verloren.

Geschichte

Die Geschichte der Djerid (= Palmen)-Oasen reicht weit zurück. Vermutlich waren sie bereits von den Numidern besiedelt, erhalten sind jedoch nur ihre römischen Namen wie Thusuros (Tozeur), Aggasel, Nepte (Nefta), Thigae (Kriz), Aquae (El Hamma) und Capsa (Gafsa). Sowohl die Römer als auch anschließend die Byzantiner errichteten hier Kastelle zur Verteidigung gegen die Wüstennomaden. Unter den Byzantinern wurden Nefta wie auch das benachbarte Tozeur zu Bischofssitzen.
Mitte des 7. Jh.s wurde Nefta von den Arabern erobert und gegen heftigen Widerstand islamisiert. Als wichtige Karawanenstation (eine Zeitlang sogar wichtigste Station Tunesiens) gelangte Nefta in den folgenden Jahrhunderten zu Wohlstand. Ab dem 15. Jh. kam es wie in Tozeur wegen häufiger Nomadenüberfälle und wegen des allgemeinen Rückgangs des Karawanenhandels zum Niedergang. Erst nach dem Einmarsch der Franzosen 1881 wurde Nefta zu neuem Leben erweckt.

Sehenswertes

Vor einer Besichtigung sollte zunächst die herrliche Aussicht auf die Altstadt sowie die Corbeille (siehe unten) genossen werden. Zwei im Norden gelegene Aussichtspunkte bieten sich an: das Café de la Corbeille und die östlich davon gelegene Terrasse des Sahara Palace Hotels. Von hier überschaut man ganz Nefta mit den zahlreichen weißen Marabout-Kuppeln, die Corbeille (siehe unten), die Oase sowie die umgebende Wüste.

Gefährdete
*Corbeille de Nefta

Von den oben genannten Aussichtspunkten genießt man auch einen schönen Ausblick in den 30 m tiefer gelegenen Talkessel der Corbeille (= Korb), die mit etwa 400000 Palmen bestanden ist. In deren Schatten gedeihen Gemüse und Obst. Hier fließen zwei Bäche zusammen, die von mehreren Quellen gespeist werden. Diese entspringen am Nordende der Oasenschlucht und vereinigen sich am Ausgang der Corbeille zu einem Oued (Fluß), der die Oase bewässert. Mangelnde Regenfälle in den Bergen nördlich von Nefta, aber auch die ständig anwachsende Bevölkerungszahl Neftas sowie die Errichtung einiger Hotels sind der Hauptgrund für den gestiegenen Wasserverbrauch, der wiederum zur allmählichen Erschöpfung der Quellen gerade in den letzten Jahren führte. Während diese zu Ende des 19. Jh.s noch etwa 1000 l/sec lieferten, verbleiben jetzt, ein Jahrhundert später, nur noch weniger als 300 l/sec, so daß mit Tiefbohrungen der 600 m bzw. 1000 m tief gelegene Grundwassersee aus fossilem Wasser angebohrt werden mußte. Nicht nur die Palmen drohen zu vertrocknen, auch die übrigen Ernteerträge sind deutlich zurückgegangen. Bleibt zu hoffen, daß bald eine Lösung dieses Problems gefunden wird.

Weitere Sehenswürdigkeiten

Die Altstadt ist wegen einiger dekorativer Ton- oder Lehmziegelfassaden der Häuser, die von zahlreichen Kuppeln und Minaretten der Moscheen überragt werden, sehenswert.

Nefta

Blick über die Corbeille

Neben dem Café de la Corbeille, direkt vor dem Hotel Mirage, liegt die Zaouia des Sidi Brahim (Sidi Kadria). In ihr sind der gleichnamige Heilige sowie seine Söhne begraben. Der Gebetsraum und die Unterrichtsräume können besichtigt werden. Sidi Brahim war ein bedeutender Sufi, und die Zaouia ist ein vielbesuchtes Zentrum des Sufismus.

Zaouia des Sidi Brahim (Sidi Kadria)

Durch die verwinkelte Altstadt führt der Weg zur größten Moschee (auch Djema el Kebir genannt), die aus dem 16. Jh. stammt und die älteste der Moscheen von Nefta ist. Sie liegt am westlichen Talkesselrand, so daß sich von hier ebenfalls ein sehr schöner Blick über die Corbeille ergibt.

Moschee Sidi Salem

Von der Moschee führt ein kleines, z. T. tunnelartig überdachtes Gäßchen nach rechts zur Place de L'Indépendance, dem Marktplatz der Altstadt bzw. des zentralen Viertels der Altstadt, des Chorfa-Viertels. Hier stehen Häuser mit besonders kunstvoll gestalteten Lehmziegelfassaden. Hangabwärts gelangt man auf der nach Südosten führenden Hauptstraße Avenue Habib Bourguiba zur Brücke über den Oued, der an dieser Stelle aus der Corbeille heraustritt. Der Straße folgend gelangt man in die Neustadt. Hier befinden sich Banken, Tankstellen, moderne Geschäfte, die Post und das Fremdenverkehrsbüro ONTT.

Marktplatz

Chorfa-Viertel

Neustadt

Bei der Post zweigt eine kleine Straße nach rechts ab und führt über enge malerische Gäßchen durch das alte Soukviertel zum Marktplatz dieses Viertels, der Place de la Libération, an der viele Geschäfte, Cafés und die Markthalle liegen.

Soukviertel

Oase von Nefta

Südlich dieses Viertels endet die Stadt. Direkt am Ortsrand beginnt das ausgedehnte Gartenland der eigentlichen Oase, das von sandigen Wegen

Nefta

Oase von Nefta (Fortsetzung)

und kleinen Bewässerungskanälen durchzogen ist. In diesen wird das Wasser mit einfachen Verteileranlagen nach traditionellen Regeln (⟶ Tozeur) verteilt.

Wichtigstes Produkt ist neben Getreide, Gemüse und Zitrusfrüchten die berühmte Deglet-en-Nour-Dattel. Da die Wirtschafts- und Sozialstruktur in Nefta aber – ähnlich wie in Tozeur – sehr rückständig ist, neben wenigen, Großgrundbesitzern (ca. 2 % der Bevölkerung) mit über 1000 Palmen gibt es einige Hunderte von Kleingrundbesitzern mit nur 50 und weniger Palmen, ist die Produktivität wesentlich geringer als in neu angelegten Palmengärten wie z. B. in der Oase El Hamma (⟶ Tozeur, Umgebung).

Marabout des Sidi Bou Ali

Inmitten der Oase liegt neben anderen der Marabout des Sidi Bou Ali. Eine kleine Straße, die gegenüber der Avenue Essim (östlich des Hotels Marhala), von der zur Grenze führenden Hauptstraße nach Süden in die Oase abzweigt, führt direkt zu diesem bedeutendsten Grabmal und Wallfahrtsziel Neftas. Dieser Marabout ist einem marokkanischen Heiligen gewidmet, der im 13. Jh. nach Nefta kam, um einen tiefgreifenden religiösen Streit, der beinahe zur Religionsspaltung geführt hätte, zu schlichten.
Er starb in Nefta und wurde dort, wo er lehrte, begraben. Der Grabbau enthält einen sehr schön geschmückten Grab- und Gebetsraum. Seine Kuppel ist mit Gipsstalaktiten verziert. Der Zutritt zu diesem Heiligtum ist jedoch Nicht-Muslimen nicht erlaubt.
Am nördlichen Rande der Oase, in der Nähe des Soukviertels, befindet sich gegenüber der Moschee Sidi M'Khareg ein Oasencafé.

Umgebung von Nefta

Sanddünen

15 km westlich der Stadt durchschneidet die nach Algerien führende Hauptstraße GP 3 ein großes Sanddünengebiet, einen Ausläufer des Großen Erg (Grand Erg Oriental).

Tozeur

⟶ Tozeur (25 km östlich)

Oase el Oudiane

⟶ Tozeur, Umgebung

Bergoasen von Chebika, Tamerza und Midès

⟶ Tozeur, Umgebung

Schott el Djerid

⟶ Chott el Djerid (die über den Schott führende Straße von Kriz nach Kebili beginnt rund 40 km nordöstlich von Nefta).

Nefzaoua

⟶ Kebili

Port el Kantaoui

⟶ Sousse, Umgebung

Reqqada

⟶ Kairouan, Umgebung

Sbeitla

E/F 7

Gouvernorat: Kasserine
Einwohnerzahl: ca. 8000
Höhe: 537 m ü.d.M.

Sbeitla liegt am Schnittpunkt zwischen der GP 3 Kairouan – Kasserine (die nach Sbeitla in die GP 13 übergeht) mit der GP 13 Sfax – Kasserine, rund 40 km nordöstlich von Kasserine, 117 km südwestlich von Kairouan sowie 165 km nordwestlich von Sfax. Vom Ortszentrum Busverbindungen nach Maktar, Kairouan, Tunis, Kasserine, Gafsa und Tozeur.

Anfahrt

Busverkehr

Sbeitla ist ein Marktstädtchen in Mitteltunesien und liegt am Übergang zwischen dem Dorsale genannten Mitteltunesischen Gebirgsrücken und der Zentraltunesischen Steppe. Die von Bewässerungskulturen umgebene Siedlung ist Standort einer landwirtschaftlichen Versuchsstation für Obst- und Olivenanbau sowie Sammelstelle für das in der Steppe kultivierte Halfagras.
Das in unmittelbarer Nähe gelegene Ruinenfeld der römischen Stadt Sufetula gehört mit → Dougga, → Bulla Regia und → Maktar zu den berühmtesten antiken Sehenswürdigkeiten Tunesiens.

Lage und Allgemeines

Über die Vergangenheit von Sufetula ist wenig bekannt, die Stadt selber bislang nur zu einem kleineren Teil ausgegraben, außerdem erschweren byzantinische Überbauungen den Archäologen die Arbeit.

Geschichte

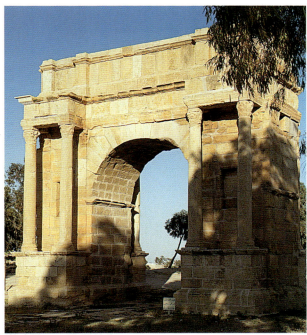

Triumphbogen für Diokletian

Sbeitla

Geschichte (Fortsetzung)

Sie lag nahe bei einem Fluß an einem Verkehrsknotenpunkt. Ihre Gründung erfolgte vermutlich unter den Flaviern am Ende des 1. Jh.s n.Chr. als Municipium. Später wurde sie in den Rang einer Colonia erhoben. Seit dem 3. Jh. war in Sufetula das Christentum eingeführt. Aus dieser Zeit stammen mehrere Kirchenbauten. Die Vandalenstürme überstand die Stadt unversehrt, und anschließend wurde sie ein wichtiger byzantinischer Verteidigungsplatz gegen die von Osten her drohende arabische Gefahr. Im Jahr 647 rückte Sufetula sogar kurzfristig in das Rampenlicht der damaligen Weltgeschichte, als hier der Exarch Gregorios residierte, welcher sich in Sufetula vom oströmischen Kaiser Konstantin II. lossagte und zum Gegenkaiser ausrufen ließ. Er fiel jedoch im selben Jahr bei der ersten Schlacht gegen die vorrückenden Araber, die die Stadt weitgehend ungeschoren ließen, wenn man einmal von den Plünderungen absieht. Nach der endgültigen Eroberung Karthagos durch die Araber (698) geriet auch Sufetula unter arabische Herrschaft. Die neuen Herren gründeten südlich der antiken Stadt einen neuen Ort, das heutige Sbeitla. Sufetula wurde aufgegeben. 1200 Jahre lang waren seine stattlichen Gebäude dem langsamen Verfall ausgesetzt. Zeitweise dienten sie als Steinbruch.
Die Existenz des Ruinenfeldes wurde in Europa erst zu Beginn des 18. Jh.s bekannt, und erste Ausgrabungsarbeiten wurden 1907 aufgenommen. Von der Gesamtfläche des ehemaligen Sufetula ist heute etwa ein Drittel freigelegt. Nach Schätzungen der Archäologen muß die antike Stadt etwa 10000 Einwohner besessen haben.

**Ausgrabungen

Hinweis

Das umzäunte Ruinengelände liegt am westlichen Stadtrand von Sbeitla (südlich des Hotels Sufetula; geöffnet täglich 9.00–17.00 Uhr). Der Eingang befindet sich direkt an der nach Kasserine führenden GP 13. Ihm gegenüber steht ein kleines sehenswertes Museum (siehe unten).

Rundgang

Auf einem leicht geneigten, vom Oued Sbeitla im Osten begrenzten Plateau erstreckt sich die alte Stadt. Typisch ist der noch gut erkennbare, planmäßig angelegte Schachbrettgrundriß mit den sich rechtwinklig kreuzenden Hauptstraßen Decumanus Maximus (Ost-Westverbindung) und Cardo Maximus (Nord-Südverbindung), an dessen Schnittpunkt das gut erhaltene Forum liegt.

Triumphbogen für Diokletian

Das Südtor der Stadt ist der hervorragend erhaltene Triumphbogen für Diokletian (L'Arc de Dioclétian) aus dem 3. Jahrhundert. Man erkennt ihn bereits von weitem bei der Anfahrt zum Ruinengelände.
Wendet man sich vom Eingang nach links, so kommt man zunächst an mehreren kleineren byzantinischen Festungsbauwerken (Fort; 7. Jh.) und an den Grundmauern einer dreischiffigen christlichen Kirche aus dem 7. Jh. vorbei (Église des Saints-Gervais-Protais-et-Tryphon, St.-Gervais-, Protas- und Tryphon-Kirche), ihr gegenüber sind die Reste einer kleinen Thermenanlage. Gleich danach biegt man rechts ab, vorbei an den Überresten einer alten Ölmühle, bis zur Ruine der Winterthermen oder auch Große Thermen genannt. Daneben stehen die Säulenreste eines Brunnens (Fontaine Publique). Unterhalb davon, am Flußufer, befindet sich ein kleines Theater.
Der von Läden gesäumte Decumanus führt an den Grundmauern der fünfschiffigen Servus-Kirche (Église de Servus) vorbei, die im 5. Jh. in den Peristylhof eines Tempels gebaut wurde, und endet vor einem dreitorigen Bogen, dem Zugang zum ehemaligen Forum.

Forum

Antoninus-Pius-Bogen

Das Forum im Zentrum der antiken Stadt gilt aufgrund seines hervorragenden Erhaltungszustandes als sehenswerteste Anlage seiner Art in ganz Nordafrika. Man betritt die 34,75×37,20 m große, mit Platten belegte Anlage durch den Antoninus-Pius-Bogen (s. Abb. S. 112). Das dreibogige, mit vier korinthischen Säulen versehene Tor ist das einzige Bauwerk Sufe-

Sbeitla

Forum, (Fortsetzung)

tulas, dessen Alter sich zweifelsfrei feststellen läßt (139 n.Chr.). Die Schäfte der Säulen sind nicht mehr geglättet, die Arbeiten demnach nicht beendet worden.

An drei Seiten war das von einer 4 m hohen Mauer umgebene Forum umsäumt von einem leicht erhöhten, säulentragenden Portikus, hinter dem Marktstände und Geschäftshäuser lagen.

Kapitol

Die Nordwestseite des Forums begrenzen drei gut erhaltene Tempel, die den Gottheiten Jupiter, Juno und Minerva geweiht waren. Üblicherweise wurden diese drei Gottheiten in einem gemeinsamen Tempel mit drei Cellae verehrt (→ Dougga). Hier stehen stattdessen drei nicht miteinander verbundene Heiligtümer. Eine ähnliche Besonderheit gibt es nur noch in der südspanischen Römersiedlung Belo. Die Tempel werden über zwei Treppen betreten, die rechts und links neben der vor dem Jupitertempel sich befindenden Rednertribüne (Rostrum) stehen.

Südöstlich des Forums liegen Reste einer aus dem 4. Jh. stammenden Brunnenanlage (Fontaine Publique).

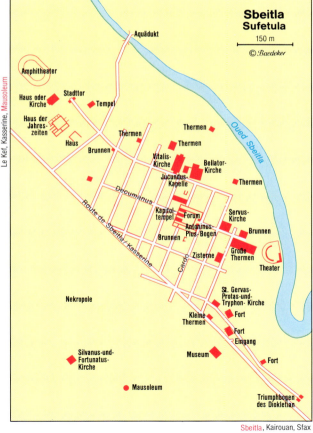

Sbeitla, Kairouan, Sfax

Sbeitla

Forum mit den Kapitoltempeln für Juno, Jupiter und Minerva

Frühchristliches Sufetula Bellator-Kirche
: Verläßt man das Forum von den Tempeln aus nach rechts in nordöstlicher Richtung, gelangt man an den Fundamenten einer dreischiffigen Kirche vorbei zum Mittelpunkt des frühchristlichen Sufetula. Der Weg führt genau auf die Bellator-Kirche zu. Es handelt sich um die erste Bischofskirche der Stadt, die vermutlich im 4. Jh. über antiken Tempelfundamenten, schräg versetzt zum rechtwinkligen römischen Straßennetz, errichtet worden war. Der ursprünglich dreischiffige Bau wurde im Laufe der Zeit durch jüngere Anbauten ergänzt. In der ebenfalls nachträglich angefügten Apsis wurden ältere Mosaikenreste freigelegt.

Jucundus-Kapelle
: Links angrenzend befindet sich die Jucundus-Kapelle. Sie diente als Grabmal des Bischofs Jucundus, der als Abgesandter Sufetulas am Konzil von Karthago teilgenommen hatte. Vermutlich wurde er unter vandalischer Herrschaft als Märtyrer hingerichtet.

Vitalis-Kirche
: Links daneben, konform mit dem römischen Kataster, befinden sich die Überreste der jüngsten Kirche, der Vitalis-Kirche. Das Gotteshaus entstand gegen Ende des 5. Jh.s an der Stelle einer größeren Villa, da die Bellator-Kirche in der Zwischenzeit für die Gemeinde zu klein geworden war. Es bestand aus fünf von Doppelsäulen getragenen Schiffen. Die Länge betrug 50 m, die Breite 25 m. Besonders schön erhalten ist das alte Taufbecken; die vier Säulenschäfte des zugehörigen Ziborienaltars stehen noch am Ort und Stelle. Unmittelbar hinter der Kirche erkennt man die Ruinen der christlichen Thermen.
Ein Stück Mosaikboden des vermutlich aus dem 3. Jh. stammenden Vorgängerbaues wurde freigelegt.

Weitere Sehenswürdigkeiten
: Von der Vitalis-Kirche führt die alte Römerstraße weiter in nordwestlicher Richtung, mehr oder weniger parallel zur Straße nach Kasserine, die linker Hand zu sehen ist. Nach etwa 350 m erreicht man weitere römische Baureste, deren Besichtigung jedoch nur für den archäologisch Interessierten von Bedeutung ist. Linker Hand die Reste eines Brunnens (Fontaine), einer

ähnlichen Anlage wie neben der Servus-Kirche sowie südlich des Forums. Ein kleiner Weg führt rechts, in nordöstlicher Richtung, zu einer oft restaurierten, dreibogigen Aquäduktbrücke (Pont-Aqueduc; 2. Jh.) über den Fluß.
Die Küstenstadt Sfax erhält über eine 166 km lange Leitung ihr Trinkwasser aus der Quelle des Sbeitla.

Weitere Sehenswürdigkeiten (Fortsetzung)

Weiter führt der Weg zu den Resten eines kleinen Tempels, dessen Weihung unbekannt ist (Temple Anonyme), zu einem Stadttor aus der Severerzeit (Porte de Ville). Linker Hand folgen die Reste eines Gebäudes (Haus und/oder Kirche; Maison et/ou Eglise) aus dem 5. Jahrhundert. Nach 50 m gelangt man schließlich zu einer Vertiefung im Boden, die die Lage des noch nicht freigelegten Amphiteaters nachzeichnet.

Der Rückweg führt an den Fundamenten eines nach seinem Jahreszeitenmosaik benannten, großzügig angelegten Hauses (Villa des Saisons; das Mosaik befindet sich im Bardo-Museum in → Tunis) vorbei.
Südwestlich der nach Kasserine führenden GP 13 ist noch wenig ausgegraben. Bislang gibt es nur Trümmer zweier Mausoleen sowie einer Kirche für die Heiligen Silvanus und Fortunatus (Eglise des Saints-Sylvain-et-Fortunat; 4. Jh.); sowohl Römer und Christen bestatteten hier ihre Toten (Nekropole).
Bei einem weiter nördlich gefundenen Aschenhügel handelt es sich vermutlich um ein Tophet.

In dem kleinen, 1988 eröffneten Museum sind in drei Sälen Fundstücke aus dem antiken Sufetula ausgestellt, u.a. einige Mosaiken, Keramiken, Münzen und Grabstelen.

Archäologisches Museum

Umgebung von Sbeitla

67 km südwestlich von Sbeitla, an der nach Gafsa führenden GP 13, liegt die kleine Ortschaft Thelepte. Hinter dem Ort zweigt bei dem Kilometerstein 208 rechts eine Straße ab. Sie führt zum Ruinenfeld einer ehemaligen Römersiedlung namens Thamesmida. Ihre Überreste sind allerdings nur sehr spärlich, so daß sich eine Fahrt hierher nur für den archäologisch besonders interessierten Besucher lohnt.

Thelepte

Bedeutsamer ist da schon das Ruinenfeld von → Kasserine, der Gouvernoratshauptstadt, die ebenfalls an der GP 13 liegt, 38 km südwestlich von Sbeitla.

Kasserine

An der MC 71 in Richtung Le Kef, 40 km nördlich von Sbeitla, liegt die kleine Ortschaft Sbiba. Hier befindet sich das Ruinenfeld der ehemaligen Römersiedlung Sufes. Die Überreste eines Nymphäums, eine Basilika sowie die einst mächtigen Mauern einer byzantinischen Festung sind jedoch so spärlich, daß sich ein Ausflug wiederum nur für archäologisch besonders interessierte Besucher lohnt.

Sbiba

Schott

→ Chott el Djerid

Seldja-Schlucht

→ Metlaoui, Umgebung

Sfax

Place de la République

Sfax   G 10

Gouvernoratshauptstadt
Einwohnerzahl: 400000 (mit allen Vororten)

Anfahrt

Sfax liegt an der GP 1 Sousse – Gabès, 127 km südlich von Sousse, 137 km nördlich von Gabès.

Flugverkehr

Der Flughafen liegt etwa 10 km westlich der Stadt an der GP 14 in Richtung Gafsa. Von hier gibt es regelmäßig Verbindungen nach Tunis, Frankreich und Italien.

Eisenbahnverkehr

Eisenbahnverkehr vom SNCFT-Bahnhof am meerseitigen Ende der Avenue Habib Bourguiba. Von hier Verbindungen nach Sousse, Tunis, Gabès und Gafsa.

Busverkehr

Vom Busbahnhof (Gare Routière), am westlichen Ende der Avenue Habib Bourguiba am Messegelände, gibt es Verbindungen mit Sousse/Tunis, Kairouan, Kasserine, Gafsa/Tozeur, Gabès/Médenine und Djerba.

Lage und Bedeutung

Die arabisch Safakis genannte südtunesische Gouvernoratshauptstadt Sfax liegt am nördlichen Golf von Gabès, rund 255 km südöstlich von Tunis, im größten Olivenanbaugebiet Tunesiens. Sie ist nach Tunis die zweitgrößte Stadt des Landes und Wirtschaftszentrum des Südens.
Der Fremdenverkehr spielt in dieser Stadt bislang noch keine besondere Rolle, fehlt doch der für Küstenstädte so charakteristische Sandstrand (es gibt nur einen bescheidenen, künstlich aufgeschütteten Strand). Besuchenswert ist Sfax jedoch wegen seiner Medina, die zu den schönsten in ganz Tunesien zählt. Außerdem ist Sfax ein günstiger Ausgangspunkt für Ausflüge nach ⟶ El Djem sowie zu den ⟶ Kerkennah-Inseln.

Wirtschaft

Bereits seit der Antike gedeihen im Sahel Oliven, da das weit ins Land hinein wirkende Meeresklima dem Boden seine Feuchtigkeit läßt und die

Sfax

Ölbäume soweit das Auge reicht

Wirkung des Wüstenwindes mildert. Unendlich erscheinende Olivenhaine erstrecken sich rings um die Stadt, über 8 Mio. Bäume wachsen etwa 60 km in die Steppe hinein. Rund 20 km vor der Stadt ändert sich das Bild, Mandelbäume verdrängen zunehmend die teilweise überalterten Olivenbäume. Ein zwischen 4 bis 8 km breiter Gürtel kleiner, bunter Obst-, Gemüse- und Blumengärten mit zahlreichen Sommerhäusern umgibt das eigentliche Stadtzentrum von Sfax, welches sich jedoch immer stärker ins Umland ausdehnt.

In über 400 Ölmühlen werden die Oliven des Sahel weiterverarbeitet und auf der ebenfalls hier ansässigen Olivenbörse verkauft. Ein großer Teil wird von dem Hochseehafen exportiert.

Sfax besitzt außerdem eine bedeutende Industrie, neben Lederverarbeitung, Herstellung von Parfum und optischen Gläsern und der Weiterverarbeitung von Pressrückständen zu Seife sind v. a. zwei phosphatverarbeitende Werke zu nennen, die auch Düngemittel herstellen, sowie eine Fabrik, in der Halfagras zu Zellulose verarbeitet wird.

Den größten Anteil am Hafenumschlag haben die bei → Metlaoui und im Djebel Mdilla abgebauten Phosphate, die per Bahn nach Sfax transportiert werden. Weitere von hier verschiffte Massengüter sind Getreide, Halfagras, Schwämme und Salz. Große Bedeutung kommt auch dem Fischereihafen zu, werden hier doch über 20 % der tunesischen Fangerträge angelandet.

Wirtschaft (Fortsetzung)

Sfax wurde Anfang des 9. Jh.s an der Stelle des antiken Taparura gegründet. Von der wohl nicht sehr bedeutenden römischen Stadt sind keine nennenswerten Überreste erhalten geblieben, vielleicht geht jedoch der rechteckige Grundriß der Medina auf sie zurück. Wichtiger war dagegen das 12 km südlich gelegene Thaenae, das unter Hadrian zur Colonia erhoben wurde (siehe unten). Die wirtschaftliche Blütezeit von Sfax setzte unter der arabischen Herrschaft zu Beginn des 10. Jh.s ein, als der Handel mit Olivenöl einen ungeahnten Aufschwung erfuhr. Die Verwüstungen der

Geschichte

Sfax

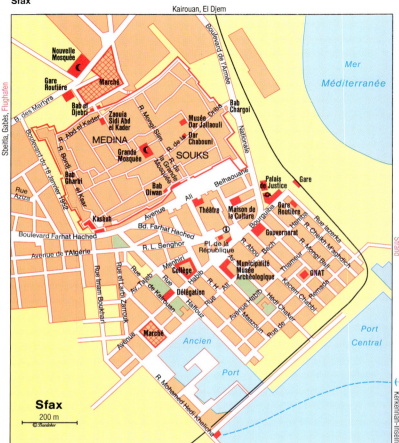

Geschichte (Fortsetzung)	Beni-Hilal-Nomaden setzte dieser Entwicklung auf lange Zeit ein Ende. Von 1148 an war die Stadt wie die meisten Küstenstädte von den Normannen besetzt, die 1159 von den Almohaden vertrieben wurden. Schwere Schäden erlitt sie bei ihrer Eroberung 1881 durch französische Truppen sowie im Zweiten Weltkrieg, als Sfax von den Achsenmächten besetzt und 1942–1943 von den Alliierten bombardiert wurde. Zum Glück blieb die Medina von den Angriffen weitgehend verschont.

Sehenswertes

Neustadt	Zwischen dem Hafen im Südosten und der Medina liegt die in der französischen Protektoratszeit entstandene Neustadt mit ihrem schachbrettartigen, planmäßigen Grundriß. Mittelpunkt ist die Place de la République mit einem Bourguiba-Denkmal, hier kreuzen sich die von Ost nach West

Sfax

verlaufende Avenue Habib Bourguiba und die zur Medina führende Avenue Hedi Chaker. Nur einige Häuser aus der Kolonialzeit sind erhalten, dazu gehört das unmittelbar hier gelegene Rathaus (Municipalité) im neomaurischen Stil mit einem schlanken, minarettartigen Turm. In der Neustadt befinden sich auch die meisten öffentlichen Gebäude, u. a. das in einem Pavillon untergebrachte Fremdenverkehrsamt (ONTT), Banken, Gouvernoratsgebäude sowie die Post, deren Fassadenschmuck von dem tunesischen Künstler Zubeir Turki stammt.

Neustadt (Fortsetzung)
Rathaus

Im Erdgeschoß des Rathauses (Municipalité) ist das sehenswerte archäologische Museum (Musée Archéologique; geöffnet täglich außer montags, 8.30–13.00 und 15.00–18.00 Uhr) untergebracht. Zu sehen sind punische, römische und byzantinische Fundstücke, einige Mosaiken mit Tier-, Jagd- und Meeresszenen aus Thaenae, Taparura und La Skhira, u. a. "Daniel in der Löwengrube" (5./6. Jh.) und "Ennius umgeben von neun Musen" (3. Jh.).

*Archäologisches Museum

Die Avenue Hedi Chaker führt in Richtung Norden auf das Haupttor der Medina zu, das 1306 errichtete, später mehrfach veränderte Bab Diwan. Es wurde 1943 bei einem Bombenangriff fast völlig zerstört und originalgetreu wieder aufgebaut.
Die nur etwa 400x500 m große Medina ist von einer gut erhaltenen, rund 2 km langen Stadtmauer umgeben, die im 9. Jh. von den Aghlabiden aus gepreßtem Lehm gebaut, jedoch später eindrucksvoll befestigt wurde. Die Kasbah im Westen der Medina wurde im 17. Jh. errichtet, die im Osten gelegene Festung stammt aus dem 12. Jahrhundert.
Anders als in sonstigen orientalischen Städten ist das Straßennetz der Medina von Sfax weitgehend rechtwinklig angelegt, vermutlich wurde es auf den Fundamenten des römischen Taparura angelegt.
Die Rue Mongi Slim durchquert die Medina von Süden nach Norden, von ihr zweigt die Rue de la Driba ostwärts ab (einige Häuser haben schöne, massive Tür- und Torfassungen). In einer nördlich davon gelegenen Seitenstraße befindet sich ein besuchenswertes Volkskundemuseum.
Das Musée des Arts et Traditions Populaire (ATP) ist im Dar Jallouli untergebracht, einem aus dem 18. Jh. stammenden, zweistöckigen Palast einer wohlhabenden andalusischen Familie mit einem hübschen, von Hufeisenbögen umgebenen Innenhof und fein ziselierten Fenster- und Türrahmungen aus Gabès-Stein. Ausgestellt sind u. a. viele Dinge des alltäglichen Lebens, Vorratsgefäße, Küchengeschirr, eine Gewürzsammlung, sowie Einrichtungsgegenstände, Trachten, volkstümlicher Schmuck, Hinterglasbilder und Beispiele arabischer Schriftkunst.

*Medina
Bab Diwan

*Volkskundemuseum
Dar Jallouli

Die Rue de la Grande Mosquée, eine Parallelstraße zur Rue Mongi Slim, führt zu der im Zentrum gelegenen Hauptmoschee, der Grande Mosquée. Gegründet wurde sie bereits 849, im 10./11. Jh. das erste Mal umgebaut und unter den Türken 1759 vollendet. Nichtmuslime dürfen wie überall in Tunesien nur den Innenhof betreten (täglich außer freitags, 9.00–14.00 Uhr). An einen rechteckigen Hof schließt der neunschiffige, zwölfjochige Gebetssaal, dessen Gewölbe von antiken Säulen getragen wird. Besonders beachtenswert ist das aus drei sich verjüngenden Stufen bestehende Minarett, es ist demjenigen von Kairouan sehr stark nachempfunden. Besonders schön sind seine reichen Verzierungen mit Kufischriften, Zierbändern und Zacken. An der Ostseite der Moschee trägt eine byzantinische Platte folgende Inschrift: "Schenke uns die Tugend und ihre Gefährtin, das Glück, damit beide das Dir geweihte ehrwürdige Haus zieren." Das Dekor der Fassade wurde von den Türken angebracht.

Große Moschee

Sfax

Minarett der großen Moschee   *Fischmarkt*

Weitere Sehens-
würdigkeiten

Zwischen der Großen Moschee und dem im Norden gelegenen Bab el Djebli erstreckt sich das Souk genannte Marktviertel. Unweit des Bab el Djebli, am Ende der Rue Abd el Kader, liegt die gleichnamige Zaouia. Außerhalb der Medinamauer befindet sich der neue Markt (Marché), dahinter erhebt sich die Neue Moschee (Nouvelle Mosquée). Sehenswert sind auch die anderen Moscheen der Medina, deren Fassaden mit Koranversen und herrlichen Stuckornamenten verziert sind. Etwa 1,5 km westlich des Zentrums liegen ein kleiner Park (Jardin Publique) und das Stadion.

Hafen

Der zweitgrößte Handelshafen Tunesiens ist über einen kurzen Kanal mit dem Mittelmeer verbunden. Bis zur Eröffnung des neuen, 3 km südlich der Stadt gelegenen neuen Fischereihafens lag die Fischereiflotte Sfax in den beiden kleineren Becken, heute befindet sich an der Südseite die Abfahrtsstelle der Kerkennah-Fähren. Etwas südöstlich außerhalb erstreckt sich der kleine, jedoch nicht besonders empfehlenswerte Strand.

Umgebung von Sfax

El Djem

Etwa 64 km nördlich befindet sich das berühmte römische Amphitheater von ⟶ El Djem.

Kerkennah-Inseln

Empfehlenswert ist außerdem eine Bootsfahrt zu den der Küste von Sfax vorgelagerten Kerkennah-Inseln (⟶ Iles Kerkennah).

Thyna

Verläßt man Sfax in Richtung Gabès (über die GP 1), kommt man an einem alliierten Soldatenfriedhof sowie an einer Phosphataufbereitungsanlage vorbei. Nach etwa 11 km erreicht man die Reste des antiken Thaenae. Sie liegen östlich der Straße, in der Nähe des von weitem sichtbaren Leuchtturmes von Thyna. Thaenae war die südöstlichste Grenzstadt Carthagos.

Unmittelbar südlich begann die von den Römern 146 v. Chr. errichtete Fossa Regia, welche die Grenze zwischen der römischen Provinz und dem Königreich Numidien festlegte (sie führte bis nach Thabraca/Tabarka). Unter Hadrian (117–138 n. Chr.) wurde die Stadt zur Colonia erhoben. Freigelegt sind Reste von aus dem 4./5. Jh. stammenden Bauwerken wie Thermen mit Mosaiken, Wohnhäuser sowie eine christliche Kirche. Im Osten des Geländes liegt eine Nekropole, die um ein achteckiges Mausoleum angelegt war.

In Richtung Norden schließen ausgedehnte Salinen an. In den Winter- und Frühjahrsmonaten halten sich hier gerne Wattvögel auf. Informationen erteilt das lokale Fremdenverkehrsbüro (ONTT) von Sfax (siehe oben).

Etwa 25 km südlich von Sfax erstreckt sich ein schöner Badestrand, ein beliebtes und vielbesuchtes Ausflugsziel der Bewohner von Sfax.

Thyna (Fortsetzung)

Plage de Chaffar

Sidi Bou Said **B 9**

Gouvernorat: Tunis Nord
Einwohnerzahl: 5000
Höhe: 100 m ü.d.M.

Regelmäßige Bus- und Schnellbahnverbindung mit dem 16 km südwestlich gelegenen → Tunis, TGM-Station Sidi Bou Said.
Die Dammstraße von Tunis in Richtung La Goulette führt über Karthago nach Sidi Bou Said; die GP 9 führt am Lac de Tunis sowie am Flughafen vorbei direkt nach Sidi Bou Said.

Anfahrt

Im Dorf selber herrscht Fahrverbot. Der kleine städtische Parkplatz ist in den Sommermonaten ständig überfüllt. Empfehlenswert ist daher die Anfahrt von Tunis mit der TGM oder mit einem Taxi.

Hinweis

Sidi Bou Said

Sidi Bou Said

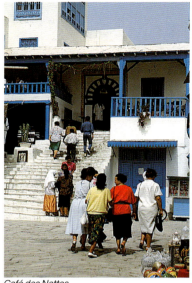
Café des Nattes

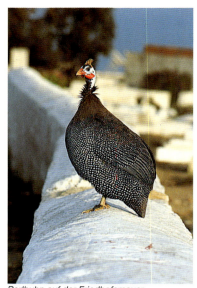
Perlhuhn auf der Friedhofsmauer

Lage und **Stadtbild

Das malerische andalusische Dorf Sidi Bou Said liegt auf einem Felsen des Cap Carthage, der hier über 100 m tief zum Mittelmeer hin abfällt.
Seine Bekanntheit in Europa verdankt es den drei jungen Malern Paul Klee, August Macke und Louis Moillet, die während einer Tunisreise 1914 sein Ortsbild auf berühmt gewordenen Bildern festhielten: weiß gekalkte Häuser mit blauen Tür- und Fensterläden, schöne schmiedeeiserne Fenstergitter sowie das Café des Nattes mit einem Minarett im Hintergrund.
Mittlerweile gehört Sidi Bou Said in den Sommermonaten zu den am häufigsten besuchten Orten Tunesiens.
Im August findet das religiöse Kharya-Fest statt, zu dem aus ganz Tunesien viele Gläubige anreisen.

Geschichte

An der Stelle des heutigen Leuchtturms befand sich ursprünglich ein Ribat, das im 9. Jh. kurz nach der arabischen Eroberung Karthagos errichtet wurde. So war es auch kein Zufall, daß sich hier um 1207 der Sufi-Orden des Abu Said al-Baji niederließ.
Als Verbreiter der Lehren des Sufismus, so benannt nach ihrem Gewand (= Suf), zog er viele Bewunderer an, die sich in Sidi Bou Said niederließen. In späteren Zeiten erfuhr der Ordensgründer eine neue Verehrung durch Andalusienflüchtlinge, die sich nach dem Ende der spanischen Herrschaft (1535–1574) ebenfalls hier als Seeräuber niederließen. Sie erkoren Abu Said al-Baji zu ihrem Schutzheiligen und nannten ihn 'Herr des Meeres'.
Als sich im 18. Jh. Angehörige der Husseinitendynastie in Sidi Bou Said niederließen, hatten sie in ihrem Gefolge auch zahlreiche namhafte Musiker und Dichter der damaligen Zeit. Damit war der Grundstein für den Ruf eines Künstlerdorfes gelegt. Von da an war es nicht mehr weit bis zur Entwicklung zum internationalen Künstlertreff. Dem Einfluß des britischen Bankiers und Musikfreundes Baron Rudolphe d'Erlanger, Verfasser einer sechsbändigen Enzyklopädie über die arabische Musik, verdankt es Sidi Bou Said, daß sein damaliges Ortsbild unverändert erhalten blieb. Aufgrund seines Engagements wurde es 1915 unter Denkmalschutz gestellt.

Sehenswertes in Sidi Bou Said

Leider wird Sidi Bou Said in den Sommermonaten von Touristen geradezu überschwemmt. Entsprechend groß ist die Anzahl von Souvenirgeschäften, die den Hauptplatz des Ortes umgeben.
Am oberen Ende dieses Platzes steht das weltberühmte Café des Nattes, dessen Fassade August Macke in seinem Gemälde "Blick auf eine Moschee" (1914) festgehalten hat. Seit der damaligen Zeit hat sich weder am äußeren Erscheinungsbild noch an der Einrichtung dieses klassischen maurischen Caféhauses Grundlegendes verändert.
Café des Nattes

Am höchsten Punkt des Dorfes, unterhalb des Leuchtturmes, befindet sich die Zaouia (das Mausoleum) des Ortsheiligen. Das Minarett wurde von den Osmanen errichtet. Von hier oben bietet sich ein unvergleichlich schöner Blick über den Golf von Tunis, das Cap Bon, zum in der Ferne aufragenden Djebel Zaghouan, nach Karthago, La Goulette und nach Tunis.
Ausblick

Umgebung von Sidi Bou Said

→ dort	Tunis
→ Tunis, Umgebung	La Marsa Gammarth
→ Carthage	Karthago
→ Tunis, Umgebung	La Goulette

Sidi Daoud

→ Cap Bon

Soliman

→ Cap Bon

Sousse **D 9/10**

Gouvernoratshauptstadt
Einwohnerzahl: 120 000
Höhe: 0–50 m ü.d.M.

Sousse liegt an der GP 1 Tunis – Sfax, rund 140 km südlich von Tunis, 127 km nördlich von Sfax.
Anfahrt

Den Flughafen Skanès-Monastir (rund 15 km südöstlich der Stadt in Richtung Monastir gelegen) erreicht man am besten mit der Métro du Sahel oder mit dem Bus. Neben Inlandflügen zu allen größeren Städten des Landes gibt es vor allem starken Charterverkehr in der Hauptferienzeit von und nach Europa.
Flugverkehr

Vom Bahnhof hat man Verbindungen nach Tunis, Sfax, Gabès und Gafsa sowie nach Hammamet/Nabeul.
Bahnverkehr

Die Métro du Sahel, eine neu eingerichtete Schnellbahnlinie, verkehrt etwa stündlich zwischen Sousse und Monastir mit Zwischenhalt am Flughafen.
Ab dem Busbahnhof (Gare Routière) an der Stadtmauer gibt es Verbindungen nach Tunis, Kairouan, Sfax, Gabès, Gafsa, Le Kef und Kasserine.
Busverkehr

Sousse

Lage und Bedeutung

Sousse, die arabisch Sussa genannte, nach Tunis und Sfax drittgrößte Stadt des Landes und Hauptstadt des tunesischen Sahel, liegt an feinkörnigen Sandstrand des südlichen Golfes von Hammamet, umgeben von ausgedehnten Ölbaumhainen.

Die sanft an einem Hang aufsteigende Altstadt ist von einer Stadtmauer umgeben und besitzt zahlreiche sehenswerte Denkmäler arabischer Baukunst sowie ein besuchenswertes Archäologisches Museum. Die Medina, schöne nahegelegene Sandstrände und zahlreiche besuchenswerte Ziele in ihrer Umgebung wie → Kairouan, → Monastir, → Mahdia und → El Djem machen Sousse zu einem überaus empfehlenswerten Reiseziel.

Sonntagmorgens findet in der Nähe der Katakomben (siehe unten) ein Markt, der sogenannte Kamelmarkt (Marché aux Chameaux), statt.

Wirtschaft

Die wirtschaftliche Bedeutung von Sousse beruhte noch gegen Ende der sechziger Jahre fast ausschließlich auf seinem Hafen, über den die in der Umgebung produzierten und in der Stadt verarbeiteten Agrarerzeugnisse, hauptsächlich Olivenöl und Halfagras, ausgeführt wurden. Hinzu kamen noch der Export von Phosphat sowie die Fischerei und fischverarbeitende Industrien. Seit den siebziger Jahren wurde Sousse auch zu einem bedeutenden Industriestandort. Vor allem im Süden der Stadt wurden mehrere größere Betriebe angesiedelt. Neben einem Lkw-Montagewerk und einer Großgerberei kamen mehrere für den europäischen Markt produzierende Konfektionsbetriebe, eine Kleineisenfabrik, kunststoffverarbeitende Betriebe sowie ein Treibhaushersteller hinzu. 1982 wurde ein großes Zementwerk in Betrieb genommen.

Auch der Fremdenverkehr erlebte einen ungeahnten Aufschwung. Zusammen mit Monastir und Port El Kantaoui gehört Sousse heute zu den bedeutendsten Tourismusregionen Tunesiens. Die Strände säumen zahlreiche Hotelneubauten aller Kategorien, vom teuren Luxushotel bis zur einfachen Pension. Im Norden der Stadt entstand 1979 der 'Hafengarten' genannte, hypermoderne Tourismuskomplex von Port El Kantaoui, ein völlig neues Fremdenverkehrszentrum (siehe unten).

Der Neubau des Flughafens von Skanès-Monastir sowie die Gründung einer Hotelfachschule unterstreichen diese Entwicklung.

Geschichte

Bereits im 9. Jh. v. Chr. war das antike Hadrumet eine wichtige Niederlassung der Phönizier, die ab dem 6. Jh. unter den Einfluß Karthagos geriet. Aus dieser Zeit wurde ein Tophet (→ Carthage) entdeckt. Während des Zweiten Punischen Krieges bekämpfte Hannibal von hier aus die Truppen Scipios, die ihn jedoch in der Schlacht von Zama (202 v. Chr.) besiegten. Im Dritten Punischen Krieg wechselte die Stadt die Fronten und erhielt dafür als Hadrumetum eine Reihe wichtiger Privilegien. Durch ihre Parteinahme für Pompejus im Bürgerkrieg gegen Cäsar verlor sie diese wieder. Dank ihrer günstigen Lage und der ausgedehnten Olivenhaine im Hinterland erholte sie sich jedoch bald, einen neuen Rückschlag erfuhr sie nach der Teilnahme Hadrumetums am Gordianischen Aufstand 238 n. Chr. (→ El Djem).

Unter Diocletian (284–305) erlangte sie abermals eine gewisse Bedeutung und wurde Hauptstadt der oströmischen Provinz Byzancea. In der darauffolgenden Zeit wurde Hadrumetum erst von den Vandalen, die es in Hunericopolis umbenannten, und anschließend wieder von den Byzantinern, die es in Justinianopolis umtauften, erobert. Trotz größter Gegenwehr eroberten die Truppen des Oqba Ibn Nafi die Stadt gegen Ende des 7. Jahrhunderts. Dabei wurde sie restlos zerstört, so daß von den römischen Baudenkmälern außer den Katakomben aus dem 2./3. Jh. n. Chr. fast nichts erhalten geblieben ist.

Erst 200 Jahre später, unter den Aghlabiden, wurde an der Stelle des antiken Ruinenfeldes die Stadt Susa als Hafen der damaligen binnenländischen Hauptstadt Kairouan neugegründet. Bereits zu jener Zeit entstanden Ribat, Große Moschee, Kasbah und die Stadtmauer.

Blick über die Medina von Sousse ▶

Sousse
Route Touristique, Port el Kantaoui

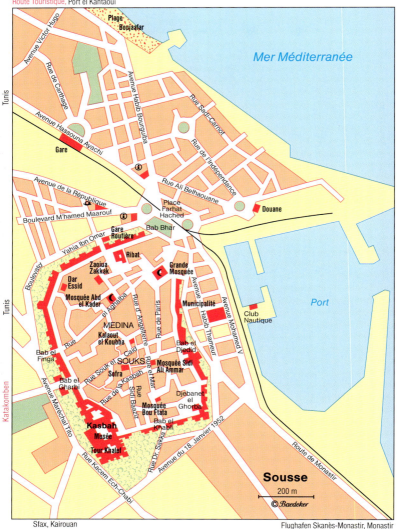

Geschichte (Fortsetzung)	Im 12. Jh. wurde Sousse von den sizilianischen Normannen erobert, die sich jedoch nur 11 Jahre halten konnten. Im 16. Jh. folgten die Türken, deren Herrschaft 1881 mit dem kampflosen Einmarsch der Franzosen endete. Während des Zweiten Weltkrieges (1942–1943) erlitt die Stadt schwere Schäden, wurde jedoch später mit großer Sorgfalt wieder aufgebaut.

Sousse

Sehenswertes

Verkehrsmittelpunkt ist die Place Farhat Hached im Nordosten der Medina, von der die wichtigsten Straßen sternförmig abgehen. Nördlich von ihr erstreckt sich die Neustadt mit der von zahlreichen Läden, Banken und anderen Geschäftshäusern gesäumten Avenue Habib Bourguiba, die in den Strandboulevard Hedi Chaker übergeht. Östlich folgt der Hafen.
In der Südwestecke der Place Farhat Hached stand einst das Bab el Bhar, das Meerestor. Bis zur Versandung im 16. Jh. (oder früher) bildete es die Einfahrt in ein inneres Hafenbecken, an dessen Stelle im 18. Jh. eine Befestigung angelegt wurde. Seit ihrer Zerstörung im Zweiten Weltkrieg klafft hier eine Lücke, durch welche die Medina betreten wird.

Place Farhat Hached

Die an einem Hang über dem Hafen gelegene Medina ist von einer 859 errichteten Stadtmauer umgeben, die 874 und 1205 erneuert sowie verstärkt wurde. Die mächtigen behauenen Steine der rund 2 km langen Umfassung stammten aus dem antiken Hadrumetum. Ursprünglich besaß sie sechs Tore, von denen heute noch zwei erhalten sind, das Bab el Khabli im Süden und das Bab el Gharbi an der Westseite. Der Ostdurchgang Bab el Djedid wurde erst 1864 errichtet.
Mit ihren Abmessungen von rund 700×500 m gehört die Medina von Sousse zu den bedeutendsten Zeugnissen arabischer Baukunst in Tunesien, die im Lauf der Jahrhunderte weitgehend unverändert geblieben sind.

**Medina

Nach wenigen Metern trifft man auf die wehrhaft erscheinende Große Moschee, die 851, wenige Jahre nach der Neugründung der Stadt durch die Aghlabiden, nach dem Vorbild der Sidi-Oqba-Moschee in Kairouan errichtet wurde. Nach einer erst kürzlich abgeschlossenen umfassenden Restaurierung hat sie ihr ursprüngliches Äußeres wiedererhalten.
Nichtmuslime dürfen wie überall in Tunesien nur den Innenhof betreten, der täglich außer freitags von 9.00–14.00 Uhr geöffnet ist. Die hierfür benötigten Eintrittskarten sind im Fremdenverkehrsbüro des ONTT (an der Place Farhat Hached) erhältlich.
Ursprünglich besaß die Moschee zwei Wehrtürme, von denen aus in früheren Jahrhunderten der Innenhafen überwacht wurde. Die Minarettkuppeln wurden erst später aufgesetzt. Ungewöhnlich ist die vom Hof zum Minarett führende Außentreppe. Die mit Zinnen versehene Hofmauer ist innen an drei Seiten von einer Galerie umgeben, ein kunstvoller Kufifries umzieht ihre Fassade. Auf massiven Stützpfeilern ruhen (im Verhältnis zu den Pfeilern) hohe Hufeisenbögen. Die Vorhalle (Narthex) vor dem dreizehnschiffigen Betsaal entstand 1675. Der ursprünglich nur drei Joche tiefe Gebetssaal (mit einem Tonnengewölbe) war bereits im 11. Jh. zu klein geworden und wurde deshalb um weitere drei Joche (mit einem Kreuzgratgewölbe) in Richtung Qiblawand verlängert. Der Anbau ist etwas höher geraten. Beachtenswert die Ausschmückung der Aghlabiden-Kuppel (heute überwölbt sie das 4. Joch, einst krönte sie das Joch vor dem Mihrab).

Große Moschee

Hinweis

Unweit vom Medinaeingang erhebt sich weit sichtbar der Turm des Ribat, eines der schönsten Beispiele islamischer Sakralarchitektur. Ribats sind wuchtige Wehrklöster, die um 800 von den Aghlabiden überall an Tunesiens Küsten errichtet wurden, von denen jedoch nur wenige erhalten geblieben sind.
In ihnen lebten (teils auch nur befristet) die Kämpfer des 'Heiligen Krieges'. In Friedenszeiten widmeten sich diese 'Krieger-Mönche' ihren religiösen Aufgaben und sorgten für die Verbreitung des islamischen Glaubens im Landesinneren. In Notzeiten boten die Ribats der Bevölkerung Schutz vor feindlichen Angriffen und dienten vor allem als Ausgangspunkt für die 'heiligen' Angriffs- und Verteidigungskriege. Manche sehen in ihnen die frühen Vorbilder für die späteren christlichen Ordensritter.
Mit dem Bau der Kasbah im Südosten der Medina verlor das Ribat seine einstige militärische Bedeutung. Ab dem 11. Jh. verfiel es zusehends,

Ribat

Sousse

Große Moschee

Ribat (Fortsetzung)

größere Restaurierungen erfolgten jedoch erst, als es 1722 in eine Medersa (Koranschule) umgewandelt wurde. Zuletzt wurde es in den fünfziger Jahren umfassend restauriert, und heute gehört es mit dem Ribat von → Monastir zu den besterhaltenen in Tunesien.

Vermutlich wurde das Ribat von Sousse um 787 mit einem beinahe quadratischen Grundriß und einer Kantenlänge von knapp 38 m erbaut. Seine 13,5 m hohen Außenmauern sind mit vier Ecktürmen sowie drei weiteren Türmen in den Seitenwänden verstärkt.

Ausblick

821 wurde an der Südostecke des Ribats der 27 m hohe Nador, ein sich nach oben verjüngender Wachturm, hinzugefügt. Von oben genießt man einen wunderbaren Blick auf Medina und Hafen.

Der einzige Zugang zum Ribat, ein rechteckiger Torbau, befindet sich an seiner Südseite. Zwei auf antiken Säulen ruhende byzantinische Kämpferblöcke tragen den Bogen. Früher verstärkte im Kriegsfall ein zweites, eisernes Falltor zusätzlich den Zugang. Zu sehen sind noch der Fallschacht und die Laufrillen unmittelbar vor dem Durchgang.

Durch einen Vorraum mit einem frühen Kreuzrippengewölbe, von dem sich auf beiden Seiten ehemalige Wachräume öffnen, gelangt man in den Innenhof, um den sich im Erdgeschoß die Mönchszellen sowie die Stallungen und Vorratsräume ordnen. Ihnen ist ein Portikus vorgelagert. Treppen führen zum im Obergeschoß gelegenen elfschiffigen Gebetssaal, dem ältesten erhaltenen in Afrika.

Das Ribat ist im Sommer täglich außer montags von 9.00–12.00 und 15.00–18.30 Uhr geöffnet; im Winter nachmittags von 14.00–17.30 Uhr. Im Sommer finden im Ribat kulturelle Veranstaltungen statt.

Zaouia Zakkak

Knapp 100 m westlich des Ribats erhebt sich das auffällige, stilistisch beinahe an die Renaissance erinnernde achteckige Minarett der aus türkischer Zeit stammenden Zaouia Zakkak. In ihr befinden sich eine Moschee, eine Medersa (Koranschule) sowie ein Mausoleum. Sehenswert ist die auf antiken Säulen ruhende Galerie des quadratischen Innenhofs.

Sousse

Nador und ... ... Eingangstor des Ribat

In der Medina richtete eine reiche aristokratische Familie nach dem Tode des Hausherrn 1992 ihr Wohnhaus wieder so her, wie es um die Jahrhundertwende ausgesehen haben mag (es liegt direkt an der Stadtmauer; geöffnet: tgl. 8.00–18.00 Uhr). Empfehlenswert ist auch der Ausblick vom Turm über die Medina.

*Dar Essid

Geht man vom Ribat in südlicher Richtung, gelangt man in die malerische Rue el Aghalba, die an der Großen Moschee vorbei bis zum Ostrand der Medina führt. Sie überquert die südwärts verlaufende Rue d'Angleterre, die nach rund 250 m auf den westwärts abzweigenden Souk el Reba trifft. Hier beginnt das ausgedehnte, teils überdachte und mit seinem bunten orientalischen Treiben unbedingt besuchenswerte Soukviertel. Es empfielt sich, vor allem durch die Nebengassen zu schlendern, hier haben sich die Händler noch nicht so stark auf die Touristen eingestellt.

Soukviertel

Der mit einer Zickzackrippenfassade versehene Kuppelbau aus dem 11. Jh. beherbergt ein kleines Volkskundemuseum (geöffnet: Mo.–Do. und Sa. 9.00–13.00, 15.00–17.30, So. 9.00–14.00 Uhr).

Kalaout el Koubba

In der Verlängerung der Rue d'Angleterre, der Rue el Mar, befinden sich die beiden Moscheen Sidi Ali Ammar und die nur 8 m² große Bou Ftata. Letztere wurde vom Baumeister der Großen Moschee vermutlich zwischen 838 und 841 errichtet. Ihr fayencenverziertes Minarett ist jedoch viel jünger.

Folgt man dem Souk el Reba aufwärts, so erreicht man über dessen Verlängerung Souk el Caid das Bab el Gharbi, durch dieses Tor verläßt man die Medina. Entlang der Stadtmauer führt der Boulevard Maréchal Tito zu der im Südwesten der Medina gelegenen Kasbah.
Sie wurde 859 am höchsten Punkt der Altstadt, an der Stelle einer byzantinischen Befestigungsanlage errichtet. Ihr 30 m hoher Turm ist nach einem der ehemaligen Bauaufseher, Khalef el Fatah, benannt und einer der älte-

Kasbah

Sousse

Bärtiges Ozeanushaupt-Mosaik, Archäologisches Museum, Sousse

Kasbah (Fortsetzung)

sten Turmbauten in ganz Nordafrika. Ihre oberste Plattform liegt rund 50 m über der des Ribat-Turms und ermöglicht somit eine weitere Sicht. Wegen dieses Vorteils übernahm die Kasbah nach ihrer Fertigstellung die militärische Bedeutung des Ribats, und heute noch dient die Khalef el Fatah als Leuchtturm. In einem Teil der Kasbah befindet sich das städtische Gefängnis. Die Besteigung der Tour Khalef ist nicht möglich; einen schönen Blick hat man von einer Dachterrasse (Zugang vom Hof der Kasbah).

✻✻Archäologisches Museum

Im Erdgeschoß der Kasbah ist das sehenswerte Archäologische Museum (Musé Archéologique) untergebracht. Es besitzt nach dem Bardo-Museum von Tunis die bedeutendste Antikensammlung des Landes aus der punischen, römischen und frühchristlichen Zeit.

Öffnungszeiten

Das Museum ist täglich außer Mo. 9.00–12.00 und 15.00–18.30 Uhr, im Winter nur 14.00 bis 17.30 Uhr geöffnet.

Besichtigung Saal 2

Die Ausstellungssäle ordnen sich um einen bepflanzten Innenhof. Gleich nach dem Eingang (1) gelangt man in den Saal 2, in welchem sich eines der wichtigsten Exponate des Museums befindet: das aus römischen Thermen stammende Fußbodenmosaik, dessen mittleres Medaillon ein Medusenhaupt zeigt (2. Jh.); an den Wänden ein Trajanskopf, eine Apollonstatue sowie das Hochrelief eines Kaisers im Triumphwagen (3. Jh.).

Innenhof

In der Galerie des säulenumstandenen Innenhofes sind ausgestellt: Südflügel (S): Geometrisch gemusterte Mosaike aus dem 2. Jh.; Torsi, Stuckfragmente; Mosaike mit Tierbildern, mit Fischen, Pfauen, Gazellen und wilden Bestien.

Sousse

"Zeus entführt Ganymed", Archäologisches Museum, Sousse

Westflügel (W): Stelen und Grabplatten, u.a. aus den Katakomben von Sousse; ein sehenswertes, bärtiges Ozeanushaupt (2. Jh.), das Mosaik schmückte ursprünglich einen Bassinboden; ein Mosaik mit den Pferden des Sorothus (Les Chevaux de Sorothus; 3. Jh.).

Nordflügel (N): Grabinschriften, Stelen; ein Relief des 'Guten Hirten', nach dem einer der Katakombenstollen benannt wurde; ein Mosaik mit Anker und Fisch, der zum Symbol und Erkennungszeichen während der Christenverfolgungen wurde (die griechischen Anfangsbuchstaben 'Iesous CHristos THeou Yios Soter' [Jesus Christus, Gottes Sohn, Heiland] ergeben zusammengesetzt das Wort Ichthys = Fisch).

Archäologisches Museum (Fortsetzung)

Der sich vom Nordflügel öffnende Saal 3 beherbergt einige Meisterwerke der Mosaikkunst, u.a. (im Uhrzeigersinn) Satyr und Bacchantinnen (3. Jh.), "Triumph des Bacchus" (3. Jh., Sousse; s. Abb. S. 77), Szenen von Fischfang und Seefahrt, Kentauren und Nereiden (3. Jh.), Zeus (als Adler) entführt Ganymed (3. Jh.), Apoll und die Musen (3./4. Jh.).

Saal 3

Ostflügel: Sarkophag einer Theodora; byzantinische und christliche Keramikplatten; Grabinschriften.

Der sich vom Ostflügel öffnende Saal 4 enthält Funde aus dem Tophet von Hadrumetum (6. Jh. v.Chr.–1. Jh. n.Chr.; ursprünglich wurde es in der Nähe der Großen Moschee, in Hafennähe, gefunden), die Kinderopfer (→ Carthage, Tophet) wurden hier nach und nach durch Tieropfer ersetzt. Ausgestellt sind Urnen, Stelen, Lampen, interessant die mit verschiedenen Tanit-Symbolen verzierten Stelen.

Saal 4

Über einen mosaikverzierten Gang gelangt man in drei Räume (6, 7 und 8) mit Funden aus punischen, römischen und frühchristlichen Gräbern.

Säle 6–8

Durch einen kleinen Gang mit Kreuzgewölbe gelangt man (vom Ostflügel der Galerie) in den großen, bepflanzten Hof der Kasbah, einem Lapidarium mit u.a. Torsi, Sarkophagen, Säulen, Kapitellen, Grabplatten.

Großer Hof

Von dem Terrassendach genießt man einen schönen Blick über die Medina. Vom Großen Hof gelangt man in die ineinander übergehenden Säle 9, 10 und 11 mit sehenswerten Mosaiken.

Sousse

Archäologisches Museum (Forts.) Säle 9 und 10

In Saal 9 sind die Mosaike eines Tricliniums (Speisesaal) aus El Djem ausgestellt, Jahreszeiten und Monate (3. Jh., El Djem) sowie das Mosaik des tragischen Poeten (aus einem römischen Haus südlich des Museums).
Saal 10: Freskenreste (2.–3. Jh.) mit mythologischen Themen.
Saal 11: u.a. Bodenmosaik aus einem Triclinium, welches die Vorbereitung zu einem Tierkampf im Amphitheater zeigt (3. Jh.).

Katakomben

Am westlichen Stadtrand von Sousse befinden sich die 1888 wiederentdeckten frühchristlichen Katakomben. Wegen akuter Einsturzgefahr sind sie bis auf einen kleinen Abschnitt geschlossen; Auskunft erteilen das Fremdenverkehrsamt und das Archäologische Museum.
Die unterirdisch angelegten, labyrinthisch verlaufenden Stollen wurden zwischen dem 2. und 4. Jh. von Christen in das weiche Gestein gehauen. Vermutlich bestand an dieser Stelle bereits eine heidnische Nekropole. Die ursprüngliche Bezeichnung stammt aus dem Griechischen ('coemeterium = Rastplatz). Die jetzige Bezeichnung entstand aus 'ad catacombas', dem Namen einer alten römischen Grabstätte, die an der Via Appia in Rom liegt.
Bislang wurden von vier entdeckten Stollensystemen drei freigelegt:
die Katakomben des Guten Hirten (Les catacombes du Bon Pasteur; 1,6 km lang, 6000 Gräber, spätes 3. Jh.) – nur von diesen sind ein rund 150 m langer Abschnitt zu besichtigen –, die des Hermes (2500 Gräber, 3. Jh.) und die des Severus (5000 Gräber; frühes 4. Jh.).
Alle Funde sind im Museum ausgestellt.
Insgesamt wurden um die 15 000 in Tücher eingewickelte Tote in teilweise übereinanderliegenden Wandnischen beigesetzt, die mit Ziegel- oder Marmorplatten verschlossen wurden.

Anfahrt

Gegenüber dem Museum führt die Rue du 15 Octobre stadtauswärts (in Richtung Sfax und Kairouan). Von dieser biegt man rechts in die Rue du 25 Juillet 1957. Nach 300 m verläßt man sie in südlicher Richtung und biegt nach links in die Rue Abou Hamed el Ghazali. 300 m weiter steht links eine Moschee, bei der biegt man abermals nach links ab. Unmittelbar vor einem großen Sendemasten befindet sich der mit einem Gittertor versehene Eingang zu den Katakomben.

Sonntagsmarkt

Unweit vom Eingang der Katakomben des 'Guten Hirten' wird der Sonntagsmarkt abgehalten.

Umgebung von Sousse

*Port El Kantaoui

10 km nördlich schließt sich das 1979 in maurischem Stil gebaute, moderne Fremdenverkehrszentrum Port El Kantaoui (= Hafengarten) an. Vorbild für seine Bauweise war das malerische → Sidi Bou Said bei Tunis. Rund um einen großen Yachthafen (über 300 Liegeplätze) gruppieren sich mehrere Luxushotels, Appartement-Anlagen, Restaurants, Cafés, Nachtklubs, ein Einkaufszentrum und zahlreiche Sportanlagen (Tennis, Golf, Reiten, Segeln etc.).

Sidi Bou Ali Straußenfarm

Von Sousse in Richtung Tunis sind es etwa 25 km auf der GP 1 bis nach Sidi Bou Ali. Genau am Km-Stein 120 biegt man rechts ab und folgt der Beschilderung zu Tunesiens erster Straußenfarm "Carthage Autruche" des ehemaligen deutschen Botschafters Dr. Kunzmann. Seine Idee war, den vor geraumer Zeit in Nordafrika ausgerotteten Vogel wieder einzuführen. Die Tiere werden artgerecht aufgezogen und später anderen Farmen zur weiteren Zucht verkauft. Man kann die Farm besichtigen, in einem Shop Kleinprodukte aus Straußenleder erstehen sowie frisch gepresstes Olivenöl auf köstlichem Fladenbrot kosten (Tel. 03/24 68 66, Fax 03/24 68 67; Internet: www.straussenfarm-karthago.de).

Hergla

Der bislang vom Fremdenverkehr noch nicht so geprägte kleine Ort (6000 Einwohner) liegt rund 35 km nördlich von Sousse an einem felsigen

Tabarka

Küstenabschnitt mit Sandbuchten. Es ist Nachfolger des antiken Horraca-Caelia, welches im 2. Jh. n.Chr. die Grenze zwischen den beiden Provinzen Byzancea und Zeugitania bildete. Während der arabischen Invasion wurde es jedoch völlig zerstört.
Sehenswert ist die aus dem 18. stammende Moschee, deren Kuppel in der bereits aus → Bulla Regia bekannten und bewährten Amphorenbauweise errichtet ist. Sie wurde über dem Grab des im 10. Jh. verstorbenen Sidi Bou Mendil erbaut. Eine Legende besagt, der Heilige habe sein Taschentuch zu einem Fliegenden Teppich verwandeln können.

Umgebung von Sousse (Fortsetzung)

Rund 43 km nördlich von Sousse liegt Enfidha (auch Enfidaville), Mittelpunkt einer ausgedehnten Landwirtschaftszone (5000 Einwohner). Bereits vor der französischen Kolonialherrschaft unterhielten die Beys hier ein großes Landgut, welches sie 1880 an eine französische Privatgesellschaft verkauften. Heute befindet sich das über 100000 ha große Landwirtschaftszentrum in Staatsbesitz (Sonntagsmarkt). In der einstigen Kirche ist ein kleines Museum untergebracht. Ausgestellt sind frühchristliche Mosaike aus Uppenna und Sidi Abich (5 und 3 km nördlich) sowie byzantinische und römische Keramik.

Enfidah

6 km westlich von Enfidha liegt malerisch auf einem Felsen Takrouna, ein ehemaliges Berberdorf, das im Zweiten Weltkrieg stark umkämpft war. Leider ist es mittlerweile stark vom Fremdenverkehr überlaufen. In der Dorfmitte stehen eine kleine Moschee sowie das Grabmal des Ortsheiligen Sidi Abd el Kader.

Takrouna

→ Kairouan (68 km westlich)

Kairouan

→ El Djem (63 km südlich)

El Djem

→ Monastir (24 km südöstlich)

Monastir

→ Mahdia (62 km südlich)

Mahdia

Tabarka

B 6

Gouvernorat: Jendouba
Einwohnerzahl: 8000

Tabarka liegt an der GP 7 Tunis – Tabarka, rund 175 km nordwestlich von Tunis.
Vom Bahnhof bestehen regelmäßige Busverbindungen mit Tunis (über Béja oder über Mateur), Le Kef, Ain Draham und Biserta.

Anfahrt

Seit Juli 1992 ist der etwa 15 km östlich der Stadt gelegene Flughafen in Betrieb.

Flughafen

Tabarka ist eine kleine Fischerstadt im äußersten Nordwesten Tunesiens, nahe der algerischen Grenze. Sie liegt an der Mündung des Oued Kebir in einer weiten Bucht, zwischen mit Mimosen, Korkeichen und Pinien bewachsenen Hängen der Kroumirie. Ihr ist eine kleine Insel vorgelagert, die bereits von den Karthagern über einen Damm mit dem Festland verbunden wurde. Geradlinige, teils baumbestandene Straßenzüge mit weißen Häusern und blauen Fensterläden bestimmen das Ortsbild.
Bislang lebten die Bewohner Tabarkas von Landwirtschaft, Fischfang, einer Korallenmanufaktur sowie der Korkverarbeitung. Mittlerweile hat jedoch der Fremdenverkehr die felsige Küste mit ihren Sandstränden, das glasklare Wasser – ein Paradies für Unterwasserfischer – und das reizvolle Hinterland entdeckt. Überall wurde gebaut. Östlich des Alten Hafens entstand ein großer Ferienkomplex 'Montazah Tabarka' mit Yachthafen und Golfplatz.

Lage und *Bedeutung

Tabarka

Ehemaliges Genueser Fort

Lage und Bedeutung (Fortsetzung)

Das vielfältige Angebot sowie die in der Nähe gelegenen großartigen römischen Ausgrabungsstätten wie → Bulla Regia, → Chemtou und → Dougga machen Tabarka zu einem empfehlenswerten Reiseziel.

Korallenfischfang

Heute ist die Korallenfischerei wirtschaftlich von untergeordneter Bedeutung. Während der Fischfangperiode (September bis April) ziehen Taucher in einer Tiefe von 40–150 m kleine, am sogenannten St-André-Kreuz hängende Netze, die Korallenstücke bleiben in den Maschen hängen. Dieses Verfahren stammt bereits aus dem 12. Jahrhundert.

Sommeruniversität

Im Juli und August verwandelt sich Tabarka in ein riesiges Feriendorf. Überwiegend Jugendliche besuchen die Sport-, Kunsthandwerk- und Musikveranstaltungen, die von einer 'Sommeruniversität' geleitet werden.

Geschichte

Bereits im 5. Jh. v.Chr. hatten die Phönizier an dieser Stelle einen Handelsplatz angelegt und die vorgelagerte Insel durch einen Damm mit dem Festland verbunden. Auch die Römer nutzten Thabraca und verluden hier Bauholz, Marmor aus Chemtou, Bergbau- und Landwirtschaftsprodukte (Getreide aus der Ebene von Béja, Olivenöl). Kaufleute und Reeder kamen so zu beträchtlichem Wohlstand, der zu einem großen Teil zur Verschönerung der Stadt eingesetzt wurde.
Auch das Christentum war stark verankert, u.a. stammen die "Totenmosaiken" des Bardo-Museums in → Tunis aus einer Kirche, die sich zwischen dem Bordj Messaoud und dem Bordj el Djedid (siehe unten) befand.
Als 1540 der berüchtigte Pirat Dragut (→ Berühmte Persönlichkeiten) in die Hände einer italienischen Handelsflotte gefallen war, kam die kleine Tabarka vorgelagerte Insel im Austausch für seine Freilassung an die aus Genua stammende Adelsfamilie Lomellini. Diese ließ auf dem Felsen eine mächtige Festung errichten, in deren Schutz sich Fischfang und Korallenhandel entwickeln konnte.

1741 versuchten die Franzosen, die bereits am Cap Negro einen Handelsplatz besaßen, Tabarka den Genuesern abzukaufen. Daraufhin ließ der türkische Bey Ali Pacha Stadt und Hafen besetzen und die Festung schleifen.

1881 wurde Tabarka ein wichtiger militärischer Stützpunkt der Franzosen und war 1942/1943 heftig umkämpft.

Geschichte (Fortsetzung)

Sehenswertes

Hauptstraße der kleinen Stadt ist die von Geschäften, Cafés und Restaurants gesäumte Avenue Habib Bourguiba. Gegenüber dem Fremdenverkehrsamt befindet sich das kleine Hôtel de France: 1952 waren hier Habib Bourguiba, Mongi Slim, Hedi Chaker und Habib Acour interniert. Heute sind in dem Zimmer, welches die drei damals bewohnten, Erinnerungsstücke ausgestellt.

Hôtel de France

Ungefähr 100 m hinter dem Hotel steht die sogenannte Basilika (Basilique), tatsächlich handelt es sich um die Reste einer römischen Zisterne aus dem 3./4. Jh. mit einem Fassungsvermögen von 2700 m³, die wahrscheinlich öffentliche Brunnen und Thermen versorgte. Sie wurde später von den 'Pères Blancs', den Weißen Patern (→ Carthage), in eine dreischiffige, sechsjochige Kirche umgebaut.
Heute finden hier im Sommer kleine Ausstellungen statt, und der Hof dient als Freilichttheater.

Basilika

Weiter südwestlich gelangt man zu dem Bordj Messaoud, einer weiteren Zisterne, die im 12. Jh. von Kaufleuten aus Marseille und Pisa in eine Festung verwandelt und im 18. Jh. von den Türken ausgebaut wurde.
Weiter außerhalb steht das türkische Bordj Djedid (Aussichtsplattform).

Bordj Messaoud

Ein rund 400 m langer Damm verbindet die 400×600 m große Insel mit dem Festland. Obwohl von der ehemals mächtigen genuesischen Festung nur noch spärliche Überreste vorhanden sind, lohnt der Besuch wegen des schönen Blickes auf die Stadt und die Bucht.

Insel
Genueser Fort

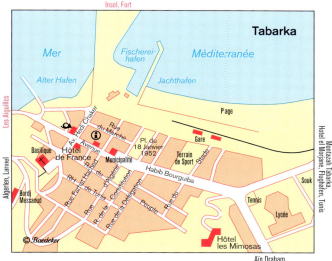

Tabarka

Die Spitzen der Aiguilles und ... ... Durchblick auf die Felsküste

Les Aiguilles   Westlich des Hafens erheben sich die Aiguilles, 20–25 m hohe, von Wasser und Wind bizarr geformte Felsen aus ockerfarbenem Gestein.
Strände   In Richtung der algerischen Grenzen erstrecken sich kleine Kiesstrände. Östlich des Hafens gibt es dagegen kilometerlange Sandstrände.

Umgebung von Tabarka

*Ain Draham   Ungefähr 25 km südlich liegt auf der Straße nach Jendouba (GP17) der kleine Erholungsort Ain Draham (= Silberquelle) in 823 m Höhe. Er ist von dichten Korkeichenwäldern umgeben und ein schöner Ausgangspunkt für Wanderungen (beschilderte Wanderwege).

Beni-Mtir-Stausee   Etwas südöstlich erstreckt sich der Beni-Mtir-Stausee (Barrage), der Tunis mit Trinkwasser und Elektrizität versorgt. Unmittelbar an der tunesisch-algerischen Grenze, 15 km westlich von Ain Draham, liegt Hammam Bourguiba, ein modernes Thermalbad, dessen schwefelhaltiges Heilwasser bei Atemwegserkrankungen empfohlen wird.
Hammam Bourguiba

La Galite   35 km vor der nordtunesischen Küste des Cap Serrat liegt die felsige Inselgruppe La Galite, die bis auf die gleichnamige Hauptinsel unbewohnt ist.
Galite   Bereits die Phönizier hatten auf der Insel Galathea einen Ankerplatz gegründet. Heute besteht allerdings keine regelmäßige Schiffsverbindung. Fischer aus Biserta (100 km) oder aus Tabarka (60 km) übernehmen die Fahrt auf Anfrage. Langustenfischer und Weinbauern bewohnen die 5,3 km lange und 2 km breite Insel. Höchster Punkt ist die Montagne de la Garde (361 m). Punische Grabstätten, römische Überreste, verlassene Steinbrüche und Grotten findet man in der Ebene verstreut.

Galiton   Auf der kleinen Insel steht ein Leuchtturm. Heute lebt hier eine Kolonie geschützter Mönchsrobben. Die Gewässer sind sehr fischreich und bieten hervorragende Tauchmöglichkeiten.

Landschaft um Ain Draham *Stausee Sidi Salem bei Testour*

Von Tabarka aus können die bedeutendsten römischen Ausgrabungsstätten besichtigt werden, die alle im Norden des Landes liegen, u.a.:
→ Bulla Regia (59 km südlich)
→ Chemtou (64 km südlich)
→ Dougga (155 km südöstlich)
Mustis → Dougga, Umgebung

Umgebung von Tabarka (Forts.) Ausgrabungen

→ Le Kef (121 km südlich)

Le Kef

→ Bizerte (147 km nordöstlich)

Biserta

→ Bizerte, Umgebung

Ichkeul-See

Tataouine

→ Médenine, Umgebung

Testour B/C 7

Gouvernorat: Béja
Einwohner: 8000

Testour liegt an der GP 5 Tunis – Le Kef, rund 80 km südöstlich von Tunis. Es bestehen regelmäßige Busverbindungen mit Tunis.

Anfahrt

Die hübsche kleine Landwirtschaftsstadt Testour liegt am Ufer des Medjerda. Sie hat einen kleinen, vielbesuchten Freitagsmarkt.

Lage und Bedeutung

Testour

Veranstaltungen	Im Juni findet hier das Maalouf-Festival für klassische andalusische Musik statt.
Geschichte	Aus Andalusien stammende Flüchtlinge, die sogenannten Moriscos, ließen sich im 17. Jh. am Medjerda-Ufer nieder und gründeten an der Stelle des antiken Tichilla die Stadt, die bis heute ihr andalusisches Ortsbild erhalten hat.

Sehenswertes

Große Moschee	Spanischer Einfluß ist auch in der Hauptmoschee deutlich erkennbar. Ihr aus Bruchsteinen und Ziegeln gebautes Minarett setzt sich aus einem viereckigen Sockel sowie einer achteckigen, mit bunten Fayencen verzierten Bekrönung (20. Jh.) zusammen. Der Moschee-Innenhof ist von Arkaden umgeben, die Bögen ruhen, wie im neunschiffigen Gebetssaal auch, auf antiken, mit korinthischen Kapitellen versehenen Säulen.
Zaouia	Im Süden der Stadt steht die Zaouia des Sidi Naceur el Garouachi. Das 1733 erbaute Grabmal ist leicht an der hübschen mit grünen Ziegeln gedeckten Kuppel zu erkennen. In ihr ist heute eine Grundschule untergebracht (zu besichtigen). Unmittelbar benachbart liegt das Grabmal eines jüdischen Heiligen, des in Fès geborenen und in Testour im 16. Jh. verstorbenen Es Saad Rebbi Fradji Chaoua, Ziel einer jährlich stattfindenden Pilgerfahrt.

Umgebung von Testour

Ain Tounga	Unmittelbar neben der aus Testour kommenden GP 5 liegt das Ruinenfeld der römischen Stadt Thignica am Fuße des Djebel Laouej (466 m). Sie lag einst an der wichtigen Verbindungsstraße Karthago-Sicca Veneria (Le Kef). Etwas oberhalb, die Straße beherrschend, erhebt sich eine im 6. Jh. aus den Steinen der umliegenden Gebäude errichtete byzantinische Festung mit trapezförmigem Grundriß sowie fünf quadratischen Ecktürmen. Sie gehört zu den besterhaltenen byzantinischen Verteidigungsbauten in Tunesien. Hinter der Zitadelle ziehen sich die Überreste der im 3. Jh. von Alexander Severus zum Municipium erhobenen Stadt den Berghang hinauf. Zu erkennen sind Teile der Stadtmauer, ein kleiner Triumphbogen, Reste eines Merkurtempels, die Ruine einer Thermenanlage, einige Häuser sowie ein kleiner Caelestistempel. Auf dem Weg hinunter passiert man ein kleines Amphitheater.
Stausee Sidi Salem	Etwa 7 km nordwestlich von Testour liegt am Fuße des Djebel Skhira der Stausee (Barrage) Sidi Salem (s. Abb. S. 271). Er erstreckt sich über eine Länge von 34 km und dient der Bewässerung großer landwirtschaftlich genutzter Flächen um Testour, am Cap Bon sowie im Medjerda-Tal. Der Stausee versorgt außerdem die Hauptstadt Tunis, die Städte der Halbinsel Cap Bon sowie Sousse mit Trinkwasser. Vom Djebel Skhira genießt man einen schönen Ausblick.
Teboursouk	→ Dougga, Umgebung
Dougga	→ Dougga (22 km westlich)
Mustis	→ Dougga, Umgebung
Le Kef	→ Le Kef (100 km südwestlich)
Thuburbo Majus	→ Thuburbo Majus (57 km südöstlich)

Thuburbo Majus

Kapitol in Thuburbo Majus

Thuburbo Majus   C 8

Gouvernorat: Zaghouan

Thuburbo Majus liegt rund 1 km westlich der GP 3 Tunis – Kairouan (63 km südlich von Tunis und 91 km nördlich von Kairouan). Anfahrt aus Richtung Tunis: Etwa 62 km südlich von Tunis, rund 2 km vor der Ortschaft El Fahs, Abzweigung von der GP 3 auf die MC 28 in Richtung Mejez El Bab, nach knapp 1 km liegen linker Hand der Parkplatz sowie der Zugang zum Ausgrabungsgelände.

Anfahrt

Nach → Bulla Regia, → Dougga, → Maktar und → Sbeitla ist Thuburbo Majus die fünfte große römische Ruinenstadt Tunesiens. Ihre Lage am Schnittpunkt wichtiger Handelsstraßen aus dem Landesinneren zu den Hauptstädten Hadrumetum (Sousse) und Karthago sowie ihr fruchtbares Umland verhalfen zu einem raschen Aufschwung. Dieser drückte sich in einer gesteigerten Baulust aus, und so entstanden hier im 2. und zu Beginn des 3. Jh.s einige prächtige öffentliche Gebäude.
Das sehenswerte Ausgrabungsgelände liegt inmitten einer schönen Landschaft, die Fahrt selber läßt sich mit der Besichtigung weiterer Stätten verbinden (u. a. La Mohammedia, Zaghouan → Tunis, Umgebung).
Alljährlich ist Thuburbo Majus Ziel einer Osterprozession zu Ehren der Heiligen Perpetua, die jedoch vermutlich nicht hier, sondern in Thuburbo Minus, dem heutigen Tebourba, zur Welt kam.

Lage und Bedeutung

Osterprozession

Bereits die Punier hatten diesen vielleicht schon von den Berbern bewohnten Platz – der Name Thuburbo weist auf berberische Ursprünge – besiedelt (es gibt ein weiteres Thuburbo T. Minus [Tebourba] im Südwesten Karthagos). Seit Augustus (27 v. Chr.) trat eine römische Siedlung (Pagus) neben die punische (einheimische Civitas). 128 n.Chr. erhob sie Hadrian

Geschichte

Thuburbo Majus

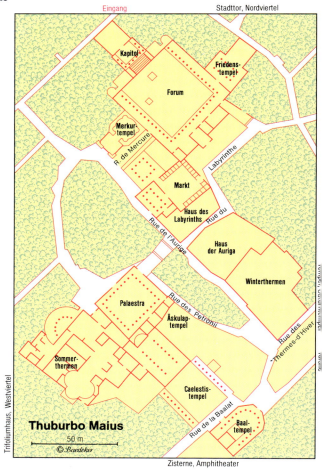

Geschichte (Fortsetzung)

zum Municipium, womit die Verleihung der römischen Stadtrechte verbunden war. Nun setzten eine umfassende Romanisierung und ein wirtschaftlicher Aufschwung ein. 188 verlieh ihr Commodus den Rang einer Colonia Iulia Aurelia Commoda. In den folgenden Jahrzehnten entstanden – wie in den übrigen nordafrikanischen Städten auch – die meisten der mit prächtigen Mosaiken verzierten öffentlichen Bauten und Wohnhäuser.

Gegen Ende des 3. Jh.s setzte der Niedergang ein, unterbrochen von einem kurzen Aufschwung im 4. Jahrhundert. Während dieser Zeit wurden mehrere Gebäude restauriert und erweitert, und die Stadt nannte sich in Res Publica Felix Thuburbo Majus um. Vandaleneinfall, Auseinandersetzungen zwischen Katholiken und Donatisten sowie die arabischen Einfälle brachten das Ende. Eines der letzten Zeugnisse des Wohlstandes war ein Goldschatz, der Mitte des 7. Jh.s vor den Arabern vergraben wurde.

Thuburbo Majus

1857 wurde die Stadt wiederentdeckt und seit 1912 etwa ein Fünftel davon ausgegraben, u. a. von Kriegsgefangenen des Ersten Weltkrieges. Schätzungen haben ergeben, daß in dem einst 40 Hektar umfassenden Stadtgebiet zwischen 7000 und 12000 Bewohner lebten.

Geschichte (Fortsetzung)

****Ausgrabungen**

Das Ruinengelände ist (gegen Eintritt) von Sonnenaufgang bis zu Sonnenuntergang zu besichtigen. Der Eingang liegt nahe bei dem Nordtor. Die Beschreibung folgt einem Rundgang durch die Ausgrabungsstätte.

Hinweis

Die Stadt besaß drei Tore, aber keine Stadtmauer. Vielleicht lag das am Fehlen geeigneter Steinbrüche in der näheren Umgebung. Dies war jedoch sicher der Grund für die hier angewandte Art des Mauerbaus, des sogenannten Opus Africanum. Bei dieser mit unserem Fachwerk verwandten Bauweise, die bereits den Phöniziern bekannt war, wurden Monolithpfeiler in gewissem Abstand voneinander aufgestellt und die Zwischenräume mit Bruchsteinen, Kieseln und anderem Material gefüllt.

Opus Africanum

Mittelpunkt des öffentlichen Lebens aller römischen Städte war das Forum. Der 49 m lange, gepflasterte Platz war im Gegensatz zu Vitruv, dem Architekturlehrer der Antike, der einen rechteckigen Grundriß verlangte, quadratisch. Auf drei Seiten war er von einem korinthischen Portikus begrenzt. Eine Inschrift auf dem Fries des Portikus nennt sein Erbauungsdatum (161–192) und das Jahr seiner Restaurierung (376).

Forum

Die Nordwestseite des Forums wird vom Kapitol eingenommen. Es wurde 168 auf einem Podium, bestehend aus drei Lagen mächtiger Steinquader, errichtet. Eine breite, fünfzehnstufige Freitreppe führt zu den vier (von ursprünglich sechs) wiederaufgestellten, 8,50 m hohen korinthischen Säulen, deren Marmor aus Carrara stammte. Die Cella, in der die Statuen von Jupiter, Juno und Minerva standen, ist verschwunden, der hier ausgegrabene Kopf der einst 7 m hohen Jupiterstatue (s. Abb. S. 277) im Bardo-Museum in → Tunis ausgestellt.
Das Podium war ursprünglich gleichzeitig Schatzhaus, später wurde hier eine Ölpresse aufgestellt. Vom Kapitol genießt man einen schönen Blick über die antike Stadt.

Kapitol

Im Nordosten des Forums liegt der Friedenstempel (Temple de la Paix): Auf einen rechteckigen Säulenhof folgt auf gleichem Niveau eine Tempelcella, ein in Afrika verbreiteter Grundriß.

Friedenstempel

Südwestlich des Forums, gegenüber dem Friedenstempel, steht der Merkurtempel (Temple de Mercure), ebenfalls nach orientalischem Grundriß erbaut. Auf einen durch Ecknischen zum Achteck gewordenen Säulenhof folgt die Cella. Der Tempel wurde unter den Severern im Jahre 211 errichtet.

Merkurtempel

Gegenüber dem Kapitol befand sich am anderen Ende des Forums ein kleineres Heiligtum, rechts davon erstreckte sich die Curia, Verwaltungszentrum der antiken Stadt.

Der Markt (Marché), im südwestlichen Winkel des Forums gelegen und nur durch einen schmalen Weg vom Merkurtempel getrennt, bestand aus zwei Portikushöfen und einem dritten Hof, der an drei Seiten von kleinen Läden gesäumt war. Er stammte wahrscheinlich vom Ende des 2. oder Anfang des 3. Jahrhunderts.
Westlich des Merkurtempels erstreckt sich ein Wohnviertel. Hier bauten nacheinander die Römer, die Vandalen und zuletzt die Byzantiner. Der Grundriß der Stadtanlage ist allerdings nicht regelmäßig, sondern, vermutlich der punischen Anlage folgend, kreuz und quer. In der Nähe des west-

Markt

Thuburbo Majus

Palästra der Petronier

Wohnviertel (Fortsetzung)

lichen Stadttores ist die Linienführung der Straßen dagegen wieder viel regelmäßiger, wahrscheinlich wurde hier kein älterer Grundriß überbaut. Thuburbo Majus besaß ein weitläufiges Kanalisationssystem, welches die Wohnhäuser und die öffentlichen Gebäude versorgte.

Palästra der Petronier

Die Palästra der Petronier (Palestre des Petronii) war eine Schenkung von Petronius Felix und seinen Söhnen. 225 stifteten sie der Stadt diesen von einem korinthischen Portikus umgebenen Wettkampfhof. Ein Teil des dekorativ mit Palmetten und Blumenornamenten versehenen Architravs blieb ebenso wie ein damals beliebtes, in der Südecke des Platzes eingraviertes 'Spiel der sechsunddreißig Buchstaben' erhalten. Ein hier gefundenes Relief mit drei tanzenden Mänaden ist heute im Bardo-Museum in → Tunis ausgestellt.

Das zur Palästra gehörende Äskulapheiligtum (Sanctuaire de l'Esculape) war dem Gott der Heilkunst, dem Beschützer aller Sportstätten, geweiht.

Sommerthermen

Die Stadt besaß zwei Thermen, die Winterthermen (Thermes d'Hiver) und die Sommerthermen (Thermes d'Eté). Die Winterthermen waren vermutlich mehrfach umgebaut worden, jedenfalls sind sie heute etwas weniger übersichtlich. Die Sommerthermen liegen im Südwesten der Stadt und waren rund 2800 m² groß. Wie die heute im Bardo-Museum ausgestellten Statuen von Äskulap, Herkules, Merkur und Venus sowie die hier ausgegrabenen Mosaiken zeigen, waren sie prachtvoll ausgestattet.

Auf den Eingang (nahe der Palästra) folgten einst Umkleideraum, Frigidarium (mit drei Wasserbecken), Tepidarium, Sudatorium und Caldarium. Auf einer Stele ist das Relief mit dem Stadtwappen eingeritzt: eine Getreideähre, Weintrauben und der Zapfen einer Aleppokiefer. Im Nordwesten der Thermen liegt die einstige Latrine, ein 11 m großes Halbrund.

Baaltempel

Im Süden des Ausgrabungsgeländes liegt der Baaltempel (Temple de la Baalat), welcher in seinem Grundriß sowohl römischem als auch orientali-

Thuburbo Majus

Statuen des Jupiter und ... ... *Äskulap, Bardo-Museum, Tunis*

schem Einfluß folgt. Ein halbrunder, von einem Portikus umgebener Hof, der auf der einen Seite eckig ausläuft, öffnet sich auf einen kleinen, erhöht stehenden Tempel mit davorgesetzten Säulen.

Baaltempel (Fortsetzung)

Etwas weiter östlich befand sich der Cerestempel, welcher nach Erstarken des Christentums in eine dreischiffige Kirche umgewandelt wurde. Aus der Cella entstand die Taufkapelle, aus dem Vorhof wurde ein Friedhof.

Cerestempel

200 m südlich, am Fuße eines Hügels, liegen die Überreste einer riesigen Zisterne, die die Stadt mit Wasser versorgte; daneben das sehr verfallene Amphitheater (von dort schöner Überblick auf die Gesamtanlage).

Zisterne
Amphitheater

Umgebung von Thuburbo Majus

Die Landwirtschaftsstadt El Fahs (10 000 Einwohner) liegt 2 km südlich von Thuburbo Majus (an der GP 3) inmitten einer fruchtbaren Landschaft.

El Fahs

Etwa 42 km südlich steht die 560–600 an der Stelle einer römischen Niederlassung errichtete byzantinische Verteidigungsanlage Ksar Lemsa. Die auf quadratischem Grundriß erbaute und mit vier Wehrtürmen versehene Festung ist die aus dieser Zeit am besten erhaltene in Tunesien.

Ksar Lemsa

Man verläßt Thuburbo Majus in südlicher Richtung auf der GP 3. In El Fahs zweigt man ostwärts auf die GP 4 (Richtung Maktar) ab. Kurz hinter dem Stausee (Barrage) Oued Kebir folgt man der westwärts führenden MC 46 in Richtung Ousseltia – Kairouan.

Anfahrt

→ Tunis, Umgebung   Mohammedia

→ Tunis, Umgebung   Zaghouan

→ Hammamet (rund 85 km nordöstlich)   Hammamet

Tozeur

Bunte Weberzeugnisse in Tozeur

Tozeur H/J 5

Gouvernoratshauptstadt
Einwohnerzahl: 35 000
Höhe: 60 m ü.d.M.

Anfahrt

Tozeur liegt am Nordwestrand des Chott el Djerid, 93 km südwestlich von Gafsa, 92 km nordwestlich von Kebili, 23 km östlich von Nefta und nur 58 km von der algerischen Grenze entfernt.

Flugverkehr

Vom Flughafen (an der GP 3, 6 km südwestlich Richtung Nefta) gehen einmal in der Woche Flüge nach Tunis und nach Paris. In der Hauptsaison landen hier auch Chartermaschinen. Von der Busstation (Gare Routière) an der Rue de la Liberté (an der Kreuzung mit der Avenue Habib Bourguiba) gibt es regelmäßige Verbindungen nach Tunis, Gafsa, Kebili und Nefta. Jeweils eine Verbindung gibt es nach Douz und Hazaoua, dem Grenzort nach Algerien und zugleich dem westlichsten Ort Tunesiens.

Busverkehr

Lage und Bedeutung

Tozeur ist die Hauptstadt des Bled el Djerid, des 'Landes der Dattelpalmen', mit einem großen, gut besuchten Sonntagsmarkt und liegt am Nordwestufer des → Chott el Djerid genannten Salzsees. Ihre Bevölkerung lebt vom Handel, der Landwirtschaft und dem Handwerk, deren Produkte auf dem Markt mit den Produkten der Nomaden der Umgebung getauscht werden. Nur der Handel mit Datteln hat überregionale Bedeutung; vor allem die Spitzenmarke Deglat en Nour ('Finger des Lichts') ist überwiegend für den Export bestimmt. Typische handwerkliche Erzeugnisse sind Teppiche, Webarbeiten aus Seide und Wolle, Kleidung, Lederartikel und Schmuck. Seit dem in der Umgebung weite Teile des oscargekrönten Hollywoodfilms "Der englische Patient" (Anthony Minghella) gedreht wurden, erlebt der Wüstentourismus einen Höhenflug. Überall entstanden Hotelbauten und neue Straßen.

Tozeur

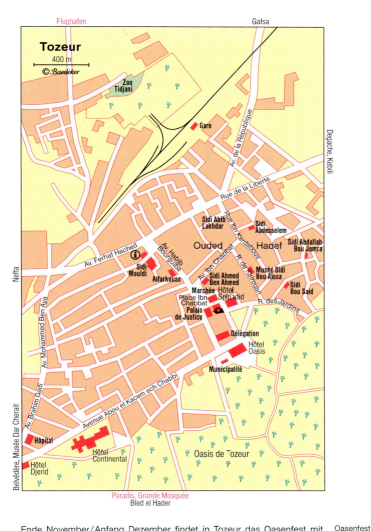

Ende November/Anfang Dezember findet in Tozeur das Oasenfest mit Umzügen, Volkstänzen und Kamelrennen statt.

Oasenfest

Die Geschichte Tozeurs reicht weit zurück. Aufgrund seiner Lage zwischen Steppe und Wüste war es vermutlich seit jeher eine wichtige Station für alle Karawanen auf dem Weg von der Sahara zur nordöstlichen Mittelmeerküste. Erstmals erwähnt wird die Siedlung erst in der Römerzeit im Zusammenhang mit den übrigen Djerid-Oasen, als Thusuros, das antike Tozeur, eine wichtige Bastion zur Verteidigung der Südgrenze der Provinz Africa war. Andere römische Bastionen dieser Linie waren Nepte (Nefta), Aquae

Geschichte

Tozeur

Geschichte (Fortsetzung)

(El Hamma) und Thigae (Kriz). Nach Ausbreitung des Christentums war Thusuros ein wichtiges Zentrum und Bischofssitz, wie ein Brief des Augustinus (→ Berühmte Persönlichkeiten) an den Bischof von Thusuros und weitere überlieferte Bischofsnamen nachweisen. Baudenkmäler aus dieser Zeit existieren jedoch nicht. Unter der Herrschaft der Vandalen (ab dem 5. Jh.) starben viele Christen aus Tozeur den Märtyrertod. Die Byzantiner, die nach kurzen und heftigen Kämpfen gegen Berberstämme im 6. Jh. die Herrschaft übernahmen, machten Tozeur wieder zu einem Bischofssitz und legten, wie bereits die Römer, ein Kastell zur Absicherung der Südgrenze gegen die Wüstennomaden an.

Mitte des 7. Jh.s eroberten die Araber die Stadt und setzten nach langem, heftigem Kampf, der bis in die Mitte des 8. Jh.s dauerte, den Islam durch. Die nun folgende Zeit der Araberherrschaft bescherte der Stadt einen dauerhaften Frieden, in dem sie 'als Tor der Wüste' eine wichtige Station der Karawanenhandelswege wurde. Dadurch kam die Stadt zu beträchtlichem Wohlstand und bildete den Sitz bekannter islamischer Koranschulen (Medresen). Mit den Karawanen kamen auch viele schwarze Sklaven nach Tozeur, und es bildete sich ein wichtiger Sklavenmarkt heraus. Auch heute noch leben viele Haratin in der Stadt, die Nachkommen der ehemaligen schwarzen Sklaven. Im 14. Jh. erlebte die Stadt ihren Höhepunkt und soll dreimal soviel Einwohner wie heute gezählt haben. Der Reichtum führte aber auch zu immer häufigeren Nomadenüberfällen und zu einer hohen Besteuerung durch die türkischen Osmanen, welche mittlerweile die Herrschaft übernommen hatten. Damit begann im 15. Jh. der wirtschaftliche Niedergang der Stadt, die im 16. Jh. von einer verheerenden Choleraepidemie heimgesucht wurde, bei der die Hälfte der Bevölkerung verstarb. So war Tozeur ein völlig unbedeutender kleiner Oasenort, als die Franzosen ihn 1881 ohne Kampf besetzten. Sie förderten den Aufbau der Stadt nach modernen, europäischen Vorstellungen, wobei die traditionelle Lehmziegelarchitektur beibehalten wurde.

Sehenswertes

Ortsbild

Bekannt ist Tozeur für seine Lehmziegelarchitektur. Ganze Häuserfassaden werden durch das Vor- und Zurücksetzen 25×10×4 cm großer, gebrannter und unverkleidet belassener Ton- oder Lehmziegel gestaltet. Dieser sogenannte 'Tozeur-Stil' findet auch in den benachbarten Orten wie → Nefta Verwendung.

Tozeur-Stil

Die Gliederung der Stadt in Neustadt und Altstadt (Medina) ist nicht so deutlich wie in anderen Städten, da die Gebäude der Neustadt (bis auf die großen Hotels) größtenteils in der traditionellen Lehmziegelbauweise errichtet wurden.

Neustadt

Mittelpunkt der Neustadt ist der Marktplatz Ibn Chabbat, benannt nach einem Gelehrten, der im 13. Jh. ein Wasserrecht verfaßte, welches die Zufuhr und Verteilung des Wassers in den Oasen regelte.

Hier liegen die unter den Franzosen errichtete Markthalle, überragt vom Minarett der Großen Moschee, die Post, Banken, Cafés und Restaurants. Die größeren Hotels befinden sich ebenfalls hier, vorwiegend an der südlichen Begrenzungsstraße Avenue Abou el Kacem ech Chabbi.

Große Moschee

*Altstadt Ouled Hadef

Die Altstadt (Ouled Hadef) erstreckt sich zwischen der Durchgangsstraße Gafsa – Nefta, der Avenue Habib Bourguiba und der Rue des Jardins. Enge und verwinkelte Gassen und schöne alte Häuser, deren Fassaden in traditioneller Lehmziegelarchitektur ausgeführt sind, bestimmen das Bild.

Tozeur

Waranpärchen und ... ... Skorpion im Wüstenzoo

Ihre geometrischen Ornamente ähneln den Mustern vieler Berberteppiche und -kelims. Die durch Rundbögen gestützten Obergeschosse mancher Häuser ragen sehr weit vor und berühren die gegenüberliegenden Hauswände. Auf diese Weise entstehen sonnengeschützte Durchgänge.

Altstadt (Fortsetzung)

2 km südlich vom Zentrum, am Ende der Avenue Abou el Kacem Chabbi, findet man das Museum Dar Cherait. Es wurde nach dem Vorbild eines vornehmen Stadtpalastes mit Innenhöfen, Kachel- und Stuckverzierungen und bemalten Holzdecken erbaut. Ausgestellt sind erlesenes Kunsthandwerk, Waffen, Bücher, Kleider und nachgestellte Szenen aus dem Alltag wohlhabender Tunesier. Angeschlossen ist eine (nicht ganz billige) Erlebniswelt aus 1001 Nacht: Ein Begleiter erklärt mehrsprachig die orientalische Geschichtswelt und führt mitten ins Geschehen der arabischen Mythologie. In teils unterirdischen Sälen tauchen die Helden der Historie wieder auf: Ali Baba und jede Menge Räuber, Sheherezade, Aladin mit seiner Wunderlampe und Sindbad, der Seefahrer. Beim anschließenden Kaffee trifft man auf den angeblich größten Mann der Welt (laut Guiness-Buch), ein Foto mit ihm gehört demnach zu den Raritäten (geöffnet: tgl. außer montags von 8.00 Uhr bis spätabends).

*Museum Dar Cherait

1001 Nacht

In der Rue de Kairouan ist in der ehemaligen Koubba des Sidi Bou Aissa ein kleines Volkskundemuseum untergebracht (Musée des Arts et Traditions Populaires, ATP; täglich außer montags 9.00–12.00 und 15.00 bis 17.30 Uhr geöffnet). Ausgestellt sind u. a. römische Säulen und Statuenrelikte des antiken Thusuros, Kunstgewerbeartikel der Gegend aus älterer und jüngerer Zeit, darunter Einrichtungsgegenstände, Münzen, Keramik, Schmuck, Hochzeitsgewänder, Alltagsartikel und ältere Koranschriften.

Volkskundemuseum

Am nördlichen Stadtrand, jenseits der Eisenbahnlinie, liegt der Wüstenzoo des Si Tidjani (Zoo du Désert), eines ehemals in ganz Tunesien berühmten Schlangenjägers.

Tidjani-Zoo

Tozeur

Oase von Tozeur

Tidjani-Zoo (Fortsetzung)	In teilweise recht engen, jedoch ordentlich geführten Käfigen werden Wüstentiere gehalten, die auf freier Wildbahn selten bis gar nicht anzutreffen sind. Freundliche Helfer führen durch den Zoo, in dem u.a. Wüstenwarane, Sand- und Hornvipern, Skorpione, Wüstenfüchse, Schakale, ein Coca-Cola trinkendes Dromedar sowie Raubvögel zur Schau gestellt sind.
Zoo du Désert Paradies	Ein weiterer kleiner Zoo liegt etwas versteckt im südlich gelegenen Dattelpalmenhain (siehe unten).
Belvédère	Die schönste Sicht über die Oase und die umgebende Wüste genießt man vom etwa 20 m hohen, begehbaren Belvédère, einer rund 3 km westlich der Stadt am Oasenrand gelegenen Sandstein-Felsengruppe. An ihrem Fuß liegt ein kleiner Campingplatz und einst entsprangen hier viele Quellen, darunter auch die 30°C warmen Ras el Aioun, nach denen der Hang benannt ist. Von oben sieht man aber auch, daß die Palmen vom Absterben bedroht sind. Wie auch in Nabeul leiden sie unter dem katastrophalen Wassermangel, der wiederum mit dem Erfolg des sog. Wüstentourismus bzw. dem gestiegenen Wasserverbrauch zu tun hat.

*Oase von Tozeur

Hinweis	Eine Erkundung der Oase kann sowohl mit einer Pferdekutsche als auch auf dem Rücken eines Dromedars oder eines Esels unternommen werden. Um möglichen Mißverständnissen vorzubeugen, sollte der Preis vorab ausgemacht werden.
Allgemeines	Die Oase von Tozeur, ein etwa 1050 ha großes, intensiv genutztes Gartenland, schließt sich im Süden der Stadt unmittelbar an diese an. In der Oase werden vorwiegend Dattelpalmen (ca. 400000) gezogen, in deren Schatten Obstbäume (Pfirsich-, Aprikosen- Granatapfel-, Feigen- und Zitrus-

Tozeur

bäume) sowie auch einige Bananenstauden wachsen. Die sehr viel Wasser verbrauchenden Unterkulturen (Gemüse, Salatpflanzen und Getreide) sind in Tozeur nur gelegentlich vorhanden.

Allgemeines (Fortsetzung)

Die Dattelpalmen liefern jährlich zwischen 25 und 30000 t Datteln, davon nur 1000 t Datteln der Spitzenqualität Deglet en Nour. Diese besonders aromatischen, halbsüßen und nicht zu weichen Datteln gedeihen nur in den Wipfeln von Palmen mit besten Böden und guter Wasserversorgung.

Zu der Oase gelangt man über die Avenue Abou el Kacem ech Chabbi, die die Stadt im Süden begrenzt. Von ihr führen mehrere kleinere Straßen nach Süden in die Oase, in der sechs kleinere Weiler liegen. Die wichtigsten sind Bled el Hader, Abbes und Sahraoui.

Anfahrt

Die Oase wird von rund 200 Quellen und artesischen Brunnen bewässert, die insgesamt 700 l Wasser/sec liefern. Die meisten der Quellen entspringen in der Nähe des Belvedere und vereinen sich dort zu dem Fluß, der die Oase durchfließt und blind am Ende der Oase bzw. im Schott el Djerid endet. Das Wasser wird vom Fluß oder den artesischen Brunnen über ein kompliziertes Verteilungssystem, das noch immer dem alten Wasserrecht folgt, zu den einzelnen Parzellen geführt, wobei die kleinen, offenen, zum Teil gemauerten Kanälchen, die 'Segouias', die gesamte Oase netzförmig durchziehen.

Bewässerung

Die Wasserregeln wurden von dem Gelehrten Ibn Chabbat († 1282 in Tozeur) in der Mitte des 13. Jh.s in seinem Buch über die Oasenwirtschaft festgelegt. Dabei steht jeder Parzelle je nach Lage, Größe und Bewässerungszeit (morgens, abends etc.) eine bestimmte Zeiteinheit (Khaddous) zur Verfügung, während der ihr Wasser durch die Segouias gleicher Größe zugeführt wird. Diese Art der Bewässerung ergibt sich aus der Knappheit des Wassers. Die artesischen Brunnen fördern Grundwasser aus einer Tiefe von ca. 60–100 m, doch sinkt der Grundwasserspiegel in jüngster Zeit langsam aber stetig, so daß ihre Leistung geringer wird. An ihre Stelle treten moderne Tiefbrunnen, die aus etwa 600 m Tiefe fossiles Wasser liefern. Dieses Wasser stammt aus erdgeschichtlich älteren und feuchteren Epochen und ist nicht erneuerbar.

Auch die Besitzverhältnisse von Tozeur werden noch von traditionellen Vorstellungen und Strukturen bestimmt und sind eher rückständig. Ein Großteil des Oasenlandes gehört nur 60 Familien, d.h. weniger als 2% der Bevölkerung, und der religiösen Bruderschaft Zaouia Tidjaniya, einer im ganzen Maghreb verbreiteten Bruderschaft mit sehr viel Besitz und Einfluß.

Besitzverhältnisse

Nur 8% des Landes gehört Kleinbauern, die meist nicht mehr als 50 Palmen ihr eigen nennen, aber ihr Land selbst bewirtschaften. Die Großgrundbesitzer und religiösen Bruderschaften besitzen jeweils mehr als 1000 Palmen und lassen ihr Land von Pächtern (Khammes) bewirtschaften (Khammessat-System). Die Besitzer sind dabei häufig Händler oder Nomaden, die seit jeher die mühevolle Garten- und Landbestellung scheuen. Die Pächter erhalten als Fruchtart zwischen 10% und 33 1/3 % der Ernte in Naturalien als Lohn. Ihr Name Khammes leitet sich vom durchschnittlichen Anteil von 20% (= 1/5, arab. chamsa = fünf) ab.

Diese Besitz- und Arbeitsverhältnisse ergaben sich im Laufe der Jahrhunderte, als mit dem Wegfall der Karawanenstraßen die Oasenwirtschaft einzige Lebensgrundlage wurde. Reichere Grundbesitzer, Händler oder Nomaden kauften den Kleinbauern in Notzeiten zunächst das Wasserrecht ab, sperrten ihnen dann das Wasser und erwarben schließlich das Land. Die Kleinbauern mußten sich darauf als Pächter verdingen. Der ihnen zuerkannte Anteil reicht gerade für das Notwendigste zum Leben.

Kurz vor dem Hotel Continental zweigt eine Piste nach Süden von der Avenue Abou el Kacem ech Chabbi ab, die zum kleinen Weiler Bled el Hader führt. Dieser Ort liegt vermutlich an der Stelle des antiken Thusuros. In der Ortsmitte befindet sich die Große Moschee Sidi Bou Ali. Die ehemals fünfschiffige, aus dem 11. Jh. stammende Moschee ist bis auf das sehens-

Bled el Hader

Tozeur

Bled el Hader (Fortsetzung)

werte Minarett und den 1193 errichteten Mihrab zerstört. Dieser Mihrab ist heute im neuen, nebenan liegenden Gebetssaal zu finden. Rechts vom Minarett liegt auf dem nahen Friedhof das Grabdenkmal (Marabout) des Gelehrten Ibn Chabbat (siehe oben).
Am Ende des Dorfes liegen die Reste einer ehemaligen Zaouia, die heute als Wohnhaus dienen. Im Dorf Bled el Hader gibt es noch zahlreiche alte Tonziegelhäuser mit schönen, traditionell gestalteten Fassaden.

Abbes
Marabout des Sidi Ali Bou Lifa

2 km südlich von Bled el Hader liegt Abbes, ein weiterer Weiler. Am Ausgang des Dorfes liegt auf der linken Seite der mit einer mächtigen Kuppel bedeckte Marabout eines Lokalheiligen, des Sidi Ali Bou Lifa. Er ist ein vielbesuchtes Wallfahrtsziel. Vor dem Marabout steht ein mächtiger gespaltener Brustbeerbaum, auch "Le Grand Jujubier" genannt, der von dem Heiligen selbst gepflanzt worden sein soll und dem daher entsprechende Ehrfurcht gezollt wird.

Zoo du Désert Paradies

Etwa 400 m von diesem Marabout entfernt liegt außerhalb des Ortes ein zweiter kleiner Wüstenzoo. Ihm ist ein kleiner, sehenswerter botanischer Garten, das 'Paradies', angeschlossen, in dem außer Wüstentiere auch Oasenpflanzen zu sehen sind, u. a. Akazien, Aloen, Kakteen, Henna, Hibiskus und Granatapfelbäume. In einem kleinen Café werden als Besonderheit 'Rosenwein', ein mit Rosenblütenextrakt versetzter Wein, und mit Blütenextrakten versehene Tees verkauft.
Von hier aus kann man bis an die Grenze der Oase zum Beginn des Schott el Djerid vordringen (→ Chott el Djerid) oder sofort über den Weiler Sahraoui zur Avenue Abou el Kacem ech Chabbi zurückkehren.

Umgebung von Tozeur

Allgemeines

Tozeur eignet sich gut als Ausgangsort für kürzere und längere Ausflüge:

Djerid-Oasen

Die ebenfalls am Rande der Chotts gelegene Oase → Nefta (23 km westlich) sowie die am gleichnamigen Golf gelegene Oase → Gabès sind dicht besiedelt. Hier gedeiht die beste, für den Export bestimmte Dattelsorte des Landes, die Deglet en Nour (Finger des Lichts).

Chott el Djerid

→ Chott el Djerid (die über den Schott führende Straße beginnt rund 14 km nordöstlich von Tozeur bei Kriz).

*Bergoasen Chebika, Tamerza und Mides

Ein schöner Ausflug, der sowohl geologisch wie landschaftlich ungemein reizvoll ist, führt nördlich von Tozeur in die Bergregion des 900 m hohen Djebel en Negueb, einer von Ost nach West ziehenden, zum Atlasgebirge gehörenden Gebirgskette. Hier, wo bereits die Römer im Vorfeld des Limes Tripolitanus Kastelle errichtet hatten, liegen die drei kleinen Bergoasen Chebika, Tamerza und Mides, Filmkulisse auch für den "Englischen Patienten". Ihre Fruchtbarkeit verdanken sie den zahlreichen kleinen Bergbächen, die im Boden versickern. Über verschieden tiefe Brunnenschächte wird das Grundwasser angezapft. Ein unterirdisches Wasserleitungssystem (Foggaras; s. Graphik S. 45) führt das Wasser durch Kanäle (Segouias), die mit einem leichten Gefälle versehen sind, bis zu den Pflanzungen. Das Wasser für den privaten Verbrauch wird unterwegs entnommen. Auch in diesen Oasen trifft man auf die bekannte Drei-Stufen-Kultur. Im Schatten der Palmen gedeihen Obstbäume (Aprikosen, Pfirsiche, Granatäpfel, Bananen, Zitrusfrüchte und Oliven), in deren Schatten werden wiederum Gemüse, Tabak und Getreide angebaut.

Anfahrt

Zunächst auf die nach Gafsa führende GP 3, durch die Oase El Hamma du Djerid (siehe unten). Unmittelbar nach der Oase zweigt eine Straße in Richtung Nordwesten ab. Sie führt über den Chott el Rharsa nach Chebika. Weiter nach Tamerza und schließlich nach Mides.

Tozeur

Gebirgslandschaft bei Tamerza und Chebika

Die Strecke ist ein Erlebnis an sich. Im großen und ganzen gut befahrbar, kann sie nach Sandstürmen teilweise verweht oder durch kleine Sanddünen unterbrochen sein.

Anfahrt zu den Bergoasen (Fortsetzung)

Chebika, der ehemalige römische Militärposten Ad Speculum, ist ein kleines Dorf aus Stein und Lehm, oberhalb des Palmenhains direkt an einen Berghang gebaut (der alte, heute verlassene Ort ist in den Berg dahinter gebaut). Die Quellen entspringen rund 500 m weiter in einer malerischen, tiefeingeschnittenen Schlucht.
Eine am Fuße des Berges entlangführende Straße passiert die Oase El Khanga und klettert steil bergauf, um nach etwa 10 km über einen kurvigen Weg ins Tal des Oued Khanga zu gelangen.

Chebika

An der Stelle des römischen Ad Turres liegt die kleine Bergoase Tamerza, im 6. Jh. Sitz eines Bischofs. Heute leben hier noch rund 1500 Einwohner in einem modernen Dorf. Das alte, aufgegebene Lehmhütten-Dorf liegt auf der anderen Seite des Flusses.

Tamerza

Unmittelbar an der algerischen Grenze liegt die kleine Oase Mides, die ehemalige römische Grenzfeste Mades. Sie liegt am Rande zweier 60 m tief eingeschnittener Canyons.
Die Rückfahrt ist möglich über Redeyef, Moulares, Metlaoui nach Tozeur.

Mides

→ Gafsa (93 km nördlich)

Gafsa

→ Metlaoui, Umgebung (rund 50 km nördlich)

Seldja-Schlucht

Die Oase El Hamma du Djerid liegt ca. 9 km nördlich von Tozeur an der GP 3 nach Gafsa am südöstlichen Rand des Schotts el Rharsa. In ihr liegen die vier kleinen Dörfer El Erg, Mhareb, Msaaba und Nemlet mit zusammen 3500 Einwohnern. Die Oase ist rund 700 ha groß, in ihr wach-

El Hamma du Djerid

Tunis

Umgebung von Tozeur, El Hamma du Djerid (Fortsetzung)

sen etwa 110 000 Dattelpalmen. Diese werden von 20 Quellen versorgt. Unter ihnen befinden sich sechs chlor-, kochsalz- und schwefelhaltige, 37°–40°C heiße Thermalquellen, die bereits von den Römern für Heilzwecke benutzt wurden (1 km von Nemlet entfernt befinden sich noch Reste der alten Römersiedlung) und die auch heute von der Bevölkerung zur Behandlung von Dermatosen, Neuralgien und Arthritis besucht werden. Bei diesen Quellen wird ein 'Complexe touristique', eine Kur- und Hotelanlage, errichtet.

Im Norden der Oase wurde in den letzten Jahren eine völlig neue Dattelpalmenplantage (Domaine de l'Oasis) von der Privatgesellschaft Oasis angelegt. Voraussetzung war die Anlage von Tiefbrunnen, die den 600 bis 1000 m tief gelegenen Grundwasserspiegel eines fossilen Wasserreservoirs erreichen. Da diese Brunnen viel effektiver arbeiten als die in Tozeur und Nefta (insgesamt wird von allen Quellen und Brunnen eine Leistung von 1900 l/sec erreicht) sowie moderne Anbaumethoden angewandt werden (u.a. aufgelockerter Bestand mit nur 150 Palmen pro Hektar), sind die Ernteerträge viermal höher als in Tozeur, sechsmal höher als in den übrigen Teilen der gleichen Oase und zehnmal höher als in Nefta.

El Ouidane

Die Oase El Ouidane liegt ebenfalls nördlich von Tozeur, 9 km östlich von der Oase El Hamma (siehe oben). Sie besteht aus mehreren kleinen Dörfern; die beiden wichtigsten sind Degache und Kriz, 16 km und 32 km von Tozeur entfernt. Sie sind entweder über die GP 3 (Abzweigung bei der Oase El Hamma) oder direkt über die MC 106 zu erreichen.

In allen Siedlungen der Oase wohnen zusammen etwa 100 000 Einwohner, die nicht nur Dattelpalmen (220 000), sondern auch Zitrus-, Feigen- und Olivenbäume (ca. 35 000) kultivieren. Die Dörfer liegen allesamt oberhalb der Oasengärten auf schlechten, steinigen Böden.

Sie besitzen keine besonderen Sehenswürdigkeiten. In Ouled Majed (bei Degache) gibt es eine kleine, alte Lehmziegelmoschee, deren Minarett auf römischen Grundmauern steht.

Kurz hinter dem Dorf in Richtung Kriz liegt der Marabout des Sidi Mohammed Krisane, und in Seddada ist der Marabout des Sidi Bou Hilal ein bekanntes Wallfahrtsziel.

Nefzaoua

Am Südstrand der Chotts liegen die Oasen der Nefzaoua. Hierbei handelt es sich um zahlreiche, weit verstreut liegende Oasen, die Hauptorte sind Kebili und Douz (→ Kebili).

Tunis B 8/9

Landes- und Gouvernoratshauptstadt
Einwohnerzahl: 800 000 (mit Vororten rund 1,7 Mio.)
Höhe: 0–88 m ü.d.M.

Flugverkehr

Der internationale Flughafen Tunis-Carthage liegt 8 km nordöstlich an der GP 9 in Richtung La Marsa. Ab Avenue Habib Bourguiba/Rue du Rome gibt es regelmäßige Busverbindungen (Linien 27 und 41) zum Flughafen.

Eisenbahnverkehr

Vom Bahnhof (Gare; getrennte Zugänge für Nah- und Fernverkehr) an der Place Barcelone, gibt es regelmäßige Verbindungen mit Sousse, Hammamet/Nabeul, El Djem/Sfax, Gabès, Bizerte, Algier und Kalaat Khasba.

TGM

Die Station der TGM (Vorortbahn) liegt am östlichen Ende der Avenue Habib Bourguiba vor dem Hafen. Sie unterhält die Verbindungen zu den nordwestlich gelegenen Vororten wie La Goulette, Karthago, Sidi Bou Said und La Marsa.

METRO

Die Haltestelle der Metro, einer Art S-Bahn, liegt neben der TGM-Station (siehe oben). Von hier gibt es Verbindungen zum Bahnhof und nach Ben Arous, einem südlichen Vorort.

Tunis

Dachterrasse in der Medina

Stadtlinien verkehren von der Place Barcelone, von der Avenue Habib Bourguiba (Theater) sowie von der TGM-Station.
Fernlinien in Richtung Süden verkehren ab dem Busbahnhof (Gare Routière du Sud, Bab El Fellah), von hier bestehen Verbindungen mit u.a. Hammamet/Nabeul, Sousse, Monastir, Sfax, Gabès, Médenine, Djerba, Zarzis, Gafsa, Tozeur, Nefta, Kairouan, Le Kef, Maktar, Sbeitla, Marokko und Libyen.
Fernlinien in Richtung Norden verkehren ab dem Busbahnhof (Gare Routière du Nord, Bab Saadoun), von hier gibt es Verbindungen mit u.a. Biserta, Raf-Raf, Menzel Bourguiba, Mateur, Testour, Teboursouk, Le Kef, Tabarka und Ain Draham.
<small>Busverkehr Stadtlinien Fernlinien</small>

Von La Goulette gibt es Fährverbindungen nach Europa (Marseille, Genua, Neapel, Sardinien, Malta und Sizilien).
<small>Schiffsverkehr</small>

Das Hauptpostamt (PTT) befindet sich unweit westlich des Bahnhofs in der Rue Charles de Gaulle. Am Schalter 8 können postlagernde (Poste restante) Sendungen abgeholt werden. Das Telefonamt liegt in der Rue Gamal Abdel Nasser (24 Std. geöffnet).
<small>Hauptpostamt</small>

Tunis, die Hauptstadt der Tunesischen Republik, Verwaltungs-, Kultur-, Wirtschafts- und Verkehrszentrum des Landes, liegt auf einem etwa 3 km breiten, hügeligen Landrücken, der die Lac de Tunis (See von Tunis) oder arabisch El-Bahira genannte flache Brackwasserlagune im Osten und Nordosten von dem ebenfalls sehr flachen Salzsee der Sebkha Es Sedjoumi im Südwesten trennt. Im Norden wird die Stadt vom Höhenrücken Belvedere, im Süden durch die Hügel von Sidi Bel Hassen geschützt.
Der See von Tunis ist durch einen schmalen Kanal mit dem Meer verbunden, hier liegt La Goulette, der Außenhafen von Tunis. Damit auch Schiffe mit größerem Tiefgang den Innenhafen anlaufen konnten, wurde 1888 bis 1893 von der französischen Protektoratsmacht durch die Lagune ein 10 km langer, 45 m breiter Kanal gebaggert, der den Stadthafen mit dem
<small>Lage und Bedeutung</small>

Tunis

Lage und Bedeutung (Fortsetzung)

Vorhafen verbindet. Der Aushub wurde für eine quer über den See führende Dammstraße vom Stadtzentrum nach La Goulette verwendet (Auto- und TGM-Verkehr).

Tunis ist auch kultureller Mittelpunkt des Landes und besitzt zahlreiche Bildungs- und Kultureinrichtungen von überregionaler Bedeutung. Besonders hervorzuheben sind neben der 1960 gegründeten Universität die berühmte islamische Zitouna-Universität mit ihren Fakultäten für Sprache, Literatur und islamisches Recht und das weltbekannte archäologische Museum im Ortsteil Le Bardo; außerdem mehrere höhere Fachschulen, das Institut Pasteur, das Goethe-Institut und die Nationalbibliothek. Daneben bietet Tunis vielfältige Unterhaltungsmöglichkeiten (Kinos, Theater, Kunstgalerien, Sport- und Kulturveranstaltungen).

Mit seiner gut erhaltenen Medina, einem sehenswerten Vorortbereich und zahlreichen besuchenswerten Zielen in der Umgebung (u.a. → Utica, (→ Bizerte, → Dougga, → Thuburbo Majus und → Cap Bon) lohnt Tunis einen ausführlichen Aufenthalt.

Topographie

Den historischen Mittelpunkt von Tunis bildet die Medina genannte arabische Altstadt, die im Osten vom Hafen und im Norden und Süden von der europäisch anmutenden, modernen Neustadt umringt wird.

Um das engere Stadtgebiet von Tunis liegt ein halbkreisförmiger Kranz von Vororten, dessen Schwerpunkt in Küstennähe liegt. Die Eckpunkte dieses Großraum Tunis genannten Gebietes sind Gammarth im Norden, Hammam-Lif am Südzipfel des Golfs von Tunis und La Manouba im Westen der Hauptstadt.

Lage der Sehenswürdigkeiten

Die wichtigsten Sehenswürdigkeiten von Tunis sind einmal die im Stadtzentrum gelegene Medina mit der östlich vorgelagerten Neustadt, das im Westen, im gleichnamigen Vorort, gelegene weltbekannte Bardo-Museum und die sich im Nordosten anschließenden sehenswerten Ausflugsziele Karthago mit den berühmten Ruinenstätten und seinem Museum sowie das hübsche maurische Städtchen Sidi Bou Said (sowohl Karthago als auch Sidi Bou Said sind mit der Innenstadt durch die Schnellbahn TGM verbunden).

Wirtschaft

Im Großraum Tunis lebt fast ein Viertel der Landesbewohner, die Stadt ist sowohl Regierungssitz, als auch Verwaltungssitz fast aller staatlichen Behörden und großer Firmen. Das Wirtschaftsleben der Stadt wird durch die Industrie (50 % aller Industriebetriebe befinden sich im Ballungsgebiet) und den Hafen geprägt. Die wichtigsten Industriebetriebe befinden sich im Süden, Westen und Norden der Stadt, in Ben Arous, Rades, Djebel Djelloud, Bardo und Cherguia. Wichtigste Branchen sind die chemische Industrie, vor allem eine große Phosphatfabrik, die Verhüttung von Bleierzen, die Zement- und die Nahrungsmittelindustrie sowie Maschinenbau und Papierherstellung. Der Warenverkehr wird im wesentlichen (70 %) über den Außenhafen La Goulette abgewickelt, der den Stadthafen weitgehend ersetzt hat.

Verkehr
TGM

Eine Vorortschnellbahn (TGM=**T**unis–**G**oulette–**M**arsa; 1898 gegründet, 1908 elektrifiziert, 1978 modernisiert) führt ebenso wie eine Autostraße über den Damm, den der Schiffskanal durch den Lac de Tunis, den See von Tunis, begleitet. Wichtige Stationen der TGM nach La Marsa sind La Goulette, Karthago und Sidi Bou Said.

Metro

Eine Art S-Bahn (Métro) stellt die Verbindung mit dem im Süden gelegenen Ben Arous her.

Zahlreiche Eisenbahn- und Straßenfernverbindungen führen von Tunis sternförmig in alle Teile des Landes.

Geschichte

Dank seiner Lage an einer weiten geschützten Bucht sowie seinem fruchtbaren Hinterland war das Gebiet um Tunes (dem heutigen Tunis) bereits vor der Gründung Karthagos (814 v.Chr.) von Numidern besiedelt, und es gehört mit Rom folglich zu den ältesten Städten des gesamten Mittelmeerraumes.

Tunis

Tunis

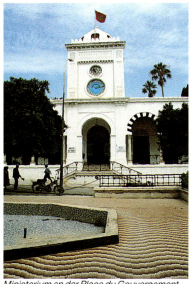 

Ministerium an der Place du Gouvernement *Denkmal an der Place de la Kasbah*

Geschichte (Fortsetzung)

Im 7. Jh. v. Chr. geriet Tunes unter die Herrschaft Karthagos, wurde befestigt und teilte von nun an sein Schicksal.
Während der drei Punischen Kriege stand die Stadt auf der Seite des mächtigen Karthago und wurde 245 v. Chr. durch Regulus eingenommen. Sowohl Tunes als auch Karthago wurden 146 v. Chr. restlos zerstört und anschließend durch Cäsar und Augustus wieder aufgebaut, wobei Tunes weiterhin im Schatten seiner Schwesterstadt Karthago stand.

Der Aufstieg von Tunis begann erst mit der endgültigen Zerstörung des mächtigen Karthago 698 n. Chr. durch die Araber. Die der Stadt vorgelagerte Lagune bot sich als Naturhafen für die Kriegsflotte der Moslems an. 894 verlegte der Aghlabide Ibrahim II. seine Residenz von Kairouan nach Tunis. In der Folgezeit, besonders unter den Hafsiden (1228–1574), entwickelte sich die Stadt zur Metropole Nordafrikas mit rund 100000 Einwohnern und zu einem der führenden geistigen Zentren des Islam.
1270 wurde Tunis während der Kreuzzüge von einem Heer des französischen Königs Ludwig IX. belagert. Er starb jedoch in Karthago an der Pest. Der Ausbruch eines Krieges wurde durch den Abschluß eines Friedensvertrages mit Frankreich verhindert, in welchem die Gleichberechtigung der Christen beschlossen wurde.

Im 16. Jh. zog der Wohlstand von Tunis die Aufmerksamkeit türkischer Piraten auf sich, welche die Stadt 1534 ausraubten. Bereits ein Jahr später wurden sie von Karl V. vertrieben und Tunis spanisch; die Verwaltung blieb jedoch weiterhin in den Händen der Hafsiden. 1569 gelang es den Türken nochmals, die Spanier zu vertreiben, sie wurden jedoch von Don Juan d'Austria geschlagen. Aber bereits 1574 übernahmen die Türken endgültig die Herrschaft. Sinan Pacha besiegte die Spanier, und Tunis wurde Sitz eines osmanischen Statthalters.
1871 erklärte sich der türkische Bey Hussein von Konstantinopel unabhängig. Noch einmal setzte ein Aufschwung ein, der sich auch in der

Tunis

Sidi-Youssef-Moschee

Hammouda-Pacha-Moschee

städtebaulichen Entwicklung von Tunis niederschlug. Es entstand die Neustadt von Tunis, die sich zunächst in östlicher Richtung vor der Mauer der Medina ausbreitete.

Geschichte (Fortsetzung)

Das Wachstum der Stadt beschleunigte sich mit der Machtübernahme durch die Franzosen im Jahr 1881, die Tunis als Verwaltungssitz wählten. Nachdem die Medinamauern größtenteils eingerissen worden waren, dehnte sich die Neustadt immer mehr in Richtung Meer aus. Große repräsentative Bauten und Wohnviertel für die Europäer wurden erbaut sowie der moderne Stadthafen angelegt.
Vom 9. November 1942 bis zum 6. Mai 1943 wurde das französische Protektorat durch die deutsche Besatzungsmacht aufgehoben. Die Vorherrschaft Frankreichs endete endgültig am 20. März 1956. Im darauffolgenden Jahr wurde Tunis Hauptstadt der Tunesischen Republik.

Nachdem die Europäer größtenteils Tunis verlassen hatten, zogen die wohlhabenden Tunesier aus der Medina in die nun leerstehenden Europäerviertel. Dafür wechselten sozial schwächere Familien in die leeren Altstadtwohnungen. Heute zählt die Medina noch rund 200 000 Bewohner. Die traditionellen Handwerker wie u. a. Schmiede, Sattler und Färber sind jedoch fast verschwunden, dafür haben sich die Souvenirhändler ausgebreitet.
In den Außenbezirken wurden viele der alten und hoffnungslos überbelegten Elendsviertel abgerissen. An ihrer Stelle entstanden moderne Wohnsiedlungen. Seit den siebziger Jahren schließlich wurden zahlreiche moderne Hochbauten von Luxushotels, Banken und Versicherungsgesellschaften erstellt, die streckenweise die Silhouette des heutigen Tunis prägen. Der Ausbau des Metronetzes in der Innenstadt ist abgeschlossen, die Verkehrsprobleme während der Stoßzeiten konnten somit zum Teil gelöst werden. Auch soll der See von Tunis ausgebaggert und saniert werden.

Tunis

Sehenswertes

Tunis besitzt eine ganze Reihe bedeutender Sehenswürdigkeiten, die in ihrer Gesamtheit den langen historischen Werdegang der Hauptstadt widerspiegeln. Um sich einen guten Überblick zu verschaffen, sollten mindestens zwei Tage zur Verfügung stehen. Für die berühmten nahegelegenen Vorstädte Karthago (→ Carthage) und → Sidi Bou Said wird ein weiterer Tag benötigt.

Ausflüge von Tunis aus
: Tunis eignet sich auch als Ausgangsort für schöne Ausflüge in die weitere Umgebung: Unbedingt zu empfehlen sind u. a. Fahrten an das → Cap Bon (in Etappen), → Dougga, → Utica und → Thuburbo Majus.

Neustadt

Avenue Habib Bourguiba
: Mittelpunkt der aus französischer Zeit stammenden und zwischen Medina und Hafen gelegenen Neustadt ist die 60 m breite und 1250 m lange Avenue Habib Bourguiba. Diese mit Eukalyptusbäumen und Palmen bepflanzte Prachtstraße beginnt an der Place de l'Indépendance, wenige Meter außerhalb der Altstadt, und führt schnurgerade nach Osten in Richtung Hafen, wo sie in die Schnellstraße übergeht, die auf dem Damm neben dem Kanal den Lac de Tunis durchquert und nach La Goulette führt. Hier befindet sich auch der Bahnhof der TGM-Schnellbahn, welche die Innenstadt mit den nordöstlich gelegenen Vororten La Goulette, Karthago, Sidi Bou Said und La Marsa verbindet.

Place d'Afrique
: Etwa in der Mitte der Avenue Habib Bourguiba, an der Kreuzung mit der geradlinig nach Norden zum Parc du Belvédère verlaufenden, palmenbestandenen Avenue Mohamed V, befindet sich die Place d'Afrique mit einem Uhren-Standbild, Symbol für die 'Nach-Bourguiba-Zeit'. Bis vor kurzem stand hier noch ein Reiterstandbild des ehemaligen Staatspräsidenten Bourguiba. Dies ist ein geeigneter Ausgangspunkt für einen Stadtrundgang.

Hôtel du Lac
: Auf der rechten Straßenseite (von der Place d'Afrique aus) lenkt der hypermoderne Bau des Hôtel du Lac die Blicke der Besucher auf sich. Das Hochhaus besitzt die Form einer auf dem Kopf stehenden Pyramide.

ONTT
: Unmittelbar davor befindet sich das Gebäude des Tunesischen Fremdenverkehrsamtes ONTT (Office National du Tourisme Tunisien).

ONAT
: Nur ein paar Meter nördlich befindet sich in der Avenue Mohamed V das staatliche Ausstellungs- und Verkaufsbüro SO.CO.PA. (Société de Commercialisation des Produits de l'Artisanat) der ONAT (Organisation Nationale de l'Artisanat Tunisien), in dem vielerlei tunesisches Kunsthandwerk angeboten wird.

Man folgt der Avenue Habib Bourguiba stadteinwärts in Richtung Medina, vorbei am halblinks gelegenen Innenministerium (erkennbar an den davor aufgestellten Abschrankungen sowie der starken Polizeipräsenz) sowie an zahlreichen Geschäften, Banken, Cafés, Reisebüros, Restaurants, Nachtlokalen und Hotels (u. a. das 21-stöckige Hochhaus des Hotels Africa).

Avenue de Paris
: An der nächsten Kreuzung treffen sich die nach Norden zum Belvedere-Park führende Straße Avenue de Paris (gesäumt von modernen Geschäften), die später in die Avenue de la Liberté übergeht, sowie die zunächst zum Bahnhof (SNCFT, an der Place Barcelone) und anschließend zum Djellaz-Friedhof führende Avenue de Carthage.
Beliebte Treffpunkte sind das Café de Paris, das gegenüberliegende Café de Tunis sowie die Brasserie Tunisia International.

Staatstheater
: Stadteinwärts folgt das Staatstheater mit seiner Stuckfassade im Jugendstil.

Tunis

Jugendstilfassade des Theaters   *Kathedrale St-Vincent-de-Paul*

Die Avenue Bourguiba mündet in die Place de l'Indépendance. An ihrem nördlichen Ende erhebt sich die neoromanische Kathedrale St-Vincent-de-Paul (1882), deren wuchtige Fassade vor den Toren der orientalischen Altstadt wie ein Fremdkörper wirkt. Die Kathedrale ist das größte aus der Kolonialzeit übriggebliebene Bauwerk von Tunis (im Inneren das Grabmal des Unbekannten Soldaten).   Kathedrale

Ihr gegenüber befindet sich die Französische Botschaft (Ambassade de la France), einst Sitz des französischen Generalresidenten.   Französische Botschaft

Zwischen diesen beiden Zeugnissen vergangener französischer Kolonialpräsenz in Tunesien steht die Statue des wohl berühmtesten Bürgers dieser Stadt, Ibn Chaldun (1332–1406; → Berühmte Persönlichkeiten).

Jenseits des Platzes beginnt die etwas schmalere Avenue de France, die vor dem Bab el Bhar (Meerestor), ehemals Porte de France, endet, einem seit seiner Erbauung im Jahr 1848 unverändert gebliebenen Stadttor. Die alte Stadtmauer aus der hafsidischen Ära ist nicht mehr vorhanden.
Vor dem Besuch der hinter dem Stadttor beginnenden Medina lohnt sich noch ein kurzer Abstecher in die von links einmündende Rue Charles de Gaulle.   Bab el Bhar
Porte de France

Hier erhebt sich der mächtige Kolonialbau des Hauptpostamtes mit dem Musée des Timbres, einer interessanten Sammlung von historischen Postutensilien und Briefmarken. Der Eingang liegt in der Rue Gamal Abdel Nasser (das Museum hat die gleichen Öffnungszeiten wie das Hauptpostamt PTT).   Musée des Timbres

An der Kreuzung mit der Rue d'Allemagne befindet sich die Fondouk el Ghalla genannte Großmarkthalle im Kolonialstil, wo man vormittags das bunte Treiben des Lebensmittelmarktes beobachten kann.   Fondouk el Ghalla

Tunis

Bab el Bhar

✳✳Medina

Allgemeines Die einst die Medina umgebende Mauer ist bis auf einige Stadttore längst verschwunden: Auf ihren Fundamenten verläuft heute die Ringstraße. Sie umfaßt die ein Oval formende Altstadt von Tunis, die sich etwa über 1,5 km Länge und 800 m Breite erstreckt. Sie ist damit nicht nur Tunesiens größte, sondern sie gilt neben der von Kairouan auch als schönste orientalische Altstadt des Landes. Ursprünglich stammt sie aus dem 9.–11. Jh., erhielt jedoch ihr heutiges Aussehen weitgehend unter den Hafsiden (13. Jh.) und während der Türkenzeit (17.–18. Jh.). Die Franzosen beseitigten zwar die Medinamauer, unternahmen sonst jedoch keine Veränderungen.

ASMA Seit 1974 wird sie planmäßig unter Leitung der 'Vereinigung zur Rettung der Medina' (ASMA) verschönert und restauriert.

Hinweis Für den orientunerfahrenen Besucher mutet das enge Gassengewirr sicherlich wie ein riesiges Labyrinth an, jedoch sind die wichtigsten Straßen mit Namensschildern versehen, so daß man sich bei genügender Umsicht mit Hilfe des Stadtplanes zurechtfinden kann. Hat man sich dennoch verirrt, so zeigt der Sonnenstand die ungefähre Richtung des Rückwegs an. Allerdings sollte man sich vor allzu schmalen Nebengassen, den sogenannten Impasses, hüten, da diese (im Gegensatz zu den Rues) häufig Sackgassen sind.

Wochenfeiertag Freitags, am islamischen Wochenfeiertag, und mehr noch sonntags sind zahlreiche Läden im Soukviertel geschlossen. An den übrigen Tagen beginnt das bunte Treiben bereits in den frühen Morgenstunden.

Besuchserlaubnis Zahlreiche Baudenkmäler wie Medresen (Koranschulen), Zaouias, Moscheen, Mausoleen und Paläste sind nicht öffentlich zugänglich, entweder weil Nichtmoslems der Zutritt verboten ist (seit 1972 dürfen Nichtmoslems nur noch vormittags die Innenhöfe der Moscheen betreten, der eigentliche Gebetssaal ist ihnen verschlossen), oder weil sie sich in Privatbesitz befinden. Zu den häufig angebotenen Fremdenführungen → Praktische Informationen, Fremdenführer.

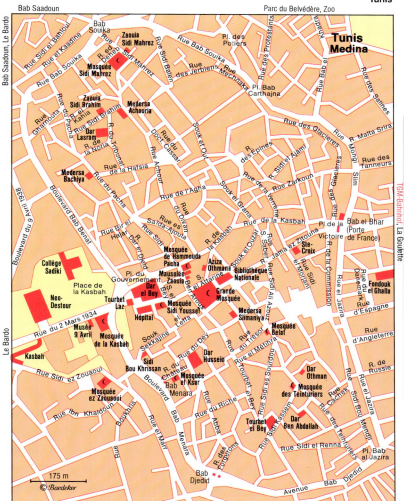

Von der Place de la Victoire, dem einstigen Mittelpunkt des Franzosenviertels, betritt man die Medina durch das Bab el Bhar (Meerestor; Porte de France; 1848). Es empfiehlt sich, zunächst die linke der beiden Soukhauptstraßen (Rue Djama ez Zitouna) hinaufzusteigen. Über die rechte Soukstraße, die Rue de la Kasbah, wird der anschließend beschriebene Rundgang beendet.

Rue Djama ez Zitouna

Die Läden sind ausschließlich auf Fremde eingestellt und entsprechend hoch die Preise. Mit etwas Verhandlungsgeschick (→ Praktische Informationen, Einkäufe) können die Preise zum Purzeln gebracht werden.

Tunis

Heilig-Kreuz-Kirche

Nach wenigen Metern steht links (Haus Nr. 14) die ehemalige Heilig-Kreuz-Kirche (Eglise de Ste-Croix), 1662 vom französischen Kaplan Jean Le Vacher im ersten Fondouk (= Lager und Herbergen der europäischen Kaufleute, meist am Rande der Medina gelegen) der Stadt gegründet.

Nationalbibliothek

Rechts (Haus Nr. 55) folgt die um 1813 von den Türken errichtete Sidi-El-Mordjani-Kaserne mit der Nationalbibliothek. Hier lagern über 500 000 Bücher und Schriften. Der Eingang zur Bibliothek liegt am Souk el Attarine.

Ölbaummoschee Djama ez Zitouna

Besuchszeiten

Die Ölbaummoschee genannte Große Moschee ist nach der Sidi-Oqba-Moschee in Kairouan das bedeutendste Gotteshaus Tunesiens. Auch wenn ihr Gebetssaal von Nichtmoslems nicht betreten werden darf (wie in allen Moscheen Tunesiens → Kunst und Kultur, Islamische Architektur), ist der Besuch des Innenhofes sehr zu empfehlen (täglich außer freitags, 8.00–11.00 Uhr). Eintrittskarten, die für mehrere Sehenswürdigkeiten gelten, gibt es unmittelbar vor der Eingangstreppe zu kaufen.

Mit dem Bau der Ölbaummoschee wurde 732 von den Omaijaden begonnen. Bereits 864 wurde sie vermutlich aus Platzgründen durch die Aghlabiden vollständig neu erbaut und in den folgenden Jahren immer wieder verändert. Die vieleckige Kuppel über dem mittleren Joch kam 991 hinzu und 1419 ein Bibliotheksanbau. 1637 bauten die Türken die Vorhalle, und 1782 erneuerten sie die Decken im Inneren der Moschee. Im 19. Jh. wurde das Minarett auf 44 m erhöht (von seiner Spitze hat man einen herrlichen Blick über die Dächer der Medina).

Die fünfzehn Schiffe des Gebetsraumes sind jeweils sechs Joche tief. Meist antike, aus Karthago stammende Säulen tragen schöne Hufeisenbögen, auf diesen ruht eine bemerkenswerte Holzdecke. Ein Meisterwerk orientalischer Schnitzkunst ist der Mihrab, über dessen Joch sich die schöne Kuppel aus der ziridischen Ära wölbt. Den Boden bedecken keine Teppiche sondern Halfagrasmatten. Die großen Kristalleuchter stammen aus Murano (Italien).

Innenhof der Ölbaummoschee Djama ez Zitouna

Tunis

In der Nähe liegen die Bauten der zur Moschee gehörenden theologischen und juristischen Hochschule. Einst zählte sie neben der Azhar- (Kairo) und der Kairaouine- (Fès) Universität zu den bedeutendsten islamischen Lehrstätten. Seit Gründung der neuen Universität 1960 (siehe unten) hat sie jedoch an Bedeutung verloren.

Ölbaummoschee (Fortsetzung)

Die Moschee ist an drei Seiten von Souks umschlossen. Die größtenteils überdachten und labyrinthischen Einkaufspassagen sind meist nach Warengruppen getrennt. Als Tunesien-Besucher sollte man sich die Zeit nehmen, diese zu durchstreifen, um die fremdartigen Gerüche, Farben und das bunte Treiben auf sich einwirken zu lassen.

Souks

Besonders empfehlenswert ist es, in einem der Teppichläden im Souk el Leffa (zum Beispiel im 'Palais d'Orient', Haus Nr. 58) auf die mit alten Fliesen geschmückten Dachterrassen zu steigen, um den schönen Blick über die Medina zur Großen Moschee zu genießen.

Dachterrassen

Im Norden der Moschee verläuft der aus dem 13. Jh. stammende Souk el Attarine mit den Läden der Parfümhändler. Sehenswert ist das von zwei Säulen getragene Moscheeportal Bab el Bouhour von 1081. Entlang der gegenüberliegenden Qiblamauer verläuft der Souk de la Laine (Wollhändler). Sehenswert ist hier das vermutlich älteste Moscheeportal aus dem 9. Jh. mit römischen Friesteilen. Vom Souk de la Laine zweigt (beinahe im rechten Winkel) die Rue des Libraires zum Souk der Buchhändler ab. An ihrem Ende steht rechter Hand die hübsche Medersa es Slimaniya mit einem sehenswerten Eingang und Innenhof von 1754. Im Westen der Moschee liegt der Souk el Koumach (Stoffhändler; Etoffes) aus dem 15. Jahrhundert.

Souk el Attarine

Die Verlängerung des Souk el Attarine ist der Souk el Trouk, der ehemalige Türken-Souk, hier befindet sich das traditionsreiche Café Mrabet.
Die Verlängerung der Djema ez Zitouna bildet der Souk el Leffa (Teppich- und Deckenhändler), von dem geht in nördlicher Richtung der Souk el Berka zum ehemaligen Sklavenmarkt (Platz mit rot-grünen Säulen) ab.

Keramikfliesen auf einer Dachterrasse

Moscheeportal mit römischen Friesteilen

Tunis

Lapidarium Sidi Bou Khrissan

Folgt man dem Souk el Leffa, der sich im Souk Sekkajine (Sattler; Selliers) fortsetzt, gelangt man an der Ecke der Rue Ben Mahmoud zum sogenannten Steinmuseum des Sidi Bou Khrissan.
In einem Innenhof steht ein von vier Säulen getragenes Mausoleum zweier khorassanidischer Prinzen. Laut einer Inschrift stammt es von 1093. Im Hof selber stehen noch zahlreiche mit Inschriften versehene Grabstelen aus dem 9.–19. Jahrhundert.

Dar Hussein

Die Rue Ben Mahmoud führt in die Rue Sidi Bou Khrissan, die auf die kleine Place du Château führt. Hier steht das Dar Hussein, ein arabischer Palast aus dem 18. Jh. mit einem hübschen Innenhof, der im 19. Jh. stark verändert wurde. Er beherbergt das Nationalinstitut für Archäologie und Kunst (Institut National d'Archéologie et d'Art). Das Gebäude ist bis auf den Innenhof nicht zu besichtigen.

Moschee El Ksar

Die ebenfalls an der Place du Chateau gelegene Moschee El Ksar stammt von 1106; besonders auffällig ist das 1647 angebaute, 1978/1979 erneuerte spanisch-maurische Minarett.

Moschee der Kasbah

Über die Rue du Château gelangt man auf die Ringstraße Bab Menara. Dieser folgt man bis zum auf der anderen Straßenseite gelegenen, quadratischen Minarett der ehemaligen Moschee der Kasbah, oder auch Almohaden-Moschee genannt, von 1235 mit typisch andalusisch-maurischer Flechtbandornamentik.
Der Moscheeturm stammt noch von der Hafsiden-Kasbah, die im 13. Jh. errichtet und erst kurz nach der Unabhängigkeit geschleift worden war. Die Moschee ist meistens geschlossen.

Neo-Destour-Parteihaus

An der Place de la Kasbah erhebt sich das mächtige Parteihaus der Neo-Destour. Im ebenfalls hier gelegenen Musée du 9 Avril wird über die Geschichte der Unabhängigkeitsbewegung Tunesiens unterrichtet.

Mausoleum im Sidi Bou Khrissan

Minarett der Kasbah-Moschee

Tunis

Nicht sehr weit südwestlich, am Boulevard du 9 Avril, liegt das mit grünglasierten Ziegeln gedeckte ehemalige Mausoleum des Sidi Kassem el Zilliji (ursprünglich 15. Jh., im 18. Jh. umfassend erweitert). Heute ist hier ein kleines Keramikmuseum untergebracht. In weiteren Ausstellungen wird die Entwicklung der kufischen Schrift sowie eine Sammlung von verschiedenen Grabstelen gezeigt.

Mausolée de Sidi Kassem el Zilliji

Der Kasbah-Moschee sowie dem Neo-Destour-Parteihaus gegenüber steht das Tourbet Laz, ein kleines Gebäude mit einer ziegelgedeckten Kuppel. Hier öffnet sich die Place du Gouvernement, an der zahlreiche Ministerien liegen.

Place du Gouvernement

Der Dar el Bey ist ein ehemaliger Stadtpalast von 1800, welcher 1876 zur Residenz der Beys von Tunis umgebaut wurde. Heute ist er der Sitz des Ministerpräsidenten und des Außenministeriums.

Dar el Bey

Südöstlich vom Palast steht die Sidi-Youssef-Moschee (1616) mit einem schlanken, achteckigen (hanafitischen), grün gekachelten Minarett (s. Abb. S.291; → Kunst und Kultur, Islamische Architektur). Viele der 48 Säulen des Gebetssaals besitzen antike Kapitele. Über dem Mihrab wölbt sich eine achteckige Kuppel. Zur Moschee gehört das mit einem Pyramidendach gekrönte Mausoleum ihres Stifters, des Hafsiden-Bey Sidi Youssef. 1622 wurde die Moschee um eine Medersa (Koranschule) erweitert.
Am Ende der Rue Sidi B. Ziad liegt das Aziza-Othman-Krankenhaus (Hôpital), die größte Frauenklinik der Stadt, benannt nach der heute noch verehrten Tochter des Bey Othman (siehe unten).

Sidi-Youssef-Moschee

Von dem östlich des Dar el Bey gelegenen Souk el Bey zweigt in nordöstlicher Richtung der Souk ech Chaouachiya oder Chechias ab, seit alters her Sitz der Wollmützen(= Chechia)-macher. Anfang des 17. Jh.s hatten aus Andalusien geflohene Muslime dieses Handwerk nach Tunesien mitgebracht.

Souk des Chechias

Der Souk des Chechias stößt auf die Rue Sidi Ben Arous, benannt nach dem Begründer einer puritanischen Bruderschaft, der nach seinem Tod 1463 in der Zaouia (Nr. 23) beerdigt wurde.
Darauf folgt das Mausoleum des Hammouda Pacha, ein quadratischer Bau mit einem grünglasierten pyramidenförmigen Dach von 1655.
Nebenan steht die Moschee des Hammouda Pacha (um 1665). Das Gebetshaus besitzt ein achteckiges Minarett im syrischen Stil, das zu den schönsten Moscheetürmen von ganz Tunis gehört (s. Abb. S. 291).

Mausoleum des Hammouda Pacha
Moschee des Hammouda Pacha

Bevor man den Rundgang beendet und über die Rue de la Kasbah in nordöstlicher Richtung zum Bab el Bhar (Porte de France) zurückkehrt, lohnt ein kurzer Abstecher zum Mausoleum der Aziza Othman (Tombeau de la Princesse Aziza Othmana) in der Rue el Jelloud, am Ende des Impasse Echmmahia (Haus Nr. 9). Die um 1643 verstorbene Tochter des Bey Othman war wegen ihrer Frömmigkeit und Wohltätigkeit bei den Einwohnern von Tunis sehr beliebt, daher auch ihr Beiname Aziza (= Vielgeliebte). Heute befindet es sich im Vorhof eines bewohnten Hauses. Gegen eine kleine Eintrittsgebühr ist es zu besichtigen.
Über den Souk el Blaghjia (Schuhhändler; Babouches) gelangt man zur Rue de la Kasbah und über diese zum Ausgangspunkt der Medina-Besichtigung, dem Bab el Bhar (Porte de France) zurück.

Mausoleum der Aziza Othmana

Rue de la Kasbah, Bab el Bhar

Sowohl im Norden als auch im Süden der Medina befinden sich weitere Sehenswürdigkeiten.
Ausgangspunkt für den Besuch der nördlichen Medina ist die Place Bab Souika, einst Hinrichtungsplatz der Hauptstadt, heute Zentrum eines ausgedehnten Neubaugebietes. An der in südöstlicher Richtung führenden Rue Sidi Mahrez befindet sich die mit neun weißen Kuppeln versehene Moschee des Sidi Mahrez, die um 1675 nach osmanischem Vorbild erbaut wurde. Der im 10. Jh. verstorbene Gelehrte Mohammed Mahrez es Sed-

Weitere Sehenswürdigkeiten im Norden der Medina

Moschee des Sidi Mahrez

Tunis

Weitere Sehenswürdigkeiten (Fortsetzung)

diki, der in der gegenüberliegenden Zaouia (1862) bestattet ist, gilt als Schutzpatron der Stadt. Nachdem Tunis 944 im Auftrag von Abou Yazid geplündert worden war, soll Mohammed Mahrez es Seddiki (= der Asket) seine Mitbewohner ermuntert haben, die niedergerissene Stadtmauer zu erneuern und den Handel wieder aufzunehmen.

In der rechtwinklig abbiegenden Rue el Monastiri steht ein gleichnamiger Palast aus dem 18. Jh. mit einem sehenswerten Portal.

Medersa Achouria

An der Ecke der Straßen Rue Achour und Rue Sidi Ibrahim befindet sich die Medersa Achouria mit einem Vierkantminarett, ebenfalls mit einem schönen Eingangstor.

Zaouia Sidi Ibrahim
Dar Lasram

In der gleichnamigen Straße liegt die im Inneren schön verzierte Zaouia Sidi Ibrahim (Nr. 11; Mitte 19. Jh.) und in der unmittelbar davor in südlicher Richtung abbiegenden Rue du Tribunal das Dar Lasram, ein Palast aus dem 18. Jahrhundert. Heute beherbergt er die für die Restaurierung der Medina zuständige Vereinigung ASMA.

Die Rue Sidi Ibrahim stößt auf die Rue du Pacha. Einst residierte hier der türkische Pascha, und die Straße wurde Hauptstraße des feinen Wohnviertels (schöne Eingangstore). Die Medersa Bachiya (Nr. 40) wurde 1756 erbaut.

Die Rue du Pacha geht in die Rue Sidi Ben Arous über und führt geradewegs auf das Mausoleum des Hammouda Pacha (siehe oben).

Im Süden der Medina

Auch im Süden der Medina befinden sich weitere Sehenswürdigkeiten. Ausgangspunkt ist die Place Bab al Jazira.

Färbermoschee

Die Rue des Teinturiers (Färberstraße) führt zur Moschee Djama el Djedid, der Färbermoschee (Mosquée des Teinturiers). Sie wurde 1716 von dem Begründer der Husseiniten-Dynastie nach dem Vorbild der Sidi-Youssef-Moschee mit angeschlossener Medersa errichtet und besitzt wie diese ein schlankes, achteckiges Minarett. Im Inneren hat sie sehr schön geschnitzte Wände.

Dar Othman

Gegenüber befindet sich in der Rue el M'Bazaa der Othman-Bey-Palast, der um 1600 von Bey Othman als Stadtpalast errichtet wurde und einen hübschen Innenhof besitzt.

Dar Ben Abdallah

An der Rue Sidi Kassem (diese zweigt von der Rue des Teinturiers in südwestlicher Richtung ab) liegt das Dar Ben Abdallah, ein Palast aus dem 18. Jh., in welchem ein Volkskundemuseum, Musée du Patrimoine Traditionel de la Ville de Tunis, untergebracht ist. Ausgestellt sind Fayencen, Stuckarbeiten, Trachten und Möbel.

Es ist täglich außer sonntags von 9.30–16.30 Uhr geöffnet.

Tourbet el Bey

An der Kreuzung zwischen Rue Sidi Kassem und Rue Tourbet steht links das wuchtige Gebäude des Tourbet el Bey von 1758, über dem sich eine riesige Kuppel wölbt. Hier wurden beinahe alle Husseiniten-Herrscher (1705–1957) begraben. Die Besichtigung des Innenraumes ist möglich (täglich 8.30–12.45 und 15.00–17.45 Uhr).

Im Haus Nr. 33 der Rue Tourbet soll der Gelehrte Ibn Chaldoun 1332 geboren worden sein (→ Berühmte Persönlichkeiten).

Bab Djedid

Über die Rue du Persan und die Rue des Juges gelangt man in die Rue des Forgerons (Schmiede) und schließlich zum Bab Djedid, dem ältesten Stadttor von 1276.

Weitere Sehenswürdigkeiten im Norden von Tunis

Parc du Belvédère

Im Norden von Tunis erstreckt sich der Parc du Belvédère, der sich an den Hängen eines bis zu 88 m hohen Hügelgeländes ausdehnt. In dem Stadt-

Tunis · Bardo-Museum

Blick vom Belvédère auf die Neustadt von Tunis

park wachsen Aleppokiefern, Johannisbrotbäume, Ölbäume, Feigen und natürlich Palmen. Von den beiden Gipfeln, auf die gepflegte Wege hinaufführen, genießt man bei guter Sicht einen schönen Blick über die Stadt, den See, Karthago, den Doppelgipfel des Bou Kornine bis zum Cap Bon.

Parc du Belvédère (Fortsetzung)

Innerhalb des Parkgeländes befindet sich der Zoologische Garten von Tunis (Parc Zoologique), der nicht nur wegen der Tiere, sondern auch wegen seiner üppigen subtropischen Vegetation besuchenswert ist (geöffnet täglich von 9.00–19.00 Uhr; im Winter von 9.00–17.00 Uhr).
Auch ist eine Midha (= Brunnenanlage zur Reinigung vor dem Gebet) aus dem 17. Jh. hierherversetzt worden (aus dem Souk el Trouk, Türkensouk).

Zoo

Auf der Belvederehöhe steht ein zierlicher, elegant wirkender Pavillon mit herrlichen Stukkaturen und Muschelgewölben, die sogenannte Koubba. Das schwerelos wirkende Bauwerk stammt aus dem 17. Jahrhundert. Es stand ursprünglich in einem Palastbezirk von La Manouba und wurde 1901 im Belvederepark wieder aufgebaut.

Koubba

Das Museum für Moderne Kunst (Musée d'Art Moderne) ist zur Zeit (1996) ca. 100 m unterhalb des ehem. Casinos, am Eingang zum Belvederepark an der Place Pasteur, untergebracht. Ausgestellt sind Bilder moderner tunesischer Maler (täglich außer Montag, 9.30–12.00 und 15.00–18.00 Uhr).

Kunstmuseum

✻✻Bardo-Museum

Etwa 4 km westlich liegt der Vorort Le Bardo, der durch sein Nationalmuseum (Bardo-Museum; Musée National du Bardo) bekannt geworden ist. Es besitzt die größte Sammlung römischer Mosaiken überhaupt (weitere Museen mit sehenswerten Beständen gibt es in → Sousse, → El Djem

Le Bardo

Tunis · Bardo-Museum

Le Bardo (Fortsetzung)

und → Sfax) und ist mit dem Ägyptischen Museum in Kairo das bedeutendste Museum Nordafrikas.

Anfahrt

Das Museum ist von der Innenstadt mit öffentlichen Verkehrsmitteln (Busse der Linie 3 ab Avenue Habib Bourguiba/Ecke Rue de Rome und der Linie 4 ab Parque Thameur; Straßenbahn Linie 4 vom Bahnhof aus), einem Taxi oder dem Privatwagen gut erreichbar.

Um mit dem Auto zum Museum zu gelangen, fährt man zunächst nördlich an der Medina vorbei (von der Avenue Habib Bourguiba biegt man in die nordwärts führende Avenue de Paris, dieser folgt man bis zur Place de la République, hier folgt man der in nordwestlicher Richtung verlaufenden Avenue de Madrid, vorbei am linker Hand gelegenen grünen Square Habib Thameur, bis zum Bab el Khadra, dem restaurierten 'grünen Tor'; von hier weiter westlich zum Bab Saadoun). Von der Place Bab Souika aus folgt man der nordwestlich verlaufenden Rue Bab Saadoun zum Kreisverkehr und Verteiler Bab Saadoun, einem restaurierten Stadttor. Der zum Vorort Le Bardo führende Boulevard du 20 Mars 1956 wird ein kurzes Stück von den Ruinen eines Aquäduktes begleitet, welches im 2. Jh. n. Chr. errichtet und im 17. Jh. restauriert wurde und Karthago mit Wasser versorgte. Das Museum liegt stadtauswärts auf der rechten Straßenseite, inmitten eines Parkes. Von der Straße aus sieht man jedoch zunächst nur das beeindruckende Parlamentsgebäude aus dem 17. Jh., dem Sitz der tunesischen Nationalversammlung, dessen von zwei marmornen Löwen flankierte Eingangstreppe ständig von uniformierten Vertretern der Nationalgarde gehütet wird (s. Abb. S. 40). Unmittelbar dahinter liegt das Nationalmuseum (Zufahrt über die Rue Mongi Slim; durch das Gittertor gelangt man zu einem großen Parkplatz vor einer Moschee). Ein großer Teil des ummauerten Geländes ist militärischer Bereich und nicht zu betreten.

Öffnungszeiten, Eintritt

Das Museum ist täglich außer montags und an Feiertagen von 9.30–16.30 (im Winter) bzw. 18.00 Uhr (im Sommer) geöffnet. Die Eintrittskarten sind in einem kleinen Raum vor dem eigentlichen Museumseingang erhältlich. Für die Fotografiererlaubnis wird eine gesonderte Gebühr erhoben. Das Fotografieren mit Blitzlicht und/oder Stativ ist erlaubt.

Geschichte

Bereits die Hafsiden ließen sich im 13. Jh. an dieser Stelle eine Residenz errichten, die unmittelbar vor den Toren der Hauptstadt inmitten einer äußerst fruchtbaren Gegend lag. Über die Herkunft des Namens Bardo gibt es verschiedene Vermutungen. Die einen deuten es als Ableitung des spanischen 'Prado'. Eine andere Auffassung führt Bardo auf den maurischen Begriff 'berd' = kalt zurück und zieht Rückschlüsse auf die ehemals nicht ausreichende Isolierung des Palastes. Auch die Nachfolger der Hafsiden schätzten seine ausgezeichnete Lage, und jede Generation ließ bauliche Veränderungen vornehmen. Im Laufe der Jahrhunderte entstand so eine weitläufige 'Palaststadt'.

Das Nationalmuseum selber ist in einem 1831/1832 erbauten, sogenannten Kleinen Palast des Bardo sowie in den ehemaligen Festsälen des Großen Palastes untergebracht. Die dem Museum gegenüberliegende Moschee stammt ursprünglich aus dem 15. Jh., ist jedoch ebenfalls restauriert. Der Beschluß zur Einrichtung des Museums geht auf das Jahr 1882 zurück, und sechs Jahre später wurde das nach dem damaligen Bey Ali benannte Museum Alaoui eröffnet. Nach der Unabhängigkeit wurde es in Nationalmuseum von Bardo, Musée National du Bardo, umbenannt.

Sammlung

Das Museum vermittelt einen umfassenden Überblick über die frühgeschichtliche, phönizische, römische, christliche und arabische Vergangenheit Tunesiens. Die Sammlung ist einmal chronologisch und innerhalb einiger dieser Gruppen nach Fundorten geordnet. Zur Geschichte der Mosaikkunst im besonderen sei auf die Einleitung (→ Kunst und Kultur) verwiesen.

Blick von der Galerie im zweiten Stock in den Karthago-Saal ▶

Tunis · Bardo-Museum

Sammlung (Fortsetzung)

Anhaltende Umbaumaßnahmen, zeitlich befristete Schließungen einzelner Säle sowie Umstellungen innerhalb des Museums machen die Erstellung eines verbindlichen Museumsplanes unmöglich. Auch verwirrt der manchmal labyrinthisch erscheinende Grundriß des Museums.
So mag die nun folgende Beschreibung vor allem als Anhaltspunkt dienen. Die einzelnen Exponate sind ohnehin fast alle beschriftet und Irrtümer somit zu vermeiden.

Tunis
Musée National du Bardo

ERDGESCHOSS

1 Eingang, Information, Verkauf
2 Tophet von Karthago
A Tophet von Sousse
3–4 Punische Grabbeigaben
B Grabstelen, Statuetten, Sarkophage
5 Christliche Frühzeit

REZ-DE CHAUSSEE

C Keramik mit christlichen Themen
6 Bulla-Regia-Saal
7 Kaiserbüsten (1.-3. Jh.)
D Grabstelen und Sarkophage
E Stelen
8 Thuburbo-Majus-Saal

Erdgeschoß
Saal 1

Eingang, Information, Verkauf von Museums-Führern sowie Abgüssen von Statuen und Masken; sehenswert das Gipsmodell der römischen Stadt Gightis.

Saal 2

Funde aus dem Tophet von Karthago, dem Ort der Kinderopfer (→ Carthage). Ausgestellt sind Urnen, Cippen und Votivstelen (Gedenksteine) aus dem 6. bis zum 2. Jh. v.Chr.; gut erkennbar ist ihre Formentwicklung im Laufe der Jahrhunderte. Die ältesten Stelen besitzen noch pyramidenförmige Dächer (6. Jh.), die späteren ähneln mehr griechischen Tempeln (3. Jh.), schließlich nehmen sie die Gestalt von Obelisken an (2. Jh.). Viele Stelen sind mit Zeichen der Göttin Tanit (Dreieck mit Querbalken und darüber eine Scheibe) oder des Gottes Baal-Hammon (Sonnenscheibe) sowie punischen Inschriften versehen.
Hinter Glas steht eine beachtenswerte Stele mit einer geritzten Darstellung eines Priesters, der auf dem linken Arm ein Kind trägt (4. oder Anfang 3. Jh. v.Chr.). Eine Baal-Hammon gewidmete Votivtafel trägt die älteste bisher bekannte punische Inschrift (6. Jh. v.Chr.).

Flur A

Tophetfunde aus Sousse (3.–2. Jh. v.Chr.). Auf zwei der Grabstelen sind Opferszenen dargestellt.

Tunis · Bardo-Museum

Der bronzene Harnisch mit Minervakopf stammte ursprünglich aus Kampanien. Gefunden wurde er in einem Zedernholzsarg in Ksour Essaf (siehe unten).

In den Vitrinen sind punische Grabbeigaben ausgestellt. Sehenswert die kleinen, meist Bärte tragenden Maskenköpfchen aus dem 5./4. Jh. v. Chr. aus bunter Glaspaste (s. Abb. S. 74). Ihre Aufgabe war es, Unheil abzuhalten. Die Keramik ist teils korinthischen (7./6. Jh. v. Chr.), etruskischen (6. Jh.) sowie kampanischen (6.–2. Jh. v. Chr.) Ursprungs.

Ägyptischer Einfluß ist in den Tonmasken spürbar, die entweder Unheil abhalten (Grimassen) oder Glück anziehen (lächelnde Frauen) sollten.

Säle 3 und 4

Tonmaske

Neopunische Grabstelen und Götterstatuetten aus Ton (1. Jh. v. Chr.) sind hier aufgestellt. Die Stelen erinnern an Obelisken und sind teilweise mit punischen Inschriften, Götterbildnissen (Tanit oder Baal-Hammon) sowie Darstellungen von Fischen, Vögeln, Halbmond und Früchten versehen. Sie zeigen, daß nach dem Untergang Karthagos (146. v. Chr.) punischer Einfluß zunächst noch fortdauerte (die Verehrung der Tanit-Caelestis), der römische Einfluß sich aber langsam breitmachte (Verehrung von Dionysos, Aphrodite, Zeus und Hermes). Die Funde stammen aus Korba, Dougga, Maktar und Thuburbo Majus. Der hellenistische Einfluß geht auf die Numider zurück.

Flur B

Weiterhin sind Zedernholzsärge aus punischen Gräbern des 3. Jh.s v. Chr. aus Gightis und Ksour Essaf zu besichtigen; kurz vor der Einmündung in den Flur D steht ein sehenswerter Reliefsarkophag mit den neuen Musen (3. Jh.), darüber ein späteres Werk aus dem 5. Jahrhundert.

Reich verzierter römischer Sarkophag

Tunis · Bardo-Museum

"Perseus und Andromeda", Bardo-Museum, Tunis

Saal 5
In diesem der christlichen Frühzeit gewidmeten Saal sind Funde aus dem 4.–7. Jh. aus Karthago, Tabarka, Thuburbo Majus sowie dem Cap Bon ausgestellt. Auf den Mosaik-Grabplatten werden u. a. die Verstorbenen selber mit christlichen Symbolen wie Kreuz, Tauben und Fischen dargestellt. Auf anderen Abbildungen tauchen Figuren aus dem Alten Testament wie Daniel und Jonas auf. Sie stammen aus frühchristlichen und byzantinischen Kirchen sowie Grabmälern.
In der Mitte des Raumes ist ein kreuzförmiges Marmortaufbecken in den Boden eingelassen (6. Jh.; aus El Kantara, ⟶ Djerba). Die Mosaiken stammen aus Karthago und sind in der Hauptsache Grabmosaiken, außerdem sind einige Sarkophage zu sehen, deren Inschriften die Namen der Bestatteten nennen.

Flur C
An den Wänden hängen reliefierte Tonplatten, die einst christliche Basiliken schmückten. Die meisten Darstellungen zeigen Szenen aus dem Alten Testament.

Saal 6
Bulla-Regia-Saal
Die hier ausgestellten Mosaiken stammen aus der Blütezeit Bulla Regias (2. und 3. Jh. n.Chr.). Gegenüber dem Eingang hängt das berühmte Mosaik "Perseus und Andromeda", einst schmückte es den Eßsaal einer römischen Villa (3. oder 4. Jh.). In den Nischen stehen Statuen von Apollon, Ceres und Äskulap aus dem der Göttertrias geweihten Apollontempel.

Saal 7
Er beherbergte ursprünglich Ausstellungsstücke aus der punischen Nekropole von Thinissut (nahe Bir Bou Rekba, Cap Bon). Heute sind sie im Museum von ⟶ Nabeul ausgestellt. Die römische Kaiser darstellenden Büsten (u. a. Hadrian, Caracalla, Lucius Verus, Marc Aurel, Vespasian, Gordian I., Trajan und Augustus) stammen aus verschiedenen Fundorten Tunesiens (1.–3. Jh.).

Tunis · Bardo-Museum

In der Raummitte fällt ein mosaikverziertes Taufbecken in Form eines griechischen Kreuzes aus dem 6. Jh. auf, welches bei Ausgrabungen in einer Kirche, nördlich von Kelibia (→ Cap Bon), gefunden wurde. Um dieses herum sind Grabmosaiken aus der gleichen Kirche sowie Lampen, Keramiken und Münzen aus dem 4.–7. Jh. ausgestellt.

Frühchristliche Funde (Salles Paléo-Chrétiennes)

Hier stehen neopunische Grabstelen sowie reich geschmückte Sarkophage aus dem 2. und 3. Jahrhundert. Zu beachten ist der Sarkophag gleich zu Beginn des Ganges, in Symbolen wird die Weisheit des Verstorbenen dargestellt (Karthago, Beginn des 4. Jh.s).
Sehenswert ist auch die (linker Hand in einer Nische stehende) überlebensgroße Statue eines älteren Mannes mit einem ausdrucksvollen Gesicht. In seinen Händen hält er ein Büschel Ähren und Mohnblüten, das Zeichen für seine Mitgliedschaft in einem Ceres-Kult (Ende 3. Jh.). Auf dem Boden liegen Mosaiken aus Thuburbo Majus.

Flur D

Vom Flur D aus gelangt man ins Islamische Museum (siehe unten).

Islamisches Museum

Inschriftentafeln und Votiv-Stelen.

Flur E

Die hier ausgestellten Mosaiken und Skulpturen stammen aus Privathäusern, öffentlichen Gebäuden sowie einem später zu einer Kirche umgebauten Tempel in Thuburbo Majus (3., 4. Jh.).
Die Marmorstatue des Herkules war einer Inschrift zufolge eine Stiftung der Sagarii, der Mantelmacherzunft der Stadt (sacum = Mantel, ein ursprünglich aus Gallien stammendes Kleidungsstück).

Saal 8 Thuburbo-Majus-Saal

Wieder zurück in Richtung Ausgang gelangt man in den Saal 5 und über die Treppe (die frühchristlichen Mosaiken an den Wänden stammen aus Tabarka) in den ersten Stock des Museums.

Erster Stock
(Plan siehe S. 308)

Im ehemaligen Hauptsaal, dem Patio des Palastes, sind die Funde aus dem römischen Karthago ausgestellt (den schönsten Überblick genießt man von der im zweiten Stock gelegenen Galerie s. Abb. S. 303).
In der Mitte des säulenumstandenen Raumes, dessen Decke in italienischem Stil geschmückt ist, befindet sich ein mit schönen Flachreliefs verzierter Altar der Gens Augusta, der auf dem Byrsa-Hügel gefunden wurde. Auf einer Seite des Altars wird gezeigt, wie der Stammvater Aeneas mit seinem Vater Anchises und Sohn Ascanius aus Troja flieht (um die Zeitenwende).
Die beiden großen Bodenmosaiken stammen aus Oudna, dem antiken Uthina. Sie schmückten ursprünglich die Böden des Landgutes einer wohlhabenden Familie aus dem 2. Jahrhundert. Auf dem einen Mosaik sind Szenen aus dem Landleben abgebildet. Das andere Mosaik erzählt die Sage des attischen Königs Ikarios, der von Dionysos die Kunst des Weinmachens erfährt.
Die ringsum stehenden Statuen und Statuenfragmente stammten ursprünglich aus dem Odeon sowie dem Theater von Karthago, sie stellen u. a. Herkules, Hermes und Venus dar (2. und 3. Jh. n. Chr.).

Saal 9 Karthago-Saal

Die Funde aus Sousse, dem alten Hadrumetum, sind im ehemaligen Festsaal des Palastes ausgestellt. Beachtenswert ist die feinzisellierte, kuppelförmige Decke, eine Arbeit tunesischer Künstler.
Das große, 10,25×13,50 m umfassende Fußbodenmosaik "Triumph des Neptun" stammt vom Ende des 2. Jh.s. In seiner Mitte steht der Meeresgott in seinem Streitwagen, ringsum reiten in runden und sechseckigen Medaillons Sirenen, Nereiden, Tritonen und Nymphen.
An den Wänden hängen weitere Mosaiken, die einen Einblick in das römische Alltagsleben geben (4./5. Jh.). Die aus Karthago und Tabarka stammenden Mosaiken zeigen verschiedene Landhäuser, Darstellungen der damals äußerst beliebten Wagenrennen und Gladiatorenkämpfe aus Karthago und Gafsa.

Saal 10 Sousse-Saal

Tunis · Bardo-Museum

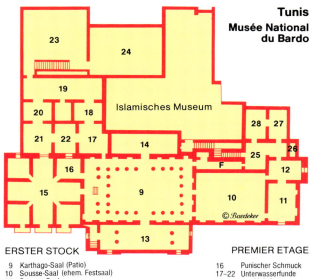

Tunis
Musée National du Bardo

ERSTER STOCK		PREMIER ETAGE	
9	Karthago-Saal (Patio)	16	Punischer Schmuck
10	Sousse-Saal (ehem. Festsaal)	17–22	Unterwasserfunde aus Mahdia
11	Dougga-Saal	23	Meeresmosaiken
12	El-Djem-Saal	24	Römisches Mausoleum
13	Althiburos-Saal (ehem. Musiksaal)	F	Gang mit Mosaiken
14	Oudna-Saal (ehem. Eßsaal)	25–28	Mosaiksäle
15	Vergil-Saal (ehem. Harem)		

Saal 10
Sousse-Saal
(Fortsetzung)

An der Rückwand stehen Kopf und Füße (in Sandalen) einer ehemals 7 m hohen Jupiterstatue aus dem Kapitoltempel von Thuburbo Majus (3. Jh.; s. Abb. S. 277). In den Vitrinen sind Kleinfunde, u.a. mit Reliefs verzierte Keramik, Vasen, Münzen und Öllampen aus dem 2.–5. Jh. n.Chr. ausgestellt.
Durch die Tür rechts des Jupiterkopfes gelangt man in den Saal 11.

Saal 11
Dougga-Saal

Die meisten Fundstücke dieses Saales kommen aus Dougga (3. und 4. Jh.). Das Mosaik der Blitze schmiedenden Zyklopen Brontes, Steropes und Pyracmon stammt aus dem Frigidarium der Thermen. Sehenswert ist auch die Darstellung des siegreichen Eros im Zirkus.
Die Fischfangszene schmückte einst die Thermen in Karthago (2. Jh.). Das Mosaik (2. Jh.), welches den Triumphzug des Neptun darstellt, stammt aus Chebba (bei Sfax; 2. Jh.). Außerdem sind Statuen von Saturn, Bacchus, Äskulap, Jupiter und Venus sowie Silber- und Goldschmiedearbeiten zu sehen; die silberne Schale mit Goldeinlagen wurde in Biserta gefunden (1. Jh.).
Links der Tür zum Saal 12 hängt ein Mosaikausschnitt, auf dem Eros, der einen Wagen lenkt, dargestellt wird. Die Namen zweier Pferde, Amandus und Frunitus, wurden ebenfalls festgehalten.
Rechts und links vor der Tür stehen die Gipsmodelle sowohl des Kapitols als auch des Theaters von Dougga.

Saal 12
El-Djem-Saal

Hier sind vor allem Funde aus El Djem, dem antiken Thysdrus, ausgestellt. Die Mosaiken wurden größtenteils im 3. Jh. angefertigt. Sehenswert sind der "Triumph des Bacchus" und eine Treibjagd-Darstellung, die sich über drei Mosaikreihen hinzieht, sowie das Mosaik der neun Musen.

Tunis · Bardo-Museum

"Triumph des Neptun", Bardo-Museum, Tunis

Saal 13
Althiburos-Saal

Der ehemalige Musiksaal des Palastes wurde nach dem Ort Althiburos (bei Le Kef) benannt, wo das große in der Mitte des Raumes gelegene, aus dem 3. Jh. stammende Mosaik gefunden wurde. In einem fischreichen Meer werden über 20 verschiedene in der Antike gebräuchliche Schiffe dargestellt. Jedes ist mit seinem griechischen und lateinischen Namen versehen. Weitere Mosaiken stammen aus Karthago, El Djem, Radès, Biserta und Béja.

Der Saal selber verdient auch eine genauere Betrachtung: Die Decke ist in italienischem Stil überreich bemalt; der Raum besitzt zwei Balkone, von dem Balkon rechts des Eingangs konnten die Prinzessinnen des Beys Konzerte und andere Vorführungen verfolgen. Eine Treppe verband den Harem des Palastes mit diesem Balkon. Der Balkon links des Einganges war für das Orchester reserviert.

Von dem vor diesem Saal gelegenen Balkon blickt man auf die Moschee (ursprünglich 15. Jh., restauriert; s. Abb. S. 83). Auf der gegenüberliegenden Seite des Hauptsaales liegt der Saal 14.

Saal 14
Oudna-Saal

In dem ehemaligen Speisesaal des Palastes (beachtenswert die in italienischem Stil bemalte Decke) sind Mosaiken aus dem 25 km südwestlich von Tunis gelegenen Oudna, dem römischen Uthina, zu sehen. Sie stammen aus dem 2. und 3. Jh., u. a. "Venus bei ihrer Morgentoilette" sowie der auf einem Felsen sitzende Orpheus, von wilden Tieren umgeben. Eine Signatur überliefert den Namen des Künstlers 'Masurus'.

Saal 15
Vergil-Saal

Einige Treppenstufen am unteren Ende des Hauptsaales führen in den Vergil-Saal. Er war einst Mittelpunkt des Harems, der Privaträume des Herrschers, von ihm gingen die einzelnen Wohnräume (heute Museumsbüro) ab. Auffällig sind der kreuzförmige Grundriß sowie seine dekorative Ausstattung (19. Jh.). Die zentrale Kuppel ist mit reicher Stukkatur verziert, die Wände mit typischen Fayencefliesen aus dem 19. Jh. geschmückt.

Tunis · Bardo-Museum

"Vergil zwischen den Musen Clio und Melpomene", Bardo-Museum, Tunis

Saal 15
Vergil-Saal
(Fortsetzung)

Im Raum selber sind verschiedene Statuen (Demeter, Kore; 1. Jh.) sowie Kaiserporträts ausgestellt. An der Wand hängt das in Hadrumetum (Sousse) gefundene Mosaik Vergils zwischen den Musen Clio (Geschichte) und Melpomene (Tragödie), die ihn zu seiner Dichtung "Aeneis" anregen. Auf der Papyrusrolle auf seinem Schoß steht zu lesen: "Musa mihi causas memora, quo numine laeso, quidve..." (Muse, nenne mir die Gründe, wodurch die Gottheit verletzt, oder wodurch...; 1. Gesang, Vers 8 und 9; 3. Jh.; Sousse).

In der Mitte des Saales liegt ein aus der Gegend von Zaghouan stammendes, sechseckiges Mosaik aus dem 3. Jh., auf dem die sieben Planeten- und Wochentagsgötter abgebildet sind.

Saal 16

In dem kleinen Raum sind schön restaurierte punische Schmuckstücke aus dem 7.–3. Jh. v. Chr. ausgestellt. Einige davon stammen aus Übersee.

Säle 17–22

Hier befinden sich die Funde des berühmten 'Mahdia-Schiffes', welches 81 v. Chr. vor der Küste Mahdias sank und 1906 von Schwammtauchern in 39 m Tiefe entdeckt wurde. Die reiche Ladung bestand aus Statuen, Vasen, Bronzefiguren u. v. m. aus Griechenland (3.–2. Jh. v. Chr.). Sie sind in diesen Räumen ausgestellt, ebenso Wrackteile des einst etwa 40 m langen und 10 m breiten Holzschiffes sowie weitere Teile der Schiffsausrüstung.

Nicht unbeachtet lassen sollte man die Mosaiken der Räume, die aus Utica, El Djem und Thuburbo Majus stammen (Saal 19).

Saal 23

Im sogenannten Meeresmosaiken-Saal sind Mosaiken v. a. aus Karthago, aus Gightis, El Djem und Oudna ausgestellt.

Saal 24

Das im Saal des Mausoleums ausgestellte Mausoleum stammt aus Karthago (2. Jh.; rekonstruiert). Alle vier Seiten sind mit schönen Flachreliefs ausgestattet. Die Mosaiken stammen aus Karthago und Thuburbo

Tunis · Bardo-Museum

Majus, darunter eine Darstellung einer Hirschjagd sowie ein großes halbkreisförmiges Stilleben.
Hier sind Mosaiken aus Karthago, Thuburbo Majus und El Djem zu sehen.
In diesem Mosaikensaal sind u. a. ausgestellt: eine "Schamhafte Venus" (Ende 3. Jh.; Karthago); "Bacchus und Ariane" (4. Jh.; Thuburbo Majus); "Radschlagender Pfau" (Bir Chana, 3. Jh.) sowie eine "Jagende Diana" (2./3. Jh.; Oudna).

Saal 24 (Fortsetzung)
Gang F
Saal 25

Das Bodenmosaik stammt aus den Thermen in Thuburbo Majus (4. Jh.).
Der Odysseus-Saal ist nach dem in vier Fragmenten erhaltenen Mosaik aus Dougga benannt. Ein Teil zeigt den an einen Mast festgebundenen und den Sirenen lauschenden Odysseus (3. Jh.). Ein aus El Djem stammendes Mosaik zeigt den musikalischen Streit zwischen Apollo und dem Satyr Marsyas (2. Jh.), ein weiteres den Triumpf der Venus (3. Jh.; Kasserine).
Hier sind verschiedene Mosaike mythischen Inhalts sowie Jagd- und Zirkusszenen aus Ellès, Karthago und El Djem zu sehen.

Saal 26
Saal 27

Saal 28

Die Mosaiken an den Treppenwänden stammen aus Kourba (2. Jh.).
In den Vitrinen der Emporengalerie sind römische Kleinkunst (Terrakotta-Statuetten, Bronze-Statuetten), Vasen, Gläser und Keramik ausgestellt. Sehr schön ist der Blick auf den darunterliegenden Hauptsaal.
In diesen Sälen befinden sich weitere Mosaike, u.a. Theseus tötet den Minotaurus (Thuburbo Majus; 3./4. Jh.), Bacchus mit einem Gecko an der Leine inmitten wilder Tiere (4. Jh.; El Djem, Saal 30); die jagende Diana aus Utica (2. Jh.) sowie eine aus Thuburbo Majus (3./4. Jh.; Saal 31).

Zweiter Stock
(ohne Plan)
Saal 29

Säle 30–32

Mosaikfunde aus dem bei Djebeniana gelegenen Acholla, dem heutigen Ras Bou Tria, rund 40 km nördlich von Sfax, sind hier zu sehen. Sie stammen aus dem 2. Jh. und gehören damit zu den ältesten in Tunesien gefundenen Mosaiken. Herausragend die Darstellung "Triumph des Dionysos". In der Saalmitte steht ein halbrunder Brunnen.

Saal 33
Acholla-Saal

Vergil-Saal

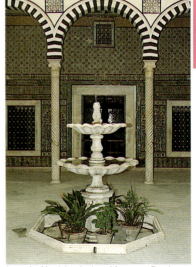

Innenhof im Islamischen Museum, Bardo

Tunis · Islamisches Museum im Bardo

Säle 34 und 35 — Die sogenannten 'Säle der Fresken' enthalten jedoch v.a. Mosaiken mit Zirkusmotiven (Dougga), Jagdszenen (El Djem) sowie Freskenreste aus Gightis.

Islamisches Museum im Bardo

Hinweis — Durch den Bau des Islamischen Museums in Rakkada (oder Reqqada; → Kairouan, Umgebung) wurde ein Großteil der islamischen Sammlung des Bardo-Museums nach dort ausgelagert. So ist es nicht möglich, eine verbindliche Beschreibung der Ausstellungsstücke vorzunehmen. Im Allgemeinen sind jedoch die Objekte beschriftet und mit Herkunfts- und Altersangaben versehen.

Erdgeschoß — Vom Flur D betritt man das Islamische Museum, welches im sogenannten Hussein-Palast untergebracht ist, einem 1824–1835 errichteten, mit dem Hauptgebäude verbundenen Gebäudeteil.
In einem prachtvoll gefliesten Raum, der einst zum Harem des Palastes gehörte, ist ein Modell des Ribats von Sousse ausgestellt; sehenswert auch die Sammlung wertvoller alter Stoffe, die teils aus Ägypten importiert sind.
Bei den frühislamischen Grabplatten sind die sowohl in kufischer als auch kursiver Schrift gehaltenen Inschriften zu beachten.
Ein Saal ist dem hochmittelalterlichen islamischen Tunesien gewidmet. Hier sind – jeweils genau datiert – Keramik, Schmückstücke, Münzen verschiedener Herrscherdynastien, kunstfertig ausgemalte Koranschriften sowie -einbände ausgestellt.
Interessant ist ein kleines Astrolabium aus dem 13./14. Jahrhundert.

Erster Stock — Durch einen hübschen kleinen Innenhof gelangt man zu weiteren Räumen. In der Eingangsnische stehen zwei Thronstühle des Beys von Tunesien, ein Geschenk Napoleons II.
In kleinen, sich auf den Innenhof öffnenden Nebenräumen sind Kupferstiche von Stadtansichten aus dem 16. und 17. Jh. sowie andere Gravuren zu sehen; ein traditioneller Empfangsraum der Beys zeigt anschaulich die Atmosphäre vom Ende des 19. Jh.s; außerdem sind zu sehen: eine Sammlung jüdischer Kultgegenstände; eine kleine Küche, in welcher der morgendliche Kaffee für die Beys zubereitet wurde, daneben weitere Gebrauchsgegenstände wie Kupferteller und Krüge.
In weiteren Räumen sind schön gearbeitete Truhen und traditionelle Musikinstrumente mit Perlmuttintarsien, eine Sammlung kostbar verzierter Waffen sowie schöne Schmückstücke und traditionelle Kleidungsstücke ausgestellt.

Umgebung von Tunis

La Goulette — Nordöstlich von Tunis, am Ende des Dammes, der durch den Lac de Tunis führt, liegt La Goulette. Die Hafenvorstadt von Tunis zählt rund 62 000 Einwohner (Anfahrt: regelmäßige Bus- und Schnellbahnverbindung TGM von Tunis aus, siehe oben; mit dem Auto über die Dammstraße).
Ihr Name leitet sich ab von 'Halk el Oued' = Flußmündung, gemeint ist der seit der Antike bestehende natürliche Durchlaß in der Nehrung, die den Lac de Tunis absperrt. Damit kam La Goulette von jeher strategische Bedeutung zu, da es die Hafeneinfahrt nach Tunis beherrschte. Unter Karl V. wurde La Goulette zur wichtigsten spanischen Besitzung im östlichen Mahgreb, und ab 1574 erweiterten die Türken die von den Spaniern errichtete Festung.
Hafenstadt wurde La Goulette erst während der Kolonialzeit, als der Lac de Tunis immer stärker versandete und größere Schiffe ihn nicht mehr passieren konnten. 1888–1893 wurde der 10 km lange und 45 m breite Kanal

Umgebung von Tunis

Landschaft südwestlich von Tunis

durch den See von Tunis gebaut, große Hafenerweiterungen folgten 1905 und 1964–1971. In der Folge verlor der Hafen von Tunis-Stadt immer mehr an Bedeutung. Neben dem Umschlag von Massengütern (Phosphate, Erze, Oliven) spielt vor allem der Fährverkehr mit Europa und der Maschinenimport eine wichtige Rolle, außerdem siedelten sich am Hafen neben einem Kohlekraftwerk mehrere Industriebetriebe an.

Sehenswert in La Goulette sind heute die spanisch-türkische Festung sowie das Eingangstor des ehemaligen Arsenals an der Straße von Tunis. Lohnend ist während der Sommersaison auch ein Bummel durch die Avenue Franklin Roosevelt, die in der gesamten Umgebung von Tunis als 'Schlemmerstraße' bekannt ist. Besondere Spezialität der ungezählten Grillrestaurants sind neben Hammelwürsten, Koteletts und Hähnchen vor allem schmackhafte Fischgerichte. Am Meer, jenseits des Fischereihafens, beginnt ein langer Sandstrand, beliebtes Ausflugsziel der Hauptstadtbewohner.

La Goulette (Fortsetzung)

17 km östlich von Tunis, regelmäßige Bus- und Schnellbahnverbindung, → Carthage.

Karthago

20 km nordöstlich von Tunis, regelmäßige Bus- und Schnellbahnverbindung, → Sidi Bou Said.

Sidi Bou Said

Etwa 22 km nordöstlich von Tunis und 6 km nördlich von La Goulette liegen die vornehmen Villen- und Badeorte La Marsa und Gammarth, beliebte Ausflugsziele der wohlhabenden Hauptstadtbewohner. (Anfahrt: TGM-Schnellbahnverbindung Tunis – La Goulette – La Marsa; auch erreichbar über die zum Flughafen Tunis-Carthage führende Hauptstraße GP 9).

La Marsa Gammarth

Seinen Namen erhielt La Marsa im Mittelalter, als der damalige Küstenort Marsa Roum ('Hafen der Christen') genannt wurde. Diese Bezeichnung bezog sich auf die zahlreichen Kopten, die aus Ägypten eingewandert

Umgebung von Tunis

Hadrian-Aquädukt, ... *eindrucksvolle Wasserleitung*

La Marsa (Fortsetzung)
waren. Im Mittelalter lebte und starb der Gelehrte Sidi Mahrez, Schutzpatron der Stadt Tunis, in La Marsa. Im 19. Jh. entdeckte dann die Oberschicht die Badeorte, nachdem zuvor die Beys und ihre Hofbeamte sich noble Sommerpalais hatten anlegen lassen. Auch der Staatspräsident hat hier seinen Wohnsitz.
Sehenswert ist der Marktplatz in La Marsa mit seinen hafsidischen Bauten, an dessen Ende rechts der Eingang zum Café Saf-Saf liegt, das um einen ebenfalls hafsidischen Brunnen herumgebaut ist.

Gammarth
Unterhalb des Marktplatzes führt die palmenbestandene Uferpromenade Avenue de la Corniche nach Gammarth. Kurz vor dem Ort liegt ein französischer Soldatenfriedhof, von dessen höchster Stelle man einen wunderschönen Ausblick über den Golf von Tunis, bei guter Sicht bis zum Cap Bon genießen kann.

Raouad
Nordwestlich des Kaps Gammarth schließt sich der endlose Strand von Raouad an, im Sommer ein beliebtes Ausflugsziel.

Hammam-Lif
Hammam-Lif, 19 km südöstlich von Tunis (Anfahrt: GP 1 Richtung Hammamet) gelegen, ist trotz seiner beachtlichen Größe von etwa 30 000 Einwohnern wegen seines Strandes, der leider stark verschmutzt ist, ein beliebtes Ausflugsziel der Tunisbewohner; gerne besucht wird auch der weithin bekannte Sonntagsmarkt. Die Thermalquellen von Hammam-Lif wurden bereits von den Römern benutzt. Von ihren Bädern ist jedoch nichts erhalten geblieben. Ab dem 18. Jh. hatten hier die Beys ihre Winterresidenz, und während der Kolonialzeit entwickelte sich der Ort dann zum eleganten Seebad. Das ehemalige Badehaus der Beys, heute Hôtel des Thermes, erinnert noch an frühere Glanzzeiten. Hammam-Lif ist auch ein möglicher Ausgangspunkt für eine Besteigung des schön geformten Djebel Bou Kornine, dem 'Hörnerberg', dessen Doppelgipfel 576 und 493 m hoch sind.

Umgebung von Tunis

Zaghouan

Nochmals rund 2 km südlich der GP 1, unweit westlich von Soliman Plage, liegt die türkische Festung Bordj Cedria. Auf dem deutschen Soldatenfriedhof ruhen über 8600 Soldaten aus den Kämpfen bis 1943.

Bordj Cedria

Nur etwa 15 km westlich von Tunis, an der GP 3, liegt das Dorf El Mohammedia (Anfahrt: Autobahn Richtung Sousse, nach 8 km Richtung Kairouan auf die GP 3 in Richtung Westen abbiegen; ist ausgeschildert).
Sehenswert sind die Überreste der Palastanlage von Ahmed Bey (1842 bis 1847), der sich hier ein tunesisches Versailles errichten lassen wollte. Sein früher Tod bereitete den Arbeiten jedoch ein jähes Ende.

El Mohammedia

Nur etwa 2 km südlich des Dorfes begleiten die Ruinen des gewaltigen Hadrian-Aquädukts die GP 3 auf einer Länge von rund 5 Kilometern. Ursprünglich wurde der Aquädukt 120–131 von den Römern unter Kaiser Hadrian errichtet. Die Leitung verlief auf 20 m hohen, mit Bogen verbundenen Pfeilern und versorgte Karthago mit Wasser vom 124 km entfernten Djebel Zaghouan, der mit 1295 m höchsten Erhebung der nördlichen Dorsale. Nach dem Niedergang Roms wurde die Wasserleitung von den Severern, Byzantinern, Fatimiden und Hafsiden weiterhin benutzt und instandgehalten. Seit dem 19. Jh. verfielen die Anlagen allmählich.

*Hadrian-Aquädukt

Ein kurzer Abstecher nach Oudna, an der Stelle, an der das Aquädukt einen Knick nach links macht (ausgeschildert) lohnt sich. Einst von Augustus für seine Veteranen errichtet, sind in der einsamen Siedlung das gut erhaltene Amphitheater und andere sehenswerte Ausgrabungen aus der Römerzeit zu besichtigen. Im Bardo-Museum (s. S. 309) wurde für die herrlichen Mosaike eigens der Oudna-Saal eingerichtet.

Oudna/Uthina

Der kleine Landwirtschaftsort Zaghouan (8000 Einwohner; Anfahrt: von der GP 3 kommend auf die MC 133 in Richtung Mittelmeer abbiegen) liegt am Fuße des 1295 m hohen Djebel Zaghouan.

Zaghouan

Utica

Umgebung von Tunis, Zaghouan (Fortsetzung)

Vom römischen Ziqua ist außer einem restaurierten Torbogen am unteren Ende der Hauptstraße nichts erhalten. Sehenswert ist die hübsche Medina mit ihren vielen verwinkelten Gassen. Sie wird von zwei Minaretten, einem hanafitischen und einem malekitischen (→ Kunst und Kultur, Islamische Architektur), überragt. Am oberen Ortsende steht die mit grünen Ziegeln bedeckte Zaouia des Sidi Ali Azouz, dem Schutzpatron der Stadt.

*Nymphäum

Rund 2 km oberhalb des Ortes liegt das römische Nymphäum, arabisch Ain el Kasbah oder französisch Temple des Eaux (Wassertempel). Mittelpunkt des Heiligtums war eine kleine, quadratische Cella, unter der die heute versiegte Hauptquelle hervortrat. Rechts und links schließt sich ihr ein halbkreisförmiger Portikus an, der sich nach Nordwesten öffnet und gleichsam eine Terrasse bildet. Hier liegt, der Cella gegenüber, ein großes Wasserbecken in Gestalt einer Acht. Es war Ausgangspunkt eines 124 km langen, bis nach Karthago führenden Aquädukts (s. Abb. S. 314).

Über den bergauf führenden Weg gelangt man zu einem 975 m hoch gelegenen Aussichtspunkt (Poste optique; Rundfunk- und Fernsehstation). In der Antike war der Djebel mit Thujawäldern bewachsen, heute bedeckt Macchia die Hänge oberhalb von 600 m. Wegen der eindrucksvollen Landschaft bieten sich schöne Ausflüge in die nähere Umgebung an.

Cap Bon

→ Cap Bon

Utica A 8

Gouvernorat: Biserta

Anfahrt

Utica liegt 37 km nördlich von Tunis; GP 8 Tunis–Biserta, nach etwa 34 km Abzweigung bei Zhana (Zama) in östlicher Richtung, anschließend noch knapp 3 km (ist ausgeschildert). Ungefähr 29 km nördlich von Tunis steht rechter Hand die 'siebenbogige Eselsbrücke' von Bey Hussein, die das Flußbett des ehemals hier verlaufenden Medjerda (siehe unten) überquert.

Lage und Bedeutung

Die antike punisch-römische Hafenstadt Utica liegt heute rund 15 km landeinwärts, im Mündungsgebiet des Oued Medjerda, des größten ganzjährig wasserführenden Flusses Tunesiens. Der größte Teil der antiken Stadt ist unter einer 5 m dicken Schlammschicht, Ablagerungen und Anschwemmungen des antiken Bagrada (des heutigen Medjerda), begraben. Bislang wurde nur ein kleiner Teil freigelegt. Aus diesem Grunde mag das Ruinengelände weniger beeindruckend sein als das von → Dougga, Sufetula (→ Sbeitla), → Bulla Regia oder → Maktar. Für den historisch und archäologisch Interessierten ist ein Besuch (vielleicht auf der Fahrt von oder nach Biserta) auf jeden Fall lohnend.

Geschichte

Vermutlich um 1101 v. Chr. gründeten aus Tyros stammende phönizische Seefahrer Utica, die älteste phönizische Handelsniederlassung in Nordafrika. Die heute 15 km landeinwärts gelegene Siedlung befand sich einst unmittelbar am Meer sowie auf einer vorgelagerten Insel, unweit nördlich der Bagrada/Medjerda-Mündung. Die durch den Fluß beförderten Schwemmsande haben dessen Mündungsbucht immer mehr in nordöstlicher Richtung hinausgerückt.

Rund 300 Jahre später gründeten ebenfalls aus Tyros stammende Phönizier Karthago (→ Carthage). Bis ins 5. Jh. erhielt sich Utica seine Unabhängigkeit, geriet aber dann zunehmend unter den Einfluß der benachbarten Großmacht. Während des Söldneraufstandes (240–237 v. Chr.) schloß sich Utica der Rebellion gegen Karthago an. Im Zweiten Punischen Krieg (218–201 v. Chr.) unterstützte es wieder Karthago. 149 v. Chr., kurz vor Ausbruch des Dritten Punischen Krieges, wechselte Utica abermals die Fronten. Scipio bereitete von hier seinen Angriff auf Karthago vor.

Nach dessen Zerstörung wurde Utica Hauptstadt der römischen Provinz Africa, verlor diese Aufgabe jedoch unter Augustus 14 n. Chr. an das mitt-

Utica

Thermen in Utica

Geschichte (Fortsetzung)

lerweile neugegründete Karthago. Im Bürgerkrieg zwischen Pompejus und Cäsar war Utica Hauptquartier der Pompejaner und stand nach Pompejus Tod unter der Befehlsgewalt Catos des Jüngeren. Als dieser den Sieg Cäsars voraussah, beging er Selbstmord, und Utica wurde zur Zahlung einer Strafe verurteilt, es blieb jedoch unzerstört.

Utica erlebte einen raschen Aufstieg als Handelsstadt und war bald die zweitgrößte Stadt der Provinz Afrika. Ihre höchste Entfaltung erreichte sie im 2. Jh. n. Chr., zu dieser Zeit setzte eine enorme Bautätigkeit ein.

Bereits im 3. Jh. n. Chr. begann der Hafen zu versanden, und im frühen Mittelalter wurde er endgültig unter den Ablagerungen des Oued Medjerda begraben. Unter den Vandalen existierte die Stadt weiter, und zwischen dem 3. und 8. Jh. war sie Bischofssitz. Von den arabischen Zerstörungen erholte sie sich jedoch nicht mehr. Stattdessen diente sie jahrhundertelang als Steinbruch.

*Ausgrabungen

Allgemeines

Bereits im frühen 19. Jh. fanden die ersten Ausgrabungen, die Hauptarbeiten zwischen 1948–1958 statt. Dennoch wurde bislang erst ein kleiner Teil freigelegt. Der Großteil der antiken Stadt, insbesondere die Unterstadt mit dem Hafen, liegen unter einer meterdicken Schlammschicht sowie unterhalb des Grundwasserspiegels im Wasser oder Sumpf.

Aus punischer Zeit stammt eine riesige, teils später überbaute Nekropole. Von der römischen Stadt, die teilweise auf punischem Grundriß errichtet wurde, ist nur wenig erhalten, da sie lange als Steinbruch diente.

Museum

An der Zufahrtsstraße, noch vor dem Eingang zum Ausgrabungsgelände, steht linker Hand ein kleines Museum, in welchem Ausgrabungsfunde ausgestellt sind (geöffnet täglich außer montags von 8.00–12.00 sowie von 14.00–17.30 Uhr).

Utica

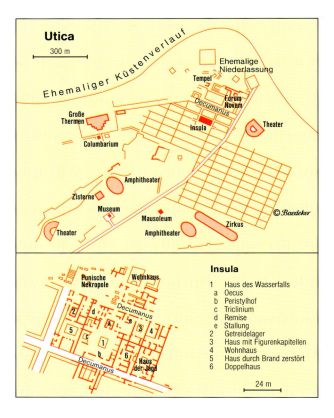

Museum (Fortsetzung)	In verschiedenen Räumen werden phönizische, karthagische und römische Funde ausgestellt, u. a. ein Holzsarg aus punischer Zeit, Münzen, Lampen, Keramiken, Schmuck, Statuetten, Vasen, Grabstelen sowie ein großes Meeresmosaik.
Besichtigung	Rund 800 m weiter liegt das eigentliche Ausgrabungsgelände. Gleich am Eingang stößt man auf die Grundmauern der einmal direkt am Meer gelegenen Thermen. Von den öffentlichen Gebäuden der Römerzeit gibt es nur spärliche Reste, so von zwei Theatern sowie dem Forum mit einem nordwestlich davor gelegenen Tempel. Das ausgegrabene Stadtviertel umfaßt einige Gebäude, v. a. Wohnhäuser, die in einer sogenannten Insula zusammengefaßt sind. In einigen von ihnen wurden Mosaiken gefunden. Zusammen mit den im Bardo-Museum in Tunis ausgestellten Werken gehören die Mosaiken Uticas zu den ältesten des römischen Afrika. Sie sind zum Schutz abgedeckt, werden aber auf Anfrage und gegen ein kleines Trinkgeld vom Wärter freigelegt.
Haus des Wasserfalls	Am besten erhalten ist das sogenannte Haus des Wasserfalls (Maison de la Cascade), benannt nach einem hier gefundenen Mosaik. Sein Eingang liegt im Norden. Über einen kleinen Salon, Oecus, gelangt man zum

Utica

Brunnenmosaik im Haus des Wasserfalls

säulenumstandenen Peristylhof. In dessen Mitte befinden sich ein mosaikgeschmückter Brunnen sowie eine nachträglich hier aufgestellte Sonnenuhr. Westlich schließt sich ein großzügig angelegtes Eßzimmer, Triclinium, mit einem schönen Bodenmosaik an. In der Remise wurde das Fahrzeug der Bewohner, in den Ställen die Pferde untergebracht. Vermutlich wurde ein benachbartes Wohnhaus irgendwann dazugekauft und zu einem Getreidelager umgebaut. Hier fand man einen kleinen Münzenschatz, daher auch sein Name Schatzhaus (Maison du Trésor).

Haus des Wasserfalls (Fortsetzung)

Mittelpunkt des Hauses der Figurenkapitelle (Maison des Chapiteaux Historiés) war ein zweistöckiger Peristylhof, dessen Säulen mit reichverzierten korinthischen Kapitellen geschmückt waren.
Das Haus der Jagd (Maison de la Chasse) wurde nach einem hier gefundenen Mosaik benannt.

Haus der Figurenkapitelle

Die aus punischer Zeit (6. Jh. v. Chr.) stammende Nekropole wurde teilweise in römischer Zeit überbaut. Von der höher gelegenen römischen Straße erkennt man einfache, in den Stein gehauene Vertiefungen, in denen die Toten bestattet wurden, einige monolithische Sandsteinsarkophage und Gräber aus Ziegel- oder Sandstein. Die Grabbeigaben sind im Museum (siehe oben) ausgestellt.

Punische Nekropole

Zarsis

→ Djerba, Umgebung

Praktische Informationen von A bis Z

Alkohol

→ Essen und Trinken

Andenken

→ Einkäufe, Souvenirs

Angeln

→ Sport

Anreise

Von allen großen Flughäfen Europas gibt es Direktflüge nach Tunesien. Internationale Flughäfen befinden sich in Tunis-Carthage, Mellita (Djerba), Monastir-Skanès, Tabarka, Tozeur und Sfax.
Weitere Informationen → Flugverkehr.

Mit dem Flugzeug

Die durchschnittliche Flugdauer aus Deutschland, Österreich und der Schweiz beträgt zwei- bis zweieinhalb Stunden.

Flugdauer

Wer mit einem Privatflugzeug anreist, muß drei Tage vor Ankunft bei der Direction de l'Aviation Civile, Tunis, 1, Rue d'Athènes, Tel. (01) 24 54 92 die Landegenehmigung anfordern. Über die genaueren Bestimmungen informiert das tunesische Fremdenverkehrsamt → Auskunft.

Mit dem privaten Flugzeug

Von Mitteleuropa führen zahlreiche Autobahnen, Europastraßen und Fernstraßen zu den verschiedenen Hafenorten am Mittelmeer. Von hier aus gibt es regelmäßige Fährverbindungen nach Tunesien. In der Hauptsaison sind die Fährschiffe häufig ausgebucht, Vorausbuchungen daher ratsam → Autofähren.

Mit dem Auto

Entfernungen in Kilometern:

Fährhafen	Genua	Marseille	Neapel	Palermo
Berlin	1165	1575	1760	2535
Düsseldorf	1115	1195	1785	2620
Frankfurt	910	1015	1620	2315
Hamburg	1380	1450	2015	2715
München	685	1060	1185	1930
Wien	980	1372	1400	2255
Zürich	475	750	1185	1890

Weitere Informationen → Autofähren

◀ *Dromedare in den Dünen von Djerba*

Apotheken

Auf dem Landweg	Hauptgrenzen für die Einreise aus Algerien sind Tabarka, Babouche, Ghardimaou, Sakiet Sidi Youssef, Bou Chebkha und Hazaoua sowie Ben-Gardane, Nalut und Ghadames für die Einreise aus Libyen.
Auf dem Seeweg	Es darf nur über Häfen eingereist werden, die ein Zoll- und Polizeiamt haben. Geeignete Häfen sind: Bizerte, Gabès, Kelibia, La Goulette, Houmt-Souk (Djerba), Mahdia, Monastir, Sidi Bou Said, Sidi Daoud, Sfax, Sousse, El Kantaoui, Tabarka, Tunis und Zarzis.
	Weitere Informationen ⟶ Sport, Wassersport sowie beim tunesischen Fremdenverkehrsamt ⟶ Auskunft.
Weitere Informationen	⟶ Autobus ⟶ Eisenbahn ⟶ Flugverkehr ⟶ Reisedokumente ⟶ Sahara-Tourismus ⟶ Sicherheit ⟶ Straßenverkehr ⟶ Zollbestimmungen

Antiquitäten

⟶ Einkäufe, Souvenirs

Apotheken

In allen größeren Orten Tunesiens gibt es Apotheken (pharmacies), die neben den einheimischen auch ausländische Medikamente führen.
Hygieneartikel (beispielsweise für die Kinderpflege) sind in begrenzter Auswahl sowohl in den Apotheken als auch in den Kaufhäusern der größeren Städte erhältlich.

Öffnungszeiten — Die Apotheken (pharmacies de service) sind gewöhnlich montags bis samstags von 9.00–13.00 und 15.00–19.00 Uhr geöffnet, einige Apotheken sind bereits am Samstagnachmittag geschlossen.

Nachtdienst — In den Tageszeitungen (⟶ Zeitungen) sowie in den geöffneten Apotheken findet man Hinweise auf Apotheken mit Nachtdienst (pharmacies de nuit; etwa von 19.00 bis 7.00 Uhr).

Kleine Sprachhilfe

Ich habe...	J'ai...
Durchfall	de la diarrhée
Fieber	de la fièvre
Halsschmerzen	mal de gorge
Husten	un toux
Kopfschmerzen	mal à la tête
Magenverstimmung	des maux d'estomac
Schnupfen	une rhume
Sonnenbrand	un coup de soleil
Zahnschmerzen	mal aux dents
ich bin zuckerkrank	J'ai du diabète
Verletzung	blessure
Prenez les médicaments...	Nehmen Sie die Medikamente...
vor dem Essen	avant les repas
nach dem Essen	après les repas
dreimal täglich	trois fois par jour
nach ärztlicher Anweisung	selon prescription du médecin

Ärztliche Hilfe

Abführmittel	purgatif	Kleine Sprachhilfe (Fortsetzung)
Aspirin	aspirine	
Beruhigungsmittel	calmant	
Eisenkraut	verveine	
Heilmittel	remède	
Kamille	camomille	
Mullbinde	gaze	
Pflaster	sparadrap	
Puder	poudre	
Salbe	crème, pommade	
Tabletten	comprimés	
Tropfen	gouttes	

→ Ärztliche Versorgung
→ Gesundheitsvorsorge
→ Notdienste

Weitere Informationen

Ärztliche Hilfe

In den größeren Städten sowie in den Fremdenverkehrsorten ist die ärztliche Versorgung gut, im Landesinneren jedoch wegen einer viel geringeren Arztdichte nicht immer gewährleistet.
In Notfällen wende man sich an die Rezeptionen in den Hotels, auch helfen die örtliche Polizei (Police) sowie die Landespolizei (Garde nationale).
Bei Unfällen oder Erkrankungen, die einen Krankenhausaufenthalt erfordern, sollte man sich allerdings lieber ausfliegen lassen.

Allgemeines

Vor der Reise

Nach den WHO-Bestimmungen werden verlangt: Impfungen gegen Gelbfieber, wenn sich der Reisende innerhalb der letzten sechs Tage vor seiner Ankunft in Tunesien in Infektionsgebieten in Afrika oder Südamerika aufgehalten hat. Die Impfungen werden in Deutschland von Gelbfieberimpfstellen durchgeführt, nähere Auskünfte erteilen die Hausärzte.

Ferner ist es ratsam, einen Internationalen Impfausweis oder einen 'Patientenpaß' mit den medizinischen Personaldaten auf die Reise mitzunehmen, erhältlich bei Impfstellen, Ärzten, Apotheken, Reisebüros und Krankenkassen.

Impfausweis Patientenpaß

Die gesetzlichen Krankenkassen gewähren bei Krankheitsfällen in Tunesien 'Leistungsaushilfen', hierfür sollte vor Reiseantritt ein Auslandskrankenschein TN/A 11 bei den Krankenkassen angefordert werden.
Krankenscheine werden (in der Regel) nicht angenommen, sowohl ambulante als auch stationäre Behandlungen werden bar bezahlt. Man sollte daher nicht versäumen, um eine detaillierte Rechnung zur späteren Vorlage bei der heimischen Krankenkasse zu bitten.
Es ist sinnvoll, vor Reiseantritt die neuesten Bestimmungen bei den Krankenkassen zu erfragen.

Behandlungskosten

Mit einer zusätzlichen Auslands-Kranken- und Unfallversicherung (→ Sicherheit) werden mögliche zusätzliche Risiken wie Kosten für einen Krankenrücktransport abgedeckt, Auskünfte erteilen u.a. Versicherungen, örtliche Reisebüros und Automobilklubs.

Versicherungen

Wer ein übriges tun will, kann vor der Abreise nach Tunesien ein tropenmedizinisches Institut oder einen auf diesem Gebiet speziell ausgebildeten Arzt konsultieren. Die entsprechenden Adressen erfrage man bei seinem Hausarzt oder beim Gesundheitsamt.

Tropenmedizinische Institute

Ausflüge

In Tunesien

Anspruchsbescheinigung auf Sachleistungen	Unter Vorlage des Reisepasses und des Formulars TN/A 11 (Anspruchsbescheinigung auf Sachleistungen bei vorübergehendem Aufenthalt in Tunesien, anzufordern bei den deutschen Krankenkassen) erhält man bei der Hauptstelle der tunesischen Sozialversicherung in Tunis (CNSS; und leider nur dort; Anschrift siehe unten) einen Behandlungsausweis (carte de soins).
Behandlungsausweis (carte de soins)	Dieser Behandlungsausweis (carte de soins) sichert die Behandlung in einem staatlichen Ambulatorium, in einem Dispensarium (einfaches medizinisches Betreuungszentrum) oder in einem Krankenhaus bzw. in den CNSS-eigenen Polikliniken in Tunis, Bizerte, Gafsa oder Sfax zu.
	Caisse Nationale de Sécurité Sociale (CNSS) (Nationale Sozialversicherung) 49, Avenue Taieb Mhiri, 1001 Tunis Tel. (01) 796744 Regionalbüros der CNSS gibt es in allen größeren Orten des Landes.
Stationäre Behandlung	Im Falle einer notwendig werdenden stationären Behandlung benötigt das Krankenhaus einen ärztlichen Einweisungsschein und den Behandlungsausweis. In Notfällen erfolgt die Behandlung auch gegen Übergabe der Anspruchsbescheinigung. Die Einrichtung wird den Schein dann direkt an das zuständige CNSS-Regionalbüro senden. Arbeitsunfähigkeit muß dem zuständigen CNSS-Regionalbüro (Adressen erfrage man im Hotel oder bei der Polizei; einige sind auch auf der Rückseite der Anspruchsbescheinigung genannt) und den zuständigen deutschen Krankenkassen gemeldet werden.
Ärzte (médecins; docteurs)	Im Falle einer Erkrankung wende man sich an die Rezeption des Hotels. Gewöhnlich erhält man hier Adressen von Ärzten, die dem Hotel bekannt sind. Man kann sich überall auf Französisch, oft auf Englisch und in den Fremdenverkehrsorten mittlerweile häufig auch auf Deutsch verständigen.
Weitere Informationen	→ Notdienste → Gesundheitsvorsorge

Ausflüge

Organisierte Touren	Wer von seinem Heimatort aus eine Pauschalreise gebucht hat, kann bei seinem Reiseunternehmen oder in einem der zahlreichen Reisebüros zusätzliche Ausflüge (u.a. Ausflüge in die Wüste, zu den antiken Ausgrabungsstätten und in Oasen, und zwar mit Bussen, Landrovern oder auf Kamelen) buchen.
Individuelle Touren	Individuelle Ausflüge in den dichter besiedelten oder touristisch erschlossenen Gebieten sind im Auto oder teilweise mit öffentlichen Verkehrsmitteln (→ Autobus, → Eisenbahn) problemlos durchzuführen. Wer sich jedoch abseits der großen Routen in die Wüste begeben möchte, sollte sich hierfür vorher über die erforderliche Ausrüstung informieren und sich zudem von einem ortskundigen Führer begleiten lassen.
Meeresfauna	Wer ein spezielles Interesse an der Meeresfauna Tunesiens hat, dem seien Ausflüge u.a. zur Korallenernte in Tabarka, zum Tintenfischfang auf die Kerkennah-Inseln oder zum Schwammfischen in Sfax empfohlen. Freizeitangler können auf Anfrage tunesische Fischer auf ihren täglichen Fahrten begleiten. Ausführliche Informationen erteilen örtliche Reisebüros, die unter → Auskunft genannten Fremdenverkehrsämter und die Hotels.

Ausflüge

Auf dem Festland

Halbtägige Tour nach Kairouan; halb- oder ganztägige Fahrten nach Tunis mit Besichtigung des Bardo-Museums, der Ruinen von Karthago und des maurischen Dorfes Sidi Bou Said; ganztägige Besichtigungsfahrt zu den römischen Ausgrabungsstätten in Dougga und Thuburbo Majus; ganztägige Fahrten nach Sousse und Monastir; zweitägige Fahrten nach Sfax, Gabès, Chenini und El Hamma; zwei- bis dreitägige Touren in die Oasenstädte Nefta, Tozeur, Kebili und Douz.
Ausflüge ab Hammamet

Tagesfahrt nach Sousse, Monastir und Mahdia; Tagesfahrt zur Besichtigung der alten Römerstadt Maktar, eines Berberdorfes und der römischen Ausgrabungsstätte Sbeitla, dem antiken Sufetula.
ab Kairouan

Halbtägige Stadtrundfahrt durch Sousse; halbtägiger Ausflug nach Kairouan; halbtägige Fahrt nach Nabeul und Hammamet; halbtägige Fahrt nach Monastir und Moknine; halbtägiger Ausflug zur Straußenfarm bei Sidi Bou Ali; Tagesfahrt nach Tunis mit Besichtigung des Bardo-Museums, der Ruinen von Karthago und des maurischen Dorfes Sidi Bou Said; ganztägige Tour mit Besichtigung der römischen Ausgrabungsstätten in Dougga und Thuburbo Majus; Tagesfahrt über Gabès nach Matmata; Tagesfahrt nach Kairouan und El Djem; zwei- und dreitägige Oasenrundfahrten; dreitägige Wüstenfahrt.
ab Sousse bzw. ab Port El Kantaoui

Tagestour nach Karthago, Sidi Bou Said und Utica; Ein- und Zweitagesfahrten zu den im Norden des Landes gelegenen Ausgrabungsstätten; Ein- und Zweitagesfahrten um die Halbinsel Cap Bon u.v.a.
ab Tunis

Insel Djerba

Halbtägige Inselrundfahrt; Ausflüge zu den im Süden des Landes gelegenen Berberdörfern; Besuch der Küstenoase Zarzis sowie Besichtigung der Ausgrabungsstätte Gightis; Durchquerung des Schott el Djerids und Besuch der Oasenstädte Tozeur und Nefta.

Im Kapitel 'Reiseziele von A bis Z' stehen am Ende der Hauptstichwörter weitere Umgebungsziele.
→ Sahara-Tourismus sowie → Straßenverkehr
Weitere Informationen

Bootsausflüge

Bootsausflug ab Houmt-Souk auf Djerba;
halbtägiger Bootsausflug ab Sousse nach Hergla oder Monastir;
Minikreuzfahrten mit dem Boot "El Kahlia" ab Monastir zu den Iles Kuriates: Auskunft SHTT Monastir, Tel. (03) 4501 56/633
ab Houmt-Souk
ab Sousse
ab Monastir

In die Sahara

Ein außergewöhnliches Erlebnis bietet ein Ausflug in die Sahara, zu Berberdörfern, Oasen und Wanderdünen. Der Transport erfolgt wahlweise im Geländewagen, auf einem Dromedar oder zu Fuß – hierfür ist allerdings eine gute körperliche Verfassung Voraussetzung.
Es gibt verschiedene Ausgangsorte, u. a. Djerba, Metameur sowie mehrere südtunesische Oasen (Sabria, El Faouar, Douz, Tozeur und Nefta). Genauere Informationen erteilen die Fremdenverkehrsämter → Auskunft.
Allgemeines

Ein Reiseveranstalter, der sich auf Wanderreisen und Wandersafaris im Süden des Landes spezialisiert hat sowie Fahrradrundreisen durch den Norden Tunesiens organisiert, ist:
Wanderreisen, Wandersafaris

Auskunft

Ausritte in die Wüste

Wanderreisen, Wandersafaris (Fortsetzung)	TRH/co. IKARUS Tours, Natur- & Erlebnisreisen Am Kaltenborn 49–51 D-61452 Königstein Tel. (06174) 290228, Fax 22952; Internet: www.trh-reisen.de
Ausritte auf Araberpferden	In den meisten Ferienorten werden Ausritte auf Araberpferden und/oder Dromedaren angeboten.
Kutschfahrten	Ferner werden in den Oasenstädten Tozeur, Nefta und Gabès Ausfahrten in die umgebenden Oasen mit der Kutsche (calèche) angeboten.
Weitere Informationen	→ Sahara-Tourismus → Straßenverkehr → Autobus → Eisenbahn → Mietwagen → Souks → Straßenverkehr → Taxi → Veranstaltungen → Sport

Auskunft

Außerhalb Tunesiens

ONTT	Auskünfte und Informationsmaterial für die Vorbereitung einer Tunesienreise erhält man von den Vertretungen des Staatlichen Fremdenverkehrsamtes Office National du Tourisme Tunisien (ONTT).

Auskunft

www.tourismtunisia.com und www.TunisiaOnline.com	Internet
Fremdenverkehrsamt Tunesien Goetheplatz 5 D-60313 Frankfurt am Main Tel. (069) 2970640; Fax (069) 2970663	Deutschland
D-10707 Berlin Kurfürstendamm 171 Tel. (030) 8850457; Fax (030) 8852198	
A-1010 Wien Opernring 1 Tel. (01) 585348 00; Fax (01) 58534 8018	Österreich
CH-8001 Zürich Bahnhofstr. 69 Tel. (01) 2114830; Fax (01) 2121353	Schweiz
Deutsch-Tunesische Gesellschaft D-53115 Bonn Meckenheimer Allee 87 Tel. (0228) 656969 (vorm.)	Deutsch-Tunesische Gesellschaft

In Tunesien

In allen größeren Städten und Fremdenverkehrsorten gibt es Informationsbüros des Staatlichen Tunesischen Fremdenverkehrsamtes ONTT. Daneben haben zahlreiche größere Orte noch Büros des Syndicat d'Initiative bzw. Bureaux du Tourisme, lokale Fremdenverkehrsbüros, welche die Interessen der örtlichen Gemeinden vertreten und von diesen unterhalten werden. — *Allgemeines*

Office National du Tourisme Tunisien (ONTT)
1001 Tunis
1, Avenue Mohamed V; Tel. (01) 341077 — *Staatliches Fremdenverkehrsamt in Tunesien (ONTT)*

Regionalvertretungen finden sich in: — *Regionalvertretungen*

7000 Bizerte
1, Rue de Constantinople; Tel. (02) 432897 — **Biserta**

4180 Houmt Souk / Djerba
Rue d'Ulysse; Tel. (05) 650016 — **Houmt-Souk** (auf Djerba)

5000 Monastir
Skanès Dkhila (gegenüber dem Flughafen)
Tel. (03) 461205 — **Monastir**

8000 Nabeul
Avenue Taïeb Mhiri; Tel. (02) 286737 — **Nabeul**

4000 Sousse
1, Avenue H. Bourguiba; Tel. (03) 225158 — **Sousse**

8110 Tabarka
Boulevard 7 Novembre; Tel. (08) 644491 — **Tabarka**

2200 Tozeur
Avenue Abdoul Kacem-ech Chebbi; Tel. (06) 450503 und 450088 — **Tozeur**

Autobus

Tunis	Hauptstelle siehe oben; Regionalvertretung: 1001 Tunis 29, Rue de Palestine Tel. (01) 28 87 20
Weitere Informationen	→ Autofähren → Autohilfe → Diplomatische und konsularische Vertretungen → Eisenbahn → Fluggesellschaften → Notdienste
Goethe-Institut	Institut Culturel Allemand Place d'Afrique/Ecke Rue Palestine 1002 Tunis Tel. (01) 8482 66, Fax 84 49 76
Deutsch-Tunesische Industrie- und Handelskammer	Chambre Tuniso-Allemande de l'Industrie et du Commerce 4, Rue Didon 1002 Tunis Tel. (01) 78 52 38, Fax (01) 78 25 51

Ausweispapiere

→ Reisedokumente

Autobus

Allgemeines
: Tunesien verfügt über ein sehr dichtes Autobusnetz. Größte Busgesellschaft ist die Société Nationale des Transports Interurbains (SNTRI) mit Sitz in Tunis (Avenue Mohammed V, B. P. 40, 1012 Tunis-Belvédère, Tel. 01-78 44 33). Busfahrten in den Süden des Landes beginnen am Gare Routière des Lignes Sud, Bab el Fellah, Tel. (01) 49 52 55 und 49 03 58, Busfahrten in den Norden am Gare Routière des Lignes Nord, Bab Saadoun, Tel. (01) 56 92 99 und 56 25 32. Außerdem gibt es zahlreiche regionale Gesellschaften, sogenannte Sociétés Régionales des Transports Routières.

Bustarife
: Das Fahrgeld für die Busse ist sehr niedrig.

Fahrpläne
: Linienpläne der Omnibusse hängen in den Bahnhöfen der Städte bzw. Orte aus.

Busverkehr Flughafen – Zentrum Tunis
: Zwischen 6.00 und 24.00 Uhr verkehren stündlich Busse zwischen dem Internationalen Flughafen Tunis-Carthage und dem Hauptbahnhof im Zentrum von Tunis (und zurück).

Entfernungen / Fahrtdauer

Tunis – Insel Djerba	520 km	9 Std.
Tunis – Hammamet	66 km	1½ Std.
Tunis – Kairouan	160 km	3 bis 4 Std.
Tunis – Kelibia (Cap Bon)	133 km	3¼ Std.
Tunis – Monastir	162 km	3 Std.
Tunis – Nabeul	65 km	1¼ Std.
Tunis – Nefta	492 km	8¼ Std.
Tunis – Sousse	149 km	2¼ Std.
Tunis – Tabarka	175 km	3¾ Std.
Tunis – Tozeur	469 km	7¾ Std.

Busverbindungen bestehen auch mit Algerien, Marokko, Libyen sowie Ägypten.
Wer nicht mit einem Linienbus fahren möchte, kann einen → Mietwagen, ein Louage (→ Taxi) oder ein → Taxi nehmen.

Über die Grenzen
Hinweis

→ Eisenbahn
→ Flugverkehr
→ Mietwagen
→ Taxis, Sammeltaxis
→ Ausflüge

Weitere Informationen

Autofähren

Wegen der maximal zulässigen Fahrzeugabmessungen auf den einzelnen Fährschiffen erkundige man sich bei dem vermittelnden Reisebüro bzw. der zuständigen Reederei (Adressen siehe unten).

Hinweis für Caravan- und Wohnmobilfahrer

FÄHRVERBINDUNG Häfen	TURNUS (Hauptsaison) Turnus/Dauer	REEDEREI für Buchungen
Frankreich – Tunesien		
Marseille – Tunis	2 x wö. (24 Std.)	CTN
	2 x wö. (24 Std.)	SNCM
Italien – Tunesien		
Genua – Tunis	2 x wö. (24 Std.)	CTN
Neapel – Tunis	1 x wö. (24 Std.)	CTN
Cagliari (Sardinien) – Tunis	1 x wö. (20 Std.)	Tirrenia
Trapani (Sizilien) – Tunis	1 x wö. (10 Std.)	Tirrenia

Im Sommer werden von allen Reedereien zusätzliche Fähren eingesetzt, leider zu unregelmäßigen Zeiten.

Beratung über Fährverbindungen erhält man u.a. in ADAC-Geschäftsstellen, wo auch gebucht und das Faltblatt "Kraftfahrzeug-Fähren" bezogen werden kann. Weitere Informationen vermittelt das Tunesische Fremdenverkehrsamt (→ Auskunft).

Auskünfte

Compagnie Tunisienne de Navigation (CTN) und Société Nationale Maritime Corse Méditerranée Marseille (SNCM)
D-65760 Eschborn
Berliner Straße 31–35; Tel. (06196) 4 29 11, Fax (06196) 48 30 15

CTN und SNCM

Armando Farina GmbH (Vertretung der Tirrenia)
D-60528 Frankfurt am Main
Schwarzwaldstraße 82
Tel. (069) 66 68 491, Fax (069) 66 68 477

Tirrenia

CH-Zürich
Avimare
Oerlikon Strasse 47; Tel. (01) 31 58 060, Fax (01) 31 53 078

Vertreter der CTN im Ausland

A-1170 Wien
Paneuropa
Hernalser Hauptstraße 169; Tel. (01) 48 62 631, Fax (01) 48 62 632

1000 Tunis
122, Rue de Yougoslavie; Tel. (01) 35 48 55, Fax (01) 24 28 01

Autohilfe

Auskünfte (Fortsetzung)
Vertreter der SNCM im Ausland

CH-3007 Bern
Voyages Wasteels, Eigerplatz 2; Tel. (031) 370 90 85, Fax 370 90 91

in Österreich ⟶ Vertretung in Deutschland (S. 329).

1001 Tunis
47, Avenue Farhat-Hached; Tel. (01) 33 82 22, Fax 33 06 36

Vertreter der Tirrenia im Ausland

CH-8057 Zürich
Avimare, Oerlikoner Strasse 47; Tel. (01) 311 76 50

in Österreich ⟶ Vertretung in Deutschland (S. 329).

1000 Tunis
122, Rue de Yougoslavie; Tel. (01) 35 48 55, Fax 24 28 01

Fähren innerhalb Tunesiens

Von Sfax zu den Kerkennah-Inseln (und zurück) besteht im Sommer 4 x täglich, im Winter 2 x täglich Verbindung. Von der Insel Djerba zum Festland verkehrt zwischen Adjim und Djorf etwa jede halbe Stunde eine Fähre. Bei zu starkem Wind verkehrt die Fähre nicht. Dann erfolgt die Anfahrt über die Dammstraße (⟶ Reiseziele von A bis Z, Djerba).

Fährhafen in Adjim

Weitere Informationen erteilen die örtlichen Reisebüros oder die:
Compagnie Tunisienne de Navigation (CTN)
122, Rue de Yougoslavie, 1000 Tunis; Tel. (01) 35 48 55, Fax 24 28 01

Autohilfe

Allgemeines

Organisierte Straßenhilfsdienste gibt es in Tunesien nicht; statt dessen wende man sich bei Problemen an die Garde Nationale (Landespolizei), die überall im Land unterwegs ist und häufig Verkehrskontrollen durchführt.

Automobilklubs in Tunesien

National Automobile Club de Tunisie (NACT)
29, Avenue Habib Bourguiba, 1001 Tunis; Tel. (01) 24 11 76 und 35 02 17

Touring Club de Tunisie
15, Rue d'Allemagne, 1001 Tunis; Tel. (01) 24 31 82 und 24 31 14

Die Automobilklubs haben nur beratende Funktion (u. a. für Fahrten in die Wüste) und stellen auf Wunsch Kartenmaterial zur Verfügung.

Landesweite Hilfe bei Autopannen

Allo Taxi SOS
6, Rue Ahmed Amine el Omrane, 1005 Tunis; Tel. (01) 28 37 24

Diese Organisation hilft auch im Umgang mit Behörden. Allerdings sind Französisch- oder Englischkenntnisse zur Verständigung notwendig.

Hilfe aus dem Ausland

Hilfe aus dem Ausland bei Autopannen ⟶ Notdienste.

In den größeren Städten und Orten des Landes gibt es keinen Mangel an Reparaturwerkstätten. Mancherorts übernehmen auch Tankstellen kleinere Arbeiten. Für Fahrten in den Süden ist unbedingt darauf zu achten, daß das Fahrzeug in technisch einwandfreiem Zustand ist (Mitnahme von Ersatzteilen empfehlenswert).

Reparaturwerkstätten (Garages)

⟶ Straßenverkehr; ⟶ Sahara-Tourismus

Weitere Informationen

Autovermietung

⟶ Mietwagen

Badestrände

Mit über 300 Sonnentagen im Jahr sowie seiner über 1200 km langen Mittelmeerküste mit herrlichen Sandstränden bietet Tunesien ideale Voraussetzungen für einen Badeurlaub.

Hinweis

Beliebte Strände

Die buchtenreiche Nordküste zwischen Tabarka im Westen und Bizerte im Osten besitzt besonders schöne Badeplätze.

Nordküste

Bei Tauchern ist die westlich von Tabarka gelegene Felsenküste beliebt (⟶ Sport, Wassersport). Es gibt jedoch auch einen weiten Sandstrand.

Tabarka

Rund 28 km nordöstlich von Tabarka liegt das bei Schnorchlern beliebte Cap Negro, ein Sandstrand mit Felsen.

Cap Negro

Etwas weiter in nordöstlicher Richtung erstreckt sich der Sandstrand Sidi Mechrig mit Felsen.

Sidi Mechrig

Südwestlich von Bizerte liegt das Cap Serrat mit Sandstrand und Felsen.

Cap Serrat

Ein Sandstrand mit Felsen und vielen kleinen Buchten liegt etwa auf der Höhe des gleichnamigen Ortes an der Küste (rund 15 km westlich von Bizerte; die Strecke ist ausgeschildert).

Bechateur

Ein ausgedehnter Sandstrand (Plage de R'Mel, mit schönem Hinterland) liegt südöstlich der Stadt, über die GP 8 erreichbar. Ebenfalls südöstlich liegt der Sandstrand Ras Djebel unmittelbar neben dem gleichnamigen Dorf.

Ostküste
Bizerte

Schöne Badeplätze gibt es auch an der Nordküste des Cap Bon.

Cap Bon

Ein langer Sandstrand mit Dünen liegt unmittelbar westlich des kleinen Ortes Soliman (von Tunis über die GP 1 Richtung Sousse; bei Bordj Cedria Abzweigung in Richtung Meer auf die MC 26 in Richtung Soliman; Abzweigung nach Soliman-Plage ist ausgeschildert).

Soliman-Plage

Auf den Bilderbuchstrand von Port Prince mit seinem Schloß folgt der schöne Strand von Haouaria-Plage.

Haouaria-Plage und Port Prince

Kelibia, rund 25 km südwestlich vom Cap Bon, hat einen – durch den Hafen geschützten – langen Strand.

Kelibia

Die Qualität des Strandes von Nabeul gleicht derjenigen von Hammamet; als Standort für einen ruhigen Badeurlaub wird Nabeul gern aufgesucht.

Nabeul

Behindertenhilfe

Hammamet	Durch seinen kilometerlangen Sandstrand ist vor allem Hammamet beliebtes Ziel badefreudiger Touristen geworden.
Sousse	Auch Sousse ist u.a. wegen seines langen, feinen Sandstrandes ein beliebtes Urlaubsziel.
Port el Kantaoui	Das selbe gilt auch für den Villenvorort Port el Kantaoui.
Monastir	Der Strand der Stadt Monastir ist relativ klein, wird jedoch nordwestlich außerhalb, bei Skanès (siehe unten) immer schöner.
Skanès	Skanès, der im Westen liegende Villenvorort von Monastir, verfügt über sehr schöne lange Strände.
Kerkennah-Inseln	Auch die Iles Kerkennah, nördlich der Insel Djerba, bieten gute Möglichkeiten zum Baden, insbesondere im Südwesten bei Sidi Fredj und an der Westküste von Kellabine.
Gabès	Rund 400 km südlich von Tunis liegt Gabès mit einem sauberen, ausgedehnten Sandstrand.
Djerba	Im Nordosten und Osten der Insel Djerba findet man erstklassige Sandstrände, die flach ins Meer abfallen und daher für Ferien mit Kindern besonders geeignet sind.
Weitere Informationen	⟶ Zahlen und Fakten, Landeskunde und Klima ⟶ Reiseziele von A bis Z ⟶ FKK ⟶ Gesundheitsvorsorge ⟶ Reisezeit ⟶ Sport, Wassersport

Banken

⟶ Geld

Behindertenhilfe

In Deutschland	Der Bundesverband Selbsthilfe für Körperbehinderte (BSK) vermittelt Reisehelfer und organisiert Gruppenreisen. Weitere Informationen erhält man bei der: BSK-Reisehelferbörse Altkrautheimerstraße 17 D-74238 Krautheim/Jagst Tel. (06294) 680 (Zentrale) und 68112 (BSK-Reisehelferbörse) Bundesarbeitsgemeinschaft Hilfe für Behinderte e.V. Kirchfeldstraße 140 D-40215 Düsseldorf Tel. (0211) 31006-0
In Österreich	Verband der Querschnittgelähmten Österreichs Lichtensteinstraße 57 A-1200 Wien Tel. (01) 340121 und 3170121

Camping und Caravaning

Mobility International Schweiz
CH-8408 Wintherthur
Hard 4; Tel. (052) 22 26 8 25

In der Schweiz

Schweizer Dachverband der Körperbehinderten
CH-8032 Zürich
Feldeggstraße 71; Tel. (01) 38 30 5 31

In Tunesien gibt es zahlreiche behindertengerechte Hotels. Eine Liste mit den Adressen ist beim Fremdenverkehrsamt Tunesien (⟶ Auskunft) erhältlich.

Weitere Informationen

Im Verlag FMG GmbH erscheint ein zweibändiger Hotel- und Reiseratgeber für Körperbehinderte. Zu bestellen bei der:
FMG GmbH
Hotel- und Reiseratgeber "Handicapped-Reisen"
Postf. 1547
D-53005 Bonn
Tel. (02 28) 61 61 33

Betteln

Betteln ist dem europäischen Reisenden zwar nicht unbekannt, es hat jedoch in islamischen Ländern eine andere Bedeutung und macht daher auch ein anderes Verhalten erforderlich.
Im Islam ist Betteln keine Schande, und die 'Sakat', das Almosengeben, ist eines der heiligsten Gebote der Religion (⟶ Zahlen und Fakten, Religion). Dem sollten auch die Nichtmoslems Rechnung tragen, indem sie hin und wieder etwas Geld geben. Obwohl neben Frauen, älteren und kranken oder behinderten Menschen auch Kinder betteln, sollte man diesen jedoch nichts geben, um ihrer sozialen Verwahrlosung keinen Vorschub zu leisten.

Bustouren

⟶ Ausflüge

Cafés

⟶ Essen und Trinken

Camping und Caravaning

In Tunesien gibt es nur wenige offizielle Campingplätze mit Waschgelegenheit (Duschen), Stromanschluß und Restaurant bzw. Einkaufsmöglichkeiten. Die meisten sind außerhalb der Hauptsaison geschlossen.

Allgemeines

Das Übernachten außerhalb der unten erwähnten Campingplätze und Zeltlager ist nicht verboten; es empfiehlt sich jedoch, den Grundstückseigentümer um Erlaubnis zu bitten bzw. die zuständige Stadtverwaltung beziehungsweise Polizeibehörde zu benachrichtigen. Auch ist es ratsam, in unmittelbarer Nähe von Dörfern und Städten zu campen.

Freies Campen

Jeglicher Abfall gehört eingesammelt und an richtiger Stelle entsorgt. Infolge von Hitze und Trockenheit besteht akute Brandgefahr.

Abfälle und **Brandgefahr!**

Diplomatische und konsularische Vertretungen

Offizielle Campingplätze

Bizerte	R'Mel/Bizerte Campement Forêt
Hammamet	L'Idéal Camping in Hammamet, Tel. (02) 280302; Camping Caravaning Samaris, Tel. (02) 280353
Gabès	Camping Centre des Jeunes, Tel. (05) 270217
Djerba	Camping Sidi Ali, Tel. (05) 657021, Fax 657002 Centre des Vacances de la Jeunesse Aghir (neben Hotel Sina); kein Telefon
Nabeul	Camping les Jasmins, Tel. (02) 285343
Douz	Campement Noueil, Tel. (05) 491918; Campement Zaafrane, Tel. und Fax (05) 491720; Camping Desert Club, Tel. (05) 470575, Fax 470403
Tozeur	Campement Paradis, Tel. (06) 452687

Weitere, zumeist einfache Zeltlager gibt es außerdem in El Haouaria, Nefta, auf den Kerkennah-Inseln sowie in Sbeitla. Informationen erteilen die unter → Auskunft genannten Stellen. In der Hochsaison stellen einige Hotels in den Touristenzentren auch einfache Plätze für Wohnmobile zur Verfügung.

Devisen

→ Geld

Diplomatische und konsularische Vertretungen

Vertretungen Tunesiens

Anmerkung	Botschaft = Ambassade, Konsulat = Consulat
In Deutschland	Tunesische Botschaft Lindenallee 16 D-14050 Berlin Tel. (030) 30820673 oder 74 Fax 30820683 Die Botschaft hat eine Konsularabteilung; Visa werden erteilt. Geschäftszeiten: Mo.–Fr. 9.00–15.30 Uhr Tunesische Konsulate: Jürgensplatz 36 D-40219 Düsseldorf Tel. (0211) 3006874 Fax 392106 Overbeckstr. 19 D-22085 Hamburg Tel. (040) 2201756 Fax 2279786 Seidlstr. 28 D-80335 München Tel. (089) 554551 Fax 5502518

Einkäufe, Souvenirs

Tunesische Botschaft Opernring 3 A-1010 Wien Tel. (01) 58 15 28 1 und 82 Fax 58 15 59 2 Geschäftszeiten: Di. – Sa. 9.00 – 13.00 Uhr	In Österreich
Tunesische Botschaft Kirchenfeldstr. 63 CH-3005 Bern Tel. (031) 352 82 26 und 27 Fax 351 04 45 Geschäftszeiten: Mo. – Fr. 9.00 – 14.00 Uhr	In der Schweiz
⟶ Auskunft	Weitere Informationen

Diplomatische Vertretungen in Tunesien

Botschaft der Bundesrepublik Deutschland 1, Rue el Hamra B.P. 35 1002 Tunis-Mutuelleville Tel. (01) 78 64 55, Fax 78 82 42 Geschäftszeiten: Mo. – Fr. 9.00 – 12.00 Uhr	Deutschland
Botschaft der Republik Österreich 16, Rue Ibn Hamdis 1004 Tunis - El Menzah Tel. (01) 75 10 91 und 94, Fax 76 78 24 Geschäftszeiten: Mo. – Fr. 9.00 – 13.00 Uhr	Österreich
Botschaft der Schweizerischen Eidgenossenschaft 10, Rue Ech-Chenkiti 1002 Tunis-Mutuelleville Tel. (01) 78 39 97 und 78 13 21, Fax 78 87 96 Geschäftszeiten: Mo. – Fr. 9.00 – 12.00 Uhr	Schweiz

Drogen

Wer im Besitz von Drogen ist, muß in Tunesien mit hohen Geld- und Gefängnisstrafen (ohne Verhandlung) rechnen. Die Gefängnisstrafen müssen auch von den Ausländern voll abgebüßt werden.
Wer jemals wegen eines Drogendeliktes in Tunesien im Gefängnis saß, erhält Landesverbot auf Lebenszeit.

Warnung!

Einkäufe, Souvenirs

Überall im Land gibt es eine große Auswahl schöner und landestypischer Andenken, und man sollte sich bei einem Bummel durch die Souks Zeit nehmen. Zum Kauf gehört, insbesondere im Souk, das Handeln um den Preis. Als Faustregel kann gelten, daß bei einer Einigung von einem Viertel bis einem Drittel des zuerst geforderten Preises beide Seiten zufrieden sind.
Bei allem 'Spielerischen' sollte man aber stets bedenken, daß Handeln für beide Seiten ein Erfolgserlebnis sein muß, und daß die meisten Güter wegen der minimalen Arbeitslöhne ohnehin billig sind und es dem Reisenden wohl ansteht, den Preis nicht aufs Äußerste zu drücken.

Handeln

Einkäufe, Souvenirs

Handeln (Fortsetzung)	Um eine Preisvorstellung zu bekommen, empfiehlt sich der Besuch der ONAT-Läden (siehe unten).
Vorsicht	Trotz Verbots werden Touristen immer wieder von Jugendlichen belästigt, in obskure Läden mitzukommen und dort überteuert einzukaufen, vor allem in Kairouan und z.T. an den Stränden.
Warenvielfalt	Aus dem reichen Angebot im folgenden eine kleine Auswahl: Zahlreiche Lederarbeiten (Brieftaschen, Alben, Buchhüllen, Gürtel, Sitzkissen u.a.), Keramikgegenstände (Wandteller, Vasen, Blumentöpfe u.a.), Artikel aus Messing (Mörser u.a.) und Kupfer (Kaffee- und Teekannen; Blumenkübel), Flechtarbeiten (Taschen; Tischläufer; auch kleine Stühle u.a.) und bestickte Waren (Blusen, Decken, Wäsche u.a.). In den Städten wird auch gern Parfüm aus Jasmin- oder Rosenöl als Souvenir gekauft Preiswerte Mitbringsel, wie Sand- bzw. 'Wüstenrosen' (bizarr, teils Blütenblättern ähnelnde Gebilde aus Sand und/oder Salzkristallen) sind sehr beliebt und nahezu überall und in vielen Größen erhältlich; ferner Trommeln und Geschnitztes aus Olivenholz, Dattelpalmenholz (Tozeur, Nefta) oder aus Oleander- oder Korkeichenholz (Tabarka).
ONAT	Wer sicher sein will, daß er – sowohl hinsichtlich der Echtheit eines Teiles als auch beim Bezahlen eines gewissen Preises – nicht übervorteilt wird, sollte sich vor dem Kauf in den SO.CO.PA.-Läden (Société de Commercialisation des Produits de l'Artisanat) des Nationalen Kunstgewerbeamtes (Office National de l'Artisanat Tunisien; ONAT) eingehend erkundigen. Hier werden alle möglichen kunstgewerblichen Artikel, u. a. auch Teppiche, hergestellt und verkauft. Diese Läden gibt es in allen größeren Städten Tunesiens, insbesondere in den Fremdenverkehrsorten.
Tunis	SO.CO.PA.-Verwaltungssitz, 14, Rue de Kairouan, Tunis, Tel. (01) 79 33 66; SO.CO.PA.-Ausstellungs- und Verkaufsraum, 3, Avenue Mohamed V, Tunis, Tel. (01) 34 68 99 und 34 85 88.

Empfehlungen für den Teppichkauf

	Zu den kostbarsten Reiseandenken gehören die tunesischen Teppiche. Weitere Angaben über Teppicharten, ihre Herstellung u.a. → Teppiche.
Echtheitsgarantie	Den besten Nachweis für die Echtheit eines Teppichs hat man, wenn der Teppich von der ONAT geprüft wurde bzw. wenn sich auf seiner Rückseite eine Qualitätsbeschreibung und der Bleimarke des ONAT befinden.
Rabatt	Bei Barzahlung in Devisen erhält man in ONAT-Läden einen gewissen Rabatt und Zollformalitäten werden gratis erledigt.
Kontrolle von Etikett und Kaufvertrag	Alle Merkmale des Teppichs (Teppichnummer, Maße, Knotenzahl, Gewicht, Muster, Farbe sowie der Kaufpreis in der Landeswährung) müssen im Kaufvertrag stehen; Etikett auf der Rückseite des Teppichs und Kaufvertrag sollten auf ihre Übereinstimmung geprüft werden.
Unterschrift auf Kontrolletikett	Um Verwechslungen bei der Lieferung auszuschließen, sollte man nach dem Kauf auf dem Kontrolletikett des Teppichs mit seinem Namen unterschreiben.
Kauf per Nachnahme	Bei einem Kauf per Nachnahme ist zu klären, ob im Verkaufspreis eine Versicherung enthalten oder dafür noch ein gewisser Betrag zusätzlich zu bezahlen ist. Der im Vertrag genannte, zu bezahlende Betrag darf nur in tunesischer Landeswährung (tD) ausgestellt sein. In der Regel erfolgt die freie Lieferung der Ware nur bis zum nächstgelegenen Flughafen, Hafen oder Postamt.
Zollfreiheit Mehrwertsteuer	Für Länder der EG besteht bei der Ausfuhr Zollfreiheit. Bei Erhalt der Ware ist die gesetzliche Mehrwertsteuer zu entrichten.

Einkäufe, Souvenirs

Auf jeden Fall sollte man sich einen Quittungsbeleg der Rechnung geben lassen und diesen sorgfältig aufbewahren, um ihn bei der Ausreise gegebenenfalls beim Zoll (→ Zollbestimmungen) vorweisen zu können.

Quittungsbeleg für den Zoll

Orte mit speziellen Angeboten

In Beni-Khiar, rund 5 km nordöstlich von Nabeul, kann man der Bevölkerung sowohl beim Spinnen von Wolle, dem Weben von wollenen Teppichen, Decken und Trachten sowie beim Sticken kunstvoller Muster zuschauen.

Beni-Khiar

In dem nur wenige Kilometer nördlich von Nabeul gelegenen Ort Dar Châabane stellen Steinmetze wahre Kunstwerke (Wanddekore u.a.) im maurisch-arabischen Stil her.

Dar Châabane

In Djara, unweit nordwestlich von Gabès, kann man Waren aus Palmblättern und Schmuck sowie Schmiedeeisernes erstehen.

Djara

Djerba ist – neben Nabeul – Zentrum der tunesischen Töpferei. In Houmt-Souk sowie in Guellala findet man das größte Angebot.
Wunderschöne filigrane Goldschmiedearbeiten werden in Er Riadh angeboten.

Djerba

In Douz, wo jeden Donnerstag Markt ist (→ Märkte), auf dem u.a. auch Dromedare feilgeboten werden, findet der Besucher außerdem ein buntes Angebot an hübschen Taschen aus Kamelhaar oder Filzschuhe aus Wolle und Flausch.

Douz

Gafsa ist berühmt wegen seiner Wollteppiche in lebhaften Farben mit sowohl geometrischen als auch gegenständlichen Mustern.

Gafsa

Das Centre Commercial in Hammamet versteht sich als Einkaufs- und Begegnungszentrum und hat ein breitgefächertes Angebot in verschiedenen Läden und Galerien.

Hammamet

Kairouan ist u.a. als die 'Teppichstadt' (→ Teppiche) bekannt. Leider werden hier Touristen immer wieder von Jugendlichen belästigt, in obskure Läden mitzukommen und dort überteuert einzukaufen.

Kairouan

Ksar-Hellal (etwa 10 km südöstlich von Monastir) ist für die Qualität seiner Webkunst seit altersher bekannt und verfügt inzwischen über eine leistungsfähige, moderne Textilindustrie.

Ksar-Hellal

Dieser Ort südöstlich von Monastir hat einen berühmten Teppichmarkt.

Ksibet-el-Médiouni

Mahdia ist bekannt für seine Wollwebereien, Stickereien und die Herstellung alter Trachten.

Mahdia

Diese kleine Stadt (12 km südöstlich von Monastir) ist für die Herstellung von Berberkleidung und Schmuck bekannt, im Ort gibt es auch Töpfereien.

Moknine

Die Töpferkunst in Nabeul geht auf römische Ursprünge zurück. In unzähligen Werkstätten werden ungebrannte Ton- oder glasierte Keramikwaren fabriziert; zu den Erzeugnissen gehören sowohl einfache Gegenstände für den täglichen Gebrauch als auch kunstvolle Kacheln, Krüge oder Vasen, die zum Teil nach antiken Vorbildern in den ursprünglichen Farben weiß, blau, grün und gelb hergestellt werden (Besichtigung einer Werkstatt ist möglich; Termin mit ONAT absprechen). Darüber hinaus werden in Nabeul feine Stickereien und Spitzen (beispielsweise für Brautkleider) angefertigt und Parfüms verkauft, die nach traditionellem Rezept aus den Blüten von Orangen, Geranien und Jasmin gewonnen werden.

Nabeul

Eisenbahn

Orte mit speziellen Angeboten, Nabeul (Fortsetzung)	Ganz besonders malerisch ist der jeden Freitag in Nabeul abgehaltene Wochenmarkt (→ Märkte), auf dem neben Gebrauchsgegenständen, Souvenirs und Teppichen u.a. auch zahlreiche Gewürze verkauft werden. Außerdem lohnt ein Bummel durch die zahlreichen Gäßchen bzw. Souks, in denen kleine Werkstätten verschiedenster Handwerker – Schmied, Schuster, Tischler – zu besichtigen sind.
Oudref	Oudref (rund 15 km nordwestlich von Gabès) ist Sitz einer Musterweberei. Hier entstehen die 'Hambel' genannten, langen Zelttücher mit farbigen Streifen; ferner die als 'Mergoum' bekannten, glattfaserigen Teppiche mit geometrischen Mustern; hübsche Sattelteppiche (Bocht) und Damenschals (Bakhnoug).
Tozeur	In Tozeur werden u.a. Arbeiten aus Palmfasern (Taschen, Wandbilder), Wolldecken und Burnusse sowie Sandrosen (siehe oben) verkauft.
Weitere Informationen	→ Geld → Märkte → Teppiche → Zollbestimmungen

Eisenbahn

Allgemeines	Die Gesamtstreckenlänge des tunesischen Schienennetzes beträgt über 2000 km (z.T. Schmalspur). In den kommenden Jahren sollen alle Schienenwege des Landes auf Normalspur umgestellt werden.
SNCFT	Zuständig für den Schienenverkehr in Tunesien ist die Société Nationale des Chemins de Fer Tunisiens (SNCFT; 67, Avenue Farhat Hached, Tunis), Tel. (01) 33 44 44 (7-sprachig). Es gibt Wagen mit großem Komfort (L), der 1. und der 2. Klasse. Leider gibt es weder Schlaf- noch Speisewagen, auch nicht auf längeren Strecken.
Verbindungen	Alle an der Küste gelegenen größeren Städte sind mit der Eisenbahn erreichbar, im Landesinneren sind weniger Orte an das Schienennetz angeschlossen (s. Karte S. 339). Hier reist man u. U. schneller mit dem Bus (→ Autobus) oder mit einem Sammeltaxi (→ Taxi) weiter.
TM1 und TM2	Schnellzugverbindungen bestehen nach Algerien und Marokko über Ghardimaou mit dem Transmaghreb-Express (TM1 und TM2).
Ticket d'admission	In Tunesien benötigt man an jedem Bahnhof ein sog. Ticket d'admission, eine Art Bahnsteigkarte. Es gilt nur in Verbindung mit einem Fahrschein und nur für einen bestimmten Zug. Sein Preis ist ebenso wie der des Fahrscheins streckenabhängig.
Tarife	Die Eisenbahntarife sind niedrig. Vergünstigungen gibt es, wenn Hin- und Rückfahrt gleichzeitig gebucht werden. Kinder bis zu vier Jahre reisen gratis mit der Bahn, in einem Alter zwischen vier und zehn erhalten sie 75 % Ermäßigung; über zehn Jahre ist der volle Preis für Erwachsene zu zahlen.
Fahrplan	Ein besonderer Fahrplan gilt an → Feiertagen.

Elektrizität

Stromspannung	Die moderneren Hotels und Häuser in Tunesien haben 220 Volt Stromspannung; einige Altbauten, u.a. in Tunis und in Südtunesien, werden noch mit 110 Volt versorgt; Geräte (Fön, Rasierapparat u.a.) mit einem von 220 V

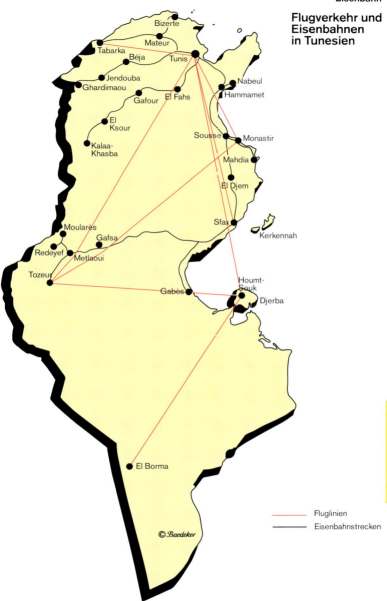

Entfernungen in Tunesien

Elektrizität (Fortsetzung)
Euro-Zwischenstecker

auf 110 V umstellbaren Schalter sind in jedem Fall nützlich. Auch ist die Mitnahme einer Taschenlampe zu empfehlen.
Da manche Steckdosen kleine Eingänge haben, ist die Mitnahme von Euro-Zwischensteckern für ausländische Geräte, wie Rasierapparat und Fön, zu empfehlen.

Entfernungen in Tunesien

Die günstigsten Straßenverbindungen zwischen einigen ausgewählten Orten Tunesiens:

	Béja	Ben Gardane	Bizerte	Douz	Tataouine	Gabès	Gafsa	Ghdames	Houmt-Souk	Jendouba	Kairouan	Kasserine	El Kel	Mahdia	Médénine	Nabeul	Nefta	Remada	Sfax	Sidi Bou Zid	Siliana	Sousse	Tabarka	Tunis	Zaghouan	Zarzis
Béja		606	107	391	578	453	246	974	553	49	180	225	105	252	529	172	447	656	317	285	183	190	71	105	117	591
Ben Gardane	606		624	302	91	153	299	487	100	581	571	405	600	539	77	512	415	169	435	397	432	416	646	559	505	46
Bizerte	107	624		553	596	471	408	992	570	156	218	332	212	270	547	132	524	674	335	348	192	208	136	65	122	609
Douz	391	302	553		274	149	145	670	249	427	344	397	371	439	225	458	146	352	285	243	412	401	492	488	463	287
Tataouine	578	91	596	274		125	271	396	118	600	397	377	572	450	49	484	387	78	261	369	536	388	649	531	474	111
Gabès	453	153	471	149	125		146	521	100	428	212	252	447	240	76	359	241	203	136	244	411	263	493	406	352	138
Gafsa	246	299	408	145	271	146		667	331	282	199	106	226	294	222	313	116	324	190	98	267	256	347	343	318	284
Ghdames	974	487	992	670	396	521	667		514	996	793	673	968	846	445	880	783	474	657	896	832	784	1045	927	870	507
Houmt-Souk	553	100	570	249	118	100	331	514		575	372	352	547	340	69	459	362	196	236	344	511	363	623	506	497	52
Jendouba	49	581	156	427	600	428	282	996	575		203	176	56	322	551	221	398	678	339	236	134	260	65	154	166	613
Kairouan	180	571	218	344	397	212	199	793	372	203		145	175	119	348	114	315	258	136	130	139	57	251	153	119	410
Kasserine	225	405	332	397	377	252	106	673	352	176	145		328	259	222	455	192	87	167	202	241	196	398	198	264	390
El Kel	105	600	212	371	572	447	226	968	547	56	175	120		294	523	238	342	650	278	173	106	232	121	171	154	585
Mahdia	252	539	270	439	450	240	294	846	340	322	119	264	294		316	158	410	443	104	249	258	62	223	205	151	378
Médénine	529	77	547	225	49	76	222	445	69	551	348	328	523	316		435	338	127	212	218	355	339	569	482	428	62
Nabeul	172	512	132	458	484	359	313	880	459	221	114	259	238	158	435		429	562	223	244	192	96	242	67	66	497
Nefta	447	415	524	146	387	241	116	783	362	398	315	222	342	410	338	429		465	306	214	383	372	463	459	434	400
Remada	656	169	674	352	78	203	324	474	196	678	258	455	650	443	127	562	465		339	422	614	466	727	609	552	189
Sfax	317	435	335	285	261	136	190	657	236	339	136	167	278	104	212	223	306	339		121	275	127	387	270	216	274
Sidi Bou Zid	285	397	348	243	369	244	98	896	344	236	130	87	173	249	218	244	214	422	121		172	187	301	283	237	382
Siliana	183	432	192	412	536	411	267	832	311	134	139	167	106	258	355	339	383	614	275	172		196	160	127	70	417
Sousse	190	416	208	401	388	263	256	784	363	260	57	202	232	62	339	96	372	466	127	187	196		261	143	89	401
Tabarka	71	646	136	492	649	493	347	1045	623	65	251	241	121	223	569	242	463	727	387	301	160	261		175	188	631
Tunis	105	559	65	488	531	406	343	927	506	154	153	198	171	205	482	67	459	609	270	283	127	143	175		57	544
Zaghouan	117	505	122	463	474	352	318	870	497	166	119	264	154	151	428	66	434	552	216	237	70	89	188	57		490
Zarzis	591	46	609	287	111	138	284	507	52	613	410	390	585	378	62	497	400	189	274	382	417	401	631	544	490	

Essen und Trinken

Restaurants

In den Restaurants der größeren Hotels wird meist die europäische Küche angeboten. Jedoch ist auch der Besuch einheimischer Restaurants (→ Restaurants) unbedingt zu empfehlen. Da sie vor allem an Wochenenden gut besucht sind, ist es u. U. ratsam, einen Tisch zu reservieren (z. B. über das Hotel).

Essen und Trinken

Kaftäschis

Im ganzen Land gibt in den Ortszentren Imbißstuben, in denen Cassecroutes (siehe unten) und andere Kleinigkeiten angeboten werden, die entweder an Ort und Stelle verzehrt oder mitgenommen werden können.

Cafés

Im allgemeinen handelt es sich bei den Cafés um einen sehr einfach möblierten Raum, in dem sich meist nur Männer aufhalten. In den Fremdenverkehrsorten ähneln sie jedoch unseren europäischen Cafés mit bunt gemischtem Publikum. Hier werden u.a. Kaffee, als Expresso, als Café noir oder als Café au lait (mit oder ohne Milch) und (meist stark mit Zucker gesüßter) Pfefferminztee (Thé à la menthe) oder Tee mit Pistazien serviert.

Beliebte Gewürze

Anis, Barat (milde Mischung aus gemahlenem Zimt und Rosenknospen), Harissa (Arissa; meist sehr scharfe Gewürzmischung aus Knoblauch, rotem Paprika, Tomatenmark, Olivenöl), Koriander, Kümmel, Orangenblütenwasser, Pfefferminz, Safran, Rosenwasser, Tabil (scharfe Mischung aus Koriander, Kümmel, Knoblauch und getrockneten roten Pfefferschoten) und Zimt.

Spezialitäten der tunesischen Küche

Acida

Die tunesische Küche gilt als gelungene Symbiose zwischen Orient und Okzident, die zu entdecken lohnt.
Acida ist eine Spezialität aus Kairouan, die am Morgen des Mouled (→ Feiertage) auf zweierlei Arten vorbereitet wird: Entweder werden Grieß oder Mehl gekocht und mit Öl (evtl. auch Butter) und Honig gemischt, oder es wird – wahrscheinlich nach türkischem Rezept – die Grundmasse aus Kiefernsamen mit einer dicken Sahneschicht bedeckt und mit Nüssen, Pinienkernen, Pistazien und gemahlenen Mandeln garniert.

Bric

Eine empfehlenswerte Vorspeise ist das Bric à l'oeuf: Ein rohes Ei wird in einen dünnen Pfannkuchenteig eingeschlagen und das ganze in siedendem Öl so gebacken, daß das Eigelb weich bleibt.
Andere Brics werden mit Thunfisch, Hackfleisch oder Meeresfrüchten gefüllt.

Brochettes

Fleischspieß.

Cassecroute

Aufgeschnittenes Weißbrot wird mit gehackten Oliven, Thunfischstückchen, Kapern und Gemüse gefüllt und mit Öl und Essig sowie Harissa gewürzt.

Chakchouka

Eintopf aus Zwiebeln, Tomaten und Paprika, manchmal auch noch mit anderen Gemüsesorten.

Chorba à l'agneau

Gehaltvolle, scharf gewürzte Suppe aus Nudeln, Lammfleisch und Gemüse.

Complet poissson

Fischspezialität.

Couscous

Gerollter Weizengrieß wird über Fleisch oder Geflügel mit Gemüse im Dampf gegart.

Doulma

Zucchini mit Fleischfüllung.

Felfel

Gefüllte Paprikaschoten.

Gnaouia

Lamm in einer Sauce mit Kapern, Pfefferschoten und Gambas.

Hargma

Gesottene Kalbshaxe in scharfgewürzter, leicht säuerlicher Sauce.

Kaftadji

Gebratene Fleischstückchen mit Leber, Paprika und Zucchini.

Klaia

Rind- oder Hammelnieren in einer Sauce aus Olivenöl und kleingehackten Tomaten mit Pfeffer und Knoblauch.

Essen und Trinken

Koucha	Hammelfleisch und Kartoffeln im Ofen gegart.
Lablabi	Durch Zitronensaft leicht säuerliche, scharf gewürzte Suppe mit Kichererbseneinlage; dazu wird Weißbrot serviert.
Makroudh	Kleingebäck in Rautenform, gefüllt mit einer Paste aus Datteln und/oder Nüssen, Spezialität aus Kairouan.
Mechoui	Hammelspießbraten über offenem Feuer gegrillt.
Merguez	Feingewürzte Würstchen aus Lamm- oder Rindfleisch, die gebraten oder geröstet serviert werden.
Mirmiz	Mit Bohnen und Tomaten geschmortes Hammelfleisch.
Mosli	Ragout.
Ojja Objabil	Harte, gepfefferte Würstchen in einer stark gewürzten Kartoffelsuppe mit Tomatenmark und Knoblauch.
Slata Mechouia	Salat aus feingehackten Tomaten, Paprika, Peperoni und Zwiebeln, angemacht mit Knoblauch, Zitrone und viel Olivenöl.
Tajine	Eine Art Omlett, einer spanischen Tortilla ähnlich: kleine Fleischstücke mit Zwiebeln, Bohnen oder Erbsen, darunter vermengten Eiern und darüber geriebenem Käse werden im Ofen gebacken.
Nachspeisen	Meist Obst der Saison, Pudding oder Eis sowie süße tunesische Kuchen (gâteaux tunisiens), u. a. Acida (s. oben), Baklawa (stark gesüßtes Griesgebäck mit Mandeln), Doigt de Fatima (Blätterteigtasche mit einer Mandelmasse) oder Makroudh (s. oben).
Getränke	Als alkoholfreie Getränke werden alle möglichen Säfte, Mineralwasser (u. a. Safia, Aïn Okter, Aïn Garci), Cola und Flaschenlimonade angeboten sowie Kaffee und Tee (auf offene Getränke sollte man vorsichtshalber verzichten).
Alkoholische Getränke	In allen touristischen Restaurants, Bars und Hotels in Tunesien gibt es Alkohol (arabisch = alkhaha), obwohl gläubigen Moslems der Genuß von Alkohol nicht erlaubt ist. Angeboten werden neben gängigen ausländischen Artikeln gut schmeckende und erschwingliche tunesische Weine (s. S. 346) sowie das einheimische Bier Celtia, das leichte Bier Stella und seit neuestem das Importbier von Löwenbräu, frisch gezapft oder in Flaschen; gern getrunken wird Boukha, ein Feigenschnaps sowie Thibarine, ein Dattelliqueur. Den Dattelpalmenwein Laghmi erhält man nur im Frühjahr in den Oasen des Südens, wo er unvergoren am besten schmeckt.

Kleines französisch-deutsches Lexikon für Getränke und Speisen

Getränke		
	alcools	Spirituosen
	bière	Bier
	boga	Limonade (Markenname)
	bouteille	Flasche
	café au lait	Kaffee mit Milch
	noir	schwarz
	glacé	Eiskaffee
	Chocolat	Schokolade
	demi-litre	halber Liter
	digestif	Cognac
	eau	Wasser
	eau gazeuse	kohlensäurehaltiges Mineralwasser

Essen und Trinken

infusion	Tee	Getränke
de camomille	Kamillentee	(Fortsetzung)
de verveine	Eisenkrauttee	
thé à la menthe	Pfefferminztee	
jus de fruits	Fruchtsaft	
de citron	Zitronensaft	
d'orange	Orangensaft	
de tomate	Tomatensaft	
lait	Milch	
limonade	Limonade	
orange pressée	frisch gepreßter Orangensaft	
pastis	Anisschnaps	
quart	Viertel	
thé au citron	Tee mit Zitrone	
thé au lait	Tee mit Milch	
thé nature	schwarzer Tee	
tisane	Kräutertee	
verre	Glas	
vin blanc	Weißwein	
vin rosé	Roséwein	
vin rouge	Rotwein	
abats	Innereien	Speisen
abricots	Aprikosen	
agneau	Lamm	
ail	Knoblauch	
aioli	Knoblauchmayonnaise	
amandes	Mandeln	
anchois	Anchovis	
ange de mer	Engelshai	
artichauts	Artischocken	
asperges	Spargel	
baguettes	Weißbrot	
baudroie	Seeteufel	
bécasse	Schnepfe	
beignet	gefüllte, in Öl ausgebackene Teigballen, süß oder gesalzen	
betterave rouge	rote Bete	
beurre	Butter	
biscotte	Zwieback	
blettes	Mangold	
boeuf	Rindfleisch	
boulettes	Buletten	
brioche	Napfkuchen	
brochette	Fleischspieß	
caille	Wachtel	
calamar	Tintenfisch	
canard	Ente	
canelle	Zimt	
capres	Kapern	
carottes	Karotten	
carré	Rippenstück	
célerie	Sellerie	
cèpes	Steinpilze	
cervelle	Hirn	
charcuterie	Wurst und Schinken	
châteaubriant	Filetsteak	
chèvre	Schafskäse	
chou	Kohl	
fleur	Blumenkohl	
rouge	Rotkohl (Salat)	
de Bruxelles	Rosenkohl	

Essen und Trinken

Speisen (Fortsetzung)

ciboulette	Schnittlauch
cochon de lait	Spanferkel
coeur	Herz
coing	Quitte
concombre	Gurke
confit	eingelegte Früchte
consommé	klare Fleischbrühe
coq	Hahn
au vin	Hähnchen in Rotwein
coquillages	Muscheln
côtelette	Kotelett
courge	Kürbis
couscous	Kuscus
crêpe	dünner Pfannkuchen
crevettes	Krevetten
croissant	Hörnchen
cru	roh
crudités	Rohkostsalate
cumin	Kümmel
dattes	Datteln
daurade	Goldbrasse
déjeuner	Mittagessen
dessert	Nachtisch
dinde	Pute
dindon	Truthahn
échalotte	Schalotte
eclair	Brandteiggebäck
entrecôte	Lendenstück
entrée	Vorspeise
épaule	Schulterstück
épices	Gewürze
épinard	Spinat
escalope	Schnitzel
escargots	Schnecken
farci	gefüllt
fenouil	Fenchel
figues	Feigen
flan	Pudding
foie	Leber
frais	frisch
fraise	Erdbeeren
friture	in Öl Gebackenes
fromage	Käse
blanc	Quark
fruits	Früchte
de mer	Meeresfrüchte
garni	Beilagen
gateau	Kuchen
gaufrettes	Waffeln
gibier	Wild
gigot	Keule
gingimbre	Ingwer
glace	Eis
gratin	überbacken
grillade	gegrilles Fleisch
grillé	gegrillt
groseilles	Johannisbeeren
haché	gehackt
haricots	Bohnen
herbes	Kräuter
hors d'oeuvre	Vorspeise (kalt)
huitres	Austern

Essen und Trinken

Speisen
(Fortsetzung)

jambon	Schinken
cru	roher Schinken
jarret	Beinfleisch
laitue	Kopfsalat
langouste	Languste
langue	Zunge
lapin	Kaninchen
lard	Speck
fumé	geräucherter Speck
légume	Gemüse
loup de mer	Wolfsbarsch
maquereau	Makrele
mariné	mariniert
marjolaine	Majoran
melon	Melone
menthe	Minze
merguez	Lamm- oder Rindswürstchen
mérou	Barsch
miel	Honig
mouton	Hammel
navets	weiße Rüben
noisettes	Haselnüsse
noix	Walnuß
nouilles	Nudeln
oeuf	Ei
à la coq	weiches Ei
oeufs brouillés	Rührei
oeuf sur le plat	Spiegelei
oie	Gans
oignon	Zwiebeln
omelette	Omelett
olives	Oliven
origan	Oregano
oseille	Sauerampfer
pageot	Rotbrasse
pain	Brot
de seigle	Roggenbrot
pâté	Pastete
pâtes	Nudeln
pâtisserie	Kuchen, Gebäck
pastèque	Wassermelone
pêche	Pfirsich
petits pois	Erbsen
pied de veau	Kalbshaxe
pistache	Pistazie
plat du jour	Tagesgericht
poire	Birne
poireau	Lauch
pois chiches	Kichererbsen
poivre	Pfeffer
poivron	Paprikaschote
pomme	Apfel
pomme de terre	Kartoffel
en robe de chambre	Pellkartoffeln
sautées	Bratkartoffeln
porc	Schwein
potage	Suppe
pot au feu	gekochtes Rindfleisch in Gemüsebrühe
poule	Huhn
poulet	Hühnchen
poulpe	Krake

Essen und Trinken

Speisen (Fortsetzung)

prune	Pflaume
raie	Rochen
raisin	Traube
rapé	gerieben
rascasse	Knurrhahn
repas	Mahlzeit
riz	Reis
rognons	Nieren
rôti	Braten
rouget	Rotbarbe
saignant	blutig
salade	Salat
sanglier	Wildschwein
sar	Brasse
sardine	Sardine
saucisse	Würstchen
sauge	Salbei
sautée	geschmort
sel	Salz
semoule	Gries
sole	Seezungen
sorbet	Fruchteis
sorgho	Hirse
soufflé	Auflauf
soupe	Suppe
sucre	Zucker
tarte	Torte
terrine	Pastete
tête	Kopf
thon	Thunfisch
Thym	Thymian
tranche	Scheibe
tripes	Kutteln
truffes	Trüffel
turbot	Steinbutt
tomates	Tomaten
veau	Kalb
velouté	cremig
vermicelles	Fadennudeln
viande	Fleisch
vinaigre	Essig
vinaigrette	Öl-Essig-Salatsoße
volaille	Geflügel
yaourt	Joghurt

Wein

Allgemeines

Der Weinanbau geht in Tunesien bereits auf die Karthager zurück. Zu seiner Verfeinerung haben vor allem die Franzosen und Italiener beigetragen. Die wichtigsten Anbaugebiete liegen am Cap Bon, in der Gegend um Tunis (Mornag), Biserta und Thibar.
Alle privaten, staatlichen und genossenschaftlichen Weinkellereien unterstehen der Kontrolle des Office du Vin, einer den französischen Appellations ähnelnden Einrichtung.
Größter Erzeuger ist der Genossenschaftsverband, die Union des Coopératives Viticoles de Tunisie. Zu den besten selbständigen Erzeugern zählen die Société Lomblot, Château Feriani, Tené Laveau sowie Tardi.

Beliebte Weine
Rotweine

Hierzu gehören u.a. Magon, Kahena, Côteaux d'Utique, Royal Tardi, Domaine Karim, Coteaux de Carthage, Château Mornag, Château Thibar, Château Feriani, Sidi Salem und Château Khanguet.

Feiertage

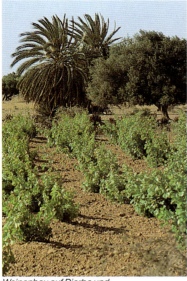

Weinanbau auf Djerba und ... ... *kleine Auswahl tunesischer Weine*

Château Mornag, Gris de Tunisie, Claret de Bizerte und Sidi Rais (trocken, mit einem leichten Muskat-Ton).
Beliebte Weine (Fortsetzung)
Rosé

Blanc de Blanc, Domaine de Karim, Haut Mornag. Sie sind allesamt weich und fruchtig. Außergewöhnlich ist der trockene Muscat de Kelibia mit einem typischen Muskatellertrauben-Geschmack.
Weißweine

Weitere Informationen erteilen sowohl "Der große Johnson", herausgegeben von Hugh Johnson, Hallwag Verlag, sowie die Union des Caves Coopératives Viticoles de Tunesie, Verein der Weingenossenschaften Tunesiens, Route de Mornag, Djebel Djelloud, Tel. (01) 247995.
Weitere Informationen

→ Restaurants

Fähren

→ Autofähren

Fahrvorschriften

→ Verkehrsvorschriften

Feiertage

Religiöser Wochenfeiertag ist der Freitag (Djemaa). Das öffentliche Leben läuft trotzdem normal weiter (offizieller Ruhetag ist auch hier der Sonntag),
Wochenfeiertage

Feiertage

Wochenfeiertage (Fortsetzung)

wobei für Ämter und Banken lediglich mit geänderten Öffnungszeiten gerechnet werden muß, da die männlichen Moslems sich am frühen Nachmittag zum gemeinsamen Freitagsgebet in die Moschee begeben.

Staatliche Feiertage

Neujahr (Jour de l'an): 1. Januar
Tag der Unabhängigkeit (Fête de l'Indépendance): 20. März (seit 1956)
Jugendtag (Jour de la Jeunesse): 21. März
Tag der Märtyrer (Jour des Martyrs): 9. April (seit 1938)
Tag der Arbeit (Fête du Travail): 1. Mai
Tag der Republik (Fête de la Proclamation de la République): 25. Juli
Tag der Frau (Journée de la Femme): 13. August
Gedenktag des 7. Novembers 1987: 7. November

Religiöse Feiertage

Die religiösen Feiertage richten sich nach dem islamischen Jahr, dem Hejri (⟶ Kalender). Dieses wird ebenfalls in zwölf Monate unterteilt; allerdings richten sie sich nicht wie bei dem Gregorianischen Kalender nach dem Sonnenlauf, sondern nach den Mondphasen und sind nur 29 Tage lang. Das Jahr ist dadurch etwa 10–12 Tage kürzer.
So finden die religiösen Feste jedes Jahr rund 10–12 Tage früher statt als im Vorjahr. Informationen erteilen u.a. die unter ⟶ Auskunft genannten Stellen.

Aïd Es Seghir ('kleines Hammelfest'; Ende des Fastenmonats Ramadan): 27. Dezember 2000; 18. Dezember 2001; 10. Dezember 2002
Aïd El Kebir ('großes Hammelfest'; auf dem Höhepunkt der Pilgerfahrten nach Mekka): 7./8. März 2001; 26./27. Februar 2002
Ras El Aam Hejri (Islamisches Neujahrsfest): 28. März 2001; 18. März 2002
Mouled (Geburtstag des Propheten Mohammed): 5. Juni 2001; 27. April 2002

Ramadan

Der Ramadan ist der neunte Monat des islamischen Jahres und für die Moslems ein Fastenmonat. Unter Fasten wird dabei 'ein asketisches Leben führen' verstanden, d.h. es soll auf Essen, Trinken, Rauchen, Kiffen, d.h. auf alle weltlichen Vergnügungen einschließlich des Geschlechtsverkehrs verzichtet werden. Außerdem soll das religiöse Leben durch strenges Befolgen der Gebetszeiten und zusätzliche Moscheenbesuche intensiviert werden.
Ausgenommen vom Fastengebot sind nur Kinder bis 12 Jahre, Alte, Schwangere, Kranke und Reisende. Das Fasten gilt zudem auch nur tagsüber. Sobald der Ruf des Muezzins beim Sonnenuntergang ertönt, darf gegessen werden. Meist werden drei Mahlzeiten eingenommen, die letzte kurz vor Sonnenaufgang. Häufig sind diese nächtlichen Mahlzeiten besonders üppig und nehmen die Form eines Festes mit Gesang und Tanz an, das den Gläubigen für die Entbehrungen des Tages entschädigt.
Das Geschäftsleben in dieser Zeit läuft erheblich geruhsamer ab als sonst und öffentliche Einrichtungen, Ämter, Geschäfte und Banken sind nur vormittags geöffnet.
Beginn des Ramadan: 29. November 2000; 19. November 2001; 11. November 2002

Feiertage tunesischer Juden

Auf der Insel Djerba befindet sich – trotz einer inzwischen erfolgten Abwanderungswelle nach Israel – auch heute noch die größte jüdische Gemeinde Afrikas. Sie begeht die jüdischen Feiertage, insbesondere das Versöhnungsfest "Yom Kippur" (Sept./Okt.) zur Erinnerung an den Zug der Israeliten durch die Wüste.

Weitere Informationen

⟶ Geschäftszeiten
⟶ Kalender
⟶ Nachtleben
⟶ Sitten und Gebräuche
⟶ Umgangsregeln
⟶ Veranstaltungen

FKK

Freikörperkultur (Nacktbaden) ist in Tunesien verboten; auch Oben-Ohne-Baden wird an öffentlichen Stränden nicht gern gesehen.
Aus Rücksichtnahme gegenüber den landesüblichen Gebräuchen und auch um Belästigungen zu entgehen, sollte man sich eher zurückhaltend kleiden. Letzteres gilt besonders für Frauen.

⟶ Umgangsregeln
⟶ Kleidung

Weitere Informationen

Fluggesellschaften

Internet: www.tunisair.com.tn

D-60329 Frankfurt am Main
Am Hauptbahnhof 16, Tel. (069) 27 10 0 10, Fax 27 10 01 35

Vertretungen der TunisAir in Europa Deutschland und Österreich

D-20095 Hamburg
Rosenstraße 17
Tel. (040) 32 30 41/42, Fax 33 15 69

D-40210 Düsseldorf
Steinstraße 23; Tel. (02 11) 32 30 9 16/18, Fax 13 24 71

D-80331 München
Sonnenstraße 1; Tel. (089) 59 56 53/54, Fax 55 03 5 19

D-10707 Berlin
Kurfürstendamm 171; Tel. (030) 8 82 20 47/48, Fax 8 81 64 63

A-1010 Wien
Opernring 3; Tel. (01) 5 81 42 06, Fax 5 81 42 08

In Österreich

CH-8001 Zürich
Bahnhofplatz 3; Tel. (01) 2 11 32 30/31, Fax 2 11 32 34

In der Schweiz

Tunis
Boulevard du 7 Novembre 1987
Tel. (01) 70 01 00 und 70 05 45, Fax 70 00 08

Vertretungen der Tunis Air in Tunesien

Es gibt weitere Agenturen in Bizerte, auf Djerba, in Gabès, Kairouan, Médenine, Monastir, Nabeul, Sfax, Sousse, Tabarka, Tozeur.

Weitere Vertretungen

Vertretungen ausländischer Luftgesellschaften in Tunesien

Tunis
Boulevard Ouled Haffouz (Komplex El Mechtel); Tel. (01) 79 44 11
und
Aéroport International de Tunis-Carthage; Tel. (01) 75 40 00 und 75 50 00

Lufthansa

Tunis
1, Rue d'Athènes; Tel. (01) 34 15 72 und 35 54 22 (Reservierung)

Air France

Tunis c/o Generalagent Tunis Air
1, Rue S. Ben Hamida L/Menzah 5; Tel. (01) 75 10 70
und
Aéroport International de Tunis-Carthage; Tel. (01) 75 40 00, Fax 76 74 33

Austrian Airlines

Flugverkehr

Mit der Tunis Air nach Tunesien

Swissair-Vertretung in Tunis	Tunis Immeuble Maghrebia B 1987, Bd. du 7 Novembre Tel. (01) 705311, Fax 703530
Weitere Informationen	→ Anreise → Flugverkehr

Flugverkehr

Internationale Flughäfen Tunis	Der wichtigste internationale Flughafen Tunesiens ist der Flughafen Tunis-Carthage Tel. (01) 236000 (rund 8 km nordöstlich der Landeshauptstadt).
Djerba, Mellita	Aéroport International de Djerba-Zarzis Tel. (05) 650233 (8 km westlich von Houmt-Souk)
Monastir-Skanès	Aéroport International Habib Bourguiba de Monastir-Skanès Tel. (03) 460300 (etwa 8 km südwestlich außerhalb des Stadtzentrums von Monastir)
Sfax	Aéroport International de Sfax-Thyna Tel. (04) 240879 (rund 6 km südwestlich außerhalb des Stadtzentrums)
Tabarka	Aéroport International 7 Novembre Tel. (08) 644082 (8 km östlich von Tabarka)
Tozeur-Nefta	Aéroport International de Tozeur-Nefta Avenue Habib Bourguiba Tel. (06) 450388 (unweit nördlich von Tozeur)
Nationale Flugverbindungen (s. Plan S. 339)	Flüge der Gesellschaft Tuninter verkehren zwischen: Tunis – Djerba – Tunis Tunis – Sfax – Tunis Tunis – Tozeur – Tunis

Fotografieren und Filmen

Tunis – Tabarka – Tunis Tunis – Malta – Tunis Tunis – Palermo – Tunis	Nationale Flug- verbindungen (Fortsetzung)

Tunis (01) 70 17 17
Djerba (Flughafen), Tel. (05) 65 01 59
Monastir, Tel. (03) 46 25 50
Sfax, Tel. (04) 22 86 28 und 22 80 28
Tozeur, Tel. (06) 45 00 038 (Ave. Farhat Hached) und 45 03 88 (Flughafen)

Informationen

Die kleinere staatliche Fluggesellschaft Tunisavia bietet Flüge zwischen Gabès – Tunis – Gabès an (Adresse s. S. 351).

Außerdem können bei der Gesellschaft Tunisavia kleine Flugzeuge für 9 bis 50 Passagiere gemietet werden.
Information und Reservierung: Tel. (01) 71 76 00

Mietflugzeuge

Meist wird der Transfer zwischen Flughafen und Hotel (bzw. umgekehrt) von dem Reisebüro organisiert, bei dem man im Heimatland gebucht hat; es stehen aber auch genügend andere Verkehrsmittel an den Flughäfen zur Weiterbeförderung bereit: ⟶ Mietwagen, ⟶ Taxis

Transfer

⟶ Anreise, ⟶ Fluggesellschaften

Weitere Informationen

Fotografieren und Filmen

Der Abschluß einer Reisegepäckversicherung (⟶ Sicherheit) für wertvolle Film- und Fotoausrüstung ist empfehlenswert.

Allgemeines

Wer eine Videokamera oder sein Videogerät mitnehmen möchte, muß dies bei der Einreise nach Tunesien im Reisepaß eintragen lassen.

Videokamera Videogerät

Filmmaterial der meisten internationalen Firmen gibt es in Tunesien in den großen Städten und Touristikzentren ohne Probleme zu kaufen. Allerdings sind die Preise höher als in Mitteleuropa. Es ist daher günstiger, die gesamte benötigte Menge an Super-8-, Dia- und anderen Filmen mitzubringen. Im Normalfall wird die Menge der eingeführten Filme nicht überprüft. Wegen der starken Sonneneinstrahlung und des hohen UV-Anteils an der Küste ist die Benutzung von Polfiltern empfehlenswert (darüber hinaus schützen sie die Frontlinse vor Sand und Staub). Außerdem lohnt sich für das Fotografieren die Mitnahme eines starken Blitzgerätes.

Filmmaterial

In den Museen ist allgemein gegen Gebühr das Fotografieren und Filmen erlaubt. Für die Benutzung von Blitzlicht und Stativ ist eventuell eine weitere Gebühr zu entrichten.

Museen

Wie in vielen islamischen Ländern ist das Fotografieren von Personen problematisch. Dies hängt mit der Bilderfeindlichkeit der islamischen Religion zusammen. Gläubige Moslems empfinden das Fotografiertwerden als entwürdigend. Natürlich haben sich Bräuche und Ansichten besonders durch den Tourismus etwas relativiert. Dennoch sollte der Reisende gerade in dieser Hinsicht mit viel Feingefühl vorgehen.

Personenfotografie

In den großen Städten und den Touristenzentren, aber auch an anderen Orten mit touristischen Sehenswürdigkeiten, haben sich viele Menschen auf das Fotografiertwerden eingestellt. Sie akzeptieren es, wenn man nicht aufdringlich ist und wenn vorher durch Gesten Zustimmung eingeholt wurde. Nicht selten wird jedoch anschließend Geld verlangt.
Kinder lassen sich im allgemeinen noch problemlos fotografieren, obwohl auch diese in den großen Touristenzentren Geld fordern.

Fremdenführer

Personenfotografie (Fortsetzung)
Auf dem Lande dagegen ist es immer noch sehr schwirig, Porträtaufnahmen zu machen. Die meisten Menschen wollen nicht fotografiert werden und verbieten es. Besonders Frauen, die in ihren malerischen und traditionellen Kleidern und ihrem Schmuck im wahrsten Sinne des Wortes ein prächtiges Bild abgäben, dürfen – wenn überhaupt – erst nach ihrer Zustimmung aufgenommen werden.
Das Fotografieren von Gläubigen in Ausübung ihrer Religionsvorschriften (Gebet, Waschungen, Begräbnisse, Pilger) ist absolut unerwünscht! Da die Innenräume der Moscheen nicht betreten werden dürfen, lassen sich auch diese nicht auf den Film bannen.

Keine Aufnahmen von Militärzonen!
Das Fotografieren von militärischen Anlagen, Brücken sowie öffentlichen Gebäuden, die beflaggt sind, ist im ganzen Land streng verboten.

Fremdenführer

Das Fremdenführerwesen kann infolge der zunehmenden Aufdringlichkeit und Aggressivität der selbsternannten, nichtoffiziellen Führer zumindest in den großen Städten für den Alleinreisenden zu einem Problem werden.

Inoffizielle Führer
Als inoffizielle Führer bieten sich in den großen Städten nahezu auf Schritt und Tritt Jugendliche, zum Teil Kinder und manchmal auch Erwachsene an. Sie drängen sich mit großer Freundlichkeit, Hartnäckigkeit und vielerlei Tricks auf. Im Falle der Ablehnung kann die Freundlichkeit neuerdings in Beschimpfungen und Aggressivität umschlagen. Diese inoffiziellen Führungen enden meistens in irgendwelchen Geschäften. Bei Abschluß eines auf diese Weise zustande gekommenen Einkaufes erhalten die Führer eine Provision. Inzwischen verbieten Polizeiverordnungen die inoffiziellen Führungen und stellen sie unter empfindliche Strafe. Dennoch nimmt die Anzahl der Jugendlichen, die sich leicht und schnell Geld verdienen wollen, mit der wachsenden Arbeitslosigkeit immer mehr zu.
Die Führer sprechen französisch und englisch, in zunehmendem Maße auch deutsch.
Obwohl man sich auch als Ortsunkundiger relativ leicht in den tunesischen Städten, Medinas und Ausgrabungsgeländen orientieren kann, wird deren Besuch wesentlich erleichtert, wenn man sich einem Führer anvertraut. Die Belästigungen und Beeinträchtigungen, die durch ständiges Angeredetwerden und Abwehrenmüssen von Angeboten zur Führung entstehen, hören schlagartig auf, sobald man mit einem Führer unterwegs ist. Bevor man sich einem inoffiziellen Führer anvertraut, sollte man sich zur Sicherheit dessen Personalausweis zeigen lassen und die Nummer notieren. Auch der Preis muß unbedingt vorher ausgehandelt werden. Auf keinen Fall sollte man sich auf die unbestimmte Aussage: "Geben Sie mir, was sie wollen!" verlassen, da dies zu Streitigkeiten führen kann, wenn man die offiziellen Preise nicht kennt. Günstig ist es, sich vorab zu informieren (z.B. beim Fremdenverkehrsamt ONTT), auch empfiehlt es sich, dem Führer zu sagen, was man besichtigen will.

Offizielle Führer
Auch offizielle Führer (Guide), die an ihrem sichtbar getragenen runden Abzeichen zu erkennen sind und sich zusätzlich durch einen vom Ministerium für Tourismus ausgestellten Dienstausweis ausweisen können, sind manchmal bei/in den großen Hotels, an den Eingängen der Medinas sowie der Ausgrabungsstätten anzutreffen. In der Regel werden sie aber telefonisch (über das Hotel) oder direkt beim Büro des ONTT (Office National du Tourisme Tunisien) oder beim Syndicat d'Initiative engagiert.

Preise
Die Preise für offizielle Führer sind festgelegt und können bei den oben genannten Ämtern erfragt werden. Sie variieren von Stadt zu Stadt etwas. Trotzdem sollte auch bei offiziellen Führern der Preis vor der Führung genau abgeklärt werden.

Geld

Die Ausbildung der offiziellen Führer erfolgt in der Tourismusschule des ONTT in Tunis, dauert zwei Jahre und ist für die Auszubildenden sehr teuer. Sie müssen mindestens zwei Fremdsprachen beherrschen, in letzter Zeit wird zunehmend deutsch gesprochen.

Fremdenführer (Fortsetzung) Ausbildung

Fundbüros

In Tunesien gibt es keine Fundbüros. Gefundene Objekte werden im allgemeinen bei den örtlichen Polizeirevieren (Commissariat de police) abgegeben.

Geld

Die Währungseinheit Tunesiens ist der tunesische Dinar (TND) zu je 1 000 Millimes (m). Es gibt Banknoten zu 5, 10, 20 und 30 Dinar; außerdem Münzen im Wert von 1, 2, 5, 10, 20, 50 und 100 Millimes sowie 1/2 Dinar (Wert: 500 Millimes) und 1 Dinar.

Währung

1 TND	= 1,55 DEM	1 DEM	= 0,643 TND
1 TND	= 1,277 CHF	1 CHF	= 0,783 TND
1 TND	= 10,94 ATS	1 ATS	= 0,091 TND
1 Euro	= 1,25 TND	1 TND	= 0,790 Euro

Wechselkurse

Sowohl die Einfuhr als auch die Ausfuhr tunesischer Währung ist verboten. Ausländisches Bargeld und Reiseschecks unterliegen keinen Beschränkungen. Die Einfuhr von Fremdwährungen im Gegenwert von mehr als 1000 TND sollten bei der Einreise deklariert werden, damit nichtverbrauchte Beträge wieder ausgeführt werden können.

Ein- und Ausfuhr der Landeswährung Devisen

Hat man vor der Ausreise noch tunesische Dinar übrig, können bis maximal 30 % des insgesamt getauschten Betrages, höchstens jedoch 100 TND zurückgetauscht werden. Aus diesem Grund sollten unbedingt die Wechselquittungen und Kaufbelege bis zur Ausreise aufbewahrt werden.

Rücktausch der tunesischen Landeswährung

Anfang Juli bis Mitte September: montags – freitags, 8.00–11.00 Uhr. Vor- und Nachsaison: montags – donnerstags, 8.00–11.00 und 14.00 bis 16.00 Uhr, freitags 8.00–11.00 und 13.30–15.00 Uhr.

Öffnungszeiten der Banken

Einige Wechselstuben, z.B. in größeren Hotels, an Flughäfen, Häfen, Grenzübergängen, sind auch samstags, sonn- und feiertags geöffnet.

Wechselstuben

In allen größeren Städten gibt es Geldautomaten (DAB = Distributeur Automatique de Banque), an denen man mit Kredit- und/oder ec-Karten (in Kombination mit der Geheimnummer) problemlos rund um die Uhr Geld abheben kann. Mit der ec-Karte erhält man maximal TND 200,00.
Bei Verlust der Scheckkarte alarmiere man zur sofortigen Sperrung unverzüglich den rund um die Uhr erreichbaren Zentralen Annahmedienst für Verlustmeldungen von Eurochequekarten in Frankfurt am Main; Telefon/direktwahl aus Tunesien 0049/1805/021021 oder 0049/69/740987.

Geldautomaten

Banken, größere Hotels, Restaurants der gehobenen Kategorie, Autovermieter etc. akzeptieren die meisten internationalen Kreditkarten.
Bei Verlust der Kreditkarte sollte sofort die jeweilige Zentrale benachrichtigt werden. American Express, Tel. 0049/69/75761000; Diners Club, Tel. 0049/69/2603981; Eurocard/Mastercard, Tel. 0049/69/79331910. Bei Verlust Ihrer Visakarte wenden Sie sich bitte an Ihre kartenausgebende Bank oder melden Sie ein R-Gespräch zu folgender Rufnummer in den USA an: Tel. 4105813836.

Kreditkarten

Geschäftszeiten

Geschäftszeiten

Allgemeines	Die unten genannten Öffnungszeiten gelten in der Regel für die Landeshauptstadt Tunis; in Ferienzentren und im Landesinneren sind meist andere Schließungszeiten üblich.
Behörden	Sommer: montags – donnerstags, 7.00–13.00 Uhr Winter: montags – donnerstags, 9.00–13.00 und 15.00–18.00 Uhr Während des Fastenmonats Ramadan: 8.00–14.00 Uhr
Apotheken	→ dort
Banken	→ Geld
Botschaften	→ Diplomatische und konsularische Vertretungen
Feiertage	→ dort
Geschäfte	Täglich außer an Sonn- und Feiertagen, 9.00–12.00 und 14.00/15.00 bis 18.00 Uhr.
Kaufhäuser	Sommer: montags – samstags, 8.00–12.00 und 16.00–19.00/20.00 Uhr Winter: 8.30–12.00 und 15.00–19.00/19.30 Uhr Ramadan: 9.00–16.00 Uhr
Hinweis	Einige Kaufhäuser haben montags geschlossen.
Kinos	Sommer (und Ramadan): 16.00–20.00 und 21.00–24.00 Uhr Winter: 15.00–20.00 und 21.00–24.00 Uhr
Lebensmittelläden	Sommer: montags – samstags, 6.00–13.00 und 16.00–21.00 Uhr Winter: 7.00–13.00 und 15.00–20.00 Uhr
Märkte und Souks	→ dort
Moscheen	→ dort
Museen	→ dort
ONAT	Die Läden der Organisation Nationale de l'Artisanat Tunisien (→ Einkäufe) haben in der Regel folgende Öffnungszeiten: montags – samstags, 9.00 bis 12.30 und 15.00–19.00 Uhr.
Post	→ dort
ONTT Touristenbüros	Die Geschäftsstellen der Touristenbüros (Office National du Tourisme Tunisien, ONTT) sind im allgemeinen geöffnet: montags – samstags, 9.00 bis 12.00 und 15.00–17.00 Uhr.
Wechselstuben	→ Geld

Gesundheitsvorsorge

Allgemeines	Die hygienischen Verhältnisse in den Fremdenverkehrsorten Tunesiens entsprechen etwa denjenigen der übrigen Mittelmeerländer.
Impfungen	Reisende aus Deutschland, Österreich und der Schweiz benötigen für die Einreise nach Tunesien keine Impfung, sofern sie direkt aus Europa oder einem Land eines anderen Kontinents kommen, das von der WHO (World Health Organisation) als infektionsfrei angesehen wird.

Einige Impfungen sind dennoch empfehlenswert: Auf jeden Fall sollte eine Impfung gegen Polio (Kinderlähmung) und Tetanus (Wundstarrkrampf) durchgeführt worden sein. Eine Vorbeugung gegen Typhus/Parathypus ist ebenfalls ratsam.

Impfungen (Fortsetzung)

Die Reiseapotheke sollte enthalten: Mittel gegen Durchfall, Magen- und Darmerkrankungen, Schmerz- und Grippemittel, Erkältungsmittel, Antibiotika und/oder ein Sulfonamid, Desinfektionsmittel, Antiallergika (gegen Sonnenbrand, Ausschläge u. Insektenstiche), Insektenschutzmittel, Sonnenöl mit hohem Lichtschutzfaktor, Verbandsmaterial einschließlich elastischer Binde und Wund- bzw. Brandsalbe.

Reiseapotheke

Ausreichender Sonnenschutz (Kopfbedeckung, Sonnenbrille, Sonnenschutzcreme) ist unentbehrlich. Um den starken Wasserverlust des Körpers auszugleichen, sollte viel Flüssigkeit zu sich genommen werden. Das Wasser in den großen Hotels ist ungefährlich. Im Süden und in Straßenrestaurants empfiehlt es sich, Wasser nicht offen, sondern in Flaschen zu bestellen. Wenn man empfindlich ist, sollte man auch auf Eiswürfel im Drink und auf Speiseeis verzichten.
Zeigen sich nach Insektenstichen starke Schwellungen oder andere Veränderungen, so suche man sofort einen Arzt auf.

Einige Ratschläge

Wer in den Süden des Landes aufbricht, sollte festes und v. a. hohes Schuhwerk tragen, um sich vor Schlangenbissen zu schützen, keine Steine aufheben, denn dahinter könnten sich die Tiere zum Schutz vor der tagsüber herrschenden Hitze zurückgezogen haben!
Ist eine Übernachtung im Zelt vorgesehen, sind – um sich vor nachtaktiven Skorpionen zu schützen – abgelegte Kleider und Schuhe, die man am nächsten Tag wieder anzieht, stets gut auszuschütteln.
Im Notfall packt man den Skorpion mit Daumen und Zeigefinger am äußersten Schwanzende und läßt den Körper herunterhängen, der Griff ist jedoch für Ungeübte äußerst gefährlich. Bei einem Stich sollte umgehend der Arzt aufgesucht werden, ist dies nicht möglich, so muß die Stichstelle sofort mit einem Messer, besser noch mit einer Rasierklinge, tief eingeschnitten und ausgedrückt werden, damit die Wunde ausblutet.

Schlangenbiß Skorpionstich

Gegen die Übertragung der Immunschwäche AIDS (französisch = SIDA) helfen nur die auch hierzulande empfohlenen Vorsichtsmaßnahmen: Blutentnahme, Injektionen etc. sollten nur mit Einwegspritzen vorgenommen werden. Bei Bluttransfusionen sollte nach Möglichkeit die Übertragung von lokalen Blutkonserven vermieden werden und stattdessen nach Spendern Ausschau gehalten werden, die zuverlässigen Ärzten bekannt sind. Alle nicht unbedingt erforderlichen chirurgischen oder zahnärztlichen Eingriffe sollten bis auf die Rückkehr unterlassen werden.
Als Hauptinfektionsweg für AIDS gilt der ungeschützte Geschlechtsverkehr, sowohl homosexueller als auch heterosexueller. Das Ansteckungsrisiko kann durch die Benutzung von Kondomen vermindert werden.

AIDS

→ Apotheken
→ Ärztliche Hilfe
→ Notdienste

Weitere Informationen

Grenzübergänge

Internationale Flughäfen → Flugverkehr
Weitere Informationen → Anreise

Auf dem Luftweg

Es darf nur über Häfen eingereist werden (Ausnahmen im Notfall), die ein Zoll- und Polizeiamt haben → Anreise, auf dem Seeweg.
Weitere Informationen → Autofähren, → Sport, Wassersport.

Auf dem Seeweg

Hammam

Grenzübergänge (Fortsetzung) Auf dem Landweg nach Algerien	Grenzzollämter (Reihenfolge von Norden nach Süden) nach Algerien: unweit westlich von Tabarka, Babouche, Ghardimaou, Sakiet Sidi Youssef, Bou-Chebka und Hazoua (westlich von Nefta).
nach Libyen	Grenzübergänge nach Libyen: Zollämter von Ras Jedir, Dehibat und Ghadames. Achtung: Wer in Libyen ohne Visum angetroffen wird, wird verhaftet.
Mit dem Bus nach Libyen	Zwischen Tunesien und Libyen bestehen zahlreiche Busverbindungen (→ Autobus).
Trans-Maghreb bis Marokko	Eine Eisenbahnlinie (Trans-Maghreb → Eisenbahn) verbindet Tunesien mit Algerien und Marokko.

Hammam

'Hammam' ist die Bezeichnung für ein öffentliches Badehaus im Vorderen Orient und im Maghreb, im deutschsprachigen Raum auch als Türkisches Bad bekannt (s. Graphik S. 86). Die Bäder ersetzten schon immer private Waschgelegenheiten und befinden sich daher jeweils im ältesten Teil der Großstädte, den Medinas.
Das Hammam ist mit kleinen Warm- und Kaltwasserbecken, Duschen und Ruhebänken ausgestattet. Außerdem kann man Dampfbäder nehmen und Massagen erhalten. Badetücher können meistens ausgeliehen werden. Frauen und Männer gehen nach Geschlechtern getrennt zu bestimmten unterschiedlichen Zeiten, oder, so vorhanden, in verschiedene Bäder.

Heilbäder

Allgemeines	Die schon seit der Römerzeit bekannten Thermen im Norden Tunesiens sind zu Thermalbädern mit modernen Kureinrichtungen ausgebaut worden, die auch von den Einheimischen gern aufgesucht werden.
Auskunft	Office du Thermalisme 8, Rue du Sénégal 1002 Tunis-Belvédère Tel. (01) 2 87 70, Fax 79 18 68
Korbous (Cap Bon)	Lage: 50 km östlich von Tunis; Höhe: 419 m ü.d.M. Korbous (röm. Aquae Caldiae Carpitanae) verfügt insgesamt über sieben Quellen (50 bis 60 Grad; chlor-, natrium- und schwefelhaltig), u.a. Aïn Echiffa (Quelle der Heilung; bei Stoffwechselerkrankungen), Aïn Thalassira (warmes, erzhaltiges Wasser zur Heilung von Hautkrankheiten), Aïn Atrous (Bocksquelle), Aïn El Kébira (große Quelle; in einem ehem. Sommerhaus des Bey) sowie die unterirdischen Dampfbäder El Arraka (die zum Schwitzen bringt), Aïn Sbia (Quelle der Jungfrau) und Aïn Fakroun (Quelle der Schildkröte). Heilanzeigen: chronisch entzündliche rheumatische Erkrankungen, Arthrosen, entzündliche Erkrankungen des Nervensystems, Zellulitis, Bluthochdruck, Fettsucht, Paradontose, Kinderkrankheiten, Frauenleiden. Kureinrichtungen: Thermalbäder, Wannenbäder, Unterwassermassage, Fuß- und Handbäder; Heilklima; internationale Küche und Diätküche; Spazierwege. Geplant ist ferner der Ausbau der Infrastruktur, der Bau eines Golfplatzes, eines Yachthafens sowie eines Zentrums für Thalassotherapie.
Aïn Oktor (Cap Bon)	Lage: unweit südlich von Korbous liegt Aïn Oktor (Quelle, die nur tropft) auf Cap Bon; diese Quelle führt ein kaltes Mineralwasser (gering chlor- und natriumhaltig). Heilanzeigen: Nierensteine, Entzündungen der Harnwege. Kureinrichtungen: Trinkkuren.

Hotels

Das schön gelegene Heilbad Korbous auf Cap Bon

Lage: rund 30 km südöstlich von Tunis; Höhe: 130 m ü.d.M. **Djebel Oust**
Schon die Römer kannten diese Heilquelle (natriumchlorid- und sulfathaltig); die freigelegten Überreste der einstigen römischen Thermen (Wannen; Marmorfußböden) können besichtigt werden.
Heilanzeigen: chronische rheumatische Entzündungen, Arthrosen, Erkrankungen des Stütz- und Bewegungsapparates, Gicht, Zellulitis, Fettsucht, Paradontose.
Kureinrichtungen: Bewegungstherapie im Thermalwasser, Massage, Elektrotherapie, Heilgymnastik.

Lage: rund 40 km südwestlich von Tabarka; Höhe: 150 m ü.d.M. **Hammam-**
Der Ort liegt in den Bergen inmitten der Korkeichenwälder. Unterkunft: **Bourguiba**
Hotel ***Hammam Bourguiba, Tel. (08) 63 25 52, 80 Betten, 19 Bungalows.
Heilanzeigen: chronische Entzündungen der Atemwege, allergische Entzündungen, Pneumonie.
Kureinrichtungen: Inhalationen, Bäder, Duschen, Massagen; internationale Küche.

Hotels

Die Kapazität der tunesischen Hotels in den Fremdenverkehrsregionen ist Kategorien
sehr gut. Alle Hotels sind in fünf Kategorien eingeteilt, und ihre Preise
unterliegen staatlicher Aufsicht. Die Bewertungsskala reicht vom Luxushotel (fünf Sterne) über das Mittelklassehotel (vier oder drei Sterne) bis zur Beherbergungsstätte für einfache oder sehr einfache Ansprüche (zwei Sterne oder nur ein Stern). Die Sterne werden nach strengen Kriterien vergeben. In die Bewertung fließen u. a. Gebäudezustand, Zimmergröße, Möblierung, Qualität der Speisen und ihrer Darreichung, Qualität des Hotel-Service.

Hotels

Kategorien
(Fortsetzung)

Ferner gibt es Appartement-Hotels, Feriendörfer (Village de Vacances), Marhalas, auch Gîtes d'Etape genannt, Etappenunterkünfte, sowie die im Süden des Landes gelegenen Ksour (Singular: Ksar; zu einfachen Hotels umgebaute ehemalige Vorratsspeicher einer Großfamilie).

Informationen

Die folgende Hotelliste richtet sich nach dem oben erwähnten Klassifizierungssystem. Die nicht bewerteten Häuser stehen am Ende der Hotelliste der jeweiligen Städte. Die vollständige Liste ist beim Tunesischen Fremdenverkehrsamt (→ Auskunft) erhältlich.

Abkürzungen

A.H. = Appartement-Hotel
N.C. = Non classé (nicht klassifiziert und sehr einfach)
P.F. = Pension de famille (Familienpension)
V.V. = Village de Vacances (Feriendorf)

Einige Hotels in Tunesien

Aïn Draham

***Nour el Aïn, Tel. 08/65 56 00, Fax 65 51 85, 122 Betten
Schon von weitem erkennt man dieses neuerbaute Haus auf dem "Col des Ruines" zwischen Tabarka und Aïn Draham. Viele Sport- und Ausflugsmöglichkeiten. Ausweichmöglichkeiten: s. Tabarka

Bizerte

***Corniche, Tel. 02/43 18 44, Fax 43 18 30, 174 Betten
Komplett renoviertes Hotel, das einst zur Steigenberger-Gruppe gehörte. In der modernen Disco trifft sich die Jugend bis zum Sonnenaufgang. Direkt am Strand gelegen. Verschiedene Ausflugsmöglichkeiten
A.H. – Aïn Meriam, Tel. 02/43 76 15, Fax 43 24 59, 476 Betten
Appartement-Hotel, direkt am Meer gelegen. Ideal für kinderreichen Familien. Lebensmittelgeschäft und Boutiquen in der Anlage.

Djerba

*****Robinson Select-Athenee Palace, Tel. 05/75 76 00, Fax 75 76 01, 600 Betten
Zur Robinson-Gruppe gehörend ist es wohl das beste Hotel Jerbas. Ausgezeichnete Küche mit einem 1-Sterne Koch (lt. Michelin), dargeboten in 5 Restaurants. Breites Sportangebot auf hohem Niveau mit Weltklasse-Lehrern: Tennis, Surfen, Segeln, Bogenschießen etc. Sehr breites Animationsprogramm. Nach dem Abendessen aufwendige Erlebnisabende unter dem Dom der Eingangshalle mit einmaliger Akustik. Wenn der alte Robinson das einmal hätte erleben dürfen...
*****Hasdrubal, Tel. 05/65 76 57, Fax 65 77 30, 430 Betten
Etwas älteres Haus mit vorzüglichem Service. Zuvorkommendes Personal tut alles, um Ihren Aufenthalt zu einem Erlebnis werden zu lassen. Direkt am Meer gelegen mit vollklimatisierten Räumen. Beste Küche, reiche Speisenauswahl vom Buffet
****Holiday Beach, Tel. 05/75 81 77, Fax 75 81 92, 442 Betten
Ein Hotel der LTI-Gruppe mit weiter Eingangshalle, Schwimmbad, Fitness-Center, Mini-Club für die Kleinen, guter Küche und geräumigen Zimmern. Satelliten-Fernsehen, Direktwahltelefon etc.
*****Palm-Beach Palace, Tel. 05/75 77 77, Fax 75 88 88, 639 Betten
Neuestes Haus der französischen Accor-Gruppe auf Djerba. Direkt am Strand gelegen. Man findet ein Freibad, ein Hallenbad, vier Restaurants (davon zwei à la carte), Balneotherapie unter ärztlicher Leitung, äußerst geräumige und sehr geschmackvoll eingerichtete Zimmer.
****Helios, Tel. 05/74 51 10, Fax 74 51 13, 620 Betten
Pompöser Bau auf der Landzunge von Lalla Hadria. Riesige, aber sehr zweckmäßige Eingangshalle, Legeres Ambiente. Viele Läden in den langen Passagen. Italienische Küche und luxuriös eingerichtete Zimmer.
/*/****Dar Jerba, Tel. 05/74 51 91, Fax 74 57 46, 2 800 Betten
Trotz der Tatsache, daß es sich beim Dar Jerba um das größte Hotel Afrikas handelt, fühlt man sich in den 5 Hotels nicht verloren. Weiträumig angelegtes Bungalowdorf mit allen Einrichtungen einer Stadt (einschließlich einer

Hotels

Djerba (Fortsetzung)

Polizeistation und eines Postamtes mit eigener Postleitzahl). Gute Küche in 7 Restaurants.

***Djerba Beach, Tel. 05/65 72 00, Fax 65 73 57, 383 Betten
Etwa in der Mitte der Touristenzone gelegenes, sehr familienfreundliches Hotel mit Schönheitsfarm, Fitness-Center, Kinderbetreuung und einem Kleintierzoo in einem wunderschönen Garten. Weiter, feinsandiger Strand. Geschmackvoll eingerichtete Zimmer, überdurchschnittlicher Service und eine ausgezeichnete Küche laden zum Wiederkehren ein.

***Golf Beach, Tel. 05/60 02 54, Fax 60 02 44, 520 Betten
Dieses Hotel ist ausgezeichnet durch seinen Service im französischen Stil, einer mehr als opulenten Küche, sehr gut ausgestatteten Zimmern und einer Animation, die kaum Wünsche offenläßt. Breites Ausflugsprogramm.

***Calimera, Tel. 05/65 73 14, Fax 65 71 94, 596 Betten
Hotel "aktiv"-Anlage "all inclusive" im Südosten der Insel mit feinsandigem Strand, Frei- und Hallenbad. Einfach ausgestattete Zimmer, eigener Ranch und Tennisplätzen. Sehr kinderfreundliches Haus mit vielfältigen Wassersportmöglichkeiten.

**Coralia-Club Lalla Hadhria (Ex Sangho), Tel. 05/74 51 32, Fax 74 50 33, 632 Betten
Sehr großflächiges Bungalowdorf mit einfachen Zimmern, riesigem Sandstrand, eigenen Pferden, viel Animation, sehr guter Küche und einer Diskothek. Die Anlage hat ihren Charme in alle den Jahren nicht verloren. Viele, immer wiederkehrende Gäste schwören darauf.

**Meninx, Tel. 05/65 71 67, Fax 65 71 64, 414 Betten
Eine völlig restaurierte Anlage, jetzt unter schweizerischem Management. Sauberes Hotel am Strand, gut eingerichtete Zimmer und gute Küche. Verdient eigentlich einen Stern mehr. Viele Sportmöglichkeiten.

*Strand, Tel. 05/75 74 06, Fax 75 70 14, 170 Betten
Einfache Anlage mit kleinen Zimmern und kleinem Strand im Nordosten der Insel. Ein gutes Restaurant, ein guter Service runden den guten Eindruck ab, den dieses Haus hinterläßt. Viele Gäste, die trotz besserer Kategorien auf Djerba gern wiederkommen.

V.V. Aldiana, Tel. 05/74 55 00, Fax 74 55 17, 600 Betten
Ein Resort unter deutscher Leitung mit breitem Sportprogramm, ganztägiger Kinderbetreuung, Vollpension und vielem mehr. Freundliche Animateuere sorgen für einen ausgeglichenen Urlaub.

N.C. – Aricha, Tel. 05/65 03 84, Fax 65 03 84, 40 Betten
Das Hotel in einer ehem. Karawanserei, gegenüber der alten katholischen Kirche in Houmt Souk, ist sehr einfach; ausgezeichnetes Fischrestaurant.

Douz

****El Mouradi, Tel. 05/470303, Fax 05/470905, 342 Betten
Neuerrichtetes Hotel des Möbelkonzerns Mouradi. Flache Anlage in den Farben des Sandes mit Thermalswimmingpool und vollklimatisierten Räumlichkeiten. Bester Service.

***Mehari, Tel. 05/49 50 88, Fax 49 55 89, 252 Betten
Direkt unterhalb der großen Sanddüne gelegen, gleicht dieses Hotel eher einer Festung. Vollklimatisierte Räume, gute Küche und Thermalbecken. Ausrittmöglichkeiten per Kamel zu den Dünen und zum Festplatz.

In El Faouar, ca. 45 km von Douz entfernt: ***El Faouar, Tel. (05) 270547, Fax 270485, 300 Betten
Klimatisierte, geräumige Zimmer am Rand der Sahara; Übernachtung auch im Nomadenzelt.

Gabès

***Chems, Tel. 05/27 05 47, Fax 27 44 85, 400 Betten
Zur "Ibero"-Gruppe gehörendes, schon etwas älteres Hotel am weiten Sandstrand von Gabès. Die Zimmer sind gründlich renoviert und der Service gut. Ideal für Kinder.

Gafsa

**Gafsa Hotel, Tel. 06/22 30 00, Fax 22 47 47, 93 Betten
Neueres Hotel im Stadtzentrum. Die Zimmer sind einfach, aber sehr sauber. Nicht alle Zimmer sind klimatisiert. Die Küche ist einfach. Tunesische Spezialitäten sind sehr gut zubereitet.

Hotels

Gammarth

*****Abou Nawas, Tel. 01/74 14 44, Fax 74 04 00, 446 Betten
Sehr gute, aber sehr teure Hotelanlage im Golf von Tunis, Treffpunkt von Diplomaten, Geschäftsleuten und Individualreisenden vieler Länder. Ausgezeichnete Speisenzubereitung. Wenig Animation. Kaum Ausflugsangebote.

***Acqua Viva, Tel. 01/74 86 33, Fax 74 85 03, 220 Betten
Sehr kinderfreundliches Haus mit Wasserrutschbahn, Kindergarten, Mini-Club und viel Einfaltsreichtum, um den Aufenthalt angenehm zu gestalten. Das Speisenangebot vom Buffet ist reichhaltig. Sehr laute Diskothek.

Hammamet

*****Sheraton, Tel. 02/26 62 71, Fax 22 73 01, 410 Betten
Der Name verpflichtet – auch in Tunesien. Riesige Anlage in Meeresnähe und kein Wunsch, der offenbleibt. In erster Linie ein Treffpunkt der "high society": Gesehenwerden ist alles. Ausgezeichnete Küche, luxuriös ausgestatte Zimmer. Das Personal steht rund um die Uhr zur Verfügung.

*****Dar Hayet, Tel. 02/28 33 99, Fax 28 04 04, 105 Betten
Kleines, aber feines Luxushotel, das auf Individualität äußersten Wert legt. Der Gast wird wie ein König behandelt, aber nicht aufdringlich. Eigner Zubringerdienst zum Flugplatz von Tunis. Golf-Transfer. Ausgesuchte Meeresspezialitäten, frisch zubereitet.

****Abou Nawas, Tel. 02/28 13 44, Fax 28 10 89, 452 Betten
Luxuriöses Hotel mit großräumig eingerichteten Zimmer, Bester Service, der kaum Wünsche offenläßt. Riesige Eingangshalle mit Boutiquen und Läden, in dem der persönliche Bedarf gedeckt werden kann.

****Miramar, Tel. 02/28 05 92, Fax 28 03 44, 673 Betten
Eines der älteren Häuser in Hammamet. Wer den Stil der vergangenen Zeiten sucht und bereit ist, einen etwas höheren Preis zu zahlen, ist hier richtig. Sehr gute Küche.

****Ecrin, Tel. 02/24 84 65, Fax 22 73 75, 140 Betten
Eines der vielen neuen Hotels in der Anlage "Hammamet Süd". Riesige Dimensionen innen und außen. Direkt am Strand gelegen bietet das Hotel in seinem "Vital-Center" eine physische und psychische Runderneuerung. Modeste Preise.

***El Fell, Tel. 02/28 07 44, Fax 28 01 18, 556 Betten
Etwas älteres Hotel, das trotz seiner Größe nichts von seinem Charme verloren hat. Viele Wiederkehrer, die sich in den geschmackvoll eingerichteten Zimmern wohl fühlen. Ausgezeichneter Service, gute, auch europäische Küche.

***Continental, Tel. 02/28 04 56, Fax 28 01 11, 350 Betten
In einem großen Park direkt am Meer gelegenes Hotel mit schlicht eingerichteten Zimmern, einer Diskothek und einer gut ausgestatteten Bar. Das reichhaltige Mittagsmenu gleicht das allerdings etwas magere Frühstück wieder aus.

***Fourati, Tel. 02/28 03 98, Fax 28 00 96, 772 Betten
Im selben Park wie das "Continental" gelegenes Haus direkt am Meer. Geboten werden Ausflugsmöglichkeiten zu den Märkten der Stadt, aber auch Ausflüge nach Tunis und zu den Ausgrabungen auf Cap Bon. Einfache Zimmer.

**El Bousten, Tel. 02/22 64 44, Fax 22 61 26, 1254 Betten
Eine der älteren Anlagen Hammamets. Direkt am Meer gelegen fühlt man sich in der Menge der Touristen eigentlich recht verloren. Einfache Zimmer, passable Küche, die leider auf kleine Sonderwünsche nicht eingeht.

**Les Charmes, Tel. 02/28 00 10, Fax 28 02 66, 340 Betten
Neues Hotel in einfachem, aber sehr sauberen Stil. Geschmackvoll zubereitete Speisen hinterlassen einen guten Eindruck. Sehr kinderfreundlich. Viele Ausflugsmöglichkeiten in die nähere und weitere Umgebung.

**Emira, Tel. 02/28 17 20, Fax 28 14 08, 172 Betten
Der Name bedeutet "Prinzessin". Klein aber fein, niemals überfüllt; ein aufmerksamer Service rundet den Eindruck einer gewissen Individualität ab. Lädt zum Wiederkommen ein.

P.F. – Fantasia, Tel. 02/22 76 13, Fax 22 76 13, 28 Betten
Frau Fatma beherbergt in ihrer Pension bis zu 28 Gäste, die immer gern

Hotels

wiederkommen. In Meeresnähe gelegen bietet das kleine Haus eine gewisse Individualität. Obwohl die Pension über ausreichend Personal verfügt, läßt die Besitzerin es sich nicht nehmen, die Speisen selbst anzurichten und zu servieren.

Hammamet
(Fortsetzung)

siehe Sousse

Hammam Sousse

***Continental, Tel. 07/2308 44, Fax 22 4900, 352 Betten
Gegenüber den Aghlabiden-Becken und dem Touristenbüro gelegen, bietet das renovierungsbedürftige Haus angenehme Unterkunft auf der Durchfahrt in den Süden oder Westen des Landes. Einfache Küche und Swimming-Pool. Ganzjährig Mückenplage!
***Amina, Tel. 07/2265 55, Fax 2354 11, 124 Betten
Ebenfalls Durchgangshotel am Ortseingang, wenn man von Norden kommt, neben der Autofabrik (GM). Hotel neueren Baujahrs mit einfachen Zimmern und wenig abwechslungsreicher Küche. Bar und Mini-Disco.

Kairouan

***Elyssa Dodon, Tel. 01/7328 98, Fax 7325 99, 44 Betten
Auf einem Hügel gelegenes, kleines Hotel, das seinen Charme nach dem erfolgten Umbau leider verloren hat. Trotz vieler Aufmerksamkeiten, die das Personal versucht, an den Mann zu bringen, hat man das Gefühl, verloren zu sein, da nichts funktioniert.
***Amilcar, Tel. 01/7407 88, Fax 7431 39, 506 Betten
In der Bucht von Sidi Bou Saïd gelegen, ist dieses Hotel für viele Sahara-Durchfahrer die erste Anlaufstelle nach Verlassen der Autofähre in La Goulette. Gutes und reichhaltiges Essen, alle Zimmer mit Fernsehen und Direktwahl-Telefon.
**Residence Carthage, Tel. 01/7310 72, Fax 7310 72, 17 Betten
Sehr kleines Haus mit wenig Platz. Spartanisch eingerichtete Räume und einfaches Essen laden nicht unbedingt zu einem längeren Aufenthalt ein. Letzte Möglichkeit, wenn nirgendwo mehr ein Bett zu haben ist.

Karthago
(Carthage)

N.C. – Cillium, Tel.07/474606, Fax 474601, 72 Betten
Rundbau in der Nähe der Ausgrabungen der römischen Stadt "Cillium". Lädt nicht zu längeren Aufenthalten ein, reicht aber völlig aus, hier nach ausgiebigen Besichtigungstouren der sehenswerten Ruinen die Nacht zu verbringen. Ausweichmöglichkeiten in den N.C. Hotels "De la Paix" (33 Betten) und "Pinus" (52 Betten).

Kasserine

****Oasis (Dar Kebili), Tel. 05/4914 36, Fax 4912 95, 248 Betten
Zur Dar-Gruppe gehörendes neues Hotel am Eingang zur Oase von Kebili. Viel Orientalisches gruppiert sich um einen Innenpool. Super eingerichtete Zimmer mit TV und Minibar. Ein Erlebnis im Winter. Große Halle mit Bar und Tanzfläche für Leïla, die Bauchtänzerin

Kebili

***Les Sources, Tel : 02/2845 35, Fax 2846 01, 103 Betten
Dieses Haus steht vor allem den Kurgästen zur Verfügung, die hier Heilung suchen. Die Zimmer sind einfach, aber zweckmäßig ausgestattet, die Küche ist einfach und die Bedienung freundlich. Ausflüge gehen in die Berge des Cap Bon oder zu den Ausgrabungen von Kerkouane. Ausweichmöglichkeiten im ***Hotel Oktor (128 Betten).

Korbous

*****Le Palace, Tel. 01/7280 00, Fax 7484 22, 600 Betten
Er heißt so und ist auch einer: der 1996 errichtete Prachtbau am Cap Gammarth. Es fehlt an nichts, weder in den Räumen (Luxus) noch in der Küche (es kommt alles, was das Herz begehrt). Riesige Eingangshalle mit viel natürlichem Grün, Golfplatz-Transfer und Flughafen-Zubringerdienst.
***Kahena, Tel. 01/7482 00, Fax 7479 11, 140 Betten
Neues Hotel in einer einfacheren Ausführung: Zimmer teilweise mit Dusche oder Bad oder vielleicht sogar beidem. Fernseher auf Anfrage und gegen kleine Gebühr. Wenn nicht zu viele Sonderwünsche vorgetragen werden, wird der Urlaub zu einem angenehmen Aufenthalt.

La Marsa

Hotels

Mahdia
*****Melia Mouradi, Tel. 03/69 11 91, Fax 69 21 20, 594 Betten
Das wohl feinste alle Mouradi-Häuser: direkt am weiten, weißen Sandstrand gelegen, läßt dieses Hotel keine Wünsche unerfüllt: Exotische Früchte sind zum Dessert ebenso selbstverständlich wie eine große Anzahl erlesener Weine. Mini-Club für die Kleinen, Diskothek für Teens und Twens, Odeon für die Älteren. Super-Zimmer mit Blick aufs weite Meer.
***Cap Mahdia, Tel. 03/68 03 00, Fax 68 04 05, 528 Betten
Diese weitläufige Clubanlage liegt ebenfalls unmittelbar am Strand. Sie bietet (einschließlich der Getränke) Schlemmeressen für alle Mahlzeiten vom Buffet, Riesendisco, geräumige Zimmer, Ausflugsmöglichkeiten in die entferntesten Winkel Tunesiens. Die Kinder verbleiben solange im Mini-Club.

Matmata
***Troglodytes, Tel. 05/23 00 88, Fax 23 01 73, 100 Betten
Während man in Matmata eigentlich unterirdisch schläft, bietet dieses Hotel einen "normalen" Komfort in einer herkömmlichen, fast maurischen Anlage: schachtelförig erheben sich die einzelnen Häuser an einem Hang. Herrliche Aussicht (die natürlich bei den unterirdischen Häusern fehlt) auf die karge Bergwelt.
N.C. – Les Berbères, Tel. 05/23 00 24, Fax 23 00 97, 80 Betten
Hier schliefen die Hauptdarsteller von "Der Krieg der Sterne". Einen Blick aus dem Fenster gibt es nicht (wohl aber den Blick aus der Tür in den Innenhof), da das Hotel unterirdisch ausgebaut wurde. In die Zimmer gelangt man mittels Seil, das dann mit "reingenommen" wird, ein Zeichen dafür, daß das Zimmer belegt ist. Haben Sie einen Mitbewohner im Zimmer, der schon vor Ihnen dort ist, gilt der Ruf: "Rapunzel, laß Dein....."

Monastir
*****Emir Palace, Tel. 03/46 79 00, Fax 46 38 23, 486 Betten
In unmittelbarer Flugplatznähe und direkt am Strand gelegen, bietet dieses Hotel: riesige Eingangshalle, geräumige Zimmer, reichliches Essen, europäische Küche, Transfer zum Golfplatz, Ausflüge ins nahe Sousse und bis nach Tunis.
***Sahara Beach, Tel. 03/46 10 88, Fax 46 14 70, 2000 Betten
Eine riesige Anlage, an der Bahnstation "Aeroport" gelegen. Schöne Zimmer (Schall-isoliert wegen des Flugplatzes) mit herrlichem Blick auf den Sonnenuntergang über dem Meer. Gutes und reichhaltiges Essen, Freizeitangebote. Leider verliert das höfliche, deutschsprechende Personal manchmal den Überblick, was zu Wartezeiten führen kann.
***Eden Club, Tel. 03/46 66 10, Fax 46 66 16, 370 Betten
Fast schon etwas zu legere Clubanlage: Manche Kellner haben zwar den Wink des Gastes gesehen, ihn wohl aber als Gruß verstanden. Reichhaltiges Essen vom Buffet, kurzer Weg zum Strand, Umweltfragen werden als Eigentümlichkeit des Landes erläutert (was ganz und gar nicht stimmt).
**Club Calimera, Tel. 03/46 66 00, Fax 46 61 06, 470 Betten
All inclusive-Club-Anlage, die sich jetzt auch aufgrund ihres großen Freizeitprogramm-Angebotes "Aktiv-Hotel" nennt. Und das zurecht: Tennis, Reiten, Fitneß, Segeln, Surfen, Tauchen, Aerobic, Tanzen, Gymnastik für alle Altersklassen füllen die Zeit zwischen den reichhaltigen Mahlzeiten bestens aus. Wer vielleicht nur schwimmen möchte: bis zum Wasser sind es wenige Meter. Natürlich zu Fuß!

Nabeul
****Kheops, Tel. 02/28 65 55, Fax 28 60 24, 638 Betten
Eigentlich könnte man meinen, das Hotel sei wesentlich älter als nur etwa 10 Jahre: an der Infrastruktur würden sich manche Reparaturen durchaus lohnen. Trotzdem: die Zimmer sind sehr groß und sauber, die Mahlzeiten reichlich. Der Service könnte persönlicher sein. In Strandnähe.
***Club Aldiana, Tel. 02/28 55 00, Fax 26 56 64, 536 Betten
Wie auch auf der Insel Djerba findet der interessierte Urlauber hier eine weitläufige Anlage unter deutscher Regie mit vielen Leckerbissen, in gastronomischer wie in spielerischer Hinsicht: bestes Buffet-Essen und Weltklasse-Trainer bei Tennis, Squash und Golf. Dazu Reiten, Segeln, Surfen und, und, und...

Hotels

***Lido**, Tel. 02/22 69 99, Fax 28 01 04, 990 Betten
Unter schweizerischer Leitung erfreut dieses Hotel seine Gäste vor allem in kulinarischer Hinsicht: es wird aufgetragen, daß sich die Tische biegen. Direkt am Strand gelegen bieten sich viele Möglichkeiten zum Aktivurlaub an. Selbst ein Selbstverteidigungskurs für weibliche Urlauber. Eigene Schweinemetzgerei.

Aquarius, Tel. 02/28 56 82, Fax 02/28 57 77, 682 Betten
Etwas für richtige Faulenzer. Bewußt einfache Unterkünfte nach Robinson-Art. Dafür (oder: trotzdem) kulinarische Genüsse mit Fünf-Sterne-Charakter nach Club-Med-Art. Und zum Feiern gibt es immer einen Anlaß, meist rund um die Uhr, laut und ausgelassen, aber weit weg von den Unterkünften. Sehr angenehmer Aufenthalt.

Neroly, Tel. 02/22 38 00, Fax 28 64 31, 62 Betten
Fast schon eine Pension, bietet dieses neue kleine Hotel einen individuellen Urlaub. Das Haus befindet sich in der Stadt, wird häufig von Arabern aus den Nachbarstaaten besucht, gilt aber auch als Geheimtip für Gäste, die das Cap Bon mit seinen Ausgrabungen fernab der Touristenrummels ausgiebig bereisen möchten. Voranmeldung dringend empfohlen.

P.F. – **Château Mignon**, Tel. 02/22 43 65, Fax 22 35 66, 22 Betten
Im Jahre 1994 eröffnet, beherbergt diese Pension in ihren Räumen nach entsprechender Voranmeldung bis zu 22 Personen. In Meeresnähe gelegen bietet das "niedliche Schloß" das Ambiente eines Familienbetriebes mit entsprechender Individualität.

P.F. – **Monia CLub**, Tel. 02/28 57 13, Fax 28 57 13, 32 Betten
Natürlich ist diese Familienpension mit seinen 16 Zimmern kaum mit einer Clubanlage zu vergleichen. Viele Wiederkehrer fühlen sich beim Besitzer, Herrn Kaçem, der sich stets persönlich sehr um individuelle Betreuung seiner Gäste bemüht, bestens aufgehoben. Gute Küche und einfache, saubere Zimmer.

Nabeul (Fortsetzung)

*****Sahara Palace**, Tel. 06/43 17 00, Fax 43 14 44, 216 Betten
Eigentlich ein "Muß", wenigstens einmal hineinzuschauen. Erstes 5-Sterne-Hotel am Rande der Wüste mit einer großartigen Geschichte der ältesten Hotelkette der Welt, der "PLM" (Paris-Lyon-Marseille). Das Haus, 1968 erbaut, wurde von Grund auf erneuert und 1998 wiedereröffnet. Dem Gast bietet sich ein großartiger Blick auf die Corbeille, die Oase Nefta und den Chott El Jerid. In dem Hotel gibt es riesengroße Räume, fast schon Salons; exzellente Küche.

***Caravanserail**, Tel. 06/43 03 55, Fax 43 03 44, 274 Betten
An der Durchgangsstraße nach El Oued gelegen, ist dieses Haus die letzte Möglichkeit, sich vor der Einreise nach Algerien (Hazoua, 24 km) zur Ruhe zu legen und Kraft zu tanken. Gute, geräumige Zimmer, vollklimatisiert, sehr gute Küche, Ausflugsmöglichkeiten in die Oase von Nefta, nach Tozeur, zu den nahen Sanddünen und zum größten Sandrosen-Markt der Sahara. Zum Flugplatz Tozeur sind es 25 km.

Nefta

siehe Sousse

Port El Kantaoui

Sufetula, Tel. 07/46 53 11, Fax 46 55 82, 92 Betten
Direkt am Rande der großen Ausgrabungen der geschichtsträchtigen Stadt Sufetula gelegen, bietet das Haus außer einem sauberen Zimmer, einem Swimmingpool, herrlicher Aussicht auf die antike Stadt und dürftigem Essen eigentlich nichts, was einen Gast dazu bewegen könnte, länger als unbedingt nötig zu verweilen. Ausweichmöglichkeit im Hotel **Bakini (80 Betten) und in den Hotels in Gafsa.

Sbaïtla

****Syphax**, Tel. 04/24 33 33, Fax 24 52 26, 254 Betten
Dieses zur Novotel-Gruppe gehörende Hotel ist, wie alle Hotels in Sfax, für Besucher der Geschäftswelt konzipiert, da Sfax für Touristen wenig Sehenswertes bietet. Nach französischer Art großzügig eingerichtet, lesen die Bediensteten den Gästen fast alle Wünsche von den Augen ab. Allerfeinste Küche. Sehr hohe Preise.

Sfax

Hotels

Eine Institution, das Hotel Sidi Bou Saïd

Sfax
(Fortsetzung)

**Donia, Tel. 04/24 73 92, Fax 24 85 52, 150 Betten
Hotel im Stadtzentrum neueren Baujahrs, das vor allem Geschäftsleute beherbergt. Gereicht werden fast ausschließlich tunesische Spezialitäten, darunter beste Fischgerichte. Wollen Sie einmal eine Wasserpfeife rauchen? Hier haben Sie in orientalischem Ambiente Gelegenheit dazu.

Sidi Bou Saïd

****Sidi Bou Saïd (Sidi Dhrif), Tel. 01/74 07 11, Fax 74 51 29, 64 Betten
Hier sollten Sie einmal essen gehen. Das Hotel untersteht dem Touristenministerium direkt, und bei Empfängen ausländischer Staatsgäste richtet der Koch des Hauses die Speisen an. Trotzdem modeste Preise bei sehr schön ausgestatteten Zimmern. Wenige Schritte zum Künstlerviertel. Ausweichmöglichkeiten in den Hotels von → Tunis, → Gammarth, → La Marsa und → Karthago.

Sousse

*****Diar El Andalous, Tel. 03/24 62 00, Fax 24 63 48, 609 Betten
Das Hotel liegt in Port El Kantaoui direkt am Meer und bietet so ziemlich alles, was man sich von einem luxuriösen Urlaub erträumt. In orientalisches Outfit meint der Gast, daß irgendwie alles von selbst funktioniert. Dahinter steht die straffe Organisation der Abou-Nawas-Kette.

*****El Mouradi Palace, Tel. 03/24 65 00, Fax 24 65 20, 596 Betten
Trotz der riesigen Eingangshalle, die an ein Kongresszentrum erinnert, fühlt man sich wohl. Hier wird man gefragt, was seitens des Hotels noch getan werden könnte, um auch die ausgefallensten Wünsche der Kunden zu befriedigen. Riesige Buffets, beste Weine, große Räume mit wirklich allem Komfort bietet dieses Hotel in Port El Kantaoui. Dazu Ausflugsmöglichkeiten nach Sousse, Monastir und Tunis.

****Riadh Palms, Tel. 03/22 57 00, Fax 22 83 47, 979 Betten
Fast ein Wolkenkratzer steht diese Hotel an einer Straßenkreuzung in Sousse gegenüber eines Einkaufszentrums und in unmittelbarer Nähe des Strandes. Der Speisesaal ist in Anbetracht der vielen Gäste etwas zu klein geraten, so daß in mehreren Schichten gegessen werden muß. Ansonsten

Sousse (Fortsetzung)

sehr sauber, zuvorkommendes Personal. Hier überwintern für wirklich wenig Geld unsere Senioren bis zu 3 Monate.

****Palm Marina Tel. 03/24 69 01 Fax 24 69 21, 438 Betten
Den ersten Eindruck in der Eingangshalle wird man so schnell nicht vergessen: direkt hinter der Rezeption blickt man auf das Meer, was natürlich am Abend besonders reizvoll ist. Dieses neue Hotel in Hammam Sousse bietet fast überschwenglichen Luxus, feinste Speisen von europäischen Köchen und großzügig ausgestattet Zimmer. Viele Sport- und Ausflugsmöglichkeiten.

***Abou Soufiane, Tel. 03/24 64 44, Fax 24 64 22, 600 Betten
Sauberes, schon etwas älteres Hotel in einer Parkanlage in Sousse. Trotz einiger infrastruktureller Mängel, die eigentlich leicht und schnell behoben werden könnten, fühlt man sich wohl. Die Küche bietet reichhaltige Auswahl am Buffet, für die Kleinen und Kleinsten ist im Mini-Club gesorgt, Teens und Twens können sich bis zum Sonnenaufgang in der Disco vergnügen.

***Jinene, Tel. 03/24 18 00, Fax 24 29 89, 430 Betten
Etwas monotone Bedienung in diesem Haus in Port El Kantaoui. Wenn man nicht pünktlich am Buffet ist, riskiert man leicht aufgewärmte Gerichte. Saubere Zimmer, stets desinfiziert. Der Duft der Blumen aus dem Park hat kaum eine Chance, in die Zimmer zu dringen. Mit eigenem Strand und Swimmingpool.

**Du Park, Tel. 03/22 04 34, Fax 22 92 11, 64 Betten
Dieses sehr kleine Haus in Sousse ist etwas älter und liegt in einer Parkanlage nicht weit vom Meer entfernt. Es hinterläßt den Eindruck eines gut geführten Hauses mit einer reichhaltigen Auswahl an Speisen und Getränken und lädt zum Wiederkehren ein. Ausflugsmöglichkeiten in die Medina von Sousse.

**Tergui, Tel. 03/28 44 88, Fax 28 44 94, 575 Betten
Sollten alle Zimmer in Sousse und Umgebung ausgebucht sein, findet der Gast ziemlich sicher hier in Chott Meriam, nördlich von Port El Kantaoui, eine Unterkunft. Besonders viel Wert wird auf die Grünanlage gelegt. Das Essen ist gut und reichhaltig, die Zimmer einfach aber sehr sauber. Viel Aufmerksamkeit wird den Kindern gewidmet.

V.V. – Club el Hambra, Tel. 03/24 64 00, Fax 24 64 48, 732 Betten
Eine Clubanlage in unmittelbarer Nachbarschaft zum Diar El Andalous in Port El Kantaoui, unter gleicher Leitung wie allerfeinsten. Die Ausstattung entspricht spielend einem 5-Sterne-Hotel mit Schlemmermenüs, behaglichen Räumlichkeiten und vielen Sport- und Ausflugsmöglichkeiten.

Tabarka

****Mehari, Tel. 08/64 40 88, Fax 67 04 41, 400 Betten
Neuerbautes Hotel direkt am weiten Sandstrand, zur spanischen "Iberotel"-Gruppe gehörendes Hotel mit bester Küche, sehr geräumigen Zimmern und Ausflugsmöglichkeiten in die nahen Berge um Aïn Draham, in die Korkeichenwälder und zu den Korallentauchern. In unmittelbarer Nähe des Golfplatzes gelegen, bietet es dem Gast erholsamen Urlaub.

***Les Mimosas, Tel. 08/64 30 28, Fax 64 32 76, 154 Betten
Auf einer kleinen Anhöhe am Ortseingang gelegen, bietet dieses Haus eine unglaublich schöne Aussicht auf die Bucht und auf das auf einer Insel gelegene Genueser Fort. Ideales Hotel für Ausflüge zur algerischen Grenze mit herrlichen Panoramen auf das weit unten rauschende Meer. Ideal auch für Wildschwein-Jäger im Winter. Einfache Zimmer im Altbau. Modern ausgestattet die Bungalows.

Tataouine

***Sangho Tataouine Tel. 05/86 01 24, Fax 86 21 77, 124 Betten
Das Hotel ist die letzte Möglichkeit, sich auf dem Weg in den weiten Süden gründlich auszuruhen, die Strecken noch einmal durchzugehen und sich bei den örtlichen Behörden abzumelden. Für den Ort ein fast luxuriöses Hotel mit einfachen Zimmern, guter Küche und einem herrlichen Rundblick auf ein unvergleichliches Panorama. Ausweichmöglichkeiten: Hotels ****La Gazelle** (46 Betten) und ****Dakyanus** (32 Betten).

Hotels

Tozeur

*****Dar Cheraït, Tel. 06/45 48 88, Fax 45 32 71, 220 Betten
Jedes Zimmer ist anders eingerichtet, sehr fein, sehr orientalisch und sehr luxuriös. Hier übernachten Staatsgäste der Regierung. Entsprechend sind die Preise. Die Mahlzeiten werden von Kellnern in traditionellen Trachten gereicht. Dem Hotel ist das berühmte Museum angegliedert. Dazu die Märchenwelt aus 1001 Nacht.

****Abou Nawas Tozeut, Tel. 06/45 27 00, Fax 45 26 86, 184 Betten
Dieses Hotel gehört zur gleichnamigen Kette, liegt direkt am Eingang zur Oase Tozeur, verfügt (trotz unglaublicher Dürre) über einen schön angelegten Garten mit Swimmingpool und großzügig ausgestatteten Räumen. Eine Bar ist ebenso vorhanden wie ein Restaurant à la carte. Hier kann man Ballonfahrten über den Chott El Jerid buchen.

***El Hafsi, Tel. 06/45 31 23, Fax 45 27 56, 280 Betten
Es liegt unmittelbar neben dem Museum Dar Cheraït. Um die Weihnachtszeit entsteht ein kleines Paradies, ein Berberzelt wird aufgebaut, Esel und Kamele stehen neben der Krippe, in der ein Baby liegt... Sehr schöne Zimmer und reichhaltige Mahlzeiten.

P.F. – Karim, Tel. und Fax 06/45 33 74, 34 Betten
Klein aber fein. Saubere Zimmer und eine individuelle Bedienung durch Herrn Bechir, den Besitzer, erfreuen bisweilen auch sehr verwöhnte Gäste. Die Pension liegt in der Stadtmitte, und viele Fotos, Visitenkarten und Dankesbriefe beweisen die Zufriedenheit und den Wunsch der Gäste, wiederzukommen.

Tunis

*****Abou Nawas, Tel. 01/35 05 55, Fax 35 29 92, 638 Betten
Ein Hotel der absoluten Spitzenklasse. In Flugplatznähe bietet es in erster Linie den Geschäftsleuten alle Annehmlichkeiten. Mehrere Tagungsräume und Internet-Anschluß sind ebenso selbstverständlich wie Dolmetscherdienste und erstklassiger Service.

*****Africa, Tel. 01/347477, Fax 34 74 32, 328 Betten
An der Av. Habib Bourguiba gelegen, war es der Staatsbank wert, das Haus auf den alten 5-Dinar-Scheinen zu verewigen. Auf insgesamt 20 Etagen verteilen sich die luxuriös eingerichteten Zimmer, gespeist wird in 2 Restaurants im fünften Stock.

****El Mechtel, Tel. 01/78 32 00, Fax 78 47 58, 998 Betten
Ein Hotel fast ausschließlich für Geschäftsleute. Es liegt mitten in der Stadt, nicht weit vom zoologischen Garten. Berühmt ist die gute Küche mit gelegentlichen kulinarischen Schlemmerwochen mit Spezialitäten aus Kuwait, wo der Investor der Abou-Nawas-Gruppe herkommt. Großzügig ausgestattete, aber leider nicht geräuschisolierte Räume. Sehr teuer.

***Carlton, Tel. 01/33 06 44, Fax 33 81 68, 160 Betten
Dieses etwas ältere Hotel liegt an der Av. Habib Bourguiba und läßt ein wenig den Hauch der Kolonialzeit spüren. Alte Ledersessel gruppieren sich schon in der düsteren Eingangshalle. Mittelmäßig eingerichtete Zimmer, gute Küche, ausgezeichnete Fischgerichte.

***Ibn Khaldoun, Tel. 01/83 23 11, Fax 78 66 89, 271 Betten
Der wohl berühmteste Sohn der Stadt gab seinen Namen. Man findet sich nicht so leicht zurecht in diesem Hotel in der Stadtmitte. Ausgehend von der winzigen Eingangshalle, gelangt man schließlich zum sehr gemütlichen Restaurant und zu den vorbildlich eingerichteten Zimmern. Leider keine Parkmöglichkeiten weit und breit.

***Du Lac, Tel. 01/25 83 22, Fax 35 21 59, 388 Betten
Man sieht es schon von weitem, selbst vom Flugzeug aus: eine auf dem Kopf stehende Pyramide, d. h. das Hotel wird nach oben hin immer breiter. 1972 von einer schwedischen Gesellschaft errichtet, ist das Haus für viele Reisende die erste Station auf der Weiterreise in den Süden. Einfache Küche, einfache Zimmer, modeste Preise, immer überfüllte Bar.

***Golf Royal, Tel. 01/34 43 11, Fax 34 81 55, 108 Betten
Der Besitzer ist Golf-Fan, das erkennt man schon beim Eintreten in die Halle. Das Haus befindet sich in der Stadtmitte, bietet einen ruhigen Aufenthalt, gute Küche und natürlich einen kostenlosen Transfer zum Golfplatz in La Soukra. Wenige Parkplätze.

Hotels in Tunis (Fortsetzung)

**Saint Georges, Tel. 01/78 10 29, Fax 78 86 64, 72 Betten
Ein Hotel, das schon in Reiseprospekten der 20ger Jahre erwähnt wird. Man sollte wenigstens einmal hineingeschaut haben: winzige Bar in der Ecke neben der Rezeption und einfachste Räume mit Toilette hinten im Gang. Einfache Küche mit feinstem Service im Stil der Kolonialzeit.
*Le Ritza, Tel. 01/24 54 28, Fax 24 54 28, 58 Betten
Ursprünglich war das im Jahre 1928 erbaute Haus das "RITZ" bis etwa zum Ende der Kolonialzeit. Klein und gern besucht hat es etwas an sich, was wir von Filmen kennen. Ein bißchen Wehmut à la "Casablanca", auch weil es sehr versteckt im Zentrum der Stadt liegt. Einfache Küche und einfache Zimmer. Für jeden Geldbeutel erschwinglich.
*Transatlantique,Tel. 01/24 06 80, Fax 24 06 80, 83 Betten
Hinter dem hochtrabenden Namen verbirgt sich die Erinnerung an die Zeit, als Tunis noch direkt mit Amerika durch einen regelmäßigen Dampfschiff-Linienverkehr verbunden war. Hier stiegen die Passagiere ab, die sich feinere Häuser nicht erlauben konnten. Sehr einfache Zimmer, angenehme Speisezubereitung und schon fast klassischer Service im Stil der "belle époque".
P.F. – Predl, Tel. 01/27 05 29, Fax 27 05 29, 12 Betten
Frau Predl hat schon seit 1963 eine kleine Pension in den Außenbezirken Richtung La Marsa. Sie bietet einen individuellen Service und ist oft ausgebucht, weshalb Voranmeldung nötig ist. In kleinen, sauberen Zimmern fühlt man sich richtig wohl.

Zaghouan

**Cheylus, Tel. 02/ 67 74 77, Fax 67 70 74, 90 Betten
Dieses in Jebel Oust gelegene Hotel bietet vor allem dem Kurgast Erholung und Entspannung. Die nahen Wälder laden zu ausgiebigen Wanderungen ein, ebenso wie die alten römischen Thermalbäder zu einem Besuch. Zweckmäßig eingerichtete Zimmer, ausgewogene Naturkost sowie modeste Preise. Ausweichmöglichkeiten im nahen **Hotel Les Thermes (98 Betten)

Zarzis

***Giktis, Tel. 05/68 22 00, Fax 68 30 02, 409 Betten
In Anspielung auf den alten römischen Ort Gightis in der Bucht von Bou Grara erhebt sich dieses Clubhotel am Strand von Zarzis. Sehr gutes Essen, kinderfreundliche Betreuung und Ausflugsmöglichkeiten bis tief in die Sahara hinterlassen den Eindruck eines gut geführten Hauses.
***Sangho Club, Tel. 05/68 01 24, Fax 86 21 77, 722 Betten
Clubleben in dieser Anlage bedeutet faulenzen aber auch überdurchschnitlich hohes Freizeitangebot: Reiten, Surfen, Segeln und Bogenschießen sind nur eine kleine Auswahl dessen, was angeboten wird. Zweckmäßig eingerichtete Zimmer, reichhaltiges Essen vom Buffet, Disco, Mini-Club und Ausflugsmöglichkeiten mit eigenen Landrovern runden das Angebot ab.

Jugendherbergen

Die Jugendherbergen (Auberge de Jeunesse, Maison des Jeunes, Centre de Jeunesse, Centre d'hébergement, Centre de Stages et de Vacances) stehen jedem offen, der im Besitz eines gültigen internationalen Jugendherbergsausweises ist.
Jugendliche Mitglieder (Mindestalter: 17 Jahre) werden bevorzugt aufgenommen.

Aufnahmebestimmungen

Zelten wird mit Ausnahme in Nabeul nicht gestattet.

Zelten

Voranmeldung – für Gruppen obligatorisch – ist in der Hochsaison in jedem Falle ratsam.

Voranmeldung

Die Herbergen sind in der Zeit von 7.00 Uhr bis 23.00 Uhr geöffnet.

Öffnungszeiten

Jugendherbergen

Weitere Informationen In Tunesien

Association Tunisienne
des Auberges de Jeunesse
10, Rue Ali Bach Hamba / B.P. 320
1015 Tunis
Tel. (01) 35 32 77
Geöffnet: Mo.-Sa. 8.30–12.00 und 15.00–18.00 Uhr

In Deutschland

Deutsches Jugendherbergswerk (DJH)
Hauptverband für Jugendwandern und Jugendherbergen
Bismarckstr. 8
D-32756 Detmold
Tel. (05231) 7401-0, Fax 740149

In der Schweiz

Schweizerische Jugendherbergen
Schaffhauser Str. 14
CH-8042 Zürich
Tel. (01) 360 14 14, Fax 360 14 60

In Österreich

Österreichischer Jugendherbergsverband
Schottenring 28
A-1010 Wien
Tel. (01) 533 53 53, Fax 5 33 53 54

Österreichisches Jugendherbergswerk
Helferstorfer Straße 4
A-1010 Wien
Tel. (01) 5331833, Fax 5331833 85 Ext 81

Anschriften der Jugendherbergen Auberges de Jeunesse

Aïn Draham
Tel. (08) 647087, 150 B.

Béja
Maison des Jeunes, Tel. (08) 450621, 80 B.

Bizerte
Route de la Corniche, Tel. (02) 431608, 100 B.

Chebba
Centre de Jeunesse La Chebba, Tel. (3) 683815

Djerba
Auberge de Jeunesse, 11, Rue Moncef Bey, Houmt-Souk,
Tel. (05) 650619, 100 B.

Gabès
Centre de Stages et de Vacances, Rue de l'Oasis, Tel. (05) 270271, 80 B.

Gafsa
Maison des Jeunes, Tel. (06) 220268, 60 B.

Hammamet
Maison des Jeunes, Tel. (02) 280440, 80 B.

Jendouba
Maison des Jeunes, Tel. (08) 631292, 60 B.

Kairouan
Maison des Jeunes, Tel. (07) 220309, 80 B.

Kasserine
Maison des Jeunes, Cité ouvrière (3 km außerhalb von Kasserine),
Tel. (07) 470053, 92 B.

Jugendherbergen

Jugendherbergen in Tunesien (Fortsetzung)

Kébili
Maison des Jeunes, Tel. (05) 49 06 35, 60 B.

Kelibia
Maison des Jeunes, Tel. (02) 29 61 05, 80 B.

Korba
Maison des Jeunes, Tel. (02) 28 92 96, 100 B.

Mahdia
Maison des Jeunes, Tel. (03) 68 15 59, 60 B.

Médenine
Maison des Jeunes, Tel. (05) 64 03 38, 60 B.

Monastir
Maison des Jeunes, Tel. (03) 46 12 16, 60 B.

Nabeul
Auberge de Jeunesse Nabeul Plage, Tel. (02) 28 55 47, 56 B.;
Maison des Jeunes Nabeul, Tel. (02) 28 65 89, 80 B.

Nasrallah
Maison des Jeunes, Tel. (07) 26 00 45, 31 B.

R'Mel (3 km von Bizerte)
Auberge de Jeunesse, Tel. (02) 44 03 04, 50 B.

Siliana
Maison des Jeunes, Tel. (08) 87 08 71, 70 B.

Sfax (1 km außerhalb der Stadt, an der Straße zum Flughafen)
Maison des Jeunes, Tel. (04) 24 32 07, 126 B.

Sousse
Maison des Jeunes, Route de la Corniche, Tel. (03) 22 75 48, 90 B.

Teboursouk
Maison des Jeunes, Tel. (08) 46 50 95, 40 B.

Tozeur
Maison des Jeunes, Tel. (06) 45 02 35, 47 B.

Tunis
Centre d'hébergement, Jelili Ezzahra, Route de Sousse, Oued Meliane Ezzahara, (21 km außerhalb von Tunis; Busverbindung ab Tunis, Place Barcelone), Tel. (01) 48 15 47, 72 B.;
Tunis-Medina (Altstadt; 500 m von der Place de la Kasbah)
Maison des Jeunes, 25, Rue Saida Ajoula, Tel. (01) 56 78 50, 70 B.;

Tunis-Radès (südlicher Vorort; 10 km außerhalb von Tunis), Maison des Jeunes, Tel. (01) 48 36 31, 120 B.

Zaghouan
Maison des Jeunes, Tel. (02) 67 52 65, 60 B.

Zarzis
Maison des Jeunes, Tel. (05) 68 15 99, 40 B.

Während des Sommers finden durch das Land reisende Studierende gegen Vorlage ihres Studentenausweises preiswerte Unterkunft in der Universität von Tunis (⟶ Auskunft).

Studentenunterkünfte

Kalender

Kalender

In Tunesien sind zwei Kalender in Gebrauch, der aus Europa stammende gregorianische Kalender, nach dem sich die Staatsgeschäfte und -termine, Verwaltung und Handel richten, sowie der islamische Kalender, nach dem sich die religiösen ⟶ Feiertage und Feste richten.

Die Zeitrechnung des islamischen Kalenders beginnt mit dem Jahr 622 n.Chr., dem Jahr der Flucht Mohammeds aus Mekka, Hedschra (Hidschra) genannt. Dieses ist das Jahr 1 im islamischen Kalender. Die Jahre des gregorianischen Kalenders können aber nicht mit denen des islamischen Kalenders korreliert werden, da dieser nicht die Sonne, sondern den Mond als Bezugsbasis hat. Die Monate des islamischen Kalenders haben also je nach Mondumlauf 29 bzw. 30 Tage und das islamische Jahr (Hidschrajahr bzw. Higri oder Hijri [Pl.] genannt) mithin nur 354 bzw. 355 Tage, also 10–11 Tage weniger als ein gregorianisches Jahr. So entsprechen 34 Mondjahre 33 Sonnenjahren oder 100 Higri etwa 97 gregorianischen Jahren.

Beispiele: 1 Hidschra Jahr = 622; 100 Higri = 719; 200 Higri = 816; 500 Higri = 1107; 1000 Higri = 1592; 1300 Higri = 1883; 1400 Higri = 1980; 1418 Higri = 1997/1998; 1420 Higri = 2000

Auch der Beginn eines islamischen Jahres fällt nicht mit einer bestimmten Jahreszeit zusammen, sondern verschiebt sich, ebenso wie die religiösen Feste, ständig. Der 1. Tag des ersten Monats im christlichen Jahr 2000 (1.1.2000) entsprach dem 21. Tag des 9. Monats (Ramadan = Fastenmonat) des muslimischen Jahres 1420.

Jeder neue Monat beginnt mit dem ersten Tag des aufgehenden Mondes. Die Monate des islamischen Jahres haben eigene Namen. Jeder neue Tag (das neue Datum) beginnt nach Sonnenuntergang.

Weitere Informationen
⟶ Feiertage
⟶ Umgangsregeln

Karawanenreisen

⟶ Ausflüge
⟶ Sahara-Tourismus

Karten

Empfehlung — Es ist ratsam, zusätzliches Kartenmaterial auf die Reise mitzunehmen; nachstehend eine Auswahl:

1 : 1 000 000 — Hallwag, Straßenkarte Tunesien/Algerien
Michelin-Straßenkarte 958: Algerien-Tunesien
Kümmerly und Frey 4955/1604: Straßenkarte Tunesien "Vacances en Tunisie" (mit touristischem Lexikon und Ortsverzeichnis; auch als Eisenbahnkarte)

1 : 900 000 — Ravenstein, Straßenkarte 852: Tunesien
1 : 800 000 — K+G, Hildebrand's Urlaubskarte 19: Tunesien
1 : 800 000 — ADAC Reisekarte: Tunesien
f&b: Tunesien, Straßenkarte mit Kulturführer, Stadtplänen von Tunis und Sousse, Ausgrabungsplan Karthago, Nebenkarte Djerba
1 : 500 000 — Amtl. Straßenkarte Tunesien mit Sehenswürdigkeiten, Campingplätzen u.a. tourist. Informationen
(Nebenktn.: Tunis und Umgebung 1 : 150 000 und Südtunesien 1 : 1 Mio.)

Amtl. Karte Afrique (Tunisie): Tunesien in 4 Blättern (ohne westl. Grenzgebiete): Tunis, Sfax, Gabès, Ghadames (5farbig, Höhenlinien, Vegetation)

Karten
1 : 500 000
(Fortsetzung)

SHOM, Das Leuchtfeuerverzeichnis, Serie D – Band B und
Nautische Vorschriften, Serie D – Band VI
Französische Seekarten: N. 4244 und 4245, 4314–4316 und 5016
ferner folgende detaillierte Karten und Unterlagen:
4129, 4191, 4198, 4208, 4221, 4225–4227, 4235, 4237, 4239, 4240, 4242, 4247, 4250 und 6325

Seekarten

Ferner erhält man auf Anfrage bei den unter → Auskunft genannten Stellen des Fremdenverkehrsamtes Tunesien eine Wander- und Straßenkarte "Tunesien" und einen Stadtplan von Tunis.

Wander- und Straßenkarte Stadtplan Tunis

→ Sportschiffahrt

Hafenführer

Kasino

→ Spielkasino

Kleidung

Tagsüber sind im Sommer leichte Baumwollgewebe am angenehmsten zu tragen sowie bequemes Schuhwerk. Da es abends kühl werden kann, empfiehlt sich die Mitnahme eines warmen Kleidungsstückes (Strickjacke, Pullover).
Außerhalb von Strand und Hotel stoßen vor allem das Tragen von Bikinis, Sporthöschen, Jogginganzügen und Shorts auf Unverständnis und Mißfallen.

Im Winter sind warme Kleidungsstücke notwendig. Dies gilt besonders für den Norden des Landes, aber auch für den Süden.
Regenkleidung ist nur in den Monaten November bis März notwendig.

→ Umgangsregeln
→ FKK

Weitere Informationen

Kreditkarten

→ Geld

Märkte · Souks

Der Begriff Souk ist aus dem arabischen 'Souq' = Markt, Marktstraße abgeleitet und bedeutet einmal der Wochenmarkt der Landbevölkerung sowie der Platz, auf dem er abgehalten wird, zum anderen bezeichnet er die zentralen, häufig überdachten Marktbereiche der Medinas mit ihren Geschäften und Handwerksläden, die den Basaren der hocharabischen und persischen Städte entsprechen.

Begriff

Die Souks der Städte sind die alten Einkaufs- und Handelszentren der Orte. Sie bestehen aus einer Vielzahl verwinkelter, enger Marktstraßen, die oft als Sackgasse (Derb; Impasse) enden. Sie sind straßenweise und viertelsweise nach Gewerben eingeteilt, so daß die Läden und Handwerks-

In der Stadt

Märkte · Souks

Märkte in der Stadt (Fortsetzung)

betriebe der gleichen Art straßenweise nebeneinander liegen. Sie enthalten fest installierte Läden des Handwerks und Handels und sind ständig bestehende Märkte, die damit den Bedürfnissen einer städtischen Bevölkerung entsprechen. Sie sind täglich außer freitagnachmittags und sonntags geöffnet (in den Fremdenverkehrsorten häufig auch sonntags). Es werden landwirtschaftliche Produkte, Handwerksprodukte und moderne, industrielle Erzeugnisse angeboten. Die Läden, die selbsthergestellte Handwerks- und Kunsthandwerkserzeugnisse verkaufen, werden von Jahr zu Jahr weniger. Sie werden ersetzt durch Geschäfte, die Massenartikel und Souvenirs anbieten, welche speziell für Touristen angefertigt werden. Die Ladenbesitzer sind Händler, vor allem Großhändler.

Auf dem Land

Die Souks auf dem Land haben dagegen auch heute noch ihre Funktion des zentralen Wochenmarktes. Ihr Besuch gehört zu den faszinierendsten Eindrücken und ist unbedingt zu empfehlen. Sie finden meist nur einmal in der Woche an gleichbleibenden Tagen statt. Auf ihnen wird alles angeboten, was zum täglichen Leben benötigt wird, angefangen von Nahrungsmitteln über Kleider, Geschirr, Metallwaren aller Art, Weidenkörbe und andere Flechtartikel, Gebrauchskeramik, Lederwaren, Gewürze, Teppiche, Schmuck bis hin zu modernen Haushaltsgeräten, Plastikartikeln und Elektrowaren. In einem abgeteilten Bezirk des Platzes ist häufig auch ein Viehmarkt zu finden, wo meist Schafe, Ziegen und gelegentlich Maultiere und Esel gehandelt werden. Im Gegensatz zu den städtischen Souks bieten auf den ländlichen noch immer die Erzeuger ihre landwirtschaftlichen und handwerklichen Produkte selbst an, obgleich auch hier der Anteil der professionellen Händler ansteigt.

Nachfolgend werden einige Städte und Dörfer genannt, die an den genannten Wochentagen Markttag abhalten.

Montag

Ain Draham, Chebba, El Djem, Grombalia, Houmt-Souk (Djerba), Kairouan, Kelibia, Maharès, Maktar, Tataouine.

Dienstag

Béja, El Hajeb, Hafouz, Kasserine, Le Krib, Menzel Temime, Sedouikech (Djerba).

Mittwoch

Adjim (Djerba), Jendouba, Sers, Sbeitla.

Donnerstag

Boussalem, Gafsa, Hammamet, Houmt-Souk (Djerba), Menzel Bouzelfa, Seliana, Teboursouk.
Nefta, im Südwesten des Landes, 35 km von der algerischen Grenze entfernt, hat einen der schönsten Märkte der Oasenorte. – Auf dem Markt von Douz (u.a. Kamelmarkt), dem im Südwesten des Schott el Djerid gelegenen Oasenort, begegnet man zahlreichen Nomaden aus der Umgebung.

Freitag

Djebeniana, Djemmal (Kamelmarkt), Ksour Essaf, Mateur, Midoun (Djerba), Queslatia, Sfax, Tabarka, Testour, Thala, Zaghouan, Zarzis.
Ganz besonders lohnend ist ein Besuch des jeden Freitag in Nabeul stattfindenden Wochenmarktes, zu dem auch die Einheimischen – insbesondere jene aus dem tiefen Süden des Landes – in ihren farbenprächtigen Trachten kommen; dieser Markt hat nahezu Volksfestcharakter. Neben Tieren (Hühner, Kamele, Rinder, Schafe, Ziegen) werden Gebrauchsgegenstände und Souvenirs aller Art verkauft; auf einem besonderen Teil des Marktes liegen unzählige Gewürze aus.

Samstag

Ben-Guerdane, El-Fahs, El Mai (Djerba), Thibar.
In Monastir ist samstags ebenfalls ein Wochenmarkt, und zwar am Place Guedir El Foul, Rue Salem B'Chir, wo Waren aller Art – insbesondere Teppiche, die an Ort und Stelle mit Siegel versehen werden – erhältlich sind.

Sonntag

Enfidha, Fernana, Hammam-Lif, Korba, Ksar Hellal, Tozeur.
Der Wochenmarkt von Sousse findet sonntags immer am südlichen Stadtrand, an der Straße nach Sfax, statt.

Maße und Gewichte

In Tunesien ist – wie u.a. in Deutschland, in Österreich und in der Schweiz – das metrische System für Maße und Gewichte gebräuchlich.

Mietwagen

Leihwagen gibt es in allen Fremdenverkehrsorten, an den Flughäfen und in den übrigen größeren Städten des Landes zu mieten. Neben zahlreichen einheimischen Firmen und Garagen bieten auch die international bekannten Unternehmen Avis, InterRent/Europcar, Hertz und Sixt Budget Autos zum Verleih an. Informationen erteilen die Hotels sowie die lokalen Fremdenverkehrsbüros (→ Auskunft).
Die Hinterlegung einer Kaution entfällt, wenn das Auto bereits in Europa über eine internationale Agentur angemietet wurde, eine international gültige Kreditkarte oder ein Gutschein eines Automobilklubschutzbriefes vorgelegt werden kann.

Allgemeines

Avis-Deutschland: Tel. 0180-55577
   Österreich: Tel. 0660-8757
   Schweiz: Tel. 012983333
Hertz-Deutschland: Tel. 0180-5333535
   Österreich: Tel. 01-79532
   Schweiz: Tel. 0848-822028
Europcar-Deutschland: Tel. 0180-5221122
   Österreich: Tel. 01-7996176
   Schweiz: Tel. 01-8136566
Sixt/Budget-Deutschland: Tel. 0180-5214141
Budget-Österreich: Tel. 0714-3600600
Budget-Schweiz: Tel. 022-7329090

Fernreservierung

→ Autohilfe
→ Reisedokumente
→ Straßenverkehr

Weitere Informationen

Moscheen

Seit 1972 dürfen Nichtmoslems in Tunesien die Gebetsräume der Moscheen nicht mehr betreten. Öffentlich zugänglich sind in den Vormittagsstunden (außer freitags) jedoch meistens die Innenhöfe. Ausnahmen bilden die jetzt verlassenen Moscheen wie z. B. auf Djerba, die mit einem Führer auch innen besichtigt werden können. Nähere Angaben sind im Kapitel 'Reiseziele von A bis Z' bei den entsprechenden Stichworten zu finden und bei den örtlichen Verkehrsvereinen zu erfragen.

Hinweis

→ Zahlen und Fakten, Kunst und Kultur, Islamische Architektur
→ Kalender
→ Sitten und Gebräuche
→ Umgangsregeln

Weitere Informationen

Museen

Die Museen sind in der Regel montags und an offiziellen → Feiertagen geschlossen, sonst täglich von 9.00 bis 12.00 und von 14.00/15.00 bis 17.30 Uhr geöffnet. Das Bardo-Museum in Tunis ist täglich außer montags

Öffnungszeiten

Museen (Fortsetzung)	von 9.00 bis 18.00 Uhr geöffnet. Ausnahmen sind bei den jeweiligen Ortsbeschreibungen im Kapitel 'Reiseziele von A bis Z' erwähnt.
Eintrittsgebühr Fotografiererlaubnis	Wer in Museen fotografieren will, muß zusätzlich zum Preis für die Eintrittskarte eine extra Fotogebühr entrichten, die unterschiedlich hoch sein kann. Gegen eine weitere Gebühr können Blitz und eventuell Stativ benutzt werden.
Führungen	In den meisten größeren Museen werden französische, englische und manchmal auch deutsche Führungen angeboten.

Nationalparks

Allgemeines	Seit der Unabhängigkeit hat Tunesien große Anstrengungen zum Schutz von Fauna und Flora unternommen und zahlreiche Nationalparks, Reservate und Schutzgebiete eingerichtet. Diese liegen meist abseits der Fremdenverkehrszentren und bieten dem interessierten und geduldigen Naturfreund ungeahnte Einblicke in die landschaftliche Schönheit und in die Vielfalt der Tier- und Pflanzenwelt Tunesiens.
Informationen	Für den interessierten Besucher ist das 1989 erschienene "Tunesien, Landschaft, Tier- und Pflanzenwelt", von Wolf-Ulrich Cropp sehr zu empfehlen. Weitere Informationen erteilt das tunesische Fremdenverkehrsamt (⟶ Auskunft) sowie die für die Organisation aller tunesischen Naturschutzeinrichtungen zuständige Forstverwaltung, Direction des Forêts, in Tunis.
Nationalparks **Bou-Hedma**	Lage: rund 85 km südwestlich von Sfax bzw. 85 km südöstlich von Gafsa, am Nordrand des Sahel. Ausdehnung: 350 km^2 zwischen Djebel Bou-Hedma (790 m ü.d.M.) im Norden und Djebel Orbata (1164 m ü.d.M.) im Süden. Besonderheiten: Über 130 Pflanzenarten, Schirmakazien sowie zahlreiche Wüstentiere, wie Gazellen, Königsadler, Säbelantilopen, Chamäleons, Landschildkröten u.a. Fahrten im Geländewagen durch den Nationalpark Bou Hedma können bei größeren Reisebüros gebucht werden; Informationsmaterial und Schautafeln.
Djebel Chambi	Lage: 15 km nordwestlich von Kasserine, im westlichen Teil Zentraltunesiens. Ausdehnung: rund 600 km^2 geschlossenes Waldgebiet des Tunesischen Atlas-Gebirges, hier befindet sich auch der höchste Berg Tunesiens, der 1544 m hohe Djebel Chambi. Besonderheiten: Aleppokiefer-Bestände, über 100 Pflanzenarten, Berggazellen, Wildziegen, Wildschweine, Mähnenschaft u.a.; Naturmuseum (⟶ Reiseziele von A bis Z: Kasserine, Umgebung).
Ichkeul	Lage: Gebiet am Südufer des Ichkeul-Sees, unweit von Biserta; rund 75 km nordwestlich von Tunis. Ausdehnung: rund 100 km^2 großes See-, Feucht- und Sumpfgelände. Der See ist ein bis drei Meter tief; Fischbestand; in der Mitte des Sees erhebt sich der 508 m hohe Djebel Ichkeul. Besonderheiten: viele Zugvögel (Enten, Graugänse, Reiher, Störche u.v.a.); tunesischer Wasserbüffel u.v.a.; Ökologie-Museum (⟶ Reiseziele von A bis Z, Bizerte).
Zembra und **Zembretta**	Lage: Die beiden Inseln liegen rund 60 km nordöstlich von Tunis vor der Halbinsel Cap Bon. Ausdehnung: etwa 5,5 km^2. Besonderheiten: Kleines Inselpaar mit schöner Pflanzen- und Tierwelt, darunter viele Zugvögel, die hier Zwischenstation auf ihrer Reise von und nach Europa machen, Wildkaninchen, Ziegen, Ginsterkatzen und Landschildkröten sowie geschützte Robben (⟶ Reiseziele von A bis Z, Cap Bon).

Lage: Die Galite-Inseln liegen 85 km nordöstlich von Biserta und bestehen aus 6 Inseln, von denen nur eine von Weinbauern und Langustenfischern bewohnt ist. Die kleine Insel Le Galiton ist ein streng überwachtes Schutzrevier für die äußerst seltene Mönchsrobbe.

Nationalparks (Fortsetzung) **Galite-Inseln**

Neben den Nationalparks gibt es noch eine Reihe von Naturreservaten und Schutzgebieten, so u. a. El Feidja, bei Ghardimaou, im äußersten Zipfel von Nordwesttunesien. In diesem rund 350 km² großen, urwaldähnlichen Bergland (Stein- und Korkeichen) leben Atlashirsche, Wild- und Stachelschweine. Im Naturreservat Kechem el Kelb, im westlichen Zentraltunesien, in der Nähe vom Nationalpark Chambi, leben in einem mit Aleppokiefern bewachsenen Gebiet Berggazellen. Weitere Informationen siehe oben. Zum Schutz von Flora und Fauna ist ihr Besuch in der Regel nur mit Erlaubnis der jeweiligen Forstverwaltungen möglich, Informationen erteilen die lokalen Auskunftsstellen (⟶ Auskunft) oder die Forstdirektion in Tunis (siehe oben).

Naturreservate Schutzgebiete

Notdienste

Organisierte Straßenhilfsdienste existieren in Tunesien nicht. Bei Pannen heißt es deshalb warten, bis ein technisch versierter, hilfsbereiter Autofahrer hält und hilft. Weitere Hinweise ⟶ Autohilfe.
In Notfällen, inbesondere bei Verkehrsunfällen, wende man sich an die Garde Nationale (Nationalgarde; Landespolizei), die im ganzen Land Straßenkontrollen durchführt, oder an die nächste Polizeidienststelle (Poste de Police).

Pannenhilfe

Eigentumsdelikte werden von den lokalen Polizeidienststellen (Commissariats) aufgenommen.

Eigentumsdelikte

In Tunesien gilt landesweit der Notruf: Tel. 197; Feuerwehr: Tel. 198

Notruf landesweit

Landesweit Hilfe in Notfällen bietet auch: Allo Taxi SOS
6, Rue Ahmed Amine el Omrane, 1005 Tunis
Tel. (01) 28 30 24 (Englisch- oder Französischkenntnisse notwendig).

Feuer: Tel. 198
Polizei: Tel. 197
Krankenwagen: Tel. 190

Notrufnummern in **Tunis**

Pasteur-Institut
13, Place Pasteur, Tunis
Tel. (01) 28 30 22, 28 30 23 und 28 30 24

Spezialklinik bei Schlangenbiß

Hôpital Charles Nicolle
Bab el Allouij, Boulevard 9 Avril 1938, Tunis
Tel. (01) 66 36 54

Krankenhausnotdienst in Tunis

Hôpital Aziza Othmana
Place du Gouvernement, Tunis
Tel. (01) 71 32 66

ADAC-Notruf in München
Tel. (0049-89) 22 22 22

Notrufdienste und Rettungswacht in **Deutschland** *(rund um die Uhr)*

AvD-Notruf in Frankfurt am Main
Tel. (0049-69) 66 06 600

ACE-Notrufzentrale in Stuttgart
Tel. (0049-1802) 34 35 36

Post

Notrufdienste (Fortsetzung)	Deutsche Rettungsflugwacht in Stuttgart Tel. (0049-711) 701070 Reiserufzentrale des ADAC in München Tel. (0049-89) 7676 2653
Weitere Informationen	→ Apotheken → Auskunft → Autohilfe → Ärztliche Hilfe → Diplomatische und konsularische Vertretungen → Post → Rundfunk, Fernsehen → Telefon

Post

Postämter	In allen größeren Städten Tunesiens gibt es Postämter (Bureau des P.T.T.). Sitz der Direktion ist Tunis. Ministère des Communications Direction Générale des P.T.T. 1030 Tunis Hauptpostamt in Tunis: Rue Charles de Gaulle Tel. (01) 246009 Das Hauptpostamt ist u.a. zuständig für postlagernde Sendungen (poste restante); Postausweiskarte: Carte d'identité postale.
Pakete in Tunis	Postamt Tunis-République Avenue de la République Tel. (01) 245900 (Paket: paquet; Päckchen: petit paquet; Gewicht: poids)
Postscheckamt in Tunis	Boulevard 9 Avril Tel. (01) 651440 (weitere Informationen → Geld)
Weitere Postämter	Im Kapitel 'Reiseziele von A bis Z' sind auf den jeweiligen Stadtplänen die Postämter hervorgehoben (kleines Posthorn).
Öffnungszeiten	Anfang Juli bis Mitte September: montags – freitags 8.00–12.00 Uhr ab Mitte September bis Ende Juni: montags – freitags 8.00–12.00 und 15.00–18.00 Uhr, samstags 8.00–12.00 Uhr Während des Fastenmonats Ramadan: montags – samstags 8.00–15.00 Uhr
Empfehlung	Da unter Umständen mit unterschiedlichen Öffnungszeiten in einzelnen Orten zu rechnen ist, empfiehlt es sich, seine Briefe möglichst am Vormittag aufzugeben.
Briefmarken (timbres)	Tunesische Briefmarken sind häufig von einheimischen Künstlern gemalt und sehr beliebt. Sie werden sowohl in den Postämtern als auch in Tabakwarenläden, einigen Kiosks und in den größeren Hotels verkauft (Briefmarke: timbre; frankieren: affranchir).

Tunesischer Briefkasten

Post

In die Bundesrepublik Deutschland kosten | Posttarife
ein Standardbrief (lettre): 500 Millimes (veränderlich), | (Fortsetzung)
eine Postkarte (carte postale): 450 Millimes (veränderlich).
Ein gesonderter Luftpostzuschlag wird nicht erhoben. Alle Auslandssendungen werden auf dem Luftweg befördert.

Die zusätzlichen Beförderungsgebühren für Einschreiben (recommandée) oder Eilzustellung (exprès) liegen etwa doppelt so hoch wie für einen Standardbrief.

Der Versand von Briefen innerhalb des Landes kostet etwa die Hälfte der Gebühr des Standardbriefes in die Bundesrepublik Deutschland; für Briefe in andere arabische Staaten muß ebenfalls eine geringere Gebühr bezahlt werden.

Internationale Antwortscheine (coupons-réponse international) sind an allen Postschaltern erhältlich. — Internationale Antwortscheine

Einige Postleitzahlen und Vorwahlnummern

(02); PLZ: 7000	Bizerte
(05); PLZ: 4260	Douz
(05); PLZ: 4180	Djerba (Insel)
(05); PLZ: 6000 (Ort), PLZ: 6071 (Hafen)	Gabès
(06); PLZ: 2100 (Ort), PLZ: 2111 (Bahnhof)	Gafsa
(02); PLZ: 8030	Grombalia
(02); PLZ: 8050	Hammamet
(01); PLZ: 2050	Hammam-Lif
(07); PLZ: 3100	Kairouan
(01); PLZ: 2016	Karthago (Carthage)
(07); PLZ: 1200	Kasserine
(05); PLZ: 4200	Kebili
(02); PLZ: 8090	Kelibia
(08); PLZ: 7100	Le Kef
(03); PLZ: 5100	Mahdia
(05); PLZ: 4100	Médenine
(03); PLZ: 5000	Monastir
(02); PLZ: 8000	Nabeul
(06); PLZ: 3044	Nefta
(04); PLZ: 3000	Sfax
(01); PLZ: 2026	Sidi Bou Saïd

Reisedokumente

Postleitzahlen und Vorwahlnummern (Fts)

Sousse:	(03); PLZ: 4000
Tabarka:	(08); PLZ: 8110
Tozeur:	(06); PLZ: 2200
Tunis:	(01); PLZ: 1000 (die einzelnen Stadtviertel und Vororte der Landeshauptstadt haben unterschiedliche Postleitzahlen).

Weitere Vorwahlnummern → Hotels

Ramadan

→ Zahlen und Fakten, Religion
→ Kalender
→ Umgangsregeln

Reisedokumente

Personalpapiere
Bei einem Aufenthalt bis zu vier Monaten ist für Bürger der Bundesrepublik Deutschland ein gültiger Reisepaß erforderlich (für Kinder unter 16 Jahre Kinderausweis mit Lichtbild oder Eintrag im Elternpaß). Überschreitet die Aufenthaltsdauer vier Monate, ist ein Visum erforderlich. Bei Pauschalreisen mit dem Flugzeug reicht der Personalausweis.

Impfungen
Impfungen sind für die aus den europäischen Ländern anreisenden Touristen nicht erforderlich; Impfung gegen Gelbfieber ist vorgeschrieben bei Anreise aus einem Infektionsgebiet (weitere Informationen → Gesundheitsvorsorge).

Fahrzeugpapiere
Nationaler Führerschein und nationaler Fahrzeugschein werden anerkannt.
Unbedingt erforderlich sind eine Haftpflichtversicherung sowie die Internationale Grüne Versicherungskarte, die für Tunesien gültig geschrieben sein muß. Außerdem empfiehlt sich der Abschluß eines Auslandsschutzbriefes oder einer Reisevollkaskoversicherung sowie einer Insassen-Unfallversicherung.

Weitere Informationen erteilen die ADAC-Geschäftsstellen (Allgemeiner Deutscher Automobilclub e.V., am Westpark 8, D-81373 München 70, Tel. (089) 7676-0; der Automobilclub von Deutschland e.V., Lyoner Straße 16, D-60528 Frankfurt/Main, Tel. (069) 6606284 und dessen Geschäftsstellen sowie der Deutsche Touring-Automobilclub e.V., Amalienburgstraße 23, D-81247 München, Tel. (089) 8111048.

Für Wohnanhänger ist ein Inventarverzeichnis mitzuführen.

Bootsführerschein
Für Boote ist ein Bootsführerschein und ein internationales Verbandszertifikat erforderlich.

Tiere
Wer Haustiere (Hund, Katze) nach Tunesien mitnehmen will, benötigt für diese ein amtstierärztliches Gesundheitszeugnis und eine Impfbescheinigung gegen Tollwut (bei Hunden auch gegen Staupe). Die Impfung muß spätestens einen Monat vor Einreise nach Tunesien erfolgt sein und darf nicht länger als sechs Monate zurückliegen. Die Mitnahme von Jagdhunden ist verboten.

Weitere Informationen
→ Zollbestimmungen

Restaurants

Blühende Wiesen im Mai südwestlich von Tunis

Reisezeit

Nordtunesien besucht man am besten zwischen April (Beginn der Badesaison) und Ende Oktober; die Landesmitte und den Süden zwischen Oktober und April.

Beste Reisemonate

→ Zahlen und Fakten, Klima
→ Fotografieren und Filmen
→ Gesundheitsvorsorge
→ Kleidung
→ Umgangsregeln

Weitere Informationen

Restaurants

Neben Hotelrestaurants (→ Hotels) gibt es Imbißbuden, Straßenlokale und gepflegte Restaurants. Brot ist im Preis inbegriffen, dazu gibt es häufiger Oliven, scharfe Soßen u.a. Das Frühstück (petit déjeuner) wird ziemlich spät eingenommen; Mittagessen (déjeuner) gibt es zwischen 12.30 und 14.00 Uhr, das Abendessen (dîner, souper) selten vor 20.00 Uhr.

Allgemeines

In der Regel zahlt man in den Restaurants außerhalb der Hotels 10 bis 15 % Bedienungsgeld.

Trinkgeld

Etwa 300 Restaurants des Landes sind mittlerweile klassifiziert. Was für das Hotel die Sterne, sind für die Restaurants Tunesiens die Gabeln. 4 Gabeln stellen die oberste Kategorie dar. Die Schilder sind gut sichtbar am Eingang des Lokals angebracht. Der Einfachheit halber bleiben wir in diesem Band bei den Sternen.

Hinweise

Restaurants

Hinweise
(Fortsetzung)

Hinweise auf gute Küche finden Sie auch unter dem Stichwort 'Hotels'. Die meisten Hotels ab 4 Sterne verfügen über ein Restaurant à la carte mit reichhaltiger Auswahl auch an tunesischen Spezialitäten. Die Preise liegen dort aber meist deutlich höher als in den in diesem Band genannten Restaurants.

Da die Geschmäcker üblicherweise verschieden sind, können sich die Kurzbeschreibungen für den einen objektiv, für den anderen durchaus subjektiv darstellen. Hierfür bitten wir um Verständnis.

Restaurants in Tunesien (Auswahl)

Bizerte

**Le Petit Mousse, Tel. 02/43 21 85, 32 Plätze
Direkt am Meer in einer kleinen Bucht gelegen, bietet das kleine Restaurant nicht nur einen herrlichen Blick aufs Meer, sondern auch ausgezeichnete Speisen. Versuchen Sie hier die legendäre "Mousse au Chocolat"
**Possada, Tel. 02/43 31 21, 30 Plätze
Ganz neu eröffnet bietet dieses Haus Fischgerichte vom Feinsten, erlesene Weine, familiäres Ambiente bei Kerzenschein und leichter Musik.

Djerba

****El Ferida, Tel. 05/75 75 37
Trotz der 4 Gabeln und trotz der Tatsache, daß das Restaurant zum Casino gehört, sind die Preise sehr modest. Vom Angebot, der Zubereitung und vom Geschmack der Gerichte wird auch der Gourmet angenehm überrascht sein.
***Haroun, Tel. 05/65 04 88, 80 Plätze
In der Inselhauptstadt Houmt Souk befindet sich dieses feine Lokal, das weit über die Grenzen hinaus für seine ausgezeichneten Fischgerichte berühmt ist. Nationale und internationale Speisen. Große Getränkeauswahl.
**El Hana, Tel. 05/65 05 68, 40 Plätze
Das Schweizer Ehepaar Rudolf führt dieses Restaurant am Eingang zum Markt, in einer ruhigen Ecke gelegen. Hier findet der Gast vor allem europäische Kost zu modesten Preisen. Frau Rudolf setzt sich gern für einen Augenblick zu Ihnen und zeigt stolz ihr "Goldenes Buch".
**Le Phare, Tel. 05/65 83 83
Direkt am Leuchtturm und unter italienischer Leitung plaziert, erkennt man schon aus der Karte, daß in der Lombardei die Auswahl kaum anders sein kann. Alles al dente, selbst tunesische Spezialitäten, erlesene Weine und zum Abschluß einen "ristretto" (Kaffee), in dem der Löffel stehenbleibt.
*Mediterranée, Tel. 05/65 17 57, 30 Plätze
Einfaches Restaurant in Marktnähe mit einer reichen Auswahl an gut zubereiteten Fischspezialitäten. Guter Service und modeste Preise hinterlassen einen guten Eindruck.

Gabeṣ

***Atlantic, Tel. : 05/22 00 34, 40 Plätze
1998 wurde das berühmte Restaurant beim Hotel gleichen Namens wiedereröffnet. Abgesehen von einer reichhaltigen Speisenauswahl bietet dieses traditionsreiche Lokal (mit der damals üblichen integrierten Bar) in seiner Ausstattung den Flair der 20er Jahre als die Franzosen hier verkehrten.

Gafsa

***Gafsa, Tel. 06/22 30 00
Sehr großes, trotzdem gut aufgeteiltes Haus, in dem hauptsächlich lokale Spezialitäten gereicht werden, die evtl. zu Magenverstimmungen führen können, sollte man das scharfe "Harissa" nicht gewohnt sein. Im Stadtzentrum nahe der römischen Becken gelegen.

Hammamet

***Les 3 Moutons, Tel. 02/28 09 81, 60 Plätze
Der Name bedeutet "Die 3 Schafe" und ist wohl das berühmteste Restaurant in der Gegend um Hammamet. Hammel und Fisch werden in vielen Variationen zubereitet. Es ist ein Vergnügen, hier zu tafeln. Reichhaltige

Restaurants

Hammamet (Fortsetzung)

Weinkarte und eine große Auswahl an leckeren Nachspeisen runden den guten Eindruck ab. Hier speist auch Herr Bettino Craxi, Politflüchtling aus Italien.

***Hongkong, Tel. 02/28 28 25
Beim Chinesen essen – wieso eigentlich nicht: der Besitzer ist Tunesier. Hongkong ist weit, und daher ist die Einrichtung herrlich kitschig. Sie wurde zum Teil von zufriedenen Gästen Stück für Stück zusammengetragen oder mitgebracht. Sehr geschmackvoll Zubereitetes aus dem fernen Osten, süßsauer, aber auch Leckeres aus Tunesien, pikant bis sehr scharf. Man kommt gern wieder (und bringt vielleicht etwas zur Ausstattung mit).

**Lotos, Tel. 02/28 09 84
Seit 10 Jahren kocht hier Frau Saida selbst und bewirtet aufs vorzügliche ihre Gäste mit hauptsächlich tunesischen Spezialitäten. Es hat allen gut geschmeckt, und die meisten kommen wieder. Nicht weit von der Touristenzone gelegen.

**Le Petit Prince, Tel. 02/22 67 02
In der neuen Anlage Hammamet Süd liegt dieses kleine Restaurant mit vorzüglichen Fischgerichten. Sie können hier auch das tunesische Nationalgericht Couscous mit verschiedenen Beilagen ausprobieren.

Kairouan

N.C. – Le Roi de Couscous
Hier sollten Sie unbedingt einmal (oder auch mehrmals) Couscous essen. Obwohl es zur Klassifizierung nicht gereicht hat, ist das tunesische Nationalgericht mit vielen verschiedenen Beilagen nirgendwo besser zubereitet. Einfach zu finden: in der Nähe der Souks – jeder wird Ihnen den Weg zeigen.

Monastir

***Le Grill, Tel. 03/46 21 36
Hier ist man unter sich, wenn man vorher reserviert hat. Man soll nicht glauben, was so ein einfacher Grill hervorzaubert, wenn man ihn richtig bedient. Feinste Langusten (nicht zu teuer), aber auch das Filet kommt lecker zubereitet auf den Teller. Edle Weine runden den Aufenthalt ab.

**Le Chandelier, Tel. 03/46 22 32, 40 Plätze
Das Lokal liegt im Hafen der Marina. Die reichhaltige Speisekarte mit ihren Fischspezialitäten, tunesisch zubereitet, ist groß gedruckt, so daß sie bei Kerzenlicht mühelos gelesen werden kann. Angenehmes Ambiente bei gedämpfter Musik.

Nabeul

**L'Olivier, Tel. 02/28 66 13
Im Gegensatz zum benachbarten Hammamet bieten die wenigen Lokale hier besten Service an. Gerade l'Olivier (der Olivenbaum) zeichnet sich dadurch besonders aus. Hier läßt man sich am besten von den Fischgerichten verzaubern, die mit leckeren Saucen gereicht werden. Versuchen Sie "Loup de Mer". Kaum einer bereitet ihn besser zu.

**Au Bon Kif, Tel. 02/22 27 83, 24 Plätze
Ohne vorherige Anmeldung werden Sie kaum Platz finden. Die Dame trägt das "Kleine Schwarze", der Herr den Anzug. Sie sind bei Kerzenlicht unter sich und lassen sich tunesische Spezialitäten munden. Das Gläschen Thé à la mente mit einem schwimmenden Minzblatt obendrauf serviert man nach dem Abendessen automatisch.

Port El Kantaoui

***Les Emirs, Tel. 03/24 06 85
Dieses ist das kleinste der klassifizierten Restaurants von Port El Kantaoui. Es liegt, wie auch die anderen, direkt in der Marina. Es ist ratsam sich vorher anzumelden und dann ausgezeichnete Fischgerichte bei Kerzenschein (im Sommer auf der Terrasse) zu genießen. Freuen Sie sich auch auf die schmackhaften Nachspeisen.
Sollten Sie hier keinen Platz gefunden haben, finden Sie in unmittelbarer Nachbarschaft bei einem Spaziergang, an der Hafenanlage entlang, die übrigen Restaurants: ***Daurade (80 Plätze), ***La Mediterranée (96 Plätze), ***L'Escale (59 Plätze), **La Marina (100 Plätze) und das *Neptune (58 Plätze).

Restaurants

Sousse

**Les 3 Dauphins, Tel. 03/27 03 97, 54 Plätze
Neueröffnet und in unmittelbarer Meeresnähe findet der Gast hier europäische (nicht so gut) und einheimische (sehr, sehr gut) Spezialitäten auf der Karte. Versuchen Sie Tajjine, Couscous oder Ojja aux Merguez. Zum Nachtisch einige Makroudh. Was das ist? Probieren Sie's aus, Sie werden es nicht bereuen.

**El Pescador, Tel. 03/22 62 60
Hier sind die Fischspezialitäten hervorzuheben, speziell aber deren Zubereitung. Selten findet man als Beilage ein derartig großes Soßen- und Kräuterangebot, wie in diesem, im Jahre 1995 eröffneten Restaurant. Man erkennt, daß der Koch seine Kenntnisse in Frankreich erworben hat. Erlesene Weine runden das positive Gesamtbild ab.

*Le Malouf, Tel. 03/21 93 46
Der Malouf ist die alte, von den Arabern aus Andalusien mitgebrachte, tragende Musik mit seinem eigentümlichen Rhythmus. Meist wird sie von drei Musikanten in weißen, weiten Gewändern dargeboten. Im kleinen Rahmen genießen Sie Fisch und Meeresfrüchte, erlesene Weine, den Kerzenschein, die besagte Musik und die Stimmung des ganzen.

*Touta, Tel. 03/24 15 42, 40 Plätze
Von außen eher unscheinbar, bietet das direkt am Meer gelegene Lokal doch recht angenehmes auf der Speisekarte: ein Schnitzel (das Sie aber auch zu Hause essen könnten) oder Fisch, sehr schmackhaft zubereitet (den Sie so fein sicher nicht zu Hause essen könnten). Je nach Saison bestellen Sie Früchte als Nachtisch oder Patisserie Tunisienne – kleine, meist sehr süße, leckere Gebäckstücke. Qualität = hoch, Preise = niedrig.

Tabarka

**Le Pirate, Tel. 08/67 00 61
Weit über die Grenzen hinaus ist dieses Lokal bekannt für seine Tintenfischspezialitäten. Sollte Ihnen nicht unbedingt danach sein, bestellen Sie einfach Königslangusten (von den galitischen Inseln), Loup de Mer oder Scholle. Bestens zubereitet, mit feinen Soßen abgerundet, dazu ein edler Tropfen, so bleibt der Besuch hier in langer Erinnerung.

Tunis

****Dar el Jeld, Tel. 01/26 09 16, 90 Plätze
Hier ist eine Reservierung unbedingt erforderlich. Im Ambiente eines alten Palastes in der Altstadt von Tunis tafelt man, wie man das aus Filmen kennt: allerfeinstes des Orients, ebenso lecker Speisen der französischen Küche. Was die Gerichte für Gaumen und Magen ist Leïla, die Bauchtänzerin, für die Augen und die Malouf-Kapelle für die Ohren. Nirgendwo spüren Sie das Morgenland näher.

***Au Bon Vieux Temps, Tel. 01/74 43 22, 38 Plätze
"Zu den guten alten Zeiten" heißt diese kleine, aber sehr gute Lokal in La Marsa. Zu erlesenen Gerichten erklingt Barockmusik oder an anderen Tagen auch orientalische Musik aus der Zeit der Jahrhundertwende. Zu den Spezialitäten zählen Meeresfrüchte, die mit traditionellen Beilagen gereicht werden. Platzreservierung ratsam.

***Dar Zarruk, Tel. 01/74 05 91, 70 Plätze
Hier treffen sich Liebhaber Sidi Bou Saïds, Weinkenner und Gourmets edler Fischgerichte und Meeresfrüchte. Mit einem herrlichen Blick auf diesen berühmten Vorort von Tunis und die Bucht der Hauptstadt wird das Tafeln hier zu einem unvergeßlichen Erlebnis in jeder Hinsicht. Reservierung angeraten.

**Chez Nous, Tel. 01/24 30 48, 40 Plätze
Seit über 60 Jahren gibt es dieses nette kleine Restaurant in der Rue de Marseille von Tunis. Es ist immer in Familienbesitz geblieben. Auch hier wird man bei köstlichen Speisen vom Flair des Orients umgeben. Erlesene Weine munden zu Fischgerichten, Meeresfrüchten sowie französischer Küche. Leckere Nachspeisen.

**L'Orient, Tel. 01/24 20 58, 100 Plätze
Dieses Restaurant finden Sie in einer Seitenstraße zur Av. Habib Bourguiba in Tunis in der Nähe der katholischen Kathedrale. Auch hier überwiegen Fischgerichte und Meeresfrüchte, die allerdings sehr fein abge-

schmeckt werden. Die Getränkekarte ist reichlich und der Pfefferminztee zum Ausklang ein Muß: er wird mit Pinienkernen in vergoldeten Gläsern gereicht.

*El Hafsi, Tel. 01/746958, 60 Plätze

Das Lokal liegt am Strand von La Marsa. Die Speisen sind einfach, aber sehr schmackhaft zubereitet. Meist kommen die Gäste am Abend wegen des wunderschönen Ausblicks auf die Bucht von Tunis. Die Getränkekarte ist reichlich und der Quantität der Speisen ebenfalls.

*Ellil, Tel. 01/743918, 100 Plätze

Sehr neues, sehr einfaches, sehr gutes, sehr sauberes Restaurant in Gammarth. Hier mundet es Einheimischen wie Touristen. Es werden keine tiefen Verbeugungen gemacht, man behandelt Sie nicht übermäßig bevorzugt. Auf diese Weise kann man das echte Treiben in einem echten, tunesischen Restaurant bewundern. Es ist doch vieles anders in arabischen Ländern. Besonders in akustischer Hinsicht.

Restaurants in Tunis (Fortsetzung)

Rundfunk, Fernsehen

Direction de la Télédiffusion Tunisienne (D.T.T.)
4, Rue de Kenya
1002 Tunis
Tel. (01) 28 31 77

Radiodiffusion Télévision Tunisienne
71, Avenue de la Liberté
1002 Tunis
Tel. (01) 28 73 00

Informationen

Die tunesischen Rundfunkprogramme enthalten Sendungen in arabischer, französischer, englischer, italienischer, spanischer und deutscher (täglich von 10.00 bis 11.00 Uhr) Sprache. Über Kurzwelle kann man folgende deutschsprachigen Sender empfangen:

Deutsche Welle Köln (rund um die Uhr): 49 m, 6075 kHz und 31 m, 9545 kHz

ADAC-Reiserufe, Reisewetter, Seewetterbericht: Auf den oben erwähnten Frequenzen werden montags bis freitags von 17.15 bis 18.00 Uhr "Das Reisejournal" mit ADAC-Reiserufen, Reisewetter- und Seewetterbericht für das Mittelmeergebiet, die Biskaya und die Ägäis sowie Servicemeldungen und Reisetips ausgestrahlt; samstags endet "Das Reisejournal" bereits eine Viertelstunde früher (Sendezeit von 17.15 bis 17.45 Uhr), sonntags wird nur der Seewetterbericht für das Mittelmeer, die Biskaya und die Ägäis durchgegeben, und zwar in der Zeit von 17.10 bis 17.15 Uhr.

Radio

Bei den oben angegebenen Sendezeiten handelt es sich um Universal Time Coordinated (UTC), die von der Greenwich Mean Time (GMT) um zwei Stunden abweicht (→ Zeit).

Hinweis

Deutsche Welle, Postfach 100444, D-50588Köln, Tel. (0221) 3893208
und
BBC-World Service, BBC P.O.B. 75 London, WCB 4PH, Großbritannien

Auskunft

Skipper können sich zweimal/Tag bei den Radiostationen der Häfen Bizerte (Biserta), La Goulette, Mahdia und Sfax Seewetterberichte geben lassen. Diese Stationen erteilen auch Auskünfte über Sturmwarnungen, machen täglich Küstenvorhersagen und erteilen Sonderwarnungen.

Seewetterberichte für Skipper

Das tunesische Fernsehen (E.R.T.T.) strahlt im ersten Programm Sendungen in arabischer und im zweiten Programm (Kanal 21) Sendungen in

Fernsehen

Sahara-Tourismus

Fernsehen
(Fortsetzung)

französischer Sprache aus. Dieses Programm wird täglich ab etwa 17.00 bis 20.15 Uhr zu einem Programm für Jugendliche in arabischer Sprache. Nachrichten in französischer Sprache sind ab 20.15 Uhr zu empfangen. Beide Programme strahlen auch ein Teletext-Programm aus. Sendungen in anderen Sprachen sind in den Hotels über Satellit zu empfangen.

Sahara-Tourismus

Allgemeines

Bisher verbringen 70 % der Tunesienbesucher ihren Urlaub irgendwo an der 1200 km langen Küste im Strandhotel. Seit einigen Jahren fördert der Staat nun den Bau touristischer Anlagen in den Sahara-Zonen Douz, Tozeur, Nefta, Kebili und Tataouine. Das Programm sieht vor, in der Nähe von Oasen Hotels mit Tennisplätzen, Schwimmbädern und Reitclubs zu errichten. Als Ergänzung oder Alternative zum reinen Badeurlaub bietet der Sahara-Tourismus u. a. Landrover-, Mountainbike- oder Wanderausflüge ins südliche Landesinnere, den Besuch der palmenreichen Oasen des Djerid oder den der dünenartigen Nefzaoua-Oasen, der Ksour und Ghorfas, Kamelausritte durch die Wüste, farbenprächtige Feste in Douz und Tozeur u.v.m.
Über mögliche Auswirkungen solcher Projekte auf die natürliche Umwelt unterrichtet das im Rotpunktverlag erschienene "Grün und integriert" von Monika Jäggi und Beat Stauffer. Anhand zweier Fallbeispiele (u. a. Sahara-Tourismus in Douz) werden den Fragen nach Umwelt- und Sozialverträglichkeit des neuen Tourismuskonzeptes nachgegangen.

Safaris
Hinweis

Fahrten in die Sahara sollten Unerfahrene nur bei einem tunesischen Spezialanbieter oder bei einem Reisebüro im Heimatland buchen. Bei Alleingängen besteht absolute Lebensgefahr!

Weitere
Informationen

⟶ Ausflüge
⟶ Sport: Wandern und
⟶ Straßenverkehr, Ratschläge und besondere Vorschriften für die Wüstenzonen

Sichere Reise!

Weitgehender
Schutz durch
Grundvorsorge

Die Versicherungen, die zur üblichen 'Grundausstattung' gehören, bieten während einer Reise weitgehenden Schutz: Lebensversicherung, Unfallversicherung und Privat-Haftpflichtversicherung gelten in der ganzen Welt, die Rechtsschutzversicherung in Europa und in den außereuropäischen Mittelmeerstaaten.

Haftpflicht-
versicherung

Gerade auf Reisen gibt es immer wieder ungewohnte Situationen. In der fremden Umgebung genügt eine Sekunde Unaufmerksamkeit, zum Beispiel beim Überqueren der Straße: Sie zwingen einen Wagen zum Ausweichen, und schon ist es passiert. Da brauchen Sie eine gute Rückendeckung; eine Haftpflichtversicherung zahlt nicht nur bei berechtigten Ansprüchen, sondern wehrt unberechtigte Forderungen ab.

Rechtsschutz-
versicherung

Ihre Rechtsschutzversicherung hilft Ihnen hingegen, Ihre Ansprüche durchzusetzen, wenn Ihnen jemand einen Schaden zugefügt hat. Sie nützt Ihnen auch bei Reisen außerhalb des eigentlichen Geltungsbereiches – zum Beispiel, wenn Ihr deutscher Reiseveranstalter Ihre Urlaubsunternehmung nur mangelhaft organisiert hat und Sie einen Teil Ihres Geldes zurückhaben wollen.

Unfall-
versicherung

Wenn Sie bisher keine Unfallversicherung haben, wäre Ihr Urlaub ein guter Anlaß, eine solche abzuschließen. Sie gilt rund um die Uhr, im Beruf, im

Sichere Reise

Unfallversicherung (Fortsetzung)

Haushalt, auf Reisen und in der Freizeit. Sie läßt sich in Leistungen und Beitrag der allgemeinen Einkommensentwicklung anpassen; bei einer besonderen Form erhalten Sie sogar alle Beiträge mit Gewinnbeteiligung zurück.

Reisekrankenversicherung

Sie sollten auch an eine Reisekrankenversicherung denken. Sie kostet nicht viel, gibt Ihnen und Ihrer Familie aber Sicherheit bei jedem Auslandsurlaub.

Reise-Rücktrittskosten-Versicherung

Für den Fall, daß Sie vor Reiseantritt krank werden, oder daß andere gewichtige Gründe Sie von der Reise abhalten, ist eine Reise-Rücktrittskosten-Versicherung nützlich. Sie kommt für Schadenersatzforderungen von Reisebüros, Hotels und Fluggesellschaften auf.

Reisegepäckversicherung

Folgen von Verlusten oder Schäden beim Gepäck mildert eine Reisegepäckversicherung – die übrigens während des ganzen Jahres für alle Reisen und Ausflüge gilt.

Hausratversicherung

Während Ihrer Abwesenheit bewahrt Sie zwar die Hausratversicherung nicht vor Brand, Blitzschlag, Explosion, Einbruchdiebstahl, ausströmendem Leitungswasser, Sturm oder Hagel, aber vor den finanziellen Folgen solcher Schäden. Wenn Ihre Wohnung allerdings länger als 60 Tage unbewohnt bleibt und auch nicht beaufsichtigt wird, müssen Sie das Ihrer Versicherung mitteilen.

Reise-Organisation

Vorbereitungen

Gute Organisation ist schon vor der Reise wichtig. Die Gewißheit, daß zu Hause alles in Ordnung ist, und daß man nichts vergessen hat, macht gelassen und die Reise schön.
Ein erprobtes Hilfsmittel bei den Vorbereitungen sind Checklisten, auf denen Sie notieren, an was Sie noch denken müssen, und auf denen Sie abhaken, was Sie erledigt haben.
Klären Sie rechtzeitig, wer Ihre Blumen gießt, Haustiere versorgt und den Briefkasten vor verdächtigem Überquellen bewahrt.
Besorgen Sie beizeiten Papiere, Gutscheine, Tickets, Visa und Zahlungsmittel. Hinterlassen Sie Wertsachen, Fotokopien Ihrer Papiere und Ihre Urlaubsanschrift bei einer Vertrauensperson oder einer Bank.

Wichtige Unterlagen

Gültiger Reisepaß (ggf. mit Visa-Unterlagen)
Führerschein (ggf. mit Internationalem Führerschein)
Automobilclub-Ausweis
Auslandsschutzbrief
Reise-Versicherungen
Auslandskrankenschein
Fahrkarten, Schiffs- oder Flugtickets, Buchungsbestätigungen
Impfzeugnisse
Fotokopien aller wichtigen Papiere (im Gepäck)
Reiseschecks, Kreditkarten, Geld
Landkarten

Reiseapotheke

Ihre Reiseapotheke sollte neben den notwendigen Dingen gegen leichte Verletzungen und Unpäßlichkeiten auch einen Vorrat jener Medikamente enthalten, die Sie regelmäßig einnehmen. Bedenken Sie bei Reisen in warme Gegenden, daß sich dort nicht alle Arzneimittel-Zubereitungen aus unseren Breiten halten, und daß sie eventuell gegen dortige Krankheitserreger nicht wirken. Lassen Sie sich vom Arzt für Ihr Reiseland etwa zusätzlich erforderliche Schutzimpfungen oder geeignete Medikamente empfehlen. Beachten Sie bitte auch, daß Medikamente die Reaktionsfähigkeit und damit auch die Fahrtüchtigkeit beeinträchtigen können.
Ersatzbrille nicht vergessen!

Sichere Reise

Sicher Autofahren

Mietwagen

Wenn Sie sich einen Wagen mieten wollen, wenden Sie sich möglichst an namhafte internationale Autovermietfirmen. Hier können Sie darauf vertrauen, daß die Fahrzeuge den von zu Hause gewohnten Sicherheitsstandards für Lenkung, Fahrgestell, Motor, Bremsen, Beleuchtung und Karosserie entsprechen. Schließen Sie gegebenenfalls zusätzliche Versicherungen (Kraftfahrzeug-Haftpflicht-, Fahrzeug-, Unfallversicherungen) ab, falls die landesübliche Vorsorge Ihnen nicht ausreicht.

Übrigens geben Ihnen viele Vermieter Rabatt, wenn Sie den Mitgliedsausweis eines Automobilklubs vorlegen. Eine Kreditkarte kann Ihnen eine Barkaution ersparen.

Gurte

Gurten Sie sich immer richtig an und achten Sie darauf, daß Ihre Mitfahrer es – sowohl auf dem Vordersitz als auch auf den Rücksitzen – ebenfalls tun. Die Bänder sollen straff am Körper anliegen. Ein falsch angelegter Gurt kann bei einem Unfall zusätzliche Verletzungen verursachen.

Nur zusammen mit richtig eingestellten Kopfstützen am Autositz erfüllen Gurte optimal ihren Zweck. Die Oberkante der Kopfstützen muß in Augen- oder Ohrenhöhe oder darüber liegen. Nur dann schützen sie die Halswirbelsäule.

Sicht für Brillenträger

Brillenträger fahren nachts sicherer mit spezialentspiegelten Gläsern. Von einer getönten Brille bei Dämmerung oder Dunkelheit muß abgeraten werden. Weil jede Glasscheibe einen Teil des hindurchfallenden Lichtes reflektiert, erreichen selbst durch eine klare Windschutzscheibe nur 90 % des auf der Straße vorhandenen Lichtes die Augen des Autofahrers. Durch getönte – auch beschmutzte – Scheiben und getönte Brillengläser gelangt nur noch etwa die Hälfte der auf der Straße vorhandenen Lichtmenge bis ans Auge; das schränkt die Fahrsicherheit erheblich ein.

Verkehrsunfall in Tunesien: Was tun?

Sofortmaßnahmen

Sie können am Steuer noch so vorsichtig sein – es kann trotzdem einmal etwas passieren. Auch wenn der Ärger groß ist: Bitte bewahren Sie Ruhe und bleiben Sie höflich. Behalten Sie einen klaren Kopf und treffen Sie nacheinander folgende Maßnahmen:

Absichern

1. Sichern Sie die Unfallstelle ab. Das heißt: Warnblinkanlage einschalten, Warnzeichen (Blinklampe, Warndreieck etc.) in ausreichendem Abstand aufstellen.

Verletzte

2. Kümmern Sie sich um Verletzte. Sorgen Sie gegebenenfalls für einen Krankenwagen.

Polizei

3. Verständigen Sie sicherheitshalber die Polizei, Tel. (landesweit) 197.

Notizen

4. Notieren Sie Namen und Anschrift anderer Unfallbeteiligter, außerdem Kennzeichen und Fabrikat der anderen Fahrzeuge sowie Namen und Nummern der Haftpflichtversicherungen. Wichtig sind auch Ort und Zeit des Unfalles sowie die Anschrift der eingeschalteten Polizeidienststelle.

Beweismittel

5. Sichern Sie Beweismittel: Schreiben Sie Namen und Adressen von unbeteiligten Zeugen auf. Machen Sie Skizzen von der Situation am Unfallort, noch besser ein paar Fotos aus verschiedenen Richtungen.

Unterschriften

6. Unterschreiben Sie kein Schuldanerkenntnis und vor allem kein Schriftstück, dessen Sprache Sie nicht verstehen!

Andere Rechtsvorschriften

7. Im Ausland gelten für eine Schadenregulierung und in den rechtlichen Fragen bei einem Unfall vielfach andere Regeln – für Deutsche oft höchst

ungewohnt. Recht wird grundsätzlich nach den Rechtsvorschriften des jeweiligen Landes gesprochen, und die Bearbeitung des Schadens dauert meist länger als daheim. Oft wird nicht alles ersetzt.

Sichere Reise (Fortsetzung)

⟶ Straßenverkehr

Weitere Informationen

Soldatenfriedhof

In Bordj Cedria, rund 22 km von Tunis entfernt, gibt es einen großen Soldatenfriedhof, auf dem über 8000 Soldaten aus den Kämpfen bis 1943 ruhen. Auskünfte erteilt der Volksbund Deutsche Kriegsgräberfürsorge, Werner-Hilpert-Straße 2, D-34117 Kassel, Tel. (0561) 70090.

Spielkasino

Seit einigen Jahren ist der Betrieb von Spielkasinos in Tunesien erlaubt. Derzeit gibt es Kasinos in Sousse, Hammamet Gammarth und Djerba. Ein weiteres ist in Tabarka geplant.

Sport

Neben zahlreichen Aktivitäten, die in den Feriendörfern des Club Méditerranée, den Robinson-Clubs und von verschiedenen Hotels angeboten werden, wie Morgengymnastik, Aerobic, Bogenschießen, Judo, Volleyball, Trampolinspringen bis zum nächtlichen Break-Dance u.v.a., kann in Tunesien nahezu auch jede andere Sportart – mit Ausnahme des Wintersports – betrieben werden. Man sollte also seine Sportkleidung, Schläger, Bälle u.a. mit in den Koffer packen.

Allgemeines

Tunesien verfügt dank seiner Lage am Meer und einer Küstenlänge von über 1200 km über eine reiche Meeresfauna.
Unter Freizeitanglern sind die folgenden drei Fischfangmethoden bekannt: Angeln mit Haken, mit unsichtbarem Netz und mit vertikalem Takel. Amateuranglern stellt die Tauchschule der S.H.T.T. in Monastir, Tel. (03) 460156/633, freitags ihr Boot "El Kahlia" (auch Minikreuzfahrten möglich) mit Angelruten und Schleppnetz zur Verfügung. Andernorts kann, wer Lust hat, professionelle tunesische Fischer auf ihren täglichen Ausfahrten begleiten.

Angeln/Fischen

Da das Landwirtschaftsministerium alljährlich die Bestimmungen für die Ausübung der Amateurunterwasserjagd (Wassertiere werden auf schwimmende oder tauchende Art gefangen) neu regelt, erkundige man sich vor Antritt der Reise entweder beim Fremdenverkehrsamt Tunesien (⟶ Auskunft) oder beim

Centre Nautique International de Tunisie
22, Rue de Médine
1001 Tunis
Tel. (01) 282209 und 281374

Für Ausflüge in die nähere Umgebung können Fahrräder gemietet werden; Auskünfte erteilen die Hotelrezeptionen oder Clubleitungen in Feriendörfern.

Fahrradfahren

Zu einer in den letzten Jahren immer beliebter gewordenen Sportart gehört das Fallschirmfliegen über dem Meer: Ein Motorboot zieht den Flugschüler

Fallschirmfliegen

Sport

Fischer... ...bei ihrer Arbeit

Fallschirmfliegen (Fortsetzung)	im Fallschirm, der durch den Auftrieb in die Lüfte gehoben wird, weit aufs Meer hinaus; etwa 10 bis 15 Minuten dauert das Vergnügen (Achtung: Sonnenschutz nicht vergessen!).
Golf	In den tunesischen Golfklubs sind ausländische Spieler willkommen, sofern sie einen gültigen Mitgliedsausweis von einem anerkannten Golfklub vorweisen können. Aber auch Nichtmitgliedern wird die Möglichkeit zum Spielen gegeben; einige Klubs bieten sogenannte Schnupperkurse für interessierte Anfänger, Auskünfte erteilen die unten angeführten Klubs.
Golfklubs	Golf von Carthage in Soukra (18 L.) Chotrana 2, 2036 La Soukra (8 Min. vom Flughafen Tunis-Carthage, 10 km von Tunis-Zentrum) Tel. (01) 765919, Fax 765915 Golf El Kantaoui (36 L.; 18 L.-Übungsplatz) Port El Kantaoui, 4011 Hammam Sousse (8 km nördlich von Sousse) Tel. (03) 348756, Fax 348755 Golf Palm Links von Monastir (18 L.; 9 L.-Kurzplatz) 5060 Monastir, Route de Quardianine; Tel. (03) 466910, Fax 466913 und Flamingo Monastir Golf (18 L.; 3 L.-Kurzplatz) 5000 Monastir, Route de Ouardanine (etwa 5 Min. vom Flughafen) Tel. (03) 500283/282/286, Fax 500285 Golf Yasmine Hammamet (18 L.; 9 L.-Kurzplatz) B.P. 61, 8050 Hammamet (7 km vom Zentrum) Tel. (02) 227001, Fax 226722 Golf Citrus von Hammamet (zwei 18 L.; 9 L.-Kurzplatz) B.P. 132, 8050 Hammamet; Tel. (02) 226500, Fax 226400

Sport

Golf von Tabarka (18 L.) Route Touristique El Morjane, 8110 Tabarka Tel. (08) 671031, Fax 671026	Golf (Fortsetzung)

Jerba Golf Club (18 L.)
4116 Midoun; Tel. (05) 659055, Fax 659051

Verschiedene Reiseveranstalter bieten auch Golfkurse an ("Golf for rabbits"). Informationen sind bei den örtlichen Reisebüros erhältlich. — Weitere Informationen

In den Gärten vieler Hotels gibt es Minigolfplätze. — Minigolf

Am Nordrand des Chott el Djerid wird auch das Fahren mit Heißluftballons angeboten. Auskünfte erteilen die Hotelrezeptionen, das ONTT in Tozeur und Nefta sowie Ballooning 2000, Postfach 110252, D-76488 Baden-Baden, Tel. 07223/60002, Fax 60005; Internet: www.ballooning2000.de — Heißluftballonfahrten

Bei Aïn Draham, Tabarka, Béja und Sbeïtla/Kasserine bestehen Möglichkeiten, auf die Jagd nach Wildschweinen, Schakalen u.a. Tieren zu gehen. Jagdreisen können nur über Reiseveranstalter oder tunesische Hotels gebucht werden. Alljährlich setzt das Tunesische Landwirtschaftsministerium eine bestimmte Jagdordnung – in der Regel für die Monate Dezember bis Februar – fest.
Genaue Auskünfte über die aktuellen Bestimmungen erteilen die einheimischen Jagdverbände und die unter → Auskunft genannten Stellen (insbesondere das ONTT) in Tunis.
Jagdveranstaltungen → Veranstaltungen — Jagen

Eine interessante Sportart ist das Landsegeln ("Speedsail") in der Weite des Schott el Djerid, dem Großen Salzsee: Ein Landsegler ist ein dreirädiges Gestell (mit Steuer und Sitzgelegenheit), das durch die Kraft des Windes mittels Segel vorangetrieben wird. Die Geschwindigkeit wird mit Hilfe von Fußpedalen, mit der Bremse und durch die Segelstellung geregelt; weitere Auskünfte im Hotel El Jerid in Tozeur (Tel. 06/454503). — Landsegeln

In der Nähe von Tunis befinden sich zwei Reitklubs, die sowohl Einführungskurse als auch Promenaden durch die Felder unter Anleitung ausgebildeter Reitlehrer anbieten. Auskünfte: — Reiten

Club Hippique, Ksar Said
(10 km von Tunis entfernt)
Tel. (01) 223252 (tgl. außer Mo. 8.00–11.00 und 14.00–17.30 Uhr).

Club Hippique
La Soukra (rund 15 km nördlich von Tunis).

Darüber hinaus bieten nahezu alle Reiseveranstalter diverse Reitprogramme für Anfänger und Könner an. Informationen sind bei den örtlichen Reisebüros erhältlich. Auch verfügen viele Hotels über eigene Pferde und Reitlehrer.

Auf dem Gestüt Baraket, bei Ghardimaou (9 km von der algerischen Grenze), werden Vollblutaraber gezüchtet. Pferdeliebhabern wird die Teilnahme an 14-tägigen Trecks in Kleingruppen angeboten. Informationen erteilt Herr Baumann, Coop. Baraket in Ghardimaou, Tel. (08) 660363. — Trekking mit Vollblutarabern

Siehe Wassersport — Schwimmen

In Djebel Ressas (rund 25 km südöstlich von Tunis) und in Borj El Amri gibt es zwei Gelände für Segelflieger.
Darüber hinaus sind im ganzen Land Aeroclubs verteilt. Auskünfte (über Einschreibung, Preis, Versicherung u.a.) erteilt das: — Segelfliegen

Sport

Segelfliegen (Fortsetzung)	Centre Fédéral de Vol à Voile 17, Avenue Habib Bourguiba, 1001 Tunis; Tel. (01) 25 57 61
Segeln und Tauchen	Siehe unten, Wassersport
Tennis	Wer sich in der Gegend um Tunis aufhält, kann in den Klubs "Belvédere", "Park des Sports" (Avenue Mohamed V) oder in Karthago (Carthage) Tennis spielen. Überdies verfügen die meisten Hotels in den bekannten Fremdenverkehrsorten über eigene Tennisplätze.
Wandern	Tunesien ist ein besonders geeignetes Ziel für Wander- und Trekkingfreunde, im Süden reizen die großartigen Steppen- und Wüstenlandschaften, der Nordwesten ist dagegen bergig und mit dichten Eichen- und Kiefernwäldern bestanden. Auskünfte über Wander- oder Trekkingtouren, zu Fuß oder auf dem Rücken von Dromedaren, erteilen diverse Reiseveranstalter, u. a. TRH/co. IKARUS Tours, Natur- & Erlebnisreisen, Am Kaltenborn 49–51, D-61452 Königstein, Tel. (06174) 29 02 28, Fax 22 9 52; Internet: www.trh-reisen.de
Weitere Informationen	⟶ Ausflüge

Wassersport

Schwimmen	Wer seinen Urlaub in Tunis verbringt, kann unter drei städtischen Badeanstalten wählen: Piscine von El Gorjani, Boulevard du 9 Avril Piscine Municipale Belvédère, Place Pasteur Piscine El Menzah, Cité Olympique Die Schwimmbecken der beiden letzteren sind im Winter beheizt. Überdies haben viele ⟶ Hotels in den Touristikzentren Schwimmbäder.
Sportschiffahrt	Von den wichtigsten europäischen Häfen ist die tunesische Küste nur 100 bis 400 Seemeilen entfernt. Nicht nur die Landschaft, sondern auch die Liegeplätze in den Yachthäfen sowie die vereinfachte Abwicklung der Einklarierung in den Marinas machen Tunesien für den Skipper zu einem schönen Ziel. Tunesien verfügt über eine Reihe schöner und gut ausgestatteter Häfen, u. a. in Tabarka, Biserta, Ghar El Melh, Sidi Bou Said, La Goulette, Sidi Daoud, Kelibia, Beni Khiar, Hergla, El Kantaoui, Sousse, Sidi Frej (Kerkennah-Insel), Monastir, Teboulba, Bekalta, Mahdia, Salakta, La Chebba, Mahres, Sfax, Sidi Youssef, El Ataya, Ennajet, La Louata, La Skhira, Gabès, Zarrat, Adjim, Houmt-Souk, Boughrara und Zarzis.
Yachthäfen	Spezielle Yachthäfen gibt es in Tabarka (100 Anlegeplätze; Tel. der Capitainerie 08/67 05 99), Bizerta (120 Anlegeplätze; Tel. 02/43 66 10), Sidi Bou Said (340 Anlegeplätze; Tel. 01/74 16 45), Port El Kantaoui (340 Anlegeplätze; Tel. 03/34 87 99), Marina Cap Monastir (400 Anlegeplätze; Tel. 03/46 23 05). Der Hafen von La Goulette ist der Handels- und Fischereihafen der Landeshauptstadt Tunis und kein typischer Yachthafen. Er bietet Skippern jedoch Anlegemöglichkeiten. Kélibia besitzt den viertgrößten Fischereihafen Tunesiens und bietet 20 Anlegeplätze (Tel. 02/29 62 76). Weitere Häfen mit Anlegemöglichkeiten sind Mahdia (15 Anlegeplätze, Tel. 03/68 11 04), Sfax (20 Anlegeplätze) und Houmt-Souk (Djerba) mit 10 Anlegeplätzen (Tel. 05/65 01 35).
Informationen	Hinweise u.a. über Einrichtungen und Dienste in Jachthäfen (Anlegehäfen, Schutzhäfen) enthält die Broschüre "Yachting in Tunesien", zu beziehen beim Fremdenverkehrsamt Tunesien (siehe ⟶ Auskunft).

→ Karten *Seekarten*

In vielen Ferienhotels und -klubs können Surfbretter gemietet und Windsurfingkurse belegt werden. Auskünfte erteilen Hotels und Klubs. *Surfen*

Bestes Tauch- und Schnorchelrevier in Tunesien ist Tabarka. Hier bieten verschiedene Tauchzentren ihre Dienste an. Aber auch andere Ferienorte bieten Tauchkurse und -möglichkeiten. Informationen erteilen die Tunesische Vereinigung für Unterwassersport (FAST)
B.P. 46, Cité el Mahrajène, 1001 Tunis; Tel. (01) 23 40 41 und
das Fremdenverkehrsamt Tunesien (→ Auskunft). *Tauchen*

Yachting Club Tabarka
B.P. 49, 8110 Tabarka; Tel. (08) 644 478
Aquamarin Tabarka
Hotel Abou Nawas Montazah, 8110 Tabarka
Büro: 8, Rue Tertullier, 1082 Tunis; Tel. (02) 286 908, Fax 287 457
Méhari Diving Center Le Merou
Hotel Méhari, 8110 Tabarka
Büro: 45, Av. Habib Bourguiba, Tunis; Tel. (01) 799 599, Fax 793 521
Loisirs de Tabarka
Golf Beach Hotel, 8110 Tabarka
Büro: 7, Rue d'Irak, Tunis; Tel. (01) 792 815

Tauchzentrum Club Sdanek Kantaoui
B.P. 121, Port el Kantaoui, 4089 Hammam Sousse; Tel. (03) 246 374

Tauchzentrum Le Mahlois
Hotel Mahdia Beach, 5111 Hiboun Mahdia; Tel. (03) 692 000 und 680 300
Tauchzentrum Cap Afrique
Thapsus Hotel, P.O.Box 42, 5111 Hiboun Mahdia; Tel. (03) 695 374 und 694 476

Argonaut Subaqua Diving Center
Hotel Sahara Beach, 5029 Skanes-Monastir; Tel. (03) 502 556, Fax 502 556
Tauchzentrum Monastir Plongée Loisirs
Cap Marina, 5000 Monastir; Tel. (03) 462 509, Fax 360 048

Club Merry Land Djerba
Hotel Golf Beach, 4116 Midoun Jerba; Tel. (05) 600 250

Tauchzentrum Sport et Loisirs du Sahel
Chott Maryem, B.P. 14, 4042 Hergla-Sousse; Tel. (03) 251 281

Aquamarin Hammamet im Hôtel Omar Khayem, Rte Touristique Mrezka, 8039 Hammamet; Tel. (02) 286 908

Die Möglichkeit zum Ausüben dieser Sportarten besteht an vielen Urlaubsorten entlang der Küste; Bretter sind erhältlich insbesondere in den Vergnügungshäfen (Port de Plaisance) der Fremdenverkehrsorte. *Wasserski Wellenreiten*

→ Sahara-Tourismus
→ Straßenverkehr *Wüstensafaris*

Sprache

Die beiden wichtigsten Sprachen in Tunesien sind Arabisch und Französisch (als Verkehrs- und Bildungssprache). In den größeren Städten und Fremdenverkehrsorten wird zudem Englisch und in zunehmendem Maße auch Deutsch gesprochen. *Allgemeines*

Sprache

Arabisch

Die offizielle Landessprache ist arabisch, eine der großen Weltsprachen, die von fast 200 Mio. Menschen in Afrika und Vorderasien gesprochen wird. Berberdialekte, die vor allem in Marokko und Algerien gesprochen werden, sind in Tunesien nur noch wenig verbreitet, zum Beispiel auf der Insel Djerba oder im Dahar-Bergland.

Auf Djerba gibt es im übrigen eine Hebräisch sprechende jüdische Minderheit.

Geschrieben wird überall in Hocharabisch, dessen heutiger Hauptvertreter das ägyptische Arabisch ist. Dieses wird in Schulen und Universitäten gelehrt.

Die arabische Sprache unterscheidet sich grundsätzlich von den indoeuropäischen Sprachen. Dies gilt sowohl für die grammatikalische Struktur als auch für die Schrift, die von rechts nach links verläuft und im wesentlichen das sinngebende Konsonantengerüst der Wörter darstellt. Da sich die zahlreichen Dialekte des Arabischen vorwiegend durch Änderungen im Vokalbestand unterscheiden, ist eine solche Konsonantenschrift wesentlich universeller verwendbar als eine phonetisch voll ausgebildete Lautschrift.

Die 28 Lautzeichen der arabischen Schrift können je nach der Stellung als An-, In- oder Auslaut bzw. isoliert ihre Form und Gestalt stark verändern, was das Erlernen sehr erschwert. Eine allgemein gültige Transkription besteht bis jetzt noch nicht; Probleme bereitet hier u. a. die Tatsache, daß es im Arabischen Laute gibt, die im lateinischen Alphabet keine Entsprechung haben und daher z. B. im Englischen, Französischen und Deutschen unterschiedlich dargestellt werden.

Zur Transkription im vorliegenden Reiseführer

Die Transkription in diesem Buch folgt im wesentlichen der französischen Umschreibung des Lautbestandes des maghrebinischen Arabisch.

Ausspracheregeln Hinweis

In Tunesien und damit auch in den meisten europäischen Karten und Büchern wird vorwiegend die französische Transliteration verwandt.
In ähnlicher Weise müssen die in der französischen Umschrift erscheinenden Buchstaben und Buchstabengruppen im Deutschen wie folgt ausgesprochen werden:

ch	= sch
kh	= ch (wie in Koch)
dh	= wie englisches th
gh	= rh (Zäpfchen-r)
h	= gehauchtes h
gue, gui	= ge, gi
j, dj	= sch, dsch(e)
r	= immer Zungen-r
s	= immer stimmlos als ß (wie in süß)
z	= immer stimmhaft wie s (wie in Rose)
ou	= u (Oued = Ued)
w	= wie englisches w
e	= wird, wenn es am Ende eines Wortes steht, nicht gesprochen
eu	= ö
q	= k (als Kehllaut gesprochen)
y	= j

Das arabische Alphabet

Das arabische Alphabet besteht aus 28 Buchstaben. Diese stellen bis auf die drei langen Vokale alif, wāw und jē (jā) nur Konsonanten dar, die übrigen Vokale werden nicht geschrieben.

Arabische Ziffern

Die Zahlen werden, im Gegensatz zur arabischen Schrift, wie bei uns von links nach rechts gelesen.

Sprache

Arabisches Alphabet

Name des Buchstabens	Allein-stehend	Nur mit dem vorhergehenden Buchstaben verbunden	Von beiden Seiten verbunden	Nur mit dem folgenden Buchstaben verbunden	Tran-skription	Aussprache
Alif	ا	ـا	—	—	ʾā	fester Vokaleinsatz
Be	ب	ـب	ـبـ	بـ	b	b
Te	ت	ـت	ـتـ	تـ	t	t
The	ث	ـث	ـثـ	ثـ	ṯ	th (wie in englisch "thing")
Dschim	ج	ـج	ـجـ	جـ	ğ	dsch, g
Ha	ح	ـح	ـحـ	حـ	ḥ	h (stark gehaucht)
Cha	خ	ـخ	ـخـ	خـ	ḫ	ch (wie in "Sache")
Dal	د	ـد	—	—	d	d
Dhal	ذ	ـذ	—	—	ḏ	dh (wie in englisch "the")
Re	ر	ـر	—	—	r	r (Zungen-r)
Sej	ز	ـز	—	—	z	s (wie in "Sense")
Sin	س	ـس	ـسـ	سـ	s	s (wie in "ß")
Schin	ش	ـش	ـشـ	شـ	š	sch (wie in "Schule")
Sad	ص	ـص	ـصـ	صـ	ṣ	s (wie "ß"; emphatisch)
Dad	ض	ـض	ـضـ	ضـ	ḍ	d (emphatisch)
Ta	ط	ـط	ـطـ	طـ	ṭ	t (emphatisch)
Za	ظ	ـظ	ـظـ	ظـ	ẓ	z, tz, ts (emphatisch)
Ain	ع	ـع	ـعـ	عـ	ʿ	Kehlpreßlaut
Ghein	غ	ـغ	ـغـ	غـ	ġ	gh, r (velarer Reibelaut)
Fe	ف	ـف	ـفـ	فـ	f	f
Qaf	ق	ـق	ـقـ	قـ	q	k, q (velar)
Kaf	ك	ـك	ـكـ	كـ	k	k (palatal)
Lam	ل	ـل	ـلـ	لـ	l	l
Mim	م	ـم	ـمـ	مـ	m	m
Nun	ن	ـن	ـنـ	نـ	n	n
He	ه	ـه	ـهـ	هـ	h	h (stets auszusprechen)
Waw	و	ـو	—	—	w(ū)	u, w (wie englisch "w")
Je	ى	ـى	ـيـ	يـ	y(ē, ī)	j, y (wie in englisch "yes")

Sprache

Grundzahlen

0	sifr
1	wahed
2	(i)tnin oder susch
3	tlata
4	arba'a
5	chamsa
6	setta
7	seba'a
8	tmenja
9	tsa'a
10	aschra
11	hedasch
12	tnasch
13	tlatasch
14	arbatasch
15	chamstasch
16	sattasch
17	sabatasch
18	tmantasch
19	tsatasch
20	aschrin
21	wahed ua aschrin
22	tnin ua aschrin
23	tlata ua aschrin
24	arba ua aschrin
25	chamsa ua aschrin
26	setta ua aschrin
27	seba'a ua aschrin
28	tmenja ua aschrin
29	tsa'a ua aschrin
30	tlatin
40	arbain
50	chamsin
60	settin
70	sabain
80	tmanin
90	tsain
100	mia
101	miawahed
200	miteen
300	talatmia
400	rabamia
500	chamsamia
600	settamia
700	sebamia
800	tmanmia
900	tessamia
1 000	alf
2 000	alfeen
3 000	tlatalaf
4 000	arbalaf
5 000	chamsalaf
10 000	aschralaf
100 000	mitalf
1 000 000	maljon

Die hier genannten Ausdrücke geben die Aussprache des in Tunesien gesprochenen arabischen Dialekts in deutscher Lautschrift wieder.
Im gesamten Maghreb, also auch in Tunesien, ist die Schreibweise der Ziffern 'arabisch' üblich, also wie in Europa auch. Erst in Ägypten beginnt die 'indische' Schreibweise. Aber obwohl die Schrift von rechts nach links geschrieben wird, werden die Ziffern von links nach rechts geschrieben.

Sprache

Arabische Sprache (Fortsetzung)

Gelesen werden sie allerdings, wie in deutscher Sprache auch, von rechts nach links, also 22: zweiundzwanzig = tnin ua aschrin. In französischer Sprache liest man von links nach rechts, also vingt-deux.

Nach den Zahlen 2–10 steht das folgende Hauptwort im Plural. Für die Zweizahl wird, wenigstens von Gebildeten, meist der Dual des betreffenden Hauptwortes angewandt (kalbên = 2 Hunde). Nach den Zahlen von 11 an steht der Singular, z. B. talâtin kalb = 30 Hunde, aber talâta kilâb = 3 Hunde.

Ordnungszahlen

der erste	el-auwal (auwil), fem. el-auwala oder el-ûla
der zweite	tâni, fem. tânija
der dritte	tâlit, fem. talta
der vierte	râbi, fem. rab'a
der fünfte	chámis, fem. chamsa
der sechste	sâdis, fem. sadsa
der siebte	sâbi', fem. sab'a
der achte	támin, fem. tamna
der neunte	tâsi', fem. tas'a
der zehnte	'âschir, fem. 'aschra

Bruchzahlen

1/2	nusf
1/3	tult
1/4	ruba'a
3/4	talat ruba'a
1/10	'oschr

→ Kalender

Der islamische Kalender

Monate

Januar	jenâjir
Februar	febrâjir
März	mârs
April	abrîl
Mai	majo
Juni	jûniu
Juli	jûliu
August	aghostos
September	sebtember
Oktober	oktôber
November	nôfember
Dezember	desember

Monate des islamischen Kalenders

1. Monat	moharrem
2. Monat	safar
3. Monat	rebia el auwel
4. Monat	rebia et tani
5. Monat	jama'adi el auwel
6. Monat	jama'adi et tant
7. Monat	redscheb
8. Monat	schaban
9. Monat	ramadan
10. Monat	schauwal
11. Monat	dul kada
12. Monat	dul hidscha

Wochentage

Sonntag	el had
Montag	et tnin
Dienstag	et tlata
Mittwoch	el arba
Donnerstag	el chemis
Freitag	el dschemaa
Samstag	es sebt

Sprache

Zeitangaben	Jahr	sanna
	Monat	schahr
	Woche	usbû (simana)
	Tag	n'har
	Abend	aschia
	Morgen	ghodwa, bukra
	Nacht	lil
	Stunde	sa'a
	Heute	el yum
	Gestern	yamess (gestern abend)
		elbarah (gestern am Tag)
	Morgen	ghedda, bukra
	Jetzt	daba, debba
	Später	minbad
	Sofort	biserba
	Übermorgen	baad bukra
Unterkunft	Haus	dar
	Hotel (einfaches)	fundōuk
	Hotel (besseres)	hotel
	Gepäck	huedsch
	Zimmer	bit
	Bad	hammam
	Bett	fräsch
Essen und Trinken	Restaurant	mahta'ām
	Frühstück	ftur
	Mittagessen	ghda
	Abendessen	la'ascha
	Durst	atasch
	Suppe	schorba
	Gemüseeintopf mit Fleisch	taschin
	Ich bin durstig	rani atschan(a)
	Bitte zahlen	habit chalas
	Kartoffel	batata
	Brot	chobs
	Butter	sebda
	Fleisch	leham
	Fisch	huta
	Hammel	kebsch
	Huhn	djedj
	Salz	melh
	Kaffee	kawa
	Tee	schei, thé
	Wasser	me
	Milch	halib
	Ei	adham
	Zucker	sokkar
	Öl	sid
	Zwiebel	bsel
	Knoblauch	tuma
	Orange	tschina
	Trauben	eneb
	Datteln	tmar
	Löffel	m'allqa
	Messer	muhs
	Teller	tobsi
	Glas	kess
Reise und Verkehr	Auto	tomobil, siara
	Bus	büs, kar
	Tankstelle	kiosk

Sprache

Reise und Verkehr (Fortsetzung)

Werkstatt	mahal mechanik
Landstraße	triq
Straße in der Stadt (kleine)	derb
Straße in der Stadt (große)	charia, avenue (franz.)
Platz	seha
Reifen	pnö (franz.)
Reifenwechsel	bad'dal pnö
Zündkerze	bougie (franz.), schema'a
Öl	sit
Ölwechsel	bad'dal sit
Kühlwasser	mā el siāra
Motor	mutur
Polizei	schurta
Wo ...	uin
... ist das der Weg nach ...?	hadi trek ...
Hier	hena
Dort	l'heh
Weit	ba'id
Rechts	alimiin
Links	alisaar
Geradeaus	tuul
Groß	kebir
Klein	seghir (srhir)
Reisepaß	paspor (franz.)
Eisenbahn/Zug	sekka/keitar
Bahnhof	chetar
Schalter	gischee
Fahrkarte	carta safar
Auskunft	stikbāl
1. Klasse	darachā al aoulāh
2. Klasse	darachā taniā
(Nicht-)Raucher	(mamnuā tadchīn) masmuāh tadchīn
Schlafwagen	couchette (franz.)
Gepäck	huedsch
Gepäckaufbewahrung	sanduk huedsch
Schiff	baschirra, babor
Fähre	batach
Hafen	marsa
Abfahrt	dahāb
Ankunft	al ousōl
Meer	bahar

Grußformeln

Arab. Gruß (unter Moslems):	
Heil sei über euch!	as-salam-aleikum
Antwort:	
Und über euch sei das Heil!	aleikum-as-salam
Arab. Gruß (unter Nicht-Moslems):	
Dein Tag sei glücklich!	nahark sa'id
Gruß für Unterwegs:	
Willkommen, Guten Tag	marhaba oder ahlen
Antwort:	
Zweimal willkommen!	marhaben!
Zu jemandem, der sich auf eine Reise begibt, sagt man:	
Mit Unversehrtheit!	ma' as-salâma!
Antwort:	
Gott erhalte dich unversehrt!	allâh jisallimak!
Gruß bei einer Begegnung oder einem Besuch:	
Wie geht es Dir?	kaife hâlik
Antwort:	
Mir geht es gut.	hâli labas. allah jibârik fik.

Sprache

Grußformeln (Fortsetzung)

	Beim Fortgehen:	
	Auf Gott, Gott empfohlen!	'alallâh!
	oder: Nun vorwärts mit uns!	jalla
	Ausruf der Verwunderung:	
	Was Gott will (geschieht)!	Mâschallâh!
	So Gott will!	Inschallâh!
	Zur Bestätigung, Bekräftigung:	
	Bei Gott! Ich schwöre!	Wallâh, wallâhi
	Vor dem Essen, Arbeiten etc.:	
	Guten Appetit/Guten Anfang	bismallah! (wört.: im Namen Gottes!)
	Antwort:	
	Wohl bekomm's!	bil-hana!, bisâha!
	Wenn etwas beendet ist:	
	Gott sei Preis!	el-hamd lillâ
	Guten Morgen! Guten Tag	sabâh el-chir!, sabâhkum el-chir!
	Antwort: Gott schenke euch	
	Einen guten Morgen!	allâh sabâh aleikum el-chir!
	Guten Abend!	Misâ el-chir, mesikum el-chir
	Antwort: Gott schenke euch	
	Einen guten Abend!	m'sakum allâh el-chir
	Gute Nacht	lila mebruka
	Auf Wiedersehen	besslama

Redewendungen und Anreden

Herr	sidi
Frau	lalla
Geben Sie mir	atīni
Haben Sie	ândik
Ich habe nicht	ma'andīsch
Wie bitte?	neschnu
Ich heiße ... (Josef)	ana ismi ... (Youseff)
Ich bin ... (Josef)	ana ... (Youseff)
	das Verb 'sein' gibt es im Arabischen nicht
Deutschland	Almanja
Ich bin ... Deutscher/Deutsche	ana Almani/Almania
... Österreicher	Nimseui
... Schweizer	Swissri
Sprechen Sie	tkâlâm anta (anti)
... Arabisch?	arabia?
... Deutsch	almanīya
... Französisch	faranziya
... Englisch	l'inglesiya
Ich verstehe nicht	ana ma âfhamsch
Entschuldigung	samachni
Um etwas bitten (ich möchte bitte)	min fadlak
Danke	chukran, saha
förmlich:	barak, allahu fik (Allah segne dich)
Hör zu	afak, asma
Verzeihung	samahni
Guten Appetit	bismillah, schâhia tñiba
Ja	nâhâm
Nein	la
Geht nicht, nein! (entschiedene Verneinung)	makasch, mafish
Achtung	balek
Gut	nacha
Schön	mezian
Schlecht	duni, chaib
Wieviel?	asch-hal
Viel	ktir, besäf
Zuviel	bezzaid
Wenig	schu'ia

Sprache

Redewendungen (Fortsetzung)

Genug	ikfi
Geld	flus
Komm her	aji lâhnâ
Verschwinde, geh!	mschî! sir!
Laß mich in Ruhe	châlini fhâli
Geht, gehe weg	sir, siru
Hau ab, verschwinde	barra (sehr grob), mschi
Bring, bringt	dschib, pl. dschibu
Nimm weg	eddi, pl. eddin
Vorsicht, Achtung	balek, pl. balkum
Schau her	schof, pl. schofu
Nimm	hak
Es macht nichts	malesch
Das ist egal, gleichgültig	kif-kif
Wie bitte?	na'am
Kein, nichts,	makasch, mafish
Ich will nicht, kommt nicht in Frage	malhabsch
Kein Geld	makasch flus
Wieviel	asch-hal
Wo	fin
Wo (ist ein) Hotel, Bus etc.	wen fonduk, kar etc.
Gibt es	kain
Wo kann ich...	fen mumkin ana...
Das ist zu teuer	rhalī b'seff
Was kostet das?	sch'hal hada?

→ Zahlen und Fakten, Kleines Lexikon

Weitere Informationen

Wörterbücher und Sprachführer

Für detailliertere Informationen sei auf die Wörterbücher des Verlages Langenscheidt KG, Berlin und München, hingewiesen.
Wer sich intensiver mit der arabischen Sprache beschäftigen will, dem sei empfohlen: "Kauderwelsch Arabisch" von Hans-Günther Semsek, Peter-Rump-Verlag, Bielefeld.
Darüber hinaus gibt es einige andere, im Buchhandel erhältliche Sprachführer.

Französisch

Allgemeines

Im allgemeinen gilt, daß Französischkenntnisse völlig ausreichen, um sich in Tunesien sicher zu bewegen.

Im folgenden eine kleine Sprachhilfe:

Aussprache des Französischen

Charakteristische Merkmale sind die Betonung am Wortende (meist auf der vorletzten Silbe) und die häufige Nasalierung von bestimmten Buchstabengruppen.

Vokale: ai wie e; ais wie ä; eau wie o; ay vor Vokal wie äj; é wie e; è, ê wie ä; ei wie ä; en, em am Silbenende wie an (nasaliert); eu wie ö; im, in wie än (nasaliert); oi, oy wie ua; oy vor Vokal wie uaj; ou wie u; u wie ü; um, un am Silbenende wie ön (nasaliert); y wie i.

Konsonanten: c vor e, i, y, ebenso ç wie scharfes s; c vor a, o, u wie k; ch wie sch; g vor e, i, y ebenso j wie g in Genie; g vor a, o, u wie g; gn meist wie nj; h immer stumm; il zwischen Vokalen oft wie j, aber elle = äl; m, n nach Vokal vor Konsonant oder am Wortende nasaliert; ph wie f; q, qu wie k; v wie w; x, z zwischen Vokalen wie stimmhaftes s.

Folgende Buchstaben sind am Wortende (oft auch am Silbenende) meist stumm: b, c, d, e, p, r, (nur nach e) s, t, x, z.

Sprache

Grundzahlen

0	zéro	22	vingt-deux
1	un, une	30	trente
2	deux	40	quarante
3	trois	50	cinquante
4	quatre	60	soixante
5	cinq	70	soixante-dix
6	six	71	soixante et onze
7	sept	80	quatre-vingt(s)
8	huit	81	quatre-vingt-un
9	neuf	90	quatre-vingt-dix
10	dix	91	quatre-vingt-onze
11	onze	100	cent
12	douze	101	cent un
13	treize	153	cent cinquante trois
14	quatorze	200	deux cent(s)
15	quinze	300	trois cent(s)
16	seize	400	quatre cent(s)
17	dix-sept	500	cinq cent(s)
18	dix-huit	1000	mille
19	dix-neuf	1001	mille un
20	vingt	2000	deux mille
21	vingt et un	1 Mio.	un million

Ordnungszahlen

1. premier, première
2. deuxième
   second, seconde
3. troisième
4. quatrième
5. cinquième
6. sixième
7. septième
8. huitième
9. neuvième
10. dixième
11. onzième
12. douzième
100. centième

Bruchzahlen

1/2 demi, demie
1/3 tiers
1/4 quart
3/4 trois quarts

Wichtige Redewendungen

Man beachte die französische Form der Höflichkeit, die alle Anreden mit Madame, Mademoiselle oder Monsieur zu beenden pflegt und die bei Aufträgen stets ein s'il vous plaît hinzufügt.

Guten Morgen, guten Tag!	Bonjour!
Guten Abend!	Bonsoir!
Auf Wiedersehen!	Au revoir!
Sprechen Sie deutsch?	Parlez-vous allemand?
Ich verstehe nicht	Je ne comprends pas
Ja	Oui
Nein	Non
Bitte!	S'il vous plaît!
Danke!	Merci!
Gestern	Hier
Heute	Aujourd'hui
Morgen	Demain
Übermorgen	Après demain
Nächste Woche	La semaine prochaine
Letzte Woche	La semaine dernière
Hilfe!	Au secours!
Haben Sie ein Einzelzimmer?	Avez-vous une chambre à un lit?
Haben Sie ein Doppelzimmer?	Avez-vous une chambre à deux lits?
Haben Sie ein Zimmer mit Bad?	Avez-vous une chambre avec bain?
Wieviel kostet das?	Combien ça coûte?
	Quel est le prix de…?
Wollen Sie mich bitte um 6 Uhr wecken?	Veuillez me réveiller à six heures, s'il-vous-plaît?
Wo ist die Toilette?	Où sont les toilettes?

Sprache

Wo ist die Apotheke?	Où est la pharmacie?	Redewendungen (Fortsetzung)
Wo ist das Postamt?	Où est le bureau de poste?	
Wo gibt es einen Arzt?	Où y-a-t-il un médecin?	
Wo gibt es einen Zahnarzt?	Où y-a-t-il un dentiste?	
Ist dies der Weg zum Bahnhof?	Est-ce que ce le chemin à la gare?	
Ich habe kein Benzin mehr	Je suis en panne d'essence	
Diesel	Gazole	
Bleifreies Benzin	Essence sans blomb	
Mein Motor ist kaputt	Mon moteur est cassé	
Meine Zündung/Zündkerze ist kaputt	Je suis en panne d'allumage	

Januar	Janvier	Monate
Februar	Février	
März	Mars	
April	Avril	
Mai	Mai	
Juni	Juin	
Juli	Juillet	
August	Août	
September	Septembre	
Oktober	Octobre	
November	Novembre	
Dezember	Décembre	
Monat	Mois	
Jahr	An, année	

Montag	Lundi	Wochentage
Dienstag	Mardi	
Mittwoch	Mercredi	
Donnerstag	Jeudi	
Freitag	Vendredi	
Samstag	Samedi	
Sonntag	Dimanche	
Feiertag	Jour de fête	
Tag	Jour, journée	

Neujahr	Nouvel An	Festtage
Ostern	Pâques	
Christi Himmelfahrt	Ascension	
Pfingsten	Pentecôte	
Fronleichnam	Fête-Dieu	
Mariä Himmelfahrt	Assomption	
Allerheiligen	Toussaint	
Weihnachten	Noël	
Silvester	La Saint-Sylvestre	

→ Essen und Trinken   Essen und Trinken

→ Straßenverkehr   Verkehr

Abfahrt, Abflug	Départ	Auf der Reise
Ankunft	Arrivée	
Aufenthalt	Arrêt	
Auskunft	Information	
Autobushof	Gare routière	
Bahnhof	Gare	
Bahnsteig	Quai	
Einsteigen!	En voiture!	
Fahrkarte	Billet	
Fahrplan	Horaire	
Fensterplatz	Coin fenêtre	

Sprache

Auf der Reise (Fortsetzung)

Flug	Vol
Flughafen	Aéroport
Flugplan	Horaire
Flugschein	Billet, ticket
Gepäck	Bagages
Gepäckschein	Bulletin de bagages
Gepäckträger	Porteur
Gleis	Voie
Haltestelle	Arrêt
Liegewagen(platz)	Couchette
Nichtraucher	Non-fumeur
Raucher	Fumeur
Schaffner	Contrôleur
Schalter	Guichet
Schlafwagen	Wagon-lit
Speisewagen	Wagon-restaurant
Stewardeß	Hôtesse (de l'air)
Toilette(n)	Toilette(s)
Umsteigen	Correspondance
Wartesaal	Salle d'attente
Zug	Train

Auf der Post

Adresse	Adresse
Brief	Lettre
Briefkasten	Boîte à lettres
Briefmarke	Timbre(-postal)
Briefträger	Facteur
Eilboten	Exprès
Einschreiben	Recommandé
Fernschreiben	Télex
Luftpost	Par avion
Päckchen	Petit paquet
Paket	Paquet, colis
Postkarte	Carte postale
Postlagernd	Poste restante
Telefon	Téléphone
Telegramm	Télégramme

Häufig vorkommende Ausdrücke

Abbaye	Abtei
Aiguille	Nadel, Bergspitze
Anse	Bucht
Arène	Amphitheater
Avenue	Allee
Bac	Fähre
Bain	Bad
Barrage	Staudamm, Stausee
Bassin	Hafenbecken
Bois	Gehölz, Wald
Boulevard	Allee, Boulevard
Bourse	Börse
Butte	Hügel
Cabane	Hütte
Cabinets	Toilette
Camp, champ	Feld
Campagne	Land
Capitainerie	Hafenamt
Carrefour	Straßenkreuzung
Cascade	Wasserfall
Causse	Kalkplateau
Chaîne	Kette
Chalet	Berghotel, Sommerhaus, Hütte
Chapelle	Kapelle

Sprache

Häufig vor-
kommende
Ausdrücke
(Fortsetzung)

Chartreuse	Kartause
Château	Schloß, Burg, Kastell
Chemin	Weg
Cime	Gipfel, Spitze
Cimetière	Friedhof
Cloître	Kreuzgang
Clos	Gehege, Gehöft
Cluse	Klamm, Schlucht
Col	Paß
Colline	Hügel
Combe	Schlucht
Corniche	Straße am Hang
Côte	Küste, Berghang
Cour	Hof
Cours	Korso, Allee
Couvent	Kloster
Crête	Kamm, Schlucht
Défilé	Schlucht, Engpaß
Dent	Zahn, Bergspitze
Détroit	Engpaß
Dôme	Kuppel, Kuppe
Donjon	Bergfried, Burgturm
Ecluse	Schleuse
Est	Ost
Etablissement thermal	Kurhaus, Badehaus
Etang	Teich
Faubourg	Vorstadt
Fleuve	Fluß, Strom
Forêt	Wald
Funiculaire	Standseilbahn
Gorge(s)	Schlucht
Hauteur	Höhe
Hôpital	Krankenhaus
Hôtel	Hotel, Adelspalast
Hôtel de ville	Rathaus
Ile	Insel
Jardin	Garten
Jardin botanique und Jardin des plantes	Botanischer Garten
Jardin public	Stadtgarten
Lac	See
Lande	Heide
Maison	Haus
Maquis	Dickicht, Unterholz
Marais, marécage	Sumpf
Marée basse	Ebbe
Marée haute	Flut
Mer	Meer
Mont	Berg
Montagne	Gebirge
Municipalité	Sitz der Gemeinde
Musée des arts décoratifs	Kunstgewerbemuseum
Musée des Arts et Traditions populaires (ATP)	Volkskundemuseum
Musée des beaux-arts	Kunstmuseum
Musée d'histoire naturelle	Naturgeschichtliches Museum
Nez	Nase, Spitze, Kap
Nord	Nord
Ouest	Westen
Palais de Justice	Gerichtsgebäude
Parc	Park
Pas	Straße, Meerenge

Straßenverkehr

Häufig vorkommende Ausdrücke (Fortsetzung)

Pays	Land, Gebiet
Phare	Leuchtturm
Pic	Bergspitze
Place	Platz
Plage	Strand
Plaine	Ebene
Plateau	Hochebene, Plateau
Pointe	Bergspitze, Kap
Pont	Brücke
Port	Hafen
Porte	Tor
Presqu'île	Halbinsel
Rade	Reede
Refuge	Berghaus, Schutzhütte
Remparts	Wälle, Stadtmauer
Rivière	Fluß
Roc, roche, rocher	Felsen
Rue	Straße
Salle	Saal
Saut	Wasserfall
Signal	Bergspitze, Signal
Source	Quelle
Square	Platz mit Anlagen
Sud	Süden
Tapisseries	Gobelins, Wandteppiche
Téléférique	Schwebebahn
Tête	Kopf, Berggipfel
Thermes	Thermen, Bad
Tour (la)	Turm
Tour (le)	Rundfahrt
Trésor	Schatz, Schatzkammer, Kirchenschatz
Trottoir	Bürgersteig
Val, vallée	Tal
Village / Ville	Dorf / Stadt

Strände

→ Badestrände

Straßenverkehr

Allgemeines

Tunesien verfügt über ein gut ausgebautes Verkehrsnetz (→ Zahlen und Fakten, Verkehr). Die Straßen sind jedoch enger und bei Dunkelheit sollten keine längeren Strecken mehr zurückgelegt werden. Die Straßen selber sind nicht beleuchtet, und es kann passieren, daß einem Fahrzeuge mit wenig oder gar keinem Licht entgegen kommen (vor allem im Süden des Landes). Auch Pferde- und Eselkarren kreuzen die Strecken und sind in der Dunkelheit fast nicht zu erkennen.

Fahrzeugpapiere

→ Reisedokumente

Automobilklubs und Pannenhilfe

→ Autohilfe, → Notdienste

Straßenkarten

→ Karten

Straßenbezeichnungen

Die Fernverkehrsstraßen (Grands Parcours; G.P.) sind durch rot markierte Begrenzungssteine, die Regionalstraßen (Moyennes Communications;

Sprache

M.C.) durch grün gekennzeichnete Steine versehen (auch einige Sandpisten, die mit einem normal ausgestatteten Wagen befahren werden können, gehören dazu).

Straßenbezeichnungen (Fts.)

Die Hinweise auf den Verkehrsschildern sind bis auf ganz wenige Ausnahmen im ganzen Land zweisprachig, sowohl arabisch als auch französisch, abgefaßt.

Verkehrsschilder

In Tunesien besteht Rechtsverkehr; Vorfahrt hat – auch im Kreisverkehr – stets das von rechts kommende Fahrzeug.
Bei Dunkelheit genügt in Ortschaften mit ausreichender Beleuchtung Standlicht.
Für Motorrad- und Mopedfahrer besteht Schutzhelmpflicht.

Verkehrsvorschriften

Alkohol am Steuer ist verboten.

Alkohol

Wie in Frankreich dient in größeren Städten der Hinweis Toutes Directions (= alle Richtungen) als Groborientierung für den Durchgangsverkehr.

Toutes Directions

Wird bei einer Kreuzung, Abzweigung etc. eine konkrete Richtungsangabe gemacht, dann kann sich für den restlichen Durchgangsverkehr der Hinweis Autres Directions (= andere Richtungen) finden.

Autres Directions

In größeren Städten der Hinweis auf die Neustadt.

Ville Nouvelle

Diese Beschilderungen führen in die Altstadt.

Medina
Ville Ancienne

Den Verkehrszeichen sind folgende, auch in Frankreich gebräuchliche Zusatzerläuterungen beigegeben:

Französische Erläuterungen

Allure modérée	Langsames Tempo
Arrêt (interdit)	Halten (verboten)
Attention!	Vorsicht! Achtung!
Au pas!	Langsam! Im Schritt!
Avertissez	Hupen
Bouchon	Stau
Brouillard	Nebel
Centre ville	Zur Stadtmitte
Chantier	Baustelle
Croisement	Kreuzung
Danger (de mort)	Gefahr (Lebensgefahr)
Défense d'entrer	Zugang verboten
Déviation	Umleitung
Douane	Zoll
Essence sans blomb	Bleifreies Benzin
Fin de limitation de vitesse	Ende der Geschwindigkeitsbeschränkung
Frontière	Grenze
Garage	Garage, Ausweichstelle
Gazole	Diesel
Gravier, Gravillons	Rollsplitt
Halte!	Halt!
Impasse	Sackgasse
Limitation de vitesse	Geschwindigkeitsbeschränkung
Passage à niveau	Schienenübergang
Passage interdit!	Durchfahrt verboten!
Passage protégé	Kreuzung mit eigener Vorfahrt
Poids lourds	Schwerlastverkehr
Poste d'essence	Tankstelle
Priorité à droite	Vorfahrt von rechts
Prudence!	Achtung! Vorsicht!
Ralentir, ralentissez!	Langsam fahren!

Straßenverkehr

Französische Erläuterungen (Fortsetzung)	Rappel	Erinnerung (an vorausgegangene Verkehrszeichen, die noch gelten)
	Route en réparation	Straßenarbeiten
	Route barrée	Straße gesperrt
	Sens interdit	Durchfahrt verboten
	Sens unique	Einbahnstraße
	Serrez à droite!	Rechts fahren!
	Sortie de camions	Ausfahrt von Lastwagen
	Station-service	Tankstelle
	Tenez vos distances!	Abstand halten!
	Tourner interdit	Wenden verboten
	Toutes directions	Alle Richtungen
	Travaux	Straßenarbeiten
	Verglas	Glatteis
	Virage (dangereux)	(gefährliche) Kurve
	Voie unique	einspurige Verkehrsführung
	Zone bleue	Parken nur mit Parkscheibe erlaubt
	Zone rouge –	Halten verboten!
	Mise en fourrière immédiate	Wagen wird sofort abgeschleppt

Höchstgeschwindigkeiten
: Es gelten folgende Geschwindigkeitsbegrenzungen:
innerorts 40 km/h; außerhalb 90 km/h, auf Djerba generell 70 km/h.
Zu schnelles Fahren wird mindestens mit Geldbuße bestraft.

Kraftstoff
: Es gibt Normalbenzin (92 Oktan), Super (95 Oktan) und Dieselkraftstoff. Die Preise sind etwas günstiger als die derzeit in Deutschland gültigen. Bleifreies Benzin (96 Oktan) ist an fast allen Tankstellen an den Durchgangsstraßen erhältlich.

Tankstellen
: Tankstellen sind sowohl in den größeren Städten als auch in den kleineren Orten vorhanden. In den Steppengebieten finden sich nur wenige Tankstellen, in Wüstengegenden muß Kraftstoff im Kanister mitgeführt werden. Im äußersten Notfall wende man sich an die Polizei, das Militär oder auch an eine Apotheke.

Öffnungszeiten
: Die Tankstellen sind ähnlich den Geschäften je nach Stadt und Jahreszeit unterschiedlich lang geöffnet. In der Regel versehen sie von 7.00 (7.30) Uhr bis 22.00 Uhr ihren Dienst. An Sonntagen sind sie nur begrenzt geöffnet. In den größeren Städten bieten einige einen Rund-um-die-Uhr-Service an.

Reparaturwerkstätten (Garages)
: In den größeren Städten und Orten gibt es keinen Mangel an Reparaturwerkstätten. Mancherorts übernehmen auch Tankstellen kleinere Reparaturen (weitere Informationen → Autohilfe).

Ersatzteile
: Neben Autoapotheke, Werkzeugkasten und Reserverad sollten Autofahrer unterwegs auch die wichtigsten Ersatzteile zum Austausch schnell verschleißbarer Teile mit sich führen (auch Unterlagklötze für Wagenheber empfehlenswert).

Experte für Sahara-Tourismus
: Ausrüstungsgegenstände aller Art für → Sahara-Tourismus und Literatur (auch Reiseangebote) erhält man in der Bundesrepublik Deutschland u.a. bei:
Därr Expeditions-Service GmbH
Theresienstr. 66, D-80333 München; Tel. (089) 28 20 32

Ratschläge für Fahrten in den Süden des Landes

Kleidung
: Für eine Fahrt in den Süden des Landes empfiehlt es sich, tagsüber luftige, am besten weiße Baumwollkleidung und festes Schuhwerk zum Schutz vor Schlangenbissen o.ä. (→ Gesundheitsvorsorge) zu tragen; abends ist wärmende Kleidung ratsam. Sonnenschutz (Hut, Mütze; Sonnenbrille mit grünen Gläsern; Sonnenschutzmittel) sollte ebenfalls auf der Fahrt mit dabeisein.

Straßenverkehr

Vor der Fahrt ist der Wagen auf seine einwandfreie technische Funktionstüchtigkeit zu überprüfen. — Auto

Unangenehm und für technische Geräte (Fotoapparate u.a.) gefährlich ist der feine Sand, der durch engste Ritzen in das Fahrzeug eindringt; Schutzmaßnahmen sind nötig. — Technische Geräte

Empfohlen wird die Mitnahme eines Zeltes. Um sich vor nachtaktiven Skorpionen o.a. zu schützen, sind Kleider, Schuhe, Schlafsack u.a. stets gut auszuschütteln. — Zelt

Besondere Vorschriften für die Wüstenzonen (Saharagebiete)

Aus Sicherheitsgründen ist es verboten, sich in die Sahara zu begeben, ohne die Landespolizei (Garde Nationale), beispielsweise in Tataouine, von dem Ausgangspunkt einer geplanten Fahrt in die Sahara, der Route und dem Endziel in Kenntnis gesetzt zu haben.
Auskünfte über Saharafahrten gibt der Tunesische Automobilklub (siehe oben), insbesondere darüber, in welchen Orten die Saharabüros der Nationalgarde die schriftliche Genehmigung für eine geplante Tour erteilen. — Verbot

Fahrten durch die Sahara können Unkundige das Leben kosten!
Aus diesem Grund ist die Begleitung durch einen ortskundigen Einheimischen für Strecken südlich von Tataouine vorgeschrieben. — Warnung!

Um vor unangenehmen Überraschungen sicher zu sein, hole man unbedingt vor Einfahrt in die Wüste bei einer Dienststelle der Garde Nationale Auskünfte über Wetter und Befahrbarkeit von Pisten ein. — Wettervorhersage

Jede Saharafahrt sollte in Gruppen oder Konvois erfolgen; bei geplanter Übernachtung sind Zelte mitzunehmen. — Fahrt in Gruppen oder Konvois

Die Fahrt sollte vorzugsweise in allradgetriebenen, geländetauglichen Fahrzeugen erfolgen. Grundsätzlich sind Kanister voll Trinkwasser, Benzin und Öl in ausreichendem Maße sowie Ersatzteile (vgl. oben) mitzuführen. — Landrover Reserven

Im Falle einer Panne bleibe man im Schutz seines Autos und laufe nicht in der großen Hitze umher; im Falle einer Suchaktion ist das Fahrzeug leichter zu finden als eine einzelne Person.
Besteht die Gefahr des Versandens, befreie man den Wagen mit dem Wagenheber: Dies glückt nur, wenn man den Wagenheber auf einen flachen festen Gegenstand (evtl. Unterlagklötze; siehe oben, Ersatzteile) legt, den Wagen hebt, die Räder befreit und die Löcher, die die Räder hinterlassen haben, zuschaufelt. Hat man keine Unterlagklötze bei sich, sollte man versuchen, Zweige von Bäumen abzureißen, diese unter die Räder des Wagens zu legen und mit mittlerer Geschwindigkeit anzufahren. Oft sind im Sand festsitzende Fahrzeuge aber auch nur mit Hilfe von Seilwinden und Luftlandeblechen wieder freizubekommen. — Panne

Man bleibe unter allen Umständen auf der markierten Strecke. Wellblechpisten durchfahre man entweder mit geringer Geschwindigkeit (unter 30 km/h) oder so schnell, daß das Fahrzeug nicht mehr in die Wellentäler absackt. Für das Fahrgestell ist dies natürlich eine extreme Beanspruchung, die sehr leicht zur Lockerung von Schraubverbindungen und selbst zum Bruch von Schweißnähten führen kann. Der hohe Rollwiderstand und das Fahren in kleinen Gängen steigern den Kraftstoffverbrauch erheblich (entsprechend großer Treibstoffvorrat ist unter Umständen lebensnotwendig!). — Weitere Vorsichtsmaßnahmen

Es wird dringend empfohlen, sich bei jedem Militärposten zu melden, dem man auf dem Weg begegnet, um die Verantwortlichen über die gewählte Strecke zu unterrichten. — Meldung bei Militärposten

Taxi

Straßenverkehr (Fortsetzung) Fahrt über den Schott el Djerid

Gehörte die Überquerung des Salzsees noch vor einigen Jahren zu den ganz großen Abenteuern (siehe Karl Mays Beschreibung "Sand des Verderbens" ⟶ Tunesien in Zitaten), so führt heute ein 50 km langer, asphaltierter Damm zwischen Kriz und Kebili quer durch den Schott (⟶ Reiseziele von A bis Z, Chott el Djerid). An der Straße befinden sich einige Erfrischungs- und Souvenirläden. Auf gar keinen Fall darf man als Ortsunkundiger die asphaltierte Straße verlassen, da die vermeintlich feste Fläche rechts und links der Straße einbrechen und auch ein Vierradantrieb keine Rettung mehr bringen kann.

Hinweis

Weitere Informationen

⟶ Ärztliche Hilfe
⟶ Ausflüge
⟶ Autohilfe
⟶ Gesundheitsvorsorge
⟶ Notdienste
⟶ Sahara-Tourismus

Tauchen

⟶ Sport

Taxi

Taxis

Hierbei handelt es sich um gelbe Fahrzeuge mit Nummern auf dem Dach, die mit Taxameter ausgestattet sind (man achte darauf, daß er eingeschaltet ist!) und innerhalb der Stadtgrenzen fahren.

Transport

Befördert werden bis maximal vier Fahrgäste (auch Kleinkinder und Babies zählen) mit kleinerem Gepäck, wie Handtaschen, Aktenkoffer o.a.

Tarife

Die Tarife sind recht günstig; ein Zuschlag für Nachtfahrten ist zu entrichten. Taxifahrer der Stadt Tunis, die die Beförderung zum oder Abholung vom Flughafen Tunis-Carthage bzw. Hafen La Goulette übernehmen sollen, verlangen ebenfalls Zuschläge.

Grands taxis

Die großen Taxis erkennt man an einem großen Taxischild mit dem Zusatz G.T. auf dem Dach.
Ihre Standplätze befinden sich in der Regel im Ortszentrum; unterwegs halten sie auch auf Handzeichen.

Transport

Sie verkehren auch außerhalb der Stadtgrenzen und dürfen bis zu vier Personen und größere Gepäckstücke aufnehmen.

Tarife

Gepäckzuschlag; ab 21.00 Uhr 50 % Nachtzuschlag. Steigen die Gäste unterwegs aus, und das Taxi fährt leer zurück, wird ebenfalls ein Zuschlag berechnet.
Diese Taxis können auch für Besichtigungsfahrten einen Tag lang gemietet werden.
Falls kein Taxameter im Wagen ist, vereinbare man vor Beginn der Fahrt einen festen Preis.

Louages (Sammeltaxis)

Louages, Sammeltaxis, verkehren auf allen wichtigen Strecken des Landes. Den Bestimmungsort findet man über der Windschutzscheibe angeschrieben. Sie starten in der Regel erst, wenn alle fünf Plätze belegt sind. Will man nicht warten, muß man für die freien Plätze mitbezahlen.
Louages fahren immer von einem ganz bestimmten Platz des Dorfes oder der Stadt aus und nehmen unterwegs nur selten Passagiere mit.

Transport
Tarif

Selbst die einheimische Bevölkerung benutzt die Louages gern, da sie so von der oftmals weniger zuverlässigen Einhaltung des Fahrplanes der Überlandbusse unabhängig und auch der Beförderungstarif recht günstig ist.

Telefon

Von allen Postämtern (→ Post) können Telefongespräche ins Ausland geführt werden. Direkte internationale Fernsprechverbindungen bestehen von allen tunesischen Orten in alle Länder der Erde.

Ferngespräche

In Tunesien gibt es in jeder Ortschaft Münzfernsprecher (Taxi-Phone) und neuerdings auch Kartentelefone.
Man findet sie natürlich auch an allen Flughäfen, Häfen und in Postämtern, darüber hinaus an vielen öffentlichen Plätzen. Nach dem Einwurf von Münzen oder nach dem Einschieben der Karte kommt die Verbindung zustande.

Münzfernsprecher

Seit kurzem können mobile Telefone benutzt werden. Netzkennung: 60502

Handy

Vorwahl für Tunesien
aus Deutschland: 00216
aus Österreich: 00216
aus der Schweiz: 00216

Telefon-Ländernetzkennzahlen für den Selbstwählverkehr

Nach der Ländernetzkennzahl entfällt die 0 der nachfolgenden Ortsvorwahlnummer.
Eine Auswahl tunesischer Ortsvorwahlnummern → Post

Vorwahl von Tunesien
nach Deutschland: 0049
nach Österreich: 0043
in die Schweiz: 0041

Nach der Ländernetzkennzahl entfällt die 0 der nachfolgenden Ortsvorwahlnummer (außer für Gespräche nach Italien).

Über die landesweite Rufnummer 14 können Tag und Nacht Telegramme (télégrammes) ins Ausland aufgegeben werden. Darüber hinaus verfügt jedes Postamt über ein Telefaxgerät, über das Mitteilungen verschickt sowie empfangen werden können.

Telegramme und Telefax

→ Post

Weitere Hinweise

Teppiche

Die Teppichweberei (auch -knüpferei) ist eines der ältesten Kunsthandwerke Tunesiens; insbesondere die Teppiche aus der Stadt Kairouan sind weltberühmt.

Allgemeines

Wer sicher sein will, daß er – sowohl hinsichtlich der Echtheit des Teppichs als auch beim Bezahlen einer gewissen Summe – nicht übervorteilt wird, sollte sich in den Läden des Office National de l'Artisanat Tunisien, ONAT, eingehend erkundigen, u.a. bei der:

ONAT

Office Nationale de l'Artisanat ONAT
2011 Den Den
Tel. (01) 512400 und 289955

Weitere Werkstätten und Verkaufsstellen gibt es in allen größeren Städten.
Im Kapitel 'Reiseziele von A bis Z' sind auf den Stadtplänen die ONAT-Läden bezeichnet.
Im übrigen sind schöne Stücke in den von der ONAT eingerichteten Teppichmuseen in Kairouan und Gabès zu besichtigen.

Teppiche

Weitere Informationen
— Einkäufe, Souvenirs
— Geschäftszeiten

Farben
Die Farben des tunesischen Teppichs spiegeln häufig die Farben des Landes wider: Purpur, Blau, Grün, Schwarz und Weiß findet man in helleren und dunkleren Abschattierungen, oft getrennt durch ein Wüstengelb, ähnlich den Sanddünen.
Für Sammlerstücke nimmt man Farben auf pflanzlicher Basis, moderne Teppichfarben werden chemisch erzeugt; daneben gibt es naturfarbene Teppiche (Alloucha) aus der Wolle der Schafe in schwarz, weiß und braun, die oftmals gemischt, unterschiedliche Farbwirkungen erzielen.

Farbbäder für besondere Nuancen werden auf dem Gütezeichen (vgl. unten) vermerkt.

Teppicharten

Teppiche mit hoher Wolle

Es gibt zwei Teppicharten mit hoher Wolle: Der Guétifateppich ist ein gemusterter Berberteppich, der zwischen drei und fünf Zentimeter lange Wollfäden hat.
Der Kairouanteppich wird von Hand geknotet (Ghordesknoten). Einen Wollstrang (aus drei bis sechs Einzelfäden bestehend) führt man so durch eine Schnalle, daß sich mit dem Faden der vertikalen Kette ein Knoten formt; die Fadenreste werden auf 0,5 bis 2,5 cm abgeschnitten.

Glatte Teppiche

Allgemeines
Zu diesen gehören die als 'Mergoum' bekannten glattfaserigen Teppiche berberischen Ursprungs mit geometrischen Mustern (— Einkäufe, Souvenirs: Oudref). Die Fäden der Knoten hängen an der Teppichrückseite heraus.

Kombination aus Geknüpftem und Gewobenem

Klim
Aus einer Kombination von Geknüpftem und Gewobenem entsteht der Klim, ein Teppich, den man u.a. auf der Insel Djerba, in Sbeitla und auch in Oudref kaufen kann.

Makramée

Allgemeines
Weniger als Teppich denn als Wandbehang, Blumenampel u.a. wurde auch bei uns diese Kombination aus Gewobenem, Geknüpftem und Zöpfen immer beliebter: Richtig angeordnet ergibt diese Machart schöne Reliefs oder interessante Muster.

Gewebegruppen

Knotenanzahl
Die Gewebe variieren zwischen 10 000 und 500 000 Knoten/m^2. Um die Knotenanzahl zu errechnen, lege man auf der Teppichrückseite, wo die Knoten deutlich zu sehen sind, einen Dezimeter an, zähle beispielsweise in einem Quadrat von 10 cm die Knotenzahl der Länge nach und multipliziere dann mit hundert (Beispiel: 10 x 40 = 400 x 100 = 40 000 Knoten/m^2). Nach der Anzahl der Knoten unterscheidet man die Gewebe.

	Trinkgeld
10 000 Knoten/m²	Knotenzahl
12 000 Knoten/m²	(Fortsetzung)
19 600 Knoten/m²	Normales Gewebe
40 000 Knoten/m² (vgl. Beispiel zuvor)	
65 000 Knoten/m²	Feingewebe
90 000 Knoten/m²	
160 000 Knoten/m²	Besonders
250 000 Knoten/m²	feines Gewebe
500 000 Knoten/m²	
In der Regel haben Seidenteppiche mehr als 500 000 Knoten.	Seidenteppiche

Garantie bzw. Gütezeichen

Auf der Rückseite echter Teppiche haften zwei bis drei Etiketten, eines ist mit dem Siegel des tunesischen Staates verplombt (Teppiche ohne diese Plombe dürfen nicht exportiert werden); außerdem muß eine Kontrollnummer zu lesen sein, unter welcher die Ware offiziell eingetragen wurde (Hinweise auf Personalangaben des Künstlers, Herstellungsort, Datum, Maße, Gewicht, Oberfläche, Gewebe, Qualitätsniveau u.a.). Nicht unbedingt erforderlich sind die Etiketten des Herstellers bzw. des Unternehmers mit Angaben von Serie, Name, Fabrikname u.a. — Herkunft

Gegenden der Teppichherstellung

Teppich mit Blumenmuster.	Biserta
Langhaarige Teppiche, die auf dem Webrahmen hergestellt wurden, gibt es beispielsweise in Beni Khiar und Hammamet; in Maamoura findet man sowohl Uniteppiche als auch welche mit Blumenmuster.	Cap Bon
Von der Insel stammen schöne Deckenteppiche ("Farchia").	Djerba
Mergoume und Klims.	Gabès
Hier entstehen gemusterte Gewebe und moderne Teppiche.	Gafsa
Aus der 'Teppichstadt' kommen die klassischen Teppiche und die Mergoume (siehe oben).	Kairouan
Kasserine ist (wie auch Sbeitla) Produktionsstätte für den Berberteppich (Guétifateppich).	Kasserine
Aus der Gegend um Sfax kommen gemusterte Gewebe.	Sfax
Alle Arten von Teppichen findet man in der Landeshauptstadt.	Tunis
→ Einkäufe, Souvenirs	Weitere Informationen

Trinkgeld

Angesichts der niedrigen Löhne und Gehälter sowie der beträchtlichen Arbeitslosigkeit (→ Zahlen und Fakten, Wirtschaft) spielt das Trinkgeld (pourboire, bakschisch) eine große Rolle. Nicht wenige Familien sind auf

Umgangsregeln

Trinkgeld (Fortsetzung)

das zusätzliche Einkommen angewiesen, das durch kleine Hilfeleistungen, Verkauf von Andenken u.v.m. erzielt wird. Auch ist der Moslem durch den Koran verpflichtet, Bedürftige zu unterstützen (⟶ Zahlen und Fakten, Religion), und daher geben auch Einheimische für geleistete Dienste stets ein Trinkgeld.

Grundsätzlich gilt, daß ein Bakschisch nur begründet, d.h. für Hilfeleistungen oder Dienste, gewährt wird, dann aber in jedem Falle. Bettler weise man mit der Wendung 'Allah ja'tik' (Gott gebe dir) ab, aufdringliche Halbwüchsige mit 'Ma'fisch Bakschisch' (es gibt nichts). Da praktisch alle mit einem Trinkgeld rechnen, ist es ratsam, stets Kleingeld mit sich zu führen. Im Hotel und Restaurant gibt man 10–15 % des Rechnungsbetrages.

Türkisches Bad

⟶ Hammam

Uhrzeit

⟶ Zeit

Umgangsregeln

Allgemeines

Tunesien-Reisende sollten sich immer wieder vor Augen führen, daß sie sich in einem islamischen Land befinden, dessen Lebensgewohnheiten, Sitten und Gebräuche stark von den uns vertrauten, europäischen abweichen. Leider wird das aus Unwissenheit oder Gleichgültigkeit oftmals vergessen und führt dann zu Mißverständnissen und Unmut. Eine einfühlende und verständliche Einführung bietet das Sympathie-Magazin "Tunesien verstehen", herausgegeben und gegen eine kleine Schutzgebühr zu bestellen beim Studienkreis für Tourismus und Entwicklung, Kapellenweg 3, D-82541 Ammerland/Starnberger See, Tel. (08177) 1783.

Einführung

Einige Hinweise

Im folgenden einige Hinweise, deren Befolgung unnötige Schwierigkeiten zu vermeiden helfen.

Verhalten in der Öffentlichkeit

Der Austausch von Zärtlichkeiten zwischen Mann und Frau in der Öffentlichkeit sowie zu luftige Kleidung insbesondere bei Frauen gilt als Verstoß gegen die guten Sitten.

Rücksicht auf religiöse Sitten

Auch versteht es sich eigentlich von selbst, die uns fremden religiösen Sitten und Gebräuche zu akzeptieren. Besondere Zurückhaltung ist während des Fastenmonats Ramadan angebracht, selbst das Essen, Trinken und Rauchen sollte tagsüber in der Öffentlichkeit möglichst unterlassen werden (⟶ Zahlen und Fakten, Religion).

Umgangsregeln (Fortsetzung) Verhalten als Gast

Ausgesprochene Einladungen abzulehnen gilt – wenn man keine plausible Entschuldigung hat – als unhöflich. Bekanntschaften und freundschaftliche Beziehungen haben in der islamischen Gesellschaftsordnung verbindlichen Charakter. Dem Gast stehen Haus und Hof offen. Diese Gastfreundschaft wird allerdings auch vom Touristen erwartet, wenn er im Gegenzuge bei sich zu Hause besucht wird. Ist man eingeladen worden, erwartet der Gastgeber – wie bei uns auch – ein Gastgeschenk.
Gläubige Moslems trinken keinen Alkohol und essen kein Schweinefleisch.

Weitere Informationen

⟶ Essen und Trinken
⟶ Feiertage
⟶ Zahlen und Fakten, Religion

Unterkunft

→ Camping
→ Hotels
→ Jugendherbergen

Veranstaltungen

In Tunesien finden das ganze Jahr über – selbst in kleinen Dörfern – Veranstaltungen religiöser oder folkloristischer Art statt, und ihre Anzahl vergrößert sich ständig, so daß im folgenden nur eine kleine Auswahl aufgezählt werden kann. — Allgemeines

Festival de l'Olivier: Olivenfest — **Februar** Kalaa-Kebira

Festival des Fleurs: Fest der Orangenblüte — **April** Nabeul

Volksfest von Nefta: Umzüge, Wettlauf der Meharis, Kamelwettkämpfe — Nefta

Festival des Ksours Sahariens: Wüstenfest mit Reiterspielen, nachgestellten Berberhochzeiten, Kamelrennen und Szenen aus dem Beduinenleben. — Tataouine

Festival der Medina (während des Ramadans) — Tunis

Blumenschau — **Mitte Mai** Tunis

Festival der Araberpferde — Meknassy

Festival d'Epervier: Sperberjagd (→ Reiseziele von A bis Z, Cap Bon) — **Mai/Juni** El Haouaria

Festival de Dougga: Aufführungen klassischer Theaterstücke im römischen Theater — **Juni** Dougga

Internationales Malouf-Festival (traditionelle arabische Musikvorführung) — Testour

Musikfestival im römischen Theater — El Djem

Festival de Corails: Korallenfest — **Anfang Juli** Tabarka

Festival d'El Kantaoui (Port El Kantaoui): Hafenfest im Jachthafen — **Juli** El Kantaoui

Festival International de Hammamet: Musik, Theater, Tanz; Folklore im Kulturzentrum — **1. Juli – 15. August** Hammamet

Festival International de Sousse: Musik, Tanz; Filmvorführungen; Folklore im Freilichttheater — Sousse

Festival International de Tabarka: Avantgardistische Musik- und Theateraufführungen; folkloristische Tänze; Studentenbühnen — **1. Juli – 31. August** Tabarka

Festival d'Ulyssee: Odysseusfestspiele (auch Gesänge und Tänze der Insel) — **Juli und August** Houmt-Souk (Djerba)

Festival International de Carthage: Internationale Festspiele von Karthago mit Theateraufführungen, Tanz und Folklore im römischen Amphitheater; Studentenbühnen; Son-et-Lumière (Ton- und Licht-Schau) — Karthago (Carthage)

Les Nuits de Mahdia (Straßenfest mit Folklore, Theater und anderen Darbietungen) — Mahdia

Veranstaltungen

Fantasia in Midoun auf der Insel Djerba

Juli und August (Fortsetzung)	Mahréz: Festival des Arts Plastiques (Kunstfestival)
August Kelibia	Festival de Cinéma: Diese Filmfestspiele für Amateure finden alle zwei Jahre statt (das nächste Mal: 1999)
Korba	Festival des jungen Theaters
Sidi Bou Saïd	Fest von Kharja (religiöser Art)
September Kairouan	Festival der Kavallerie von Sidi Tlil
Djerba	Régate de la Planche à Voile (Segelwettbewerb)
Oktober Karthago	Journées Cinématographiques: Filmfestival (→ Zahlen und Fakten, Kultur und Kunst: Kino)
Okt. – Juni Tunis	Theatersaison
November Matmata	Festival von Matmata: Im Rahmen eines farbenfrohen Festivals werden arabischer Bräuche vorgestellt.
Tozeur und Douz	Festival de Douz: Internationales Saharafest in Douz mit Volkstänzen, Poesiewettbewerben, Kamel- und Windhundrennen, Hochzeitsfeierlichkeiten, Sandhockeyspielen u.a. Eigentlich finden diese Festspiele immer Ende des Jahres, zum Jahreswechsel statt (Dezember/Januar). In den Jahren 1998, 1999 und 2000 werden sie wegen des Fastenmonats Ramadan bereits zu Beginn des Monats November abgehalten (Auskunft erteilt das ONTT in Douz).
Weitere Informationen	→ Feiertage

Zeit

In Tunesien wird im Sommer die Zeit nicht umgestellt. Das bedeutet, daß während der europäischen Sommerzeit eine Zeitdifferenz von einer Stunde besteht.

Zeitungen, Zeitschriften

Sowohl arabische als auch französische Zeitungen (Singular: journal; Plural: journaux) sind beinahe überall erhältlich; außerdem können in den größeren Städten und Ferienorten auch deutsche, meist ein oder zwei Tage alte Tageszeitungen und Zeitschriften (revue) gekauft werden.
Allgemeines

al-Amal und
as-Sabah
Arabische Zeitungen

L'Action (Tunis),
La Presse de Tunisie und
Le Temps
Französische Zeitungen

Erklärtes Ziel der Zeitschrift "IBLA" (1937 als Zeitschrift des Institut des Belles Lettres Arabes gegründet) ist es, Tunesien und die Menschen des arabischen Kulturkreises bekannt zu machen. Redaktion:
IBLA (Zeitschrift)

"IBLA"
12, Rue Jamaa el Haoua
1008 Tunis

Tunis Afrique Presse (TAP)
25, Avenue Habib Bourguiba
1001 Tunis
Telex: 13 400 (TAP)
Tunesische Nachrichtenagentur (TAP)

Zollbestimmungen

Zollfrei sind Gegenstände des persönlichen Bedarfs und Geschenke, wenn der Wert 10 tD nicht übersteigt; ferner darf von Personen über 16 Jahre zollfrei eingeführt werden: 100 Zigarren oder 400 Zigaretten oder 500 g Tabak, 2 l alkoholische Getränke (bis 25 % Alkohol), 1 l Spirituosen (über 25 % Alkohol), 0,25 l Parfüm, 1 l Eau de Toilette.
Einreise

Darüber hinaus dürfen zwei Fotoapparate (verschiedenen Formats bzw. verschiedener Marken) mit insgesamt 20 Filmen, ein Tonbandgerät mit zwei Rollen, eine Schmalfilmkamera, ein Kofferradio, eine Kofferschreibmaschine, ein Fernglas, ein Kinderwagen sowie Sportausrüstung zollfrei eingeführt werden.
Auch ein Videogerät bzw. eine Videokamera sind zollfrei, benötigen aber bei der Einreise einen Eintrag im Reisepaß.

Kraftfahrzeuge, Anhänger aller Art und Boote können vorübergehend zollfrei nach Tunesien eingeführt werden. Die Zollbehörde stellt bei Ankunft eine Einfuhrgenehmigung für drei Monate aus. Ab dem vierten Monat muß der Fahrzeughalter beim zuständigen Zollamt ein blaues Zollkennzeichen und Zusatzpapiere abholen (Erteilung sofort), das bei der Ausreise am Hafen wieder abgegeben werden muß.
Für Wohnanhänger ist ein Inventarverzeichnis mitzuführen.
Für Boote ist der Bootsführerschein und ein internationales Verbandszerti-

Zollbestimmungen

Einreise (Fortsetzung)
fikat erforderlich. Weitere Informationen erteilen die unter ⟶ Auskunft genannten Stellen des Fremdenverkehrsamtes Tunesien.
Die Einfuhr von Autotelefonen, Handys und anderen Mobiltelefonen ist gestattet. Die Einfuhr von Funkgeräten (ausgenommen G.P.S.-Geräten für Fahrten in die Wüste) ist hingegen genehmigungspflichtig.
Die Ein- und Ausfuhr von Waffen aller Art ist streng verboten (Ausnahme: Die Einfuhr von Jagdgewehren unterliegt besonderen Bestimmungen; man erkundige sich vor Reiseantritt bei den unter ⟶ Auskunft genannten Stellen des Fremdenverkehrsamtes Tunesien).

20 Liter Kraftstoff im Kanister dürfen zollfrei eingeführt werden.

Ausreise
Um eine reibungslose Wiederausfuhr sicherzustellen, ist es ratsam, Gegenstände von besonderem Wert bei der Einreise zu deklarieren.

Wiedereinreise nach Deutschland oder Österreich
Bei der Wiedereinreise nach Deutschland oder Österreich sind Reiseandenken bis zu einem Wert von 115 DM bzw. 2500 Ats zollfrei; ferner für Personen über 15 Jahre 500 g Kaffee oder 200 g Pulverkaffee und 100 g Tee oder 40 g Tee-Extrakt, 50 g Parfüm und 0,25 l Toilettenwasser sowie für Personen über 17 Jahre 200 Zigaretten oder 100 Zigarillos oder 50 Zigarren oder 250 g Tabak, 1 l Spirituosen mit über 22 Vol.-% Alkohol oder 2 l Schaumwein und 2 l Wein. Verbindliche Auskünfte erteilen die jeweiligen Zollbehörden.

Wiedereinreise in die Schweiz
Bei der Wiedereinreise in die Schweiz sind Reiseandenken bis zu einem Wert von 200 sfr. zollfrei; ferner für Personen über 17 Jahre 2 l Spirituosen mit bis zu 15 Vol.-% Alkohol oder 1 l mit über 15 Vol.-% Alkohol; an Tabakwaren entweder 200 Zigaretten oder 50 Zigarren oder 250 g Pfeifentabak. Verbindliche Auskünfte erteilen die schweizerischen Zollbehörden.

Weitere Informationen
⟶ Drogen
⟶ Geld
⟶ Sport, Sportschiffahrt

Register

Abbasiden 59
Abbes 284
Acholla s. Ras Bou Tria
Adjim 155, 164
Aegimuren s. Zembra und Zembretta
Ärztliche Hilfe 323
Aghlabiden 59
Agustinus 65
Aïn Draham 270
Aïn el Kasbah s. Zaghouan
Aïn Tounga 272
Al Abbasiya 203
Alkohol s. Essen und Trinken
Almohaden 60
Althiburos s. Medeina
Ammaedara s. Haïdra
Amphorengewölbe 127
Andenken s. Einkäufe
Anreise 321
Apotheken 322
Appian 105
Apuleius 65, 76, 105
Arabeske 81
Arabische Eroberung 58
Arabische Sprache s. Sprache
Arbeitslosigkeit 27
Augustinus 58, 124
Ausflüge 324
Auskunft 326
Autobus 328
Autofähren 329
Autohilfe 330
Autovermietung s. Mietwagen

Badestrände 331
Baedeker's Mittelmeer 108
Bagrada s. Medjerda
Banken s. Geld
Baraka 38
Bardo-Museum 301
Barth, Heinrich 107
Bechri 154
Behindertenhilfe 332
Behi, Ridha 88, 110
Béja 117
Belalis Major s. Henchir el Fouar
Ben Ali, Zine el Abidine 63, 65, 111
Ben Arous 287, 288
Ben Guerdane 224
Beni Barka 225
Beni Hilal 29, 59, 118, 131
Beni Kheddache 226
Beni Khiar 239
Beni Mtir Stausee 270

Berber-Kunst 78
Bergoasen Chebika, Tamerza und Midès 155, 230, 284
Betteln 333
Bevölkerung 26
Bevölkerungsdichte 26
Bevölkerungswachstum 26
Bey 60
Bildende Kunst 87
Bilderverbot 79
Bildungswesen 39
Biserta 118
Bizerte 118
Bled el Djerid s. Chott el Djerid
Bled el Hader 283
Bodenschätze 46
Bogenformen 80
Bordj Cedria 315
Bordj Djillidj 164
Bordj Kjadidja 217
Bou Arkoub 129
Bourguiba, Habib 61, 62, 65, 110, 206
Bulla Regia 123
Bustouren s. Ausflüge

Cafés s. Essen und Trinken
Camping und Caravaning 333
Cap Blanc 122
Cap Bon 12, 14, 129, 237
Cap Negro 14
Cap Serrat 14, 270
Caput Vada s. Chebba
Caravaning s. Camping und Caravaning
Carthage 136
Cato 105
Chabbat, Ibn 283
Chaffar, Plage de 255
Chakbenara s. Le Kef
Chaldun, Ibn 67, 106, 293, 300
Chebba 217
Chebika s. Bergoasen
Chehili 16
Chemtou 74, 148
Chenini 225
Chenini du Gabès 182
Chergui 16
Chergui (Kerkennah-Insel) 208
Chikka Benar s. Le Kef
Chott el Djerid 13, 153, 154, 206, 240, 278
Chott el Fedjedj 13, 153, 206

Chott el Rharsa 13, 153
Christentum 39
Christianisierung 58
Clupea s. Kelibia
Corbeille de Nefta 242
Côte du Soleil 132
Cyprianus, hl. 147

Dahar-Bergland 13, 182, 224
Dahmani 212
Dar Chaabane 239
Dattelpalme (Phoenix Dactylifera) 22
Degache 286
Destour-Partei 41
Dey 60
Diodor von Sizilien 105
Diplomatische und konsularische Vertretungen 334
Djebel Abiod 130, 134
Djebel Assalah 184
Djebel Bou Korbous 132
Djebel Bou Kornine 12, 140, 315
Djebel Chambi 12, 24, 204, 205
Djebel Chemtou 148
Djebel Djelloud 288
Djebel Laouej 272
Djebel Mdilla 12, 228
Djebel Nador 122
Djebel Rebia 123
Djebel Selloum 204
Djebel Semmama 12, 204
Djebel Sidi Abd Er Rahmane 130, 132
Djebel Sidi Abiod 130, 134
Djebel Tebaga 206
Djebel Zaghouan 315
Djeffara-Ebene 13, 223
Djerba 14, 155
Djerid-Oasen 153, 154
Djorf 155
Dkhila 232, 235
Donatisten 58
Dorische Ordnung 104
Dorsale 12
Dougga 166
Douirat 225
Douz 153, 206
Dragut 60, 66, 159, 268
Dridi-Richter, Irmhild 111
Drogen 335
Dromedar 26

Ebbat Ksour s. Dahmani
Eberhardt, Isabelle 69
Ech-Chergui 209

Register

Einkäufe, Souvenirs 335
Eisenbahn 338
El Abassia 209
El Attaia 208
El-Bashir Khrayef 70
El Djem 175
Elektrizität 338
El Erg 285
El Fahs 277
El Guettar 187
El Hamma du Djerid 285
El Hamma du Gabès 182
El Haouaria 133
El Hofra 207
Elissa 53, 137, 141, 210
El Jem s. El Djem
El Kahina 59, 69, 176
El Kantara 163
El Kef s. Le Kef
El Kellabine 209
Ellès 222
El May 163
El Ouidane 286
El-Rashid Bey, Muhammad 66
Enfidha 267
Enfidhaville s. Enfidha
Entfernungen in Tunesien 340
Erg Oriental 206
Erlanger, Baron Rudolphe d' 256
Er Riadh 162
Eselsbrücke s. Utica
Essen und Trinken 340
Es Somaa 239
Ethnische Zusammensetzung 27

Fachausdrücke aus Kunst, Geschichte und arabischer Kultur 89
Fähren s. Autofähren
Fata Morgana 154
Fatimiden 59
Fauna 23
Feiertage 347
Feilschen s. Einkäufe, Souvenirs
Fej Geddour 118
Feriana 206
Fernsehen s. Rundfunk, Fernsehen
Feste s. Veranstaltungen
Fischen s. Sport
Fischerei 48
FKK 349
Flaubert, Gustave 107
Flora 20
Fluggesellschaften 349

Flughäfen 49
Flugverkehr 350
Foggara-System 45, 206
Fondouk 86
Fotografieren und Filmen 351
Fouchet, Max-Pol 110
Französisches Protektorat 61
Fremdenführer 352
Fremdenverkehr 49
Fundamentalisten s. Integristen
Fundbüros 353

Gabès 178
Gafsa 183
Galite s. La-Galite-Inseln
Galiton s. La-Galite-Inseln
Gammarth 313
Garum 238
Gasthäuser s. Restaurants
Gastronomie s. Essen und Trinken und Restaurants
Geld 353
Geschäftszeiten 354
Geschichte 52
Gesundheitsvorsorge 354
Getränke s. Essen und Trinken
Gewerkschaften 43
Gharbi 208
Ghar el Kebir 133
Ghar el Melh 55
Ghoumrassen 226
Giallo Antico 149
Gide, André 110
Gightis 164
Glaubensvorschriften 34, 37
Golf s. Sport
Golf von Gabès 14
Golf von Hammamet 14
Golf von Tunis 14
Gordianus 176
Gorges de Seldja 229
Grand Kerkennah s. Chergui
Grands Parcours (GP) 117
Grenzübergänge 355
Grombalia 129, 130
Großer Erg 13
Grottes Romaines 133
Guellala 163
Guermessa 226

Hached, Farhat 206, 208
Hadrian-Aquädukt 315
Hadrumetum s. Sousse
Hadsch 36
Haefs, Gisbert 110
Hafsiden 60
Haïdra 188
Hamma el Atrous 132

Hammam 86, 356
Hammam Bourguiba 270
Hammamet 191
Hammam-Lif 288, 314
Hammam Zouakra 222
Handeln s. Einkäufe, Souvenirs
Handelshäfen 48
Handwerk 47
Hannibal 54, 66, 110
Haouaria s. El Haouaria
Hara Seghira 162
Haratin 206
Haribus s. Djerba, Guellala
Heilbäder 356
Heiligenverehrung 38
Henchir el Fouar 118
Henchir Rhiria 118
Henna 38
Hergla 266
Hippo Diarrytus s. Bizerte
Hochschulwesen 40
Höhenheiligtum s. Chemtou
Höhlenwohnungen 78
Hoher Tell 12, 209, 218
Hotels 357
Houmt-Souk 160
Husseiniten 60

Ibaditen 34, 159
Ichkeul-See 24, 122
Idrisi 68
Ile el Oustania 235
Ile Sidi el Ghadamsi 235
Iles Kerkennah 208
Ilots des Pigeons 235
Industrie 47
Integristen 37
Internationale Organisationen 43
Ionische Ordnung 104
Islam 32
Islamische Architektur 81
Islamische Kunst 79

Jagen s. Sport
Janitscharen 60
Jasminrevolte 63
Jerba s. Djerba
Juba II. 56, 68
Jugendherbergen 367
Jugurtha 69
Juvenes 221

Kabis s. Gabès
Kairouan 194
Kalaat es Senan 212
Kalender 370
Kalligraphie 80
Karawanenreisen s. Ausflüge und Sahara-Tourismus

Register

Karl V. 60
Karten 370
Karthago 136
Kasino s. Spielkasino
Kasserine 204, 249
Kbor Klit 74, 223
Kebili 153, 206
Kelibia 135
Kerkennah-Inseln 14, 208
Kerkouane 134
Khaldoun s. Chaldun
Kharedjiten 34, 59, 159
Kino 88
Klassische Säulen-
 ordnungen 103
Klee, Paul 109, 256
Kleidung 371
Kleines Lexikon 89
Klima 15
Konsulate s. Diplomatische
 und konsularische
 Vertretungen
Korallenfischfang 268
Koran 33, 105
Korba 129, 136, 239
Korbous 132
Korinthische Ordnung 104
Koubba 84
Kreditkarten s. Geld
Kriz 154, 286
Kroumirie 12
Ksar Haddada 226
Ksar Hellal 236
Ksar Jouamaa 226
Ksar (pl. Ksour) 79
Ksar Lemsa 277
Ksar Soltane 225
Ksar Touar 223
Küche s. Essen und Trinken
Kufi-Schrift 80
Kunstgeschichtlicher Über-
 blick 73
Kunst und Kultur 73
Kuriat-Inseln 14

La Galite 14, 25, 270
Laghmi 23, 342
La Ghriba 29
La Goulette 312
La Kahena s. El Kahina
Lalla 187
La Manouba 288
La Marsa 313
La Mohammedia 315
Landesnatur 10
Landkarten s. Karten
Landrover-Safaris s. Aus-
 flüge, Sahara-Tourismus
 und Straßenverkehr
Landwirtschaft 44
Lavigerie, Kardinal 140
Le Bardo 301

Legami s. Laghmi
Le Kef 209
Lexikon 89
Lézard Rouge 226
Literatur und Theater 88
Louages s. Taxis

Macke, August 256
Mactaris s. Maktar
Märchen, Tunesische und
 Arabische, 106
Märkte, Souks 371
Maghreb 9
Maghreb-Union 43, 64
Mago 21
Mahboubine 164
Mahdaoui, Nja 70, 87
Mahdia 213
Maktar 217
Malekiten 159
Malouf 87, 272
Maltzan, Heinrich von 108
Marmor Numidicus 149
Masinissa 55, 70, 149
Maße und Gewichte 373
Matmata 182
Maupassant, Guy de 108
Maurischer Stil 81
May, Karl 109, 408
Medeina 212, 309
Médenine 223
Medersa 84
Medina 30
Medjerda 12, 14, 24, 149
Melitta (Djerba) 175
Melitta (Kerkennah) 206
Meninx s. Djerba
Menzel Bourguiba 122
Menzel Bou Zelfa 129, 136
Menzel Temime 129, 136
Metameur 224
Metlaoui 226
Mhareb 285
Midès s. Bergoasen
Midoun 164
Mietwagen 373
Minarett 83
Minarettformen 84
Minbar 82
Mogod-Bergland 12
Mohammed, Prophet 32
Moillet, Louis 256
Moknine 236
Monastir 230
Monts de Téboursouk 166
Mosaikkunst 76
Moscheen 82, 373
Moulares 28
Moyennes Communications
 (MC) 117
Msaaba 285
Murex-Schnecken 135

Museen 373
Musik und Festivals 87
Mustis 175
Mzab 34

Nabeul 236
Nahda-Bewegung 43, 64
Nationalparks 374
Nefta 240
Nefzaoua-Oasen 153, 154,
 206
Nemlet 285
Neo-Destour-Partei 61
Neschi-(Nashki-)Schrift 81
Niederschläge 15
Nordtunesisches Bergland
 12
Notdienste 375
Numider 55, 148
Numidische Königs-
 architektur 74

Oasenwirtschaft 45, 283
Olivenbaum (Olea Europaea)
 21
ONAT 117
ONTT 117
Opus Africanum 275
Oqba Ibn Nafi 59, 197, 200
Organisationen s. Internatio-
 nale Organisationen
Ornamentik 80
Oued Kebir 277
Oued, Wadi 14
Ouled Kacem 208
Ouled Majed 286

Parteien 41
Pascha 60
Pères Blancs 140, 147
Perpetua, hl. 147, 273
Phönizier und Karthager 53,
 54
Phosphat 185, 27
Planzen und Tiere 20
Plinius 182
Pont de Trajan 118
Port El Kantaoui 266
Port Prince 132
Post (P.T.T.) 376
Praktische Informationen
 321
Profanbauten 85
Punische Kriege 54
Purpurmanufaktur 135

Qart Hadasht s. Karthago

Radès 288
Raf-Raf 123
Rakkada s. Reqqada
Ramadan s. Feiertage

419

Register

Raoued 314
Ras Bou Tria 217
Ras Djebel 123
Rauschgift s. Drogen
Redeyef 228
Reisedokumente 378
Reisezeit 379
Reiseziele von A bis Z 117
Religion 32
Remla 209
Reqqada 203
Restaurants 379
Ribat 84, 233, 261
Ribat Bordj Kjadidja 217
R'Mel 123
Römische Grotten 133
Römische Herrschaft 56
Rundfunk, Fernsehen 383
Ruspina s. Monastir

Sabra Mansouriya 203
Säulenordnungen 103
Safakis s. Sfax
Sahara 13
Sahara-Tourismus 384
Sahel 12, 13
Sahraoui 283, 284
Sakat 35
Salakta 217
Salat (Gebet) 34
Sallust 117
Sammeltaxis s. Taxis
Saum 36
Sbeïtla 245
Sbiba 249
Schahada 34
Scharia 33
Schiffahrt s. Sport
Schiiten 33
Schlangen 25
Schott s. Chott
Schulsystem 39
Scipio Africanus 55
Sebkha 14
Seddada 286
Sedouikech 163
Séguia 164
Seldja-Schlucht 229
Sfax 250
Sicca Veneria s. Le Kef
Sichere Reise 384
Sidi Abich 267
Sidi Ahmed Zarrouk 187
Sidi Ali Ben Nasrallah 197
Sidi Ali el Mekki 123
Sidi Amor Abbada 103
Sidi Ben Nasrallah 204
Sidi Boulbaba 179
Sidi Bou Saïd 255
Sidi Daoud 132
Sidi Frej 208
Sidi Mahrèz 70, 300, 314

Sidi Mechrig 14
Sidi Rais 132
Sidi Saad 197
Sidi Sahab 202
Sidi-Salem-Stausee 272
Sidi Youssef 208
Simitthus s. Chemtou
Skanès 232, 235
Skorpione 25
Soldatenfriedhof 314, 315, 387
Soliman 132
Soliman Plage 132
Souks 370
Sousse 257
Souvenirs s. Einkäufe
Sozialordnung 31
Speicherburgen 79
Spielkasino 387
Sport 387
Sprache 41, 391
Staat und Verwaltung 40
Städtisches Leben 30
Strände s. Badestrände
Straßenverkehr 404
Straußenfarm 266
Sufetula s. Sbeïtla
Sufi Abu Madian 241
Sufismus 38, 241, 256
Sunna 33
Sunniten 33
Sussa s. Sousse

Tabarka 267
Table de Jugurtha 212
Takrouna 267
Tamerza s. Bergoasen
Tamezret 183
Tataouine 225
Tauchen s. Sport
Taxi 408
Tebourba 273
Telefon 409
Tell-Atlas 12
Tempelformen 101, 102
Temperaturen 16
Temple des Eaux s. Zaghouan
Teppiche 409
Tertullianus 71
Testour 271
TGM 286, 289
Thabraka s. Tabarka
Thala 190
Theater s. Literatur und Theater
Thelepte 206, 249
Thermen 125
Thigibba s. Ellès
Thignica s. Aïn Tounga
Thomas, Philippe 228
Thuburbo Majus 273

Thugga s. Dougga
Thyna 254
Thysdrus s. El Djem
Tichilla s. Testour
Tophet 141, 304
Toujane 224
Tozeur 278
Trajanbrücke 118
Transkription 117
Trinkgeld 411
Tunesien in Zitaten 105
Tunis 286
Turki, Yahia 71

Überquerung des Chott el Djerid 154
Ulema 37
Umgangsregeln 412
Umwelt 50
Unterkunft s. Camping, Hotels und Jugendherbergen
Uppenna 267
Utica 316

Vandalen 58
Veranstaltungen 413
Verfassung 40
Vergil 105
Verkehr 48
Verwaltungsgliederung 41, 42
Villes Neuves 31
Vögel 25
Vor- und Frühgeschichte 52

Wassersport s. Sport
Wein 131, 346
Wirtschaft 43
Wirtschaftsprognose 50
Wörterbuch s. Kleines Lexikon
Wohnhöhlen 182

Zaghouan 315
Zahlen und Fakten 9
Zaouia 84
Zarzis 166
Zeit 415
Zeitungen, Zeitschriften 415
Zembra und Zembretta 14, 25, 133
Zembretta s. Zembra und Zembretta
Zenata 27
Zentraltunesische Steppe 13
Ziriden 59
Zollbestimmungen 415

Kartenverzeichnis

Verzeichnis der Karten, Pläne und graphischen Darstellungen

Geographische Lage Tunesiens 9
Naturräumliche Gliederung Tunesiens 11
Sieben regionaltypische Klimastationen in Tunesien 17
Muslimische Gebetshaltungen 35
Verwaltungsgliederung, Nationalflagge, Wappen und internationales KFZ-Kennzeichen 42
Foggara-Bewässerungssystem 45
Römisches Tunesien 57
Symbol der Göttin Tanit 73
Höhlenwohnungen im Süden Tunesiens 78
Bogenformen 80/81
Typischer Grundriß einer Moschee 82
Minbar 83
Minarettformen 84
Typischer Grundriß eines Hammam 86
Tempelformen 102
Klassische Säulenordnungen 103
Bizerte: Stadtplan 119
Bulla Regia: Lageplan der Ausgrabungsstätte 125
    Grundriß der Thermen der Julia Memmia 125
Carthage: Stadtplan 138
    Archäologischer Park und Antoninus-Pius-Thermen: Lageplan und Grundriß 144
Chemtou: Lageplan der Ausgrabungsstätte Simitthus 150
Djerba: Übersichtsplan 157
    Houmt-Souk: Stadtplan 160
Dougga: Lageplan der Ausgrabungsstätte Thugga 168
    Mausoleum des Ateban 173
Gabès: Stadtplan 180
Gafsa: Stadtplan 185
Haïdra: Lageplan der Ausgrabungsstätte Ammaedara 189
Hammamet: Stadtplan 191
Kairouan: Stadtplan 196
    Grundriß der Sidi-Oqba-Moschee 200
    Grundriß der Zaouia des Sidi Sahab 202
Mahdia: Stadtplan 214
Maktar: Lageplan der Ausgrabungsstätte Mactaris 219
Monastir: Stadtplan 231
    Grundriß des Ribat 233
Nabeul: Stadtplan 236
Nefta: Stadtplan 240
Sbeïtla: Lageplan der Ausgrabungsstätte Sufetula 247
Sfax: Stadtplan 252
Sousse: Stadtplan 260
    Grundriß des Ribat 261
    Archäologisches Museum: Grundriß 264
Tabarka: Stadtplan 269
Thuburbo Majus: Lageplan der Ausgrabungsstätte 274
Tozeur: Stadtplan 279
Tunis: Stadtplan 289
    Plan der Medina 295
    Bardo-Museum: Grundriß, Erdgeschoß 304
    Bardo-Museum: Grundriß, Erster Stock 308
Utica: Lageplan der Ausgrabungsstätte und Grundriß einer Insula 318
Eisenbahn- und Flugverbindungen in Tunesien 339
Entfernungstabelle 340
Signet der Tunis Air 349
Arabisches Alphabet 393
Touristische Höhepunkte in Tunesien   hintere Umschlaginnenseite

Bildnachweis

Associated Press: S. 66 (Mitte)
Bäcker: S. 254 (links), 285, 326
Bildagentur Schuster: S. 207, 224, 225, 237
Historia: S. 55, 66 (2x)
Ifa-Bildagentur (Waldenfels): S. 5
Ludwig: S. 68 (Mitte)
Mahdaoui: S. 87
Mauritius (Mehlig): S. 6/7
Moll: S. 18, 121, 134, 183, 222, 271 (rechts)
Schliebitz-Schleicher: S. 1, 3, 6 (2x), 7 (oben und unten innen), 8, 10, 13, 14, 15 (2x), 21, 22 (2x), 23 (2x), 24, 40, 44 (2x), 48, 49, 50, 54, 68 (links und rechts), 72, 74 (2x), 75, 76, 77, 80, 83 (2x), 85 (2x), 112, 116, 123, 124, 126 (2x), 128 (2x), 129, 130, 131 (2x), 133 (2x), 135, 136, 139 (2x), 141, 142 (3x), 144, 145 (2x), 146, 147, 149, 151, 152, 154 (2x), 156, 158 (2x), 161 (2x), 162 (2x), 163 (2x), 165, 167, 169 (2x), 170, 172, 174 (2x), 176, 177, 179 (2x), 181, 184, 186 (2x), 188, 190, 192, 193, 195, 197, 199 (2x), 201, 203, 205, 210, 213, 215 (3x), 216, 220, 227 (2x), 228 (2x), 229, 231, 232, 234, 235, 238, 241, 243, 245, 248, 250, 251, 253, 254 (rechts), 255, 256 (2x), 259, 262, 263 (2x), 264, 265, 268, 270 (2x), 271 (links), 273, 276, 277 (2x), 278, 280, 281 (2x), 282, 287, 290 (2x), 291 (2x), 293 (2x), 294, 296, 297 (2x), 298 (2x), 301, 303, 305 (2x), 306, 309, 310, 311 (2x), 313, 314 (2x), 315, 317, 319, 320, 330, 347 (2x), 350, 357, 364, 376, 379, 388 (2x), 414
Zefa (Rosenbach): S. 7 (unten)

Titelbild: Schleicher: Ölbaummoschee in Tunis

Umschlagseite hinten: Schleicher: Genueser Fort in Tabarka

Impressum

Ausstattung:
218 Abbildungen
60 Karten, 1 große Reisekarte

Text: Anja Schliebitz
mit Beiträgen von Vera Beck, Prof. Dr. Wolfgang Hassenpflug, Jochen Klinckmüller,
Dr. Günther Ludwig, Dr. Udo Moll und Andrea Petri

Bearbeitung: Baedeker-Redaktion (Anja Schliebitz)

Kartographie: Franz Kaiser, Sindelfingen
Franz Huber, München; Hallwag AG, Bern (Reisekarte)

Gesamtleitung: Rainer Eisenschmid, Baedeker Ostfildern

6. Auflage 2000

Urheberschaft: Karl Baedeker GmbH, Ostfildern
Nutzungsrecht: Mairs Geographischer Verlag GmbH & Co., Ostfildern

Der Name *Baedeker* ist als Warenzeichen geschützt.
Alle Rechte im In- und Ausland sind vorbehalten.
Jegliche – auch auszugsweise – Verwertung, Wiedergabe, Vervielfältigung, Übersetzung, Adaption, Mikroverfilmung, Einspeicherung oder Verarbeitung in EDV-Systemen ausnahmslos aller Teile dieses Werkes bedarf der ausdrücklichen Genehmigung durch den Verlag Karl Baedeker GmbH.

Druck: Mairs Graphische Betriebe GmbH & Co. KG., Ostfildern
Printed in Germany
ISBN 3-87504-524-6   **Gedruckt auf 100% chlorfreiem Papier**

Verlagsprogramm

Städte in aller Welt

- Amsterdam
- Athen
- Bangkok
- Barcelona
- Berlin
- Brüssel
- Budapest
- Dresden
- Florenz
- Frankfurt/M.
- Hamburg
- Hongkong
- Istanbul
- Köln
- Kopenhagen
- Lissabon
- London
- Madrid
- Moskau
- München
- New York
- Paris
- Prag
- Rom
- San Francisco
- St. Petersburg
- Singapur
- Stuttgart
- Venedig
- Weimar
- Wien

Reiseländer · Großräume

- Ägypten
- Australien
- Baltikum
- Belgien
- Brasilien
- China
- Dänemark
- Deutschland
- Dominikanische Republik
- Finnland
- Frankreich
- Griechenland
- Großbritannien
- Indien
- Irland
- Israel
- Italien
- Japan
- Jordanien
- Kanada
- Karibik
- Kenia
- Kuba
- Luxemburg
- Malaysia
- Marokko
- Mexiko
- Namibia
- Nepal
- Neuseeland
- Niederlande
- Norwegen
- Österreich
- Polen
- Portugal
- Schweden
- Schweiz
- Skandinavien
- Spanien
- Sri Lanka
- Südafrika
- Syrien
- Thailand
- Tschechien
- Tunesien
- Türkei
- Ungarn
- USA
- Vietnam

Regionen · Inseln · Flüsse

- Algarve
- Andalusien
- Bali
- Bodensee
- Bretagne
- Burgund
- Costa Brava
- Elba
- Elsaß/Vogesen
- Florida
- Franken
- Französische Atlantikküste
- Fuerteventura
- Gardasee
- Gran Canaria
- Griechische Inseln
- Harz
- Hawaii
- Ibiza · Formentera
- Ischia · Capri · Procida
- Istrien · Dalmat. Küste
- Italienische Riviera
- Kalifornien
- Kanada · Osten
- Kanada · Westen
- Kanalinseln
- Korfu · Ionische Inseln
- Korsika
- Kreta
- Kykladen
- La Palma
- Lanzarote
- Loire
- Lombardei · Mailand · Oberital. Seen
- Madeira
- Malediven
- Mallorca · Menorca
- Malta
- Mecklenburg-Vorpommern
- Norditalien
- Oberbayern
- Provence · Côte d'Azur
- Rhodos
- Rügen
- Sachsen
- Salzburger Land
- Sardinien
- Schleswig-Holstein
- Schottland
- Schwäbische Alb
- Schwarzwald
- Seychellen
- Sizilien
- Südengland
- Südtirol
- Sylt
- Teneriffa
- Tessin
- Toskana
- Türkische Küsten
- Umbrien
- USA · Nordosten
- USA · Südstaaten
- USA · Südwesten
- Zypern

Kleine Städteführer Deutschland und Schweiz

- Augsburg
- Bamberg
- Basel
- Berlin
- Bonn
- Bremen
- Freiburg
- Hannover
- Heidelberg
- Konstanz
- Leipzig
- Lübeck
- Mainz
- Nürnberg
- Regensburg
- Trier
- Wiesbaden